U0529396

宋代诉讼惯例研究

陈玺 著

中国社会科学出版社

图书在版编目(CIP)数据

宋代诉讼惯例研究/陈玺著.—北京：中国社会科学出版社，2023.5
（国家哲学社会科学成果文库）
ISBN 978-7-5227-1677-0

Ⅰ.①宋⋯　Ⅱ.①陈⋯　Ⅲ.①诉讼—司法制度—研究—中国—宋代　Ⅳ.①D925.04

中国国家版本馆 CIP 数据核字（2023）第 050799 号

出 版 人	赵剑英
责任编辑	宋燕鹏
责任校对	李　硕
封面设计	黄萧霓
责任印制	戴　宽

出　　版	中国社会科学出版社
社　　址	北京鼓楼西大街甲 158 号
邮　　编	100720
网　　址	http://www.csspw.cn
发 行 部	010-84083685
门 市 部	010-84029450
经　　销	新华书店及其他书店
印刷装订	北京君升印刷有限公司
版　　次	2023 年 5 月第 1 版
印　　次	2023 年 5 月第 1 次印刷
开　　本	710×1000　1/16
印　　张	36.25
字　　数	535 千字
定　　价	258.00 元

凡购买中国社会科学出版社图书，如有质量问题请与本社营销中心联系调换
电话：010-84083683
版权所有　侵权必究

国家哲学社会科学成果文库
NATIONAL ACHIEVEMENTS LIBRARY
OF PHILOSOPHY AND SOCIAL SCIENCES

《国家哲学社会科学成果文库》
出版说明

为充分发挥哲学社会科学优秀成果和优秀人才的示范引领作用，促进我国哲学社会科学繁荣发展，自 2010 年始设立《国家哲学社会科学成果文库》。入选成果经同行专家严格评审，反映新时代中国特色社会主义理论和实践创新，代表当前相关学科领域前沿水平。按照"统一标识、统一风格、统一版式、统一标准"的总体要求组织出版。

全国哲学社会科学工作办公室

2023 年 3 月

目 录

第一章 绪论

第一节 选题理由与研究意义 / 001
一 选题理由 / 001
二 研究意义 / 003

第二节 研究现状述评 / 006
一 诉讼法制通论研究 / 006
二 宋代诉讼法制研究 / 013
三 宋代法律文献研究 / 025
四 宋代法律体系研究 / 038

第三节 研究思路与创新之处 / 042
一 研究思路 / 042
二 体系架构 / 044
三 主要创新 / 045

第二章 总论

第一节 宋代故事之地位功能 / 048
一 宋代故事之定名 / 048
二 宋代故事之地位 / 049

三　宋代故事之功能　/052

第二节　诉讼惯例之运行样态　/056

　　　一　纠弹惯例　/056

　　　二　受案惯例　/060

　　　三　惩赃惯例　/062

　　　四　覆奏惯例　/066

　　　五　恤刑惯例　/076

　　　六　赦宥惯例　/084

第三节　诉讼惯例之因革路径　/088

　　　一　复旧　/089

　　　二　立新　/090

　　　三　破例　/092

　　　四　折衷　/094

本章小结　/095

第三章　越诉

第一节　越诉法令渊源与属性　/098

第二节　越诉事由的重新检视　/103

　　　一　租税征纳　/107

　　　二　科率摊派　/113

　　　三　狱讼决断　/118

　　　四　救济优抚　/121

第三节　非违事由的受案规则　/124

　　　一　主司整饬　/124

　　　二　监司按劾　/125

　　　三　台谏弹奏　/127

四　人户越诉　/ 128

　　五　旁人告赏　/ 133

第四节　越诉案件的处置规则　/ 134

　　一　出榜晓示　/ 134

　　二　法令援引　/ 138

　　三　罪名罚则　/ 142

第五节　越诉现象的时代评判　/ 145

　　一　规则厘定　/ 146

　　二　观念冲突　/ 148

　　三　狱讼裁断　/ 151

本章小结　/ 154

第四章　不干己之诉

第一节　不干己之法的形成始末　/ 156

第二节　不干己之诉的启动路径　/ 162

　　一　言事转对　/ 163

　　二　进章论奏　/ 165

　　三　旁人揭举　/ 167

第三节　地方司法与不干己之诉　/ 170

　　一　诉讼理念　/ 171

　　二　告诉事由　/ 176

　　三　诉讼程序　/ 178

　　四　告诉罚则　/ 180

本章小结　/ 183

第五章　赦前事之诉

第一节　告诉禁令之表述方式　/ 185
第二节　赦宥诏敕之时效掌控　/ 188
　　一　审查机制　/ 188
　　二　预警机制　/ 189
　　三　甄别机制　/ 191
　　四　惩治机制　/ 192
第三节　赦前罪过之司法裁判　/ 194
　　一　免责　/ 195
　　二　减等　/ 196
　　三　降贬　/ 197
第四节　严重罪行之追诉处置　/ 199
　　一　叛逆　/ 199
　　二　人命　/ 199
　　三　贼盗　/ 201
　　四　杂犯　/ 202
本章小结　/ 204

第六章　取会

第一节　取会规则之体系架构　/ 206
　　一　公文管理　/ 206
　　二　期限管理　/ 208
　　三　羁押管理　/ 209
第二节　取会程序之实际适用　/ 211
第三节　取会诸弊与应对策略　/ 214
　　一　取会阻滞　/ 216

二　回报稽留　/ 219

　　三　禁系淹滞　/ 221

第四节　取会积弊之成因考量　/ 223

　　一　州县难治　/ 224

　　二　有司渎职　/ 225

　　三　治狱草率　/ 227

本章小结　/ 228

第七章　鞫治

第一节　推鞫基本原则　/ 230

　　一　五听断狱　/ 230

　　二　狱贵初情　/ 232

　　三　一问得情　/ 235

第二节　鞫治惯例举要　/ 240

　　一　躬亲狱讼　/ 240

　　二　诏狱专司　/ 242

　　三　亲加引对　/ 244

第三节　大臣降责惯例　/ 246

本章小结　/ 252

第八章　三问

第一节　三问不承与追摄刑讯　/ 255

第二节　三问规则之实施状况　/ 260

第三节　三问不承与众证结案　/ 262

　　一　伏罪推定　/ 264

　　二　欺隐抵赖　/ 265

三　锻炼推结 / 267

　　第四节　孙觌赃案之程序瑕疵 / 270

　　本章小结 / 273

第九章　录问

　　第一节　录问内涵之转型重塑 / 275

　　第二节　录问规则体系之构成 / 278

　　　一　遴选机制 / 278

　　　二　审录机制 / 281

　　　三　奖惩机制 / 283

　　第三节　京城诸狱之录问模式 / 285

　　　一　纠察司录问 / 285

　　　二　诏狱特使录问 / 290

　　　三　御史台、刑部录问 / 291

　　第四节　地方狱案之录问模式 / 293

　　　一　差官录问 / 293

　　　二　邻州录问 / 294

　　　三　监司录问 / 296

　　　四　邻路录问 / 299

　　　五　大辟聚录 / 301

　　第五节　个案裁判与规则背离 / 303

　　本章小结 / 305

第十章　杂治

　　第一节　宋代杂治之类型 / 308

　　　一　奉诏杂治 / 308

二　遣使杂治 / 312

　　三　有司自鞫 / 314

第二节　宋代杂治之构成 / 315

　　一　御史 / 316

　　二　内侍 / 322

　　三　学士、谏官 / 328

第三节　宋代杂治之程序 / 330

　　一　告劾 / 330

　　二　勘验 / 331

　　三　讯问 / 333

　　四　审谳 / 334

　　五　移送 / 338

　　六　集议 / 341

第四节　杂治罚则之适用 / 343

　　一　处置范围 / 343

　　二　法官责任 / 346

　　三　罚则类型 / 348

第五节　杂治之政治逻辑 / 351

本章小结 / 354

第十一章　狱空

第一节　两宋诸司狱空事迹 / 356

　　一　开封府 / 357

　　二　大理寺 / 363

　　三　临安府 / 367

　　四　提刑司 / 370

五　府州军　/ 373

　　六　诸县　/ 377

第二节　断绝狱空故事因革　/ 380

　　一　断绝公事　/ 381

　　二　奏报表贺　/ 384

　　三　降诏奖谕　/ 388

　　四　起建道场　/ 396

第三节　不奏狱空与妄奏狱空　/ 399

　　一　不奏狱空　/ 399

　　二　妄奏狱空　/ 402

本章小结　/ 408

第十二章　雪活

第一节　雪活酬赏惯例之形成　/ 410

第二节　雪活酬赏惯例之行用　/ 413

第三节　雪活酬赏惯例之突破　/ 417

　　一　滥行酬赏　/ 419

　　二　弃用酬赏　/ 420

本章小结　/ 423

第十三章　长流

第一节　宋代长流之裁决流程　/ 424

第二节　宋代长流之体系构造　/ 429

　　一　除名　/ 429

　　二　发遣　/ 430

　　三　随流　/ 432

　　　　四　籍没 / 433

　　　　五　免黥 / 434

　　　　六　叙复 / 435

　　第三节　宋代长流之地理布局 / 436

　　　　一　广南东、西路 / 437

　　　　二　沙门岛 / 438

　　　　三　京西、淮南、荆南 / 439

　　第四节　宋代长流之性质变革 / 440

　　　　一　长流刑罚地位厘正 / 440

　　　　二　长流与配隶之抵牾 / 442

　　　　三　长流与编管之互文 / 444

　本章小结 / 446

第十四章　停刑

　　第一节　停刑之唐宋因革 / 448

　　第二节　两宋圣节停刑 / 452

　　第三节　两宋庆节停刑 / 457

　　第四节　其他期日停刑 / 462

　　　　一　假日 / 463

　　　　二　大祠、雨雪未晴、太岁、国忌 / 464

　　　　三　特定干支纪日 / 465

　本章小结 / 466

第十五章　赐死

　　第一节　赐死令文消亡之迷局 / 468

　　第二节　祖宗家法与赐死特例 / 473

一　佞幸之狱　/ 474

二　靖康之狱　/ 475

三　炎兴之狱　/ 478

第三节　赐死规则之基本构成　/ 483

一　鞫治　/ 484

二　宣敕　/ 487

三　行刑　/ 489

本章小结　/ 492

第十六章　骨价

一　法例再造：蕃汉交涉之规则重塑　/ 495

二　经略边陲：骨价适用之个案考察　/ 499

三　通则渐行：骨价赔付规则之变化　/ 504

本章小结　/ 505

结　论　/ 507

一　诉讼惯例之法理基础　/ 507

二　诉讼惯例之构造逻辑　/ 508

三　诉讼惯例之功能定位　/ 510

参考文献　/ 514

索　引　/ 553

CONTENTS

CHAPTER 1 INTRODUCTION
1.1 Reasons of Choosing the Topic and Significance of the Research / 001
1.2 Review of Relevant Issues / 006
1.3 Research Approaches and Innovations / 042

CHAPTER 2 GENERAL INTRODUCTION
2.1 Status and Roles of Precedent in the Song Dynasty / 048
2.2 Procedural Types of Litigation Practices / 056
2.3 Inheritance and Reformation of Litigation Practices / 088
Summary of this Chapter / 095

CHAPTER 3 LEAPFROG APPEAL
3.1 The Origin and Essence of the Law of Leapfrog Appeal / 098
3.2 The Review of the Leapfrog Appeal Reasons / 103
3.3 Rules of Acceptance on Illegal and tort / 124
3.4 Disposal Rules of leapfrog Appeal / 134
3.5 The Commentary on Leapfrog Appeal / 145
Summary of this Chapter / 154

CHAPTER 4 THE LITIGATION UNRELATED TO SELF-INTEREST
4.1 The Formation of Litigation Unrelated to Self-Interest / 156

4.2　The Startup of Litigation Unrelated to Self-Interest ／ 162

4.3　The Local Justice and Litigation Unrelated to Self-Interest ／ 170

Summary of This Chapter ／ 183

CHAPTER 5　PROSECUTION OF CRIMES PRIOR TO PARDON

5.1　The Principle of Banning Prosecution ／ 185

5.2　The Limitation Periods of Pardon ／ 188

5.3　Adjudication of Pardon ／ 194

5.4　Prosecution Measures of Serious Crime ／ 199

Summary of This Chapter ／ 204

CHAPTER 6　GATHERING EVIDENCE

6.1　The Framework of Gathering Evidence Rules ／ 206

6.2　The Application of Gathering Evidence Procedure ／ 211

6.3　Countermeasures and Disadvantages of Gathering Evidence ／ 214

6.4　Causes of Gathering Evidence Disadvantages ／ 223

Summary of This Chapter ／ 228

CHAPTER 7　TRIAL

7.1　Basic Rules of Interrogation ／ 230

7.2　Outline of Trial Practices ／ 240

7.3　Official Demotion Practices ／ 246

Summary of This Chapter ／ 252

CHAPTER 8　THREE INTERROGATIONS

8.1　Inquisition by Torture if not Cooperating with Three Interrogations ／ 255

8.2　Implementation of the Three Interrogations Rules ／ 260

8.3　Closing Cases with Evidence Rules of "at least three witnesses prove the suspect guilty" if not Admitting after Three Interrogations ／ 262

8.4　Procedural Defects in Sun Di's Corruption Case ／ 270

Summary of This Chapter / 273

CHAPTER 9   INTERROGATIONS CENSORSHIP

9.1   Transformation and Reconstruction of Interrogations
      Censorship Connotation / 275

9.2   Construction of Interrogations Censorship Rules / 278

9.3   The Mode of Interrogations Censorship about the Capital Cases / 285

9.4   The Mode of Interrogations Censorship about Local Cases / 293

9.5   Deviation of Cases Verdict and Rules / 303

Summary of This Chapter / 305

CHAPTER 10   JOINT HEARING SYSTEM

10.1   The Types of Joint Hearing System in Song Dynasty / 308

10.2   The Construction of Joint Hearing System in Song Dynasty / 315

10.3   The Procedures of Joint Hearing System in Song Dynasty / 330

10.4   Application of Joint Hearing System Penalties / 343

10.5   Political Logic of Joint Hearing System / 351

Summary of This Chapter / 354

CHAPTER 11   PRISON EMPTY

11.1   The Deeds of Prison Empty at Imperial Department
       in Song Dynasty / 356

11.2   The Inheritance and Reformation of Prison
       Empty Precedents / 380

11.3   Do not Report to the Emperor about Prison Empty and
       Make false Reports to the Emperor about Prison Empty / 399

Summary of This Chapter / 408

CHAPTER 12   REVERSAL OF A MISCARRIAGE OF JUSTICE

12.1   The Formation of Reversal of a Miscarriage
       of Justice Award Practice / 410

12. 2　The Implementation of Reversal of a Miscarriage
　　　　of Justice Award Practice / 413
12. 3　The Breakthrough of Reversal of a Miscarriage
　　　　of Justice Award Practice / 417
Summary of This Chapter / 423

CHAPTER 13　EXILED TO THE MOST REMOTE PLACES

13. 1　The Verdict Procedure of Exile in Song Dynasty / 424
13. 2　Structure of Exile in Song Dynasty / 429
13. 3　The Geographical Layout of Exile in Song Dynasty / 436
13. 4　The Reformation of Exile in the Song Dynasty / 440
Summary of This Chapter / 446

CHAPTER 14　SUSPENSION OF EXECUTION OR
　　　　　　　　OTHER PENALTIES

14. 1　Inheritance and Reformation of Suspension of Execution
　　　　or Other Penalties in Tang and Song Dynasty / 448
14. 2　Suspension of Execution or Other Penalties on Birthday
　　　　of Specific Emperors or Empresses in Song Dynasty / 452
14. 3　Suspension of Execution or Other Penalties
　　　　on Celebrating Days in Song Dynasty / 457
14. 4　Suspension of Execution or Other Penalties on Other Days / 462
Summary of This Chapter / 466

CHAPTER 15　SUICIDE BY SOVEREIGN ORDER

15. 1　The Puzzle of Extinction of the Suicide by Sovereign Order / 468
15. 2　Domestic Disciplines and Special Cases of Suicide
　　　　by Sovereign Order / 473
15. 3　The Fundamental Structure of Suicide
　　　　by Sovereign Order Rules / 483
Summary of This Chapter / 492

CHAPTER 16 LIFE-OFFSETING DEBT

16.1 The Reconstruction of Laws and Regulations: The Remodeling of Rules in Negotiation Between Han and Foreign Nations / 495

16.2 The Administration of Border: A Case Study of the Application of Life-offseting Debt / 499

16.3 The Implementation of General Rules: Changes of Life-offseting Debt Compensation Rules / 504

Summary of This Chapter / 505

CONCLUSION / 507

REFERENCES / 514

INDEX / 553

第一章
绪　论

第一节　选题理由与研究意义

一　选题理由

宋代在中国政治、经济、文化诸方面之优越地位，先辈学者多有精彩阐释，其中陈寅恪"华夏民族之文化，历数千载之演进，造极于赵宋之世"[1]的著名论断，早已为世人所熟知。由日本学者内藤湖南1920年代开创，后经宫崎市定阐释的"唐宋变革论"，更将宋代作为世界史意义上的近世社会之始："在唐宋之间，在政治、经济、文化等方面都发生了变化。这就是中古与近世的差别。从这一点而言，中国的近世时期可以说自宋代开始。"[2] 而世界史意义上的近世社会，具有"从农村时代转向城市时代的社会结构的变化和从宗教时代转向知识时代的文化状态的变化"[3] 这一根本特征。"唐宋变革

---

[1]【行文及体例说明】：凡今人论著，只写明作者姓名，职务、职称等一律从略；本书引文一律采用脚注，每页重新编号。所引文献在各章第一次出现时，详细标注作者、点校者、译者、卷次、出版信息和页码。为节省篇幅及便于阅读，重出文献一律承前略省作者等信息，仅保留书名、卷次和页码。陈寅恪：《金明馆丛稿二编·邓广铭宋史职官志考证序》，生活·读书·新知三联书店，2001，第277页。

[2]〔日〕内藤湖南：《中国史通论》（上），夏应元等译，社会科学文献出版社，2004，第334页。

[3]〔日〕佐竹靖彦：《宋元史学的基本问题·总论》，韩玉萍译，〔日〕近藤一成主编：《宋元史学的基本问题》，中华书局，2010，第4页。

论"学说对于近百年宋史研究产生深刻影响,"回顾宋代史的研究状况,可以发现,宋代史的研究深受所谓唐宋变革论假说的影响,基本上即是根据这种看法进行研究"[1]。海内外学界虽对于宋代属于近世抑或中世问题,以及"唐宋变革"之上下时限划定等存在歧见,却均将宋代视作中国史分期研究的关键时期。诚如邓广铭所言:"宋代是我国封建社会发展的最高阶段。两宋期内的物质文明和精神文明所达到的高度,在中国整个封建社会历史时期之内,可以说是空前绝后的。"[2] 因此,从古代中国社会变迁、经济发展、法制进步为宏观视角的学术思考,及以"唐宋变革"论学说为话语背景的理论探

---

[1] 〔日〕寺地遵:《南宋初期政治史研究》,刘静贞、李今芸译,复旦大学出版社,2016,第6页。按:学界对"唐宋变革论"讨论的热度持续不下,柳立言从政治、选举与任官、党争性质、人民、经济、学术文艺、兵制、法律、与西方比较等九个方面比较了内藤湖南的原意与宫崎市定的补充,认为"他们掌握的六条主线的确是中国历史甚至世界历史的根本问题,包括(1)政治体制;(2)统治阶级的构成,权力的取得和分配;(3)社会组织和阶级的构成和流动;(4)经济的自由化、商业化,新的生产关系和交换方式;(5)文化特性和价值观念;(6)国际关系等。一些看来是枝枝节节的改变,其实是某些变革的反映……总之,唐宋的各种'转变'仍是要探讨的,但必须说明:(一)这些转变的'重要性'及对后来的'影响';(二)这些转变是否足以构成'变革'。舍此而谓研究一些转变就可以增加我们对唐宋'变革'的了解,毋宁是不着边际,反映研究者不明白唐宋变革的要义在于'根本的或革命性的转变',它结束一个旧有的文化形态、模式或方向(旧传统),开启一个崭新的文化形态、模式或方向(新传统)"。(柳立言:《宋代的家庭和法律》,上海古籍出版社,2008,第7—10、26页)李华瑞从南宋以来中国学者对唐宋之际历史变动的认识、日本"唐宋变革"论的提出与发展、对"唐宋变革"论("宋代近世说")的质疑和修正、日本"唐宋变革"论对国内宋史研究的影响、扬弃与继承等五个方面,深入阐释了"唐宋变革"论的由来与发展,特别指出:"第一,中国学者提出中国近世(明、清)的文化主流源头起自宋,虽然与日本学界的'宋代近世说'在时间概念上有相似处,但是与日本学界将中国近世的发展比附西方文明进程有本质的不同。第二,自宋代以降,从明代到晚清,宋代文化模式影响或者说主导着中国历史发展的走向,但是宋代文化模式是怎样影响的?这种走向又是如何进行的?这无疑为今后讨论'唐宋变革'提出艰巨而重大的课题。第三,研讨'唐宋变革'首先要'以中国人的眼光',来发现中国史自身内之精神,而认识其以往之进程与动向'……只有将中外方法互为表里,相得益彰,庶几才可使'唐宋变革'的研究推向新阶段。"(李华瑞主编:《"唐宋变革"论的由来与发展》,天津古籍出版社,2010,第1—39页)王瑞来指出:"唐宋变革是指中唐至北宋的变革,并非仅指唐宋之际。北宋作为这一变革的终点,把唐代的因素发展到极致。因此说唐宋变革论作为古代以及古典主义终结的归纳,精辟而到位。"(王瑞来:《近世中国——从唐宋变革到宋元变革》,山西教育出版社,2015,第190页)至于"唐宋变革"上、下时限,高明士认为:"自安史之乱后,也就是中唐以后的变革来考量,当较无异议。反而以宋朝的建立作为时代性的下限,较为可议。也就是说宋朝的建立并不等于时代性变革已经告一段落……《天圣令》加上《天圣编敕》即《附令敕》,在法制上是代表时代的终结、转折、立新三种情况同时显现。其重要性,在于从法制上正式全面宣告终结唐制,并在唐制基础上重新建立宋制,具有承先启后作用,实是'唐宋变革'下限的最佳说明。"高明士:《中国中古礼律纵论——法文化的定型》,商务印书馆,2017,第524、533页。

[2] 邓广铭:《谈谈有关宋史研究的几个问题》,《社会科学战线》1986年第2期,第138页。

究，势必为准确理解宋代社会的地位、贡献和价值等提供重要参考。

两宋法制上承隋唐之余绪，是中国传统法制成就最高的历史时期。徐道邻指出："中国的传统法律，到了宋朝（960—1279），才发达到最高峰。"[1] 与隋唐法制相较，两宋时期是中国传统法制嬗变与发达的又一关键时期。其中，宋代诉讼法制则呈现出因革有序、体系完备、趋势更新等鲜明特征。[2] 王云海则对宋代程序法制给予高度评价："中国古代的司法，在宋代达到最高峰。"[3] 考察世界各国法律体系之发达历程，程序法之形成与发展往往先于实体法，"盖国家组织既经成立，虽文化幼稚，法制未备，而人民间之争端纠葛，不得不仰求国家以为之理；国家依其公力而匡正之，是则诉讼之所由起焉"[4]。诉讼规则作为中国固有法制之基本组成部分，历来为学界所重视。那么，作为宋代法制重要组成部分的诉讼规则，其内部构造和运行机理如何？作为宋代"故事"类型之一的诉讼惯例，其生成、发展和运行的基本规律如何？在不同诉讼程序之中，各类惯例性规则之间，以及诉讼惯例与诉讼制度、诉讼观念等其他要素之间相互关系如何？为了厘清上述疑问，有必要对宋代诉讼规则之基本要素和运作规律进行深入探究。

二　研究意义

中华法治文明历经数千载传承与发展，形成世界法制史上独树一帜的

1　徐道邻：《宋律中的审判制度》，《东方杂志》复刊第四卷第四期，1970年10月，收入氏著《中国法制史论集》，志文出版社，1975（新潮丛书之22），第89页，及氏著《徐道邻法政文集》，清华大学出版社，2017，第205页。

2　按：张希清揭示了宋代法制"适时创新，度时变法"的基本特征，参阅张希清等《宋朝典章制度》，吉林文史出版社，2001，第279页。

3　王云海：《宋代历史发展述略》，《开封大学学报》1995年第1期，第17页。

4　徐朝阳著，吴宏耀、童友美点校：《中国诉讼法溯源》，中国政法大学出版社，2012，第127页。按：习惯在法律发达进程中的关键地位，前辈学者多有揭示，吕思勉认为："法律的来源有二：一为社会的风俗。一为国家对于人民的要求。前者即今所谓习惯，是不会著之于文字的。然其对于人民的关系，则远较后者为切。"吕思勉：《中国文化史》，北京大学出版社，2010，第87页。

"中华法系",积淀了深厚的法律文化,深刻影响了人类法治文明进程。自秦汉立基、魏晋传承、隋唐鼎盛之后的中华法律文化,在两宋之际展现出因时制宜、持续发展、日臻完善的时代特色。《宋史·刑法一》:"其君一以宽仁为治,故立法之制严,而用法之情恕。狱有小疑,覆奏辄得减宥。观夫重熙累洽之际,天下之民咸乐其生,重于犯法,而致治之盛几乎三代之懿。"[1] 具体至诉讼法制领域,形成开禁越诉、鞫谳分司、翻异别推、群臣杂治、死刑奏裁等一系列制度创造。从法制嬗变与运行角度而言,作为中国"近世"开端的两宋诉讼法制文明,为帝制时代中国法制的完善与发展开辟了道路,在中华法系演进历程中,占据继往开来的重要地位,并为当代法治国家、法治政府、法治社会一体建设提供了历史镜鉴和理论支持。

从学术创新而言,本课题旨在拓展和创新中国特色社会主义法治理论,为构建中国特色法学学科体系、学术体系和话语体系贡献力量。在西学东渐的时代背景之下,自清末改法修律始,近代中国法制建设经由仿效日本之路径,开始大量引进西方法律概念、术语、原则等,逐步形成以大陆法系法律架构为主要参照模板的近代中国法学体系,并在法律创制、法律适用、司法实践、法学教育等诸多领域中得到充分演绎和诠释,传统"中华法系"日趋衰微。与之相适应,中国固有法学理论和学术体系渐成历史陈迹。回首百年来中国法制近代转型,以仿效西方法治为主要路径的法治建设模式,在推动不同时期社会政治、经济、文化发展进步的同时,也逐步暴露出西方法治与中国社会在文化层面不相适应的严重弊端。中国固有法律体系虽不复存在,其法律精神、概念、原则、术语等,却以习俗、惯例、观念、语言、文化等多种方式,长期存续于社会生活之方方面面。基于上述判断,在新时代法治建设进程之中,从源远流长的中华法律文明传统和蓬勃发展的社会主义法治

---

[1] (元)脱脱等:《宋史》卷199《刑法一》,中华书局,1977,第4961—4962页。

实践中汲取营养，充分思考、总结中国历代治国理政智慧中的法治因素，具有十分重要的现实意义。为了真诚地探讨现行法制，首先必须对固有法文化有恰如其分的了解。法史学可以提供自人性、规范和观念层面省察法制的特殊视角，具有通古今、明中外、究当前三重研究境界，是勾连法制发展之历史与现实的重要媒介。[1] 宋代法制是中国古代法制在隋唐巅峰时代之后的继续进步与发展，在特定方面甚至超越隋唐典制。宋代法制在直接继受唐、五代法制体系的基础上，[2] 因时制宜，因势利导，尤其重视发挥法制建设在经济发展、社会治理、民族关系、涉外交往中的重要作用。当代中国特色社会主义法治建设，必须深刻根植于中华数千年优秀法治传统，唯有充分重视包括宋代法制在内的中国固有法制精神与元素，方可构建具有中国气派的当代法学理论、学科体系、学术体系和话语体系。

就实践意义而言，本课题是为贯彻德法兼修、以人为本教育理念，推动"新文科""新法科"发展，构建"法治学"学科体系的有益尝试。党的十八大以来，中国特色社会主义建设进入新时代，"法学研究任务的调整、法学研究主题的转化、法学学科体系的优化、法学学术体系的创新、法学话语体系的重构，以及法学教育的职业化、培养目标的法治化和国际化、课程体系的人文化、教学体系的科技化、培养机制的联合化，新中国的社会主义法学随之也进入了第三个发展时期——新时代中国特色社会主义法学"[3]。而"新文科""新法科"以及"法治学"的形塑与构建，必须坚持不忘本来、吸收外来、面向未来的思维方式和工作方法，"既向内看、深入研究关系国计民生的重大课题，又向外看、积极探索关系人类前途命运的重大问题；既向前看、

---

[1] 黄源盛：《法学与史学之间——法史学的存在价值与研究方法》，收入陈俊强主编《中国历史文化新论——高明士教授八秩嵩寿文集》，元华文创股份有限公司，2020，第34—38页。

[2] 按：连宏指出："五代时期的法律名义上继承了唐代的律令格式体系，其使用过程中则以唐代的格令为主，兼有五代皇帝的诏敕……有关'折杖'的刑罚原则和'刺配'的初步尝试以及关于民事关系的立法，为宋初的立法提供了直接的经验。"任爽主编：《五代典制考》，中华书局，2007，第42页。

[3] 杨宗科：《论"新法学"的建设理路》，《法学》2020年第7期，第70页。

准确判断中国特色社会主义发展趋势，又向后看、善于继承和弘扬中华优秀传统文化精华"[1]。因此，挖掘、传承、弘扬中华优秀传统法律文化，实现我国固有法律文明之创造性转化和创新性发展，则构成新时代法学研究和人才培养的重要内容。《宋代诉讼惯例研究》是中国法制史断代研究与专题研究的现实交汇，是深入开掘我国传统诉讼法治文明的积极探索，更是推动"新法科"学术体系建设，通过弘扬传统法律文化贯彻、落实课程思政教育理念的重要举措。本研究通过讨论宋代诉讼领域以"故事"为代表的各类惯例性规则产生、嬗变和运作的历史轨迹，分析传统诉讼法制发展变化的客观规律。研究过程中所形成的学术成果，将为法学学科人才培养和学术研究贡献力量。

第二节 研究现状述评

一 诉讼法制通论研究

此类著作或整体描摹宋代法制之梗概，或专注于宋代立法或司法之一隅，力图展示宋代法制整体前后变化和实际运行。诉讼规则中制度、惯例、观念和文化的研究，又直接根植于宋代法制之整体认识。唯有将宋代诉讼规则研究置于中国传统诉讼法制的宏观视野之下，方可最大限度接近历史事实之原貌。因此，诉讼法制通论研究对于查明宋代诉讼规则的厘革嬗变和历史地位具有重要参照意义。

（一）通史类著作

从中国古代诉讼法制因革视野考察，宋代诉讼法制与唐、五代关系尤

---

[1] 习近平：《在哲学社会科学工作座谈会上的讲话》，《人民日报》2016年5月19日。

为密切。民国学者朱方曾将中国古代法制划分为创造、因革、完成、沿袭、变动等五个时期，处于沿袭时期之宋代法制"仍沿唐五代之旧，其形式虽经更易，而精神实未有所大异"[1]。因此，从通史视角观察、思考宋代法制之源流与嬗变，是查明宋代诉讼规则"前世今生"的重要门径。徐朝阳是民国时期较早关注中国古代诉讼法史的学者，《中国古代诉讼法》[2] 涉及民、刑诉讼的区分、诉讼原则、诉讼费用、诉讼担保等；《中国诉讼法溯源》[3] 讨论告诉、讯问、证据、勘验、代理、上诉等诸多问题，基本涵盖了诉讼法制的各个方面，是目前所知最早关于我国古代诉讼的专门论著。戴炎辉《中国法制史》[4] 设立"诉讼法史"一编，涉及中国古代司法组织、裁判机构、诉讼程序等问题。陈光中等《中国古代司法制度》[5] 全面介绍中国古代司法中起诉、强制措施、证据、审判、上诉、复审、复核、执行等程序，又在每章行文中兼顾朝代更迭与制度因革，是改革开放以后较为系统的司法通论经典著作之一。李交发《中国诉讼法史》[6] 在关注诉讼制度研究的同时，尤其注重诉讼理论、诉讼文化的系统研究。2016 年推出《中国诉讼法史》[7]（修订本）提出"德与威""宽与严""轻与重""正式与非正式制度"等重要论断。张晋藩《中国司法制度史》[8] "宋朝的司法制度"部分涉及宋代司法机构、刑事诉讼制度、刑事审判制度等，并对民事

---

[1] 朱方：《中国法制史》，上海法政学社，1931，第 171 页。
[2] 徐朝阳：《中国古代诉讼法》，商务印书馆，1927。
[3] 徐朝阳：《中国诉讼法溯源》，商务印书馆，1933。
[4] 戴炎辉：《中国法制史》，三民书局，1966。
[5] 陈光中、沈国峰：《中国古代司法制度》，群众出版社，1984。按：2017 年陈氏结合最新考古发现和研究成果，推出《中国古代司法制度》（中国司法制度通史·第一卷），北京大学出版社，2017，对群众出版社 1984 年本进行大幅增写、重写和修订。
[6] 李交发：《中国诉讼法史》，中国检察出版社，2002。
[7] 李交发：《中国诉讼法史》（修订本），湘潭大学出版社，2016。
[8] 张晋藩：《中国司法制度史》，人民法院出版社，2004。

诉讼与审判予以特别关注。夫马进编《中国诉讼社会史研究》[1] 阐释了传统中国作为诉讼社会的不同侧面，并对中国历史上诉讼的过程、诉讼对于民众所具有的意义，以及历代针对诉讼频发所采取的应对之策进行了深入研究。2018年张晋藩又推出《中国古代民事诉讼制度》，[2] 其中第四章《宋代民事诉讼制度》全面展示了诸如起诉、证据、审判、调解、上诉等程序，并对宋代民事诉讼的基本特点进行了总结。

（二）断代类著作

清末沈家本《历代刑法考》[3] 已对宋代刑官、原赦、审判、系讯、执行等问题有所关注。1990年代以来，曾有多位学者撰写"宋代法制研究述评"专论，为查明包括诉讼规则在内的宋代法制研究梗概提供了便利。如赵立新、高京平《近年来两宋法制研究文献概述》曾对1990—1995年宋代法制史研究中关于部门法、司法、监狱等方面的重要论著进行介绍。[4] 高明士《中国史研究指南Ⅲ》（宋史·辽金元史）重点介绍了1949年以后台湾地区徐道邻、巨焕武、谭溯澄等专家关于宋代法制研究的代表性成果。[5] 尤陈俊、范忠信《中国法制史研究在台湾：一个学术史的述评》[6] 则对1949年至21世纪初台湾地区中国法制史研究的整体面貌进行了细致梳理，其中多处涉及宋代法制问题。戴建国《宋代法律制度史研究述评》[7] 全面介绍了20世纪宋代法制史

---

[1] 〔日〕夫马进编：《中国诉讼社会史の研究》，京都大学学术出版会，2011；〔日〕夫马进编：《中国诉讼社会史研究》，范愉、赵晶等译，浙江大学出版社，2019（廿一世纪中国法律文化史论丛）。
[2] 张晋藩：《中国古代民事诉讼制度》，法律出版社，2018。
[3] （清）沈家本撰，邓经元、骈宇骞点校：《历代刑法考》，中华书局，1985。
[4] 赵立新、高京平：《近年来两宋法制研究文献概述》，《高校社科信息》1996年第6期。
[5] 高明士：《中国史研究指南Ⅲ》（宋史·辽金元史），联经出版事业公司，1990，第24—25页。
[6] 尤陈俊、范忠信：《中国法制史研究在台湾：一个学术史的述评》，中南财经政法大学法律文化研究院：《中西法律传统》，北京大学出版社，2008。
[7] 戴建国：《宋代法律制度史研究述评》，收入包伟民《宋代制度史研究百年 1900—2000》，商务印书馆，2004。

研究的重要成就，是对这一历史阶段学术研究的系统总结。吕变庭《20世纪以来国外学者宋史研究论著集成（1900—2010）日本编·文献目录卷》[1] 详细胪列1925年至2010年之间，加藤繁、仁井田陞、滋贺秀三、梅原郁等众多日本学者关于宋代法律史的研究论著，为全景式了解日本学界关于宋代法制史的研究提供了捷径。小川快之则对1980年至2010年二十年间，日本宋代法制史研究的主要议题和研究现状进行了系统介绍。[2] 上述关于海内外宋代法制史研究的资料汇编和学术综述，为本课题的顺利展开提供了重要支持。

同时，还有多部论著对宋代法制进行了专题研究。1975年徐道邻《中国法制史论集》[3] 出版，其中包含多篇研究宋代司法问题专论，如《宋律中的审判制度》《鞫谳分司考》《宋朝的县级司法》《翻异别勘考》《宋朝刑事审判中的覆核制》《推勘考》等，均为宋代司法开创性研究成果。王云海主编《宋代司法制度》[4] 全面介绍宋代司法机构、法官选任、起诉制度、强制措施、证据制度、审判制度、复审复核奏裁、清理留狱制度、执行制度、监狱管理制度、司法监察制度、法官责任等，从静态职官设置和动态司法运作两个层面，全景式展示宋代司法之概观，是内地宋代司法专题问题研究的扛鼎之作。张希清《宋朝典章制度》[5] 第六章"法律制度"对宋代立法、刑法、民法、司法等制度进行了系统介绍。薛梅卿、赵晓耕主编《两宋法制通论》[6] 从法律思想、行政律法、军事律法、监察制度、工商赋役律法、民事律法、刑事律法、司法制度、监狱制度等多个视角和层面对两宋时期法律制度进行

---

[1] 吕变庭主编：《20世纪以来国外学者宋史研究论著集成（1900—2010）日本编·文献目录卷》，科学出版社，2017。

[2] 〔日〕小川快之：《1980年以来日本宋代法制史研究的课题与现状》，赵晶译，《中国史研究动态》2011年第5期。

[3] 徐道邻：《中国法制史论集》，志文出版社，1975（新潮丛书之22）。

[4] 王云海主编：《宋代司法制度》，河南大学出版社，1992。

[5] 张希清等：《宋朝典章制度》，吉林文史出版社，2001。

[6] 薛梅卿、赵晓耕主编：《两宋法制通论》，法律出版社，2002。

了全面思考。2004 年，朱瑞熙《中国古代政治制度通史》（第六卷　宋代）[1]第六、第七两章介绍了宋代立法、司法和监察制度的基本情况。周密《宋代刑法史》[2] 对宋代司法机构、断狱制度进行了介绍，涉及宋代中央、地方各级司法机关的设置执掌（地方为县、州、监司等，中央为刑部、大理寺和御史台）、司法审级（三级三审制）、司法程序（推鞫、检断、勘结），以及奏谳、翻异等特殊程序等。赵旭《唐宋法律制度研究》[3] 从贯通唐宋的研究视野出发，对于唐宋之际法律体系、十恶、八议、五刑、司法程序、家族特色、赦宥、法司建制等进行了系统讨论。马伯良《宋代的法律与秩序》[4] 以专题形式讨论了宋代犯罪与刑罚、执法机构、执法监察、刑罚体系等问题。戴建国《宋代刑法史研究》[5] 从刑事实体法角度全面介绍宋代刑事立法、刑法原则、刑律体系、主要罪名、刑罚体系、量刑制度、刑罚执行等问题，对于讨论宋代程序性法律规则具有重要参照价值。辻正博《天圣〈狱官令〉与宋初司法制度》[6] 对《狱官令》条文所反映令文变革之时代背景、《天圣令》的编纂方针等进行了制度史角度的分析，为准确认识北宋初年诸多司法制度变革的原因和轨迹提供了帮助。戴建国、郭东旭《南宋法制史》[7] 第四章《南宋司法制度》全面介绍司法机构、诉讼制度、审判制度、恩赦制度、狱政制度、公证制度和司法监督等问题，是关于南宋诉讼法制研究的系统专论，其中，司法制度部分涉及的诉讼、审判、狱政、公证等均与本研究高度关联。苗书梅、郭东旭等《南宋全史（三）》[8] 第四章《南宋法律制度》介绍了南宋刑

---

[1] 朱瑞熙：《中国古代政治制度通史》（第六卷　宋代），白钢主编：《中国古代政治制度通史》，人民出版社，1996。
[2] 周密：《宋代刑法史》，法律出版社，2002。
[3] 赵旭：《唐宋法律制度研究》，辽宁大学出版社，2006。
[4] 〔美〕马伯良：《宋代的法律与秩序》，杨昂、胡雯姬译，中国政法大学出版社，2010。
[5] 戴建国：《宋代刑法史研究》，上海人民出版社，2008。
[6] 〔日〕辻正博：《天圣〈狱官令〉与宋初司法制度》，收入荣新江主编《唐研究》（第14卷），北京大学出版社，2008。
[7] 戴建国、郭东旭：《南宋法制史》，人民出版社，2011。
[8] 苗书梅、葛金芳等：《南宋全史》（三）典章制度卷上，上海古籍出版社，2012。

事诉讼法和民事诉讼法。陈玉忠《宋代刑事审判权制约机制研究》[1] 围绕宋代刑事审判权力制约这一核心命题，论证了宋代审判权限分配机制、审判权运行机制、皇权与行政权制约机制、监察权制约机制、慎刑审判制度、法官责任追究制度等。游彪《宋史：文治昌盛 武功弱势》[2] 第五章"法律体系"专设"诉讼审判制度"一节，对宋代刑事诉讼审判制度（起诉、证据、检验、审判、复审）、民事诉讼审判制度（起诉与受理、证据制度、审判制度）等进行了介绍。

在断代通论型论著之中，多位学者遴选数篇研究论文集结成册，形成宋代法制研究领域系列专著。此类著作突出问题意识，往往涉及宋代诉讼法制在内的多个研究领域。其中，尤以戴建国、郭东旭二位前辈学者用力最勤。戴建国《宋代法制初探》设计"法源""刑罚""制度"三篇，对宋代法律渊源、刑罚体系、司法制度等问题进行了讨论。2019 年，戴氏采撷多年研究所得 26 篇重量级论文，结集推出《宋代法制研究丛稿》，[3] 广泛涉及法律典籍、契约文书、法律制度、家族法、司法案例等。其中，《宋代刑事审判制度研究》《大理寺、审刑院职权与宋代的鞫、谳、议审判机制》《宋代的提点刑狱司》等多篇论文，与本书主题高度关涉。郭东旭《宋朝法律史论》[4] 汇集《论宋朝法律文化特征》等 20 篇学术论文，涉及宋代法律形式、刑事法制、民事法制、司法制度等诸多法律领域，其中关于越诉和《名公书判清明集》的研究，与本课题直接相关。2008 年，郭氏推出《宋代法律与社会》[5] 汇集作者多年关于宋代法制研究论文 20 篇，其中，《宋代诉讼证据辨析》《干证人的法制境遇》《民众争讼中的自残场景》等，对本研究产生重要启发。

---

[1] 陈玉忠：《宋代刑事审判权制约机制研究》，人民出版社，2013。
[2] 游彪：《宋史：文治昌盛 武功弱势》，中信出版集团，2017。
[3] 戴建国：《宋代法制研究丛稿》，中西书局，2019。
[4] 郭东旭：《宋朝法律史论》，河北大学出版社，2001。
[5] 郭东旭：《宋代法律与社会》，人民出版社，2008。

(三) 专题类著作

宋代司法领域还出现了一系列就某一法律问题进行专题式研究的学术成果，其中，围绕讼学、讼师的讨论，成为宋代司法诉讼专题研究的重要议题之一。代表性成果如郭东旭《宋代的诉讼之学》[1] 讨论了江南地区讼学、讼师以及代书人行业的发展，官府对于讼学的态度等问题。刘昕《宋代讼师讼学和州县司法审判研究》[2] 讨论了宋代讼学与讼师形成的时代背景、宋代民间好讼风尚、宋代州县审判之家庭纠纷与诉讼、宋代州县审判之物权、合同纠纷及诉讼等问题。其次，证据规则也是宋代法制专题研究的热点之一。魏文超《宋代证据制度研究》[3] 全面分析了宋代证据立法、证据类型体系、证据的获取、审查与适用以及宋代证据的人文精神等重要命题。栾时春《宋代证据制度研究》[4] 从证据种类、证据调查、证据证明三方面对宋代证据制度进行系统分析。此外，专题类研究重要成果还包括：郑寿彭《宋代开封府研究》[5] 讨论宋代开封府适用管辖、逮捕、拷讯、禁囚、录问、勘验、人证、鉴定、告发、程限、取保、复审、执行等诉讼专题，全面展示了宋代京城司法之面貌。张正印《宋代狱讼胥吏研究》[6] 讨论了宋代狱讼胥吏的形成及其特征，胥吏参与狱讼各个环节事务的具体情况，以及狱讼胥吏的活动对宋朝司法和立法实践所产生的影响。贾玉英《宋代监察制度》[7] 第八章《宋代路级监察研究》从地方监察角度，对宋代转运司、提刑司、提举司等进行了讨论，对于扩展宋代地方诉讼的认识视

---

[1] 郭东旭：《宋代的诉讼之学》，《河北学刊》1988 年第 2 期。
[2] 刘昕：《宋代讼师讼学和州县司法审判研究》，湖南人民出版社，2016。
[3] 魏文超：《宋代证据制度研究》，中国政法大学出版社，2013。
[4] 栾时春：《宋代证据制度研究》，法律出版社，2017。
[5] 郑寿彭：《宋代开封府研究》，"国立"编译馆中华丛书编审委员会，1980。
[6] 张正印：《宋代狱讼胥吏研究》，中国政法大学出版社，2012。
[7] 贾玉英：《宋代监察制度》，河南大学出版社，1996。

野提供了参照。王晓龙《宋代提点刑狱司制度研究》[1] 从宋代提点刑狱司创设背景、发展演变过程；提点刑狱官的选任、政治待遇；提点刑狱司的职能；提点刑狱司与中央、地方各级政府之间的关系；提点刑狱司制度的特点、作用及历史影响等五个方面对宋代提点刑狱司制度进行了深入的研究，对于查明宋代提点刑狱司的司法职能具有参考价值。万川《宋代禁约制度研究》[2] 对宋代禁约的总体架构、主要类型、文本特征和法律特征等进行了探究。

二 宋代诉讼法制研究

（一）诉讼规则研究

本课题所谓诉讼规则，是指涉及起诉、审判、执行诸多程序性规则之总和。以下按照学界通行分类标准，参照上述三项类目，对相关论著分别加以阐释。

1. 告诉规则研究

此类研究以宋代告诉程序为中心，包括诉讼类型、告诉处置、诉权救济等具体问题。代表性研究成果有：戴建国《宋代刑事审判制度研究》[3] 对宋代审判管辖、机构组成、法官回避、审判程序、上诉覆审、死刑复核等基本程序问题进行系统研究，特别关注了宋代地方死刑终审权、覆审规范化、法官分权、基层审判等重要命题。郭东旭《南宋的越诉之法》[4] 重点分析了南宋越诉法的主要内容，对于厘清越诉的类型具有示范意义。柳立言《子女可

---

[1] 王晓龙：《宋代提点刑狱司制度研究》，人民出版社，2008。
[2] 万川：《宋代禁约制度研究》，云南人民出版社，2012。
[3] 戴建国：《宋代刑事审判制度研究》，《文史》第 31 辑，中华书局，1988，收入氏著《宋代法制初探》，黑龙江人民出版社，2000，第 199—245 页。
[4] 郭东旭：《南宋的越诉之法》，《河北大学学报》（哲学社会科学版）1988 年第 3 期。

否告母？——传统"不因人而异其法"的观念在宋代的局部实现》[1] 对《宋刑统》"子告母"禁令的变化以及母触犯特定罪名的处置进行了深入讨论。屈超立《宋代民事案件的上诉程序考述》[2] 通过分析大量宋代民事上诉判例，详尽展示了宋代民事上诉制度中审级、诉因、审理等问题。黄纯艳《宋代登闻鼓制度》[3] 认为登闻鼓机构"隶属于谏院，却无言事的职责，接受诉讼，却非司法机构"，是接受进状，承担沟通民间社会与国家的职责。范忠信《古代中国人民权益损害的国家救济途径及其精神》[4] 对历代"越诉"一般禁令和宋代"越诉法"开创七类特许"越诉"情形进行了分析。范忠信《古代中国人民权益救济体制的廉政监督旨趣》[5] 指出："在理解中国古代的人民权益救济制度和惯例时，应特别注意从这一角度去理解，千万不要简单地等同于近现代法制的'权利救济'"，此于准确把握宋代越诉的法律性质具有重要启示。刘昕《宋代政府对讼师教唆诬告行为的法律规制》[6] 认为在以官方儒学主流意识形态自居的宋代士大夫法官们的眼中，宋代讼学与讼师缺乏存在的合理性、合法性与正当性。士大夫法官们重点打压与规制讼师的教唆、妄诉诬告与事不干己等行为。

2. 审判规则研究

审判是诉讼程序之核心环节，且与逮捕、羁押、调查、证据等重要问题密切关联。代表性研究成果有：季怀银《宋代清理"留狱"活动述论》[7] 讨论了"断绝"与"狱空"的关系，认为"断绝"之制一方面有赏赐，一方面又定有严格的期限，带有强制性；而"狱空"则无这种强制性，只是用优厚

---

[1] 柳立言：《子女可否告母？——传统"不因人而异其法"的观念在宋代的局部实现》，《台大法学论丛》第30卷第6期，2001年11月。
[2] 屈超立：《宋代民事案件的上诉程序考述》，《现代法学》2003年第2期。
[3] 黄纯艳：《宋代登闻鼓制度》，《中州学刊》2004年第6期。
[4] 范忠信：《古代中国人民权益损害的国家救济途径及其精神》，《现代法学》2010年第4期。
[5] 范忠信：《古代中国人民权益救济体制的廉政监督旨趣》，《中外法学》2010年第6期。
[6] 刘昕：《宋代政府对讼师教唆诬告行为的法律规制》，《湖南社会科学》2012年第3期。
[7] 季怀银：《宋代清理"留狱"活动述论》，《中州学刊》1990年第3期。

的赏赐来吸引官吏清理监狱，达到"狱空"目的。陈玉忠《宋代刑事审判权制约机制研究》[1] 分别从刑事审判权运行机制和监察权制约机制两个方面，讨论了宋代"差官录问"和"纠察在京刑狱录问"两个问题。董春林《政治文化重建视阈下的南宋初期诏狱研究》[2] 讨论了南宋初期的法制环境及诏狱实况、个体诏狱与政治文化的融通、群体诏狱与政治运作的媾和、"绍兴更化"与孝宗初年的政治重建等问题，对于全面认识宋代诏狱背后的政治、法律与文化具有重要参考意义。陈佳佳《宋代录问制度考论》[3] 对宋代录问的适用范围、适用程序和实践作用进行了讨论，认为录问制度不仅适用于刑事案件，也适用于民事案件。录问对于防范滥施刑讯和及时纠正冤假错案具有一定的积极意义，不失为民本思想的一种体现。王晓龙等《宋代法律文明研究》[4] 第八章《宋代司法审判中防止权力滥用的责任追究》深入讨论了宋代审判期限、出入人罪、泛滥追证、淹延囚禁、滥用刑讯等行为的法律责任问题。李雪梅《公文中的动态司法：南宋〈给复学田公牒〉和〈给复学田省札〉碑文考释》[5] 则以个案研究路径，通过三通关联密切的南宋公堂刻石所涉及的八份公文和两份判词，讨论了宋代申状、乞请、回复、翻诉、越诉、调查取证、检法、断案等司法环节，多维度展现出一起学田案的前因后续，以及案件了结之繁难。高柯立《"空言"的力量：南宋平江府学田诉讼中的沟通渠道与信息博弈》[6] 又从学田案中的沟通渠道入手，讨论了此案裁判中陈诉、调查取证、裁决和执行等正式沟通渠道，以及府学教授的人际网络和

---

[1] 陈玉忠：《宋代刑事审判权制约机制研究》，人民出版社，2013。
[2] 董春林：《政治文化重建视阈下的南宋初期诏狱研究》，社会科学文献出版社，2017。
[3] 陈佳佳：《宋代录问制度考论》，《政法论坛》2017年第2期。
[4] 王晓龙、郭东旭：《宋代法律文明研究》，人民出版社，2016。
[5] 李雪梅：《公文中的动态司法：南宋〈给复学田公牒〉和〈给复学田省札〉碑文考释》，中国政法大学法律古籍整理研究所编：《中国古代法律文献研究》（第10辑），社会科学文献出版社，2016，第280—301页。
[6] 高柯立：《"空言"的力量：南宋平江府学田诉讼中的沟通渠道与信息博弈》，邓小南主编：《宋史研究诸层面》，北京大学出版社，2020，第637—674页。

豪强越诉等非正式沟通渠道。

3. 执行规则研究

此类研究论著主要涉及宋代刑法原则、罪名体系与刑罚规则等，其中关于刑罚执行中程序性规则的研究，隶属于宋代刑事诉讼法制研究范畴。宋代刑罚执行研究成果主要分为以下三类：其一，专文型研究。学界已对宋代刑罚体系中折杖法、[1] 笞杖刑、[2] 配隶、[3] 凌迟、[4] 赎刑[5]等具体刑名执行问题，进行了一系列专门研究，对于全面认识宋代刑罚执行问题提供了重要参照。其二，专著型研究。代表性成果如周密《宋代刑法史》[6] 第二编"刑统总论"对宋代五刑体系、量刑规则和执行制度等进行了全面论证。戴建国《宋代刑法史研究》[7] 涉及宋代刑罚体系、量刑制度、刑罚执行等问题，其中"刑罚执行制度"一节讨论了刑罚执行常规、主刑执行、从刑执行、赎刑、恩赦和量移等重要问题。魏殿金《宋代刑罚制度研究》[8] 全面论述了宋代刑罚种类

---

[1] 薛梅卿：《北宋建隆"折杖法"辨析》，《中国政法大学学报》1983年第3期；〔日〕川村康：《宋代折杖法初考》，《早稻田法学》第65卷4号，1990年，收入杨一凡、〔日〕寺田浩明编：《日本学者中国法制史论著选》（宋辽金元卷），中华书局，2016，第279—334页；魏殿金：《宋代"折杖法"考辨——兼与薛梅卿先生商榷》，《南京大学法律评论》2003年第1期；吕志兴：《〈折杖法〉对宋代刑罚重刑化的影响》，《现代法学》2007年第5期；魏殿金：《折杖法与唐宋量刑制度的变化》，《齐鲁学刊》2012年第6期；邱志诚：《写在身体上的宋政权成立宣言——折杖法新论》，包伟民、刘后滨主编：《唐宋历史评论》（第四辑），社会科学文献出版社，2018。

[2] 安国楼：《宋代笞杖刑罚制度论略》，《河南大学学报》1991年第1期；郭东旭：《宋代法制研究》，河北大学出版社，1997，第211—221页。

[3] 郭东旭："刺配沙门岛"刍议》，《河北大学学报》1987年第3期；郭东旭：《宋代编管法》，《河北大学学报》（哲学社会科学版）1992年第3期；〔日〕辻正博：《宋代的流刑与配役》，史学研究会《史林》第78号5卷，1995年5月，收入杨一凡、〔日〕寺田浩明编《日本学者中国法制史论著选》（宋辽金元卷），中华书局，2016，第335—352页；魏殿金：《论宋代的"羁管"刑》，《漳州师范学院学报》（哲学社会科学版）2000年第3期；魏殿金：《折杖法与唐宋量刑制度的变化》，《齐鲁学刊》2012年第6期。

[4] 张天禄：《"凌迟"的始末》，《河北法学》1983年第2期；马泓波：《凌迟入律时代考》，《晋阳学刊》2002年第2期；孔学：《论凌迟之刑的起源及在宋代的发展》，《史学月刊》2004年第6期；王晶波：《敦煌文献所见"凌迟"、"陵迟"考——兼及"凌迟"酷刑的起源》，《敦煌学辑刊》2008年第1期；〔美〕马伯良著：《宋代的法律与秩序》，杨昂、胡雯姬译，中国政法大学出版社，2010，第401—405页。

[5] 戴建国：《宋代赎刑制度述略》，《法学研究》1994年第1期。

[6] 周密：《宋代刑法史》，法律出版社，2002。

[7] 戴建国：《宋代刑法史研究》，上海人民出版社，2007。

[8] 魏殿金：《宋代刑罚制度研究》，齐鲁书社，2009。

（五刑、折杖法、编配、资格刑等）、量刑制度（犯罪种类、刑罚减免、数罪并罚等）、刑罚执行（决杖、流役、死刑、编配、易科等）。其三，专章型研究。除专文、专著研究以外，宋代刑罚执行的研究成果，多以相关论著章节形式呈现。郭东旭《宋代法制研究》[1] 第四章"宋代的刑罚制度"讨论了杖刑、编配、刺配和法外酷刑问题。张晋藩《中国法制通史》[2]（第五卷，宋代卷）讨论了宋代五刑、折杖法、刺配、凌迟等刑名，十恶不赦、累犯加重、自首原罪、类推原则等刑罚适用原则。马伯良《宋代的法律与秩序》[3] 从法律与实践层面讨论了宋代刑罚体系的变化，涉及肉刑的恢复、折杖法、刑讯、枷制、死刑等问题。

（二）诉讼理论研究

在宋代诉讼理论方面，陈景良进行了成就卓著的深入耕耘。1989 年陈景良在《两宋法制历史地位新论》[4] 中已对宋代司法机制予以特别关注，《宋代司法传统的现代解读》[5] 一文则对宋代司法传统之司法理念、司法机制、士大夫的时代风尚进行了系统解读。陈氏从宋代士大夫群体入手，对宋人法律观念、德性原则与审判艺术、人文主义与批判精神等进行了深入思考。[6] 此

---

[1] 郭东旭：《宋代法制研究》，河北大学出版社，1997。
[2] 张晋藩主编：《中国法制通史》，法律出版社，1999。
[3] 〔美〕马伯良：《宋代的法律与秩序》，杨昂、胡雯姬译，中国政法大学出版社，2010。
[4] 陈景良：《两宋法制历史地位新论》，《史学月刊》1989 年第 3 期。
[5] 陈景良：《宋代司法传统的现代解读》，《中国法学》2006 年第 3 期。
[6] 按：陈景良认为："中国古代固然不具有专门的职业法学家及西方法学意义上的'法律名流'，但与此相映成趣的是，在 10 世纪末叶到 13 世纪中期中华古老帝国的土地上，却有着一个既饱读四书五经、俨然儒雅，又熟谙律令、工于吏事的知识阶层（或群体），史称之为'士大夫'。这个群体兼章章、经术、史事于一身，融行政、司法、教化于一炉。他们在文化上摄儒释道之精华，言必中当世之过，行必有补于世，尊奉着'此天下，虽一人，吾往也'的精神信念，'乐以天下，忧以天下'，营造着中华文明的真精神。"并将宋代士大夫法律观念归纳为"工吏事晓法律、批判实用和重视权利诉讼"三大方面。陈景良：《试论宋代士大夫的法律观念》，《法学研究》1998 年第 4 期。其他相关成果包括：陈景良《"文学法理，咸精其能"——试论两宋士大夫的法律素养》（上、下），《南京大学法律评论》1996 年第 2 期、1997 年第 1 期；陈景良《试论宋代士大夫司法活动中的人文主义批判之精神》，《法商研究》1997 年第 5 期；陈景良《试论宋代士大夫司法活动中的德性原则与审判艺术——中国传统法律文化研究之二》，《法学》1997 年第 6 期。

外，陈氏还对宋代司法传统、[1] 南宋事功学派法制思想、[2] 宋代司法名物考订、[3] 宋代司法职业化[4]等问题进行了深入讨论。同时，柳立言、刘馨珺等在诉讼理论研究方面亦颇有建树。柳立言《"天理"在南宋审判中的作用》[5] 一文从司法的角度切入，利用《折狱龟鉴》与《名公书判清明集》中的案例，回答了两个问题：一是天理的具体内容为何；二是天理与法律的关系为何，亦即天理对审判有何作用。刘馨珺《论宋代狱讼中"情理法"的运用》[6] 通过《名公书判清明集》判决文以及宋人文集中的判语、书信、墓志和传记等史料，讨论了宋代官僚面对狱讼案牍时，内心所浮现的"情理法"之构图，以及"原情""定法"与"道理"的内涵。

同时，由于宋代商品经济之兴盛与民事法制之进步均远超前代，围绕宋代民事、经济法制实践的研究成果亦新论迭出，其中部分论著涉及宋代诉讼理论问题。如张利《宋代司法文化中的人文精神》[7] 以"人文精神"为核心命题，广泛涉及司法文化、司法理念、保障制度、司法活动和监狱管理等领域，全面展示了人文精神对宋代司法之沁润与渗透。张本顺《宋代家产争讼及解纷》[8] 第三章《宋代法官的家产争讼理念》阐释了宋代法官对于家庭、家族中弱势群体的司法关怀，认为宋代法官承认家产"互诉权"，重视对家

---

[1] 陈景良：《宋代司法传统及其现代意义》，《河南省政法管理干部学院学报》2005年第3期；陈景良：《宋代"法官"、"司法"和"法理"考略——兼论宋代司法传统及其历史转型》，《法商研究》2006年第1期；陈景良：《宋代司法传统的叙事及其意义——立足于南宋民事审判的考察》，《南京大学学报》（哲学·人文科学·社会科学）2008年第4期。

[2] 陈景良：《南宋事功学派法制变革思想论析》，《法律科学》（西北政法大学学报）1992年第1期。

[3] 陈景良：《释"干照"——从"唐宋变革"视野下的宋代田宅诉讼说起》，《河南财经政法大学学报》2012年第6期。

[4] 陈景良：《唐宋州县治理的本土经验：从宋代司法职业化的趋向说起》，《法制与社会发展》2014年第1期。

[5] 柳立言：《"天理"在南宋审判中的作用》，《"中央"研究院历史语言研究所集刊》第84本第2分，2011。

[6] 刘馨珺：《论宋代狱讼中"情理法"的运用》，中国法制史学会、"中央"研究院历史语言研究所主编：《法制史研究》第3期，元照出版公司，2002。

[7] 张利：《宋代司法文化中的人文精神》，河北人民出版社，2010。

[8] 张本顺：《宋代家产争讼及解纷》，商务印书馆，2013。

产细故的处理,在家产争讼方面,形成了务实、通变、能动、衡平的司法理念。高楠《宋代民间财产纠纷与诉讼问题初探》[1] 讨论了田宅、钱债、共财、妆奁、继承等领域的各类纠纷问题,并特别关注了宋代民众在财产争讼中展现的法律观念,对于息讼、厌讼与诉累等问题进了专门研讨。朱文慧《南宋社会民间纠纷及其解决途径研究》[2] 讨论了南宋民间纠纷诉讼解决机制中罪重与刑轻、公义与务实以及情、理、法关系等问题,对于理解以《清明集》为中心的宋代诉讼理论有一定参考价值。李文静《宋代土地交易契约与诉讼研究》[3] 第四章《宋代土地交易契约及诉讼相关理论问题》提出了宋代土地交易诉讼中法理与文化问题,其中涉及契约诚信观念、义利衡平原则和追求正义理念,此于准确认知宋代诉讼审判理论具有一定启发。

(三)诉讼观念研究

宋代是古代诉讼观念剧烈变革的关键时期,围绕传统"健讼""好讼""尚讼""无讼""息讼"等诉讼观念的讨论,构成宋代诉讼法律文化研究的重要组成部分。首先,关于"无讼""息讼""贱讼"思想研究。代表性成果有:徐进《孔子"无讼"辩正》[4] 指出,孔子实现"无讼"理念,主张"采取政治的、经济的、法律的、道德的等多种积极手段,预防、平息百姓的讼争。孔子的'无讼'实际上是预防讼争、消除讼争。"高莽《说息讼》[5] 对"息讼"观念的影响、成因和价值进行了分析,认为"这种观念与现在社会中商品经济的发展和民主法制的健全是不相适应的,新的社会条件客观要求人们具有明确的权利义务观念,主要使用法律手段来解决争纷"。范忠信

---

[1] 高楠:《宋代民间财产纠纷与诉讼问题初探》,云南大学出版社,2009。
[2] 朱文慧:《南宋社会民间纠纷及其解决途径研究》,上海古籍出版社,2015。
[3] 李文静:《宋代土地交易契约与诉讼研究》,法律出版社,2019。
[4] 徐进:《孔子"无讼"辩正》,《齐鲁学刊》1984年第4期。
[5] 高莽:《说息讼》,《比较法研究》1989年第1期。

《贱讼：中国古代法观念中的一个有趣逻辑》[1] 一文精准分析古代贱讼本质，"中国人之'贱讼'，其实并非真正鄙视诉讼，而是害怕诉讼。故'贱讼'实为'恐讼'"。胡旭晟《无讼："法"的失落——兼与西方比较》[2] 讨论了孔子实现"无讼"理想的方法："一是行教化，'以德去刑'；二是倡'和解'，以调息讼。"马作武《古代息讼之术探讨》[3] 归纳了中国古代司法官吏最惯常使用拖延、拒绝、感化以及设置"教唆词讼"罪等息讼之术，认为"这些内容揭示了古代诉讼，尤其是民事诉讼的价值被曲解的基本事实，反映了传统文化对古代司法活动具有不容低估的影响"。郭星华《无讼、厌讼与抑讼——对中国传统诉讼文化的法社会学分析》[4] 认为："作为诉讼的制度基础和实践环境，抑讼力度对诉讼规模同样会产生影响，抑讼力度大则诉讼规模得到控制，民众诉讼偏好弱；抑讼力度小则造成诉讼规模膨胀，民众诉讼偏好强。"柴荣等《传统中国民事诉讼的价值取向与实现路径："息讼"与"教化"》[5] 认为传统中国民事诉讼中地方官员基于"调者"和"判者"身份用教化的方式对"息讼"的追求，是以儒家"中和""无讼"思想为哲学基础。于语和等《家法族规中的"无讼"法律传统》[6] 认为："宋元以后，随着执行和惩罚力度的加强，'无讼'表达的积极劝诫和消极禁止开始同时并存。"其次，关于"尚讼""好讼""健讼"现象研究。代表性成果有：赤城隆治《南宋期の訴訟について——「健訴」と地方官——》[7] 依据《清明集》等文献，对南宋"健讼"主体身份信息和主要构成进行了探究。龚汝富《江西古代"尚

---

[1] 范忠信：《贱讼：中国古代法观念中的一个有趣逻辑》，《比较法研究》1989年第2期。
[2] 胡旭晟：《无讼："法"的失落——兼与西方比较》，《比较法研究》1991年第1期。
[3] 马作武：《古代息讼之术探讨》，《武汉大学学报》（哲学社会科学版）1998年第2期。
[4] 郭星华：《无讼、厌讼与抑讼——对中国传统诉讼文化的法社会学分析》，《学术月刊》2014年第9期。
[5] 柴荣、李竹：《传统中国民事诉讼的价值取向与实现路径："息讼"与"教化"》，《政法论坛》2018年第2期。
[6] 于语和、秦启迪：《家法族规中的"无讼"法律传统》，《江苏社会科学》2018年第3期。
[7] 〔日〕赤城隆治：《南宋期の訴訟について——「健訴」と地方官——》，《史潮》新16，1985。

讼"习俗浅析》[1] 介绍了江西尚讼风气的传统、原因、形式、内容和后果评价等问题。刘馨珺《南宋狱讼判决文书中的"健讼之徒"》对南宋判决书中"健讼之徒"的形象、罪行和活动空间进行了深入讨论,研究表明:"南宋判决文书中的健讼之徒,是懂得法律与打官司流程的顽民、哗徒。他们大致分成两类:一是诉讼案件与本身利益有关联的,二是帮别人或鼓动他人去打官司。"[2] 杜路等《宋代民间好讼之风的成因研究》[3] 从法律逻辑和社会变迁的角度出发,重点分析了宋代好讼之风形成的法律原因和社会原因,认为"宋代经济社会的变革为民风好讼提供了法律逻辑层面的各种条件,同时强调了宋代对民间的管控正处在汉唐社会宗法组织向'宋型社会'的民间基层组织过渡的空白期,因此使政府与民间出现了直接的二元互动关系,形成了民间好讼的风气"。其三,关于"无讼""息讼""厌讼""健讼"之间关系研究。代表性成果有:邓建鹏《健讼与息讼——中国传统诉讼文化的矛盾解析》[4] 指出:"从总体上来看,中国传统诉讼文化中呈现的司法理念充满强烈的贱视词讼、息讼气息,官方的息讼倾向成为顽强的思维定式。其极端表现是将息讼作为对待民事讼案的最高原则,对当事人积极参与讼案进行一味地排斥,而不是根据具体案情权衡考虑是否受理与裁决,并且很少考虑到这种做法可能对社会造成的不良后果。"张文香等《传统诉讼观念之怪圈——"无讼""息讼""厌讼"之内在逻辑》[5] 讨论了无讼、息讼和厌讼的关系,认为"'无讼'是价值观念,属于理想的范畴,'息讼'是历代统治者对'无讼'的利用与强化以及异化,'厌讼'是上述各种因素互动的现实结果,也

---

[1] 龚汝富:《江西古代"尚讼"习俗浅析》,《南昌大学学报》(人文社会科学版)2002年第2期。
[2] 刘馨珺:《南宋狱讼判决文书中的"健讼之徒"》,中南财经政法大学法律文化研究院主编:《中西法律传统》(第6卷),北京大学出版社,2008。
[3] 杜路、马治国:《宋代民间好讼之风的成因研究》,《人文杂志》2014年第5期。
[4] 邓建鹏:《健讼与息讼——中国传统诉讼文化的矛盾解析》,《清华法学》2004年第1期。
[5] 张文香、萨其荣桂:《传统诉讼观念之怪圈——"无讼"、"息讼"、"厌讼"之内在逻辑》,《河北法学》2004年第3期。

是三者之间内在逻辑使然"。杜路《宋代民事法律研究——社会变革视野下的宋代民事法律嬗变及其现代法治价值研究》[1] 分别从宋代"义利观"转变和宋代"新儒学"思想分析了宋代民间"好讼"之风和宋代"法律名流"的"息讼"理念。

（四）诉讼文化研究

此类研究立足宋代时代转型与社会变迁等宏观历史背景，从宗族、家庭、阶层、身份、性别、职业等诸多角度探究宋代法律的某个侧面，特别关注影响法律变化与实践背后的文化因素。在宋代诉讼文化研究领域，柳立言、戴建国、郭东旭等前辈学者无疑是当之无愧的表率人物。柳立言《宋代的家庭和法律》[2] 设置总论、家庭篇、法律篇，对宋代家庭结构、财产关系、身份关系等问题进行了专门解读。同年，柳氏著《青天窗外无青天：胡颖与宋季司法》[3] 透过宋末法官胡颖和他办理的见于《清明集》的90篇案例，对于宋代审判所依据的法令、长官审判前的司法过程（检调、受理、调查和检法）、长官成为青天的条件、司法是否受到外力干扰等问题进行了深入探究。柳氏著《宋代的宗教、身分与司法》分上编"宗教：以佛教为例"和下编"身分：以妾为例"，特别关注僧人和妾的司法问题。作者特别强调："本书是研究司法史而非立法史。两者的不同，是立法史要尽量找出相关的全部法条，并尽可能探究立法的背境和立法者的想法，而司法史的焦点是审判，需要指出司法者面对甚么问题，引用甚么法条，是否正确，有无遗漏，并探讨司法

---

[1] 杜路：《宋代民事法律研究——社会变革视野下的宋代民事法律嬗变及其现代法治价值研究》，中国社会科学出版社，2017。

[2] 柳立言：《宋代的家庭和法律》，上海古籍出版社，2008。

[3] 柳立言：《青天窗外无青天：胡颖与宋季司法》，柳立言主编：《中国史新论——法律史分册 中国传统法律文化之形成与转变》，联经出版事业股份有限公司，2008，第235—282页。

者为何作出如此的判决。"[1] 戴建国《唐宋变革时期的法律与社会》[2] 则从"唐宋变革说"切入,对唐宋时期法律形式、法典修订以及刑罚、奴婢、财产、契约等领域的发展变化进行了专门研究。郭东旭等《宋代民间法律生活研究》[3] 主要考察了宋代民众生活的社会环境和法律环境、民众法律地位和法定权利的变化、民间讼学之兴与好讼之风、民间财产纷争的各种表现形态,官府诫争息讼措施及民众在司法活动中的实际境遇等问题。值得注意的是,宋代女性法律问题研究受到学界特别关注。王扬《宋代女性法律地位研究》[4] 以婚姻、家庭、财产关系、刑事司法为线索,综合考察宋代女性的法律地位与社会生活,并对宋代女性法律地位形成的诸多社会原因进行了分析。许曼《跨越门闾:宋代福建女性的日常生活》第四章"女性与地方政府"讨论了"女性与诉讼",认为:"宋代福建女性与地方政府之间最频繁的接触是通过诉讼案件实现的……尽管有一种显著的行政理念和实践旨在避免女性在公共场所抛头露面,地方政府在行政和司法职能方面仍能为女性利益服务。"[5]

(五)诉讼惯例研究

"从历史上看,在正式规范设立之前,社会关系靠非正式规范来维持,社会运转靠它来保障。"[6] 学界目前关于"惯例"问题的讨论,更多集中于宪法惯例、行政惯例、组织惯例、商事惯例、贸易惯例和国际惯例等,与本书核心命题——宋代诉讼惯例直接关涉者,主要包括以下三类:首先,对于宋代"故事"的讨论。"故事"是传统法制中与惯例或习惯内涵最为

---

[1] 柳立言:《宋代的宗教、身分与司法·序言》,中华书局,2012,第5页。
[2] 戴建国:《唐宋变革时期的法律与社会》,上海古籍出版社,2010。
[3] 郭东旭、高楠、王晓薇、张利:《宋代民间法律生活研究》,人民出版社,2012。
[4] 王扬:《宋代女性法律地位研究》,法律出版社,2015。
[5] 〔美〕许曼:《跨越门闾:宋代福建女性的日常生活》,刘云军译,上海古籍出版社,2019,第171、179页。
[6] 鲁照旺:《制度、惯例与社会变革》,《天津社会科学》2003年第1期,第65—66页。

接近的固有概念。作为特殊的法律类型，清末以来，"故事"受到学界长期关注。[1] 关于宋代"故事"代表性研究成果有：邓小南《祖宗之法：北宋前期政治述略》指出："政治制度史上的所谓'故事'，是政务征引的依据……自赵宋初建，各项政务一旦运转起来，统治者自然而然地显示出对于前朝往例的强烈关心：有更革，有沿袭，也有专门的搜讨讲求。北宋早期的制度仪式，正是在沿革前代故事的基础上初步确立的。"[2] 喻平《论宋代法律体系中的"故事"》[3] 对宋代故事与宋代的政治评价、故事与宋代的决策程序、故事的适用原则、故事的成文法化进行了深入讨论。其次，民事法制领域惯例的讨论。寺田浩明《田面田底惯例的法律性质——以概念性的分析为中心》分析了田面田底惯例的法律性质，认为在宋代以后土地法律规则中存在田面田底特殊惯例，"田面田底惯例的形成与普及，是通过个别形式的积累以及具有物权正当性的佃户耕作的固定化而存在"[4]。青木敦《宋代民事法の世界》[5] 讨论了"宋代における抵当惯行"（宋代抵押抵当习俗）、"地方の惯习と法"（地方习俗和法律）等惯例性规则。上述关于土地法律惯例形成与发展的论断，对于研究诉讼惯例具有重要启发。青木敦《地方法的积聚及其法典化——以五代至宋的特别法为中心》[6] 讨论了宋代特别法对地方习惯的吸纳和反映。再次，宋辽金时期民族习惯法研究。由于宋代先后处于与辽、西夏、金、蒙古等周边少数民族政权并立交融的特殊历史时期，关于同时代民族法制中"习惯""惯例"的研究值得

---

[1] 按：关于"故事"研究学术史回顾，参阅喻平《论宋代法律体系中的"故事"》，《原道》2019年第1期。
[2] 邓小南：《祖宗之法：北宋前期政治述略》，生活·读书·新知三联书店，2006，第376、378页。
[3] 喻平：《论宋代法律体系中的"故事"》，《原道》2019年第1期。
[4] 〔日〕寺田浩明：《权利与冤抑：寺田浩明中国法史论集》，王亚新等译，清华大学出版社，2012，第71页。
[5] 〔日〕青木敦：《宋代民事法の世界》，慶應義塾出版會，2014。
[6] 〔日〕青木敦：《地方法的积聚及其法典化——以五代至宋的特别法为中心》，赵晶译，中国政法大学法律古籍整理研究所编：《中国古代法律文献研究》（第9辑），社会科学文献出版社，2015。

充分重视。张学忠《法制视域下宋代西北边疆民族政策研究》[1] 第三章《宋代法律与"因俗而治"》讨论了宋代"因俗而治"与"汉法治蕃"问题。陈武强《宋代民族法制相关问题研究》[2] 对于宋代民族地区国家法与民间固有法的互动性、纠纷解决机制中的民族性、司法实践中的地域性等问题进行了讨论。对于宋代边疆民族地区"蕃法""夷法"等民间习惯法以及"和断"等纠纷解决机制进行了专门分析。

三 宋代法律文献研究

法律文本是法律史研究的基础，除《宋史》《宋会要辑稿》《续资治通鉴长编》[3]《建炎以来系年要录》《三朝北盟会编》《文献通考》《玉海》等基本文献以外，对《宋刑统》《天圣令》《庆元条法事类》《名公书判清明集》等法律文献的整理与研究，应当给予格外关注。除此以外，鉴于《宋史·刑法志》和《宋会要辑稿·刑法》之重要地位，此处一并介绍其文献整理和研究状况。

（一）《宋刑统》

《刑统》的刊修与行用，是宋代法制最为显著的变化之一，亦为诠释唐宋之际法律形式因革兴替轨迹之例证。作为一类独立法律形式，"刑统"源自晚唐宣宗大中七年（853）颁布的《大中刑律统类》，并由此开辟律、令、格、式、敕混编之立法格局，秦汉以来长期沿袭的律令体系至此颠覆。五代

---

[1] 张学忠：《法制视域下宋代西北边疆民族政策研究》，四川大学出版社，2014。
[2] 陈武强：《宋代民族法制相关问题研究》，中国社会科学出版社，2016。
[3] 按：2020年，胡兴东、刘婷婷《〈续资治通鉴长编〉法律史料辑录》（中国社会科学出版社，2020）系统辑录、整理了《续资治通鉴长编》中的法律史料，对研究北宋法律史提供了重要参考。

后唐、后周皆有编纂《刑统》的记录。[1] 宋太祖建隆四年（963）七月己卯，"判大理寺事窦仪等上《重订刑统》三十卷，《编敕》四卷，诏刊板模印颁天下……仪等参酌轻重，时称详允"[2]。此后，《宋刑统》虽经累朝修订，却具有长期适用的法律效力，北宋名臣扈蒙撰《窦仪墓志》曾言："《刑统》既成，至今垂为大典焉。"[3] 元人胡三省亦曰："《刑统》一书，终宋之世行之。"[4] 宋代以降，围绕《宋刑统》的研究成果代不乏人，著名者如宋人孙奭《律附音义》、[5] 傅霖《刑统赋解》《粗解刑统赋》、元人孟奎《别本刑统赋解》、元沈仲纬《刑统赋疏》[6] 等；清末沈家本著《宋刑统赋序》《刑统赋解跋》《粗解刑统赋跋》《刑统赋疏跋》[7] 等。至于《宋刑统》之刊刻与流传，宋代以后，事迹渐稀，目前以嘉业堂丛书本、民国六年法制局本最早。新中

---

[1] 按：后唐同光二年（924）二月，"刑部尚书卢质奏，纂集《同光刑律统类》凡一十三卷，上之"。[（宋）薛居正等撰：《旧五代史》卷147《刑法志》，中华书局，2015（点校本二十四史修订本），第2286页] 后周显德五年（958）七月七日，"中书门下及兵部尚书张昭远等奏：所编集勒成一部，别有目录，凡二十一卷，目之为《大周刑统》。伏请颁行天下，与律疏令式通行。"（宋）王溥：《五代会要》卷9《定格令》，上海古籍出版社，1978，第149—150页。

[2] （宋）李焘撰，上海师范大学古籍整理研究所、华东师范大学古籍研究所点校：《续资治通鉴长编》卷4"太祖乾德元年七月己卯"，中华书局，1992，第99页。据《宋史·太祖纪》：建隆四年（963）十一月甲子，"有事南郊，大赦，改元乾德"。（元）脱脱等：《宋史》卷1《太祖纪四》，中华书局，1977，第15页。

[3] 郭茂育、刘继保编著：《宋代墓志辑释》，中州古籍出版社，2016，第37页。

[4] （宋）司马光著，（元）胡三省音注：《资治通鉴》卷293"世宗显德四年五月"胡注，中华书局，1956，第9569页。

[5] （宋）孙奭：《律附音义》，上海古籍出版社，1984年影印北京图书馆藏宋刻本。

[6] （宋）傅霖撰，（元）郗口韵释，（元）王亮增注：《刑统赋解》二卷（枕碧楼丛书本）、（宋）傅霖撰，（元）孟奎解：《粗解刑统赋》一卷（枕碧楼丛书本）、（元）佚名撰：《别本刑统赋解》一卷（枕碧楼丛书本）、（元）沈仲纬撰：《刑统赋疏》一卷（枕碧楼丛书本）等四种关于《宋刑统》的疏解，收入杨一凡编《中国律学文献》（第一辑，第一册），黑龙江人民出版社，2004。按：值得注意的是，后世关于傅霖《刑统赋解》的流传谱系似乎更为明朗，薛梅卿指出："在傅霖撰作之后，为该赋作解、疏者为数不少。宋、金、元各代皆有其人。诸如金人李祐之的《删要》（略去《刑统赋》书名，下同），元人程仁寿的《直解》、《或问》，元人练进的《四言纂注》，元人君忠的《精要》，元人张汝楣的《略注》等。其中颇为著名的有北宋东原郗乾祐的《韵释》（元人王亮为之《增注》），元人邹孟奎的《粗解》，元吴中沈仲纬的《疏》等。"薛梅卿：《沈家本对〈宋刑统〉的研究与传播》，《法学研究》1990年第6期，第76页。

[7] （清）沈家本撰，邓经元、骈宇骞点校：《历代刑法考》附《寄簃文存》卷6《序》、卷7《跋》，中华书局，1985。

国成立以后，前辈学者吴翊如、[1] 薛梅卿、[2] 岳纯之[3]等先后对《宋刑统》进行整理和点校，此外，任启珊、[4] 薛梅卿、[5] 郭东旭、[6] 戴建国、[7] 李俊、[8] 冈野诚、[9] 魏殿金、[10] 周密、[11] 侯怡利、[12] 岳纯之、[13] 彭巍[14]等又从源流、定名、作者、版本、体例、校勘、注疏、流布、影响、特征等不同方面，对《宋刑统》文本予以疏证考订，有效推进了《宋刑统》文本研究走向深入，为宋代诉讼规则的研究提供了可以信据的法典文本。目前，《宋刑统》有吴翊如、薛梅卿、岳纯之三家点校本可供采择。

（二）《天圣令》

据《宋会要辑稿》：天圣七年（1029）"五月十八日，详定编敕所上《删修令》三十卷，诏与将来新编敕一处颁行"[15]。1998年，戴建国在浙江宁波天一阁博物馆发现"明抄本"《官品令》残卷。研究表明："天一阁藏所谓《官品令》，正是久已湮没无闻的宋《天圣令》，作者为参知政事吕夷简和大理寺

---

[1] （宋）窦仪等撰，吴翊如点校：《宋刑统》，中华书局，1984。
[2] （宋）窦仪等撰，薛梅卿点校：《宋刑统》，法律出版社，1999。
[3] （宋）窦仪详定，岳纯之校证：《宋刑统校证》，北京大学出版社，2015。
[4] 任启珊：《宋建隆重详定〈刑统〉考略》，《社会科学论丛季刊》第2卷第2期，1935年。
[5] 薛梅卿：《沈家本对〈宋刑统〉的研究与传播》，《法学研究》1990年第6期；薛梅卿：《重新评估〈宋刑统〉》，《南京大学法律评论》1996年第2期。
[6] 郭东旭：《〈宋刑统〉的制定及其变化》，《河北学刊》1991年第4期。
[7] 戴建国：《〈宋刑统〉制定后的变化——兼论北宋中期以后〈宋刑统〉的法律地位》，《上海师范大学学报》（哲学社会科学版）1992年第4期。
[8] 李俊：《〈宋刑统〉的变化及法史料价值探析》，《吉林大学社会科学学报》1998年第5期。
[9] 〔日〕冈野诚：《〈宋刑统〉考——以天一阁旧藏明抄本为中心》，徐世虹译，中国政法大学法律古籍整理研究所编：《中国古代法律文献研究》（第2辑），中国政法大学出版社，2004。
[10] 魏殿金：《点校本〈宋刑统〉补正十五则》，《齐鲁学刊》2002年第6期。
[11] 周密：《宋代刑法史》，法律出版社，2002，第25、27页。
[12] 侯怡利：《〈大周刑统〉考》，《史学汇刊》第25期，2010年6月。
[13] 岳纯之：《论〈刑统赋疏〉及其法学价值》，《政法论丛》2014年第2期。
[14] 彭巍：《〈刑统赋〉注释本与宋元时期的律学转型》，《法治现代化研究》2020年第2期。
[15] 刘琳、刁忠民、舒大刚、尹波等校点：《宋会要辑稿》刑法1之4，第14册，上海古籍出版社，2014，第8215页。

丞庞籍等。"[1] 此次发现可谓石破天惊，并引发海内外学界对于《天圣令》的高度关注。二十年以来，关于《天圣令》的系列研究，作为唐宋法律史学界的热点问题而长盛不衰。戴建国、[2] 兼田信一郎、[3] 大津透、[4] 赖亮郡、[5] 杨晓宜、[6] 黄正建、[7] 冈野诚、[8] 高明士、[9] 李文益、[10] 赵晶、[11] 孟宪实、[12] 侯振兵、[13] 矢越叶子、[14] 郑显文[15]等学者先后对于《天圣令》的制作、颁行、复原等问题进行了深入探讨。其中，又以下述两次大规模专题研究最为瞩目：其一，2008年12月，《唐研究》（第14卷）"《天圣令》及所反映的唐宋制度与社会研究专号"[16] 刊行，收录戴建国、黄正建、孟宪实、大津透、坂上康

---

1 戴建国：《天一阁藏明抄本〈官品令〉考》，《历史研究》1999年第3期，第75页。
2 戴建国：《〈天圣令〉研究两题》，《上海师范大学学报》（哲学社会科学版）2010年第2期；戴建国：《宋〈天圣令〉"因其旧文，参以新制定之"再探》，《史学集刊》2017年第5期；戴建国：《现存〈天圣令〉文本来源考》，中国人民大学历史学院：《唐宋历史评论》2019年第2期。
3 〔日〕兼田信一郎：《關於戴建國發現的天一閣博物館所藏北宋天聖令田令——介紹與初步整理》，《上智史學》44，1999年。
4 〔日〕大津透：《北宋天圣令的公布出版及其意义——日唐律令比较研究的新阶段》，薛轲译，《中国史研究动态》2008年第9期。
5 赖亮郡：《栈法与宋〈天圣令·厩牧令〉三栈羊考释》，中国法制史学会、"中央"研究院历史语言研究所主编：《法制史研究》第15期，元照出版公司，2009。
6 杨晓宜：《北宋缉捕者与逃亡者的法律问题——以〈天圣·捕亡令〉为中心》，《史耘》第14期，2010年6月。
7 黄正建：《〈天圣令〉与唐宋制度研究》，中国社会科学出版社，2011。
8 〔日〕冈野诚：《关于天圣令所依据唐令的年代》，李力译，中国政法大学法律古籍整理研究所编：《中国古代法律文献研究》（第4辑），法律出版社，2011。
9 高明士：《天圣令的发现及其历史意义》，中国法制史学会、"中央"研究院历史语言研究所主编：《法制史研究》第16期，元照出版公司，2010；高明士：《天圣令的发现及其历史意义》，中国政法大学法律古籍整理研究所编：《中国古代法律文献研究》（第4辑），法律出版社，2011；高明士：《"天圣令学"与唐宋变革》，《汉学研究》31卷1期，2013年3月。
10 李文益：《〈天圣令·狱官令〉几条宋令的复原问题》，中国社会科学院历史所隋唐宋辽金元史研究室：《隋唐辽宋金元史论丛》（第二辑），上海古籍出版社，2012。
11 赵晶：《〈天圣令〉与宋代法典研究》，中国政法大学古籍整理研究所：《中国古代法律文献研究》（第五辑），社会科学文献出版社，2012；赵晶：《〈天圣令〉与唐宋史研究》，《南京大学法律评论》2012年第1期；赵晶：《〈天圣令〉与唐宋法制考论》，上海古籍出版社，2014。
12 孟宪实：《论现存〈天圣令〉非颁行文本》，《陕西师范大学学报》（哲学社会科学版）2017年第5期。
13 侯振兵：《试论〈天圣令〉中"专使"的制度规范》，《唐史论丛》2019年第2期。
14 〔日〕矢越叶子：《天一阁藏明钞本天圣令的文献学研究——作为唐令复原的方法之一》，翟银银译，周东平、朱腾主编：《法律史译评》，中西书局，2018。
15 郑显文：《中国古代的法典、制度和礼法社会》，中国法制出版社，2020，第52—139页。
16 荣新江主编：《唐研究》（第14卷），北京大学出版社，2008。

俊、辻正博等专家论文24篇，以及高明士述评论文《评〈天一阁藏明钞本天圣令校证附唐令复原研究〉》1篇、吴刚等撰书评5篇等，广泛涉及《天圣令》文本复原、令文研究、宋初司法、唐宋流刑等诸多问题。其二，在《天圣令》发现十周年之际，由台湾师范大学历史学系主办，唐律研读会与"中国法律史学会"协办的"新史料·新观点·新视角——《天圣令》国际学术研讨会"于2009年11月6、7日召开，同名会议论文集于2011年由元照出版有限公司出版，[1] 收入高明士、戴建国、坂上康俊、丸山裕美子、桂齐逊、辻正博、陈俊强、刘馨珺等海内外学者关于《天圣令》的最新研究成果，代表了《天圣令》研究的国际先进水平。其中，高明士《〈天圣令〉的发现及其历史意义》、戴建国《从〈天圣令〉看唐和北宋的法典制作》、辻正博《〈天圣令·狱官令〉与宋初的刑罚体系》、陈俊强《无冤的追求——从〈天圣令·狱官令〉试论唐代死刑的执行》对于本课题研究具有重要指导意义。此后，郑显文《中国古代的法典、制度和礼法社会》[2] "两宋之际令典的发展变化"又对唐令、《建隆令》《天圣令》《庆元令》等进行了比较研究。目前，《天圣令》常见通行本有二：《天一阁藏明钞本天圣令校证》（天一阁博物馆、中国社会科学院历史研究所天圣令整理课题组校证，中华书局，2006）和《天圣令译注》（高明士主编，元照出版有限公司，2017）。2012年以来，中国社会科学院历史研究所《天圣令》读书班还陆续完成了《天圣令》中《赋役令》《仓库令》《厩牧令》《关市令》《捕亡令》《医疾令》《假宁令》《田令》《狱官令》《营缮令》《丧葬令》诸篇译注工作，发表于中国政法大学法律古籍整理研究所编《中国古代法律文献研究》（第6—13辑）。值得一提的是，由于《天圣令》附载部分唐令，从而将唐代法律体系的复原与研究推向

---

1 台湾师范大学历史学系、中国法制史学会、唐律研读会主编：《新史料·新观点·新视角：〈天圣令论集〉》（上、下册），元照出版有限公司，2011。
2 郑显文：《中国古代的法典、制度和礼法社会》，中国法制出版社，2020。

新的高度。囿于本书研究主题限制，这里主要梳理关于《天圣令》的相关研究成果，对于与之相关的唐令研究暂时予以搁置。

（三）《庆元条法事类》

《庆元条法事类》（又名《嘉泰条法事类》），南宋谢深甫监修，八十卷，附录二卷。据《续编两朝纲目备要》记载：嘉泰二年（1202）八月甲午，"《庆元条法事类》成。（谢深甫等上之。明年七月，诏颁于天下。）"[1]《庆元条法事类》收录庆元以前敕、令、格、式、随敕申明等，今存职制、公吏、刑狱、当赎等十六门，是研究南宋法制发展变化的重要资料。《庆元条法事类》"集庆元二年以前法律之大成，全为宋代律条，且均为施行过的条文。因此，虽然已有残缺，对研究宋代法律方面诸问题仍是任何其它史籍所无法取代的"[2]。梅原郁、[3] 刘国能、[4] 孙继民、[5] 赵彦昌、[6] 谢波、[7] 金荣济、[8] 陈卫兰、[9] 李华瑞、[10]

---

[1] （宋）佚名编，汝企和点校：《续编两朝纲目备要》卷7《宁宗皇帝》"嘉泰二年"，中华书局，1995（中国史学基本典籍丛刊），第127页。按：又据《直斋书录解题》："《嘉泰条法事类》八十卷，宰相天台谢深甫子肃等嘉泰二年表上。初，吏部七司有《条法总类》，《淳熙新书》既成，孝宗诏仿七司体分门修纂，别为一书，以《事类》为名。至是以《庆元新书》修定颁降。此书便于检阅引用，惜乎不并及《刑统》也。"（宋）陈振孙撰，徐小蛮、顾美华点校：《直斋书录解题》卷7《法令类》，上海古籍出版社，1987，第225页。

[2] 孔学：《〈庆元条法事类〉研究》，《史学月刊》2000年第2期，第46页。

[3] 〔日〕梅原郁：《慶元條法事類語彙輯覽》，同朋舍，1990。

[4] 刘国能：《从〈庆元条法事类〉看宋代的文书与文书工作》，《湖南档案》1985年第3期。

[5] 孙继民、张重艳：《宋〈庆元条法事类·州县场务收支历〉考释》，《文史》2008年第1辑。

[6] 赵彦昌、于红滨：《从〈庆元条法事类·文书门〉看南宋的文书档案管理制度》，《浙江档案》2008年第5期。

[7] 谢波：《南宋的归明人法制——以〈庆元条法事类·蛮夷门〉为中心》，《甘肃社会科学》2010年第3期；谢波：《从〈庆元条法事类·蛮夷门〉看南宋民族法制》，《思想战线》2010年第4期。

[8] 〔韩〕金荣济：《试析〈庆元条法事类〉关于运输费的规定》，姜锡东主编：《宋史研究论丛》（第11辑），河北大学出版社，2010。

[9] 陈卫兰：《〈庆元条法事类〉中的四柱结算法及相关术语考释》，《嘉兴学院学报》2011年第5期；陈卫兰：《〈庆元条法事类〉"式"研究》，《台州学院学报》2012年第3期；陈卫兰：《谢深甫与〈庆元条法事类〉——兼谈谢深甫在文化史上的贡献》，《台州学院学报》2013年第2期。

[10] 李华瑞：《〈天盛律令〉修纂新探——〈天盛律令〉与〈庆元条法事类〉比较研究之一》，《西夏学》2013年第1期。

刘双怡、[1] 土肥祐子[2]等学者从法典语汇、法典修纂、法律形式、文书管理、民族法制等不同角度对《庆元条法事类》进行了深入研究。值得一提的是，孔学《〈庆元条法事类〉研究》[3] 论述了宋代编敕体例的变化及《庆元条法事类》的编纂、《庆元条法事类》的内容及编纂特点、《庆元条法事类》的史料价值，从宋代立法编纂体例和发展演进角度，详尽阐释了《庆元条法事类》的内容、特点和价值。目前，《庆元条法事类》通行本为戴建国点校本［收入杨一凡、田涛主编：《中国珍稀法律典籍续编》（第一册），黑龙江人民出版社，2002］。

（四）《名公书判清明集》

《名公书判清明集》（以下省称《清明集》）是汇集南宋真德秀、胡颖、蔡杭、刘克庄等人判牍的汇编。《四库全书总目》曰："《名公书判清明集》，十七卷（永乐大典本），不著撰人名氏，辑宋元人案牍判语，分类编次，皆署其人之别号，盖用《文选》称字之例。然名不甚显者，其人遂不可知矣。其词率以文采俪偶为工，盖当时之体如是也。"[4]《清明集》分官吏、赋役、文事、户婚、人伦、人品、惩恶等门，是研究南宋社会、经济、法制的珍贵史料。由于日本静嘉堂所藏宋刻本流布最早，故仁井田陞、[5] 泷川政次郎、[6] 梅

---

[1] 刘双怡：《西夏与宋盗法比较研究——以〈天盛改旧新定律令〉和〈庆元条法事类〉为例》，《首都师范大学学报》（社会科学版）2013年第5期；刘双怡、李华瑞：《〈天盛律令〉与〈庆元条法事类〉比较研究》，社会科学文献出版社，2018。

[2] 〔日〕土肥祐子：《宋代"乳香"考——兼及〈庆元条法事类〉中的相关内容》，《国际社会科学杂志》（中文版）2016年第3期。

[3] 孔学：《〈庆元条法事类〉研究》，《史学月刊》2000年第2期。

[4] （清）永瑢等撰：《四库全书总目》卷101《子部十一·法家类》，中华书局，1965，第850页下。

[5] 〔日〕仁井田陞：《清明集户婚门の研究》，《東方學報》第四册，1933年，收入杨一凡、〔日〕寺田浩明编《日本学者中国法制史论著选》（宋辽金元卷），中华书局，2016，第386—448页。参阅牟海遗对商务印书馆影印续古逸丛书本《名公书判清明集》的讨论，《图书季刊》第三卷，第十二期，第64—66页。

[6] 〔日〕泷川政次郎：《有关宋代的庆元条法事类（1、2）》，《法学协会杂志》58—10、11，1940年。

原郁、[1] 大泽正昭、[2] 高桥芳郎[3]等日本学者较早开展《清明集》的译注和研究工作。此后，高桥芳郎、[4] 小川快之[5]又先后对日本《清明集》研究学术史进行梳理。1930 年代以来，李祖荫、[6] 牟海遗、[7] 莫家齐、[8] 陈智超、[9] 李贵连、[10] 青木敦、[11] 柳立言、[12] 佐立治人、[13] 王志强、[14] 孔学、[15] 耿元骊、[16] 马伯良、[17] 任

---

[1] 〔日〕梅原郁：《名公书判清明集译注》，同朋舍，1986。
[2] 〔日〕大泽正昭：《胡石壁的"人情"——〈名公书判清明集〉定性分析的尝试》，收入戴建国主编：《唐宋法律史论集》，上海辞书出版社，2007，第 210—231 页。
[3] 〔日〕高橋芳郎：《訳注〈名公書判清明集〉官吏門・賦役門・文事門》，北海道大学大学院、文学研究科，2008。
[4] 〔日〕高橋芳郎：《名公書判清明集》，滋賀秀三编：《中国法制史：基本資料の研究》，東京大学出版会，1993。
[5] 〔日〕小川快之：《1980 年以来日本宋代法制史研究的课题与现状》，赵晶译，《中国史研究动态》2011 年第 5 期。
[6] 李祖荫：《名公书判清明集》，《北大社会科学季刊》第 6 卷 1 号，1936 年第 1 期。
[7] 牟海遗：《名公书判清明集》，《大公报·图书副刊》1936 年 5 月 21 日。
[8] 莫家齐：《从〈名公书判清明集〉看宋朝的继承制度》，《法学杂志》1984 年第 6 期；莫家齐：《南宋土地交易法规述略——〈名公书判清明集〉研究之一》，《现代法学》1987 年第 4 期。
[9] 陈智超：《明刻本〈名公书判清明集〉述略》，《中国史研究》，1984 年第 4 期。
[10] 李贵连、吴正茂：《南宋土地交易法研究——以〈名公书判清明集〉中的土地交易案件为例》，中国法制史学会、"中央"研究院历史语言研究所主编：《法制史研究》第 9 期，元照出版有限公司，2006。
[11] 〔日〕青木敦：《开发·地价·民事法规——以〈清明集〉所见土地典卖关系法为中心》，吴海航译，原刊《待兼山論叢》2006 年第 40 号，第 1—47 页，收入中国政法大学法律史学研究院编《日本学者中国法论著选译》（下），中国政法大学出版社，2012。
[12] 柳立言：《〈名公书判清明集〉的无名书判——研究方法的探讨》，中国政法大学法律整理研究所：《中国古代法律文献研究》（第五辑），社会科学文献出版社，2012。柳立言《南宋的民事裁判：同案同判还是异判》通过考察南宋中晚期三路、四州府和五县五位审理者蔡杭、吴势卿、范应铃、吴革、胡颖做出的立嗣、分产判决高度契合现象，探究了法律、道理和经义、逻辑推理、审判目的、学术背景等因素对南宋民事裁判的深刻影响。柳立言：《南宋的民事裁判：同案同判还是异判》，《中国社会科学》2012 年第 8 期。
[13] 〔日〕佐立治人：《〈清明集〉的"法意"与"人情"——由诉讼当事人进行法律解释的痕迹》，收入杨一凡、〔日〕寺田浩明主编《日本学者中国法制史论著选》（宋辽金元卷），中华书局，2016，第 353—385 页。
[14] 王志强：《〈名公书判清明集〉法律思想初探》，《法学研究》1997 年第 5 期。
[15] 孔学：《〈名公书判清明集〉所引宋代法律条文述论》，《河南大学学报》（社会科学版）2003 年第 2 期。
[16] 耿元骊：《宋代乡村社会秩序与法律运行机制——〈清明集〉所见之乡村诉讼》，《山西大学学报》（哲学社会科学版）2019 年第 6 期。
[17] 〔美〕马伯良著：《宋代竞渡骚乱罪——从〈名公书判清明集〉看法律案件的解决》，戴建国译，《南京大学法律评论》2000 年第 2 期。

大熙、[1] 邓勇、[2] 郭东旭、[3] 唐智燕、[4] 陈锐、[5] 赵晶、[6] 游逸飞[7] 等学者又先后对《清明集》涉及的著录题跋、书判内容、司法制度、社会治理、司法理念等问题进行了广泛而深入的研究。目前，《清明集》通行本为中国社会科学院历史研究所宋辽金元史研究室点校本（中华书局，1987）。

（五）《宋史·刑法志》

自班固《汉书》创立《刑法志》一门，《晋书》《魏书》《隋书》《旧唐书》《新唐书》《旧五代史》《宋史》《辽史》《金史》《元史》《明史》《清史稿》等多部史书均设此篇，其中《宋史·刑法志》厘为三卷，篇幅达三万余字，位列诸志之冠。《宋史·刑法志》系统阐释了两宋法制之梗概，涉及法令、刑制、奏谳、诏狱、疑狱、配役、恩宥等问题，是鸟瞰宋代诉讼法制之重要依据。就史料来源而言，"《宋史·刑法志》抄自马端临《文献通考》刑考部分以及两宋的官私史书"[8]，其中舛谬、杂乱、粗劣、错漏等问题俯拾皆是。除点校本《宋史》进行的校勘以外，前代学人已对其进行了系统整理与

---

[1] 〔韩〕任大熙：《清明集裏面對移的分析》《透過"清明集"來看宋代"對移"制度的實行》，中国政法大学法律史学研究院：《中国优秀传统法文化与国家治理学术研讨会暨庆祝研究院（所/中心）成立三十周年论文集》，2015 年；〔韩〕任大熙：《〈名公书判清明集〉的法律世界》，民俗院，2019。

[2] 邓勇：《论中国古代法律生活中的"情理场"——从〈名公书判清明集〉出发》，《法制与社会发展》2004 年第 5 期。

[3] 郭东旭：《论南宋"名公"的审判精神——读〈名公书判清明集〉有感之一》，原刊中国宋史研究会第七届年会《宋史研究论文集》，云南民族出版社，1997；郭东旭、李婕：《南宋蔡杭法律思想探析——以〈名公书判清明集〉为中心》，姜锡东主编：《宋史研究论丛》（第 8 辑），河北大学出版社，2007。

[4] 唐智燕：《谈谈〈名公书判清明集〉中的数字名》，《文史杂志》2008 年第 2 期。

[5] 陈锐：《宋代的法律方法论——以〈名公书判清明集〉为中心的考察》，《现代法学》2011 年第 2 期。

[6] 赵晶：《〈天圣令〉与唐宋法典研究》，中国政法大学法律古籍整理研究所编：《中国古代法律文献研究》（第 5 辑），社会科学文献出版社，2011；赵晶：《中国传统司法文化定性的宋代维度——反思日本的〈名公书判清明集〉研究》，《学术月刊》2018 年第 9 期。

[7] 游逸飞：《汉代法制研究新取径——以〈二年律令〉与〈名公书判清明集〉的禁赌为例》，《史原》复刊第二期，总第二十三期，2011 年 9 月。

[8] 中国政法大学法律古籍整理研究所编著：《中国历代刑法志注释》，吉林人民出版社，1994，第 369 页。

研究。邱汉平《历代刑法志》[1] 开研究"刑法志"风气之先，搜集《汉书》等正史"刑法志"11篇，补入《后汉书》等无"刑法志"者8篇，并对上述文献进行校勘标点和条目定名工作。邓广铭《宋史刑法志考正》[2] 勘正各类错误百余处，是较早专门整理《宋史·刑法志》的重要学术成果。此后，学界曾组织专家对包括《宋史·刑法志》在内的"刑法志"进行整理。代表性成果如内田智雄主编《译注中国历代刑法志》（正、续编）、[3] 上海社会科学院政治法律研究所编《宋史刑法志注释》《宋史刑法志注释（续集）》[4]、中国政法大学法律古籍整理研究所编著《中国历代刑法志注释》、[5] 梅原郁《訳注中国近世刑法志》[6] 等。其中，顾良辰、张道贵《〈宋史·刑法志〉考异》[7] 以点校本《宋史·刑法志》为底本，征引《续资治通鉴长编》《宋会要》《宋大诏令集》《文献通考》等文献，校订舛误、异文、错漏等120余处。戴建国《中华版〈宋史·刑法志〉辩误》[8] 指出点校通行本《宋史·刑法志》错讹、倒乙、错简、脱文多处。对"刑法志"的标点、校勘、注释、今译等基础性文献研究工作，为准确认识包括诉讼规则在内的宋代法制，提供了基本史料依据。此次研究中涉及《宋史·刑法志》部分，主要依据中华书局1977年点校本。

---

[1] 邱汉平：《历代刑法志》，商务印书馆，1938。商务印书馆曾于1962年、2017年两次再版《历代刑法志》，1988年群众出版社据商务印书馆1962年版翻印。2017年商务印书馆"中国注释法学文库"丛书据1938年版《历代刑法志》重印，基本恢复本书原貌。

[2] 邓广铭：《宋史刑法志考正》，中央研究院：《历史语言研究所集刊》（第20本下册），商务印书馆1948年版。收入氏著《邓广铭全集》（第九卷），河北教育出版社，2003，第228—288页。

[3] 〔日〕内田智雄主编：《译注中国历代刑法志》（正、续编），创文社，1964、1970。

[4] 上海社会科学院政治法律研究所编：《宋史刑法志注释》，群众出版社，1979；上海社会科学院政治法律研究所编：《宋史刑法志注释（续集）》，群众出版社，1982。

[5] 中国政法大学法律古籍整理研究所编著：《中国历代刑法志注释》，吉林人民出版社，1994。

[6] 〔日〕梅原郁：《訳注中国近世刑法志》，创文社，2002。

[7] 顾良辰、张道贵：《〈宋史·刑法志〉考异》，收入中国历史文献研究会《中国历史文献研究集刊》（第三集），岳麓书社，1982，第136—147页。

[8] 戴建国：《中华版〈宋史·刑法志〉辩误》，《古籍整理研究学刊》1990年第6期。

（六）《宋会要辑稿》

《宋会要辑稿》由清代嘉庆年间学者徐松自《永乐大典》辑出，分为帝系、后妃、乐、礼、舆服、仪制、瑞异、运历、崇儒、职官、选举、食货、刑法、兵、方域、蕃夷、道释等17门。内容宏富，卷帙浩繁，堪称宋代史料之渊薮。《宋会要》稿本辑出后历经辗转，经徐松、缪荃孙、屠寄、刘富曾、费有容等人屡次编订，最终形成今本《宋会要辑稿》。其中"缪荃孙、刘承干对于保存《宋会要》徐辑稿功劳巨大，但广雅书局尤其是嘉业堂整理、重编《宋会要》可以说是失败的"[1]。自《宋会要辑稿》问世以来，汤中、[2] 王云海、[3] 青山定雄、[4] 王瑞来、[5] 陈智超、[6] 龚延明、[7] 王蓉贵、[8] 尹波[9]等前辈学者对宋代《会要》的编修、流传以及《宋会要辑稿》成书、校订等问题进行了深入研

---

1 刘琳、刁忠民、舒大刚、尹波等校点：《宋会要辑稿·序言》，第4页。
2 汤中：《宋会要研究》，上海商务印书馆，1932。
3 王云海：《〈宋会要辑稿〉重出篇幅成因考》，《史学月刊》1980年第3期；王云海：《〈永乐大典〉本〈宋会要〉增入书籍考》，《文献》1980年第3期；王云海：《〈宋会要辑稿〉校勘举例》，《河南师大学报》（社会科学版）1980年第5期；王云海：《〈宋会要〉两议》，《河南师大学报》（社会科学版）1982年第4期；王云海：《徐辑〈宋会要〉原稿的"副本"问题》，《河南大学学报》（社会科学版）1983年第4期；王云海：《再校〈宋会要辑稿〉的几点体会》，《史学月刊》1987年第4期；王云海：《藤田抄本〈宋会要·食货·市舶〉考源》，《中州学刊》1990年第2期。
4 〔日〕青山定雄：《宋会要研究备要（目录）序》，聂莲增、王云海译，《河南师大学报》（社会科学版）1981年第3期。
5 王瑞来：《〈宋会要辑稿〉证误——〈职官〉七八宰辅罢免之部》，《史学月刊》1984年第5期；王瑞来：《点校本〈宋会要辑稿〉述评》，《史林》2015年第4期
6 陈智超：《〈宋会要辑稿〉的前世现世和来世》，《历史研究》1984年第4期；陈智超：《从〈宋会要辑稿〉出现明代地名看〈永乐大典〉对所收书的修改》，《史学月刊》1987年第5期；陈智超：《〈宋会要〉食货类的复原》（上、下），《文献》1987年第2、3期；陈智超：《论〈宋会要〉辑本的复文》（上、下），《文献》1988年第3、4期；陈智超：《〈宋会要〉的利用与整理》，《文献》1995年第3期；陈智超：《关于〈新辑宋会要〉整理本的说明》，中国社会科学院历史所隋唐宋辽金元史研究室：《隋唐辽宋金元史论丛》（第五辑），上海古籍出版社，2015；陈智超：《关于〈宋会要〉帝系类帝号门及选举类进士门的说明》，中国社会科学院历史所隋唐宋辽金元史研究室：《隋唐辽宋金元史论丛》（第七辑），上海古籍出版社，2017；陈智超：《三论〈宋会要〉食货类水利门与方域类水利门——并答关树东君》，中国社会科学院历史所隋唐宋辽金元史研究室：《隋唐辽宋金元史论丛》（第八辑），上海古籍出版社，2018；
7 龚延明：《〈宋会要辑稿〉证误》，《文献》1986年第4期。
8 王蓉贵：《浅说〈宋会要辑稿〉记时之误》，《四川大学学报》（哲学社会科学版）1999年第2期。
9 尹波：《中华书局影印本〈宋会要辑稿〉错简析例》，《文史》2013年第3期；尹波：《〈宋会要辑稿〉错简脱漏析例》，《文史》2014年第3期。

究。1930年代以来，海内外学界推出多种《宋会要》研究工具书，[1] 苗书梅、[2] 郭声波、[3] 马泓波[4]等还对《宋会要辑稿》中部分类目内容整理出版。需要指出的是，《宋会要·刑法》又是研究宋代法制及社会最重要的资料之一，原本已佚，目前可资利用者，唯有《宋会要辑稿·刑法》部分。与《宋史·刑法志》相比，《宋会要辑稿·刑法》类目细致，资料翔实，是从事宋代诉讼法制研究的必备文献。在《宋会要辑稿·刑法》的整理、研究中，马泓波用力甚勤，除前述专著《宋会要辑稿·刑法》以外，还有多篇论文刊发，如《〈宋会要·刑法〉类、门、条、卷探析》、[5]《〈宋会要辑稿·刑法〉注、空格探析》[6] 等。2021年，胡兴东等推出《〈宋会要辑稿〉法律史料辑录》，[7] 全面辑录、整理、标点《宋会要辑稿》诸篇法律史料，有利于反映宋代法律制度的变迁、变化、特点等。目前，《宋会要辑稿》通行本有二：影印本《宋会要辑稿》四种（1935年上海大东书局本、1957年中华书局本、1964年世界书局本、1976年新文丰出版公司本）和点校本《宋会要辑稿》（刘琳、刁忠民、舒大刚、尹波等校点，上海古籍出版社，2014）。

（七）其他

此外，尚有《折狱龟鉴》《棠阴比事》《洗冤集录》等宋代法律文献存世，现分述如下。第一，《折狱龟鉴》三卷，宋郑克撰。《直斋书录解题》：

---

[1] 按：如〔日〕江田忠：《徐辑〈宋會要〉稿本目錄》，《京城帝大史學會志》，1936—1939年，9-14號；〔日〕青山定雄：《宋會要研究備要》，東洋文庫，1970；王德毅编：《宋会要辑稿人名索引》，新文丰出版公司，1978；王云海：《宋会要辑稿研究》，河南师大学报编辑部，1984；王云海：《宋会要辑稿考校》，上海古籍出版社，1986；陈智超：《解开〈宋会要〉之谜》，社会科学文献出版社，1995。
[2] 苗书梅等校著：《宋会要辑稿·崇儒》，河南大学出版社，2001。
[3] 郭声波校：《宋会要辑稿·蕃夷道释》，四川大学出版社，2011。
[4] 马泓波点校：《宋会要辑稿·刑法》，河南大学出版社，2011。
[5] 马泓波：《〈宋会要·刑法〉类、门、条、卷探析》，中国政法大学法律整理研究所：《中国古代法律文献研究》（第七辑），社会科学文献出版社，2013。
[6] 马泓波：《〈宋会要辑稿·刑法〉注、空格探析》，四川大学古籍整理研究所、四川大学宋文化研究中心：《宋代文化研究》（第21辑），四川大学出版社，2014。
[7] 胡兴东、蔡燕、唐国昌辑点：《〈宋会要辑稿〉法律史料辑录》，中国社会科学出版社，2021。

"承直郎开封郑克武子撰。初,五代宰相和凝有《疑狱集》,其子水部郎和㠓续为三卷,六十七条。克因和氏之书,分为二十门推广之,凡二百七十六条,三百九十五事。起郑子产,迄于本朝。"[1]《折狱龟鉴》自正史、实录、笔记、文集、墓志之中搜集资料,"依刘向《晏子春秋》,举其纲要,为之目录"[2],设立释冤(上、下)、辩诬、鞫情、议罪、宥过、惩恶、察奸、擿奸、察慝、证慝、钩慝、察盗、迹盗、谲盗、察贼、迹贼、谲贼、严明、矜谨等二十门,计三百九十五事。多数资料注明出处,并附按语详加评注。通行本有《折狱龟鉴译注》、[3]《折狱龟鉴校释》[4] 等。第二,《棠阴比事》一卷,宋桂万荣撰,明吴讷删补。《棠阴比事原序》曾对本书编纂原委有如下交代:"取和鲁公父子《疑狱集》,参以开封郑公《折狱龟鉴》,比事属词,联成七十二韵,号曰《棠阴比事》。"《四库全书总目》言"其书仿唐李瀚蒙求之体,括以四字韵语,便于记读而自为之注。凡一百四十四条,皆古来剖析疑狱之事"[5]。本书通行本有:四部丛刊续编本(商务印书馆,1934;上海书店1984年影印)、朱道初译注本(浙江古籍出版社,2018)等。第三,《洗冤集录》(又名《洗冤录》《宋提刑洗冤集录》)五卷,宋宋慈撰。分为检验总说、验伤、验尸、辨伤、检骨等五十三目,是世界上现存第一部系统的法医学专著。本书通行本有:法律出版社校点本(法律出版社,1958),贾静初点校本(上海科学技术出版社,1981),罗时润、田一民译释本(福建科学技术出版社,1980),杨奉琨校译本(群众出版社,2006)等。

---

1 (宋)陈振孙撰,徐小蛮、顾美华点校:《直斋书录解题》卷7《传记类》,中华书局,1987,第221页。
2 (宋)王应麟撰:《玉海》卷67《刑制》"绍兴折狱龟鉴",中文出版社株式会社,1987(合璧本),第1333页。
3 (宋)郑克撰,刘俊文译注:《折狱龟鉴译注》,上海古籍出版社,1988。
4 (宋)郑克撰,杨奉琨校释:《折狱龟鉴校释》,复旦大学出版社,1988。
5 《四库全书总目》卷101《子部十一·法家类》,中华书局,1965,第849页下。

四　宋代法律体系研究

关于宋代诉讼法律问题的研究，必须对宋人司法审判中适用的各类法律予以必要关注。宋代处于新旧典制嬗变更迭的特殊历史阶段，在立法构造方面，既保留隋唐以来律、令、格、式的既有架构，又结合社会生活实践，创制了诸如编敕、编例、条法事类等新型法律渊源。此处主要关注宋代法律的形式渊源，并对在诉讼活动中适用的各类法律渊源作重点考察。宋代法律体系代表性研究成果有：曾我部静雄《中國律令史の研究》[1] 从宋代法律体系角度讨论了宋代编敕的修纂。徐道邻《宋朝的刑书》[2] 系统介绍了《宋刑统》、《刑统赋》、编敕、宋人法律遗著等，为全面了解宋代法律文献提供了重要参考。陈绍方《略论宋代立法特点》[3] 认为宋代频繁编敕、逐步提升敕的法律地位、勤于编纂综合性法典等立法盛举，对当时和后世都产生了深刻影响。赵旭从中国古代立法发展趋势入手，分析了唐宋之际"律令格式"向"敕令格式"演化的进程。[4] 吕志兴《宋代法律体系与中华法系》[5] 系统阐释了宋代法律体系形成与发展的历史脉络，讨论了律、令、敕、御笔、申明、例等法律形式的概念、特征及相互关系，以及宋代法典体例变化的特点和原因，宋代法律体系与中华法系等问题，是关于宋代法律渊源系统研究的重要论著，提出"'诸法合体'是多种法律形式的合体"这一论断；其后，又在《宋代法律形式及其相互关系》[6] 一文中，对宋代各种法律形式及其相互关系

---

[1] 〔日〕曾我部静雄：《中國律令史の研究》，吉川弘文館，1971。
[2] 徐道邻：《宋朝的刑书》，《东方杂志》复刊第7卷，第8期，1974年2月，收入宋史座谈会《宋史研究集》（第8辑），中华丛书编审委员会，1976，313—346页。
[3] 陈绍方：《略论宋代立法特点》，《暨南学报》（哲学社会科学）1998年第4期。
[4] 赵旭：《唐宋法律制度研究》，辽宁大学出版社，2006。
[5] 吕志兴：《宋代法律体系与中华法系》，四川大学出版社，2009。
[6] 吕志兴：《宋代法律形式及其相互关系》，杨一凡主编：《中国古代法律形式研究》，社会科学文献出版社，2011。

做出进一步阐释。赵宏等《宋代立法中的文明趋向》认为，宋代从适应社会形势发展、度时立法，到立法过程中广泛听取各方意见，博采众议，再到新法推行中态度审慎，先试后行，无不体现出宋代统治阶层懂法、重法、顾及民众权益、注重法令社会效果的人文关怀和统治策略文明趋向。[1] 胡兴东《宋代立法通考》[2] 首次对宋朝国家层次上的立法成就进行了系统梳理，反映了宋朝国家法制建设的成果和特色。重点对宋朝国家法律中的敕、令、格、式立法成果进行了详细考察，对于申明、断例、指挥、看详、条贯、法类、条例、事类、例、断例和判例的研究更属可贵。张春海《中国古代立法模式演进史》[3]（两汉至宋）第六章《宋代的"组织立法"模式》通过对宋代政府部门立法、专职机构立法和奉诏立法、皇权在立法中的作用等问题的讨论，展示了作者对于宋代立法模式与架构的思考。

编敕被认为是宋代最为重要的立法活动，也是学界关于宋代法律形式研究的重点话题。代表性研究成果有：郭东旭《宋代编敕制度述略》讨论了宋代编敕制度，涉及编敕所的创置及其变化、编敕所官员的差遣及其限额、编敕的原则及有关规定、对编敕官吏的奖谕与惩罚等。[4] 孔学等《宋代全国性综合编敕纂修考》讨论了 22 部宋代全国性综合编敕的基本情况和宋代全国性综合编敕机构、宋代编敕的体例及取材。研究表明："连续不断的系统编敕则正适应了因时设法，随时损益的时代发展的要求，可补律之未备和未详，纠律之偏颇，变律之僵化。律、敕有机的结合使用，使宋代法律在保证其稳定性的同时，更具有灵活性和适应性。"[5] 孔学《宋代专门编敕机构——详定编敕所述论》认为："通过对'宣敕'的删、润、编，进行编敕，并在立法建

---

[1] 赵宏、王晓龙：《宋代立法中的文明趋向》，《河北大学学报》（哲学社会科学版）2014 年第 2 期。
[2] 胡兴东：《宋代立法通考》，中国社会科学出版社，2018。
[3] 张春海：《中国古代立法模式演进史》，南京大学出版社，2020。
[4] 郭东旭：《宋代编敕制度述略》，《河北大学学报》1990 年第 3 期。
[5] 孔学、李乐民：《宋代全国性综合编敕纂修考》，《河南大学学报》（社会科学版）1998 年第 4 期，第 11 页。

设上取得了重大成绩,在宋代立法链条上是散敕上升为一般法律的重要环节,同时也是终端环节。"[1]

值得一提的是,作为律令体系以外的新型法律渊源,宋例研究受到学界特别关注。川村康《宋代断例考》[2] 讨论了宋代断例的编纂、运用和弊端,特别关注到断例的补充功能。王侃《宋例辨析》《宋例辨析续》[3] 二文对宋例的性质、地位和作用、宋代指挥等进行了深入研究。刘笃才、杨一凡主编《历代例考》[4] "宋元例考"部分讨论了宋元断例;条例、格例与则例;元代的分例;事例、恩例及特旨等重要问题。吕志兴等《宋例新探》[5] 讨论了宋例的含义、类型、位阶等问题。李云龙《宋例研究》[6] 讨论了宋例概况、司法例(断例)、行政例(条例、格例、则例、事例)以及宋以后例的变化发展及与宋例的比较等。其中"宋代的司法例——断例"一章,对于断例的编修与内容、适用与性质、地位与成因、价值与弊端等进行了深入研究,特别关注到断例在司法审判中对成文法之必要补充和变通价值。胡兴东《宋元断例新考》[7] 对宋朝断例的创制机制、宋朝对断例的法典化编撰、宋朝断例的特征、性质与适用等进行了讨论。2020年,胡氏《宋元断例辑考》[8] 又对宋代断例的类型、分类、编撰、性质和适用等问题,进行了深入讨论。王文涛《宋例与宋代法律体系研究》[9] 对宋例的概念、形式、适用和历史地位进行了讨论。

总体而言,海内外关于宋代诉讼法制问题的研究,主要呈现三种路径:

---

[1] 孔学:《宋代专门编敕机构——详定编敕所述论》,《河南大学学报》(社会科学版)2007年第1期。
[2] 〔日〕川村康:《宋代断例考》,吴海航译,原刊《東洋文化研究所紀要》第126册,1995年,第107—160页,收入中国政法大学法律史学研究院编《日本学者中国法论著选译》(下),中国政法大学出版社,2012。
[3] 王侃:《宋例辨析》,《法学研究》1996年第2期;王侃:《宋例辨析续》,《法学研究》1996年第6期。
[4] 刘笃才、杨一凡主编:《历代例考》,社会科学文献出版社,2012。
[5] 吕志兴、曾友林:《宋例新探》,《现代法学》2017年第3期。
[6] 李云龙:《宋例研究》,花木兰文化出版社,2016。
[7] 胡兴东:《宋元断例新考》,《思想战线》2018年第1期。
[8] 胡兴东:《宋元断例辑考》,社会科学文献出版社,2020。
[9] 王文涛:《宋例与宋代法律体系研究》,中国政法大学出版社,2019。

其一，诉讼法制通史研究。此类著作以中国历代诉讼法制演进问题为中心，其编纂体例分为"历史断代为序"与"法律部门统辖"两类。郁嶷、朱方、张晋藩等学者遵循断代叙事模式，推动宋代诉讼制度研究走向深入。徐朝阳则是以法律部门统辖方式研究诉讼规则之先驱，徐氏开创"诉讼程序中心主义"书写模式，对诉讼法史研究格局产生深远影响。陈顾远、林咏荣、戴炎辉、陈光中、李交发等学者论著，依据法定诉讼程式，融汇历代诉讼史料，构筑诉讼法史之通代架构。其二，宋代法制通论研究。此类论著选择断代法史为研究对象，按照现代法学学科门类，分设刑事、民事、经济、司法等篇章。薛梅卿、戴建国、赵晓耕、郭东旭、肖建新、高桥芳郎、马伯良等学者在该领域进行了卓有成效的探讨。此类成果多在"司法制度"章节专门研究宋代诉讼制度，涉及司法组织、诉讼、审判、证据、复审，恩赦等。此类研究将范围限定于特定时限，在谋篇布局、史料选择、学理论证等方面特色鲜明。其三，宋代诉讼法制研究。此类论著是关于宋代诉讼规则的专门研究。王云海、柳立言、戴建国、陈景良、莫家齐、殷啸虎、刘馨珺、贾文龙、张本顺及日本学者宫崎市定、青木敦、渡边久、梅原郁、平田茂树等曾在该领域发表重要论著。现有研究成果涉及宋代司法领域的若干重大问题，遂使宋代诉讼法制的整体轮廓日趋清晰。此外，关于《宋刑统》《天圣令》《名公书判清明集》等法律文献的研究，则为宋代诉讼法制领域的深入讨论提供了重要支撑。上述研究成果是展开本课题研究的基本依据，为本书的议题选择、谋篇布局和理论阐释提供了重要参照。

然而，现有研究成果在以下方面，仍存在进一步深入讨论的余地：其一，宋代诉讼法制的历史地位尚未厘清。"鼎故革新"是宋代诉讼法制最为重要的特点，但唐、五代法制变迁历程对于宋代诉讼规则的深刻影响，尚未受到应有关注。因此，在"唐宋变革"视阈之下考察宋代诉讼法制，需要进一步强调"贯通唐宋"的研究意识，由此方可查明唐、宋时期诉讼法制延续与变革的真实面貌。其二，宋代诉讼法制文明的内涵研究尚属空白。中国传统诉讼法制文明大致包含诉讼制度、诉讼惯例与诉讼观念等基本元素，唯有从多维度考察诉讼文明之诸多面相，才有可能接近历史本相，进而对传统诉讼法治文明的内在规律和运行机理有所把握。宋代高度重视"祖宗之法""先朝故事""国朝故事"的归纳、阐释和运用，作为宋代"故事"重要组成部分的宋代诉讼惯例，目前尚未得到足够重视。学界对于宋代诉讼规则整体架构和运行规律的认识，亦存在一定局限。其三，宋代法制研究视阈与研究方法亟需完善。宋代法制的研究热点曾先后集中于《清明集》《庆元条法事类》《天圣令》等法律文献之解说，以及越诉、健诉、婚田入务等具体话题的讨论。诉讼规则之中，有关诉讼惯例和诉讼文化的系统研究有待深化。在宋代法制研究中，《宋史》《续资治通鉴长编》《宋会要辑稿》等传世文献的史料价值已经得到充分开掘，宋代碑刻、墓志、方志、诗文、笔记资料却尚未得到有效利用。基于上述理由，本课题拟在全面占有各类史料的基础上，对宋代诉讼法制文明进行全方位、深层次开掘探究。

第三节　研究思路与创新之处

一　研究思路

本课题以宋代诉讼惯例为基本研究对象。所谓诉讼惯例，是指诉讼活动中客观存在的，为官方和民众普遍认同并加以恪守的各类习惯性规则。诉讼惯例根源于律令规定，产生于司法实践，其主要功能在于完善诉讼规则，推动司法进程。惯例（故事、故实、旧例、惯习等）在法律创制、适用和演进中的关键作用，前人早已有所抉示："由惯习进而为惯习法，由惯习法进而为成文法，由单行法进而为法典。发达之顺序，既历历如上所述。虽然，抑又非徒理论上之推想也。"[1] 本书从宋代政治与法律互动关系之研究视角出发，将诉讼惯例置于宋代"祖宗家法"体系架构之内，系统观察和思考宋代诉讼法制文明样态，重点对宋代诉讼惯例问题进行专题研究。具体研究议题的提出及阐释，是学术研究之关键所在。对于具体研究问题的发现、凝练和探究，柳立言已经做出精辟论证："一时代的重要问题，应由当时人而非后人所认定。有些被宋人视为重要的问题，如父子同籍共财，在今日已不重要，同样道理，今日视为重要的问题，如男女平权，在宋代却不一定重要。"[2] 因此，充分关注宋代诏令、奏议、案例等原始文献，发现问题，思考问题、阐释问题，将成为本次研究开展的基本路径。此次研究以《宋刑统》《天圣令》《庆元条法事类》等法典和《折狱龟鉴》《棠荫比事》《名公书判清明集》等判集，《宋史》《续资治通鉴长编》《宋会要辑稿》《文献通考》《建炎以来系年要录》等史籍为基本依据，参考《新出宋代墓志碑刻辑录》《宋代石刻文献全编》《宋代墓志辑释》《宋元方志丛刊》等碑铭、地志资料，重视借鉴宋代考古等相关领域的前沿成果，关注宋代诗词、文集、杂著、笔记中狱讼故事蕴含的文化信息，分析社会不同阶层对于诉讼规则的认知水平。总体而言，课题研究立足中国古代诉讼规则的生成、发达与运行，以两宋时期（960—

---

[1] 蕴华：《论惯习与法律之关系》，《法政杂志》1911年第1卷第7期，第80页。
[2] 柳立言：《宋代法律史研究之史料解构与问题分析》，中国法制史学会、"中央"研究院历史语言研究所主编：《法制史研究》第27期，元照出版有限公司，2015，第292页。柳氏进而对宋史研究中重要议题的资料来源做出详尽阐释："要找出宋代法律的重要问题，优先次序是：一，诏令，虽以皇帝个人的名义颁发，但往往代表皇帝和大臣集体讨论后的综合意见，现成的结集有宋绶等人的《宋大诏令集》和王智勇、王蓉贵主编的《宋代诏令全集》。二，奏议，理论上不是重要的事情，不会上烦圣听，故大部分的奏议应能反映重要的问题，虽不是'全部的'重要问题，现成的有赵汝愚的《宋朝诸臣奏议》和黄淮、杨士奇的《历代名臣奏议》。三，司法案件，是研究社会与法律所必读的，因为它们涵盖的人物和事件可能最多，可惜现存的宋代案件不多，集中在《宋会要辑稿》、《折狱龟鉴》和《名公书判清明集》等几部案例汇编。四，其他官文书，如为数不多的官箴和榜文，大都收入杨一凡的法律文献丛书里。总之，到这四大类史料里寻找问题，当能事半功倍，而且在找到问题的同时，也会找到一定数量的关键词，利用它们到电子全文数据库检索，当能广泛利用各种性质的数据，如笔记小说和地方志，不局限于法律史料，或能避免空有问题却无资料之苦。"柳立言：《宋代法律史研究之史料解构与问题分析》，中国法制史学会、"中央"研究院历史语言研究所主编：《法制史研究》第27期，元照出版有限公司，2015，第292—293页。

1279）为历史剖面，以诉讼文明为研究视阈，以诉讼惯例为具体对象。通过勾勒宋代诉讼法律文明的历史图景，诠释诉讼惯例、诉讼制度、诉讼观念、诉讼文化等元素的交互关系。经由系统考察唐宋时期诉讼规则继受与变革的时代背景、历史轨迹与后世影响，最终查明我国固有诉讼规则之发展规律、适用状态、演进模式、转型格局等，为全面依法治国伟大方略的实现提供理论诠释和历史镜鉴。

二 体系架构

本书分为绪论、总论、各论、结论四部分，合计十六章，47万字，于每章结尾设置"小结"。"绪论"主要介绍选题理由、研究意义、研究现状述评、研究思路和主要创新等。"总论"主要阐释宋代故事之地位功能、诉讼惯例之运行状态和诉讼惯例之因革路径三个问题，是关于宋代诉讼惯例问题之概括描摹。"各论"内容依次为越诉、不干己之诉、赦前事之诉、取会、鞫治、三问、录问、杂治、狱空、雪活、长流、停刑、赐死、骨价等十四个专题。最后为"结论"，通过凝练本书研究结论，形成基本学术观点。在文本架构、资料运用和理论阐释方面，力图做到体系严谨、逻辑严密、资料翔实、说理明晰。

值得注意的是，宋代"诉讼惯例"问题属于诉讼法史研究的新兴领域，前人学术成果相对匮乏，在学术创新与科学论证方面均面临重大挑战。与此同时，本课题"宋代诉讼惯例研究"所涉及的宋代史料卷帙浩繁，其中诉讼资料的搜集与整理方面，需要投入较多时间与精力。课题研究将竭力凸显研究方法之多元与创新，达到法学与社会学、历史学、考古学等学科研究方法有机融合，势必需要在观点提炼、篇目规划、学理阐释等方面进行深入思考。

三 主要创新

第一，选题新颖。目前学界对"诉讼惯例"的关注相对有限，鲜有专门论著问世。具体至宋代诉讼领域，专门研究成果更为稀见。此次研究秉承寻流溯源的研究理念，拟对"诉讼惯例"在宋代的嬗变与运作进行深入讨论，全面探究唐宋之际诉讼规则的继受与变革，尤其关注晚唐、五代典制对宋代立法之深刻影响。探究宋代诉讼规则体系形成、发展和变化的历史脉络；重点关注惯例性规则在宋代诉讼诸多环节之生成、运行和发展基本模式，最终查明中国社会自"中古"转入"近世"之际，"故事"等惯例性规则在法律创制、法律适用、法律实践等领域之地位、功能与价值。

第二，视角宏观。首先，本课题研究注重通史视野与断代特色的紧密结合，从我国数千年诉讼规则变迁的视角观察宋代诉讼惯例问题，尤其关注汉、唐、五代典制对宋代诉讼规则之深远影响。其次，课题研究将诉讼惯例研究置于宋代"祖宗家法"体系之内，通过剖析各类"本朝故事"以及宋代阐释、征引或援用"前朝故典"之内涵、功能和价值，查明宋代以"故事"为代表的各类惯例性规则嬗变和运作的一般规律，进而对作为"故事"族群重要组成部分的"诉讼惯例"进行深入思考。再次，课题研究注重从宏观、中观和微观等不同视野进行专题研究，注意章、节之间的前后照应与相互勾连，在突出问题意识的同时，注重对宋代司法流程进行整体考察。

第三，资料全面。本课题研究依据的资料大致分为传世文献与出土资料两大系列，在传世文献利用方面，除传统史籍以外，尤其注意开掘与利用诏敕、奏议、官箴、方志、笔记、稗史、文集、诗词所见诉讼资料。着力挖掘碑刻、墓铭、方志中蕴含的法律史料，尤其关注《新出宋代墓志碑刻辑录》

《贞珉千秋——散佚辽宋金元墓志辑录》《明止堂藏宋代碑刻辑释（墓志）》、《宋代墓志》《宋代墓志辑释》《江西出土墓志选编》《新中国出土墓志》《石刻史料新编》等宋代墓志、碑刻所蕴含之诉讼法制史料信息，对《乾道临安志》《淳熙新安志》《嘉泰吴兴志》《宝庆四明志》《景定建康志》《延祐四明志》《吴郡志》《琴川志》《仙溪志》等宋元方志所见司法案例进行辑录和分析，并与传世史籍、杂著、笔记、诗词等进行比对参证，力争得出可以信据的结论。

第四，方法多样。课题研究坚持马克思主义法学的基本立场，凸显断代特色与问题意识，重视理论创新与学术传承。广泛借鉴历史学、考古学、社会学等领域关于传统诉讼规则的研究方法与最新成果，进行跨学科综合研究。[1] 具体而言，此次研究在坚持诉讼法学理论架构的基础上，综合汇通"史料考订""二重证据""文史互证""统计分析""个案分析"等研究方法，在宋代法制领域，彰显史学、法学、社会学研究路径之有效沟通。本研究强调学科互补，力求方法多样，最终达到建构宋代诉讼法律文化立体多维图景的研究目的。

---

[1] 按：刘子健指出："历史是各种范围的综合科学。因为各种范围性质不同，除了处理史料的基本原则以外，不见得有多少共同的方法……史学既然是综合性的，最好结合一些其他的学科，至少具备一些有关的知识。"[刘子健：《史学方法、技术、方法和危机》，原刊于《新史学》（创刊号），台北，1990年3月，收入康乐、彭明辉主编：《史学方法与历史解释》，中国大百科全书出版社，2005（台湾学者中国史研究论丛），第120、122页] 具体至法制史研究，其研究方法应包含搜集材料、批评史料以辨其真伪、史料的整理及解释、史论的构成等四个主要步骤。参阅王英生《法制史学的本质及其研究方法》，《安徽大学月刊》1934年第1卷，第7期（法学院专号），第95—99页。

第二章
总　论

"故事者，言旧制如此也。"[1] 古代司法者在诉讼活动中时常遵从惯例、援引"故事"（故实、旧典、典故、旧例、旧制等），一定条件下还可通过创制先例、拟议新制，乃至修订律令，实现立法与司法之良性互动，保障法律规则高效有序运行。因此，关于中国古代诉讼惯例的深入研究，对于全面、客观认识我国传统司法文明之全貌具有重要价值。对于宋代诉讼惯例的深入研究，为还原、厘清、揭示宋代诉讼法制生成、嬗变、运作和革新的历史脉络和客观规律，具有重要意义。"故事"即过往之事，"或是旧日的成例、典章制度，或是旧日的事例，均被日后援以为例"[2]。汉魏以降，故事作为重要的法律形式，即受到格外关注。自清末以来，沈家本、薛允升、程树德（1926）、杨鸿烈（1933）、守屋美都雄（1960）、刘俊文（1985）、邢义田（1986）、黄敏兰（1992）、霍存福（1993）、邓小南（2000）、杨一凡（2002）、吕丽（2002）、闫晓君（2005）、王文涛（2015）、李云龙（2018）、喻平（2019）、戴建国（2020）等学者，曾先后从不同角度对中国古代"故事"给予关注。本书专设"总论"一章，围绕宋代司法活动中以"故事"为代表的各类习惯性规则，通过讨论诉讼实

---

[1] （汉）班固撰，（唐）颜师古注：《汉书》卷80《宣元六王传》，中华书局，1962，第3317—3318页。

[2] 霍存福：《唐故事惯例性论略》，《吉林大学社会科学学报》1993年第6期，第17页。

践中诉讼惯例的地位功能、运作样态和因革兴替，重点考察宋代诉讼惯例、诉讼制度和诉讼文化之相互关系。

第一节　宋代故事之地位功能

一　宋代故事之定名

以"故事"为代表的惯例规则，是宋代社会规则体系的重要组成部分，在政治、经济、军事、法律、文化等诸多方面，发挥着调整各类社会关系的重要作用。作为宋代社会长期传承且广泛适用的习惯性规则，仅《宋会要辑稿》之中，即有帝系、后妃、乐、礼、舆服、仪制、瑞异、运历、崇儒、职官、选举、食货、刑法、兵、方域、蕃夷、道释等17门类提及各类"故事"一千余处，而见于《宋史》《续资治通鉴长编》《文献通考》《建炎以来系年要录》和宋人文集、碑刻墓志的各类"故事"，其数量则以万计。上述各类故事之中，尤以典礼、职官、选举、食货为大宗。

汉代"故事"已大行其道，"汉人称引'故事'时，也用了许多其他不同的名称，但基本性质都是往事旧例"[1]。与之相较，宋代故事之命名，基本遵循以下原则：其一，时代命名法。即以该故事产生的具体时间为命名标准。其中既包括先朝故事，如秦汉故事、两汉故事、汉魏故事、晋宋故事、汉唐故事、五代故事、[2] 前代故事等，也包括本朝故事，如祖宗故

---

[1] 邢义田：《从"如故事"和"便宜从事"看汉代行政中的经常与权变》，收入氏著《治国安邦：法制、行政与军事》，中华书局，2011，第426页。此文乃作者据《汉代"故事"考述》一文增补，原载许倬云等著《劳贞一先生八秩荣庆论文集》，台湾商务印书馆，1986，第371—424页，原刊《秦汉史论稿》，东大图书公司，1987，第333—410页。

[2] 按：讲述、赓续和承用汉唐故事，是五代十国时期值得高度关注的社会现象，何玉红指出："汉唐故事的反复讲述与效法，是五代十国对汉唐统一王朝政治遗产的认同和延续。在改朝换代、兵戎不断这些显而易见的'断裂'现象之下，认同和继承汉唐统治这一点却贯穿于五代十国始终。"何玉红：《汉唐故事与五代十国政治》，《中国社会科学》2021年第4期，第203页。

事、国朝故事、国家故事等。在具有时代标签的各类故事之中，还有部分故事直接以特定年号或年份命名，如先朝故事中的汉宣故事、贞观故事、永徽故事、显庆故事；本朝故事中的太平兴国二年（977）故事、景德故事、庆历故事、嘉祐故事、熙宁元丰故事、庆历元祐故事、元丰故事、元祐七年（1092）故事、绍兴故事、绍兴三十二年（1162）故事、绍熙故事、淳祐故事、景祐建炎庆元故事等。其二，事主命名法。即以该故事形成的核心人物为命名标准。如艺祖故事、章献故事、仁宗故事、光献故事、温成故事、赵普故事、杜衍故事等。上述故事是在特定时期、特定场合，针对特定问题形成的先例，如被后世援引，即具备适用效力。其三，事类命名法。即以特定故事所涉及问题的性质命名。如雁塔题名故事、台省故事、馆阁故事、南郊故事、配祭故事、仪礼故事、封驳故事、视学故事、修史故事、礼乐故事、封赠期亲尊属故事、仁祖开天章阁故事、元祐垂帘故事、祐陵攒宫故事等，不言而喻，此类故事主要作为处置性质相类问题的参照依据。

二　宋代故事之地位

"故事"在宋代国家治理规则体系中占据重要地位，以"祖宗故事"为代表的惯例规则体系，成为宋代君臣治国理政的理论依据和重要依凭。宋人王十朋曾言："若夫参稽典策之训，则有历朝之国典在焉，祖宗之宝训、政要在焉，有司之成法在焉，朝廷之故事在焉。"[1] 可见，国典、宝训、政

---

[1] （宋）王十朋：《宋王忠文公文集》卷1《御试策·试策一道》，四川大学古籍研究所编：《宋集珍本丛刊》影印清雍正刻本，第43册，线装书局，2004，第765页。

要、成法、故事均是构成宋代典章制度的基本元素。[1] 宋人员兴宗认为，故事是保障国家政务运行之核心要素，"人君视细务如视四肢，保故事如保元气。四肢废犹可以活身，元气一坏，吾不知其为人"[2]。因此，宋代形成了进呈故事、汇编故事、行用故事的政治传统。仁宗庆历初，"尝诏儒臣检讨唐故事，日进五条，数喻近臣，以为有补"[3]。元祐二年（1087）文彦博《进汉唐故事》时曰："臣近者窃闻圣旨，令经筵官间日进汉、唐故事各一件，以备御览，有以见圣德，稽古求理之切。臣忝预经筵，固当粗有裨补。辄亦于汉、唐史中节录得数事，缮写进呈，伏望圣慈采览。"[4] 元祐四年（1089）三月甲戌，吏部尚书兼侍读苏颂等奏："'臣等撰进汉、唐故事，得旨分门编修成册进呈。'诏以《迩英要览》为名。"[5] 宋代臣僚所进故事，

---

[1] 按：孔学（1994）、许振兴（1998）、王德毅（1999）、李建国（2009）等学人已对宋代《宝训》《圣政》等进行了深入研究，邓小南指出："自赵宋统治转向守成之后，习读祖宗的'圣政''宝训'，亦随之成为突出而集中的现象……《宝训》《圣政》类著述不是严格意义上的历史记录或史学读本，而是重在政治导向的'祖宗言行录'；其主要目的在于播布祖宗朝的'盛美之事'，传授列祖列宗的治国章法，使得'国朝以圣继圣，传袭一道'。"[邓小南：《〈宝训〉〈圣政〉与宋人的本朝史观——以宋代士大夫的"祖宗"观为例》，北京大学北京论坛办公室：《北京论坛（2005）文明的和谐与共同繁荣——全球化视野中亚洲的机遇与发展："历史变化：实际的、被表现的和想象的"历史分论坛论文集》，第42、43页]邓氏进而指出："追念祖宗之世、推崇'祖宗之法'（'祖宗家法'），是赵宋一朝突出的历史现象。两宋对于'祖宗之法'的强调相当自觉，可以说达到了前所未有的程度。我们讨论宋代中央集权的活力与僵滞、各层级权力结构的分立与集中、'守内虚外'格局的展开、文武制衡关系的形成、官僚机制运作过程中上下左右的维系，乃至赵宋王朝的兴衰，如此等等都会遇到所谓'祖宗之法'。可以说，宋代历史上许多问题的纽结正在这里……宋代的'祖宗之法'既有其僵滞的一面，又有其弹性的一面。既非真正至高无上而不可逾越，亦非一成而绝然不变；其内容既时而有所补充，即在一定程度上对以往的成规定制有所变更。但总体上说，保持纲纪稳定少变，从而保持政治局面乃至整个社会的安定，无疑是宋朝'祖宗之法'的题中之义。"邓小南：《宋代"祖宗之法"治国得失考》，《人民论坛》2013年第16期，第76、79页。

[2] （宋）员兴宗：《九华集》卷11《策·行祖宗故事策》，四川大学古籍研究所编：《宋集珍本丛刊》影印清东武刘喜海嘉荫簃钞本，第56册，线装书局，2004，第256页上。

[3] （宋）叶梦得撰，宇文绍奕考异，侯忠义点校：《石林燕语》卷1，中华书局，1984（唐宋史料笔记丛刊），第11页。

[4] （宋）文彦博：《文潞公文集》卷28《奏议·进汉唐故事》，四川大学古籍研究所编：《宋集珍本丛刊》影印明嘉靖五年刻本，傅增湘校，第5册，线装书局，2004，第398页上。

[5] （宋）李焘撰，上海师范大学古籍整理研究所、华东师范大学古籍研究所点校：《续资治通鉴长编》卷423"哲宗元祐四年三月甲戌"，中华书局，1992，第10232页。按：《玉海》："（元祐）四年三月甲戌（三日），吏部尚书兼侍读苏颂等奏：臣等撰进汉唐故事，得旨分门编修成册进呈，诏以《迩英要览》为名。六月六日颂等进呈凡二十卷，自《修身》至《御戎》六十门。元祐三年十月，讲读官颜复、范祖禹、赵彦若、孙觉、李常、苏轼、苏颂、孙固等奉旨撰。"（宋）王应麟：《玉海》卷54《艺文》"元祐迩英要览"，中文出版社株式会社，1987（合璧本），第1084页。

多由"事例"与"议论"两部分构成，前者概述进呈"故事"的原委梗概，后者论证该"故事"的现实价值。南宋吴泳所著《孝宗施行王弗等所进故事》曾言：

> 我国朝以百代为元龟，以烈祖为宝鉴，前朝事近于治道者，诏儒臣日进五条，庆历故事也。本朝事关治体者，轮侍从日进一两事，建炎故事也。王弗进楚令尹定国是之议，洪适进仁宗朝久任监司之说，乾道间故事也。家法之美，方策具在。群工之奏，开卷了然。善者可师，而不善者可鉴也。然而臣之进故事也，不徒进也，必贵于可行，君之阅故事也，不苟知也，必期于允蹈。若行之不力，蹈之不坚，则虽日进百余，月献万言，但具文而已。更化以来，臣所进故事几二十余篇，皆本朝故实，而不杂以他事。大抵欲陛下法祖敬宗，而以世为天下之法。若夫迪上以非先王之典，则非臣之所以事陛下也。[1]

吴泳奏议不仅历数庆历、建炎、乾道累朝进呈故事事例，更强调朝廷应在施政中遵行、贯彻各类祖宗故事。由此，"采编故事""进呈故事"与"行用故事"成为有宋一代长期行用且备受关注的政治行为。譬如，冯拯曾"采唐文十事为献，所以赞守成之治，露致君之志"[2]。信阳军罗山县令苏澄［元丰五年（1082）卒］"采历代为令者之美政，集为一编，目曰《令长故事》，常法而行之"[3]。而中央和地方各级官吏中以"明习故事""闲练故事""闲练旧典"著称者，则往往成为谙熟政务之楷模典范。如曾公亮"精于法令，

---

[1] （宋）吴泳：《鹤林集》卷15《进御故实·孝宗施行王弗等所进故事》，四川大学古籍研究所编：《宋集珍本丛刊》影印清乾隆翰林院钞本，第74册，线装书局，2004，第417页下。
[2] 郭茂育、刘继保编著：《宋代墓志辑释》，中州古籍出版社，2016，第119页。
[3] 何新所编著：《新出宋代墓志碑刻辑录·北宋卷》（五），文物出版社，2019，第108页。

多知朝廷典章、台阁故事"[1]；富弼"守格法，行故事"[2]，程琳"为人刚决明敏，多识故事"[3]；贾选"详明典故，通达法理"[4]。天圣元年（1023）八月，监察御史曹修古曾上四事："曰行法令、审故事、惜材力、辨忠邪，辞甚切至。"[5] 熟知掌故、洞察旧例和行用故事，是宋代官僚士大夫群体治国理政的重要法门，并对朝廷决策机制的形成产生直接影响。"皇帝和官僚集团在处理行政事务时常常会'检校故事''检讨故事''检寻故事'，从故事中寻找政见的依据。"[6] 可见，累朝创制、援引、行用和厘定的各类故事，是宋代国家治理规则体系的重要构成部分，是当时处理各类政务的基本依据之一。"藉助于祖宗威灵、依赖于经验与传统、注重前世之'故事'与惯例，这样的决策及施政方式，决定了对于祖宗的崇敬总是与其规制举措的仿效绞绕在一起，事实上体现着渊源久远的'人治'与'礼治'、'法治'精神的衔接。"[7]

三　宋代故事之功能

"本朝制度，多循用前代故事。"[8] 宋代异常重视前朝和本朝故事的进呈、编纂和修订，各类故事之适用，遍及宋代政治、经济、文化、军事、外交等诸多方面。囿于本课题研究范围，此处主要关注宋代法律实践中的各类故事。

---

[1] （宋）王称撰，孙言诚、崔国光点校：《东都事略》卷69《曾公亮传》，齐鲁书社，2000（二十五别史），第578页。

[2] （宋）苏轼撰，孔凡礼点校：《苏轼文集》卷18《碑·富郑公神道碑》，中华书局，1986（中国古典文学基本丛书），第533页。

[3] （宋）欧阳修著，洪本健校笺：《欧阳修诗文集校笺》卷30《墓志铭·镇安军节度使同中书门下平章事赠中书令谥文简程公墓志铭》，上海古籍出版社，2009（中国古典文学丛书），第814页。

[4] （宋）谭钥纂修：《嘉泰吴兴志》卷17《贤贵事实下·乌程县》，中华书局编辑部编：《宋元方志丛刊》，中华书局，1990，第4824页上。

[5] （元）脱脱等：《宋史》卷297《曹修古传》，中华书局，1977，第9890页。

[6] 喻平：《论宋代法律体系中的故事》，陈明、朱汉民编：《原道》（第37辑），湖南大学出版社，2019，第225页。

[7] 邓小南：《祖宗之法：北宋前期政治述略》，生活·读书·新知三联书店，2014，第22—23页。

[8] （宋）吴曾：《能改斋漫录》卷12《记事》"公主称"，上海古籍出版社，1979，第360页。

与宋代"故事"风行的传统和现实相互照应,宋代法律"故事"作为"故事"族群之重要部分,广泛存在于立法、执法及司法领域,发挥着创制、补充、修正、完善宋代法律体系的重要作用,最终成为推动宋代诉讼规则变革与发展的力量源泉之一。在立法层面,"故事"构成法律创制之基本依据或参考资料。治平四年(1067)十一月二十七日,"诏群牧判官刘航、比部员外郎崔台符编修群牧司条贯,仍将唐令并本朝故事看详,如有合行增损删定事件,旋奏取旨"[1]。政和元年(1111)二月一日,《设官置吏详定制书诏》曰:"可依熙丰绍圣故事,设官置吏,详定删修。差何执中提举。仍限一年成书。其近降条具元符崇宁去取失当等指挥,更不施行。"[2] 在执法层面,"故事"亦可成为有司推行政令之法律依据。其中,西湖放生池"故事"的形成和适用颇为典型。据元祐五年(1090)四月二十九日苏轼《杭州乞度牒开西湖状》:

> 天禧中,故相王钦若始奏以西湖为放生池,禁捕鱼鸟,为人主祈福。自是以来,每岁四月八日,郡人数万会于湖上,所放羽毛鳞介以百万数,皆西北向稽首,仰祝千万岁寿。[3]

四月八日为释迦牟尼佛诞日,《岁时广记》引《佛运统记》:"姬周昭王二十四年甲寅岁四月八日,中天竺国净饭王妃摩耶氏生太子悉达多。"[4] 王钦

---

[1] (清)徐松辑,刘琳、刁忠民、舒大刚、尹波等校点:《宋会要辑稿》刑法1之6,第14册,上海古籍出版社,2014,第8217页。

[2] (宋)佚名:《宋大诏令集》卷150《政事三·设官置吏详定制书诏》,中华书局,1962,第559页。按:《宋会要辑稿》将此事系于政和元年二月一日,"手诏:神宗皇帝稽古立极,垂裕后世,敕令格式之制,视六经实相表里。而政令有所因革,官司有所建明,宜行修纂,以便遵用。可依熙、丰、绍圣故事,设官置吏详定删修。差何执中提举。仍限一年成书。"《宋会要辑稿》刑法1之24,第14册,第8238页。

[3] 《苏轼文集》卷30《奏议·杭州乞度牒开西湖状》,第864页。按:据《乾道临安志》:"天禧三年六月甲午制:尚书左仆射兼中书门下章事王钦若除太子太保,判杭州。"(宋)周淙纂修:《乾道临安志》卷3《牧守·国朝》,中华书局编辑部编:《宋元方志丛刊》,中华书局,1990,第3240页下。

[4] (宋)陈元靓撰,许逸民点校:《岁时广记》卷20《佛日·生太子》,中华书局,2020,第394页。

若选择此日于西湖放生，为真宗祈福，实乃应天竺慈云法师所请。《佛祖统纪》记载："宰相王钦若出镇钱唐，率僚属诣天竺灵山谒慈云法师遵式，请讲《法华》，叹曰：'此道所未闻，此人所未见也。'即为奏锡天竺旧名。师奏请西湖为放生池，每岁四月八日，郡人会湖上纵鱼鸟，为主上祝寿。"[1] 此后，西湖禁民采捕遂成惯例，并作为西湖管理的重要法律依据，在不同时期得以反复援引。绍兴十三年（1143）五月十九日，工部郎中林又言："'临安府西湖自来每岁四月八日郡人会于湖上，所放羽毛鳞介以百万数……乞检会天禧故事，依旧为放生池，禁民采捕。'从之。"[2] 庆元二年（1196）十月七日，知临安府赵师睪又言："乞检会天禧故事，仍旧以湖为放生池，禁止采捕。"[3] 自天禧四年（1020）而至庆元三年（1197）177 年间，天禧年间王钦若创立的"西湖放生故事"得以长期遵行和反复引证，宋代"故事"在执法层面之地位与效力，可由此窥其一斑。

邓小南指出："宋人心目中的'祖宗之法'，是一动态累积而成、核心精神明确稳定而涉及面宽泛的综合体……其出发点着眼于'防弊'，主要目标在于保证政治格局与统治秩序的稳定。"[4] 具体而言，在宋代诉讼程序中长期承用的各类习惯性规则（故事），则在司法实践中发挥了指导、补充和矫正等重要功能。首先，"故事"是法司行使司法职权、推进诉讼程序的直接法律依据之一，与《刑统》、编敕、令、格、式、条法事类等成文法律，共同构成可供法司援引的规则体系。宋代一贯秉承恪守"祖宗故事"的政治传统，"故事"等惯例性规则可在特定案件中发挥支配作用。部分"故事"最

---

[1] （宋）释志磐：《佛祖统纪》卷 44《法运通塞志十七之十一》，〔日〕高楠顺次郎：《大正新修大藏经》（第 49 册），大正一切经刊行会，1970，第 406 页。

[2] 《宋会要辑稿》刑法 2 之 151，第 14 册，第 8379 页。

[3] 《宋会要辑稿》刑法 2 之 128，第 14 册，第 8356 页。

[4] 邓小南：《祖宗之法：北宋前期政治述略》，第 9 页。

终以"著于令""著为例"[1] 等形式跻身成文法律体系。其次，各类"故事"均形成、适用或嬗变于具体个案之中，经有司或臣僚奏请、君主批准后，成为可以在司法裁判中普遍适用的现行法律规则。法司通过对"故事"的遴选、援引和适用，赋予各类"故事"直接法律效力，从而达到弥补成文法可能存在的陈旧、僵化和缺漏等固有弊病。最后，如果出现君主或臣僚意欲背离或摈弃合法"故事"的情形，以"祖制"名义出现的各类"故事"，则可能在个案中充分发挥矫正功能，以防止人为破坏既有规则的情形出现。由此，"祖宗之法""本朝故事"和"诉讼惯例"之间，在司法层面实现了交融和互通。以"故事"为代表的惯例性规则的继受、运行与变革，充分体现了宋代诉讼惯例赓续不绝、因时制宜、鼎故革新的内在特征。需要注意的是，"故事"等惯例性规则继受、适用、厘革乃至废止，呈现出同时并进、循环往复、相互为用的特有格局。宋人往往在司法实践中创制"故事"，即不断重复进行"故事"的创立、修改、解释和废除。因此，必须整体思考"故事"继受、适用和厘革之间的相互关系。关于诉讼惯例的讨论，必须保持"一体多面"的思维路径，充分注意到"故事"本身产生、运行、嬗变和消亡之间的相互关系，在继受中思考变化，在变化中发现传承。从法令与惯例之相互关系，以及各类惯例的内涵变化、实际运行和规则流变等视角，全面审视宋代诉讼法制的因革损益与运作轨迹。

---

[1] 按：各类典籍中"著为令""著为例"较为常见，兹举二例：《石林燕语》："熙宁中，苏子容判审刑院，知金州张仲宣坐枉法赃，论当死。故事，命官以赃论死，皆贷命杖脊，黥配海岛。苏请曰：'古者刑不上大夫，可杀则杀。仲宣五品，虽有罪得乘车。今杖而黥之，使与徒隶为伍，得无重污多士乎？'乃诏免杖黥，止流岭外，自是遂为例。"(《石林燕语》卷6，第84页）又如《宋史全文》载景定元年六月己未诏："倪垕献羡希赏，再削一官，仍下监司、郡守，今后有许移易窠名辄行献羡者，照祖宗典故行，仍著为令。"(宋）佚名撰，汪圣铎点校：《宋史全文》卷36《宋理宗六》"景定元年六月己未"，中华书局，2016（中国史学基本典籍丛刊），第2894页。

第二节　诉讼惯例之运行样态

为与本书研究主题——"宋代诉讼惯例"求得契合，此处拟将讨论聚焦于司法实践层面，重点关注诉讼程序中，以"故事"为代表的各类习惯性规则的因革与运行，并从诉讼惯例之承用、遴选和变革等角度进行深入讨论。以故事为代表的惯例规则，广泛存在于宋代起诉、证据、禁系、裁判、执行等各诉讼程序。与论题性质、资料状况和研究现状等客观条件相适应，本节拟对纠弹、受案、惩赃、覆奏、恤刑、赦宥领域存在的诉讼惯例进行专门讨论。上述六个专题研究均呈现出鲜明的"故事"特征，既各自独立，又相互照应，共同构成反映宋代诉讼惯例运作模式之"碎金""杂俎"。与此同时，本节内容将与"各论"部分相关专题研究前后接续、彼此勾连，最终达到全面审视宋代诉讼惯例问题的研究目的。

一　纠弹惯例

在古代诉讼程序中，纠弹与纠举、告诉、举告、自首并称为五类告诉方式，其中，纠弹是御史台等监察机关对官吏和豪右势力违法犯罪行为进行的纠举和弹劾，是官纠举之基本途径之一。[1] 在宋代告诉程序之中，"风闻言事"是最值得关注的惯例规则。洪迈《容斋随笔》曾将"风闻言事"的传统溯至晋宋之际："御史许风闻论事，相承有此言，而不究所从来，以予考之，盖自晋、宋以下如此。"[2] 宋代御史纠弹不仅承用先朝故事，并在仁宗朝一度

1　李交发：《中国诉讼法史》，中国检察出版社，2002，第43—47页。
2　（宋）洪迈撰，孔凡礼点校：《容斋随笔·容斋四笔》卷11"御史风闻"，中华书局，2005（唐宋史料笔记丛刊），第768页。

复行唐代"贞观故事"。据欧阳修《归田录》:"御史台故事:三院御史言事,必先白中丞。自刘子仪为中丞,始牓台中:'今后御史有所言,不须先白中丞杂端。'至今如此。"[1] 据《玉海》记载,天圣元年(1023)正月丁亥,刘子仪曾以御史中丞身份与三司使李咨、侍御史王臻"较茶盐矾课岁入登耗,更定其法"[2]。天圣九年(1031)正月癸未,"命中丞刘子仪等与三司议裁减冗费"[3]。因此,刘子仪废除御史言事关白长官旧例,当在此间。

其实,刘子仪所推行的"不须先白中丞杂端"制度,实质是向贞观纠弹故事之理性回归。唐代贞观至长安年间,曾长期奉行御史纠弹不相关白的惯例。长安四年(704)三月,御史大夫李承嘉以弹事不咨大夫,责难台中御史。监察御史萧至忠言:"'故事,台中无长官,御史人君耳目,比肩事主,得各弹事,不相关白。若先白大夫,而许弹则可,如不许弹,则如之何?大夫不知曰谁也。'承嘉默然,而惮其刚直。"[4] 可见,晚至武周末年,御史独立纠弹仍是累朝尊奉且人尽皆知的纠弹惯例。至景龙三年(709)二月二十六日,御史独立纠弹奏事的惯例遭遇重大变化,朝廷规定御史弹劾须经录状、押署、进状等前置程序:"诸司欲奏大事,并向前三日录所奏状一本,先进,令长官亲押,判官对仗面奏。其御史弹事,亦先进状。"[5] 至此,御史完全丧失独立纠弹权力,弹奏之前须履行审查、批准等程序。开元以后,进而要求"弹奏者先谘中丞、大夫,皆通许,又于中书门下通状,先白然后得奏"[6],自此,御史无权专奏,权威大减。两《唐书》在描述唐代御史纠弹时,均有书状、关白、押奏等程序。《旧唐书·职官三》言"凡事非大夫、中丞所劾,

---

1　(宋)欧阳修撰,李伟国点校:《归田录》卷1,中华书局,1981(唐宋史料笔记丛刊),第11页。
2　《玉海》卷181《食货·茶法》"天圣茶法",第3436页。
3　《玉海》卷186《食货·理财》"宋朝三司使",第3509页。
4　(宋)王溥:《唐会要》卷61《御史台中·弹劾》,上海古籍出版社,2006,第1259—1260页。
5　《唐会要》卷25《百官奏事》,第556页。
6　(唐)封演撰,赵贞信校注:《封氏闻见记校注》卷3"风宪",中华书局,2005(唐宋史料笔记丛刊),第24页。

而合弹奏者,则具其事为状,大夫、中丞押奏"[1]。《新唐书·百官三》亦言"凡有弹劾,御史以白大夫,大事以方幅,小事署名而已"[2]。欧阳修《归田录》所言宋代御史言事先白中丞的规则,显然承袭于开元旧制。值得注意的是,安史乱后,唐廷亦曾多次有志恢复贞观纠弹故事。至德元载(756)十月癸未,诏"依贞观故事,御史弹事,不须大夫同署;谏官论事,不须宰相先知"[3]。乾元二年(759)四月壬寅又敕:"御史台欲弹事,不须进状,仍服豸冠。"[4] 大历十四年(779)六月已亥朔,德宗再次强调"宪司弹奏,一依贞观故事"[5]。然而,因客观因素制约,唐代御史纠弹已无法恢复"贞观故事",两《唐书》所记之唐代纠弹规则,实为行用已久之"开元故事"。因此,天圣年间刘子仪恢复和提振御史纠弹权限的做法,实质上是在否定"开元故事"的基础上继受和恢复"贞观故事",更是对唐宋"风闻言事"故事之整理、遴选与适用。

与台谏合一的发展趋势相适应,宋代"风闻言事"惯例的实际运作,呈现出鲜明的时代特色。嘉祐五年(1060)六月乙丑,殿中侍御史吕诲对御史、谏官风闻言事的功能和价值有如下论断:"故事,台谏官许风闻言事者,盖欲广其采纳,以辅朝廷之阙失。"[6] 所谓"风闻",即无须明确交代纠弹信息的真实来源,且存在纠弹指控与事实不符的可能。此时,法令与惯例均强调充分保障台谏官履职权益,免受不法追究。庆历八年(1048)八月,御史

---

[1] (后晋)刘昫:《旧唐书》卷44《职官三》,中华书局,1975,第1862页。

[2] (宋)欧阳修、宋祁:《新唐书》卷48《百官三》,中华书局,1975,第1235页。

[3] (宋)王钦若等编纂,周勋初等校订:《册府元龟》卷64《帝王部·发号令第三》,凤凰出版社,2006,第679页。

[4] 《旧唐书》卷10《肃宗纪》,第255页。

[5] 《册府元龟》卷89《宪官部·赦宥第八》,第980页。按:对德宗初年恢复贞观弹劾惯例搁浅的缘由,《册府元龟》有如是记载:"帝即位之初,侍御史朱敖请复置朱衣豸冠于内廊,有犯者,御史服以弹。帝许之,又令御史得专弹举,不复关白于中丞大夫。至是,张著首行之。乃削郢御史中丞,而著特赐绯鱼袋。自是,悬衣冠于宣政之左廊。然著承杨炎意弹郢,无何,御史张滂复以朋党私衅弹中丞元全柔,众议不直,乃诏御史不得专举。"《册府元龟》卷522《宪官部·私曲》,第5926—5927页。

[6] 《续资治通鉴长编》卷191"仁宗嘉祐五年六月乙丑",第4627页。

何郯以论事不得实，遭遇中书问状。右谏议大夫、权御史中丞杨察进言："御史，故事许风闻；纵所言不当，自系朝廷采择。今以疑似之间，遽被诘问，臣恐台谏官畏罪缄默，非所以广言路也。"[1] 然而，因风闻言事内容是否得体之认定缺乏统一标准，实践中无法彻底禁止挟私报复、恶意劾奏的现象发生。为杜绝拾评琐细、伺察攻讦现象发生，朝廷曾对御史纠弹内容予以适度规范，要求"言事之臣虽许风闻，宜务大体。如事关朝政，无惮极论。自余小过细故，勿须察举"[2]。另一方面，与"风闻言事"传统相适应，宋代禁止台臣逾职言事。大中祥符七年（1014）秋十月丙寅，御史台鞫杀人贼，"狱具，知杂王随请脔割之。上曰：'五刑自有常制，何必为此？'王旦曰：'随司风宪，抨弹自有故事，此非其所宜言。况此贼本情可见，一死亦已极矣。'"[3] 可见，本案中御史台虽奉旨审案，却因御史王随越次进言，遂遭同僚抵制与非议。

此外，宋代御史"纠弹故事"在巡检地方狱政领域亦有所展现。《宋史·职官志》：宋置监察御史六人，"掌分察六曹及百司之事，纠其谬误，大事则奏劾，小事则举正"[4]。据《宋史·吴昌裔传》记载："台臣故事，季诣狱点检。"端平年间（1234—1236），"有争常州田万四千亩，平江亦数百亩，株逮百余人，视其牍，乃赵善湘之子汝櫄、汝梓也，州县不敢决，（监察御史吴）昌裔连疏劾罢之"[5]。至于台臣点检故事的具体内涵，吴昌裔《论赵汝梓兄弟疏》则有所透露："臣按本台令诸御史台每季专委台官一员，躬诣大理寺及应有刑狱去处，点检禁囚淹留不决或有冤滥，并具当职官、职位、姓名

---

[1] 《宋史》卷295《杨察传》，第9856页。
[2] 《东都事略》卷6《仁宗纪二》，第47—48页。
[3] 《续资治通鉴长编》卷83"真宗大中祥符七年秋十月丙寅"，第1899页。
[4] 《宋史》卷164《职官四》，第3871页。
[5] 《宋史》卷408《吴昌裔传》，第12302页。

以闻"[1]，即通过按季巡视诸狱系囚，检举淹滞或冤狱。本案赵善湘乃濮安懿王五世孙，属宗枝近属，"善湘季子汝楳，丞相史弥远壻也"[2]，可见善湘家族权势之盛。然吴昌裔仍据台司惯例，通过巡检狱事纠弹宗室，充分展示了宋代御史纠弹故事的实际运行情况。

二 受案惯例

宋代司法在遵从律令典制规定的基础上，形成了一系列惯例性规则，并在司法实践中发挥实际支配作用。在受案范围、受案标准和受理程序方面，适用诸多前朝或本朝故事。至道元年（995）五月二十八日诏援引汉代故事，要求地方官司依照职权受案，禁止无理越诉：

> 古者二千石不察黄绶，故事丞相府不满万钱，不为移书，所以明慎经制而斥去苛碎，各守职分而不至踰越也。今分建转运之任以按察风俗，州县吏皆文学高第，朝廷慎选。甘棠听讼，固惟旧焉；肺石称冤，安及于此！应诸路禁民不得越诉，杖罪以下县长吏决遣，有冤枉者即许诉于州。[3]

此诏所引两则先朝故事皆有所本，其一，"二千石不察黄绶"源自《汉书·朱博传》中的"欲言县丞尉者，刺史不察黄绶，各自诣郡。（师古曰：丞尉职卑皆黄绶。）"[4] 汉代以二千石指代郡守，司马贞《索隐》："二千石是

---

[1] （明）黄淮、杨士奇编：《历代名臣奏议》卷185《去邪·论赵汝榟兄弟疏》，上海古籍出版社，1989，第2437页上。
[2] 《宋史》卷413《赵善湘传》，第12401页。
[3] 《宋会要辑稿》刑法3之11，第14册，第8398页。
[4] 《汉书》卷83《朱博传》，第3399页。

郡守之秩。《汉官仪》云'其俸月百二十斛。'"¹《汉书·百官公卿表上》："比二百石以上，皆铜印黄绶"²，故黄绶亦作低级官吏之代称。因县丞、县尉职位卑微，不在刺史理问范围之内。其二，"丞相府不满万钱，不为移书"源自《汉书·薛宣传》：汉成帝鸿嘉年间，"宣为相，府辞讼例不满万钱不为移书，后皆遵用薛侯故事"³。刺史不察黄绶、丞相府万钱以下不为移书二则故事，均紧密围绕各级官署受理词讼的法定范围。而诏书所言"甘棠""肺石"二事，则可远溯姬周典制。《诗经·甘棠》有云："蔽芾甘棠，勿翦勿伐，召伯所茇。"笺曰："召伯听男女之讼，不重烦劳百姓，止舍小棠之下而听断焉。国人被其德，说其化，思其人，敬其树。"⁴《周礼·秋官大司寇》："凡远近惸独老幼之欲有复于上而其长弗达者，立于肺石，三日，士听其辞，以告于上，而罪其长。"⁵ 诏敕援引"甘棠""肺石"故事，目的在于禁止民间越诉。总之，至道元年（995）五月二十八日诏援引的前朝司法故事，旨在强调路、州、县各级官司恪尽职守，不逾规矩，依据《狱官令》级别管辖原则，严格落实受案范围和受案标准的相关规定。

在受案程序方面，宋代亦遵循特定惯例规则。《续资治通鉴长编》："故事，府有狱，司录参军必白知府乃敢鞫治。"依照惯例，开封府录事参军受案之前应向知府报告，获得批准方可鞫治。《宋史·职官志》：开封府司录参军一人，"折户婚之讼，而通书六曹之案牒"⁶。即司录参军在主管"田宅、婚

1　（汉）司马迁撰，（宋）裴骃集解，（唐）司马贞索隐，（唐）张守节正义：《史记》卷49《外戚世家》，中华书局，2013（点校本二十四史修订本），第2405页。

2　《汉书》卷19上《百官公卿表上》，第743页。

3　《汉书》卷83《薛宣传》，第3393页。

4　（汉）毛亨传，（汉）郑玄笺，（唐）孔颖达疏，龚抗云等整理：《毛诗正义》卷1之4《甘棠》，《十三经注疏》整理委员会整理：《十三经注疏》，北京大学出版社，2000，第92页。

5　（汉）郑玄注，（唐）贾公彦疏，赵伯雄整理：《周礼注疏》卷34《大司寇》，《十三经注疏》整理委员会整理：《十三经注疏》，北京大学出版社，2000，第1065页。

6　《宋史》卷166《职官六》，第3942页。

姻、债负"[1] 等民事诉讼的同时，通签功曹、仓曹、户曹、兵曹、法曹、士曹等诸曹案牍。开封府司录参军在负责民事案件审判的同时，还拥有处置刑事诉讼的职权。嘉祐六年（1061）十一月庚申，左骐骥使、嘉州防御使、入内都知史志聪"市后苑枯木，私役亲从官，木仆，折足而死"，为殿中侍御史韩缜弹劾，事下开封府审理。"于是多为志聪地者，司录参军吕璹独穷竟之"[2]。因违反受案申报惯例，未向开封知府报告，史志聪落都知，提点集禧观。可见，宋代司法实践中形成的上述惯例规则，成为法定受案程序之细则或补充。

三 惩赃惯例

惩治赃官是宋代司法实践中值得关注的特殊问题，吏治历来被视为治道之本，韩非"明主治吏不治民"的论断，更被历代奉为圭臬。宋代在官吏选拔、任用、考课、迁黜、惩戒等方面形成了较为完备的规则体系，其中，在惩治赃吏方面，历来以重典惩赃著称。然而，两宋司法案例所呈现的景象却与此颇有出入。此处以宋代惩赃故事为中心，讨论该领域规则的变化过程和具体适用。

其一，重赃论死惯例。清人赵翼《廿二史札记》曾言："宋以忠厚开国，凡罪罚悉从轻减，独于治赃吏最严。"[3] 其实，自太祖、太宗以降，宋代赃吏惩治规则却呈现日渐松弛之趋势。考察两宋惩治赃吏政策最为直接的依据，在于赃吏刑罚适用的变化。北宋立国之初，重典治吏，以塞浊源。建隆二年

---

[1] （宋）窦仪详定，岳纯之校证：《宋刑统校证》卷13《户婚律》"婚田入务"准杂令，北京大学出版社，2015，第176页。
[2] 《续资治通鉴长编》卷195"仁宗嘉祐六年十一月庚申"，第4730页。
[3] （清）赵翼撰，王树民校证：《廿二史札记校证》卷24"宋初严惩赃吏"，中华书局，1984，第525页。

(961）四月，严赃吏法，"时商河令李瑶坐赃杖杀，自后赃墨之吏，间有置极刑者"[1]。其后，坐赃弃市者甚众，如大名府主簿郭玘（建隆二年，961）、员外郎李岳、陈偓、殿直成德钧、太子中舍王治（乾德三年，965）、将军石延祚（开宝三年，970）、将军桑进兴、洗马王元吉、侍御史张穆、左拾遗张恂（开宝四年，971）、中允郭思齐、观察判官崔绚、录事参军马德林（开宝六年，973）等，皆因赃罪论死。太宗朝大致沿袭太祖故事，继续执行严惩赃吏既定策略。泗州录事参军徐璧、侍御史赵承嗣、中书令史李知古、詹事丞徐选（太平兴国三年，978）、御史张白（太平兴国六年，981）等因贪赃弃市，然是时"已有戢法曲纵者"，较之太祖朝，惩贪之法已出现松动迹象。总体而言，太祖、太宗两朝形成并行用"重赃论死"惯例，赃官可依法适用死刑。

其二，减死黥配惯例。与"重赃论死"的祖宗故事相比，真宗朝在处置赃官方面最为重要的变化是，开始出现杖流海岛贷死事例。如员外郎盛梁受赃流崖州（咸平六年，1003）、著作郎高清以赃杖脊配沙门岛（大中祥符九年，1016），较祖宗之时，刑罚酷烈程度已大幅减降。仁宗朝进一步宽纵赃吏，"本纪则并杖流之例，亦不复见"。可以认为，真宗、仁宗两朝，已经将"重赃论死"此一祖宗故事改为"减死黥配"，并逐步形成新型"故事"，适用于惩赃领域。神宗朝是宋代惩治赃吏规则进一步松弛的历史时期，熙宁二年（1069），知金州张仲宣巡检金坑，受土人金八两，以受赃论罪。法官坐仲宣枉法赃抵死，"援前比贷死，杖脊、黥配海岛"[2]。此处所援前比，即"法官援李希辅例，杖脊黥配海岛"。对此，《石林燕语》记作"故事，命官以赃论死，皆贷命杖脊，黥配海岛"[3]。显然，赃官减死黥配的故事，是指真

1　(宋)陈均撰，许沛藻等点校：《皇朝编年纲目备要》卷1"太祖皇帝建隆二年"，中华书局，2006（中国史学基本典籍丛刊），第7页。
2　《文献通考》卷167《刑考六·刑制》，第4997页。
3　《石林燕语》卷6，第84页。

宗以来出现的新型惯例规则。围绕对张仲宣的处置，知审刑院苏颂认为，张仲宣所犯可比照恐喝条，应与李希辅案有所区别。神宗提议免杖而黥的处置意见，苏颂进而指出："'古者刑不上大夫，仲宣官五品，今贷死而黥之，使与徒隶为伍，虽其人无可矜，所重者，污辱衣冠耳。'遂免杖黥，流海外，遂为定法。"[1] 张仲宣案的裁断，标志着宋代惩治赃吏的法令进一步趋于宽缓，与宋代多次强调的"严赃吏法"相比，此次"宽赃吏法"影响更为深远，"自是，杖黥之法鲜施于命官矣"[2]。绍圣三年（1096），刑部侍郎邢恕等奏请"'讲述祖宗故事，凡自盗，计赃多者，间出睿断，以肃中外。'诏：'今后应枉法自盗，罪至死、赃数多者，并取旨。'"[3] 总之，北宋关于死罪赃吏的处置原则，大致经历了依法论死——杖脊黥配——流放岭外的演进轨迹。

其三，止流岭外惯例。经由张仲宣案形成的止流岭外"故事"，成为后来处置死罪赃官的基本准则。绍兴年间曾申严真决赃吏法，"令三省取具祖宗故事，有以旧法弃市事上者"。此处所引"祖宗故事"，显然是宋初赃吏论死惯例。高宗对此质疑："何至尔耶？但断遣之足矣。贪吏害民，杂用刑威，有不得已，然岂忍置缙绅于死地邪？"[4] 所谓"断遣"则是神宗以后免除黥面、杖脊的流放之制。可见，南宋初年完全继受了神宗朝赃吏"止流岭外"故事，宋初"赃吏论死"故事已被视作"旧法"而显得不合时宜。北宋后期确立的贷死流放惯例，已经成为南宋处置赃吏的惯常准则。如《皇宋中兴两朝圣政》记载："朝议取宣谕官所劾赃吏，择最重者一人，用祖宗故事决之。应问前知华亭县，与池州贵池县丞黄大本皆系狱。刑部言：'应问犯自盗，赃六十三匹，大本犯枉法，赃一百四十五匹，比之应问数多。'乃令应问先次依法拟断。"绍兴四年（1134）九月丁未朔，"右奉议

---

[1]《宋史》卷340《苏颂传》，第10861页。
[2]《皇朝编年纲目备要》卷18"神宗皇帝熙宁二年"，第425页。
[3]《宋史》卷201《刑法三》，第5019页。
[4]《宋史》卷200《刑法二》，第4991—4992页。

郎吕应问贷死，除名，化州编管"[1]。此例中"祖宗故事"已与"依法拟断"直接对应，其具体内容则是免死除名，僻远安置。与此同时，宋代对犯赃贷配之人，产业应籍没入官。绍兴四年（1134）二月壬午，"诏赃罪至死者，方籍其资"[2]。

宋代实施宽宥赃吏的刑事政策，进一步刺激了贪赃犯罪的蔓延，此于南宋不同时期发布的"严赃吏法"诏令可以获得证明。建炎四年（1130）八月、绍兴六年（1136）六月、绍兴二十六年（1156）九月、隆兴元年（1163）二月、乾道二年（1166）九月等，朝廷曾多次下诏"严赃吏法"。而见于宁宗、理宗两朝的相关史料，则较为清晰地展示了宋末赃污风气之盛。嘉定十六年（1223）春正月戊申，严赃吏法，"诏命官犯赃，毋免约法"[3]。淳祐五年（1245）三月庚子，诏严赃吏法，"仍命有司举行彭大雅、程以升、吴淇、徐敏子纳贿之罪。准淳熙故事，戒吏贪虐、预借、抑配、重催、取赢"[4]。简而言之，南宋处置死罪赃吏故事，基本因循贷死流放"故事"。为保全士大夫阶层体面而不断降格的量刑标准，并未博取官僚阶层的理解使之自律，反而在一定程度上导致赃污犯罪更趋泛滥。

其四，举主降秩惯例。宋代荐举官吏犯赃，举主应承担相应连带责任。英宗治平三年（1066），枢密直学士知泰州李参所举人坐赃，"故事当责知小州。英宗方倚参守边，但令夺官"[5]。依据当时惯例，举主李参应降职任用，具体降职标准，应为降职三等。据《建炎以来朝野杂记》："保任京官犯赃连坐，旧制

---

[1] （宋）佚名撰，孔学辑校：《皇宋中兴两朝圣政辑校》卷16《高宗皇帝十六》"绍兴四年九月丁未"，中华书局，2019（中国史学基本典籍丛刊），第481页。
[2] （宋）李心传撰，辛更儒点校：《建炎以来系年要录》卷73"绍兴四年二月壬午"，上海古籍出版社，2018，第1241页。
[3] （宋）佚名编，汝企和点校：《续编两朝纲目备要》卷16《宁宗皇帝》"嘉定十六年"，中华书局，1995（中国史学基本典籍丛刊），第301页。
[4] 《宋史》卷43《理宗纪三》，第832页。
[5] （宋）周必大撰，王瑞来校证：《周必大集校证》卷134《奏议一·同侍从台谏议权罢举主改官状》，上海古籍出版社，2020，第2109页。

也。"南宋淳熙、绍熙年间，均有因荐官赃贿，牵连举主事例。淳熙初，"钱师魏参知政事，会其所举者以贿败，上疏自劾，诏特镌三官。吏部因以他举官名闻，皆坐降秩"[1]。绍熙元年（1190）十月，前相赵雄所举以赃抵罪，"用故事，当削三秩。雄时为使相，若降三秩，则应落衮钺为银青光禄大夫，朝廷难之。于是自卫国公降封益川郡公，削其食邑二千而已"。宋代国公为从一品，郡公为正二品，故赵雄实质仅降秩一级而已。其后周必大连坐，"亦自益国公降封荥阳郡公，盖用雄例云"[2]。可见，朝廷对于赵雄的处断，已与"特镌三官"故事有别，而对于降封赵雄的连坐处罚，也成为处理类似问题的先例。可见，惯例规则本身不断变化的基本特征，于宋代惩赃规则一隅，可以得到充分证明。

四 覆奏惯例

死刑覆奏是中国古代最为重要的司法程序之一。在法律用语中，"覆"经常是作为详察、审查之意。除了覆奏以外，也常见按覆、审覆等。覆奏之意，当为审查与奏闻，并非反覆、重复之禀奏。"由于人命关天，人死不可复生，必须慎之重之。因此，五刑中唯有死刑才需要在执行前增加此道复核程序。"[3] 中国古代死刑复核制度由来已久，其渊源可溯至曹魏之际，明帝青龙四年（236）六月壬申规定，除谋反、杀人罪外，其余死刑案件必须上奏皇帝："其令廷尉及天下狱官，诸有死罪具狱以定，非谋反及手杀人，亟语其亲治，有乞恩者，使

---

[1] （宋）李心传撰，徐规点校：《建炎以来朝野杂记》甲集卷8《杂事》"保任京官连坐"，中华书局，2000（唐宋史料笔记丛刊），第163页。
[2] 《宋史全文》卷28《宋光宗》"绍熙元年十月"，第2385页。
[3] 陈俊强：《唐前期的死刑覆奏》，《中国史学》第23卷，2013年10月，第81页。按：仇加勉、王平原也发表过与之相近的观点："死刑的覆奏制度之'覆'并非仅是'反复'奏报，更重要的是覆核、审察。也正因为死刑覆奏制度重在覆核、审察，它才能在慎刑与防止错案上起到这一制度本身应该起到的慎刑与防止错案的作用。"仇加勉、王平原：《"复奏"、"覆奏"考辨》，《首都师范大学学报》（社会科学版）2007年第4期，第48页。

与奏当文书俱上,朕将思所以全之。"[1] 宋武帝大明七年(463)四月甲子诏:"自非临军战陈,一不得专杀。其皋甚重辟者,皆如旧先上须报,有司严加听察。犯者以杀人皋论。"[2] 从"如旧先上须报"一节可知,刘宋死刑奏报必有所本,当为魏晋旧制之遗风。北魏太武帝规定:"诸州国之大辟,皆先谳报乃施行。"[3] 死刑复核、覆奏制度设计之初衷,在于体现儒家恤刑与慎刑精神,"官司覆奏时,主要着眼于犯人是否情在可矜,而不是案情的虚实或者律条的轻重"[4]。与此同时,魏晋以降构建的死刑复核制度,加强了中央对于司法审判权力的制约与掌控,并成为隋唐时期死刑覆奏规则完善的重要基础。

隋唐时期,刑决奏报程序更趋规范。开皇十二年(592),隋文帝"以用律者多致踳驳,罪同论异。诏诸州死罪不得便决,悉移大理案覆,事尽然后上省奏裁"[5]。更为重要的是,隋朝在前代死刑奏报制度基础上创立三覆奏制度。开皇十六年(596)八月丙戌,"诏决死罪者,三奏而后行刑"[6]。显然,隋朝"三奏行刑"构成唐代死刑覆奏的直接历史渊源。贞观五年(631)八月二十一日诏:"死刑虽令即决,仍三覆奏,在京五覆奏。以决前一日二覆奏,决日三覆奏,惟犯恶逆者,一覆奏。著于令。"[7] 十二月丁亥又制:"决死刑,二日中五覆奏,下诸州三覆奏行之,其日尚食勿进酒肉,皆令门下覆鞫。有据法当死而情有可矜者,录状奏闻。"[8] 至此,死刑案件京师五覆奏、

---

[1] (晋)陈寿:《三国志》卷3《魏书三》,中华书局,1959,第107页。
[2] (梁)沈约:《宋书》卷6《孝武帝纪》,中华书局,2018(点校本二十四史修订本),第142页。
[3] (北齐)魏收:《魏书》卷111《刑法志》,中华书局,2017(点校本二十四史修订本),第3130页。
[4] 陈俊强:《唐代死刑发展的几个转折》,法律史研究室主编:《中华法理的产生、应用与转变——刑法志、婚外情、生命刑》("中央"研究院历史语言研究所会议论文集之二十),"中央"研究院历史语言研究所,2019,第236页。
[5] (唐)魏徵等撰:《隋书》卷25《刑法志》,中华书局,2019(点校本二十四史修订本),第790页。
[6] 《隋书》卷2《高祖纪下》,第45页。
[7] 《唐会要》卷40《君上慎恤》,第840页。
[8] 《册府元龟》卷151《帝王部·慎罚》,第1682—1683页。按:陈玺指出:"对于贞观五年死刑覆奏的具体确定时间大致可以作这样的推断:太宗因张蕴古案要求所司恤刑慎杀,于贞观五年八月二十一日初定死刑三覆奏,后因法司未及详审,覆奏制度流于形式之故,又于同年十二月丁亥确定京师死刑决前五覆奏、诸州三覆奏,恶逆以上犯罪一覆奏。并将覆奏制度编著于令,遂为定制行用。"陈玺:《唐代诉讼制度研究》,商务印书馆,2012,第263页。

诸州三覆奏制度正式载入令典，后世所言唐代死刑覆奏制度，多奉"贞观故事"为圭臬，而唐代覆奏制度的最终定型，显然与魏晋以来的历次革新举措一脉相承。

然而，作为"贞观故事"的死刑覆奏制度，其实际运行与前后变化却与令文精神存在相当距离，并对后世死刑复核制度产生深刻影响。唐代前期搁置、略省死刑覆奏的情况已较为常见。如意元年（692）六月，万年主簿徐坚上疏曰："臣闻书有五听之道，虑失情实也。今著三覆之奏，恐致虚枉也。窃比见有敕勘当反逆，令使者得实便决杀。"[1] 若言武周时期覆奏虚置缘于酷吏政治等特殊因素，则开元盛世之际的臣僚奏议，是死刑覆奏制度流于形式的真实反映。据开元二十四年（736）裴耀卿《论夷州刺史杨浚决杖表》："杂犯死法，本无杖刑，奏报三覆，然后行决。今非时不覆，决杖便发。"[2] 安史之乱以后，唐廷曾有恢复"贞观故事"之志，多次重申恢复死刑覆奏制度。肃宗乾元三年（760）闰四月己卯诏："自今已后，其有犯极刑者，宜命本司依旧三覆。"[3] 可见，死刑覆奏之废弛当已有时日。自德宗朝始，死刑覆奏制度进入简化改革的历史阶段。据建中三年（782）十一月十四日敕，原京师死刑五覆奏改为三覆奏，诸州三覆奏改为二覆奏："应决大辟罪，自今以后，在京者，宜令行决之司三覆奏，决前两覆，决日一覆；在外者，所司两覆奏，仍每覆不得过三日。余依令、式。"[4] 元和四年（809）正月诏则将在京死刑人犯"事迹凶险"者覆奏缩减为一次："自今以后，在京诸司应决死囚者，不承正敕，并不在行决之限。如事迹凶险，

1　《册府元龟》卷543《谏诤部·直谏第十》，第6212页。
2　（宋）李昉等：《文苑英华》卷619《刑法三·论夷州刺史杨浚决杖表》，中华书局，1966，第3208页。
3　《册府元龟》卷151《帝王部·慎罚》，第1685页。按：《册府元龟》此条与《新唐书》所记为同一事，唯《新唐书》文字略省：上元元年闰四月己卯，"复死刑三覆奏。"（《新唐书》卷6《肃宗纪》，第163页）乾元三年即上元元年，据《旧唐书·肃宗纪》：乾元三年闰四月己卯，"以星文变异，上御明凤门，大赦天下，改乾元为上元。"《旧唐书》卷10《肃宗纪》，第259页。
4　《宋刑统校证》卷30《断狱律》"决死罪"，第413页。

须速决遣，并特敕处分者，宜令一度覆奏。"[1] 同年二月，京兆府以"京邑浩穰，庶务烦剧。擒奸戮盗，事实寻常。若一罪一刑动须覆奏，不惟惧于留狱，实亦烦于圣览"为由，奏请"'强盗、窃盗并犯徒以下罪，请准建中三年及天宝十四载敕处分。其余罪犯，经有司准按者，请准今年正月敕处分。'从之"[2]。由此，京师强盗及窃盗赃满三疋以上者，并集众决杀，唯死因"事迹凶险"者一覆奏，死刑覆奏适用范围遭到进一步压缩。有研究指出："宋人郑克曾一度误认为唐制县令有全权断决死罪的权力，主要是因为如果按照'三覆五奏'之法，逐级上报，再逐级下放，必然迁延时日。"[3] 因此，覆奏可能引发的滞狱淹系问题，在唐代长期且客观存在。与此同时，君主特旨排除覆奏程序，是造成覆奏制度难于运行的又一关键因素。大和四年（830）十月诏："自今已后，有特决囚不令覆奏者，有司亦须准故事奏覆。"[4] 显而易见，死刑覆奏制度在实践中难于贯彻的最大干扰，正来自君主制敕对"覆奏故事"之随意变乱。研究表明："基于别敕裁断的重杖、痛杖处死案件，往往在发布之时即包含无须覆奏的明确表态。立即处死命令的发布者和覆奏裁量的施行者均为皇帝本人，在作出杖杀决断之际，帝王往往已经对死刑覆奏的终极权力进行了抉择和处分，以致原本作为成例的覆奏制度反倒需由诏敕再次明确，中晚唐死刑覆奏制度的扭曲运行，正可作为封建君主恣意变乱法度的典型例证。"[5] 后唐天成二年（927）六月十二日，大理少卿王郁引据贞观五年（631）八月二十一日敕、建中三年（782）十一月十四日敕和《唐律疏议·断狱》"决死罪"条，并结合当时覆奏全面废弛的现状，提出在洛阳恢复死刑二覆奏的建议：

---

[1] 《册府元龟》卷151《帝王部·慎罚》，第1685页。
[2] 《册府元龟》卷612《刑法部·定律令第四》，第7071页。
[3] 赵旭：《唐宋死刑制度流变考论》，《东北师大学报》（哲学社会科学版）2005年第4期，第75页。
[4] 《册府元龟》卷151《帝王部·慎罚》，第1686页。
[5] 陈玺：《唐代诉讼制度研究》，商务印书馆，2012，第274页。

> 伏以人命至重，死不再生，近年以来，全不覆奏，或蒙赦宥，已被诛夷，伏乞敕下所司，应在京有犯极刑者，令决前、决日各一覆奏，听进止。有凶逆犯军令者，亦许临时一覆奏。应诸州府乞别降敕命指挥。奉敕："宜依"。[1]

王郁奏议获得朝廷采纳，并于六月二十日降敕颁行，"祇为应在洛京有犯极刑者覆奏，其诸道已降旨命，准旧例施行"，即恢复一覆奏敕令的适用范围仅限于京师地区，其他府州概不适用。"今详西京所奏，尚未明近敕兼虑诸道，有此疑惑，故令晓谕。"[2]

通过对唐、五代死刑覆奏制度兴废厘革的系统考察可知，贞观死刑覆奏制度之实际执行状况颇可怀疑。其中固然存在有司懈怠、官吏舞弊等因素，而覆奏规则本身存在的程序烦琐、系囚淹留，甚至流于形式等客观现象亦不容回避。天成二年（927）以后，史籍再无死刑覆奏之讨论，其制当处于搁置状态甚至已遭废除。

宋代死刑复核与唐代存在重大差异，宋代并未继受唐代覆奏故事，对死刑执行长期采取事后复查监督制度。陈俊强指出："宋代覆奏次数的减少和取消，应是为了提高司法效率以及降低牢狱囚徒充斥的缘故。"[3] 据《续资治通鉴长编》：建隆三年（962）三月丁卯，"乃令诸州自今决大辟讫，录案闻奏，

---

[1] （宋）王溥：《五代会要》卷10《刑法杂录》，上海古籍出版社，1978，第160页。
[2] （宋）薛居正等撰：《旧五代史》卷147《刑法志》，中华书局，2015（点校本二十四史修订本），第2290页。
[3] 陈俊强：《无冤的追求——从〈天圣令·狱官令〉试论唐代死刑的执行》，台师大历史系、中国法制史学会、唐律研读会主编：《新史料·新观点·新视角：〈天圣令论集〉》（下册），元照出版有限公司，2011，第62页。按：薛梅卿等指出："宋朝缩短死刑复奏的程序，不但不是轻视人命，而且减缓了刑狱淹滞的压力，是宋朝统治者适应历史发展趋势而采取的变通措施。"赵晓耕、薛梅卿主编：《两宋法制通论》，法律出版社，2002，第453页。

委刑部详覆之"[1]。此与刑部"审覆京都辟囚，在外已论决者，摘案检察"[2]的职能完全吻合。显然，刑部仅限于抽查部分死刑决讫案件，而非进行逐案复核。同时，宋代仅在京师地区实行死刑一覆奏。真宗景德四年（1007）闰五月癸巳，诏："开封府断狱，虽被旨仍覆奏。"[3] 仁宗至和元年（1054）九月丁丑，"诏开封府，自今凡决大辟囚，并覆奏之。初，开封府言得枢密院札子，军人犯大辟无可疑者，更不以闻，其百姓则未有明文。上重人命，至是军人亦令覆奏"[4]。

元丰改制后，中央加强了对地方死刑案的监督和控制，"死刑案必须由提刑司详复后才能执行，州级机关不再有终审执行的权力。"[5] 此后，元丰死刑复核制度在南宋得到长期承用，据《庆元条法事类》："诸州大辟案已决者，提点刑狱司类聚，具录情款、刑名及曾与不曾驳改并驳改月日有无稽留，季申尚书刑部。"[6] 从规则继受角度而言，宋代从有效避免冤滞的司法理念出发，通过权衡地方死刑案件实际状况，参酌唐代死刑覆奏利弊得失，实行了包括疑案奏裁、死刑贷命、刑部复检和专案覆奏在内的新型死刑复核规则。贞观年间一度实施，并为后世推崇备至的"覆奏故事"，其真实运行状况前文已有揭示。从某种意义而言，贞观"覆奏故事"应当视为慎恤悲悯理念支配下，死刑复核监督制度之理想状态。其在唐、五代之际长期难于有效实施，贞观"覆奏故事"遭遇的搁置、简略甚至废止，与其归咎于各类外在客观因素，不如冷静审视该制度本身存在的先天缺陷。

即使如此，宋代君臣仍多次以贞观"覆奏故事"为标准，检讨本朝死刑

1　《续资治通鉴长编》卷3"太祖建隆三年三月丁卯"，第63页。
2　《宋史》卷163《职官三》，第3857页。
3　《宋史》卷7《真宗纪二》，第133页。
4　《续资治通鉴长编》卷177"仁宗至和元年九月丁丑"，第4281页。
5　王云海：《宋代司法制度》，河南大学出版社，1992，第354页。
6　（宋）谢深甫等撰，戴建国点校：《庆元条法事类》卷73《刑狱门三·决遣》，黑龙江人民出版社，2002（中国珍稀法律典籍续编），第746页。

复核制度。咸平四年（1001）五月甲申，真宗曾因杂犯死罪条目至多，恐其冤滥，重提贞观覆奏故事：

> 上览囚簿，自正月至三月，天下断死罪八百人，恻然动容，谓宰相曰："杂犯死罪，条目至多，官吏傥不尽心，岂无枉滥！故事，死罪狱具，三覆奏，盖其重慎也，自何代罢之？"遂命检讨沿革，终虑淹系，亦不果行。[1]

真宗对于宋代死刑复核制度的质疑不无道理，但经有司研判，终以淹滞为由作罢。显然，"覆奏故事"难于维系之症结，恐正在此"淹系"二字。京师和地方死刑案件一律奏报皇帝，经逐一考量后作出最终裁决，案件数量繁剧且运作程序复杂，短期内或尚可操作，经年累月，死刑案件逐一覆奏几无可能。因此，咸平四年（1001）关于"覆奏故事"的讨论，只能视为宋代君臣矜恤刑狱理念的个案展示，却无法为解决死刑复核痼疾贡献妙方良药。相比之下，天圣四年（1026）五月判刑部燕肃《上仁宗乞天下死罪皆得一覆奏》关于贞观"覆奏故事"、汉律"季秋论囚"故事的讨论，对宋代死刑奏报制度产生的影响则更为深刻：

> 臣切考唐大理卿胡演进月囚帐，太宗曰："其间有可矜者，岂宜一以律断？"因诏凡大辟罪，令尚书、九卿谳之；又诏凡决死刑，京师五覆奏，诸州三覆奏。自是全活甚众。（正）〔贞〕观四年，断死罪二十九；开元二十五年，断才五十八，今天下生齿未加于唐，而天圣三年，断大辟二千四百三十六，视唐几至百倍。京师大辟虽一覆奏，而州郡之狱有

---

[1] 《续资治通鉴长编》卷48"真宗咸平四年五月甲申"，第1060页。

疑及情可悯者，至上请而法寺多所举驳，官吏率得不应奏之罪。故皆增饰事状，移情就法，失朝廷钦恤之意。望准唐故事，天下死罪皆得一覆奏。议者必曰待报淹延，臣则以为汉律皆以季秋论囚，又唐自立春至秋分不决死刑，未闻淹延以害汉、唐之治也。[1]

燕肃援引三则唐代死刑故事：其一，贞观二年（628）三月壬子，胡演进囚帐事。此于《通典》《唐会要》《资治通鉴》等言之甚详，[2] 是为唐代死刑集议之始。其二，贞观五年（631）确立死刑覆奏制度。其三，唐代两则断死数据。贞观四年（630）天下断死刑二十九人，开元二十五年（737）刑部奏天下死罪五十八人。[3] "贞观之治""开元盛世"光辉之下的两次"几至刑措"，与以集议、覆奏为代表的唐代典故，以及言之凿凿的死刑锐减数值，均成为燕肃批判本朝死刑过滥的有力武器。宋代不仅年度死刑数量巨大，且仅在京师实行死刑一覆奏，地方死刑可疑、可悯者奏裁程序不畅："法寺多所举驳，官吏率得不应奏之罪，故皆增饰事状，移情就法。失朝廷钦恤之意。"燕肃依据司法现状，参酌唐代故事，奏请天下死罪均实行一覆奏。显然，燕肃并未期望于全面恢复贞观"覆奏故事"，而是将宋代实行的京师死刑一覆奏制度扩展至全国。对于刑狱淹滞问题，燕肃又援引汉唐限制死刑奏报时间的

---

[1] （宋）赵汝愚编，北京大学中国中古史研究中心校点整理：《宋朝诸臣奏议》卷99《赏刑门·恤刑·上仁宗乞天下死罪皆得一覆奏》，上海古籍出版社，1999，第1063页。

[2] 按：《通典》："（贞观）二年三月，大理少卿胡演进每月囚帐，上览焉。问曰：'其间罪亦有情可矜，何容皆以律断？'对曰：'原情宥罪，非臣下所敢。'上谓侍臣曰：'古人云：鬻棺之家，欲岁之疫。匪欲害于人，利于棺售故耳。今法司覆理一狱，必求深刻，欲成其考。今作何法，得使平允？'王珪奏曰：'但选良善平恕人，断狱允当者，赏之，即奸伪自息。'上曰：'古者断狱，必讯于三槐九棘之官。今三公九卿，即其职也。自今大辟罪，皆令中书、门下四品以上及尚书议之。'"（唐）杜佑撰，王文锦等点校：《通典》卷170《刑法八·宽恕》，中华书局，1988，第4411—4412页。

[3] 按：《贞观政要》："'自今以后，大辟罪，皆令中书门下、四品已上及尚书九卿议之。如此，庶免冤滥。'由是至四年，断死刑天下二十九人，几致刑措。"[（唐）吴兢：《贞观政要》卷8《刑法第三十一》，上海古籍出版社，1978，第239页]《通典》：开元二十五年，"刑部断狱，天下死罪唯有五十八人。大理少卿徐峤上言：'大理狱院，由来相传杀气太盛，鸟雀不栖，至是，有鹊巢其树。'于是百僚上表路贺，以为几至刑措。"《通典》卷170《刑法八·宽恕》，第4414页。

两条律文，[1] 以证明覆奏程序并非导致滞狱的主要原因。然而，燕肃的建议仍遭遇巨大阻力。中书王曾认为："天下皆一覆奏，则必死之人，徒充满犴狴而久不得决。诸狱疑若情可矜者，听上请。"[2] 朝廷在充分考量宋代死刑奏报制度的基础上，"'令天下死罪情理可矜及刑名疑虑者，具案以闻，有司毋得举驳。'时天圣四年也。其后，虽法不应奏、吏当坐罪者，审刑院贴奏草，率以恩释，著为例，名曰'贴放'。于是吏无所牵制，请谳者率多为减死，赖以生者，盖莫胜数焉"[3]。最终，天圣七年（1029）《天圣令》即以唐《狱官令》为基础，参酌北宋初年历次修订死刑覆核制度的立法成果，将原"刑部三覆奏"修改为"在外者，决讫六十日录案奏，下刑部详覆，有不当者，得随事举驳"[4]。燕肃全面推行一覆奏的建议虽未得到采纳，却直接推动了宋代死刑奏裁制度的改革。熙宁年间，赵善璙曾对此给予高度评价："故事，州郡之狱有疑及情可悯者，虽许上请，而法寺多举驳，则官吏当不应奏之罪，故皆移情就法，不以上请……自是奏谳者岁不减千人，皆情可悯、法疑者，无不贷免。自天圣四年距今盖五十年，贷免无虑数万人，古所谓仁人之言，肃

---

1 按：《后汉书·陈宠传》："秦为虐政，四时行刑，圣汉初兴，改从简易。萧何草律，季秋论囚，俱避立春之月，而不计天地之正，二王之春，实颇有违。"〔（南朝宋）范晔撰，（唐）李贤等注：《后汉书》卷46《陈宠传》，中华书局，1965，第1551页〕依唐贞观《狱官令》："从立春至秋分，不得奏决死刑，其大祭祀及致斋、朔望、上下弦、二十四气、雨未晴、夜未明、断屠日月及假日，并不得奏决死刑。"〔日〕仁井田陞原著，栗劲等编译：《唐令拾遗·狱官令第三十》"从立春至秋分不得奏决死刑"，长春出版社，1989，第697页。

2 《宋史》卷199《刑法一》，第4975页。

3 （宋）马端临著，上海师范大学古籍整理研究所、华东师范大学古籍研究所点校：《文献通考》卷170《刑考九·详谳》，中华书局，2011，第5096页。

4 高明士主编：《天圣令译注》，元照出版有限公司，2017，第464页。按：辻正博认为《狱官令》此条集中反映了宋初不同时期所建立的制度，"宋初不同时期所作制度变革，在《天圣令》编纂之际被集中汇编入一条条文。"〔日〕辻正博：《天圣〈狱官令〉与宋初司法制度》，收入荣新江主编：《唐研究》（第14卷），北京大学出版社，2008，第329页〕戴建国指出："这条新的《天圣令》条文完全是唐令和宋代新制相结合的结果。假设唐令中没有'诸决大辟罪'条，那么宋代敕教中规定的地方执行死刑后六十日录案奏报，下刑部覆核的新制，就无法修入《天圣令》。这犹如嫁接法，唐令中须先有相对应的茎根，才能把宋制的芽枝嫁接上去。换言之，凡唐令旧文中没有相关联的具体内容，宋代的新制是无法直接植入令文的。"戴建国：《现存〈天圣令〉文本来源考》，包伟民、刘后滨主编：《唐宋历史评论》（第6辑），社会科学文献出版社，2019，第67页。

有之矣。"[1] 显然，神宗年间，有疑、可悯死刑案件上请奏裁，已经成为长期遵行的"国朝故事"，宋代本朝确立的"奏裁故事"已经彻底取代唐代"覆奏故事"。

然而，此后仍有臣僚援引唐代"覆奏故事"。哲宗元祐初年，"议者又欲引唐日覆奏，令天下庶戮悉奏决"。大理寺卿韩晋卿指出："'可疑可矜者许上请，祖宗之制也。四海万里，必须系以听朝命，恐自今瘐死者多于伏辜者矣。'朝廷皆行其说。"[2] 显然，在韩晋卿看来，可悯、法疑死刑案件上请，已是北宋累朝承用的"祖宗之法"，其权威与效力绝非唐代"覆奏故事"可比。南宋时楼钥曾言："臣窃见在法大辟，情法相当之人，合申提刑司详覆，依法断遣。其有刑名疑虑、情理可悯、尸不经验、杀人无证见，四者皆许奏裁。此本朝累圣仁厚之至。"[3] 可见，除京城死刑案件曾实行一覆奏以外，宋代以死刑奏裁取代死刑覆奏。相比之下，贞观"覆奏故事"早已显得不合时宜且难于行用。宋人言及贞观"覆奏故事"之真实目的，往往意在劝诫狱吏以史为鉴，恤刑慎杀而已。

唐宋之际法律实践证明，贞观"覆奏故事"虽是古代死刑复核最为完善的理想状态，却因程序烦琐导致滞狱问题进一步恶化。因此，以三、五覆奏为核心内容的贞观"覆奏故事"无法在宋代复行于世。于宋代而言，贞观"覆奏故事"仅为慎刑理念层面之参考，伴随时代变迁，该"故事"本身已经彻底丧失实际应用价值。

---

[1] （宋）赵善璙撰，程郁整理：《自警编》卷8《政事类·狱讼》，上海师范大学古籍整理研究所编：《全宋笔记》（第7编，第6册），大象出版社，2015，第306页。

[2] 《宋史》卷426《循吏·韩晋卿传》，第12706页。

[3] （宋）楼钥撰，顾大朋点校：《攻媿集》卷26《西掖奏藁·缴刑部札子》，浙江古籍出版社，2010，第477页。

五 恤刑惯例

"恤刑"语出《尚书·舜典》："钦哉，钦哉，惟刑之恤哉！"[1] 其核心理念在于慎重人命，轻于用刑。恤刑不仅是对"明德慎罚""德主刑辅""德本刑用"等法律思想的继受与概括，也是对约法省刑、体恤老幼、巡检牢狱、宽宥系囚等系列司法活动之统称。与前朝相比，宋代"恤刑"之内涵逐渐向"有司录囚"聚拢，特指宋廷责令地方长吏按照惯例疏决囚徒的司法行为。此处无意对宋代录囚（虑囚）进行全面考察，而欲透过"恤刑"故事，探究录囚程序中诉讼惯例的运行与变化。

自太祖以降，宋代逐步形成并遵奉"恤刑"故事。绍圣元年（1094）闰四月二日，范祖禹曾言："臣窃以先王钦恤庶狱，务在于宽，刑期无刑，盖非得已。国家一祖五宗，以圣继圣，以仁继仁，哀矜于民，率用中典，此所以祈天永命，垂百三十年，太平之本也。"[2] 目前可知宋代最早的恤刑诏敕，是颁布于建隆二年（961）五月癸亥之《赦见禁诏》："应五月一日昧爽以前，天下见禁罪人。（云云）朕抚临寓县，师范哲王。止期德以胜残，盖欲人将知耻，是用顺熏风而解愠，遵时令以恤刑。凡我蒸黎，当体兹意。"[3] 遵从时令，巡省狴牢之司法传统由此接续。开宝二年（969）五月，"命诸州恤刑"。《皇朝编年纲目备要》对此次恤刑之原委和内容有如下记载："上以暑气方盛，深念缧绁之苦。乃诏诸州狱吏五日一检视，洒扫狱户，洗涤杻械，贫者给食，病者给药，小罪即时决遣。自是每岁仲夏，必申明是诏。"[4] 其实，每

---

[1] （汉）孔安国传，（唐）孔颖达疏，廖名春、陈明整理：《尚书正义》卷3《舜典》，《十三经注疏》整理委员会整理：《十三经注疏》，北京大学出版社，2000，第78页。
[2] （宋）范祖禹撰，贾二强等校点：《太史范公文集》卷26《奏议·朝辞论恤刑劄子》，北京大学《儒藏》编纂与研究中心编：《儒藏》（精华编219），北京大学出版社，2014，第333页。
[3] 《宋大诏令集》卷215《政事六十八·恩宥上·赦见禁诏》，第816页。
[4] 《皇朝编年纲目备要》卷2"太祖皇帝开宝二年"，第31页。

五日一虑囚，实质上是继承和重申唐制而已。据《唐六典》："凡禁囚皆五日一虑焉。(虑，谓检阅之也。断决讫，各依本犯具发处日、月别，总作一帐，附朝集使申刑部。)"[1] 开元《狱官令》又曰："诸囚，当处五日一录，无长官，次官虑。"[2] 北宋初年大致继承唐代旧制，开宝二年（969）四月戊子诏："宜令有司，限诏到，其囚人枷械，囹圄户庭，吏每五日一检视，洒扫荡洗，务在清洁。贫无所自给者供给饮食，病者给医药。小罪实时决遣，重系无有淹滞。"[3]"五日一虑"的规定又在太平兴国六年（981）九月壬戌、[4] 十月丁亥、[5] 十二月辛丑[6] 等多次强调，唐宋之际虑囚规则前后相沿之历史轨迹昭然若揭。至太平兴国九年（984）六月庚子，太宗因狱事劳烦，改为"十日一录问，杖罪以下，便可依理疏矣"[7]。《天圣令》沿袭地方"十日一虑"此一国朝典制，"诸囚，当处长官十日一录，无长〔官〕，次官虑"[8]。辻正博认为，唐后半期至五代，"五日一虑囚"的制度难于有效实施，"地方官不点检刑狱，胥吏暗中跋扈，延滞审判囚徒，而导致种种弊害……雍熙元年六月的改革，将虑囚间隔延长了一倍，可以认为，这是试图即便只是一点点，但也要将制度的实施变得可能"[9]。然而，即使十日一虑问，实践中也未必能够切

---

[1]（唐）李林甫等撰，陈仲夫点校：《唐六典》卷6《尚书刑部》"刑部郎中员外郎"，中华书局，1992，第190页。

[2] 天一阁博物馆、中国社会科学院历史研究所天圣令整理课题组校证：《天一阁藏明钞本天圣令校证》，中华书局，2006，第648页。

[3]《宋大诏令集》卷200《政事五十三·刑法上·枷械囹圄五日一检视洒扫荡洗小罪实时决遣诏》，第740页。

[4]《宋大诏令集》卷200《政事五十三·刑法上·令诸州大狱长吏五日一亲临虑问诏》，第740页。

[5]《宋大诏令集》卷200《政事五十三·刑法上·两京诸州府系囚今后夫洒扫狱户每五日一遣吏视之诏》，第740页。

[6]《宋大诏令集》卷200《政事五十三·刑法上·先令诸道刑狱五日一录问今后宜十日一录问诏》，第741页。

[7]《宋大诏令集》卷200《政事五十三·刑法上·先令诸道刑狱五日一录问今后宜十日一录问诏》，第741页。

[8] 高明士主编：《天圣令译注》，第520页。

[9]〔日〕辻正博：《天圣〈狱官令〉与宋初司法制度》，收入荣新江主编：《唐研究》（第14卷），北京大学出版社，2008，第326—327页。按：辻正博认为《狱官令》此条（宋令第42条）反映雍熙元年的制度变革，太平兴国九年十月丁卯改元雍熙，六月庚子"十日一虑问"诏敕发布之际，尚为太平兴国九年，今从《宋大诏令集》。

实执行，元丰七年（1084）六月辛未，御史蹇序辰言："'去年五月，举行大理寺长贰亲讯狱及十日虑囚格，闻长贰并不亲虑，望更案实。'诏大理寺分析。"[1] 淳熙十三年（1186）十月八日，前权知德庆府赵伯逿又言州县敷衍虑囚之状：

> 远方州县所谓虑囚者，实为文具。守臣去郡狱不远，尚有亲临决遣者，至于通判、职官或畏冒暑，或惮远涉，往往祇令人下县取索，而供报上司，却云某日某时躬亲起离。诸路州县如虑囚敢不亲行，许令监司、守臣觉察，奏劾施行。[2]

宋代虑囚的时间选择，不受季节或月份限制。此处所言虑囚，则包含了汉唐以来君主亲录、遣使录囚和有司自录等多种形式。[3] 太平兴国七年（982）五月"戊申，虑囚"[4]。淳化五年（994），朝廷因灾沴江淮，命福州兵马监押李昭瑀"乘轺按狱，遍恤无辜，蠲虐涤苛，问罪不间"[5]。咸平元年（998）二月"乙未，虑囚"[6]。熙宁二年（1069）三月乙未，"以旱虑囚"[7]。熙宁年间，王拱辰为益、梓二路体量安抚使，"虽疑狱滞讼，交构诞谩，有司不能决者，公一言判别，莫不引服"[8]。元丰元年（1078）十二月辛亥，"录囚，降死罪一等，杖以下释之"[9]。元祐元年（1086）正月壬辰，诏曰："久愆时雪，虑囚系淹留，在京委刑部郎中、御史，开封府界令提点司，诸路州军令监司催促结绝。"[10] 崇

1　《续资治通鉴长编》卷 346"神宗元丰七年六月辛未"，第 8305 页。
2　《宋会要辑稿》刑法 6 之 71，第 14 册，第 8569 页。
3　参阅陈玺《唐代诉讼制度研究》，商务印书馆，2012，第 214—259 页。
4　《宋史》卷 4《太宗纪一》，第 68 页。
5　郭茂育、刘继保编著：《宋代墓志辑释》，第 105 页。
6　《宋史》卷 6《真宗纪一》，第 107 页。
7　《宋史》卷 14《神宗纪一》，第 270 页。
8　郭茂育、刘继保编著：《宋代墓志辑释》，第 307 页。
9　《宋史》卷 15《神宗纪二》，第 296 页。
10　《续资治通鉴长编》卷 364"哲宗元祐元年正月壬辰"，第 8697 页。

宁元年（1102）闰六月八日，"上御崇政殿疏决罪人，如故事"[1]。显然，此处所言"故事"，意为天子理问囚徒旧例。至绍兴初年，宋代君主录囚的传统出现变化。绍兴二年（1132）五月甲申，"上临轩疏决系囚，自是遂为故事"[2]。高宗此举实质上是在靖康国变之后接续北宋虑问故事，重塑宋廷司法权威的重要举措。据《建炎以来朝野杂记》：

> 自真宗以来，率以盛暑临轩虑囚。建炎初废。二年六月，始诏疏决行在扬州系囚杂犯，死罪已下减一等，杖以下释之。其后，越州、建康，皆同此制。绍兴二年六月，上在临安，甲申，始临轩疏决御史台、大理寺、临安府、三衙诸军系囚。自是遂为故事。[3]

《建炎以来系年要录》等皆将此事系于五月甲申，[4]《宋史·高宗纪》：绍兴二年（1132）五月"甲申，亲虑囚，自是岁如之"[5]。《朝野杂记》记时当误。高宗自我作古，确立南宋虑囚疏决先例，后世基本遵行如仪，且在相当程度接续汉唐以来虑囚（录囚、理囚等）旧例。乾道四年（1168）七月己丑，"以久雨，御延和殿虑囚，减临安府、三衙死罪以下囚，释杖以下"[6]。乾道九年（1173）三月二十二日，"诏令刑部长贰、郎官并监察御史每月通轮一员，分作两日往大理寺、临安府亲录囚徒，仍具名件闻奏"[7]。淳熙三年

---

1 《宋会要辑稿》刑法5之11，第14册，第8508页。按：本条注曰："二年六月十五日、三年六月二十二日、四年六月十二日、五年六月十二日、大观元年六月二十二日、二年五月二日、三年五月十三日、四年八月二十二日、政和元年四月二十四日、二年五月七日、三年五月六日、五年五月十三日、六年六月八日、八年六月十九日、宣和元年五月二十七日、三年闰五月十五日、四年五月二十九日、五年五月十八日、六年五月二十六日、七年六月十一日，并同此制。"第8508—8509页。
2 《皇宋中兴两朝圣政辑校》卷11《高宗皇帝十一》"绍兴二年五月甲申"，第349页。
3 《建炎以来朝野杂记》甲集卷5《朝事一》"临轩疏决"，第121页。
4 《建炎以来系年要录》卷54"绍兴二年五月甲申"，第988页。
5 《宋史》卷27《高宗纪四》，第498页。
6 《宋史》卷34《孝宗纪二》，第644页。
7 《宋会要辑稿》职官15之24，第6册，第3420—3421页。

(1176)四月己亥,"诏诸路提刑岁五月理囚"[1]。绍熙三年(1192)六月"壬子,虑囚"[2]。嘉定十五年(1222)五月甲寅,"诏监司虑囚,察州县匿囚者劾之"[3]。绍定四年(1231)五月庚戌诏:"今后行在遇暑虑囚,命所差官将临安府三狱见禁公事除情重例不原外,余随轻重尽行减降决遣。大理寺、三衙、两赤县一体裁决。从臣寮请也。"[4]

需要指出的是,原本作为有司日常事务的定期虑囚,在宋代逐步成为与两季更迭相互照应之国朝盛典。宋廷通过督促地方长吏慎重刑狱,意在实现纾缓滞狱、体恤贫病、革新狱政、避免苛酷等多重目的。太宗太平兴国二年(977)夏四月,确立四月颁诏恤刑先例:"降诏恤刑。自是每岁夏首常举行之。"[5]《续资治通鉴长编》"大中祥符三年(1010)三月丙戌"条曾言:"国家每岁初夏,即降诏恤刑。"[6] 乾兴元年(1022)夏四月庚子朔,"降诏恤刑,循故事也"[7]。可见,晚至真宗朝,初夏恤刑已经成为司法惯例并得到长期遵奉,故而天圣六年(1028)晁迥《劝慎刑文》乃有"国家岁举恤刑之诏,赐天下长吏,条□甚备"[8]之表述。宋代于四月下达恤刑诏书事例甚夥,如天圣六年(1028)夏四月丙寅朔,"降诏恤刑"[9]。明道二年(1033)夏四月庚

---

1 《宋史》卷34《孝宗纪二》,第661页。
2 《宋史》卷36《光宗纪》,第703页。
3 《宋史》卷40《宁宗纪四》,第778页。
4 《宋史全文》卷31《宋理宗二》"绍定四年五月庚戌",第2667页。
5 《续资治通鉴长编》卷18"太宗太平兴国二年夏四月",第404页。
6 《续资治通鉴长编》卷73"真宗大中祥符三年三月丙戌",第1659页。按:大中祥符三年二月闰,当月辛亥朔。
7 《续资治通鉴长编》卷98"真宗乾兴元年四月庚子",第2278页。
8 (清)王昶:《金石萃编》卷131《宋九·劝慎刑文》,中国东方文化研究会历史文化分会编:《历代碑志丛书》第7册,江苏古籍出版社,1998,第95页下。参阅高峡主编《西安碑林全集》卷27《劝慎刑文》,广东经济出版社,1999,第2740页。按:"条口甚备",冯卓慧认为当为"条法甚备"。冯卓慧《中国古代关于慎刑的两篇稀有法律文献——〈劝慎刑文〉(并序)及〈慎刑箴〉碑铭注译》,《法律科学》(西北政法学院学报)2005年第3期,第117页。
9 《续资治通鉴长编》卷106"仁宗天圣六年四月丙寅",第2469页。

子,"降诏恤刑"[1]。熙宁四年(1071)夏四月丙辰朔,"降诏恤刑"[2]。元祐六年(1091)四月丙申,"诏恤刑"[3]。元祐八年四月癸丑,"降诏恤刑"[4]。绍圣元年(1094)四月丙午,"以旱诏恤刑"[5]。绍圣二年(1095)夏四月庚午,"诏恤刑狱"[6]。显然,四月恤刑已经成为宋代累朝遵行的司法惯例,并在宋代《月令》中加以明确。据政和八年(1118)《四月月令》:"立夏停决重囚,部使者举恤刑条制。"[7] 宣和元年(1119)《四月月令》:"是月也,部使者举恤刑条制。郡守行讫以闻。宽恤手诏。若赦令民应通知者,申命揭示。"[8]

宋代恤刑诏书的核心要义在于督促地方长吏体恤民瘼,躬亲狱事。《宋大诏令集》所收录庆历三年(1043)九月癸巳《赐诸道恤刑诏》充分证明了上述判断:"朕欲使民知礼义以远罪,而患乎劝戒之未明,蠢兹群愚,犹冒常宪。顾此溽暑,悯然拘累。卿等夙以敏材,外分忧寄。惟刑之恤,当体于朕心。举政以时,勉思于汝职。务从轻慎,庸副哀矜。"[9] 为保障初夏恤刑惯例有效推行,宋廷曾多次颁布督促指令。如大中祥符三年(1010)三月,真宗"虑守臣或因循怠忽,丙戌,特降诏申警之"[10]。天圣三年(1025)夏四月壬子朔,降诏恤刑,王钦若建议强调诸路使者切实履行按察州县狱事职责:"州县不能尽得人,然狱事至重,诸路使者职在按察,其稽违者自当劾奏。"[11] 值得注意的是,在初夏恤刑的基础上,宋代又逐步衍生出十月恤刑的惯例,元

---

1 《续资治通鉴长编》卷112"仁宗明道二年四月庚子",第2610页。
2 《续资治通鉴长编》卷222"神宗熙宁四年四月丙辰",第5398页。
3 《宋史》卷17《哲宗纪一》,第332页。
4 《续资治通鉴长编》卷483"哲宗元祐八年四月癸丑",第11481页。
5 《宋史》卷18《哲宗纪二》,第340页。
6 《东都事略》卷9《哲宗纪》,第69页。
7 《宋大诏令集》卷127《典礼十二·明堂四·四月月令》,第440页。
8 《宋大诏令集》卷129《政事十四·明堂六·四月月令》,第450页。
9 《宋大诏令集》卷202《政事五十五·刑法下·赐诸道恤刑诏》,第751页。
10 《续资治通鉴长编》卷73"真宗大中祥符三年三月丙戌",第1659页。
11 《续资治通鉴长编》卷103"仁宗天圣三年四月壬子",第2379页。

祐五年（1090）六月己未，范祖禹《乞复降诏恤刑状》："臣检会祖宗旧制，每岁冬夏降诏恤刑。自太宗皇帝雍熙三年以来，累圣遵行未之改。至熙宁三年，编修中书条例所奏，委逐路提点刑狱司，每岁于四月十月检举，牒逐州长吏讫奏。"由此，自雍熙三年（986）以后，即应于夏四月、冬十月按期颁布恤刑诏书。至此，范祖禹奏"乞依祖宗旧制，令学士院每岁冬夏降诏，仍自今年十月为始，以副陛下仁恤刑狱之意"[1]。又据《文献通考》记载：元丰七年（1084）八月，"诏举故事，大暑大寒，或雨雪稍愆，录囚决狱"[2]，此为冬夏恤刑成为诉讼故事之明证。因此，政和七年（1117）《十月月令》规定："申诏部使者，举恤刑之典。命长吏虑囚徒，察枉滥，毋或废息。"[3] 宣和二年（1120）《十月月令》："是月也，举恤刑之典。"[4] 在冬季恤刑惯例发展历程上，庆历年间郑戬的贡献值得一提。"边地寒苦，囚多瘐死于狱。公奏条元魏恤狱故事，上恻然降诏，自是，系者涉冬多活。"[5] 此处所及"元魏恤狱故事"则将宋代恤刑的历史渊源追溯至北魏。据熙平元年（516）五月丁卯朔诏节文："炎旱积辰，苗稼萎悴，比虽微溦，犹未沾洽，晚种不纳，企望忧劳，在予之责，思自兢厉。尚书可厘恤狱犴，察其淹枉，简量轻重，随事以闻。"[6] 围绕恤刑所征引、创制、遵行和发展的各类故事，成为影响和支配宋代司法的重要力量，并在实践中发挥了传承法统和厘定规则的重要功能。除四月、十月常规恤刑以外，因特定原因在其他月份颁布恤刑诏书的情形，亦不在少数。如熙宁元年（1068）三月丙戌，"诏恤刑"[7]。熙宁十年

---

1 《太史范公文集》卷19《奏议·乞复降诏恤刑状》，第244页。
2 《文献通考》卷167《刑考六·刑制》，第5003页。
3 《宋大诏令集》卷126《典礼十一·明堂三·十月月令》，第436页。
4 《宋大诏令集》卷132《典礼十七·明堂九·十月月令》，第463页。
5 （宋）胡宿：《文恭集》卷36《志铭·宋故宣徽北院使奉国军节度使明州管内观察处置等使金紫光禄大夫检校太保持节明州诸军事明州刺史兼御史大夫判并州河东路经略安抚使兼并代泽潞麟府岚石兵马都部署上柱国荥阳郡开国公食邑二千五百户食实封三百户赠太尉文肃郑公墓志铭》，新文丰出版公司，1985（丛书集成新编，第60册）第643页。
6 《魏书》卷9《肃宗纪》，第268页。
7 《宋史》卷14《神宗纪一》，第268页。

(1077)八月丙申，诏开封府界提点司、河北东西路体量安抚司，对于州县"刑狱禁系，差官吏等事，并相度施行"[1]。

　　作为对朝廷恤刑指令的回应，宋代形成地方守臣撰写、上呈恤刑谢表的司法传统，田锡、张咏、余靖、蔡襄、赵抃、韦骧、曾巩、苏轼、陈师道等臣僚恤刑谢表文字得以存留至今。如杨亿《谢赐诏书钦恤刑狱表》："臣某言：今月十日，本州进奏院递到敕书一通，赐臣钦恤刑狱者。臣当时集军州官吏宣示，仍下管内诸县施行讫。"[2] 苏颂《谢钦恤刑》："臣某言：进奏院递到敕书一道，赐臣钦恤刑狱。臣即时依禀施行及翻录下管内诸县去讫者。"[3] 显然，恤刑谢表的核心价值在于落实朝廷恤刑指令，由地方守臣向所辖官吏传达诏敕精神，按照行政层级逐一布置狱讼巡检事宜。《汀州判官姚锡墓志铭》曾记汀州判官姚锡［淳熙十一年（1184）卒］承受朝廷诏敕行县虑囚事："属县多瘴疠，予善执橄虑囚，咸劝毋行。予善曰：'枉直待辨，岂敢惮。'卒历六县，平反二十余辈。"[4] 南渡以后，恤刑谢表事迹渐稀，冬夏两季恤刑仍作为祖宗典制为后人尊崇。嘉定五年（1212）十二月十四日臣僚言："寒暑必虑狱囚，法也。"[5] 与此同时，恤刑诏敕颁布时间却不再限于四月与十月，如淳熙十六年（1189）七月庚辰，"下诏恤刑"[6]。嘉熙四年（1240）七月乙丑，"诏有司振灾恤刑"[7]。上述两则恤刑事迹，其内涵或与录囚近似欤？究其根本，虑囚与恤刑虽在具体实施之程序、时间、内容等方面

1　《续资治通鉴长编》卷284"神宗熙宁十年八月丙申"，第6954—6955页。
2　（宋）杨亿：《武夷新集》卷13《表状二·谢赐诏书钦恤刑狱表》，四川大学古籍研究所编：《宋集珍本丛刊》影印清嘉庆刻本，第2册，线装书局，2004，第312页。
3　（宋）苏颂著，王同策、管成学、颜中其等点校：《苏魏公文集》卷45《表·谢钦恤刑》，中华书局，1988，第676页。
4　陈柏泉编著：《江西出土墓志选编》，江西教育出版社，1991，第169页。
5　《宋会要辑稿》刑法3之88，第14册，第8442页。
6　《宋史》卷36《光宗纪》，第697页。
7　《宋史》卷42《理宗纪二》，第820页。按：戴建国、郭东旭将冬夏恤刑视为广义"虑囚"的组成部分，认为虑囚通常是死刑降为流刑，流刑以下降一等，杖以下罪赦之。录囚制是一种定期审理案件，防止案件久拖不决，以提高司法效率的措施，同时兼有恩赦功能。戴建国、郭东旭：《南宋法制史》，人民出版社，2011，第222页。

存在明显差异，却又在司法实践中错综交织，相互为用。另一方面，宋代寒暑两季恤刑惯例的长期运行，反映出传统虑囚规则的深刻变化与长足进步。

六 赦宥惯例

赦宥之典，历代遵奉。《易》曰："雷雨作，解。君子以赦过宥罪。"[1] 自太祖建隆元年（960）正月乙巳颁布《太祖即位赦天下制》始，至端宗景炎元年（1276）五月郊赦，宋代赦宥延续三百余年，朝廷往往于即位、改元、降诞、违豫、康复、建储、祭祀、庆典、天灾、异象等场合发布赦宥诏令。实践中，宋代赦令的发布、施行，多承用祖宗故事，"先王旧典"与"祖宗故事"时常成为并称互文的惯常表述。如建炎元年（1127）五月辛未，"皇子降诞，考之祖宗故事，当肆赦"。当时赦令未及河北、河东，李纲上疏曰："夫两路为朝廷坚守，而赦令不及，人皆谓已弃之，何以慰忠臣义士之心？"[2] 高宗纳之，人情翕然。与此同时，宋代赦宥承用前朝故事，多于赦文中设立特定罪名排除条款。如端拱元年（988）正月乙亥籍田赦文曰："自正月十七日昧爽已前，应天下罪人，除犯十恶，及官典犯正枉法赃至、杀人者不赦外，其余罪无轻重，咸赦除之。"[3] 淳化三年（992）七月二十五日赦文规定："寻敕诸路，见禁囚除四杀、官典犯正枉法赃外，余死罪降从流，流已下递减一等，杖已下释之。"[4] 庆历七年（1047）七月甲申《奉安三圣御容于鸿庆宫曲赦南京德音》规定："除十恶并已杀人者、及持杖行劫、偷盗官物、伪造符

---

1 （魏）王弼注，（唐）孔颖达疏，卢光明、李申整理：《周易正义》卷4《解》，《十三经注疏》整理委员会整理：《十三经注疏》，北京大学出版社，1999，第198页。

2 （宋）李纲著，王瑞明点校：《李纲全集》卷175《建炎进退志总叙上之下》，岳麓书社，2004，第1620页。

3 （宋）钱若水修，范学辉校注：《宋太宗皇帝实录校注》卷43"端拱元年正月乙亥"，中华书局，2012，第534—535页。

4 《宋会要辑稿》刑法5之3，第14册，第8504页。

印、放火、官典犯入己赃不赦外，杂犯死罪已下，递降一等，徒以下释之。"[1] 显然，严重犯罪为常赦所不原的惯例，早已成为累朝尊奉的"祖宗故事"。针对赦令滥行、顽恶幸免之现状，南宋时，程珌主张"凡杀人为盗，情理蠹害者，亦当遵守祖宗故事，并取奏裁，无复有过恩宥，滋长奸恶"[2]，意在强调朝廷正确践行赦宥"故事"。

在赦宥程序方面，时常可见宋代遵从"故事"之例。"故事，每遇大礼，则命近臣看详编置罪人所犯，或放或徙。"[3] 然而，赦宥中的看详编置罪人的惯例，却因绍兴年间秦桧专权用事遭遇阻断。绍兴二十八年（1158）十一月壬戌，左正言何溥言：

"臣恭闻祖宗朝，每遇大赦，则置看详编置罪人一司，命官典领，以重其事。盖置司看详，则责任专，推类施行，则事体一。日者用事之臣，辄以私意禁锢士类，屡经恩宥，而不敢检举，天下扼腕。陛下躬揽之初，痛革其弊，荡瑕涤秽，与之更新。其表表在人耳目者，固已生复故官，而死加荣号矣。臣尚虑有身落幽远而弗克上通，家坐穷空而无以自列，抱冤沉滞，吁天莫闻。愿举故事，选清切公明臣僚二人，取索诸色官员士人罪犯案卷，置司看详。其应该赦移放者一面施行，内有可疑申三省取旨，仍责限了绝。"诏俟赦降取旨。[4]

高宗采纳何溥建言，"命权吏部尚书贺允中、刑部侍郎杨揆检举，因是遂为永制"[5]。在恢复本朝故事的同时，提升赦宥时近臣看详编置罪人惯例的法

---

1 《宋大诏令集》卷143《典礼二十八·原庙·奉安三圣御容于鸿庆宫曲赦南京德音》，第518页。
2 （宋）程珌：《程端明公洺水集》卷2《奏疏·代上殿札子（二）》，四川大学古籍整理研究所编：《宋集珍本丛刊》影印明嘉靖刻本，第71册，线装书局，2004，第27页上。
3 《宋史全文》卷22下《宋高宗十七》"绍兴二十八年十一月己卯"，第1841页。
4 《建炎以来系年要录》卷180"绍兴二十八年十一月壬戌"，第3177页。
5 《宋史全文》卷22下《宋高宗十七》"绍兴二十八年十一月壬午"，第1841页。

律地位。

"金鸡"故事是观察宋代赦宥惯例的又一绝佳事例。宋人赵昇《朝野类要》记述了"金鸡"故事在宋代赦宥程序中的应用状况:"大礼毕,车驾登楼,有司于丽正门下肆赦,即立金鸡竿盘,令兵士抢之。在京系左右军百戏人,今乃瓦市百戏人为之。盖天文有天鸡星,明则主人间有赦恩。"[1] 赦宥程序中"金鸡"之制当始于北魏。据《唐六典》注:"司马膺之引《海中星占》:'天鸡星动,必当有赦。盖王者以鸡为赦候。'按其所设,其制始于后魏。"[2] 唐代金鸡之制与此相类,《通典》引《唐令》:"赦日,武库令设金鸡及鼓于宫城门外之右,勒集囚徒于阙前,挝鼓千声讫,宣制放。其赦书颁诸州,用绢写行下。"[3]《新唐书·百官志》还对赦宥之日鸡竿的适用方式有以下描述:"赦日,树金鸡于仗南,竿长七丈,有鸡高四尺,黄金饰首,衔绛幡长七尺,承以彩盘,维以绛绳,将作监供焉。击搁鼓千声,集百官、父老、囚徒。坊小儿得鸡首者官以钱购,或取绛幡而已。"[4] 宋代基本承用唐代赦宥旧制,以金鸡为代表的赦宥仪式得以长期行用。此于宋代诗文中多有印证。王禹偁《南郊大礼词》(其七):"六街旌旆弹虹蜺,仙仗参差羽卫齐。千步廊前班振鹭,百寻竿上揭金鸡。狴牢冷落停丹笔,郡国欢呼拆紫泥。凤阁旧臣期赦宥,免教长似触藩羝。"[5] 其中关于鸡竿肆赦仪式的描述,与宋代典礼仪式高度吻合。王珪《宫词》:"金鸡竿下龙旗动,万国华夷拜冕旒。"[6] 景祐二年(1035)十一月乙未《阳郊庆成颂》:"毰毸上鸡竿,笼童下鼍鼓。"[7]

---

[1] (宋)赵昇编,王瑞来点校:《朝野类要》卷1《故事》"金鸡",中华书局,2007(唐宋史料笔记丛刊),第31页。

[2] 《唐六典》卷16《卫尉寺》"两京武库",第464页。

[3] 《通典》卷169《刑法七·赦宥》,第4386页。

[4] 《新唐书》卷48《百官三》,第1269页。

[5] (宋)王禹偁:《王黄州小畜集》卷9《律诗·南郊大礼词(其七)》,四川大学古籍研究所编:《宋集珍本丛刊》影印宋绍兴刻本,第1册,线装书局,2004,第583页上。

[6] (宋)王珪:《华阳集》卷6《宫词》,商务印书馆,1935(丛书集成初编),第60页。

[7] (宋)宋祁:《景文集》卷35《颂·阳郊庆成颂》,商务印书馆,1936(丛书集成初编),第448页。

胡铨《乾道三年（1167）九月宴罢》曰："玉露鸣銮随仪仗，金鸡衔赦下长竿。"[1] 黄庭坚《梦李白诵竹枝词三迭（其二）》："杜鹃无血可续泪，何日金鸡赦九州。"[2] 刘克庄《病后访梅》（之八）："从前弄月嘲风罪，即日金鸡已赦除。"[3] 王庭珪《豫章别彭养直》："金鸡放赦知何日，尚许生还天一方。"[4] 凡此种种，不胜枚举。上述诗文证明，作为历代继受之诉讼惯例，以鸡竿为代表的赦宥罪囚仪式，曾在宋代得到长期传承和执行。除继受前朝赦宥惯例以外，变革故事更是宋代司法之常态。《后山谈丛》对于赦宥范围的变化有如下记载："故事：常赦，官典赃入己不赦。熙宁以后，始赦吏罪。元祐七年南郊，赦杖罪。八年秋，皇太后服药而赦，则尽赦之矣。"[5] 显而易见，熙宁、元祐之际，赦宥罪名的犯罪有逐步扩张之趋势。

上述以纠弹、受案、惩赃、覆奏、恤刑和赦宥为例，关于宋代诉讼惯例的初步讨论，主要关注惯例规则在宋代司法的实际运作问题。从法司援引诉讼惯例的历史类型而言，宋代司法实践中所涉及的故事，既包括西周、两汉、北魏、隋唐等时期之"先朝故事"，也包含宋代不同历史时期形成的"本朝故事"。从惯例性规则继受与运作层面而言，宋代"故事"体现出渊源清晰、内涵明确、传承有序、适用广泛等鲜明特征。这些故事涉及诉讼程序诸多环节，经臣僚奏请、朝廷认可，并经法司援引，成为与成文法律并行互补的现行法律规则。从习惯性规则演化脉络而言，需要特别注意"故事"继受、变革与消亡之间的辩证关系：经过长期适用，诉讼惯例或著于律令，演化成为成文法典之相应条目；

---

[1] （宋）胡铨：《澹庵文集》卷3《诗·乾道三年九月宴罢》，《景印文渊阁四库全书》（第1137册），台湾商务印书馆股份有限公司，1986，第33页上。

[2] （宋）黄庭坚撰，刘琳、李勇先、王蓉贵校点：《黄庭坚全集·正集》卷9《七言绝句·梦李白诵竹枝词三迭（其二）》，四川大学出版社，2001，第220页。

[3] （宋）刘克庄著，辛更儒校注：《刘克庄集笺校》卷10《诗·病后访梅九绝之八》，中华书局，2011（中国古典文学基本丛书），第580页。

[4] （宋）王庭珪：《卢溪文集》卷16《律诗·豫章别彭养直》，《景印文渊阁四库全书》（第1134册），台湾商务印书馆股份有限公司，1986，第165页下。

[5] （宋）陈师道撰，李伟国校点：《后山谈丛》卷3"常赦"，上海古籍出版社，1989，第31页。

或累朝遵奉，历久弥新，作为特定司法领域长期适用的习惯性规则；或因时过境迁，为新型法令或新出惯例所取代，长期承用的部分"故事"最终可能归于消灭。在继受中厘革，在厘革中发展，任何规则的形成与适用，又必然是对既有规则的继受、扬弃和创新，由此循环往复，以致无穷。

第三节 诉讼惯例之因革路径

伴随时间推移与情势变化，宋代所形成的各类惯例性规则也在不断发生更替。对于"祖宗故事"的有效遵循与持续厘革，始终是"故事"本身演化的基本方式。"'祖宗之法'源于政治实践中的摸索省思，回应着现实政治的需求；但它所认定的内容又在很大程度上寄寓着宋代士大夫的自身理想，而并非全然是'祖宗'们政治行为、规矩原则的实际总结……不宜简单的把赵宋的'祖宗之法'认定为一代政治的'指导思想'。特定决策的产生，首先取决于社会变迁带来的压力，取决于现实政治的需要。"[1] 可以认为，几乎不存在亘古不变的祖宗家法，若"故事"等惯例性规则所赖以存续的客观条件发生质变，则"故事"势必发生渐进或突发之变革。由此，从依循先例到创制故事，以及修订、变革故事，抑或废止旧例，创制新例。故事本身的沿革损益，生动反映了两宋之际惯例性诉讼规则前后变化的基本样态，也深刻反映出天水一朝法律创制与法律适用之间的微妙关系。

诉讼惯例往往因事例产生，并以先例形式存在，其后演化为惯例性规则，产生普遍拘束效力，成为现行法律体系的构成部分，从而勾勒出事例——先例——惯例——成法四者之间因革变化的路径和脉络。在习惯性规则的运行中，因"故事"时常出现过时、重复、抵触等问题，这就需要法司对"故

---

[1] 邓小南：《祖宗之法：北宋前期政治述略》，第14页。

事"进行诠释、拣择、整理和修订,为司法实践提供源流明晰、法理精审、适用便捷的各类"故事"。本节重点关注宋代"故事"等惯例性规则的变化过程与发展方向。整体而言,宋代惯例性规则之因革路径,大致包括复旧、立新、破例和折中四种情形。

一 复旧

此类变革旨在恢复或强调既有惯例性规则的权威与效力,借此矫正各类违背"故事""旧例"之非常行为。咸平四年(1001)三月丁酉,御史中丞赵昌言奏:"'近例,台司多遣人吏巡察,请依故事,令左右巡使各领其职,踰越法制者,具名以闻。'从之。"[1] 赵昌所言左右巡使故事,实质上源自唐代"开元故事"。据《唐六典》记载:殿中侍御史纠察非违,"凡两京城内则分知左、右巡,各察其所巡之内有不法之事"[2]。又据《通典》:"开元初,革以殿中掌左右巡,监察或权掌之,非本任也。"[3] 赵昌主张按照唐制,由左右巡使巡查。《职官分纪》曰:"凡文官违失,右巡主之。武官违失,左巡主之。旧以台史巡察,咸平四年(1001)始令左右巡使分其职。"[4] 此处所言咸平四年(1001)事,当即中丞赵昌奏议所陈之内容。又如天圣三年(1025)九月,陕府西沿边安抚使范雍言:"'沿边州军及总管司每蕃部有罪,旧例输羊钱入官,每口五百文。后来不以罪犯轻重,只令输真羊。乞自今后令依旧纳钱及量罪重轻,依约汉法定罚,免至苦虐蕃部。'从之。"[5] 嘉祐七年(1062)春正月乙卯,御史中丞王畴等言:"'闻纠察在京刑狱司尝奏:府司

---

1 《续资治通鉴长编》卷48"真宗咸平四年三月丁酉",第1055页。
2 《唐六典》卷13《御史台》"殿中侍御史",第381页。
3 《通典》卷24《职官六》,第675页。
4 (宋)孙逢吉:《职官分纪》卷14《推直官推勘官》,中华书局,1988,第332页上。
5 《宋会要辑稿》兵27之22,第15册,第9193页。

及两军巡皆省府所属,其录大辟之翻异者,请下御史台。窃惟府县之政,各存官司,台局所领,自有故事。若每因一囚翻异,即用御史推劾,是风宪之职,下与府司、军巡共治京狱也,恐不可遽行。'从之。"[1] 王畴所言"故事"涉及宋代御史台监察本职范围。若大辟翻异均别移于御史台,不仅与御史台本职严重抵触,且台司势必不堪重负。此外,从大理寺管辖范围之变化,亦可明惯例复旧之因革路径。自神宗置大理寺狱,"著令专一承受内降朝旨、重密公事,及推究内外诸司库务侵盗官物"。其后,受事日渐琐碎,"六曹、寺监,事无巨细,率皆送寺"。淳熙十四年(1187)"王顺伯少卿为大理寺丞,转对,言非所以重大狱,请复旧典。十月丁卯,许之"[2]。显然,复旧并非复古,"故事"通过发挥矫正、恢复、变通等法律功能,充分表达对于既有法律规则之敬畏与恪守。究其实质,复旧是在变革与守成求得平衡,藉此保障诉讼规则的稳定与延续,并借此杜绝各类曲解法意、变乱旧章行为的发生。

二 立新

此类变革旨在通过司法实践创制先例,进而通过反复实践,将其确立为本朝"故事"。如北宋开封府与大理寺之间疑案调查程序,即经历了新型"故事"从无到有的剧烈转变。大中祥符六年(1013)五月癸巳,权知开封府刘综言:"'本府鞫罪,刑名有疑者,旧例遣法曹参军诣大理寺质问,参酌施行。近日止移牒,往复多致稽缓,请循旧例。'许之。"[3] 由于废除原有派员质问旧制,府、寺之间改为行文质询,导致案件进程淹滞不畅。因此,刘综主张恢复既有惯例,即恢复开封府法曹参军赴大理寺调查之惯例,以此推

---

1 《续资治通鉴长编》卷196"仁宗嘉祐七年春正月乙卯",第4737页。
2 《建炎以来朝野杂记》甲集卷5《朝事一》"大理狱非得旨不许送理官宅",第129页。
3 《续资治通鉴长编》卷80"真宗大中祥符六年五月癸巳",第1825页。

动案件进程。然而，开封府牒问大理寺的做法却逐渐成为新型"故事"，并逐步成为抵制司法参军直接调查的法理依据。天禧三年（1019）四月己亥，"审刑院请令开封府自今有未明条格，止移牒问大理，勿遣法曹参军入寺如故事。诏可"[1]。可见，大中祥符六年（1013）之前已经存在于开封府与大理寺之间的"移牒"现象，最终被确认为惯例性规则，对府、寺之间调查程序产生约束效力。与之类似，宋代死囚配隶程序之中，亦有创制"故事"之例，依据犯官罪行轻重确定配隶地点。皇祐中，"既赦，命知制诰曾公亮、李绚阅所配人罪状以闻，于是多所宽纵。公亮请著为故事，且请益、梓、利、夔四路就委转运、钤辖司阅之。自后每赦命官，率以为常。配隶重者沙门岛砦，其次岭表，其次三千里至邻州，其次羁管，其次迁乡，断讫，不以寒暑，即时上道"[2]。若无"故事"可循，法司则可创制先例，以为后比。绍兴初年，婺源孝子詹惠明乞代父死，地方官府认为惠明孝行与西汉缇萦救父相类，奏报旌表，"事下礼部及太常，检照礼书，无故事"。且《国朝会要》所记太平兴国七年（982）九月，深州陆泽民严昭男承留诣阙进状乞代父死事，"'虽有故事，而情犯不同。礼部以太常所申难以引用，乞下本州依赦令常加存恤。'从之"[3]。司法实践中，在处置涉外法律关系时，也时常发生变更法律或惯例的情形。《宋刑统》继承《唐律疏议》"化外人有犯"的规定，选择适用共同属人法（本俗法）或属地法（法律）。然而，晚至北宋后期，却已出现限制适用外国法律的趋势。崇宁五年（1106），王涣治广，"有番豪杀其奴，舶司援旧例，送番长杖笞。公不可，送有司论如法。自是，诸番知

---

1 《续资治通鉴长编》卷93"真宗天禧三年四月己亥"，第2144页。
2 《宋史》卷201《刑法三》，第5017—5018页。
3 （宋）赵不悔修，罗愿纂：《淳熙新安志》卷8《叙义民·詹惠明》，中华书局编辑部编：《宋元方志丛刊》，中华书局，1990，第7723页上。

畏"[1]。本案中王涣剥夺旧时蕃长处置本国侨民的司法权力，改与内国居民一体适用宋朝法律。乾道年间汪大猷治泉州时，也采取与王涣类似的做法。"故事蕃商与人争斗，非伤折罪，皆以牛赎，大猷曰：'安有中国用岛夷俗者，苟在吾境，当用吾法。'"[2] 王涣、汪大猷均采取破旧立新方式，建构涉外法律适用新型准则。涉外法律适用规则的收缩或曰内敛，似乎可以成为宋代社会逐步转向内在的一个注脚。[3] 除此以外，官吏理政地方也可通过创制新例，以为后比。如任拱之〔元符二年（1099）卒〕知孟州济源县，改变既有按照私茶法处置造伪茶者旧例，改为按照"不应为罪"杖责罪囚："'真茶入禁地谓之私茶，此假茶尔，以不应为罪罪之，可也？'假茶毁去，迨今为例。"[4] 通过"立新"，既有法令或故事可能遭到废止，新、旧规则之间发生代际轮替，从而为解决特定问题提供新的法律依据。

三　破例

此类改革指司法实践中搁置、摈弃甚至废除先前惯例之因革路径。与

---

[1] （宋）程俱：《北山小集》卷30《墓铭一·宝文阁直学士中大夫致仕太原郡开国侯食邑一千四百户食实封一百户赠正议大夫王公墓志铭》，四川大学古籍研究所编：《宋集珍本丛刊》影印清钞本，第33册，线装书局，2004，第565页下。

[2] 《宋史》卷400《汪大猷传》，第12145页。

[3] 按：刘子健指出："宋代中国特别是南宋，是顾后的，是内向的，许多原本趋向宏阔的外向的进步，却转向了一连串混杂交织的、内向的自我完善和自我强化……北宋的特征是外向的，而南宋却在本质上趋向于内敛。"〔〔美〕刘子健著：《中国转向内在——两宋之际的文化内向》，赵冬梅译，江苏人民出版社，2002，第6—7页〕与此同时，傅乐成关于唐宋之际文化变迁的有关论断，似乎能够为宋代涉外法律适用原则之变提供某种文化解释："大体说来，唐代文化以接受外来文化为主，其文化精神及动态是复杂而进取的。唐代后期的儒学复兴运动，只是始开风气，在当时并没有太大作用。到宋，各派思想主流如佛、道、儒诸家，已趋融合，渐成一统之局，遂有民族本位文化的理学的产生，其文化精神及动态亦转趋单纯与收敛。南宋时，道统的思想既立，民族本位文化益形强固，其排拒外来文化的成见，也日益加深。宋代对外交通，甚为发达，但其各项学术，都不脱中国本位文化的范围；对于外来文化的吸收，几达停滞状态。这是中国本位文化建立后的最显著的现象，也是宋型文化与唐型文化最大的不同点。"傅乐成：《唐型文化与宋型文化》，原刊于《"国立"编译馆馆刊》1卷4期，1972年12月，收入康乐、彭明辉主编《史学方法与历史解释》，中国大百科全书出版社，2005（台湾学者中国史研究论丛），第383—384页。

[4] 何新所编著：《新出宋代墓志碑刻辑录·北宋卷》（六），第160页。

"立新"相比，破例虽未创制新型"故事"，却对既有惯例性规则质疑与挑战。例如，北宋初年已经形成郊祀失仪不得赦宥的惯例，"故事：郊而后赦，奉祠不敬不以赦论"。然而，上述"故事"却在"易知素案"遭遇阻断：

> 治平中，郎中易知素贪细，既食大官，醉饱失容，御史以不敬闻，韩魏公请论如律，英宗不欲也，魏公曰："今而不刑，后将废礼。"英宗曰："宁以他事坐之，士以饮食得罪，使何面目见士大夫乎？"[1]

显然，君主是否选择或认同，是决定先朝"故事"是否行用的关键因素。个案之中破除先例的做法，实质上宣告"故事"已遭搁置或废止。实践中，"破例"还可能为催生新型"故事"提供"先例"依据。《宋史·朱服传》："故事，制狱许上殿，非本章所云者皆取旨。"[2] 即奉诏审理诏狱案件，依照惯例允许上殿进奏听裁。元丰四年（1081），监察御史里行朱服受诏治朱明之狱，"服论其非是，罢之"。与之相类，大理寺卿韩晋卿"尝被诏按治宁州狱，循故事当入对，晋卿曰：'奉使有指，三尺法具在，岂应刺候主意，轻重其心乎？'受命即行"[3]。显然，诏狱入对的核心要义在于探知君主对于案件的处置意见，而朱服、韩晋卿均认为此惯例与依律裁决基本原则相互抵触，势必对法官循法断事构成制约，故而选择破例行事。与"立新"不同，破例虽是对于既有惯例的突破，却并未创制新例，只是在个案处置之中否定既有惯例继续适用的法律效力。

特定情况下，宋代法令施行中，经朝廷特准，存在"便宜从事"情形。对于既有规则而言，亦构成破例情形。淳化三年（992）春，京西、江、浙

---

[1] 《后山谈丛》卷4"英宗不罪饱醉失容"，第35页。
[2] 《宋史》卷347《朱服传》，第11004页。
[3] 《宋史》卷426《循吏·韩晋卿传》，12706页。

大饥,"民多相率持杵棒投券富家,取其粟,坐强盗弃市者甚众"。太宗下诏赈济灾民,并规定"'彼皆平民,因艰食强取糇粮以图活命尔。若其情非巨蠹,悉为末减其法,不可从强盗之科。其凶狠难制为患闾里者,固便宜从事,务于除恶。'繇是获全活者殆千计"[1]。庆历三年(1043)十二月,知永兴军郑戬言:"关中多豪侠,方边事未宁,不可以常法治之。若情文深而法不止黥配者,请以便宜从事。"[2] "便宜从事"强调长吏在特定条件下毋拘成法,临机处断,在法律适用层面,构成对既有法律规则之突破。邢义田指出:"因循故事是常,便宜从事则是变。"[3] 当然,"便宜行事"主要是在特殊情形之下,依据朝廷特许采取之权断措施,并无普遍或重复适用之法律效力,亦不具备创制先例之功能。

四　折衷

此类改革旨在对既有习惯性规则进行必要修订和完善,从而保障"旧例""故事"在实践中顺畅运行。大中祥符六年(1013)五月十一日,京西提点刑狱周实言:先前配隶人犯,依据旧例多"隐其状犯,难于证验",建议修订囚帐著录方式,真宗诏"诸州凡配隶罪人于邻州者,皆录其犯状移送逐处,置簿誊录,以防照会"[4]。又如环、庆、宁三州禁兵犯极刑者狱具之后,"先以案牍申总管司,以俟裁断,往复近十日",导致长期留滞。天禧二年(1018)十一月,诏:"环、庆、宁三州禁兵犯罪至死者,委本州依条区断讫,申总管司。罪状切害者,依旧例。"[5] 此诏大幅压缩总管司裁断的案件范

---

[1]《文献通考》卷166《刑考五·刑制》,第4979页。
[2]《宋会要辑稿》兵14之1,第15册,第8879页。
[3] 邢义田:《治国安邦:法制、行政与军事》,第427页。
[4]《宋会要辑稿》刑法4之7,第14册,第8448页。
[5]《宋会要辑稿》刑法7之8,第14册,第8579页。

围，在加快案件审理进程的同时，对于"罪状切害"案件，仍依据旧例处置。折衷处置方式实质上是在新、旧规则之间进行了适度调和，在保留先前惯例的基础上，对"故事""旧例"相应条目做出适当修改，藉此克服惯例运行中出现的各类问题。

本章小结

本章是《宋代诉讼惯例研究》"总论"部分，意在对以"故事"为代表的惯例规则进行整体描摹，以便读者了解本书研究主题——宋代诉讼惯例的地位、功能、运行和因革等基本问题。研究表明：以"故事"为代表的惯例规则，是宋代社会规则体系的重要组成部分，在政治、经济、文化、法治等诸多方面，发挥着调整各类社会关系的重要作用。宋代故事之命名，主要采取时代命名法、事主命名法、事类命名法三种主要方式。"故事"在宋代国家治理规则体系中占据重要地位，以"祖宗故事"为代表的惯例规则体系，成为宋代君臣治国理政的理论依据和重要依凭。宋代法律"故事"作为"故事"族群之重要部分，广泛存在于立法、执法及司法领域，发挥着创制、补充、修正、完善宋代法律体系的重要作用，最终成为推动宋代诉讼规则变革与发展的力量源泉之一。

本章关于宋代诉讼惯例之运行样态的讨论，主要通过对纠弹、受案、惩赃、覆奏、恤刑和赦宥六个领域惯例规则的讨论，大致厘清宋代各类诉讼惯例规则在司法实践中的运行实况。其中，围绕风闻言事是否须关白长官问题，宋代纠弹惯例反映出突破开元以来司法传统，进而趋于回归贞观故事的实践意图。在受案范围方面，宋代在强调承用西周、两汉诉讼惯例的同时，逐步产生了宋代本朝受案故事。惩赃惯例则鲜明体现了两宋对待赃吏刑事政策的前后变化，不同时期产生和行用的重赃论死、减死黥配、止流岭外和举主降秩等惩赃惯例，以及"严赃吏法"诏敕的不断颁布，深刻体现了宋代处置赃污官吏的实际情况。以唐代死刑覆奏为参照所进行的覆奏惯例之讨论，又反映出宋代贵重人命、慎用刑罚的法律理念。开元以降，直至五代、两宋，关于恢复死刑覆奏的讨论，深刻揭示了贞观覆奏"故事"实际运行之窘境，也为宋代死刑奏裁制度的完善提供了契机。恤刑惯例在宋代逐步成为地方长吏于冬、夏两季巡省囹圄、虑问狱囚的专项活动，并最终发展成为具有宋代司法特色的"祖宗之法"。尤其是在赦文体例、赦宥程序方面，宋代大量沿袭汉、唐以来赦宥惯例。北魏以来历代相承的"金鸡"故事，生动展示于宋代士大夫诗文之中，而赦宥之际设置看详编置罪人一司，并由命官典领主持罪囚赦宥的故事，则为宋代司法所独创。受资料限制，纠弹、受案、惩赃、覆奏、恤刑和赦宥六个问题并未设立专章予以讨论，而是按照相应顺序并采取举例方式，将其纳入宋代诉讼程序之中进行整体研究，意在阐释宋代诉讼惯例实际运行的一般状态，大致反映了宋代司法规则因革损益的关键节点。

本章关于宋代诉讼惯例因革路径之讨论，主要查明了诉讼惯例发展变化所依循的复旧、立新、破例和折衷四类路径。"复旧"旨在恢复或强调既有惯例性规则的权威与效力，藉此矫正各类违背"故事""旧例"之非常行为。"立新"旨在通过司法实践创制先例，进而通过反复实践，将其确立为本朝"故事"。"破例"指司法实践中搁置、摈弃甚至废除先前惯例之因革路径。破例虽未创制新型"故事"，却对既有惯例性规则质疑与挑战。"折衷"旨在对既有习惯性规则进行必要修订和完善，从而保障"旧例""故事"在实践中顺畅运行。以上四类诉讼惯例因革路径，反映了宋代惯例性诉讼规则嬗变之基本方式，充分展示了以"故事"为代表的惯例性规则在司法实践中的实际生存样态，以及惯例规则与律令规则之间的相互关系，揭示了在宋代司法实践中惯例性规则的演进脉络及其发展规律。

第三章

越　诉

越诉禁令与越诉特例长期并存、并行不悖的矛盾现象，是中国传统诉讼法制中值得特别关注的特殊图景。戴建国（1987）、郭东旭（1988）、陈景良（1998）、青木敦（1999）、春杨（2001）、赵旭（2005）、陈志英（2008）、范忠信（2010）、刘昕（2012）、姬亚平（2013）等多位学者从越诉类型、权益救济、私权维护等不同角度，已对宋代越诉的发展脉络、生成动因、主要类型、社会效果等问题进行了深入讨论。[1] 另一方面，由于宋代越诉问题资料宏富、类目繁杂，关于越诉的渊源属性、特许事由、受案规则、处置程序等重要领域，目前仍有待进行深入开掘。有鉴于此，本书拟对宋代越诉之法进行全景式剖析，以期证明宋代诉讼规则在近世法律文化转型历程中的关键地位。

---

[1] 戴建国：《宋代的狱政制度》，《上海师范大学学报》1987年第3期，第89—96页；戴建国：《南宋基层社会的法律人——以私名贴书、讼师为中心的考察》，《史学月刊》2014年第2期，第5—20页；郭东旭：《南宋的越诉之法》，《河北大学学报》（哲学社会科学版）1988年第3期，第27—35页；陈景良：《试论宋代士大夫的法律观念》，《法学研究》1998年第4期，第148—159页；〔日〕青木敦：《北宋末～南宋の法令に附された越訴規定について》，《東洋史研究》第五十八卷，第二号，平成11年（1999）9月；春杨：《宋代对司法的监督制度和惯例研究》，《中西法律传统》（第一卷），中国政法大学出版社，2001，第233—268页；范忠信：《古代中国人民权益损害的国家救济途径及其精神》，《现代法学》2010年第4期，第3—17页；范忠信：《古代中国人民权益救济体制的廉政监督旨趣》，《中外法学》2010年第6期，第853—870页；赵旭：《论宋代民间诉讼的保障与局限》，《史学月刊》2005年第5期，第36—42页；陈志英：《论宋代对私权的法律调整》，《河北大学学报》（哲学社会科学版）2008年第4期，第14—17页；刘昕：《宋代政府对讼师教唆诬告行为的法律规制》，《湖南社会科学》2012年第3期，第101—104页；姬亚平：《中国古代行政诉讼初探》，《陕西师范大学学报》（哲学社会科学版）2013年第1期，第132—136页；〔日〕青木敦：《宋代民事法の世界》，慶應義塾大学出版株式会社，2014，第27—52页；陈景良、吴欢：《宋代司法公正的制度性保障及其近世化趋向》，《河南大学学报》（社会科学版）2015年第1期，第103—111页。

第一节　越诉法令渊源与属性

禁止越诉历来是中国传统诉讼的基本原则之一，唐代已经形成基于当事人告诉申冤的纵向逐级申诉制度。诉讼审级分为县、州府、尚书省（左右丞）、三司（受事）、上表等五级，并另设挝登闻鼓、立肺石等直诉方式。[1]《唐律疏议·斗讼》规定："诸越诉及受者，各笞四十。若应合为受，推抑而不受者笞五十，三条加一等，十条杖九十。"疏议进一步解释："凡诸辞诉，皆从下始。从下至上，令有明文。谓应经县而越向州、府、省之类。"[2]其中，"令有明文"者见于《公式令》：

> 诸词诉皆从下始，先由本司本贯，或路远而蹎碍者，随近官司断决之。即不伏，当请给不理状，至尚书省，左右丞为申详之。又不伏，复给不理状，经三司陈诉。又不伏者，上表。受表者又不达，听挝登闻鼓，若茕独老幼不能自申者，乃立肺石之下（若身在禁系者，亲识代立焉。立于石者，左监门卫奏闻。挝于鼓者，右监门卫奏闻。）[3]

上述由县至州，由州至尚书省，再至三司、上表，直至挝登闻鼓、立肺石、邀车驾、投函匦等直诉途径的逐级申诉程式，在开元年间曾被多次强调，如开元二年（714）四月五日敕规定：在京诉冤者，"如未经尚书省，不得辄入于三司越诉"[4]。开元十年（722）闰五月《诉事人先经州县敕》要求诉事

---

[1] 陈玺：《唐代诉讼制度研究》，商务印书馆，2012，第130—140页。
[2] （唐）长孙无忌等撰，刘俊文点校：《唐律疏议》卷24《斗讼》"越诉"，中华书局，1983，第447页。
[3] 〔日〕仁井田陞原著，栗劲等编译：《唐令拾遗·公式令第二十一》"词诉皆从下始"，长春出版社，1989，第532页。
[4] （宋）王溥：《唐会要》卷57《尚书省诸司上·尚书省》，上海古籍出版社，2006，第1155页。

人等，"先经县及州并尚书省披理"[1]。最终在开元二十七年（739）《唐六典》中得到肯定与重申，[2] 遂与《唐律疏议》"越诉"条互为表里，迭相为用，构成唐代越诉禁令的完整规则架构，并成为中唐、五代直至北宋越诉禁令厘革损益的基本参照。

中唐以后，越诉禁令体系得到不断完善。大和八年（834）二月，中书门下援引贞元二十一年（805）六月六日敕："诉事人不得越州县、台府，便经中书门下陈状。"同时规定，不待州府推勘，诣阙诉事者，"先科越诉罪，然后推勘"[3]。五代之际，法司针对各类具体越诉情形的判定与罚则更趋明晰。后唐天成二年（927）二月十五日，御史台、刑部、大理寺援引天成元年（926）十二月一十日敕："越诉之条，本防虚妄，须用惩断，以绝效尤。如或实抱深冤，无门上诉，其越诉律内，不载杖数，仍令大理寺别具奏闻者。"[4] 寺司结合《名例律》"断罪无正条"和《杂律》"不应得为而为"，细化《唐律疏议》越诉罚则，规定抱冤越诉情轻者，笞四十。理重者，杖八十。受唐代"诣台诉事"惯例长期运行之影响，至五代时，御史台已经发展成为合法的上诉机构之一，地方词讼投状论事者不在少数。后唐长兴三年（932）三月敕规定，御史台有权羁押蓦越论讼人，"如实未经本处诉论，便可具事由，勒本道进奏官，差人赍牒监送本处，就关连人勘断后申奏，仍不得虚有禁系"[5]。后周广顺二年（952）十月二十五日敕节文则将越诉禁令的适用范围，从民间词讼扩张至灾情申报："起今后，诸色词讼及诉灾沴，并须

1　(宋) 王钦若编纂，周勋初等校订：《册府元龟》卷 63《帝王部·发号令第二》，凤凰出版社，2006，第 675 页。
2　按：《唐六典》规定："凡有冤滞不申欲诉理者，先由本司、本贯；或路远而踬碍者，随近官司断决之。即不伏，当请给不理状，至尚书省，左、右丞为申详之。又不伏，复给不理状，经三司陈诉。又不伏者，上表。受表者又不达，听挝登闻鼓。若悖、独、老、幼不能自申者，乃立肺石之下。"(唐) 李林甫等撰，陈仲夫点校：《唐六典》卷 6《尚书刑部》"刑部郎中员外郎"，中华书局，1992，第 192 页。
3　《册府元龟》卷 613《刑法部·定律令第五》，第 7077 页。
4　(宋) 王溥：《五代会要》卷 9《议刑轻重》，上海古籍出版社，1978，第 150 页。
5　《册府元龟》卷 517《宪官部·振举第二》，第 5868 页。

先经本县，次诣本州、本府，仍是诸处不与申理及断遣不平，方得次第陈状及诣台、省，经匦进状。其有蓦越词讼者，所由司不得与理，本犯人准律文科罪。"[1] 此敕为《宋刑统》准用，在宋代具有直接适用的法律效力。

北宋秉承禁止越诉传统，除《宋刑统·斗讼》"越诉"条继受《唐律疏议》旧制以外，曾多次以诏敕方式规范民间越诉问题。[2] 太祖乾德二年（964）正月二十八日诏在强调州县论理民间词讼基础地位的同时，责令地方长吏榜示晓知："自今应有论诉人等，所在晓谕，不得蓦越陈状。违者先科越诉之罪，却送本属州县依理区分。如已经州县论理，不为施行，及情涉阿曲，当职官吏并当深罪。仍令于要路粉壁揭诏书示人。"[3] 至道元年（995）五月二十八日诏："应诸路禁民不得越诉，杖罪以下县长吏决遣，有冤枉者即许诉于州。"[4] 至道二年（996）七月诏要求：诸州吏民诣鼓司登闻院诉事者，"须经本属州县转运司不为理，有司乃受"[5]。伴随诉讼法律体系的发展完善，宋代立法者尝试有效解决越诉与直诉两个相互纠缠的诉讼难题，"越诉"禁令的适用规则更趋细致。宋初沿袭前朝旧制，设置鼓司，"以内臣掌之，鼓在宣德门南街北廊"[6]。景德四年（1007）五月，改登闻鼓院，掌受文武官员及士民章奏表疏。凡言朝政得失、公私利害、军情机密、陈乞恩赏、理雪冤滥等诉请，先经鼓院进状，"或为所抑，则诣检院。并置局于阙门之前"[7]。端拱

---

[1] （宋）窦仪详定，岳纯之校证：《宋刑统校证》卷24《斗讼律》"越诉"，北京大学出版社，2015，第325页。

[2] 按：赵旭指出："北宋初期，尽管在诉讼程序上规定了越诉的内容，尤其是有大冤抑，也可以越过转运使，由州向登闻检、鼓院直接诉讼而不构成越诉之罪，但同时也规定了'蓦越陈状'之类的越诉行为也是违法的。"赵旭：《唐宋法律制度研究》，辽宁大学出版社，2006，第219—220页。

[3] （清）徐松辑，刘琳、刁忠民、舒大刚、尹波等校点：《宋会要辑稿》刑法3之10，第14册，上海世纪出版股份有限公司、上海古籍出版社，2014，第8397页。

[4] 《宋会要辑稿》刑法3之11，第14册，第8398页。

[5] （宋）杨仲良：《皇宋通鉴长编纪事本末》卷14《太宗皇帝》"听断"，江苏古籍出版社，1988（宛委别藏本），第333页。

[6] （宋）马端临著，上海师范大学古籍整理研究所、华东师范大学古籍研究所点校：《文献通考》卷60《职官考十四》，中华书局，2011，第1813页。

[7] （元）脱脱等：《宋史》卷161《职官一》，中华书局，1977，第3782页。

元年（988）七月，虞部郎中张佖针对民间滥诉现象，奏请严格限制鼓院受案范围："'除官典犯赃，袄讹劫杀、灼然抑屈，州县不治者，方许诣登闻院……自余越诉，并准旧条施行。'从之。"[1] 原则上，未经登闻鼓院、登闻检院审理，不得伏阙诉事。然而，民间越级陈诉甚至伏阙越诉现象并未禁绝，反而有愈演愈烈之势。针对遇赦之人诣阙诉枉问题，大中祥符五年（1012）四月二十四日诏规定，公事勘断如事涉滥枉，案犯有权在狱具之后依次向转运、提刑陈诉，"即不得诣阙越诉"[2]。天禧四年（1020）八月，因诸路劝农使检视帐籍时，"虑其因缘取索，受越诉以扰民"，责令民间论诉公事，并依旧次第陈状。"如已经州县、转运司不行者，并即时尽公处理。"[3]

造成越诉领域乱象丛生的根本原因在于，禁止越诉与允许直诉两项原则之悖论。越诉以逐级陈诉为前提，邀车驾、挝鼓诉事不实等直诉行为却可以"无视审级，理论上与禁止越诉抵触"[4]。宋代鼓司检院设立之初衷，自然在于厘革传统直诉体系，纾缓君主因伏阙诉事行为所承受的裁判压力。但因诣阙诉请的事由无法控制和拣择，由此造成实质具有越诉性质的直诉行为屡禁不止。君主作为行政组织与司法系统共有之终极陈诉机构，实质上无法在维护常态司法秩序与行使终极监督权力之间寻得平衡。可见，北宋中期逐步出现的与"越诉"禁令相对应的"越诉之法"，其目的并非在于变革逐级告诉传统，而是试图透过"越诉"管道，对以地方长吏为代表的官僚群体的各类施政履职行为进行有效监察。因此，越诉本质上并非简单的司法诉讼命题，而应统摄于宋代日益强化的逐级监察机制。宫崎市定曾言："宋代的政治机构，是基于认定军人会闹革命、文官会渎职这样的基本认识上而建立的，其

1　《宋会要辑稿》职官3之62，第5册，第3079页。
2　《宋会要辑稿》刑法3之15，第14册，第8400页。
3　（宋）李焘撰，上海师范大学古籍整理研究所、华东师范大学古籍研究所点校：《续资治通鉴长编》卷96"真宗天禧四年八月"，中华书局，1992，第2214页。
4　戴炎辉：《唐律各论》，台北成文书局，1988，第567页。

重点在于防止弊害。"[1] 越诉可能产生惩戒官吏的行政处分后果，而非行政诉讼抑或行政复议程序，并在一定程度上使百姓的核心权益，尤其是经济和司法权益获得救济。[2] 可见，经由"越诉"彰显的宋代监察体系发展完善之历史缩影，久已尘封于司法规则急剧变化的表象之下。

那么，宋代越诉行为是否具有行政诉讼意涵？答案仍然是否定的。[3] 个人违法、个体应诉与责任自负，构成宋代"越诉之法"的三项基本要素。首先，就事由性质而言，无论行政违法、婚田争讼抑或揭举赃吏等，越诉所指向的事由并非官府具体公务行为，而是各级官吏的个人履职行为。其次，就被告身份而言，宋代越诉之法大多以各级违法官吏为告诉主体（个别情况下以豪民、宗强等为被告），即"民告官吏"而非"民告官府"，此与行政诉讼以行政机关或授权组织为被告的法律性质迥异，此亦为认定"越诉之法"性质的核心要义；再次，从法律责任而言，越诉之法引发的法律后果往往为官吏个人罚俸、降职、罢黜等行政处分方式甚至配流等刑事制裁，而非各级官府承担返还权益、履行职务乃至行政赔偿等行政法律责任。

---

1 〔日〕宫崎市定：《中国史》，邱添生译，华世出版社，1980，第300页。
2 按：关于越诉与民众权利救济问题，可参阅范忠信《古代中国人民权益损害的国家救济途径及其精神》，《现代法学》2010年第4期；范忠信《古代中国人民权益救济体制的廉政监督旨趣》，《中外法学》2010年第6期；陈志英《论宋代对私权的法律调整》，《河北大学学报》（哲学社会科学版）2008年第4期。
3 按：姬亚平认为："如果用行政诉讼的基本特征'民告官'来衡量，中国古代不仅存在行政诉讼，而且源远流长，丰富多彩，只不过没有抽象出'行政诉讼'这一概念罢了。行政诉讼的'民告官'特征有以下几方面含义：第一，原告是普通百姓；第二，被告是行使公权力的政府及其官员；第三，'民告官'的目的是维护自身利益，监督国家权力的行使；第四，官民之间的纠纷是通过诉讼方式来解决的。"［姬亚平：《中国古代行政诉讼初探》，《陕西师范大学学报》（哲学社会科学版）2013年第1期，第132页］值得注意的是，中国古代"民告官"的含义，往往指百姓向官府作出的报告或申请行为，并非以官府为被告的诉讼行为。简言之，古代"民告官"是状告官员，而非状告官府。行政诉讼意义上常见的官府违法行为，一般仍表述为官吏违法。如"先募民告官吏隐欺额外课利者赏以钱，而告者或恐喝求财，或因报私怨，诉讼纷然，益为烦扰"。（《续资治通鉴长编》卷16"太祖开宝八年七月"，第342页）姬亚平"被告是行使公权力的政府及其官员"的论断，大幅扩张了行政诉讼被告主体的恒定范围，从而引发行政诉讼与监察行为的混淆。

第二节 越诉事由的重新检视

关于宋代"越诉之法"的初创时间,郭东旭将其确定于徽宗政和年间,"北宋对越诉的限制到宋徽宗政和以后发生了变化,在某些问题上开始准许人们越诉"[1]。该观点得到学界广泛认同。事实上,至少在神宗熙宁年间,即有"许民越诉"之明确记载。据《续资治通鉴长编》:熙宁六年(1073)六月壬辰,因畿县令佐非时追集,导致开封酸枣、阳武、封邱县民千余人为免保甲教阅,赴司农寺告诉的群体性事件。神宗指令提点司劾问违法官吏,同时规定,"自今仍毋得禁民越诉"[2]。此敕发布时间显然早于政和年间,当为宋代许民越诉之始。

"越过县一级直接向州提出词状,或越过州一级直接从县向路提出上诉的情况经常发生。这种越诉在宋代屡见不鲜,宋史研究者早已指出了这一点。"[3] 宋代越诉事由纷繁复杂,几乎涉及官府与百姓交涉事务的方方面面,诸如在税赋征纳、灾异蠲免、科率摊派、财物征收、官民交易、狱讼决断、救济优抚等领域出现的违法行为,无一不在越诉之列。学界关于越诉事由类型的研究,以郭东旭"七分法"、陈景良"四分法"、范忠信"八分法"最具代表。然而,宋代越诉事由、越诉类型、越诉性质相当复杂,且样本素材分布失衡。合理的分类标准应当至少满足以下两个条件:其一,归类准确,详

---

[1] 郭东旭:《南宋的越诉之法》,《河北大学学报》(哲学社会科学版)1988年第3期,第27页。按:郭东旭等进一步指出:"至北宋徽宗朝政和之后,由于政治腐败达到极点,不仅朝廷荒淫无度,内自公卿大臣,外自监司守令,无不'托公徇私,诛求百姓,公然窃取,略无畏惮';而胥吏更是'托法自便',聚敛无厌。因此,在全国各地相继出现了新的反抗浪潮。在这种形势下,宋徽宗为了标榜'革弊恤民之意',制约官吏的横征暴敛,始开越诉之门。"郭东旭、高楠、王晓薇、张利:《宋代民间法律生活研究》,人民出版社,2012,第164页。

[2] 《续资治通鉴长编》卷245"神宗熙宁六年六月壬辰",第5970页。

[3] 〔日〕夫马进编:《中国诉讼社会史研究》,范愉、赵晶等译,浙江大学出版社,2019(廿一世纪中国法律文化史论丛),第46页。

略适当；其二，相互独立，平行并列。本书按照诉讼主体不同，将越诉划分为"控告型越诉""检举型越诉"和"告诉型越诉"。其中，"控告型越诉"是指百姓因自身合法权益直接受到官员侵害，以控告方式越级告诉，此类越诉占据宋代越诉的绝对多数。"检举型越诉"是指越诉人非因自身权益受到官员侵害，以检举方式越级告诉，其中尤以检举官吏贪赃者为夥。"告诉型越诉"是指越诉人因自身合法权益直接受到田主、房主、豪强等非法侵害，向监司等机关越级告诉。三类越诉以"控告型越诉"最为复杂，此处先对内涵单一的"检举型越诉"和"告诉型越诉"进行讨论。

基层官吏贪渎是"检举型越诉"的基本事由。建炎四年（1130）九月甲寅，臣僚以州县之吏，赃贪颇众。"欲望应官员犯入己赃，许人越诉。其监司、守令不即按治，并行黜责，庶使举刺之官不敢坐视。"[1] 绍兴元年（1131）十一月乙巳，通直郎、知琼州虞沇言："'近岁州县之吏多贿败者，望自今命官犯入己赃，许人越诉。其监司不即按治者，重行黜责，'从之。"[2] 绍兴三十二年（1162）八月二十三日诏突破以往"不干己之诉"禁令，规定州县受纳秋苗奸欺贪渎，"许诸色人不以有无干己越诉。如根治得实，命官流窜，人吏决配，永不放还，仍籍家赀"[3]。禁止"不干己之诉"是宋代司法基本原则，而"检举型越诉"却不以是否利益干己为前提。此类越诉类型的出现，对宋代诉讼规则构成一定冲击，其监察地方长吏为非之目的昭然若揭。在"检举型越诉"之中，官员侵害的直接客体为公务行为廉洁性和公共财产所有权，而非诉事人私人利益，故与"控告型越诉"存在本质差异。

地方官吏以外其他人侵权是"告诉型越诉"的基本事由。绍兴二年

---

[1] （宋）李心传撰，辛更儒点校：《建炎以来系年要录》卷37"建炎四年九月"，上海古籍出版社，2018，第727页。

[2] （宋）佚名撰，孔学辑校：《皇宋中兴两朝圣政辑校》卷10《高宗皇帝十》"绍兴元年十一月乙巳"，中华书局，2019（中国史学基本典籍丛刊），第317页。

[3] 《宋会要辑稿》食货9之10，第10册，第6180页。

（1132）闰四月三日，右朝奉郎姚沇进言："曾被烧劫去处失契书业人，许经所属州县陈状。本县行下本保邻人依实供证，即出户帖付之，以为永远照验。如本保邻人作情弊故意邀阻，不为依实勘会，及本县人吏不实时给户帖，并许人越诉，其合干人重置典宪。"[1] 此敕与吏人并举的邻、保之人，显然不具备公职身份。绍兴三年（1133）七月二十二日，诏江北流寓之人因业主、豪右添搭房租，坐致穷困，"令临安府禁止，仍许被抑勒之人诣府陈告。根究得实，将业主重行断遣，其物没纳入官。本府不为受理，许诣朝省越诉"[2]。隆兴元年（1163）九月二十五日诏：遇灾伤之处蠲免苗税，"所有私租，亦合依例放免。若田主依前催理，许租户越诉"[3]。淳熙十六年（1189）五月十六日，户部郎中丰谊言：禁止巨室指占沿江并海深水取鱼之处，勒取租钱，"'豪强尚敢违戾，州县倪或纵容，即许人户越诉，择其首倡，重作惩戒。'从之"[4]。嘉泰三年（1203）十一月十一日南郊赦文：针对诸路州县乡村豪横之人强占邻人田产等事，诏"今后如有似此去处，仰监司常切觉察，及行下所属州县重立赏牓，许被扰人越诉"[5]。上述作为越诉对象的业主、田主、土豪、富民等，从社会阶层而言，仍属民户性质。《庆元条法事类》明确规定，若地方豪强私自拘禁他人，即可列为越诉被告："诸形势之家，（豪民同。）辄置狱具而关留人者，徒二年，情理重者，奏裁，许彼关留人越诉。"[6] 显然，百姓越诉控告的田主、豪民与形势之家

1　《宋会要辑稿》食货11之16，第11册，第6219页。
2　《宋会要辑稿》刑法2之147，第14册，第8375页。
3　《宋会要辑稿》食货63之21，第13册，第7616页。
4　《宋会要辑稿》刑法2之124，第14册，第8352页。
5　《宋会要辑稿》食货63之225，第13册，第7732页。
6　（宋）谢深甫等撰，戴建国点校：《庆元条法事类》卷75《刑狱门五·刑狱杂事》，黑龙江人民出版社，2002（中国珍稀法律典籍续编），第805页。按：尹敬坊指出："宋代形势户又称'形势之家'、'势官富姓'或'豪民'。而'形势之家'和'形势户'这两个称呼又都出现在宋代法令中……《赋役令》所载宋代形势户应包括的三部分人户（一）品官之家，（二）州县及按察官司吏人，（三）书手、保正、耆户长等乡役户。"（尹敬坊：《关于宋代的形势户问题》，《北京师范大学学报》1980年第6期，第26、27页）大泽正昭认为，士人、寄居官、胥吏、地主、地方权势者、豪民等，是介于皇帝、高级官僚和基层社会中间位置的中间阶层。〔日〕大泽正昭著，吴承翰译：《南宋判语所见的地方权势者、豪民》，中国政法大学法律整理研究所编：《中国古代法律文献研究》（第九辑），社会科学文献出版社，2015，第302页。

等，均不具备公职身份。朝廷开越诉之门，意在禁止地方长吏勾结豪民，并促使其有效管控地方事务，调处基层社会纠纷。需要特别指出的是，宋代官学属于政府机构一部分，案件须依照行政层级行文直属衙门协助处理或审判，因此越诉限制不适用于学产诉讼。绍兴府"小学田案"、平江府"陈焕案"、嘉兴府"六和塔院僧人案"等，原告均未向学产所在县司提出告诉，而是向府学直属府司提出。[1] 总之，"检举型越诉"直接指向基层官吏的贪赃犯罪，"告诉型越诉"则针对可能受到长吏庇护的豪强富户的侵权行为，两类越诉遂在主、客体层面具备各自特点，却始终与朝廷监控地方的制度设计初衷协调一致。

以维护遭受官吏侵害的合法私权为特征的"控告型越诉"，是宋代越诉之绝对主流。其事由烦琐，类型多样，基本涉及地方官吏施政的方方面面，且绝大多数与百姓人身或财产利益直接相关。[2] 学界现有关于越诉的分类，亦主要针对此类情形展开。值得注意的是，诏敕、奏议、法令是研究宋代越诉问题的基本依据，相关资料主要分布于《宋史》《宋会要辑稿》《庆元条法事类》等典籍之中，关于百姓控告官吏违法且许可越诉事由的隶属与分类，宋人亦有自己的理解。如《宋会要辑稿》中越诉史料，分隶于"后妃""礼""仪制""职官""选举""食货""刑法""兵""方域""道释"等十个类目。除个别条目重出以外，归类隶属问题也较为明显。现存《庆元条法事类》残卷作为南宋成法，涉及越诉条款三十六项，以法律关系性质为分类依据，条件相近者以类相从，分隶"职制""文书""榷禁""财用""库务""赋役""刑狱"七门，显然较《宋会要辑稿》类目确切明晰。然而，《庆元

---

[1] 参阅李如钧《学校、法律、地方社会——宋元的学产纠纷与争讼》，台湾大学出版中心，2016，第78页。其中，关于"陈焕案"的审理过程，可参阅李雪梅《公文中的动态司法：南宋〈给复学田公牒〉和〈给复学田省札〉碑文考释》，中国政法大学法律古籍整理研究所编：《中国古代法律文献研究》（第10辑），社会科学文献出版社，2016，第286—290页。

[2] 按："北宋后来鼓励和完善越诉之法的动因已经不止于洗雪民冤了，而是民间频繁的经济活动所致，也是政府增加财政所需的必然要求。"赵旭：《唐宋法律制度研究》，辽宁大学出版社，2006，第223页。

条法事类》并非完帙,越诉所涉门类当不止于此。其他如《宋史》《三朝北盟会编》《建炎以来系年要录》《皇宋中兴两朝圣政》《宋大诏令集》以及宋人文集等所见越诉资料,对于越诉事由的科学分类意义相对有限。关于"控告型越诉"事由的分类标准,应当与宋代地方官吏日常职能相互照应。就越诉之法涉及的法律关系而言,主要涉及税收、榷禁、司法、库务、赈恤、文书、水利、货币等,绝大多数事例均与经济相关。在各类越诉事由之中,涉及税赋征纳和蠲免又占据相对多数。以下按照租税征纳、科率摊派、狱讼决断、救济优抚四个方面,对"控告型越诉"进行分类讨论。

一 租税征纳

宋代"凡租税有谷,有帛,有金铁,有物产,为四类"[1]。在各类越诉条款之中,与税赋相关者占据绝对多数。在税赋征纳领域,又广泛涉及支移折变、邻保代输、输纳沮抑、造簿不公、过数催征、催科作弊、输纳加耗、低价科敷、私置税务、拒不蠲免等诸多情形。对于税赋领域的各种非法行为,乾道元年(1165)正月一日南郊赦文做了较为全面的描述:"受纳之际,多端作弊,倍加斗面,非理退换,纵容专、斗,拣子计会乞取,方行了纳。或先期预借,重重催理,不与除豁。既已纳足,阻节销钞之类,甚为民害。"[2]关于税赋征纳所涉及的越诉问题,学界已有充分研究,[3]此处拟从税目入手,

---

[1] 《宋会要辑稿》食货70之1,第13册,第8099页。
[2] 《宋会要辑稿》食货9之10,第10册,第6180页。
[3] 按:如郭东旭曾列举"官吏受纳税租不依法""籴买官物,非理科配""私置税场,邀阻客商"等南宋许可越诉事项。[郭东旭:《南宋的越诉之法》,《河北大学学报》(哲学社会科学版)1988年第3期,第31—33页]陈志英基本沿用了郭氏分类,(陈志英:《论宋代对私权的法律调整》,《河北大学学报》(哲学社会科学版)2008年第4期,第16页)范忠信在肯定郭东旭列举的越诉情形以外指出,"宋代的'越诉'许可绝不仅仅只有以上八种情形,其开放或许可越诉的诏令或'指挥'很多。"(范忠信:《古代中国人民权益救济体制的廉政监督旨趣》,《中外法学》2010年第6期,第858页)陈景良指出"官吏受纳租税不依时"属于南宋时允许越诉情形之一。陈景良:《试论宋代士大夫的法律观念》,《法学研究》1998年第4期,第158页。

略作补阙拾遗。

（一）二税

宋代夏秋二税是国用财赋的基本来源之一，二税征纳领域的违法行为可依法越诉，此类诏令几乎贯穿南宋各个阶段。建炎元年（1127）五月一日庚寅诏，诸路漕司如因财用匮乏，"将民户合纳二税宛转折纳，或支移他郡，却免未支移，只纳脚乘实惠之类"，许人户越诉。[1] 绍兴二十五年（1155）十月戊寅诏：绍兴二十六年（1156）分民户二税不得合零就整，"令户部行下诸路监司、州军遵守，如违，许经尚书省越诉"[2]。乾道元年（1165）五月三日诏：以江、浙州县征纳二税，于数外妄有科折，"可令逐路转运司行下逐州军，将人户今岁合纳折帛银遵依指挥，自立定分数，及照应的实市价，即不得以加耗为名，大秤斤两。如有违戾，许民户越诉"[3]。显然，上述针对二税的越诉条款，主要指向征纳中存在的折算方式和计量标准。南宋时二税分摊不均和信息蔽塞也成为征税中允许越诉的情形。绍熙元年（1190）十一月二十七日臣僚言：常赋二税支移折变，名色不同，而县官请嘱，减此增彼。"乞将应官民一体均敷，若官吏观望请（属）〔嘱〕，暗与减免，致民户增加者，许其越诉。"[4] 嘉泰四年（1204）二月十七日，臣僚以二税起催之时，再易簿籍，弊幸多端，"'乞诏户部行下漕臣，令所部州军每岁于属县催科二税之际，预令开具各县人户所管常产、本年合纳逐色官物并本色折钱之数，及系作何若干科敷，每户出给税由，总列实数，使凭输纳。仍先期结罪，具申漕司，榜谕逐县人户通知。或有妄增，

---

[1] （宋）徐梦莘撰：《三朝北盟会编》卷101 "炎兴下帙一"，上海古籍出版社，1987，第744页。
[2] 《建炎以来系年要录》卷169 "绍兴二十五年十月戊寅"，第2929页。
[3] 《宋会要辑稿》食货10之20，第10册，第6204页。
[4] 《宋会要辑稿》食货70之78，第13册，第8147页。

许民越诉,重置典宪,务在必行。'从之"[1]。

(二)和买

宋代和买、预买并称,或称和预买,后逐渐演变为定额税种。为规范和预买行为,包含越诉条款的诏敕时常见诸史籍。如宣和六年(1124)四月三日诏:四川和、预买绢布等不支价直,或准折盐钞,有名无实。"远民坐困,无所越诉,可申严约束,违者以违制论。"[2] 绍兴七年(1137)九月二十二日,明堂大礼赦:如州郡不以实价和买,支还价钱,"可令提刑司觉察,按劾以闻。其违戾去处,当职官重置典宪,仍许人户径诣尚书省越诉"[3]。孝宗绍兴三十二年(1162)十二月五日,"刑部立下条件:'诸县人户已纳税租钞(和、预买䌷绢、钱物之类同)。不即销簿者,当职官吏各杖一百,吏人仍勒停。其人户自赍户钞出官,不为照使,抑令重叠输纳者,以违制论,不以赦降原减。许人户越诉,专委知、通检察。'"[4]

(三)和籴

宋代市籴之名有三:"和籴以见钱给之,博籴以他物给之,便籴则商贾以钞引给之。"[5] 实践中又有结籴、寄籴、表籴、兑籴、均籴、贻籴等名目,成为常赋以外较为繁重的附加税之一。宣和七年(1125)三月二十九日诏:"切虑籴米官司循习旧弊,辄有科配,搔扰民户,并出卖见钱,和籴人户中卖斛斗,愿支折者听。如辄敢科配,官并流三千里,仍许人户越诉。若籴本有缺,即具实缺数目申尚书省。"[6] 绍兴五年(1135)六月二十日,诏逐路转运

---

[1] 《宋会要辑稿》食货70之104,第13册,第8160页。
[2] 《宋会要辑稿》食货38之10,第11册,第6832页。
[3] 《宋会要辑稿》食货38之17,第11册,第6836页。
[4] 《宋会要辑稿》食货35之11,第11册,第6758—6759页。
[5] 《宋会要辑稿》食货41之1,第12册,第6909页。
[6] 《宋会要辑稿》食货40之11,第12册,第6882页。

司约束州县，趁时收籴，禁止低价科敷、搔扰作弊，"如有违戾去处，许民户越诉，当职官吏取旨重作施行"[1]。隆兴二年（1164）八月三日，户部奏请禁止地方阻节减落和籴钱："如遇人户纳米交量讫，不以早晚赴州支请，即于本县应有管窠名钱内先次支给，却将降去籴本钱数理还。并仰实时给付，如有阻节减落，许行越诉。"[2] 开禧三年（1207）十月十七日，臣僚言："'乞申饬诸路监司，严切觉察部内，如有因科买而不还价钱，以和籴而辄作奸弊，即州追都吏，县追典押及承行人吏，并行决配。仍许人户越诉。内守令纵容，情理巨蠹，即并按劾以闻。'从之。"[3]

（四）商税

宋代商税征纳中，虚喝、折纳、力胜钱、喝花税等巧作名色的舞弊行为层出不穷，与之相适应，众多违法征纳行为成为允许越诉事由。建炎二年（1128）四月二十七日诏：客贩粮斛、柴草入京船车，"经由官司抑令纳力胜、商税钱者，从杖一百科罪。许客人越诉。收数多、法应重者，自从本法"[4]。建炎三年（1129）九月一日，御营使司参议官兼措置军前财用李迨言：客人自江西、湖南般运斛斗、竹木至建康府，"往往算请盐钞，并籴米以回。货经由一处，税场抑令纳力胜税钱数百千者"[5]，奏请申严禁约，许客人越诉。孝宗绍兴三十二年（1162）六月十三日赦："访闻税务将铺户已卖物色，因所买人漏税及元未经税卖下之物，辄于铺户一例追纳罚钱。可令本府严行禁戢，如有违犯之人，计赃断罪，仍许人户越诉。"[6] 宋代海外贸易高度繁荣，外贸越诉条款成为商税法令的重要组成部分。乾道七年（1171），"诏

---

1 《宋会要辑稿》食货40之20，第12册，第6888页。
2 《宋会要辑稿》食货40之37，第12册，第6897页。
3 《宋会要辑稿》刑法2之136，第14册，第8364页。
4 《宋会要辑稿》食货17之33，第11册，第6364页。
5 《宋会要辑稿》食货17之34，第11册，第6364页。
6 《宋会要辑稿》食货18之1，第11册，第6373页。

见任官以钱附纲首商旅过蕃买物者有罚,舶至除抽解和买,违法抑买者,许蕃商越诉,计赃罪之"[1]。开禧三年(1207)正月七日,为避免官吏渔利,征税暗损,前知南雄州聂周臣奏请"'申饬泉、广市舶司,照条抽解和买入官外,其余货物不得毫发拘留,巧作名色,违法抑买。如违,许蕃商越诉,犯者计赃坐罪。仍令比近监司专一觉察。'从之"[2]。

(五)盐茶

盐茶经营所获专卖榷税是宋代重要财政来源,宋代在继受前代专卖管制的基础上,不断强化对于茶盐的税务管控。宣和二年(1120)十月七日诏:"访闻陕西、河东路近因推行钱法,平定物价,辄将买卖茶盐钱一例纽定分数,有害客贩。可应陕西、河东路买卖茶盐,并听从便,其价直许随逐处市色增减,官司不得辄有抑勒,立为定价,亏损客人。"[3] 违者依扇摇茶盐法罪施行,并许客人径诣尚书省越诉。在盐法施行中,尤其注意保护亭场、亭户合法利益,避免地方官吏盘剥。如绍兴六年(1136)六月十五日诏规定,监司、州县及巡尉下公人、兵级,非因公事或无办差文书,不得擅入亭场,"因而摇扰,乞取盐货,计赃坐罪。所属当职并场监官失觉察,并取旨行遣,许亭户越诉"[4]。淳熙十三年(1186)闰七月己酉,令淮浙提盐约束逐州主管官,"遇亭户纳盐,在官须管,即时秤下,支还本钱,不得纵容官吏掊克。如厅用、花带等钱及上户兜请折除等事,并严觉察按劾,仍许亭户越诉"[5]。绍熙五年(1194)九月十四日,明堂赦:诸路盐场不依时支散本钱,及有克减者,"仰诸路提举司遵守累降指挥约束,如有违戾,将当职官吏按劾以闻,许

---

1 《宋史》卷186《食货下八》,第4566页。
2 《宋会要辑稿》职官44之33-34,第7册,第4221页。
3 《宋会要辑稿》食货32之10,第11册,第6702页。
4 《宋会要辑稿》食货26之25,第11册,第6569页。
5 《皇宋中兴两朝圣政辑校》卷63《孝宗皇帝二十三》"淳熙十三年闰七月己酉",第1448页。

亭户越诉"¹。宋代还对积欠盐茶钱物征缴范围予以规范,淳熙十二年(1185)十一月二十二日南郊赦处置四川违欠茶盐钱物,曾引用"止合估欠人并牙保人物产折还"²的规定,禁止无监系亲戚及改嫁妻子追索,违者许人户越诉。本条后又为淳熙十五年(1188)九月八日明堂赦、³绍熙二年(1191)十一月二十七日赦、⁴绍熙五年(1194)九月十四日赦⁵等赦文所征引。

与征纳相对应,租课、税赋蠲免是越诉条款时常涉及的重要议题。各地长吏向朝廷申报的蠲免奏议时常包含越诉条款,如王之道《乞将京西淮南逃绝田展免租课札子》奏请京西、淮南逃绝民田展免租课,并不得增加租赋,"如有违碍去处,许佃户越诉"⁶。洪适《荆门应诏奏宽恤四事状》请求落实蠲免赋税诏令,"恐向后又复检寻前例,兼恐他郡亦有此弊,欲望圣慈特赐行下,如有违戾,许民户越诉"⁷。淳祐六年(1246)二月颜颐仲《乞蠲放砂岸钱奏》曰:查得本府、制置司、府学岁收砂岸钱通计五万三千一百八十二贯六百文,"十七界欲截自淳祐六年正月为始,悉行蠲放。却将别项窠名,拨助府学养士及县官俸料支遣"。禁止沿岸豪民妄作名色,复行占据。"或有违戾,许民越诉,不以荫赎,悉坐违制之罪。"⁸ 另一方面,由于税赋征纳与蠲免直接关涉官吏个人利益,朝廷颁布的各项减免税赋诏令,时常出现搁置、拖延等现象,赦书所免,依旧催纳,"民间有'黄纸放、白纸催'之语,甚

---

1 《宋会要辑稿》食货28之45,第11册,第6627页。
2 《宋会要辑稿》食货31之28,第11册,第6693页。
3 《宋会要辑稿》刑法6之41,第14册,第8553页。
4 《宋会要辑稿》食货31之30-31,第11册,第6695页。
5 《宋会要辑稿》食货28之45,第11册,第6627页。
6 (宋)王之道:《相山集》卷22《札子·乞将京西淮南逃绝田展免租课札子》,四川大学古籍研究所编:《宋集珍本丛刊》影印清乾隆翰林院钞本,第40册,线装书局,2004,第485页下。
7 (宋)洪适:《盘洲文集》卷49《章奏九·荆门应诏奏宽恤四事状》,四川大学古籍研究所编:《宋集珍本丛刊》影印傅增湘校清光绪刻本,第45册,线装书局,2004,第336页上。
8 (宋)胡榘修,方万里、罗濬纂:《宝庆四明志》卷2《郡志二·叙郡中·钱粮》,中华书局编辑部编:《宋元方志丛刊》,中华书局,1990,第5017页下。

失朝廷宽恤爱民之意"[1]。政令不畅，上下相蒙，导致利归于吏人，怨归于朝廷。从一定意义而言，税赋蠲免远比征纳更难落实。由此，如遇官吏不行蠲免诏敕者许百姓越诉，成为宋代诏敕惯常条款之一。如建炎三年（1129）二月十六日德音：巡幸经过州军，蠲免民户今年夏税。"车驾经过之后，州县将民间元科借物色未足之数尚行追纳，委实搔扰，可限指挥到日住罢。如违，许人户越诉。"[2] 隆兴二年（1164）四月七日德音：高、藤、雷、容州逐州县，因盗贼窃发，民力不易，"可特放免今年夏、秋二税，官司不得妄行催理。如违犯，按劾以闻，仍许人户越诉"[3]。开禧二年（1206）正月一日诏："两浙州军嘉泰元年至开禧元年终，未起身丁钱、绢、䌷、绵内，实系人户拖欠之数，并与蠲免。如州军仍前催理，许人户越诉，官吏重作施行。"[4] 嘉定五年（1212）二月二十九日，诏：今两浙转运司取索上天竺灵感观音教寺并径山兴圣万寿禅寺"得免和买役钱之额，令所隶官司各与消豁，不得暗于其他人户产上均摊。如违，许被害人户越诉"[5]。

二 科率摊派

两宋诏敕、律令之中，针对基层官吏盘剥聚敛行为设计的越诉条款占据相当比例。时人曾将各类敛财手段合称"趱积"："一曰以科抑而趱积，二曰以受纳而趱积，三曰以预借而趱积，四曰以重催而趱积，五曰以赃罚而趱积，六曰以酒税而趱积。"[6] 这里包含了税赋、差役、司法、榷禁等领域，也包括法定税赋之外，官吏对百姓人身、财产和物资的非法侵害行为。当时民谚曰：

---

1 《三朝北盟会编》卷101"炎兴下帙一"，第746页上。
2 《宋会要辑稿》方域2之6，第15册，第9284页。
3 《宋会要辑稿》食货63之21，第13册，第7616页。
4 《宋会要辑稿》食货66之19-20，第13册，第7869页。
5 《宋会要辑稿》道释2之16，第16册，第10005页。
6 《宋会要辑稿》职官79之23，第9册，第5236页。

"去年预借官不还,今年典卖重纳官。今年趱借急如火,明年饥寒如何过。"[1] 此处集中讨论收买物色、杂钱征纳、征收民物、滥用民力等四个方面。

(一) 收买物色

此类越诉事由涉及百姓正当税赋以外的货币性财产权益。官员如与当地百姓交易,即应按照市价现钱结清,实时支付;禁止强迫交易,克扣勒索。据绍兴元年(1131)三月十七日诏:"见任官买卖并依市价,违者计赃,以自盗论,许人户越诉"[2]。隆兴元年(1163)夏四月乙亥,诏两淮节制司、江淮宣抚司、都督府等收买军须,盖造营寨之类,并以科拨经费,于州县和买计置。"尚虑官吏因缘掊敛,不即还直,许令人户越诉,仰所属监司按治以闻。"[3] 淳熙元年(1174)七月丁酉诏:"官司及在任官收买物色,并依民间市价支钱,不得科抑减克,如违,以违制论,许民户越诉。"[4] 庆元三年(1197)十二月九日,臣僚建议太皇太后吴氏欑宫修奉及将来梓宫发引,并以慈福宫遗余钱物排办。"至如雇募人夫,收买荐屦竹木,差雇舟船,措置屋宇什物等,委自守臣精择廉勤官吏,责付钱物,比旧稍增价直,自行收买,实时支给。如敢尚循旧例科敷,许赴御史台越诉。官吏重置典宪,更不引用将来德音原减。"[5] 嘉定二年(1209)规定:"凡临安府未支物价,令即日尽数给还,是后买物须给见钱,违许陈诉于台。"[6] 从屡次颁下的诏敕观之,官民交易之中的巧取豪夺、鱼肉乡里现象,可谓宋代社会之常态。

1　(宋)方逢辰撰,(明)方中续辑:《蛟峰外集》卷 2《淳民以横敛上蛟峰先生书》,四川大学古籍研究所编:《宋集珍本丛刊》影印明弘治重修本,第 86 册,线装书局,2004,第 740 页上。
2　《宋会要辑稿》刑法 2 之 108,第 14 册,第 8340—8341 页。
3　(宋)佚名撰,汪圣铎点校:《宋史全文》卷 24 上《宋孝宗一》"隆兴元年四月乙亥",中华书局,2016(中国史学基本典籍丛刊),第 1970 页。
4　《皇宋中兴两朝圣政辑校》卷 53《孝宗皇帝十三》"淳熙元年七月丁酉",第 1197 页。
5　《宋会要辑稿》礼 34 之 29,第 3 册,第 1519 页。
6　《宋史》卷 186《食货下八》,第 4555 页。

（二）杂钱征纳

宋代向百姓摊派征缴的免行钱、月桩钱等各类费用，亦时常出现不遵法例，违规科派的情形。宣和三年（1121）二月二十八日，针对开封府将已纳免行钱人户又行科差问题，规定"如违，以违制论，仍许人户越诉"[1]。绍兴二十五年（1155）五月二日，户部言："'欲下诸路提刑司，将人户见纳免行钱截日并行住罢。仍乞依旧令官司不得下行买物。或州县故有违戾，许人户越诉，当职官吏乞重赐行遣。'从之。"[2] 针对月桩钱等经费缴纳问题，宋代多次设立越诉条款。绍兴十三年（1143）二月四日户部言：因江浙诸州军以借月桩钱为名，别行科敷，却作他用等，"并许越诉，将违戾官吏乞朝廷敷奏，重加窜责"[3]。绍兴十七年（1147）十月五日，敷文阁待制、知临安府赵不弃言江南东、西路十州诸县以月桩窠名钱数不足，非理征缴，"'乞委逐路提刑司更切子细取见应副月桩钱外，其余创置窠名并行禁止。如违，许人户径赴台省越诉。'从之"[4]。此外，对官吏役使百姓拒不支付价钱者，宋廷亦设定越诉条款加以规制。绍兴二年（1132）二月一日诏："官司舟船须管支给雇钱，不得以和雇为名，擅行夺占。如违，许船户越诉。"[5] 绍兴二十一年（1151）五月甲寅，右朝奉大夫杨朴知荣州还，言县官替罢，率于所部以借夫为名，而取其直。奏请"申严约束，仍许越诉，诏申严行下"[6]。

（三）征收民物

除收买物色以外，直接因公务征用竹木、船只、什器等民物的情形较为常

---

[1]《宋会要辑稿》食货38之10，第11册，第6832页。
[2]《宋会要辑稿》食货64之69，第13册，第7768页。
[3]《宋会要辑稿》食货64之80，第13册，第7776页。
[4]《宋会要辑稿》食货64之81，第13册，第7777页。
[5]《宋会要辑稿》食货50之12，第12册，第7127页。
[6]《建炎以来系年要录》卷162"绍兴二十一年五月"，第2794页。

见，对此，宋代越诉条款多禁止官吏骚扰夺占。建炎元年（1127）六月十三日赦：重修民户舍宅、房廊、寺观所需竹木之类，"仍不许官司拘截使用；如违，许人户越诉"[1]。建炎元年（1127）九月十日，诏荆襄、关陕、江淮等处，巡幸所过，务从俭省，"若是为骚扰，罚更加重，许民越诉"[2]。绍兴二年（1132）八月七日尚书省言：禁止官司拘占民间舟船，"诏虔、饶州提点铸钱司，应官、客船过往，有军马及他司州县辄敢拘占截拨者，依绍兴二年三月二十二日指挥科罪。仍许梢工越诉"[3]。绍兴十二年（1142）六月七日：因奉迎显仁太后回銮，诏"沿路州县合供办陈设什物之类，并令户部科拨的确系官钱物应副，不得少有科敷搔扰。如违，许民户越诉，监司失于按劾，并一等科罪"[4]。绍兴十二年（1142）十月十九日诏：绍兴府应办修奉徽宗皇帝、显肃皇后、懿节皇后攒宫，山地、砖瓦、竹木、石段、陈设、器皿、什物等，"其合支还钱物，仰守臣觉察，如有阻节欺弊，按劾闻奏，官当远窜，人吏决配。仍出榜晓谕，〔许〕人户越诉"[5]。绍兴二十八年（1158）十一月二十三日南郊赦，以州县、监司互相馈送土产、果实、口味等物，劳民害物，理合禁止，"如今后尚（取）〔敢〕依前科扰，其馈送及收受之人，并计赃科罪，许人户越诉。州县令监司按劾，监司、帅臣委御史台觉察弹奏"[6]。孝宗绍兴三十二年（1162）六月十三日登极赦文："访闻绍兴府攒宫每岁修葺，诸色人户交纳竹木，多被攒宫官吏邀阻。自今并画时受纳，如违，许人户越诉，当议重置典宪。"[7] 如官吏趁公务之便滥征钱财、物资者，许民越诉。如宣和六年（1124）九月二十一日诏，捕捉盗贼军兵等，如敢辄缘捕盗，乞取民户财物，"仍许被扰之家越诉"[8]。乾道九年

1　（宋）李纲著，王瑞明点校：《李纲全集》卷179《建炎时政记中》，岳麓书社，2004，第1660页。
2　《三朝北盟会编》卷113"炎兴下帙十三"，第829页上。
3　《宋会要辑稿》职官43之146，第7册，第4184页。
4　《宋会要辑稿》后妃2之7，第1册，第280页。
5　《宋会要辑稿》礼37之21，第3册，第1568页。
6　《宋会要辑稿》崇儒7之65，第5册，第2920页。
7　《宋会要辑稿》礼37之43，第3册，第1580页。
8　《宋会要辑稿》兵12之29，第14册，第8849页。

(1173）八月十四日臣僚言：州县守令辄因公事敢科罚百姓钱物者，"许诸色人越诉，坐以私罪，仍乞放罢，人吏决配。赃入己者，官吏送监司根勘以闻"[1]。

（四）征发民力

宋代基层社会管理中，以征发差役、铺兵、保正等名目滥用民力现象不胜枚举。政和六年（1116）四月二日诏：行部遇递马铺兵委阙，应查明数额，申牒所属，依法和雇，"无文移及不支雇直者，（乞）〔仰〕重立刑名，仍许雇人越诉"[2]。绍兴元年（1131）十一月三日德音：州县非理科率，滥用民力，"如修城科买砖石、采斫材木，及沿江州郡科造木筏，致费四五十千……许人户越诉，及探访得知，其当职官并窜岭表"[3]。绍熙五年（1194）九月十四日明堂赦：因州军临时科敛百姓，及差夫采斫青草供应川广纲马，"仰转运司行下州县，并支见钱收买，不得非理科扰。令提刑司觉察，如有违戾，按劾以闻，仍许被扰人户越诉"[4]。在各类摊派民力行为之中，民怨最盛者莫过于差役大、小保正。基层保长职责原本限于烟火、盗贼、桥道等事，实际上却须承担采办物资、差雇人力、催科租税、陪备输纳等各项繁杂差遣，"展限代输，费用亡艺，比较笞棰，怨嗟流闻"[5]。因此疲于奔命、破家失业者不在少数。因此，保障基层保正合法权益成为宋代越诉条款针对的重要议题之一。绍兴二十八年（1158）六月七日据尚书户部员外郎王时等言："凡保正、副之所掌，除依条合管事务外，不得泛有科扰追呼。或不遵依，许民户越诉。"[6] 类似规定在隆兴二年（1164）六月一日、[7] 淳熙九年（1182）九

---

[1] 《宋会要辑稿》职官 47 之 37-38，第 7 册，第 4286 页。
[2] 《宋会要辑稿》职官 45 之 10，第 7 册，第 4238 页。
[3] 《宋会要辑稿》刑法 2 之 103，第 14 册，第 8338 页。
[4] 《宋会要辑稿》兵 26 之 7，第 15 册，第 9164 页。
[5] （宋）陈元晋：《渔墅类稿》卷 1《札子·乞差甲首催科札子》，四川大学古籍研究所编：《宋集珍本丛刊》影印清乾隆翰林院钞本，第 78 册，线装书局，2004，第 48 页上。
[6] 《宋会要辑稿》食货 14 之 34，第 11 册，第 6284 页。
[7] 《宋会要辑稿》食货 65 之 94，第 13 册，第 7853 页。

月十三日明堂赦、[1] 绍熙五年（1194）九月十四日明堂赦、[2] 庆元三年（1197）十一月五日南郊赦、[3] 嘉定十四年（1221）九月十日明堂赦[4]等赦文中得到多次重申。

三　狱讼决断

宋代刑事、民事诉讼领域，存在大量许可越诉特例。官吏在办理刑事案件中，如存在决罚失当、捕贼懈怠、审理逾期、索贿虐囚、滥行追呼、滥行籍没等违法行为，许受害人越诉。政和三年（1113）十二月十一日御笔：官司笞杖规格逾制，决罚多过者，"许赴尚书省越诉，以违御笔论，行杖人同"[5]。宣和二年（1120）七月二十八日臣僚言，府州县受理民户告发强盗，隐瞒欺弊，"辄敢减落贼数，不实以申奏者，乞严立法禁，仍许被盗之家越诉"[6]。绍兴十四年（1144）四月三日诏要求刑部将半年以上未结绝公事，开具名件，责限催促结绝，"或有淹留，许被追干证之家越诉"[7]。绍兴三十二年（1162）五月癸卯，言者论大理寺推狱，滥行拷掠，胁取贿赂，"诏刑部长贰觉察，许越诉"[8]。

1　《宋会辑稿》刑法 2 之 121，第 14 册，第 8349 页。
2　《宋会辑稿》兵 2 之 47，第 14 册，第 8649 页。
3　《宋会辑稿》食货 66 之 27–28，第 13 册，第 7876 页。
4　《宋会辑稿》刑法 2 之 144，第 14 册，第 8372 页。
5　（宋）佚名编：《宋大诏令集》卷 196《政事五十五·刑法下·置杖不如法决罚过多许越诉御笔》，中华书局，1962，第 752 页。按：方诚峰认为：徽宗朝的御笔、御笔手诏分别继承了此前的内批、手诏这两种不同的文书。御笔、御笔手诏与内批、手诏的区别，主要不在其行下方式是否违背既有的制约体系，而在于呈现的方式。在此基础上，徽宗朝以内批、手诏这两种王朝政治中常见的文书为介质，在既有运行程序的基础上，突出政令颁行中"御笔"的存在，从而展现徽宗君临天下的政治姿态，塑造君主自身与整个王朝政治之间的紧密联系。归根结底，这是徽宗朝统治方式的独特性在文书运行上的体现。参阅方诚峰《御笔、御笔手诏与北宋徽宗朝的统治方式》，《汉学研究》第 31 卷第 3 期，2013 年，第 31—67 页。李如钧进而指出：宋徽宗时期"这些名为'御笔''御笔手诏'的文书，被赋予高度权威，广泛用于朝政运作，甚至取代过去惯常的诏令。"李如钧《予夺在上——宋徽宗朝的违御笔责罚》，《台大历史学报》第 60 期，2017 年 12 月，第 123 页。
6　《宋会辑稿》兵 12 之 21–22，第 14 册，第 8844 页。
7　《宋会辑稿》刑法 3 之 81，第 14 册，第 8436 页。
8　《建炎以来系年要录》卷 199 "绍兴三十二年五月"，第 3616 页。

孝宗绍兴三十二年（1162）八月二十三日，诏州县捕获盗贼，"除紧切干证外，不得泛滥追呼。如违，许被扰人越诉，及反坐吏人以藏匿之罪"[1]。淳熙九年（1182）九月十三日诏，"如有依法合行籍没财产人，并须具情犯申提刑司审覆，得报方许籍没。仍令本司常切觉察，如有违戾，按劾以闻，许人户越诉"[2]。在各类违法行为之中，非法拘禁一项受到朝廷格外关注。绍兴五年（1135）八月壬寅，太府寺丞兼都督府干办公事王良存奏请："州县之狱所禁罪人，并须当职官常加审问，躬定牢户，其不应拘系及入禁不书历之人，许被禁之家越诉"[3]，高宗令刑部看详立法。嘉泰元年（1201）正月七日，据臣僚奏请："仍许不应禁人或家属经提刑司越诉，如提刑不为受理，仰经刑部、御史台越诉，乞从本台觉察弹奏。"[4] 嘉定十六年（1223）八月八日，大理司直朱藻言："乞行下诸路提刑司严戒诸县，除附郭县狱许通判寄收罪囚外，凡佐官遇有合收禁人，须具事因申解本县，遵照条令书上禁历。如擅自送狱，不许接受。"《宋刑统》本有"若不应禁而禁……杖六十"的规定，至此，刑部准都省批下朱藻奏，下刑寺看详，"今据本寺申：'敕，诸囚不应禁而禁者徒二年，当职官知情与同罪，失觉察者减二等，许被关留人越诉。'"[5] 在相关罚则升格三等的同时，对收监程序予以规范。嘉定十七年（1224）四月八日据臣僚言，针对钱塘、仁和等地对于押出召保之人私设"窠裹"，以为关留之所，令转运司、临安府委官毁拆窠栅，镂牓晓示，"'自今知在人关留窠裹，仰家属经御史台越诉，将犯人重断编管。四邻不告，一例惩治。'从之"[6]。

宋代越诉事由涉及民间田宅、婚姻、债负者亦不在少数。如绍兴三十年（1160）三月十四日臣僚言：今钱塘南山士庶坟墓，多遭形势之家及诸军寨

---

1 《宋会要辑稿》刑法3之83，第14册，第8438页。
2 《宋会要辑稿》刑法2之121，第14册，第8349页。
3 《建炎以来系年要录》卷92"绍兴五年八月壬寅"，第1574页。
4 《宋会要辑稿》刑法6之73，第14册，第8570页。
5 《宋会要辑稿》刑法6之75，第14册，第8571页。
6 《宋会要辑稿》刑法2之145，第14册，第8373页。

包占平夷，其子孙贫弱，不能认为己有。"乞令临安府出榜，严行禁约，并本县官吏不得受赂容情，擅行给佃。如有违犯，仰人户径诣台府越诉，重行断治"[1]，此为县官裁断坟田租佃之例。宋代依据"农忙止讼"传统确立的"婚田入务"原则，时常被富民利用，成为乘时恣横、交相侵夺的借口，隆兴元年（1163）四月二十四日，大理卿李洪言："欲望明饬州县，应婚、田之讼，有下户为豪强侵夺者，不得以务限为拘。如违，许人户越诉"[2]，此为州县执行务限之例。淳熙三年（1176）七月二十三日，据监察御史傅淇所请，诏"浙西诸州县辄敢给据与官、民户及寺观买佃江湖草荡围筑田亩者，许人户越诉，仍重置典宪。监司常切觉察"[3]，此为州县裁断租佃之例。宋代因男女孤幼，官府将应得家财抄札寄库，待年齿及格时返还，谓之"检校"[4]；因民户纷争未决或取赎未定之寄官收管财物，谓之"寄库"。嘉定十五年（1222）九月二日规定："应检校、寄库钱物，官司不得妄自侵移，合给还而不给还者，许民户经台省越诉"[5]，此为州县管领民间资财之例。然而，宋代基层司法的实际情况却不容乐观，对于县司裁断民事纠纷的实际情况，陈藻《讼田行》曾有如下描述："牙绯县宰坐县亭，官是堂除岂不精。老胥代判为纵横，知县依书那得平……因循六十日，公事无了毕。胥徒去复来，索酒需财

1　《宋会要辑稿》刑法2之155，第14册，第8383页。
2　《宋会要辑稿》刑法3之48，第14册，第8418页。
3　《宋会要辑稿》食货61之125-126，第12册，第7534页。
4　按：早在1920年代，加藤繁已经注意到宋代检校库保管孤儿金银现钱等财物的官营信托功能。[参阅〔日〕加藤繁：《中国经济史考证》（第二卷），吴杰译，商务印书馆，1963，第191—194页] 刘云进而指出："宋代的私人财产检校制度，就是官府在人户出现户绝，父亡男孤幼、命官身亡等情况时，根据宋朝的相关产权法令，对这些人户的财产进行分割重组、监管、委托经营等的产权管理制度。"（刘云：《宋代产权制度研究》，中国社会科学出版社，2019，第118页）检校法的适用，应以父祖辈男性亲属全部亡殁为前提，若卑幼限于父亲死亡，卑幼财产不得检校。淳祐十一年《从事郎赵继盛墓志铭》曾记杨唐年子孙俱殁，孙媳妇刘氏"欺侮其老，告之有司，竟行检校，致使唐年有财不自由。经府投词，公白之守曰：'检校户绝法，今祖尚在，盍归其财，听令为孙立后。'赞画如此，有补于风教多矣。"陈柏泉编著：《江西出土墓志选编》，江西教育出版社，1991，第217页。
5　《宋会要辑稿》职官79之37，第14册，第5244页。

食。"[1] 长官昏庸拖沓,胥吏上下其手,狱讼之弊,诚可知也!因此,限期结案成为宋代民事诉讼领域关注的焦点问题。乾道九年(1173)十一月九日大礼赦针对民间诸色人诉讼事节,官司纵容人吏故作迁延,或枝蔓行遣,希望求嘱,责令"今赦到日,将应未结绝名件限一月依公结绝。如违,许人户越诉"[2]。据绍熙五年(1194)九月十四日明堂赦:朝廷对朝省、监司受理,指令所属州县追究定夺案件严重逾期现象,"仰诸路监司催促,限一月依公结绝。如仍前迁延,许人户越诉,将当职官吏重作施行"[3]。限期结案规则在《庆元令》[4]中已具明文:"诸受理词诉限当日结绝,若事须追证者,不得过五日,州郡十日,监司限半月。有故者除之,无故而违限者听越诉。"依据令文性质,当属庆元《断狱令》项下。嘉定五年(1212)九月二日,臣僚针对州县监司稽违程限现象,援引上述令文,"'乞戒饬监司、州县,照应条法,应词诉稽程不为结绝者,即与次第受理,已结绝即与出给断由。仍下户、刑部,如受理词诉,即时出给告示,不受理者,亦于告示内明具因依。庶使人户凭此得经台省陈理,民情上达,冤枉获申。'从之"[5]。

四　救济优抚

在社会赈济优抚方面,宋代确认了诸多许可越诉的事由,主要涉及宗室官僚、使节家属等特定人群供养、特定区域灾民救济和军人优抚等方面。上

---

[1] (宋)陈藻:《乐轩集》卷2《诗·讼田行》,《景印文渊阁四库全书》(第1152册),台湾商务印书馆股份有限公司,1986,第48页上。
[2] 《宋会要辑稿》刑法3之35,第14册,第8411页。
[3] 《宋会要辑稿》刑法3之37,第14册,第8412页。
[4] 按:《玉海》:庆元"二年二月丙辰,复置编修敕令所,遂抄录乾道五年正月至庆元二年十二月终续降旨挥得数万事,参酌淳熙旧法五千八百条,删修为书,总七百二册,敕、令、格、式及目录各百二十二卷,申明十二卷,看详四百三十五册。四年九月丙申,上之。"(宋)王应麟:《玉海》卷66《诏令·律令下》"庆元重修敕令格式",中文出版社株式会社,1987(合璧本),第1318页。
[5] 《宋会要辑稿》刑法3之40-41,第14册,第8414页。

述形成于战乱时期的越诉条款,旨在努力愈合因宋金战争造成的社会创伤,树立民众对于南宋朝廷的基本信赖。第一,供养措施。靖康之变对宋代社会整体构成毁灭性打击,即使宗室、缙绅阶层也同样面临灭顶之灾。高宗初年,曾数次要求地方州县关照宗室妇人和滞留金国使节家属的生计问题。建炎三年(1129)六月六日,因宗室女、宗妇散漫无依,宋廷发布优抚诏令,要求"州县长贰支给钱米,津发赴所属。有官人发赴吏部,无官人发赴西、南两京敦宗院。如州县奉行灭裂,即许越诉"[1]。绍兴二年(1132)九月十九日诏:因奉使金国遭遇扣留、羁押者,其家属散居诸路州军。"访闻所在并不应副请给。自今后专责守臣,须管排月支给。如违,从徒三年科罪,仍许奉使之家越诉。及出榜晓谕。"[2] 第二,救济措施。两宋之交,兵灾相连,百姓人口流离,家赀失散。自徽宗朝始,赈济安抚即已成为各地官府应当履行的重要职责。宣和七年(1125)五月九日德音:"京东、河北路州县应因逃移逐食或归业之人,经过所在去处不为赈恤,却行邀拦,抑勒投军,并许家人越诉,勘会诣实,特为放停。"[3] 同时,两路曾被烧劫及百姓修葺屋舍所用竹木瓦石等,免于抽收商税。与此类似的诏令又见于建炎二年(1128)十二月二十三日敕:"应昨因逃移逐熟或归业之人经过州县不为赈恤,却行邀拦抑勒役军者,并许越诉,勘会诣实,特与放停。"[4] 绍兴六年(1136)二月七日,右谏议大夫赵霈言赈济湖南、江西、浙东等旱伤饥馑之地,"'乞申严戒谕,如当职官不亲诣乡村监粜米斛,与故纵人吏科扰,令监司按劾,及许人户越诉,其官吏重行窜斥。'从之"[5]。嘉定十四年(1221)六月十六日德音赦文:为保障蕲、黄州流移百姓复业,"可令逐路沿江州军,各于津渡去处增拨舟船,

---

1 《宋会要辑稿》职官20之37,第6册,第3584页。
2 《宋会要辑稿》职官51之10-11,第8册,第4423页。
3 《宋会要辑稿》食货69之45,第13册,第8070页。
4 《宋会要辑稿》食货69之46-47,第13册,第8071页。
5 《宋会要辑稿》食货57之18,第12册,第7345页。

差官监视济渡,给牓约束合干等人,不得乞觅阻节。如违,许人户越诉"[1]。第三,军属优抚。据绍兴元年(1131)正月一日德音:"阵亡之家,录用子孙亲属,虽未出官,依条合先次起支请受。"[2] 如州县官司非理阻节,许本家越诉。嘉定五年(1212)十一月二十日南郊赦:如因主帅不肯从实尽数保明申奏等原因,导致官兵阵亡恩赏漏落,"许阵亡人家属越诉"[3]。嘉定六年(1213)七月十三日枢密院言:从军受赏之人保荐注授事宜受阻,诏"如或州军官吏故为邀阻,不行受理,保明申部,许人越诉,当议重行责罚"[4]。

最后需要说明的是,以地方官吏为越诉对象的"控告型越诉"之中,在特定情况下,与案件存在直接利害关系的官吏也可成为原告。换而言之,此类越诉主体既可以是百姓,也可以是官吏,同时存在"民告官"与"官告官"两类情形。如绍兴十四年(1144)十一月甲戌,户部员外郎李朝正以浙右、江西、湖南等地粮荒,建议严遏籴之禁。诏"如有遏籴州县,可许邻郡越诉,仍责监司按劾"[5]。绍兴三十年(1160)四月九日,右正言沈澡奏:川、广等地纲运阙下,望太府寺、户部等官司,"'如已获朱钞,许令节次保明推赏,或有小节未圆,亦许先次放行。其或所属奉行违戾,许部纲官径赴朝廷越诉,重行根治。'从之"[6]。显然,邻州长吏、纲部官员均具备公职身份,与越诉的平常百姓迥然有别。从越诉的法律属性而言,"控告型越诉"无法脱离监察体制的既有窠臼,越诉本身并非完全意义的司法程序。

可以认为,宋代在遵从禁止越诉一般原则的基础上,针对特定问题,通过敕条创制先例,进而形成"特许越诉"此一新型诉讼惯例,最终在经济、行政、司法等诸多领域,逐步构建了特许越诉的规则体系。"控告型越诉"

---

1 《宋会要辑稿》方域13之18,第16册,第9542页。
2 《宋会要辑稿》职官57之65-66,第8册,第4594页。
3 《宋会要辑稿》兵20之17,第15册,第9033页。
4 《宋会要辑稿》职官14之19,第6册,第3404页。
5 《建炎以来系年要录》卷152"绍兴十四年十一月甲戌",第2602页。
6 《宋会要辑稿》食货44之6,第12册,第6991页。

"检举型越诉"和"告诉型越诉"等越诉事由的形成,均遵循从"事例"到"成法"的嬗变轨迹。宋代越诉之法的形成,是立法者与司法者充分贯通监察、行政与司法,有效实施社会管理的具体举措。越诉之核心要旨,在于突破既有行政、司法层级,向上级甚至朝廷举报、控告、揭发地方官吏、豪民、田主、形势户等的不法行为,而非诉讼当事人越级告诉之意。

第三节 非违事由的受案规则

对于各色非违事由,宋代诏敕设计了规范缜密的处置规则,对非违行为的受理渠道、政令宣教、罪名认定和法律适用等问题做出系统规定。实践中,形成由主司整饬、监司按劾、台谏弹奏、人户越诉、旁人告赏五项规则构成的受案体系,以期保障越诉法令的有效实施。其中,主司整饬往往作为越诉行为的前置程序,而监司按劾、台谏弹奏、旁人告赏三项,则是与人户越诉并行的法律程序,且应在上级主司敷衍塞责或整饬无效的情况下予以适用。因此,对于宋代越诉的讨论,必须注意与越诉平行的其他各类法律监督途径。

一 主司整饬

与各类越诉事由相互照应,诏敕、奏议中往往针对特定非违情状,责令责任官吏限期整改,或要求上级主管机关监督整饬。大观三年(1109)十一月二十八日,针对侵占、改建京畿及诸路州军宫观寺院问题,朝廷要求侵权机关和个人停止侵害并限期改正:"除经过暂居不得过十日外,其余见任或寄居官并军兵及官物居占,并限一季起移。或尚敢留,并以违制论。仍许寺观越诉。"[1] 由提举司、提刑司、转运司、茶马司等机关负责督查整改，则是宋代处置地方官吏违法行为之常态。如绍兴十九年（1149）十一月十四日南郊赦：州县系省酒务"往往减少米曲造酒，科配乡村，抑令保正长认纳价钱。种种搔扰，重困民力"[2]，责令诸路转运司目下禁止，仍令提刑司常切觉察，并许人户越诉。绍兴三十一年（1161）九月二日，因四川下等园户未曾减损茶额，"可令茶马司取见诣实，将虚额与中、下等园户裁减。如违，许园户越诉"[3]。绍熙元年（1190）十一月三十日诏："今后铺户合税物货，照自来则例回税，不得巧作名色欺诳骚扰。令临安府禁止。如于例外多收头子钱，许民户越诉，将犯人重作施行。"[4]

二 监司按劾

监司按劾是监察体制框架内，对地方官违法行为的制裁措施，是与台谏弹奏、人户越诉等并行的行政督查方式。宋代在中央与府、州、军、监之间，设立"路"级监察区，包含转运司（漕司）、提点刑狱司（宪司）、提举常平司（仓司）等，由于诸司兼具监察本路所辖地方官吏之责，统称"监司"。宋代监司时称"外台"，"为天子耳目之官，但择州县官不奉法为民者去之，则百姓自然安迹"[5]。如监司、守令履职不力、勾结影庇者，于法有罚。宣和七年（1125）十月二十一日，臣僚奏请：如遇和籴官吏不即支价、强行抑配、非法折变、暗增数目等现象，"'许人户越诉，严立法禁，监司重行贬

---

1 《宋会要辑稿》刑法 2 之 51，第 14 册，第 8311 页。
2 《宋会要辑稿》食货 20 之 20，第 11 册，第 6437 页。
3 《宋会要辑稿》食货 31 之 15，第 11 册，第 6686 页。
4 《宋会要辑稿》食货 18 之 19，第 11 册，第 6382—6383 页。
5 （宋）黄震：《黄氏日抄》卷 79《公移二·词诉约束》，张伟、何忠礼主编：《黄震全集》（第 7 册），浙江大学出版社，2013，第 2235 页。

责。仍委逐路提刑司觉察，密行闻奏。'从之"[1]。靖康元年（1126）五月十二日手诏："已诏三省，自靖康元年正月已来，抛给诸路籴本并用实钱。仰今后州县并须置场，不得复行科配，监司互察，违者许人越诉。"[2] 监司按劾地方令长非违的监察传统，在南宋得以继承和发展。绍兴三年（1133）九月十五日明堂赦：针对税赋征纳中郡守侵渔、贪吏受纳问题，"仰帅臣监司常切觉察，如敢循习故态，按劾以闻，当议重置典宪。仍许人户越诉"[3]。隆兴元年（1163）八月二十日，臣僚言：州县未能有效落实检放灾伤政策，请求展限一月，出榜晓示，许人户从实经县陈理，官吏依条检放。"'仍委知州专一觉察诸县，监司觉察诸州，如有奉行违戾，并委监司、郡守将所委官按劾，人吏编配施行。如监司、郡守不行觉察，并许人户越诉，御史台弹劾以闻。'从之。"[4] 庆元六年（1200）九月十九日，总护使韩侂胄言：将来光宗梓宫发引，为避免州县以排办为名，妄有追呼科扰，"'乞出给黄榜晓谕。仍乞札下诸使、诸司并经由监司、州郡县镇，体认恤民之意。如或违戾，许令被扰之人指实越诉，具名奏劾，重置典宪。'从之"[5]。晚至理宗绍定年间，与人户越诉并行之监司劾察仍为朝廷所重。绍定二年（1229）八月丙申，诏户部遍下诸路州军，"不得增收苗米，多量斛面，许越诉。仍令漕司觉察。从臣寮请也"[6]。此外，宋代廉访使者与宣抚使、[7] 安抚使等也时常参与越诉案件的监察和受理事宜。

---

[1]《宋会要辑稿》食货9之18，第10册，第6184页。
[2]（宋）汪藻原著，王智勇笺注：《靖康要录笺注》卷7"靖康元年五月十二日"，四川大学出版社，2008，第773页。
[3]《宋会要辑稿》食货9之2，第10册，第6175页。
[4]《宋会要辑稿》食货1之11，第10册，第5943页。
[5]《宋会要辑稿》礼30之62，第3册，第1400页。
[6]《宋史全文》卷31《宋理宗一》"绍定二年八月丙申"，第2649页。
[7] 按：宋宣抚使"不常置，掌宣布威灵，抚绥边境及统护将帅、督视军旅之事，以二府大臣充"。《宋史》卷167《职官七》，第3957页。

三 台谏弹奏

为有效纠正和惩戒基层官吏违法行为，宋代建立了与监司按劾相互配合的台谏弹奏规则，如遇监司按劾不当，御史、谏官可以弹奏，由此构成对监司监察行为的二次监察。恰如绍兴年间綦崇礼所言，若"监司按察官私相盖庇，失于按劾，委御史台觉察"[1]。绍兴二十四年（1154）四月庚子，宰执进呈大理寺主簿郭淑面对札子，论"州县受纳物帛，吹毛求疵，稍不及格，即以柿油墨烟连用退印，望严戒饬"[2]。高宗谕令监司觉察按劾；如失觉察，令御史台弹奏，仍许民越诉，明确了御史台弹奏监司失察之权。绍兴二十六年（1156）七月甲子，御史中丞汤鹏举言：福建路州县以盐纲扰民，每岁增添，不知纪极。"乞令本路宪臣巡历一路州县，并不许过绍兴元年般运盐纲之数，立为定制。仍仰监司按劾，台谏弹奏，人户越诉。在州当职官，在县令佐，并以自盗论，庶几杜绝一路之害。"[3] 高宗诏付户部，委提点刑狱吴逵巡按核实。淳熙十四年（1187）八月十三日，淮西总领赵汝谊奏请：因客人兴贩米斛，赴江浙旱伤州郡时，若沿途州县"以收力胜、喝花税为名，时刻留滞"，许客人赴监司、台部直诉，官吏重置典宪。"若监司奉行弗虔，许台谏弹劾。"[4] 庆元元年（1195）十月二十一日，从吏部郎中兼权右司张涛所请，诏"如州县辄敢遏籴，许人户越诉。监司不为受理及失觉察，仰御史台弹劾施行"[5]。以上诏敕、奏对明确展示了御史台监察监司的法定职责，与此同时，在越诉之法适用领域，御史台和监司按照所辖地域不同，还存在分察内外的

---

1 （明）黄淮、杨士奇编：《历代名臣奏议》卷213《法令》，上海古籍出版社，1989，第2800页上。
2 《建炎以来系年要录》卷166"绍兴二十四年四月庚子"，第2874页。
3 《建炎以来系年要录》卷173"绍兴二十六年七月甲子"，第3033页。
4 《宋会要辑稿》食货18之15，第11册，第6381页。
5 《宋会要辑稿》食货41之26，第12册，第6922页。

权限分割。如淳熙十一年（1184）十月庚午，中书门下省勘会州县官司增收课息，以资妄用。"诏户部遍牒诸路州军，将应管税务合，趁课息如实及租额之数，即不得抑令增收。敢有违戾，在内委御史台弹奏，在外委监司觉察。仍许被扰人户越诉。"[1] 庆元元年（1195）八月十七日，令现任官收买饮食服用之物，"并随市直，各用见钱，不得于价之外更立官价。违，许人户越诉。在外令监司按劾，在内令御史台觉察"[2]。

四　人户越诉

人户越诉是宋代越诉之法的核心所在，并与监司按劾、台谏弹奏相互配合，从不同角度构成对州县令长的实质监督。如言监司与御史台基于公权履职角度行使监察权力，百姓则是利害关系人从私权维护角度，在诏敕法令许可的范围内，以越级陈诉的方式举报所辖官吏。与允许越诉的各类事由相适应，州县所涉之诏令颁布、法禁奉行、民户科率、刑狱逮系、官物出入、酒税榷征、租赋催放、仓库受纳、婚田诉讼、乡保差役、公使收簇、行户供应等，涉及地方官府外部行政管理行为之一切事务，凡与百姓利益攸关者，往往设有越诉专条；凡是诏敕、法令等许可越诉者，即不再受法定审级、审判时限、结决与否等要素影响，本质上是鼓励百姓就特定事项向监司、御史台、尚书省等机关揭举州县长官不法行为。

在宋代诏敕、奏议中，"许越诉""许百姓越诉""许人户越诉"等表述比比皆是，部分史料甚至明确规定了越诉请求的受理机关。隆兴二年（1164）正月五日三省言："人户讼诉，在法先经所属，次本州，次转运司，

---

[1]《宋史全文》卷27上《宋孝宗七》"淳熙十一年十月庚午"，第2298页。
[2]《宋会要辑稿》刑法2之126，第14册，第8354—8355页。

次提点刑狱司，次尚书本部，次御史台，次尚书省。"[1] 该奏议在阐明当时逐级申诉的同时，也为查明地方和中央越诉受案诸司地位提供了参照。监司在越诉受案诸司中居于中枢地位。如绍熙二年（1191）十一月二十七日南郊赦：因州县先期预借、重迭催纳、阻节作弊，"仰监司严加觉察，如有违戾，按劾闻奏，仍许输纳民户赴监司陈诉"[2]。嘉定五年（1212）十一月二十日南郊赦文："今仰州县自今官户税物，官司自行就坊郭管揽门户干人名下催理，不许一例具入保长甲帖内抑令催纳，使之陪备。如违，许保长经监司越诉。"[3] 由于监司是路级转运司、经略安抚司、提刑司、提举常平司等机构之统称，实践中诸监司均有受理相关越诉事务之责。首先，经略安抚使司。宋代经略安抚使掌一路兵民之事，"听其狱讼，颁其禁令，定其赏罚，稽其钱谷、甲械出纳之名籍而行以法"[4]。绍兴四年（1134）五月二十七日臣僚言：巡尉、弓兵缉捕知非本犯，辄殴缚以取财物者，"'依诈称官遣追捕殴缚人取财法，以不持杖强盗论罪，止流三千里，流罪皆配千里。乞坐条行下。及违法之人，许人户于本路帅司越诉。'从之"[5]。绍兴七年（1137）七月二十八日尚书省言：已经蠲免之绍兴五年（1135）以前合放税租、欠负钱物，"如州县敢有违戾，或因缘追呼搔扰，许人户径诣本路帅臣、监司或朝廷台部越诉"[6]。其次，转运司。宋代转运使掌经度一路军储、租税、计度"及刺举官吏之事，分巡所部"[7]。绍熙二年（1191）十一月二十七日赦，两淮州县人户输纳应干官钱，官司逼勒人户，倍有陪费，"仰两淮转运司行下诸州军及出牓晓示，应干人户输纳官钱，并以三分为率，二分见钱，一分官会。如违，许

---

[1] 《宋会要辑稿》刑法3之31，第14册，第8408—8409页。
[2] 《宋会要辑稿》食货68之15，第13册，第7950页。
[3] 《宋会要辑稿》食货66之31，第13册，第7879页。
[4] 《宋史》卷167《职官七》，第3960页。
[5] 《宋会要辑稿》兵13之16，第14册，第8859页。
[6] 《宋会要辑稿》食货63之8，第13册，第7601页。
[7] 《宋会要辑稿》食货49之1，第12册，第7093页。

人户越诉"[1]。嘉泰三年（1203）十一月十一日南郊赦文："访闻州县场务过有邀求，紬绢则先收税钱，斛斗先收力胜钱，循习成例，重为民害。仰转运司严行禁戢，仍许人户越诉。"[2] 以上敕令要求转运司承担稽查税赋差役，同时承担受理百姓越诉职责。再次，提刑司。宋代提点刑狱公事按察所部之狱讼，兼理"举刺官吏之事"[3]。除监察辖区刑狱勘鞫以外，受理经济、财政领域越诉事务也成为提刑司的日常职能之一。乾道元年（1165）正月一日改元赦：官员职田常年拘占及折变租课、过数折纳等，"仰诸路提刑司体访，日下改正除放。如尚违戾，按劾闻奏，计赃断罪。许被科抑人越诉"[4]。淳熙九年（1182）九月十三日明堂赦：诸路人户年老之人和未及丁年者输纳丁钱，州县不即除落，"令提刑司常切觉察，及许人户越诉"[5]。又次，提举常平司。提举常平司掌常平、义仓、免役、市易、坊场、河渡、水利之法，"仍专举刺官吏之事"[6]。绍兴二十二年（1152）五月八日，前知池州陈汤求建议今后州县不得将牛船、水车应干农具增为家力，卖买交易许免收税。"'如官司辄敢巧作名目，暗排家力及抑纳税钱者，许人户越诉。专委提举常平司纠察，官吏重置以法。'从之。"[7] 绍熙二年（1191）十一月二十七日，南郊赦：因诸路盐场不依时支散，及减克盐场本钱，"仰诸〔路〕提举司遵守累降指挥，约束所部，须管依时支给，不得减克。如有违戾，将当职官吏按劾以闻，许亭户越诉"[8]。此外，宋代又设计了监司联察、诸司互察体制，保障百姓顺利实现越诉权利。宣和元年（1119）八月十一日诏：以常平法令弛废，令诸路提举常平官点检按劾以闻："一切违法，当职官及主管官不检察，提举官不按

1　《宋会要辑稿》食货 70 之 82，第 13 册，第 8149 页。
2　《宋会要辑稿》食货 18 之 23，第 11 册，第 6385 页。
3　《宋史》卷 167《职官七》，第 3967 页。
4　《宋会要辑稿》职官 58 之 27，第 8 册，第 4628 页。
5　《宋会要辑稿》食货 66 之 15，第 13 册，第 7867 页。
6　《宋史》卷 167《职官七》，第 3968 页。
7　《宋会要辑稿》食货 11 之 19，第 11 册，第 6221 页。
8　《宋会要辑稿》食货 28 之 35，第 11 册，第 6622 页。

劾，仰漕宪并廉访使者互察闻奏，当议重行黜责。仍许人户越诉。"[1] 绍兴五年（1135）七月十九日诏，淮北归附人民，所至州县实计口数支钱赐田，宽免税役。"归（付）〔附〕人仰州县严行约束，如敢搔扰，许人户经本路宣抚、安抚、提刑司越诉。"[2] 绍兴二十八年（1158）十一月二十三日，南郊赦：诸路监司州县抛买应用物色，多不以时支给价钱，"仰漕臣常切约束，觉察按治。监司违戾，令诸司互察，御史台弹劾，仍许人户越诉"[3]。

诸路监司以上，受理越诉的中央官署系统由尚书省（部）、御史台、枢密院等机关组成。宋代尚书省总决天下之务，掌管"听内外辞诉"[4] 等重要职责，下辖吏、户、礼、兵、刑、工六部。各类越诉案件由于诉因各异，所隶尚书本部亦有所不同。如宣和六年（1124）三月二十四日诏：诸路州县检放灾伤税额，"今后人户经所属诉灾伤，而检放不实，州郡、监司不为伸理，许赴本路廉访所及尚书省、御史台越诉"[5]。建炎二年（1128）六月二十一日诏：荆湖、江浙路客贩米斛赴行在，而经由税务辄于例外增收税钱，"罪轻者徒一年，许诣尚书省越诉"[6]。绍兴二年（1132）四月十八日，诏浙西转运司依实值和雇搬运钱粮船户，"即不得辄便差科。如违，许人户径赴尚书省越诉"[7]。此类越诉实质上仍应向隶属之户、刑等部陈诉。如绍兴五年（1135）十一月二十五日，权户部侍郎张志远等言：诸州县起发行在斛斗纲运，和雇舟船装载，所属官司不即支还脚钱，"'即许押人并船户、梢工经省部越诉。'从之"[8]。此处"省部"，当指尚书户部。淳熙元年（1174），因浙中州县不许百姓以会子缴纳税物，朝廷明确指出"许民户经户部、御史台越诉，稍不

---

1 《宋会要辑稿》食货 53 之 17，第 12 册，第 7211 页。
2 《宋会要辑稿》兵 15 之 5，第 15 册，第 8911 页。
3 《宋会要辑稿》食货 37 之 35-36，第 11 册，第 6825 页。
4 《宋史》卷 161《职官一》，第 3787 页。
5 《宋会要辑稿》食货 1 之 6，第 10 册，第 5940 页。
6 《宋会要辑稿》食货 17 之 34，第 11 册，第 6364 页。
7 《宋会要辑稿》食货 50 之 12，第 12 册，第 7127 页。
8 《宋会要辑稿》食货 43 之 21，第 12 册，第 6984 页。

遵依去处，重行赏罚"[1]。宋代越诉诏敕奏议中，时常出现台、省、部并称的情形，其中越诉省部者，必依据申诉事由性质归属投状。如淳熙二年（1175）八月二十六日，中书门下省言州县因公事科罚百姓钱物，"近来尚有人户经台省陈诉不绝。诏：'自今有经台省陈状，事实干己者，仰户〔部〕开具科罚官职位、姓名申尚书省。'"[2] 此奏议说明淳熙初年赴尚书省越诉者络绎不绝，故要求越诉者与案件存在直接利害关系，并明具涉案官员身份信息。淳熙十一年（1184）八月戊辰，给、舍看详赵汝谊奏请：守臣遇客贩米，不得阻遏。"'如有违戾及以喝花为名，故作留滞者，许客人赴监司、台部越诉。重置典宪。'从之。"[3] 此处实质上包含监司、御史台和户部三个越诉机关。嘉泰元年（1201）正月七日，臣僚奏请诸路提刑司检视禁囚羁押情况，"从提刑躬亲检察行下，内有不应禁而收禁者，提刑按劾守、令以闻。仍许不应禁人或家属经提刑司越诉，如提刑不为受理，仰经刑部、御史台越诉，乞从本台觉察弹奏"[4]。此处参与受理越诉者，则为尚书刑部和御史台。嘉定十五年（1222）二月十九日，则有允许诉事人向礼部越诉之例。针对科场冒贯之弊，右正言龚盖卿乞下诸郡，应东南有本贯可归之人，不得妄引"烟火七年"之说陈请冒试，"戒约诸县不得受私，纵容结保。仍专委漕臣觉察，如得其实，参考《贡举条制》，重置于罚。仍许本贯士人赴礼部越诉，行下别司追究"[5]。此外，按照事由性质分类投状越诉的原则，枢密院成为军事领域越诉案件主管机关之一。隆兴元年（1163）二月十三日，札下三衙并驻扎诸军，如将校军兵等有重迭功赏付身，本军合干人不得乱有阻节，乞觅钱物，"如有违犯，在外许经都督府，在内经枢密院越诉，当重作施行"[6]。同年三

---

1 （宋）章如愚：《群书考索》卷62《财用门·楮币类》，广陵书社，2008，第814页。
2 《宋会要辑稿》刑法2之119，第14册，第8346—8347页。
3 《皇宋中兴两朝圣政辑校》卷61《孝宗皇帝二十一》"淳熙十一年八月戊辰"，第1407页。
4 《宋会要辑稿》刑法6之73，第14册，第8570页。
5 《宋会要辑稿》选举16之35，第9册，第5581页。
6 《宋会要辑稿》兵19之7-8，第15册，第9004页。

月十三日，中书门下言：诸军不得令军人回易及科敷买物，克剥士卒请给。"诏三衙诸军遵依已降指挥，如敢再有违戾，许军人径赴三省、枢密院越诉。"[1] 与诸路监司不同，中央尚书省、御史台、枢密院等机构受理越诉，更加强调权限范围和事类归属，此亦为越诉案件的后续处置提供了保障。

五　旁人告赏

与前述监司按劾、台谏弹奏、人户越诉有别，旁人告赏属于选择性、辅助性举告方式，与越诉程序之间并不存在必然联系。与越诉并存的诸色旁人告赏诏敕，可溯至政和二年（1112）十一月十一日臣僚奏议："'诸在外见任官如私置机轴，公然织造匹帛者，并科徒二年。仍乞下有司，立为永法。'诏依奏，许人告，立赏钱二百贯，及许越诉。"[2] 政和、宣和之际，与事主越诉并行的旁人告赏规则已经时常见于诏敕、奏议之中。宣和二年（1120）七月二十七日，因州县奉行茶法违慢及沮抑客贩，或不为理索欠负等事，在允许民户越诉的同时，规定"扇摇茶法者，除依见行条法补官给赏外，更增立赏钱二千贯，许诸色人告"[3]。宣和三年（1121）六月十四日，京西南路提举常平司奏：近岁诸路州军公吏人违条顾觅私身，发放文字及勾追百姓，令诸路提举常平官躬亲巡按点检觉察，"许人告，赏钱一百贯。仍许民户诣监司越诉"[4]。南渡以后，越诉敕令、奏议中仍时常可见对榷盐舞弊、预借税租、和买预买、诡名寄产、印造违慢等行为设置旁人告赏条款。如建炎四年（1130）七月十五日诏要求稽查淮、浙盐场买纳、度量事宜，在允许亭户越诉的同时，规定"即将大秤到盐妄作亭户支请官盐钱入己，计赃，以自盗论。

---

[1]《宋会要辑稿》刑法2之156，第14册，第8384页。
[2]《宋会要辑稿》刑法2之59，第14册，第8315页。
[3]《宋会要辑稿》食货32之10，第11册，第6702页。
[4]《宋会要辑稿》刑法2之82，第14册，第8327页。

并许人告捕，赏钱二百贯文"[1]。绍兴二十八年（1158）六月八日诏：行在受纳米斛、钱帛，"今后须管两平交纳，不得大量升合，非理退剥，阻节骚扰，如违，许纳人经尚书省越诉，其合干官吏并科二年之罪。及许人告捉，每名支赏钱二百贯。仍令尚书省出榜晓示"[2]。

第四节　越诉案件的处置规则

一　出榜晓示

对于宋代越诉史料的分析，必须从全局观念和动态角度深入考察。围绕各类越诉事由形成的诏敕、奏议、榜文等，其行文大致包含描述违法行为、规定督查检举主体、设定罪名罚则、责令出榜晓示等内容。司法实践中，百姓越诉是与监司按劾、台谏弹奏并列的三大监督渠道之一。出榜晓示之目的，在于告知乡间民众通过法定越诉路径维护自身权益。与此同时，出榜晓谕也是地方官吏传达政令、沟通信息、诫勉长吏、督察群僚的基本路径。

早在太祖乾德二年（964）正月二十八日《禁越诉诏》中，即有责令诸州府将禁止蓦越陈状诏敕，"于要路粉壁揭诏书示之"的规定，然而，此敕的宗旨恰是禁止民间越诉行为。与越诉条款伴生的榜示条款时常被界定为中央、地方官署落实宋廷政令的基本义务。"镂版大字榜示""镂板晓示""镂版申严行下""镂榜诸州县""大字镂牓""出榜晓示""散出榜晓谕""诸路揭榜""分明出榜晓谕""多出文榜晓谕""大书文榜通知"等类似表述，时常见诸诏敕、奏议、法令之中。就榜示责任主体而言，中央包含尚书省、省部等机构。淳熙六年（1179）十二月二十八日诏：自淳熙七年（1180）正月

---

[1]　《宋会要辑稿》食货25之38，第11册，第6555页。
[2]　《宋会要辑稿》刑法2之105，第14册，第8339页。

一日始，临安府城内外并属县应干百货，并免收税一年。"如官司辄敢违戾收税，许被收税人径赴御史台越诉，许本台具奏取旨施行。仍令尚书省出黄榜降付本府并属县晓谕。"[1] 绍兴二年（1132）三月二十二日，据殿中侍御使江跻奏请，规定官吏、军下使臣等"乱作名色指占舟船，及州县因作非泛使名经过差人捉船，并从徒一年科罪。许船户越诉。仰州县常切遵守，散出榜晓谕。如奉行不虔，许监司觉察闻奏，重行黜责。仍令工部遍牒行下"[2]。绍兴二十九年（1159）八月二十六日，中书门下省言："'州县义仓米，系合随苗送纳，往往抑令别钞，又行收耗。'诏令户部申严约束，仍多出文榜晓示。如违，许民户越诉，州县委监司、漕司委户部按劾，取旨重作施行。"[3] 以上为尚书省、工部、户部等榜示之例。诸路监司既是朝廷政令的传达机关，又是地方事务的监察机关，因此，监司时常承担榜示义务。绍兴二十六年（1156）七月十一日诏，因虑州县将人户已纳身丁绵绢之数不予折除，填还别项，"令诸路监司给榜下所属州县，仍各多出文榜晓谕，务令人户通知。如有违戾，依已降指挥，许人户越诉。专委监司觉察，台谏弹劾以闻，当重置典宪"[4]。绍熙五年（1194）九月十四日赦文：人户夏税及和买紬绢，本色、折帛钱各有定数，"州县却侵本色分数，多敷折帛价钱，又不许人户依已降指挥，以钱、会中半输纳，间有折纳银两，重困民力。委转运司多出文榜晓示，如有违戾，即行按劾，仍许人户越诉"[5]。州县衙署承担政令下达、民情上报的枢纽职责，同时也是百姓越诉揭举的主要对象。绍兴二十九年（1159）正月二十五日，因诸路不遵指挥，淹留贩米舟船收税，"许民户经监司、御史台越诉，当议重作施行。州县出榜晓谕，常切点检，月具有无违戾申尚书

---

1 《宋会要辑稿》食货18之10-11，第11册，第6378页。
2 《宋会要辑稿》职官50之12，第12册，第7127页。
3 《宋会要辑稿》食货53之28，第12册，第7224页。
4 《宋会要辑稿》食货12之11，第11册，第6234页。
5 《宋会要辑稿》食货70之85，第13册，第8151页。

省"[1]。绍兴三十二年（1162）六月十三日孝宗登极赦规定：人户典卖田产，依法合推割税赋，不得使出产人户虚有抱纳，后官司不为减落等第。"可立限两月，许经官陈首，画时推割。如违限不首，令元出产人户越诉，依法施行。仍令州县多出榜晓谕。"[2] 伴随宋代雕版印刷技术的不断改良，镂版榜示成为文告宣示的重要路径。绍兴三年（1133）九月八日，户部奏请若官司占据民户田产不还，许业主越诉。"乞委守、令备坐上件指挥，镂板遍出榜文，晓谕民间通知。"[3] 庆元五年（1199）二月二十一日，右谏议大夫、兼侍讲张釜言州县差役弊病，重申保正户长职责，"'乞明诏户部，备坐条令及今来所陈，遍牒诸路提举常平司，令大字镂牓，发下所属州县，严行禁戢……如敢违戾，许被扰役人直经本路监司及台部越诉，将守、令按劾，重置于罚，人吏断勒，永不收叙。'从之"[4]。嘉泰元年（1201）正月七日，臣僚乞令诸路提刑司检坐应禁不应禁条法，要求"出给版榜，大字书写，行下逐州县，委自通判、县丞各于狱门钉挂晓示"[5]。南宋魏了翁《榜被兵诸郡蠲免科役》是南宋包含越诉条款榜文的代表，为了解出榜晓示规则提供了直接证据：

> 勘会襄阳、江陵、德安府光、黄、随、均、房、郢、峡州，光化、信阳、枣阳军管下，应曾经鞑贼惊扰县镇乡村，民户逃移。虽目前间有复业，去处终是不易，合议优恤。今除军前搬运粮草差使及以物力差充保甲隅官外，其余官司诸色不时差科非泛杂役，并与蠲免壹年。如州县不遵，今来约束，故为科抑，察访得实，官员按劾，吏人决配，务在必

---

[1] 《宋会要辑稿》食货17之46，第11册，第6371页。
[2] 《宋会要辑稿》食货61之66，第12册，第7473页。
[3] 《宋会要辑稿》食货69之52，第13册，第8074页。
[4] 《宋会要辑稿》食货66之28，第13册，第7877页。
[5] 《宋会要辑稿》刑法6之73，第14册，第8570页。

行。决无轻恕,仍听人户越诉。[1]

那么,各类旨在体恤民瘼、约束令长、澄明吏治的诏敕榜文的实施效果如何呢?绍兴二十六年(1156)八月四日,权知桂阳军程昌时言州县科配之弊,高宗的回应直接说明州县榜示的实际状况:"出榜之说,朝廷累有指挥,唯是官吏为奸,恐民间尽知数目,不得而欺隐,所以不肯出榜尔。"[2] 可见,张榜周知、激励越诉与地方长吏切身利益之间存在激烈冲突,因此,各类敷衍、拖延、搁置、抵触朝廷政令的行为遂时有发生。绍兴名臣廖刚《转对言州县废格德音奏状》对州县官吏废格诏敕情况做了如下记载:"大抵赦书,多只略行张挂,随即收藏,盖奸贪之吏,尚欲取之于民,故不乐使之通知。虽赦书有许越诉文,彼凋瘵远民,讵能自达于朝廷。"[3] 受地理阻隔、人为遮蔽、传导不畅等因素干扰,诏敕内容的传达与落实效果颇可怀疑。对于朝廷行下的各类诏敕,地方长吏甚至可能依据自身利益进行信息过滤并做出是否榜示的选择,"一有上司催科之榜,则宣之扬之,以揭通衢之墙壁,惟恐其不张皇。一有圣恩宽民之旨,则秘之密之,以涂时人之耳目,惟恐其有见闻"[4]。众多含有越诉条款的恤民诏敕,时常遭遇地方官吏阳奉阴违、敷衍塞责。地方长吏对诏敕内容"奉行灭裂""奉承不虔""奉行违戾""违慢沮抑""循习旧弊"的消极态度,引发朝廷严重忧虑。绍兴二十六年(1156)九月己未,右正言凌哲言:人户畸零税租,依旧过数科催问题,虽有申严州县、监司觉察、人户越诉之明文,《要录》却亦明言"沿袭已久,终不能革

---

1 (宋)魏了翁:《重校鹤山先生大全文集》卷29《督府奏陈·榜被兵诸郡蠲免科役》,四川大学古籍研究所编:《宋集珍本丛刊》影印明嘉靖铜活字印本,第77册,线装书局,2004,第52页上。
2 《宋会要辑稿》食货10之5,第10册,第6195页。
3 (宋)廖刚:《高峰文集》卷5《奏状·转对言州县废格德音奏状》,《景印文渊阁四库全书》(第1142册),台湾商务印书馆股份有限公司,1986,第359页下。
4 《蛟峰外集》卷2《淳民以横敛上蛟峰先生书》,第739页下。

也"[1]。嘉定五年（1212）十一月二十日南郊赦，除放嘉定三年（1210）前诸路起发金银物帛，规定"所有今赦未放年分及日后应干估剥之数，并仰州县止于元买纳场分合干公人名下追理，不得均摊民户。如违，许越诉，重置典宪。仍仰转运司常切觉察，多出文榜晓谕"[2]。其后嘉定八年（1215）、嘉定十一年（1218）、嘉定十四年（1221）明堂赦照此例行除放前二年积欠，但实际状况可能不甚理想，"下情郁于上达，上泽壅于下流，积习相沿，非一日矣"[3]。年深日久，积弊难除，以致诏敕发布与传达，可能因此沦为司空见惯的政治表态，诏敕与榜示本身，也可能因此成为例行公事的官样文章。即使有效传达的诏敕榜文，也未必皆能得到施行。宁宗时卫泾上《论围田札子》论江浙围田之弊，援引乾道五年（1169）九月、淳熙三年（1176）六月、淳熙八年（1181）七月、淳熙十年（1183）四月指挥四则，且言"是皆匾榜大书，人所共觌，其他藏于案牍者，当不止此。奈何条画虽备，奉行不虔。或易名而请佃，或已开而复围，或谓既成之业，难于破坏。或谓垂熟之时，不可毁撤"[4]。总之，巧立名目、推诿搪塞已经成为地方官吏、豪强联手抵制宋廷诏敕的惯常伎俩，包含越诉条款的诏敕榜文，几成具文矣。

二 法令援引

自神宗元丰改制时起，宋朝编敕的修纂体例发生了重大变化，编敕也随之改称"敕令格式"。[5] 元丰编敕起，至南宋末年编敕中的"敕"均是有刑名

---

[1] 《建炎以来系年要录》卷174"绍兴二十六年九月己未"，第3048页。
[2] 《宋会要辑稿》食货44之16，第12册，第7002页。
[3] （宋）真德秀：《西山先生真文忠公文集》卷2《对越甲藳·奏札·辛未十二月上殿奏札三》，四川大学古籍研究所编：《宋集珍本丛刊》影印明正德刻本，第75册，线装书局，2004，第662页下。
[4] （宋）卫泾：《后乐集》卷13《奏议·论围田札子》，《景印文渊阁四库全书》（第1169册），台湾商务印书馆股份有限公司，1986，第653页上。
[5] 戴建国：《宋代编敕初探》，收入《宋代法制初探》，黑龙江人民出版社，2000，第8页。

的敕，实质上就是新的刑律。[1] 徽宗以后，包含越诉条款的诏敕、奏议所引用的各类宋代成法，显然受到两宋之交法律编纂体例变化的直接影响。包含越诉条款的宋代诏敕、奏议中，时常援引编敕、指挥、令文、则例等现行法律，部分法律条款与诏敕、奏议、榜示之间形成前后相继的厘革损益关系。

就法令援引方式而言，主要包括原文引用和节录引用两类。其中，对于包含越诉条款诏敕的原文引用，可溯至宣和四年（1122）十二月二十四日诏中的擅自移囚禁令："应在禁罪人，官司避免检察官点检，辄私〔移〕他所者，以违制论，许被禁之家越诉。仍委监司、廉访使者觉察。"[2] 此条诏敕后来成为《庆元条法事类》卷七十三《刑狱门三·移囚》相关条款的直接法律渊源。[3] 此类单行诏敕日积月累，数量庞大，至绍兴二十七年（1157）七月，已经出现"比年以来，一时越诉指挥，亡虑百余件，顽民反恃此以扰官司，狱讼滋长"[4] 的尴尬景象。因此，对于越诉诏敕的拣择、删削和编纂成为宋代法令创制的重要内容。如绍兴十九年（1149）四月十一日刑部所引《绍兴重修职制敕》："诸处巡辖使臣以支取粪土钱为名，于铺兵名下减克请给、率敛财物者，以乞取监临财物论，仍许被减克、率敛铺兵越诉。通判、令、佐失察，杖六十"[5]，此即为含有越诉条款的敕令编修后之例证。绍兴二十六年（1156）闰十月十五日，刑部奏请："见任官如敢于所部私役工匠，营造己物，依律计庸准盗论。若缘公兴造，即具事因送所属官司量事差拨……如有违犯，并许人户越诉。监司不行觉察，依条科罪施行。"高宗从之，"仍令敕令所编入成法"[6]，此为臣僚奏议经法定程序最终纂入编敕之例。在越诉条款

1　孔学：《〈庆元条法事类〉研究》，《史学月刊》2000年第2期，第44页。
2　《宋会要辑稿》刑法6之61，第14册，第8564页。
3　按：《断狱敕》规定："诸违法移囚，流以上，以违制论……诸以在禁罪人避免按察官点检而移往他所者，徒二年，许被禁之家越诉。"《庆元条法事类》卷73《刑狱门三·移囚》，第760页。
4　《宋会要辑稿》刑法3之29，第14册，第8408页。
5　《宋会要辑稿》方域11之11，第16册，第9495页。
6　《宋会要辑稿》刑法2之154，第14册，第8383页。

中原文引用现行法律者亦不乏其例，如绍兴十二年（1142）五月六日诏援引《绍兴令》[1]："诸州诉县理断事不当者，州委官定夺；若诣监司诉本州者，送邻州委官。诸受诉讼应取会与夺而辄送所讼官司者，听越诉，受诉之司取见诣实，具事因及官吏职位、姓名，虚妄者具诉人，申尚书省。"[2] 两款令文涉及管辖原则、越诉条件、申报事项等，其中，第一款令文后来收入《庆元条法事类》卷八《职制门五·定夺体量》项下《辞讼令》。[3] 又如朱熹《移文江西通放客米及本军籴米船事》论州县遏籴事，"检准《淳熙令》，诸米谷遇灾伤，官司不得禁止搬贩。及近降指挥，州县不许闭籴。如有遏籴州军，许邻州越诉"[4]。此为地方榜文援引《淳熙令》之证。

节录引用往往概言"在法"，即"依据法令规定"之意。如宣和七年（1125）四月二十四日讲议司奏："契勘诸路州县供官之物，不许擅行科配。其依法应科配之物，在法当职官躬亲品量，依等第均定……仍以人户等第、家业合著之数单名降榜付县，晓谕人户通知。如有不均，或数外增添催科，许人户越诉，监司觉察按劾。"[5] 此处言"在法"云云的相关规定，当为宣和七年（1125）以前旧规。又据《庆元条法事类》卷四十八《赋役门二》"科敷"条引《赋役令》："诸人户应科配，当职官躬亲品量，依等第均定。"[6] 则宣和七年（1125）四月二十四日敕所据者，应为此前《赋役令》之规定。又

1　按：据《宋会要辑稿·刑法一》：绍兴元年"八月四日，参知政事、同提举重修敕令张守等上《绍兴新敕》一十二卷，《令》五十卷，《格》三十卷，《式》三十卷，《目录》一十六卷，《申明刑统》及《随敕申明》三卷，《政和二年以后赦书德音》一十五卷，及《看详》六百四卷。诏自绍兴二年正月一日颁行，仍以《绍兴重修敕令格式》为名。"《宋会要辑稿》刑法1之35，第14册，第8248页。

2　《宋会要辑稿》刑法3之26，第14册，第8406页。

3　按：《辞讼令》规定："诸诉州县理断事不当者，州委官定夺。若诣监司诉本州者，送邻州委官。"见《庆元条法事类》卷8《职制门五·定夺体量》，第144页。

4　刘永翔、朱幼文校点：《晦庵先生朱文公续集》卷10《公移·移文江西通放客米及本军籴米船事》，（宋）朱熹撰，朱杰人、严佐之、刘永翔主编：《朱子全书》（第25册），上海古籍出版社、安徽教育出版社，2002，第5054页。按：另据《宋会要辑稿·刑法一》：淳熙四年"十一月十一日，参知政事李彦颖等上参考乾道法，诏以《淳熙重修敕令格式》为名"，《宋会要辑稿》刑法1之51，第14册，第8263页。

5　《宋会要辑稿》食货38之10-11，第11册，第6832页。

6　《庆元条法事类》卷48《赋役门二·科敷》，第667页。

如，绍兴三十年（1160）六月十八日户部言人户输纳匹帛时，州县官吏作弊事：

> 本部勘会，在法：诸非法擅赋敛者，以违制论；过为掊刻者，徒二年。监司以人户合纳谷帛丝绵之类纽折增加价钱，或籴买粮草抑令远处输纳，若巧作名目，额外诛求者，亦并以违制论。守、令奉行及监司不互察者，与同罪，并许被科抑人户越诉。合纳官物不正行收支者，杖八十；收支官物不即书历及别置私历者，徒二年。欲下诸路转运司行下所部州县，遵守前项见行条法。[1]

显然，非法擅赋敛与人户合纳谷帛丝绵作弊的相关规定，当为此前之旧法，且应为"科敷"领域长期行用的基本法则。此条经顺序调整和文字修饰后，纂入《庆元条法事类》卷四十八《赋役门二·科敷》项下《户婚敕》，[2] 成为南宋赋役领域的长行之法。又如淳熙元年（1174）十一月二十九日中书门下省言："人户合纳租税，在法本户布帛不成端匹，米谷不成升，丝绵不成匹两，柴蒿不成束者，听依条时价纳钱。其钱不及百，愿与别户合钞纳本色者听。"对于州县官吏违法催纳、重叠追理者，"诏逐路监司常切约束，如有违戾，许民户越诉"[3]。此条规定也应为淳熙元年（1174）十一月二十九日之前旧法，后亦修改编入《庆元条法事类》卷四十七《赋役门一》"受纳租税"条项下《赋役令》："诸租税，本户布帛不成端匹，米谷不成升，丝绵不成

---

[1] 《宋会要辑稿》食货64之33-34，第13册，第7750页。
[2] 按：《户婚敕》规定："诸监司以人户合纳谷帛丝绵之类纽折增加价钱，或籴买粮草抑令远处输纳，若巧作名目额外诛求者，并以违制论。守令奉行及监司不互察者，与同罪，许被科抑人户越诉。诸非法擅赋敛者，以违制论。科买、折纳而反复频折，（如以绢折麦，以苗折糯，其所敷麦、糯而过苗、绢时直之数，及已折麦、糯，却再纽纳价钱者皆是。）或别纳钱物过为掊克者，徒二年，并许被科抑人户越诉。"《庆元条法事类》卷48《赋役门二·科敷》，第663页。
[3] 《宋会要辑稿》食货70之68，第13册，第8141页。

两,柴蒿不成束,听依纳月实直上价纳钱。愿与别户合钞纳本色者,听。钱不及百亦听合钞送纳。当官销簿,各给已纳凭由。如违,许经监司陈诉。"[1]

与此同时,涉及越诉的诏敕、奏议,又时常援引"则例"[2]作为法律依据,且多为节录引用。宋人周敦颐言"则,谓物之可视为法者,犹俗言'则例'、则样也"[3]。在宋代税收、赋役、租课等财政收入领域,"自来则例""见行则例""名件则例"等特定称谓时常见诸诏敕、奏议、榜文之中。淳熙七年(1180)三月二十三日,右正言葛邲奏请州郡"将旧来合收税钱则例大书,刻于板榜,揭置通衢,令民旅通知,不得例外收取。其邻郡亦毋得以临安府更不收税为由,抑勒重税。诏下诸州戒约,如违戾,许人户越诉"[4]。绍熙五年(1194)十一月一日中书门下省言:两浙路荒歉去处出粜,"客人附带物货,许所经过场务量与优润,从逐处则例,以十分为率,与减饶二分……如奉行(减)〔灭〕裂,许客人越诉。仍仰所委官多出文牓晓谕"[5]。可见,"则例"确是经济领域的重要法律依据之一,违例者许人越诉。此外,大量冠以"在法"节录引用的其他法律规定,虽无法查明其历史渊源和类目归属,却与越诉条款依附并存且不可分割。

三 罪名罚则

对于许可越诉的各类行为,宋代建构了监察、告诉与检举并行的规则

---

[1] 《庆元条法事类》卷47《赋役门一·受纳租税》,第620页。
[2] 按:杨一凡、刘笃才指出:"'则'是标准、等差或法则、准则、规则之意,'例'是指先例成例或定例。"杨一凡、刘笃才:《历代例考》,社会科学文献出版社,2012,第9页。李云龙认为:"(宋代)则例主要适用于经济领域,特别是规范财政支出,以确定官吏俸禄、节庆赏赐、机构开销、税务征收等的数额。"李云龙:《宋例研究》,花木兰文化出版社,2016,第124页。
[3] (宋)周敦颐撰,(清)周沈珂编:《周元公集》卷4《太极图说·家人睽复无妄第三十二》,《景印文渊阁四库全书》(第1101册),台湾商务印书馆股份有限公司,1986,第434页上。
[4] 《宋会要辑稿》食货18之11,第11册,第6378—6379页。
[5] 《宋会要辑稿》食货58之20-21,第12册,第7368页。

体系，在诏敕、奏议、榜文之中，越诉条款往往与罪名条款、罚则条款勾连贯通、相互为用。就罪名类型而言，违背越诉之法，有司官吏可能比照"大不恭""违制"和"赃罪"三类犯罪，包括"以大不恭论""以违制论""以违诏论""违御笔论""以自盗论""依律计庸准盗论""计赃科罪""以不持杖强盗论""以枉法论""以乞取监临财论""坐赃论罪"等具体形态论罪。首先，以"大不恭"论。宋代"大不恭"源自前代"大不敬"，属"十恶"之一。所谓"责其所犯既大，皆无肃恭之心，故曰大不恭"[1]。宣和七年（1125）五月二十七日诏：客人运载买钞钱物，所在各以纲运占压邀阻取觅，"仰检坐逐件已降指挥申明施行，如有违犯，并许客人等越诉。仍令提举茶盐公事官常切往来觉察催促，无致沮害客人算请。如违，以大不恭论"[2]。此为涉及越诉条款以"大不恭"论罪之例。其次，"以违制论"。越诉本为律所禁，许可越诉诸条起初多以诏敕方式下达，所谓"凡问制书有违，须是制命之辞出自宸衷者，方是"[3]。因此，违反包括"许人户越诉"在内的诏敕，大多以违制论。《宋刑统》规定："诸被制书有所施行而违者，徒二年；失错者，杖一百。"[4] 违制律在宋代得到广泛应用，涉及官吏整饬、经济规范、社会治理、司法秩序维护等。[5] 若官员不落实包含越诉条款在内的诏敕内容，即可构成违制犯罪。在敕令体系中，"'以违制论'的不断发布，就是让朝廷用简便概括性的立法方式，迅速补充既有成文法典"[6]。宣和元年（1119）六月五日诏："诸县官吏违法以职田令第三等以上人户及见充役人，或用诡名、或令委保租佃，许人户越诉，

---

1 《宋刑统校证》卷1《名例律》"十恶"，第10页。
2 《宋会要辑稿》食货25之28，第11册，第6550页。
3 （明）雷梦麟撰，怀效锋、李俊点校：《读律琐言》卷3《吏律》"制书有违"，法律出版社，2000，第96页。
4 《宋刑统校证》卷9《职制律》"制书稽缓错误"，第137页。
5 杨立民：《清代违制律研究》，法律出版社，2017，第30页。
6 参见李如钧《简便之罚：宋代的违制罪与"以违制论"》，《史学汇刊》第36期，2017年12月，第86页。

以违诏论。"[1] 崇宁四年（1105）开始，徽宗朝开始以御笔指挥政务，"违御笔，则以违制坐之"。由此，"违御笔论"成为"以违制（诏）论"在徽宗朝之变种。再次，由于越诉条款时常涉及经济问题，在归罪层面直接指向"六赃"。《宋刑统》继受了《唐律》"六赃"规则，即"《贼盗律》内强盗、窃盗，《职制律》内枉法、不枉法、受所监临，《杂律》内坐赃，此谓'六赃'也"[2]。官员"入己赃"本身可以成为越诉内容，宣和六年（1124）四月四日诏规定外任官私自织造匹帛者"以自盗论"，绍兴二十六年（1156）十月十五日规定见任官私役工匠营造己物，"依律计庸准盗论"。这两类行为均指向《宋刑统·贼盗律》"监临主守自盗及盗所监临财物"犯罪。越诉条款相关史料中所涉之"坐赃论罪""以不持杖强盗论""计赃科罪""以枉法论""以乞取监临财论"等，则与"强盗""枉法赃""坐赃"对应，"自外诸条，皆约此六赃为罪"[3]。如绍兴三年（1133）七月二十日诏："遇灾伤已经检放，或不堪耕种、无人租佃而抑勒乡保邻人陪纳租课，并计所纳数坐赃论罪，轻者徒二年。非县令而他官辄干预催佃自己职田者杖一百。并许人越诉。"[4] 绍兴五年（1135）十二月二十三日诏：州县"差人下乡根括，勾呼搔扰，并当重行停降。因而容纵公吏乞取，除公吏以枉法论坐罪外，官比公吏减一等。仍仰提刑司常切觉察，及许人户诣本司越诉"[5]。

地方官吏若不遵守包含越诉条款在内的诏敕，可能面临降职、贬黜、罚俸等行政处罚，且"命官流窜，人吏决配"往往成为此类处罚的惯常配置。建炎三年（1129）二月二十三日：诏江浙等州军，经由官司非理骚扰阻节般

---

1 《宋会要辑稿》职官58之19，第8册，第4624页。
2 （宋）傅霖撰，（元）郗口韵释，（元）王亮增注：《刑统赋解》卷上"累赃而不倍者三"，《续修四库全书》编委会：《续修四库全书》（第972册），上海古籍出版社，2002，第192—193页。
3 《宋刑统校证》卷4《名例律》"赃物没官及征还官主并勿征"，第62页。
4 《宋会要辑稿》职官58之24，第8册，第4627页。
5 《宋会要辑稿》食货11之17，第11册，第6219—6220页。

贩米斛，"许客人经尚书省越诉，官员停替，人吏决配。仰提刑司觉察"[1]。建炎三年（1129）十月十二日诏规定：诸路转运、提刑司非理阻节填写、给付度牒，"并许越诉，者官当窜逐岭南，人吏并配海岛"[2]。乾道七年（1171）三月三日诏，战士功赏推恩事，"在内令三衙、在外委逐军主帅，限半月躬亲根刷本军所授付身重叠之人，画一类聚，不得漏落，保明申朝廷改正。如限内不行申发，仰被赏之人赴朝廷越诉，将当职官取旨施行，合干人吏重行决配"[3]。理宗宝庆三年（1227），监察御史汪纲中言："凡两浙、江东西、湖南北州县有米处，并听贩籴流通；违，许被害者越诉，官按劾，吏决配，庶几令出惟行，不致文具。"[4] 此外，如官吏本人非法越诉，也将面临贬降处罚，这可以从两则贬降敕旨中获得证明。《钱奭等降官制敕》云："尔等专务饰诈，期免逋负，仍复越诉，辄从省台，此皆法之所不容。"[5] 故镌官一等，盖以示惩。《王褒降官制》曰："具官某礼辨等威，律严诬告。尔饰词以伪，越诉于朝，镌秩两阶，以惩诞率。"[6] 钱奭、王褒因非法越诉于朝，乃有贬降削阶之责。

第五节　越诉现象的时代评判

从司法传统与规则通例角度而言，越诉仍是宋代诉讼之特例，除诏敕、法令明确许可情形，其余诉讼仍应逐级申告，不得越级。自北宋崇宁、大观

---

[1]　《宋会要辑稿》刑法2之102，第14册，第8337页。
[2]　《宋会要辑稿》职官13之30，第6册，第3385页。按：【校勘记】〔三〕"者官"："者"字疑误，或其上下有脱文。
[3]　《宋会要辑稿》兵19之21-22，第15册，第9012页。
[4]　《宋史》卷178《食货上六》，第4343页。
[5]　（宋）刘才邵：《樵溪居士集》卷5《制·钱奭等降官敕》，《景印文渊阁四库全书》（第1130册），台湾商务印书馆股份有限公司，1986，第477页上。
[6]　（宋）王洋：《东牟集》卷8《制诰下·王褒降官制》，《景印文渊阁四库全书》（第1132册），台湾商务印书馆股份有限公司，1986，第428页下。

以降，事关越诉者情由多端，敕条渐繁，以致禁止越诉的司法传统受到严峻挑战。上述诉讼理念与司法实践之间的严重冲突，促使宋代在法律创制、法律观念和司法裁判等领域产生了一系列急剧而深刻的变化。

一 规则厘定

首先，明确越诉条款性质。从传统与现实两个维度考察，越诉应当是逐级诉事原则项下的特殊条款，越诉法令之事由、时效、地域、程序及罚则等，均应受到严格限制。允许越诉的事由既可以敕条创设，亦可因诏令废止。绍兴元年（1131）十一月二日诏，令尚书省出榜都门晓示，"应有劳绩功赏、整会叠转授之人，今后并仰经所辖官司陈诉，从本处勘会诣实，关申所属施行，即不得依前越诉。如违，重行典宪"[1]。南宋高宗晚期，朝廷已经注意到越诉泛滥的现实危害。绍兴二十七年（1157）七月二十二日，应侍御史周方崇奏请，首次整顿越诉敕令，非编敕所载的越诉条款，一律删除："'望行下刑部，将一时许越诉指挥，非《编敕》所载，并令敕令所重加删除，以省讼牒。'从之。"[2] 隆兴二年（1164）正月五日，又在重申诉讼审级的基础上，特别强调越诉条款的特例属性："诏除许越诉事外，余并依条次第经由，仍令刑部遍牒行下"，[3] 禁止正在审理的案件于其他官司另行告诉。乾道二年（1166）正月五日诏重申逐级诉事的原则，规定"今后人户除许越诉事外，余并依条次第经由，各仰本处分明与夺，合行备坐所断因依告示"[4]。对于未审结者越级告诉、已审结者重复告诉及同一诉请多处陈诉等情形依法科罪，试图矫正南渡以来日益加剧的越诉乱象。乾道四年（1168）七月十六日三省

---

1 《宋会要辑稿》兵18之32，第15册，第8993页。
2 《宋会要辑稿》刑法3之29，第14册，第8408页。
3 《宋会要辑稿》刑法3之31，第14册，第8409页。
4 《宋会要辑稿》职官15之22，第6册，第3419页。

言：对于"限外未有结绝，或官司理断不当"两类型，方许经朝廷陈诉，并将允许越诉情形严格限制于"军期急速、事干人命"两款，"余敢于宰执马前投陈白纸及自毁伤者，并不得受理"[1]。乾道五年（1169）七月一日，大理寺丞魏钦绪主张禁止讼由至微、冒辜伏阙等极端越诉行为，[2] 孝宗诏送刑部看详。晚至理宗淳祐八年（1248）八月庚子，仍可见宋廷"如有非辜越诉，究证得实，必论如律"[3] 的明确表态。

其次，打击恶意越诉行为。越诉之法设立之初衷，原本在于约束地方官吏为非。宋代是传统诉讼观念变化的重要历史阶段，从10、11世纪前后开始，健讼、好讼等用语在史料中出现的频率越来越高。[4] 实践中大量存在的恶意越诉，往往成为地方豪强顽民和健讼之徒挟制官府、侵渔乡里、搅扰司法的常见手法。越诉行为滋生的健讼之风，直接导致纲纪紊乱、民俗衰败，并在相当程度上无端增加基层社会治理的成本支出。因此，整饬越诉乱象、严格审查裁断成为孝宗以后司法领域的重要议题。乾道六年（1170）八月二日，宗正少卿、兼权户部侍郎王佐建议，"'乞自今有论诉冒役者，必须指陈所犯，及收叙不当因依，如敢挟私妄诉，与重作行遣。'从之"[5]。嘉定十年（1217）十一月四日，臣僚对越诉之弊的描摹可谓入木三分："近年强宗大姓武断尤甚，以小利而渔夺细民，以强词而妄兴狱讼，持厚赂以变事理之曲直，持越诉以格州县之追呼。大率把持官吏，欺压善良。"请求戒饬监司守臣严格审查申诉案件，已经地方结绝案件，则取索断由，重加审定；尚未结绝案件，则立限催断，具由情节；对于原判确有情弊，予夺不公者，应追究初审官吏责任。"'若乃凭恃凶狡，饰词越诉，意在挟持，即将犯人严与根究，必罚无

---

[1] 《宋会要辑稿》刑法3之33，第14册，第8410页。
[2] 参阅《宋会要辑稿》刑法3之33，第14册，第8410页。
[3] 《宋史全文》卷34《宋理宗四》"淳祐八年八月庚子"，第2795页。
[4] 参见〔日〕夫马进编《中国诉讼社会史研究》，范愉、赵晶等译，浙江大学出版社，2019（廿一世纪中国法律文化史论丛），第5页。
[5] 《宋会要辑稿》刑法3之33，第14册，第8410页。

赦。'从之。"¹

最后，建构越诉保障条款。在规范不法越诉的同时，对于敕条特许的越诉事宜，宋代又以专条立法保障施行。宋代越诉之法主要针对地方官吏各类违法行为，监司等地方监察机关往往又是越诉案件的直接受案机关。因此，监司本身也成为越诉领域的监督对象之一，所谓"监司察州郡，州郡察县镇。监司不能觉察，御史台弹奏"²。大观四年（1110）三月二十一日，针对诸路监司州县营利诛求、慢法害民等事，要求"仰逐路人户许实封投状越诉。受词状官司如辄敢稽违，其当职官吏并以违制条科罪"³。政和七年（1117）五月辛丑，《祭祀方泽德音》更直言监司州县共为奸赃，在指令廉访使者察奏的同时，"仍许民径赴尚书省陈诉"⁴。尤其值得关注的是，南宋初期正式构建了越诉权利保障条款。绍兴四年（1134）十二月十一日，刑部看详立法，"'诸人户依条许越诉事而被诉官司辄以他事捃撼追呼赴官者（家属同），杖八十；若枷禁棰拷者，加三等。欲乞遍牒施行。'从之"⁵。此敕旨在惩治地方官吏对百姓越诉的报复陷害行为，遂使诸多越诉条款的顺利施行成为可能。

二　观念冲突

与北宋末期以来越诉之风相悖，兼具传统道德捍卫者与地方司法执行者双重身份的士大夫阶层，对于越诉多持批评意见，对于大肆将越诉引入基层社会治理系统的做法颇有微词。其首要原因在于，越诉背违礼教名分。"贱不得干贵，下不得陵上，教化之本既正，悖乱之渐不生。"⁶ 尊卑、贵贱、男女、士民、良贱等

1　《宋会要辑稿》刑法3之42，第14册，第8414页。
2　《宋会要辑稿》职官47之38，第7册，第4286页。
3　《宋会要辑稿》食货70之20，第13册，第8111页。
4　《宋史》卷21《徽宗纪三》，第398页。
5　《宋会要辑稿》刑法3之25，第14册，第8406页。
6　《唐会要》卷51《识量上》，第1046页。

身份因素是理解传统中国社会的技术密码,也是传统司法中必须考量的重要因素。以上诸端,皆可由"名分"一词统而摄之。郡县之间,"过客游士得以短长钳制,嚣讼奸豪得以越诉动摇"[1]。就法律后果而言,滥行越诉往往直接导致官员降黜,吏人流配,从而对以"名分"为核心的纲常名教体系构成威胁。"自古善为治者,必禁越诉。"[2] 因此,宋人曾从社会结构与治理体系角度,指陈越诉之弊,其中,尤以胡安国、胡寅父子的论断最切典型。胡安国认为,百姓、县、州、监司、朝廷之间存在隶属管辖关系,"犹指之顺臂,叶之从根,不可逆施之也"。并列举徽宗朝以来荆门、荆南等地造私酝户、酗酒学生、鹜茶猾吏、贾客豪民越诉导致地方长吏罢黜实例,认为"使民习见犯上之可为,而贵贱无等,此乱之所由作也"[3]。主张精选监司守令,重禁越诉,苟有故犯,以违制论罪。胡安国之子胡寅继承并发展了其父禁止越诉的主张,深刻揭露了越诉群体之社会危害:"夫越诉者,敢于陵乱,不顾阶级,非豪宗强姓,则舞文狡吏,相为表里,奸言乱政,欺惑朝政者也。其力能自远于朝廷,使变移是非,颠倒狱讼,必如其志,而非善良贫丁,敬畏三尺者之所能也。"[4] 奸猾之民利用越诉,以恐胁官府、勾结小吏,"士大夫堕其计中,为其所困,殊不自觉"[5] 的尴尬境遇。原本旨在揭举不法官吏的越诉之法,竟沦为愚顽之辈践踏礼法名教的帮凶。黄震批评江西监司专以听讼为务,遂使"豪右哗健之徒纷然竞集,隔千里辽邈不接之地,信一时张皇无实之说,牌匣络绎,专卒旁午,驱迫州县,骚动闾里"[6]。主张每日五鼓出厅,缩短每日办案时间,词诉"但择其关系之大者方受,且分次第先后耳"。

---

1 (宋)周南:《山房集》卷2《札子·代人上殿论州郡事札子》,四川大学古籍研究所编:《宋集珍本丛刊》影印清钞本,第69册,线装书局,2004,第590页上。
2 (宋)胡寅撰,刘依平校点:《读史管见》卷30《太祖·后周纪》,岳麓书社,2010(湖湘文库),第1093页。
3 (宋)胡寅撰,容肇祖点校:《斐然集》卷25《先公行状》,中华书局,1993,第531页。
4 (宋)谢维新:《古今合璧事类备要外集》卷26《法令门·词讼》,《景印文渊阁四库全书》(第941册),台湾商务印书馆股份有限公司,1986,第584页下—585页上。
5 (宋)王栐撰,诚刚点校:《燕翼诒谋录》卷4"禁越诉",中华书局,1981(唐宋史料笔记丛刊),第33页。
6 (宋)黄震:《黄氏日抄》卷79《公移·词诉约束》,第2235页。

其次，越诉冲击司法体制。越诉禁令是唐宋相继的基本诉讼原则之一。在北宋晚期大量创制越诉特例之前，该原则在规则、观念和文化等层面，得到社会各阶层普遍认同。结合宋代行政架构演进，最终形成了县、州、监司、尚书省（御史台）等逐级上诉格局。宋代诏敕、律令、奏议、榜文反复教谕百姓次第陈诉，不可蓦越。然而，司法的实际情况往往与此大相径庭。民间罔顾典制、越级告诉的混乱局面时有发生："顽民健讼，视官府如儿戏，自县而之监司，自州而之台部，此犹其小者耳。今州县未毕，越去监司台部，径诉都省，以至拦马叫号，无所不有。"[1] 袁说友认为百姓上诉，必须持有原审断由，"未经台部结绝而诉于都省者，并不受理"。陈耆卿亦主张以结决断由判定上诉案件的基本依据，严厉打击无理妄诉："凡民讼小大，其已经剖断得实，而辄枝蔓诬诉者，各以其罪罪之。"[2] 即建议从程序规则层面限制越诉行为的泛滥。

最后，越诉滋长健讼之风。"夫风俗者，人主之所自出，士大夫之枢，而政事之影也。"[3] 与传统社会崇尚"无讼"的司法理念多相扞格，自宋代始，民风健讼的记载屡屡见诸宋人笔端。如仁宗嘉祐年间（1056—1063），洪州新建县"俗健讼，好持吏短长"[4]。洋州以"健讼少文艺"[5] 著称一时。南宋

1　（宋）袁说友：《东塘集》卷10《札子·体权札子》，四川大学古籍研究所编：《宋集珍本丛刊》影印清翰林院钞本，第64册，线装书局，2004，第336页下。

2　（宋）陈耆卿著，曹亚莉校点：《陈耆卿集》卷4《疏·奏请罪健讼疏》，浙江大学出版社，2010，第37页。按：屈超立（2003）、刘馨珺（2007）、陈景良（2008、2020）、戴建国（2011）等专家均曾对宋代"断由"有所涉及，专门研究成果之中，则以张本顺的观点最具代表性："南宋民事审判中所出现的'断由'制度就是南宋政府因应民间好讼风尚以及补充无审级限制上诉制度而做出的理性选择。'断由'制度在一定程度上维护了司法秩序、促进了司法公正，彰显了宋代司法确定性、理性化的面相，是宋代司法传统近世化转型的重要因素。"张本顺：《变革与转型：南宋民事审判"断由"制度生成的历史成因、价值功能及意义论析》，《首都师范大学学报》（社会科学版）2015年第3期，第22—23页。

3　（宋）胡宏：《五峰胡先生文集》卷3《中兴业·易俗》，四川大学古籍研究所编：《宋集珍本丛刊》影印清钞本，第43册，线装书局，2004，第343页下。

4　（宋）范成大纂修，汪泰亨等增订：《吴郡志》卷26《人物》，中华书局编辑部编：《宋元方志丛刊》，中华书局，1990，第891页下。

5　（宋）祝穆撰，（宋）祝洙增订，施和金点校：《方舆胜览》卷68《利州东路·洋州》，中华书局，2003，第1193页。

健讼之风更趋蔓延，江西"素号健讼，有珥笔之风，锁吭贯足者，无日无之"[1]。绍兴三十一年（1161）《户部郎中彭合行状》言"赣之民俗健于争讼，轻为盗贼，信丰其甚者"[2]。福州因"跨疆接境，户口星散，最号多事。听览贵审，而决遣未竟，辄越诉矣。其好讼如此"[3]。因此，越诉往往与顽民、奸民、豪民等特定人群相互勾连，反映出士大夫阶层对于越诉者极端厌恶、反感的情绪。"良民以讼为耻，顽民以讼为喜。"[4] 对于诉讼价值评判的不同认识，成为判断诉事者品性高下的标准之一。《州县提纲》则告诫地方官吏详细区分"健讼之民"与"良善之民"，"凡听讼之际，察其愚朴，平昔未尝至官府者，须引近案，和颜而问，仍禁走吏无得诃遏，庶几其情可通"[5]，并指出越诉滥行实质上是用人不当、懒政怠政的必然结果。若能做到官得其人，必能做到法令易守，去民疾苦。

三 狱讼裁断

除规则厘定和观念冲突以外，经由司法裁判一隅，也可窥知宋人对于越诉行为的基本立场：除有诏敕明确规定以外，滥行蓦越诉事行为均应严惩不贷。度宗咸淳八年（1272）八月十一日交割《词诉约束》记载了江西提举司案件受理规程：非本司管辖事务，已经州县而所断不平者，不予受理；虽属本司管辖，未经州县，或不经本司而越经朝省台部，脱状送下者，"并具状缴申，不敢施行。仍先申照会，备榜司前，使众通知。其余条画，自有法

---

[1] （宋）蔡戡：《定斋集》卷15《墓志铭·朝奉郎提点江南东路刑狱赵公墓志铭》，上海书店，1994（丛书集成续编，第105册），第87—88页。
[2] 陈柏泉编著：《江西出土墓志选编》，江西教育出版社，1991，第128页。
[3] （宋）张元幹：《芦川归来集》卷8《书·代洪仲本上徐漕书》，上海古籍出版社，1978，第154页。
[4] 《陈耆卿集》卷4《疏·奏请罪健讼疏》，第35页下。
[5] （宋）佚名撰，张亦冰点校：《州县提纲》卷2 "通愚民之情"，（宋）李元弼等撰，闫建飞等点校：《宋代官箴书五种》，中华书局，2019，第114页。

在"[1]。明确表达了地方监司非奉诏敕，不理越诉的基本立场。朱熹《约束榜》在肯定次第诉事原则的基础上，为防止越诉，明确了县司审结各类案件的时限："应诸县有人户已诉未获，盗贼限一月，斗殴折伤、连保辜通五十日，婚田之类限两月，须管结绝。"如县道"违期不行结绝，方许人户赴州陈诉"[2]。民户经由书铺依式书状（包含诉事人基本情况，诉请事由，代名虚妄、无理越诉、或隐匿前状情形之排除，字数限制等），如实明具向县司告诉的具体日期，以便州司审核受案。与此同时，宋代部分案例也清晰验证了地方长吏严格限制越诉的司法立场。据《宋会要辑稿》记载：高宗时，知潭州刘昉言修武郎向子率强买民田，"本州方行勾追，其兄子忞辄经提刑司越诉"[3]。据《宋史·地理四》，绍兴年间潭州为荆湖南路治所。本案中，因向子忞将尚未断结的案件蓦越代诉，绍兴十五年（1145）正月二十九日，兄弟二人各降三官。又据《知富顺监致仕家侯炎墓志铭》：家炎［绍定六年（1233）卒］知彭州时，"县告豪民匿税版，民未就逮，冯气力越诉于监司，以屈郡县，侯辩折其奸"[4]。可见，在缺乏诏敕、法令等明确依据的情况下，越诉行为将会受到严厉制裁。作为记录南宋司法实况的案例汇编，《名公书判清明集》中的裁判事例为我们考察地方长吏对越诉的态度提供了重要依据。[5]如哗徒张梦高"承吏奸之故习，专以哗评欺诈为生"，常年教唆词讼，撰造公事，行赇官吏，为害乡里。"少不如意，即唆使无赖，上经台部，威成势

1　《黄氏日抄》卷79《公移·词诉约束》，第2228页。
2　刘永翔、朱幼文校点：《晦庵先生朱文公文集》卷100《公移·约束榜》，（宋）朱熹撰，朱杰人、严佐之、刘永翔主编：《朱子全书》（第25册），上海古籍出版社、安徽教育出版社，2002，第4630页。
3　《宋会要辑稿》职官70之29，第8册，第4931页。
4　《重校鹤山先生大全文集》卷84《墓志铭·知富顺监致仕家侯炎墓志铭》，第77册，第511页上。
5　按：需要指出的是，《名公书判清明集》并非宋代司法之全貌，而是编纂者依据自身认识与判断，汇集的各类判决。小岛毅认为："这本书收录的不是一般的公判资料，原则上都是'名公书判'。也就是说，这只不过是一本这位不明身份的编者心中理想的判决文集而已，其内容绝没有、也不可能完整反映宋代社会。"［〔日〕小岛毅：《中国思想与宗教的奔流：宋朝》，何晓毅译，广西师范大学出版社，2014，第215页］与此同时，柳立言还指出以《清明集》研究为代表的"研究者将众多法官共一炉而冶之，得出的结论，难免是一位科学怪人"。［柳立言：《中国史新论（法律史分册）》，联经出版股份有限公司，2008，第237页］由此，对于宋代司法个案研究和司法者个体研究，显得尤为必要。

立,莫敢谁何。乘时邀求,吞并产业。无辜破家,不可胜数。"更兼抱养冒姓、收受贿赂等事,蔡杭(字仲节,号久轩,建阳人)断张梦高"决脊杖十五,刺配台州牢城,免监赃,即日押遣。仍申提刑司。推吏法司,徇情卖弄,从轻杖一百"[1]。又如胡颖(字叔献,号石壁,潭州人)《以劫夺财物诬执平人不应末减》记载:羊六、杨应龙等因醉争道,羊六"谓应龙等白昼行劫,夺去财物凡十余项,正经陈于本县,又越诉于宪台,牵连追呼,不一而足"。后经御史台查明所诉虚妄,交由所属府司结绝。经追捕对质,羊六"既欺罔县道,又欺罔监司,既贻累于平人,又贻累于乃父。首尾三载,始肯伏辜"[2],勘杖一百,编管五百里。无理越诉对常规地方司法程序构成严重干扰,还可能对官吏名誉政绩和地方社会风气构成负面影响,无端增加基层社会管理难度与管理成本。因此,州县长官对越诉基本秉承否定态度。另一方面,如遇诏敕许可之越诉情形,自当依法受理。如张文更诉请检校卑幼财产案中,叶岩峰援引"检校"条款,准用敕条"州县不应检校辄检校者,许越诉"之规定,认为张文更"年已三十,尽堪家事,纵弟妹未及十岁,自有亲兄可以抚养,正合不应检校之条"[3]。判定张文更主掌其父遗产,抚养弟妹,他人不得干预。此外,如遇公吏取受,若"因县官好恶之偏,所以经府"[4],则不得追究诉事人越诉之责。州府长吏试图透过越诉渠道监督县官履职的目的,可由上述狱讼裁判事例加以证明。

综上所述,游离于弛禁之间的越诉规则,生动阐释了古代诉讼规则体系中,诏敕与编敕、指挥、则例、律令等成法之间相辅相成的微妙关系。禁止越诉原本是传统诉讼基本原则之一。北宋熙宁年间创设许民越诉先例,大观

---

[1] 中国社会科学院历史研究所、宋辽金元史研究室点校:《名公书判清明集》卷13《惩恶门·哗徒》"撰造公事",中华书局,1987,第482—483页。
[2] 《名公书判清明集》卷13《惩恶门·妄诉》"以劫夺财物诬执平人不应末减",第497—498页。
[3] 《名公书判清明集》卷7《户婚门·检校》"不当检校而求检校",第228页。
[4] 《名公书判清明集》卷11《人品门·公吏》"越诉",第436页。

以后，其事渐繁，越诉迅速从个例向惯例转型。但凡朝廷诏敕所允许，即可专设越诉之条。南宋高宗至理宗诸朝，百姓越诉与监司按劾、台谏弹奏等并驾齐驱，成为朝廷监察地方长吏的重要途径。值得注意的是，两宋时期包含越诉条款的诏敕，受到特定时间、地域、主体、事项等因素限制，并不具有普遍效力，亦不可反复适用。与宋代编敕大盛的时代背景相适应，宋廷持续推进既有诏敕中越诉条款的删修、归类和编纂。对照南宋《庆元条法事类》条目不难发现，《宋刑统》中的越诉禁令已被大量越诉条款所取代，更可窥知部分越诉条目因革嬗变之梗概。至此，越诉已不再以个案、特例形式存在，甚至无需再行援引旧时指挥或敕条，此时，收入法典的越诉条款已经成为法司裁断直接引据的现行律法。从时代评判角度而言，受司法传统影响与现实利益考量，宋代士大夫阶层多数主张维护各级法司的司法权威，恪守次第告诉原则，故多将越诉视为特定司法情形。作为司法特例现象，我们在关注越诉的法律属性的同时，应更多关注宋代越诉的监察特质。

本章小结

北宋秉承禁止越诉传统，除《宋刑统·斗讼》"越诉"条继受《唐律疏议》旧制以外，曾多次以诏敕方式规范民间越诉行为。北宋中期逐步出现的与"越诉"禁令相对应的"越诉之法"，其目的并非在于变革逐级告诉传统，而是试图透过"越诉"管道，对以地方长吏为代表的官僚群体的各类施政履职行为进行有效监察。晚至神宗熙宁年间，即有"许民越诉"之明令。本书按照诉讼主体不同，将越诉划分为"控告型越诉""检举型越诉"和"告诉型越诉"。三类越诉以"控告型越诉"最为复杂，广泛涉及租税征纳、科率摊派、狱讼决断和救济优抚等领域。宋代狱讼案件形成由主司整饬、监司按劾、台谏弹奏、人户越诉、旁人告赏五项规则构成的受案体系，以期保障越诉法令的有效实施。越诉案件处置规则涉及出榜晓示、法令援引和罪名罚则等具体问题。激增的特许越诉法令，对宋人的诉讼观念产生剧烈冲击，高宗末期开始整饬越诉之法，明确越诉条款性质、打击恶意越诉行为、建构越诉保障条款，狱讼裁断中，除具有诏敕明确规定以外，滥行葛越诉事行为均严惩不贷。总之，宋代越诉之法的形成、适用和发展，经历了禁止——特许——滥行——整饬等不同阶段，尤其是特许越诉事由方面，体现了传统诉讼规则形成历程中事例——先例——惯例——成法之间的演进关系。特例形成之后，仍存在修订、废止、创新的可能，并在司法实践中呈现复旧、立新、破例、折中等样态，此与"总论"部分所言诉讼惯例之因革路径基本契合。

第四章
不干己之诉

古代私人告诉必以身份适格为前提，所谓"干己"，即要求诉事者应与争议之合法权益之间存在直接利害关系；"不干己之诉"则是诉事人在不存在强制告发义务的前提下，向官府提起与自身利益无关的诉讼请求。戴建国、霍存福、郑定等学者曾对于宋代"不干己之诉"进行了开拓性研究，[1] 但对该原则的基本内涵，及与宋代监察体制、基层治理相互关系等方面，仍存在进一步深入探究之余地。本书拟以景德二年（1005）"赵谏案"为线索，剖析"不干己之法"与"不干己之诉"的发展与运行，重点考察"不干己之诉"与宋代基层社会治理的互动关系，并藉此厘清宋代诉讼惯例生成与嬗变的一个侧面。

第一节　不干己之法的形成始末

宋代"不干己之诉"的历史源流，可溯至后周广顺二年（952）十月二

---

[1] 代表性成果有：戴建国《宋代刑事审判制度研究》，《文史》第31辑，中华书局，1988；郑定、柴荣《两宋土地交易中的若干法律问题》，《江海学刊》2002年第6期；屈超立《宋代民事案件的上诉程序考述》，《现代法学》2003年第2期；刘馨珺《明镜高悬——南宋县衙的狱讼》，北京大学出版社，2007；霍存福《宋明清"告不干己事法"及其对生员助讼的影响》，《华东政法大学学报》2008年第1期；刘昕《宋代政府对讼师教唆诬告行为的法律规制》，《湖南社会科学》2012年第3期；方燕《试论宋代匿名书》，《四川师范大学学报》（社会科学版）2014年第3期；王晓龙、滕子赫《论宋代法律文明的缺陷与不足》，姜锡东主编：《宋史研究论丛》（第15辑），河北大学出版社，2014。

十五日敕:"应所论讼人,并须事实干己,证据分明。如或不干己事及所论矫妄,并加深罪。"[1] 此时,"不干己之诉"曾经拥有专属名号——"客诉"。《资治通鉴》记广顺二年(952)十月辛亥诏:"所诉必须己事,毋得挟私客诉。"胡三省注曰:"事不干己,妄兴词诉,谓之客诉。"[2] 北宋立国之初,《宋刑统》即援引此敕节文,由此,"不干己之诉"在宋代司法中具备直接适用的法律效力。囿于资料所限,目前对于广顺二年(952)敕中"不干己之诉"的适用情形与罚则体系的认识仍甚为模糊。

真宗景德二年(1005)六月曹州"赵谏案",是宋代"不干己之诉"原则正式确立的重要标志。关于本案之本末原委,《宋史》《宋会要辑稿》《续资治通鉴长编》《东都事略》《梦溪笔谈》《玉壶清话》《中吴纪闻》以及多部文集、类书中均有记载。该案的核心人物——赵谏、赵谔兄弟系曹州州民,兄赵谏曾"冒乡荐名与诸弟出入都下"[3],《梦溪笔谈》又言"曹州人赵谏尝为小官,以罪废,唯以录人阴事控制闾里"[4]。赵谏、赵谔兄弟"凶狡无赖,恐喝取财,交结权右,长吏多与抗礼,率干预郡政"[5],可谓劣迹斑斑,为患已久。而赵谏与新任曹州通判李及交恶,则是引发本案的直接缘由。据《续资治通鉴长编》记载:"太常博士郑人李及受诏通判州事,谏适来京师,投刺请见,及拒之,谏大怒,慢骂而去。因帖牓言及非毁朝政。"[6] 此事《宋史·李及传》《东都事略·李及传》《宋会要辑稿·刑法三》所记详略各异。

---

1 (宋)窦仪详定,岳纯之校证:《宋刑统校证》卷24《斗讼律》"越诉",北京大学出版社,2015,第325页。
2 (宋)司马光著,(元)胡三省音注:《资治通鉴》卷291"太祖广顺二年十月辛亥",中华书局,1956,第9485页。
3 (宋)范仲淹撰,李勇先、王蓉贵校点:《范文正公文集》卷12《碑·宋故太子宾客分司西京谢公神道碑铭》,四川大学出版社,2007,第299页。
4 (宋)沈括撰,金良年点校:《梦溪笔谈》卷11《官政一》,中华书局,2015(唐宋史料笔记丛刊),第113页。
5 (清)徐松辑,刘琳、刁忠民、舒大刚、尹波等校点:《宋会要辑稿》刑法3之12-13,第14册,上海世纪出版股份有限公司、上海古籍出版社,2014,第8398页。
6 (宋)李焘撰,上海师范大学古籍整理研究所、华东师范大学古籍研究所点校:《续资治通鉴长编》卷60"真宗景德二年六月",中华书局,1992,第1345页。

作为未来的监临长官，李及自然成为州民赵谏的围猎对象。在遭受李及冷遇之后，赵谏羞愤成怒，"投匿名书诬及，因以毁朝政"[1]，此即《续资治通鉴长编》所言"因帖牓言及非毁朝政"。秦汉以降，匿名告人历来为律所禁，《宋刑统》规定："诸投匿名书告人罪者，流二千里……得书者皆即焚之"，但对于匿名告发谋反、大逆者，"得书不可焚之，故许送官闻奏"[2]。因此，李及得到帖牓之后，"以匿名书未敢发"。可见，赵谏匿名所告李及"非毁朝政"一节，当与谋反、大逆相涉。适逢大理寺丞任中行"本谏同乡里，尽知其奸慝，密表言之"[3]。朝廷即派遣中使至曹州访查，《宋史·李及传》曰："会上封者发谏事，命转运使与及察其状，及条上谏前后所为不道。"此处所言"上封者"，当即大理寺丞任中行。显然，曹州通判李及是直接承旨调查"赵谏案"的法官之一，李及由于此案一举成名。

"赵谏案"所涉及的另一名重要人物是曹州知州谢涛。至于谢涛与李及在审理此案中的职责分工，不同文献的记载可谓大相径庭。据《续资治通鉴长编》：真宗差遣中使查访之际，"京东转运使施护、知曹州谢涛并及，皆条疏谏兄弟丑迹，乃逮系御史狱。又诏开封府、曹州吏民，先为谏、谔恐喝者，得自首露释罪。命搜其家，得朝士、内职、中贵所与书尺甚众，计赃巨万"[4]。可见，施护、谢涛和曹州吏民曾将各自知悉的赵谏兄弟罪行呈报官府，谢涛应以证人身份参与本案调查取证，并无任何履行审理职责的直接证据。但是，谢涛当时担任曹州最高行政首长，受职务因素、碑传体例等因素影响，谢涛已经被设定为最为重要的办案人员。据范仲淹《宋故太子宾客分司西京谢公神道碑铭》记载："俄会故御史中丞李公及始来倅曹。李公，时

1　（元）脱脱等：《宋史》卷298《李及传》，中华书局，1977，第9908页。
2　《宋刑统校证》卷24《斗讼律》"投匿名书告人罪"，第317—319页。
3　《宋会要辑稿》刑法3之13，第14册，第8398页。
4　《续资治通鉴长编》卷60"真宗景德二年六月"，第1345—1346页。

之端人也。与公协心发其家,尽得凶状,奏之朝廷。"[1] 神道碑之中,真宗差遣中使、李及与转运使访查案情等环节被悉数隐去,李及显然已经沦为谢涛审案的配角。欧阳修撰写的《太子宾客分司西京谢公墓志铭》更对此案本末进行大幅删削,"真宗面语宰相,委公曹州,遂改屯田员外郎以往。至则缚凶人赵谏、赵谔,斩于京师,曹人以宁"[2]。至此,李及已从本案中彻底淡出,谢涛成为审理"赵谏案"的唯一主角。此后,北宋沈括《梦溪笔谈》和南宋龚明之《中吴纪闻》之中,[3] 均将诛戮曹州奸民赵谏的功绩系于谢涛名下,此与本案的来龙去脉显然存在巨大出入。其实,除通判李及承旨调查以外,由御史中丞吕文仲主审的诏狱程序,才是此案最终定谳的关键环节。

据《宋史·吕文仲传》载:吕文仲于咸平六年(1003)授御史中丞。"景德中,鞫曹州奸民赵谏狱。谏多与士大夫交游,内出姓名七十余人,令悉穷治。"[4] 此即《宋会要辑稿》《续资治通鉴长编》所言"逮系御史狱"事,并可与《梦溪笔谈》"章下御史府按治"的记载相互印证。由于本案枝蔓繁复,牵连者众,且"皆昔委谏营产买妾者"[5],吕文仲奏请"'密籍姓名,候举选对扬之日,斥之未晚。'真宗从之"[6]。景德二年(1005)六月己丑,曹州民"赵谏、赵谔以恐喝赃巨万伏诛"[7]。至此,可以对赵谏案的基本脉络作

---

1 《范文正公文集》卷 12《碑·宋故太子宾客分司西京谢公神道碑铭》,第 299 页。
2 (宋)欧阳修撰,李逸安点校:《欧阳修全集》卷 63《居士外集》卷 13《志铭八首·太子宾客分司西京谢公墓志铭》,中华书局,2001(中国古典文学基本丛书),第 914 页。
3 按:"兵部员外郎谢涛知曹州,尽得其凶迹,逮系有司,具前后巨蠹状奏列,章下御史府按治,奸赃狼籍,遂论弃市,曹人皆相贺。"(《梦溪笔谈》卷 11《官政一》,第 123 页)《中吴纪闻》:"公在选中,命知曹州。有凶人赵谏者,交权势,结豪侠,务乘人之弊以告讦。公奏之朝廷,斩于都市。乃下诏'凡民非干己事无得告言',遂著于令。"(宋)龚明之撰,张剑光整理:《中吴纪闻》卷 1"谢宾客",朱易安、傅璇琮等主编:《全宋笔记》(第 3 编,第 7 册),大象出版社,2008,第 185 页。
4 《宋史》卷 296《吕文仲传》,第 9871 页。
5 (宋)文莹撰,郑世刚、杨立扬点校:《玉壶清话》,中华书局,1984(唐宋史料笔记丛刊),第 45 页。
6 (宋)江少虞撰:《宋朝事实类苑》卷 13《德量智识·吕文仲》,上海古籍出版社,1981,第 143 页。
7 《宋史》卷 7《真宗纪二》,第 128 页。

如下梳理：曹州奸民赵谏因干谒未果，投匿名书诬告通判李及，恰逢赵谏同乡大理寺丞任中行封章举告，真宗委派中使至曹州访查，同时指令李及等人调查、收集赵谏犯罪证据。京东转运使施護、知曹州谢涛及曹州吏民向官府汇报各自掌握的案件线索，并由属地长官谢涛、李及负责缉捕、查抄事宜，"得朝士、内职、中贵所与书尺甚众，计赃巨万"。真宗又委派御史中丞吕文仲主审此案，经文仲奏请，缩减株连范围，赵谏、赵谔兄弟斩于西市，"党与悉决杖流岭外，与之游者并坐降黜"。如景德二年（1005）八月丙申，"枢密直学士、兵部郎中边肃知宣州，坐与赵谏往还故也"。同月乙巳，"徙两浙转运使陈象与知饶州，坐与赵谏往还故也"[1]，景德二年（1005）十二月，南作坊使、昭州团练使、同勾当皇城司张耆坐与赵谏交游受其金，"为人求荐礼部，贬供备库使、潞州都监"[2]。景德三年（1006），张景以"交通曹人赵谏，斥为房州参军"[3]。赵谏交游之广，朝臣结党之盛，由此可窥一斑，由此亦可证明赵谏游走公门、居间营利的生存之道。

"赵谏案"最为重要的历史贡献在于正式确立了宋代"不干己之诉"的诉讼原则，"告不干己事法，著于敕律"。关于此诏的内容，以《续资治通鉴长编》《宋会要辑稿》最为详尽。《续资治通鉴长编》曰："因诏'自今讼不干己事，即决杖荷校示众十日，情理蠹害，屡诉人者，具名以闻，仍配隶远处。'"[4]《宋会要辑稿》则明确记载：景德二年（1005）六月十三日诏："诸色人自今讼不干己事，即决杖枷项，令众十日。情理蠹害，屡诉人者，具名以闻，当从决配。恐喝赃重者处死，被恐唱者许陈首，免其罪。"[5] 可见，

1　《续资治通鉴长编》卷61"真宗景德二年八月"，第1359、1360页。
2　《宋史》卷290《张耆传》，第9710页。
3　（宋）赵彦卫撰，傅根清点校：《云麓漫钞》卷5，中华书局，1996（唐宋史料笔记丛刊），第86页。
4　《续资治通鉴长编》卷60"真宗景德二年六月"，第1346页。
5　《宋会要辑稿》刑法3之12，第14册，第8398页。按：此诏《宋代诏令全集》题名为《禁诸色人讼不干己事诏》，王智勇、王蓉贵主编：《宋代诏令全集》卷706《刑法·刑制三》，四川大学出版社，2012，第6810页。

景德二年（1005）"告不干己事法"包含三款内容：其一，凡告不干己者，处以杖责，荷枷示众十日；其二，情节严重或屡次告不干己者，须奏报朝廷，处以决配；其三，涉及恐吓及赃额巨大者，处以死刑，允许被恐吓人自陈免罪。总之，所诉之事与诉事人存在直接利害关系，已成为官府受理词讼的必备条件之一。较于广顺二年（952）敕中"不干己事及所论矫妄，并加深罪"的表述，可谓高下立现。需要指出的是，"告不干己事法"的确立，应与参知政事毕士安之间存在直接关系。刘挚撰《毕文简神道碑》曰："未几，夏州赵德明亦款塞内附。二方既定，中外略安。量时制法，次第施行。如榷酤毋得增额，平反已决死罪，录为劳讼不干己者坐以重，至今不易"[1]，此于士安子毕仲游撰《毕文简公士安传》[2]和《丞相文简公行状》[3]可证。《续资治通鉴长编》记景德二年（1005）六月丁亥，"夏州赵德明遣牙将王旻奉表归款"事，直接将"赵谏案"附载其后，[4]则毕士安"量时制法"，确定"不干己之诉"罚则，应受到"赵谏案"的直接影响。

在中国法制演进历程之中，个案裁判始终是推动规则建构的基本力量，若干重大法治事件抑或典章制度的创制，固然有其背后事物发展规律之历史必然，而个案裁判在特定时间节点的催化推动自然不可忽视。从某种意义而言，"缇萦上书"成就了汉文帝革除肉刑的千古美誉，错斩张蕴古事件则直接促使唐代死刑覆奏的制度革新，凡此种种，不胜枚举。相比之下，"赵谏案"与北宋"不干己之法"之间，同样遵循了个案裁判引发规则修订的历史路径。古往今来，法治理念、法律体系、裁判规则可能因时代变迁发生根本

---

[1] （宋）刘挚撰，陈晓平、裴汝诚点校：《忠肃集》卷11《神道碑·毕文简神道碑》，中华书局，2002，第229页。

[2] （宋）杜大珪编，顾宏毅、苏贤校证：《名臣碑传琬琰集校证·下集》卷4《毕文简公士安传》，上海古籍出版社，2021（历代碑志汇编），第1795页。

[3] （宋）毕仲游撰，陈斌校点：《西台集》卷16《行状·丞相文简公行状》，中州古籍出版社，2005，第260页。

[4] 《续资治通鉴长编》卷60"真宗景德二年六月"，第1345页。

变化，但由案件裁判到制度创新的思维逻辑与运作规律始终并无二致。时至今日，司法机关发布的指导案例、典型案例、参阅案例在当代审判实践中发挥着成文法无可替代的补充作用，源于司法实践的各类经典案例所反映的新问题、新思路与新方法，构成推动法治进步的源头活水。值得关注的是，以"赵谏案"为代表的"不干己之诉"，实质上是传统社会诉权滥用、告讦风行的一个侧面，对于"不干己之诉"的法律规制，也是整肃世风、弘扬教化的重要举措，并在宋代行政监察和社会治理等领域得到充分彰显。总之，"赵谏案"展示了从个案裁判到规则创制的衔接与贯通，立法机构对于社会热点问题和重大司法实践成果迅速实施理论转化与规则修订，从而保障法治理论与法律实践之间的同步联动。

第二节　不干己之诉的启动路径

宋代司法实践中，参与"不干己之诉"者包括官吏与百姓两大群体。依据身份与职责的差异，官吏群体又分为言职官员与普通官员。其中，御史、谏官、监司等承担监督职责的官员，[1] 依法应当履行监察、弹劾职责，所论之事不以是否"干己"为限。普通官员论奏所引发的"不干己之诉"，其处置程序与裁判结果存在较大变数，成为观测宋代"不干己之法"运行和厘革状态的重要路径。与宋代特定时段和区域"健讼"风气相适应，宋代大量存在百姓揭举官员违法之例，且时常与"越诉""群诉"等问题相互纠缠，此类告诉遂成为"不干己之诉"研究中不容忽视的方面。以下从监察官员言事

---

[1] 按：宋代臣僚进言途径甚为宽泛，"所谓宰辅宣召、侍从论思、经筵留身、翰苑夜对、二史直前、群臣召归、百官转对轮对、监司帅守见辞、三馆封章、小臣特引、臣民扣匦、太学生伏阙、外臣附驿、京局发马递铺，盖无一日而不可对，无一人而不可言"。（宋）魏了翁：《重校鹤山先生大全文集》卷18《应诏封事》，四川大学古籍整理研究所编：《宋集珍本丛刊》影印明嘉靖铜活字印本，第76册，线装书局，2004，第758页下。

弹劾、普通官员进章论奏、诸色人等揭举官吏赃罪等三种启动路径及法律后果，分析"不干己之诉"与宋代官僚监察体制之间的相互关系。

一 言事转对

言官弹劾排除适用"不干己之法"。御史、谏官等言事之官依法履行弹劾、举奏之职，排除适用"不干己之法"。如纠弹之官"挟私弹事不实"[1]者，依"诬告反坐"处置。真宗时，侍御史燕肃言岭南地方长吏为摄官、校吏所挟持：

> 在任命官顺之以情则惠奸，纠之以法则聚怨。故有无端之辈，或遭刑责，或违请求，闻其得替，将到阙庭，捃拾微衅，兴起讼词。官司不详事理大小，即行追对，往来万里烟瘴之乡，或惧迢遥，便行拟伏，以此负谴，亦可悯伤。故有惧致此患，务于因循者，望行条约。[2]

天禧五年（1021）六月癸丑，据燕肃奏请，"诏广南路民讼命官不公者，须本官在任，及得替未发，事实干己，及条诏许诉者，乃得受理"[3]。此诏在严格限定地方摄官、校吏举告长吏时间节点的同时，特别强调"事须干己"。此诏虽针对广南，却可窥知御史群体对于"不干己之诉"问题泛滥的思考与应对。而神宗初年"陈习轮对案"的处置，为查明宋代"不干己之法"的适用提供了重要参照。熙宁元年（1068）十月二十八日，屯田郎中陈习监齐州新系镇酒税，"坐于转对状内将不干己事夹带论述，指人过恶以逞私憾故

---

[1]《宋刑统校证》卷23《斗讼律》"诸色诬告反坐纠弹不实"，第310页。
[2]《宋会要辑稿》刑法3之17，第14册，第8401页。
[3]《续资治通鉴长编》卷97"真宗天禧五年六月癸丑"，第2248页。

也"¹。起初，陈习在转对状中超越公事范围，附带举劾他人违法，被认为构成"不干己之诉"，遂有贬降之责。然而，伴随龙图阁直学士兼侍讲韩维和翰林学士王安石进奏，对于陈习的处分结论最终发生彻底逆转。韩维认为："陈习所言，臣虽不尽知，然闻其大略，诋人过失耳。"无论所言是否正确，在未加查证的前提下，贬黜言事之人，"是违明诏之本意，而失大信于初政，未获其当，乃更有害"²。宋制：臣僚每隔数日，轮流上殿指陈时政得失，谓之"转对"。司马光曾言："臣窃见祖宗之时，累曾令朝臣转对，或遇灾异，更广求直言。"³ 如建隆三年（962）二月甲午诏："自今每五日内殿起居，百官以次转对，并须指陈时政得失。"⁴ 咸平三年（1000）十一月壬午："诏群臣尽言无讳，常参官转对如故事，未预次对者听封事以闻。"⁵ 天圣七年（1029）三月癸未，"诏百官转对，极言时政阙失，在外者实封以闻"⁶。可见，司马温公"祖宗之制"所言不虚。"转对"之际，"涉诋讦者固可优容，乏词藻者许其直致"。显然，神宗将陈习转对状中的举劾言论轻易判定为"不干己之诉"，与宋代开国以来广开言路、纳谏求言的政治传统凿枘不合。因此，韩维奏请"特赐指挥，追还误罚，昭示大信"⁷。王安石《上神宗乞追还陈习误罚昭示信令》直言："人主之听天下，务在公听并观，而考之以实，断之以义。是非善恶皆所欲闻，所不欲闻者诬罔欺诞之言而已。"⁸ 认为降黜陈习违背神宗诏令求言初衷，可能造成失信废权、堵塞言路、蒙蔽视听等严

---

1 《宋会要辑稿》职官65之29，第8册，第4814页。
2 （宋）韩维：《南阳集》卷25《奏议·乞追改陈习降黜札子》，《景印文渊阁四库全书》（第1101册），台湾商务印书馆股份有限公司，1986，第716页上。
3 （宋）司马光：《司马文正公传家集》卷36《章奏十九·乞令朝臣转对札子》，商务印书馆，1937，第476页。
4 《续资治通鉴长编》卷3"太祖建隆三年二月甲午"，第62页。
5 《宋史》卷6《真宗纪一》，第113页。
6 《宋史》卷9《仁宗纪一》，第186页。
7 《南阳集》卷25《奏议·乞追改陈习降黜札子》，第716页下。
8 （宋）赵汝愚编，北京大学中国中古史研究中心校点整理：《宋朝诸臣奏议》卷22《君道门·诏令上·上神宗乞追还陈习误罚昭示信令》，上海古籍出版社，1999，第210页。

重后果。最终,神宗"批陈习可特召还,与依旧差遣"。可见,凡诏敕要求臣僚揭举言事,以及监察官员依法履职,一般不宜以"不干己之诉"论。

二 进章论奏

普通官员进章论奏臣僚,可能构成"不干己之诉"。宋代要求官员上章进奏,不得假借公事,发泄私愤,或意肆诋欺,诬陷良善。"事非干己,辄尔刻奏,近于刻薄,此风浸长,恐开告讦之路"[1],上述论断在相当程度反映了时人鄙夷滥诉的主流立场。真宗朝已将"干己"与否作为判断官吏相互攻讦案件的重要标准,遂将大量"不干己之诉"拒之门外。针对班直、诸军、坊监、场务官"健饮博无赖,或部分稍峻,即捃摭兴讼"之弊,天禧元年(1017)十月十一日诏:"今后所诉事并须干己、证佐明白,官司乃得受理,违者坐之。情或巨蠹,具案以闻。人员被欺吓者,仰自首露,并释其罪。"[2]嘉祐五年(1060)六月乙丑《戒约不得言人赦前事及小过细故诏》规定:"自今中外臣僚,如有辄上封章,告人罪状,事非干己者,并当鞫劾,重置于法。及言人赦前事,若有司受而为理者,并论其罪"[3],意在遏制封章告言人罪现象的泛滥。言职以外普通官员所进章奏是否构成"不干己之诉"取决于两个因素:其一,官员的呈奏背景。如属于皇帝求言纳谏,臣僚当知无不言,且言者无罪。涉及揭举其他官员隐私劣迹者,则不宜视为"不干己之诉";而官员日常奏章中如涉及拾评琐细、言无实据、攻讦仇家者,即存在构成"不干己之诉"的巨大风险;其二,君主的个案判定。由于官员论奏的背景、

---

[1] (宋)刘安世:《尽言集》卷9《论蔡确作诗讥讪事(第二)》,商务印书馆,1936(丛书集成初编),第103—104页。
[2] 《宋会要辑稿》刑法3之16,第14册,第8400页。
[3] (宋)佚名编:《宋大诏令集》卷194《政事四十七·戒饬五·戒约不得言人赦前事及小过细故诏》,中华书局,1962,第712页。

缘由、场合各异，是否构成"不干己之诉"，最终取决于君主的主观态度。因此，进章论奏引发的"不干己之诉"之处置结果，往往存在显著的个案差异。

仁宗时，兵部郎中、秘阁校理、知潍州解宾王曾以营葬求知登州，后度支员外郎、集贤校理、知登州胡俛代替宾王履职，"言营葬者不得请乡郡，又因事杖其妻党"[1]，胡、解二人由此结怨。"宾王深衔之，遂讼俛尝擅役军匠，伐州廨中桐木作私器，俛既坐自盗。"[2] 对于解宾王指控胡俛自盗的行为，知谏院范师道认为："宾王与俛并在馆阁，事缘乡里，嚣然作讼，颇亏士风。"嘉祐五年（1060）春正月己亥，胡、解二人一并黜降，胡俛勒停，解宾王落职，知建昌军。[3] 可见，朝廷在追究胡俛自盗责任的同时，认定解宾王的主张为"不干己之诉"。然而，本案至此并未彻底完结，当初裁判受到臣僚质疑。苏颂认为，解宾王"其所论告显非干己"，其实际罚则亦与"不干己之法"相龃龉。胡俛因"仇人捃摭，文致其罪"，当日裁判存在"有司拘文，卒从深坐；情轻法重，众所嗟悯"的严重漏洞，并建议"将俛元犯因依及攀援体例，详酌情理，早赐牵复，足以彰治朝之宽典，惩好讼之薄俗也"[4]。又如元丰六年（1083）正月乙巳，御史王桓、翟思、杨畏言："前知沂州、朝请郎董扬休授臣文字一卷，指说京东路转运判官吴居厚、提举常平等事彭持不公事，乞根治。诏：'扬休本京东监司，案发冲替，其说事又非干己，可勿治。'"[5] 董扬休向御史告发吴居厚、彭持二人，神宗判定此事与董扬休无

---

1 《续资治通鉴长编》卷191"仁宗嘉祐五年春正月己亥"，第4610页。

2 《宋会要辑稿》职官65之20，第8册，第4808页。

3 按：据《江邻几杂志》："潍守解宾王，怨登州交代胡俛，讦其伐官树。法官引盗傍人得捕，或以潍之于登不得为傍。又条有悁伤傍人，谓在旁则判。审刑钱象先待制云：旁求雅。胡竟坐自盗，特勒停，宾王落职馆职，知建昌军。"（宋）江休复撰，储玲玲整理：《江邻几杂志》，朱易安、傅璇琮等主编：《全宋笔记》（第1编，第5册），大象出版社，2003，第156页。

4 （宋）苏颂著，王同策、管成学、颜中其等点校：《苏魏公文集》卷17《奏议·论胡俛罪名》，中华书局，1988，第239页。

5 《续资治通鉴长编》卷332"神宗元丰六年正月乙巳"，第8009页。

干,未做进一步追究。同年七月十七日,知镇戎军张世矩言:"尝举知麟州郭忠绍为路分钤辖,今得知麟州訾虎书称:'近尝出师,朝廷指挥忠绍为虎照应,而忠绍以故颇怀怒君父。'观此,固非忠孝,乞不用前状。诏世矩告论不干己事及缴私书,特释罪。"[1] 神宗认为张世矩转述訾虎臣言语,已经构成"不干己之诉",并未启动针对郭忠绍的调查程序,且特别豁免张世矩罪责。董扬休、张世矩"不干己之诉"成立,却因君主赦宥免于追究。解宾王、董扬休、张世矩三宗"不干己之诉"的处置结论,直接反映出时人对于官僚私相讦伐之风的厌恶与抵制。

此外,官员如在雪免程序中擅自增加诉讼请求,应认定为"不干己之诉",于法有罚。庆历七年(1047)三月十七日,权御史中丞高若讷建议:若官员断遣之后,诉乞雪免,"'如显然不实及妄论他人或带不干己事者,令逐处分明声说勘罪,依法施行。如经三度虚妄论诉不息者,委执政臣僚量远近取旨安置羁管,所冀稍抑奸妄。'从之"[2]。由此亦可证明朝廷肃清"不干己之诉"的基本立场。

三 旁人揭举

诸色人等揭举官吏赃罪,排除适用"不干己之法"。南宋郑性之曾言:"祖宗用法宽厚,惟于赃吏独严。"[3] 为澄清吏治,宋代曾多次对"不干己"条款的内涵与外延进行解释,鼓励官吏互察、百姓纠举。特定时期揭举特定类型犯罪,均不构成"不干己之诉"。如对于官吏赃罪非违等,本应由法司直接追究,旁人并无论诉之法律依据。景祐四年(1037)五月七日,苏舜钦

---

1 《续资治通鉴长编》卷337"神宗元丰六年七月庚申",第8121页。
2 《宋会要辑稿》刑法3之18—19,第14册,第8402页。
3 (宋)刘克庄著,辛更儒校注:《刘克庄集笺校》卷147《神道碑·毅肃郑观文》,中华书局,2011(中国古典文学基本丛书),第5810页。

上疏:"今贪人在官,民皆受苦。虽有转运提刑,位皆尊崇,罕与民接,询访官吏,鲜得实情。苟无讼端,莫肯发摘,知者或欲陈告,又非干己。臣欲乞今后官典犯入己赃,许诸色人陈论,得实者以其赃充赏。"[1] 主张将官僚履职置于各方监控之下,强调认定百姓举告官僚赃污之诉的法律效力,排除适用"不干己之法",此与臣僚之间相互论奏行为的处置,形成巨大反差。元丰末年,僧惠信经开封府诉"僧录司吏受赃违法,差僧及无戒牒沙弥等赴福宁殿道场,冒受恩泽。知府蔡京凭僧录司回申,惠信坐妄诉,杖臀二十"。蔡京认定的妄诉,实质上即"不干己之诉"。开封府认为惠信提起"不干己之诉",断杖一百。按照《宋刑统》规定折杖换算以后,实际执行臀杖二十。[2] 以上处罚不但诠释了真宗景德二年(1005)诏"决杖枷项,令众十日"的具体含义,也可在大量"不干己之诉"中求得印证。此后慧信又诉于祠部,祠部符大理寺依法施行。然而,御史刘挚等对开封府的处置措施提出质疑,认为惠信所诉于法有据,并不构成"不干己之诉",大理寺应重审此案:"看详重禄吏人因事受赇,于法许告。法之所当告,则告之所当受也。惠信之讼、祠部之行皆是,不违于理矣。大理以惠信曾有诉于开封,故取前案将有所质,而开封前此谓惠信为不干己,以杖一百坐之矣。"[3] 刘挚指出,百姓有权揭发官吏受赃,官司亦应受理此类告诉,本案不适用"不干己之法"。刘挚建议由大理寺"将惠信所告事推究虚实,依法施行。若祠部、开封亦有罪状,伏乞一就勘结,以正典宪"。至此,此案转由大理寺负责审理。元祐元年(1086)正月,刘挚因"圣旨指挥令据惠信经祠部状内所指人根究,不得枝蔓",遂二次上表,请求不宜随意限制追摄范围。此后,监察御史孙升、殿中侍御史

---

[1] (宋)苏舜钦撰,沈文倬校点:《苏舜钦集》卷11《上书疏状九首·论五事》,上海古籍出版社,1981,第142页。

[2] 按:《宋刑统》规定:"杖一百,决臀杖二十,放。"《宋刑统校证》卷1《名例律》"五刑",第4页。

[3] 《续资治通鉴长编》卷360"神宗元丰八年十月",第8630—8631页。

吕陶先后结合僧惠信案，弹劾知开封府蔡京不法诸事，特别强调"于僧惠信之事，则遂非妄奏"[1]。元祐元年（1086）闰二月庚戌，"宝文阁直学士谢景温权知开封府，龙图阁待制蔡京知成德军"[2]。僧惠信案说明，诸色人举告"重禄吏人因事受赇"，不构成"不干己之诉"。与之相适应，若地方长吏违法受理"不干己之诉"，则可能遭受弹劾、责罚。淳熙九年（1182）七月，提举浙东常平茶盐公事朱熹巡察所部，察得唐仲友促限催税、违法扰民、贪污淫虐、蓄养亡命、偷盗官钱、伪造官会等不法事。其中《按唐仲友第三状》专门提及唐仲友"自到任来，本性喜引致奸私公事，或告首事不干己，或帏箔暧昧不明，或僧道与人有冤，并行受领，皆欲穷究根底"[3]。唐仲友诏送绍兴司理院鞫实，后经丞相王淮营救，更兼仲友自辩，淳熙九年（1182）八月十七日，"知台州唐仲友放罢。以浙东提举朱熹按其催科刻急、户口流移故也"[4]。

朝廷鼓励揭举官僚非违的努力在南宋高、孝两朝达到巅峰，且诉事范围扩张至官吏各类渎职行为。绍兴三十年（1160）十月七日，诏："应民间讼牒，有事不干己，并仰参照成宪，依公施行。其诉州县不法，自当受理，不许辄加以告讦之罪。〔从〕左正言王淮之请也。"[5] 此诏明确将"不干己之诉"分为"民间词讼"和"揭举非违"两类，对于百姓相诉，事非干己者，严格遵守"事不干己法"，禁止告诉、受理；对于民告官吏，参照"许可越诉"特例，上级官府尤其是监司、台省等，应当受理，且不得追究妄诉之罪。针对"州县受纳秋苗，官吏并缘多收加耗，规图出溢，却将溢数肆为奸

---

1 （宋）杨仲良撰：《皇宋通鉴长编纪事本末》卷97《哲宗皇帝》"逐小人上"，江苏古籍出版社，1988（宛委别藏本），第3095页。
2 《续资治通鉴长编》卷369"哲宗元祐元年闰二月庚戌"，第8911页。
3 刘永翔、朱幼文校点：《晦庵先生朱文公文集》卷18《奏状·按唐仲友第三状》，（宋）朱熹撰，朱杰人、严佐之、刘永翔主编：《朱子全书》（第20册），上海古籍出版社、安徽教育出版社，2002，第835页。
4 《宋会要辑稿》职官72之36，第8册，第4987页。
5 《宋会要辑稿》刑法3之30，第14册，第8408页。

欺，虚印文钞，给与人户"现象，绍兴三十二年（1162）八月二十三日诏："今后似此违犯之人，许诸色人不以有无干己越诉。如根治得实，命官流窜，人吏决配，永不放还，仍籍家赀。"[1] 此诏不仅维护了揭举官吏赃罪不构成"不干己之诉"的原则，更赋予举告之人越诉特权，并对犯赃官吏施以重刑。淳熙二年（1175）八月二十六日，因州县官吏因公事科罚百姓钱物屡禁不止，经台省越诉者络绎不绝，中书门下省奏请："自今有经台省陈状，事实干己者，仰户〔部〕开具科罚官职位、姓名申尚书省。"[2]

从一定意义而言，针对官僚群体的告诉规则与古代监察体制之间存在部分交集。以官员不法行为为告诉事由的举告之诉，与"不干己之诉"呈现以下关系：第一，承担监察职责的各类官员提起的弹劾、检举，一般不应认定为"不干己之诉"。第二，一定程度限制普通官员之间的举报、控告行为，凡不直接涉及自身利益越次言事者，可能构成"不干己之诉"；第三，各色人等控告官吏赃贿非违等职务犯罪，凡事实清楚、证据充分者，均不以"不干己之诉"论。

第三节　地方司法与不干己之诉

"不干己之诉"是困扰宋代司法审判的痼疾之一，也是士大夫群体履职地方必须直面的司法难题。景德二年（1005）"赵谏案"已然轰动朝野，但与开封民崔白相比，以告讦见长的赵谏只能屈就晚辈门徒之列。《续资治通鉴长编》曾记大中祥符年间，满子路"强很任侠，名闻都下，赵谏以豪横伏法。

---

[1] 《宋会要辑稿》食货68之10，第13册，第7947—7948页。校勘记三："钞"原作"钱"，据《文献通考》卷五改。查《宋会要辑稿》食货9之10仍作"虚印文钱"，亦当据改。见《宋会要辑稿》，第10册，第6180页。

[2] 《宋会要辑稿》刑法2之119，第14册，第8346—8347页。

白尝谓人曰：'满子路，吾之流辈也。赵谏，吾门人耳，余不足算也。'"[1] 可见，如赵谏、满子路、崔白等干谒公府、包揽词讼、横行乡间的市井无赖当不在少数。由此可见宋代地方"不干己之诉"的泛滥态势，"不干己之诉"遍布诸道府县，教唆词讼、搅扰乡里者层出不穷。众多州县官员均对"不干己之诉"持批评态度。在地方社会治理层面，最大程度限制"不干己之诉"成为士大夫阶层的普遍共识。以下从宋代基层诉讼之理念、事由、程序和罚则四个方面分别论述。

一　诉讼理念

官府不得受理"不干己之诉"，是宋代诉讼基本原则之一。宋代各级官府充分运用碑刻、官箴、榜文等多种物质载体，布宣德化、劝谕民庶、刊布法令、约束词讼。地方长吏宣诫文告之中，时常包含"不干己"条目。如徽宗大观元年（1107）三月甲辰，因"今有教养之法，而未有善俗明伦之制，殆未足以兼善天下"，诏定"孝、悌、睦、姻、任、恤、忠、和"八行取士。凡符合"八行"相应条件者，在县学、州学、太学行"三舍之选"。与"八行"相对应，设立"八刑"之制。其中，"诈欺取财，罪杖告嘱，耆邻保伍有所规求避免，或告事不干己，为不恤之刑"。生员触犯八刑者，由"县令佐州知通，以其事自书于籍报学。应有入学，按籍检会施行"[2]。其中，身犯"告不干己事"等"不恤"之刑，三年不得入学。《宋史·艺文志》有大观元年（1107）御制《八行八刑条》一卷，收入"刑法类"。[3] 此诏又镌刻于

---

[1] 《续资治通鉴长编》卷85"真宗大中祥符八年八月"，第1943页。
[2] 《皇宋通鉴长编纪事本末》卷126《徽宗皇帝》"八行取士"，第3913页。
[3] 《宋史》卷204《艺文三》，第5143页。

《大观圣作之碑》，颁行天下，遍立学宫。[1] 科举考试是宋代社会阶层流动的重要路径，"不干己之诉"禁令亦藉此广为民众知晓，并由此彰显教化与刑罚相互为用的治理理念。相比之下，官箴则是流传更为久远的文体，是依据诸官职守修纂之为官准则，旨在规训、诫勉。[2] 现存的五种宋代官箴之中，多处提及"不干己之诉"禁令。如《作邑自箴》说："所在多有无图之辈，并得替公人之类，或规求财物，或夸逞凶狡，教唆良民，论诉不干己事，或借词写状，烦乱公私。县司不住察探，追捉到官，必无轻恕。"[3] 要求将榜文于"镇市中并外镇步，逐乡村店舍多处，各张一本，更作小字刊板。遇有耆宿到县，给与令广也"。《州县提纲》主张遏制地方滥诉之风，"顽民健讼，事或干己，犹有可诿；事不干己，可不力惩？"[4] 官箴是作者长期仕宦经历的经验总结和理论结晶，对于官僚、士人具备普遍参考价值。而见于宋代榜文的"不干己"条目，则是宋代官员施政地方的真实记录。南宋"趋向于内敛"[5] 的精英文化特质，促使士大夫在地方基层治理方面进行更多理性思考。绍熙元年（1190）五月，朱熹《漳州晓谕词讼榜》描述当地健讼之风，"所论或人数众多，或地里遥远，或事非干己，而出于把持告讦之私，或词涉虚妄而肆为诡名匿迹之计"。同时明确规定给付断由、回申照会、勾销元籍、次

---

1 （清）叶昌炽撰，柯昌泗评，陈公柔、张明善点校：《语石异同评》卷8，中华书局，1994，第470页。按：柯昌泗曰："至今诸县往往尚存此碑，著录者不能悉赅。今据诸书，补以访得拓本，总列所在之地如左。未访得者，当不止是也。"共得赵州、邢台、平乡等23处。

2 按：刘馨珺认为："宋代的士大夫兢兢业业于早年出任地方首长的表现，也有以亲身经验所得告诫门人后学，或是访闻乡老先生论为政之要，从而著成'规矩'、述以'劝戒'，作为自勉或勉人的几案手则……宋元的官箴中所谈的官员层级以地方官为多，内容上可以概括出两大焦点，一是如何'正己'；一是如何'处事'。'清廉'是正己的原则，'勤慎'是处事的态度。"刘馨珺：《"宋代官箴研读会"报导与展望》，中国法制史学会、"中央"研究院历史语言研究所主编：《法制史研究》（创刊号），元照出版有限公司，2000，第332、337页。

3 （宋）李元弼撰，张亦冰点校：《作邑自箴》卷6《劝谕民庶榜》，（宋）李元弼等撰，闫建飞等点校：《宋代官箴书五种》，中华书局，2019，第38页。

4 （宋）佚名撰，张亦冰点校：《州县提纲》卷2"禁告讦扰农"，（宋）李元弼等撰，闫建飞等点校：《宋代官箴书五种》，中华书局，2019，第116页。

5 〔美〕刘子健：《中国转向内在——两宋之际的文化内向》，赵冬梅译，江苏人民出版社，2002，第7页。

第翻论等告诉程序。"今恐词人等候日久，未有施行，妄有疑惑，复生词诉，除已具申提刑司外，须至晓谕者。右今榜州门张挂晓谕，各令知悉"，[1] 期望当地兴忠厚醇朴之俗，革顽嚚偷薄之风。真德秀《谕俗牓文》列举民间非法、非理之事数类，其中，"无理之事莫妄兴，如事不干己，辄行告讦；装撰词说，夹带虚实，如此之类，皆是非理"。诚心实意，谆谆告谕。"其不识文义者，乡曲善士当以俗说为众开陈，使之通晓。"[2] 劝谕迪化之意，溢于言表。地方文告的张布知通，是宣介长吏司法理念的重要环节，"如果要让治下所有民众都知晓布告文的内容，则不论公示还是宣告，都必须选择人群集中或吸引人注目之地。因此，司前、市曹、通衢等处自然是最佳选择"[3]。

值得注意的是，应将"不干己之诉"的讨论，置于宋代官僚士大夫阶层的"息讼"观念与顽民、豪横以及讼师阶层的"健讼"观念长期并存的悖论格局之下。[4] 其中，"不干己之诉"是"健讼"衍生的特殊诉讼形态，士大夫阶层则希望通过官私调解等方式，最大程度消弭词讼。陈宓曾言："田夫所入最为艰，终岁辛勤不得闲。劝尔小争须隐忍，破家只在片时间"[5]，欲从诉讼成本角度劝诱百姓息讼。又据《宋故王君墓志铭》：绍兴年间，有侵轶疆亩而盗林木者，或劝质诸官，王忠厚［绍兴十四年（1144）卒］认为："此细故，遽兴岸讼，适自隘矣"[6]，以明情非得已，不蹈公门之志。同时，官府或民间以调解方式解决纠纷，也时常受到时人推崇。如孙志康［宣和二年

1　《晦庵先生朱文公文集》卷100《公移·漳州晓谕词讼榜》，第4616页。
2　（宋）真德秀撰：《政经》，《景印文渊阁四库全书》（第706册），台湾商务印书馆股份有限公司，1986，第458页。
3　〔日〕小林义广：《宋代地方官与民众——以真德秀为中心》，何志文译，《江海学刊》2014年第3期，第20页。
4　按：范忠信指出："因为'讼'之可轻可贱，所以才要动员一切力量千方百计地息讼、止讼，力求无讼。这与西方自古希腊罗马以来的'健讼'（好讼）传统有着明显的区别。"范忠信：《中国法律传统的基本精神》，山东人民出版社，2001，第242页。
5　（宋）陈宓：《复斋先生龙图陈公文集》卷4《七言·安溪劝农诗》，四川大学古籍研究所编：《宋集珍本丛刊》影印清钞本，第73册，线装书局，2004，第396页下。
6　绍兴市档案局（馆）、会稽金石博物馆编：《宋代墓志》，西泠印社出版社，2018，第38页。

(1120）卒] 治郡，"专用教化，视民如家人。有争讼者，公为辩析其理，俾自屈服而去，古之循吏，不是过也"[1]。李章 [宣和六年（1124）卒] 权岳阳县事，有兄弟诉财产不均，"公为谕以友恭，卒使兄弟让财"[2]。知隆兴府南昌县管洪 [嘉定十六年（1223）卒]"遇狱讼既面为之析曲直，又开譬使之退省，讼用是稀"[3]。《有宋甘君（榮）墓记》记录甘榮 [嘉定十七年（1224）卒] 主持的民间调解活动，则是乡间耆老贤德化解民间词讼的例证之一："闾里有争讼，先君恻然于怀，出力以平，争端用息，远近以和，乡人以至仁称，信又不诬矣。"[4] 在众多宋代民间调解息讼的事例之中，《新出宋代墓志辑录》所见诸多民间调解事例，成为江西等地"健讼"与"息讼"景观并存的时代缩影。（详见表4-1：《〈新出宋代墓志辑录〉所见民间调解事例表》）由此，健讼风气固然是催生"不干己之诉"的重要因素，而以调解等方式处分事主利益的息讼行为，也同样值得关注与考量。

表4-1　　　　　《新出宋代墓志辑录》所见民间调解事例表

墓主	调解事例	录文出处
317 张鼎墓志 （1024—1091，济州巨野人）	乡人有争者，至就平曲直，劝譬而去，无不满意	（北宋卷） 第6册，第150页
025 曾希宰墓志 （1071—1138，洪州丰城人）	尝乡党有器讼相竞，一日公见之，面折强争，毁斥厉谕，悉点画所非，类当如此，由是复雪，不待鞫狱，锻炼明审，故乡邻士老耆服崇重之	（南宋卷） 第7册，12页

1　（宋）苏过：《斜川集》卷6《孙志康墓铭》，四川大学古籍整理研究所编：《宋集珍本丛刊》影印清乾隆、嘉庆刊本，第32册，线装书局，2004，第143页下。
2　罗振玉：《京畿冢墓遗文》，中国东方文化研究会历史文化分会编：《历代碑志丛书》（第14册），江苏古籍出版社，1998，第52页下。
3　何新所编著：《新出宋代墓志碑刻辑录·南宋卷》（七），文物出版社，2019，第115页。
4　朱明歧、戴建国主编：《明止堂藏宋代碑刻辑释（墓志）》，中西书局，2019，第159页。

第四章 不干己之诉　175

续表

墓主	调解事例	录文出处
079 熊岑墓志 (1098—1170，江西丰城人)	乡间有讼至官府者，公一言平之，无不屈服自解	（南宋卷） 第 7 册，37 页
098 陈瑗墓志 (1090—1178，临江军新淦人)	其心公平，乡间有讼争，曲直不决者，公为折衷之，莫不敬服	（南宋卷） 第 7 册，45 页
128 葛大亨墓志 (1121—1190，豫章丰城人)	人有斗讼，得公一言，必内愧止	（南宋卷） 第 7 册，58 页
144 何仁富墓志 (1118—1196，抚州崇仁人)	尝为里正，乡间有斗者，竟辞于官，晓以曲直，悉为平决，人皆从而德之	（南宋卷） 第 7 册，64 页
154 熊有智墓志 (1123—1198，丰城人)	里巷有讼争不平者，公徐以一言折之，皆色愧而心服，往往多不至官府	（南宋卷） 第 7 册，68 页
198 胡必胜墓志 (1151—1206，抚州崇仁人)	里有争端讼牒，每劳心克己，折狱解纷，人皆悦服	（南宋卷） 第 7 册，87 页
203 严黼墓志 (1136—1205，丰城严桥人)	或有忿争致讼，公从容以理到之语折之，闻者负愧请止，愿毋蹈终凶之戒	（南宋卷） 第 7 册，89 页
212 曾丕显墓志 (1135—1207，临川临汝人)	曩时俗尚斗讼，磨牙相吻，错立相环，公从容其间，无敢干以横逆。或有忿争，徐为解释，莫不拱手退听，能以德服人	（南宋卷） 第 7 册，92 页
213 罗佺墓志 (1145-?，豫章丰城人)	贫而缧囚者，饮饫；黠而嚣讼者，诲抑之	（南宋卷） 第 7 册，93 页
221 甘彪墓志 (1128—1211，豫章丰城人)	族子倚其训诲，里讼倚其平章	（南宋卷） 第 7 册，95 页
271 甘荣墓记 (1165—1224，豫章丰城人)	闾里有争讼，先君恻然于怀，出力以平，争端用息，远近以和	（南宋卷） 第 7 册，114 页
281 谭廷俊墓记 (1156—1225，丰城新陂人)	人有竞争，以理折之，各悔谢而去	（南宋卷） 第 7 册，119 页
307 邹世英墓志 (1156—1229，抚州崇仁人)	雅不好争，乡邻斗讼，辄委曲解纷，蒙其力者莫不心感	（南宋卷） 第 8 册，128 页
384 黄珍墓志 (1181—1245，抚州崇仁人)	事至，无巨细，悉为裁处，各尽其当，故族党乡邻皆取正焉	（南宋卷） 第 8 册，157 页
416 邓庆祖墓志 (1216—1250，临川临汝人)	以故居乡睦族，未尝与人忤。虽足不履讼庭，而人自服其不校	（南宋卷） 第 8 册，168 页

续表

墓主	调解事例	录文出处
449 谭盱墓记 （1187—1255，丰城白塔人）	人有纷争则劝之，事有不平则平之，咸服其公焉	（南宋卷） 第 8 册，179 页
465 吴思诚墓志 （1190—1259，抚州崇仁人）	屡为里正，洁直公平，排纷解患	（南宋卷） 第 8 册，184 页
486 孙默墓志 （1171—1257，豫章丰城人）	遇事纷纠，能裁以大义，众服其公正	（南宋卷） 第 8 册，191 页
487 万益墓志 （1207—1262，豫章南昌人）	里有讼，以义正之而不为屈	（南宋卷） 第 8 册，191 页
531 程光亨墓志 （1203—1270，饶州鄱阳人）	乡之有嚣讼斗狠不能自己者，公辄为之解	（南宋卷） 第 8 册，207 页

二 告诉事由

州县官府需要对诉事人所告是否"干己"设定明确的认定标准，此于基层社会治理，尤其是处理日常民间词讼，具有异常重要的实践意义。百姓告诉，须干己事，论诉特定事项，则须诏敕特许。其中，强盗、杀人等事由时常成为舆论关注的焦点。供备副使张君平曾上言："贼众行劫之后，散往它处寓藏，典卖赃物。军民虽有知者，以事不干己，不敢告官。望立条约。"[1] 据此，天圣五年（1027）三月二十七日规定："自今应〔彊〕劫并杀人，许人陈告"，并依据捕获人数和诉事人不同身份明立赏格，"所支赏钱以犯人家财充，如不足，即以系官钱充。"此奏实质上规定告发强盗行劫、藏匿、典卖赃物者，不以"不干己之诉"论。宋代民间"不干己之诉"例外条款在熙宁三年（1070）保甲法中体现最为全面，据熙宁三年（1070）十二月九日中书门下言："同保犯强盗、杀人、放火、强奸、略人、传习妖教、造畜蛊毒，知而

---

[1] 《宋会要辑稿》兵 11 之 12，第 14 册，第 8823 页。

不告，依律伍保法。余事非干己，又非敕律所听纠，皆毋得告，虽知情亦不坐。"[1] 保甲法要求同保之人承担告发强盗、杀人等七类犯罪的强制义务，不告者依法论罪；其余不干己事，除非有诏敕等特殊授权，皆不得举告，并豁免知情不告者法律责任。熙宁八年（1075）苏轼《上韩丞相论灾伤手实书》所言"故有不干己之法，非盗及强奸不得捕告"[2]，当与保甲条法有关。因此，从事由角度而言，除诏敕、法令明确列举犯罪以外，凡举告不直接涉及自身利益者，即可认定为"不干己之诉"。又据《宋会要辑稿·食货》载《斗讼敕》："诸纲运人告押纲人侵盗或拌和官物、贩私有榷货、谋杀人若妄破程限及干己事，听受理；余犯流以下罪，虽于法许告捕，亦依事不干己法。"[3] 显然，纲运人除告发押纲人侵害自身权益者以外，告发其他流以下罪，均应认定为"不干己之诉"。

然而，告发杀人案件仍有严格身份限制，原则上"大辟公事，合是的亲血属有词"，即应有近亲属向官府举报人命案件，案外人贸兴词讼，举发命案，悖于常理，其真实目的则大可怀疑。淳祐年间，刘克庄（字潜夫，号后村，莆田人）《饶州司理院申张惜儿自缢身死事》记张惜儿死后，父张千九、母阿杨、叔张千十均未报官，"而事不干己人王百七、王大三，辄经县以为死有冤滥。本县察见，已将两名勘下杖责"[4]。《名公书判清明集》记郑天惠、朱元光两家因争郑六七婆丘田结怨，郑、朱二家分别收买吴曾四、王曾四，告发吴仲乙、桂桂两宗命案，二人因此涉嫌"不干己之诉"。吴势卿（字安道，号雨岩，建安人）认为："吴曾四虽非血属，尚且同姓，王曾四既非同姓，略不干己，二人

1　《宋史》卷192《兵六》，第4767—4768页。按：此条文字《续资治通鉴长编》《文献通考》所记略同，《宋会要辑稿》则作"同保内有犯，除强窃盗、杀人、放火、强奸、略人、传习妖教、造畜蛊毒，知而不告，并依律伍保法科罪。其余事不干己者，除依律许诸色人陈告外，皆不得论告；若知情不知情，并不科罪。"（《宋会要辑稿》兵2之5-6，第14册，第8624页）罪名溢出"窃盗"一项。

2　（宋）苏轼撰，孔凡礼点校：《苏轼文集》卷48《书·上韩丞相论灾伤手实书》，中华书局，1986（中国古典文学基本丛书），第1396页。

3　《宋会要辑稿》食货45之12，第12册，第7020页。

4　《刘克庄集笺校》卷193《书判（江东漕司）·饶州司理院申张惜儿自缢身死事》，第7527页。

均受资使告讦,王曾四之罪,浮于吴曾四。"[1] 考量二人身份,判决吴曾四杖九十,编管邻州;王曾四杖一百,编管五百里。对照景德二年(1005)敕"情理蠹害,屡诉人者,具名以闻,当从决配"的规定可知,决杖一百为"不干己之诉"罚则上限,情节严重者,法司可斟酌决杖、配隶。

三 诉讼程序

从社会治理角度而言,地方官吏群体践行"观俗立法"理念,在充分考察当地社会风气的基础上,形成了较为系统的民间词讼疏导和管控机制。如陈傅良曾节录法律数项,"系父子、夫妇、房族、邻里要切事理,明以教谕"[2]。真德秀《政经》指出:"官之与民,谊同一家,休戚利害,合相体恤。为有司者,不当以非法扰民。为百姓者,不当以非理扰官。"[3] 对于"不干己之诉"等非法非理行径,劝导当事人幡然悔悟,去恶从善,"若教之不悛,则家国有法,官司有刑"。

"讼有源有流,有本有末,穷其源而寻其流,揣其本而求其末,则讼可得而决矣。"[4] 在司法裁判层面,查明案件事实原委是剖决词讼的前提要件,其中,查验诉事人主体资格是否适格,又是确认诉讼是否成立的关键要素。[5] 宋代士大夫重视从程序角度整体思考"不干己之诉"问题。首先,应在文书

---

[1] 中国社会科学院历史研究所、宋辽金元史研究室点校:《名公书判清明集》卷13《惩恶门·告讦》"资给告讦",中华书局,1987,第487页。

[2] (宋)陈傅良著,周梦江点校:《陈傅良先生文集》卷44《杂著·桂阳军告谕百姓榜文》,浙江大学出版社,1999,第561页。

[3] 《政经》,第457页下。

[4] 《名公书判清明集》卷13《惩恶门·妄诉》"挟仇妄诉欺凌孤寡",第504页。

[5] 按:郑定认为:"相对较发达的商品经济氛围,频繁的田土交易必然也会有较多的田土纠纷相随。从《名公书判清明集》分析,争业诉讼在户婚门中占了很大比重,特别是当时最主要的生产资料——土地的争夺,尤为激烈。有关田宅交易的诉讼与其他民事诉讼一样,由当事人及其家属提起,原则上是自诉,禁止非利害关系人'讼不干己事'。"郑定、柴荣:《两宋土地交易中的若干法律问题》,《江海学刊》2002年第6期,第119页。

书写层面，约束诉事人和书铺。政和年间，李元弼《作邑自箴》明确规定了书铺撰写辞状时，应承担事由审查义务："据人户到铺写状，先须子细审问，不得添借语言，多入闲辞，及论诉不干己事。"[1] 朱熹《约束榜》详尽列举民间词讼的诸项要求，广泛涉及逐级告诉、审结时限、具状主体、状词格式、书铺责任等15项内容，其中第四项规定："如告论不干己事，写状书铺与民户一等科罪。"[2] 意在从案件源头过滤"不干己之诉"进入司法流程。[3] 在案件受理方面，"不干己之诉"是地方官府榜示民众的重要内容之一。黄震知抚州时所作《词诉约束》直言："讼乃破家灭身之本，骨肉变为冤雠，邻里化为仇敌，贻祸无穷，虽胜亦负，不祥莫大焉。"[4] 并从词诉总说、词诉条画、词诉次第、词讼日分四个方面开示办案规则，于"词诉总说"一节提出10类不予受案的情形，试图在案件受理程序排除"不干己之诉"等非法诉请。黄震提举浙东之际所作《引放词状榜》又将不予受理的情形扩充至17类，[5] 剔除重复部分，共有16类民间词讼不予受理，而两则文告均将"事不

---

[1] 《作邑自箴》卷8《写状钞书铺户约束》，第48页。
[2] 《晦庵先生朱文公文集》卷100《公移·约束榜》，第4631页。
[3] 按：刘昕对于宋代"不干己之诉"的认识或可商榷："宋代讼师成为冲击社会稳定与司法秩序的害群之马，故而宋代士大夫法官们必欲除之而后快，以致出现宋代法律重点打击讼师的教唆、把持、诬告与事不干己而助讼行为。"刘氏又曰："在宋代的行政司法实践中，'教唆'又有'诉不干己事'、'告论不干己事'等诸多称呼。"（刘昕：《宋代政府对讼师教唆诬告行为的法律规制》，《湖南社会科学》2012年第3期，第101、104页）然而，"教唆"与"事不干己"是两类性质完全不同的诉讼行为，不宜将二者混为一谈。刘馨珺则从县衙处理的民间词讼角度，将"健讼之徒"分为紊烦官司的顽民和专事诉讼的哗徒，后者与"讼师"类似。（参阅刘馨珺《明镜高悬——南宋县衙的狱讼》，北京大学出版社，2007，第217—228页）上述讨论均以地方民事诉讼为中心。事实上，宋代不干己之诉的主体身份与诉事者参与诉讼的目的直接关联，其中揭举、诬陷、报复、包庇、侵占等，均可能成为案外人提起"不干己之诉"的原因。在同僚攻讦和民间词讼两个领域，相当数量的"不干己事"者，并不具有讼师身份。因此，教唆并不是"不干己之诉"发生的唯一因素，二者不存在等质互换关系。
[4] （宋）黄震：《黄氏日抄》卷78《公移一（抚州）·词诉约束》，张伟、何忠礼主编：《黄震全集》（第7册），浙江大学出版社，2013，第2214页。
[5] 《黄氏日抄》卷80《公移三（浙东提举）·引放词状榜》，第2252页。

干己不受"列入其中，尽量消弭民间妄诉、缠诉现象。[1] 在诉讼类型方面，对于"不干己之诉"之处置，宋人也有相关思考。如绍兴二十六年（1156）正月二十四日，御史汤鹏举建议规范诉请内容，禁止杂糅诉私事与举告公事："乞申严州县，今后应有告讦私事者，或杂以公事，不许受理，则事不干己之法必行，而此风自息。"[2] 陈耆卿则系统总结了告讦、自刑、不干己、告上不以实等民间非法诉讼的主要类型，梳理"不干己之诉"与"越诉"等其他违法告诉之间关系。[3]

表 4-2　　　　　　　　《黄氏日抄》所见不予受理案件表

文献名称	不予受理的情形
《词诉约束》（卷78）	1. 不经书铺，不受；2. 状无保识，不受；3. 状过二百字，不受；4. 一状诉两事，不受；5. 事不干己，不受；6. 告讦，不受；7. 经县未及月，不受；8. 年月姓名不的实，不受；9. 披纸枷、布枷自毁，咆哮故为张皇，不受；10. 非单独无子孙孤孀辄以妇女出名，不受
《引放词状榜》（卷80）	1. 非经州县次第官司，不受；2. 非已断不平，不受；3. 非户绝孤孀而以妇人出名，不受；4. 自刑自害状，不受；5. 着布枷、纸枷状，不受；6. 投自纸状，不受；7. 事不干己，不受；8. 事不属本司，不受；9. 一状诉两事，不受；10. 不明该年月姓名实迹，不受；11. 匿名状，不受；12. 状过二百字，不受；13. 不经书铺，不受

四　告诉罚则

杖责诉不干己事者的规定虽由来已久，但规则形成的具体时间似乎难以确定。淳熙末年，陈傅良知桂阳军，欲使民间通晓法意，检索见行条法后，

1　按：屈超立指出："宋代民事上诉不设审级的限制，也产生了一些弊端，即有的当事人明知理屈，仍然希图侥幸而任意上诉，甚至无理缠讼，以致有的民事案件经多次上诉后仍未能结案，削弱了案件的即判力，对社会的安定极为不利并严重影响对方当事人的正常生活。"屈超立：《宋代民事案件的上诉程序考述》，《现代法学》2003年第2期，第95页。

2　《宋会要辑稿》刑法2之152，第14册，第8381页。

3　《陈耆卿集》卷4《疏·奏请罪健讼疏》，浙江大学出版社，2010，第36—37页。

颁布《桂阳军告谕百姓榜文》。其中援引"不干己之诉"敕条,将"不干己之诉"的罚则和处置明示于辖内百姓:"敕:诸事不干己,辄告论者,杖一百。其所告之事,各不得受理。"[1] 又据《宋会要辑稿·食货》载《斗讼敕》:"诸事不干己辄论告者,杖一百,进状徒二年。(并令众三日。)"[2] 则陈傅良所引,当与此敕同出一源。值得注意的是,《斗讼敕》中"令众三日"的规定,已较景德二年(1005)敕"令众十日"缩减七日,而结合元丰八年(1085)开封府所作僧惠信臀杖二十的裁判可知,"杖一百"应为《宋刑统》中折算之前杖刑之顶格处罚。至于"进状徒二年"的规定,则不知何时增入。此外,"不干己之诉"虽非重罪,却妨碍正常司法秩序,故时有重责之议。庆历年间,参知政事范仲淹奏乞于陕西、河东沿边施行赎法,"为盗并造作诈伪及诬告论不干己事者"[3] 与捕捉贼盗违限、兴贩私茶盐、酝卖私酒、赌博等,皆不得赎。重惩累次妄诉不干己事者,是南宋"不干己之法"罚则之重要变化。绍兴二十一年(1151)十一月十七日,刑部奏请对于健讼之人,在见行条法指挥之外,凡"诉事不干己并理曲,或诬告及教令词诉之人",依法断讫,由本州县将犯由、乡贯、名籍等信息逐级申报州、监司,"若日后再有违犯,即具情犯申奏断遣,从断讫再注。仍先次镂板晓谕"[4]。淳熙六年(1179)十月十六日,据刑部尚书谢廓然建议,责令诸路监司对累次告诉不干己事,胁持州县、凌辱命官者,由诸路监司"籍定申闻台省,候将来再犯,累其罪状,重置典宪"[5]。

宋代民事诉讼中,亦时常可见"不干己之诉"中适用杖责。如《清明集》载龚孝恭诉刘良臣田产纠纷案,参与案件的哗徒刘纬"自是姓刘,乃出

---

1 《陈傅良先生文集》卷44《杂著·桂阳军告谕百姓榜文》,第560页。
2 《宋会要辑稿》食货45之13,第12册,第7022页。
3 《续资治通鉴长编》卷143"仁宗庆历三年九月壬辰",第3460页。
4 《宋会要辑稿》刑法3之28,第14册,第8407页。
5 《宋会要辑稿》刑法3之35,第14册,第8411页。

而为龚家论诉田地，可谓事不干己"，且"平日在乡，专以健讼为能事"，因"事在赦前，固难追断"[1]。《宋刑统》规定："诸以赦前事相告言者，以其罪罪之。官司受而为理者，以故入人罪论。至死者，各加役流。"[2] 最终胡石壁裁定"从轻决竹篦十下"，以示薄惩。此与杖一百的法律规定相去甚远，亦不属于刑事制裁范畴。此外，方伯达、徐应辰冈头山产案中，徐氏族人徐应辰"事不干己，入脚争山，辄将祖上关书揩擦一行，填作二保土名四字，占人一亩之山，凑外段园山作一行，欲行包占"。翁甫［字景山，号浩堂，宝庆二年（1226）进士］断"徐应辰勘杖一百"[3]。又如裴升诉称陈丙乙诱使，劫去衣物并表弟江进妇徐四娘，后查明系徐四娘因争米忿惧，离家出走。翁甫断"汪进、裴升各勘杖一百，内裴升事不干己，牒押出处州界"[4]。以上均与"不干己之诉"决杖等罚则吻合。《清明集》"挟仇妄诉欺凌孤寡"条中陈鉴诉陈兴老、黄渊违法交易，通判言"自后陈鉴如恃健讼，再敢兴词，照不应为科罪"[5]。刘馨珺指出，以"不应为罪"科罚"诉事不干己者"，或许是针对专门替人出面打官司的健讼之徒，[6] 此条或专为讼师所设。针对讼师哗徒专事教唆词讼者比照"不应得为"科罚之特例，量刑竟较"不干己之诉"

1　《名公书判清明集》卷4《户婚门·争业上》"妄诉田业"，第123页。
2　《宋刑统校证》卷24《斗讼律》"告赦前事"，第320页。
3　《名公书判清明集》卷5《户婚门·争业下》"揩擦关书包占山地"第159页。
4　《名公书判清明集》卷13《惩恶门·妄诉》"妻自走窜乃以劫掠诬人"，第500页。
5　《名公书判清明集》卷13《惩恶门·妄诉》"挟仇妄诉欺凌孤寡"，第505页。
6　刘馨珺：《明镜高悬——南宋县衙的狱讼》，北京大学出版社，2007，第232页。按：《宋刑统》规定："诸不应得为而为之者，笞四十；（注：谓律令无条，理不可为者）事理重者，杖八十。"［（宋）窦仪撰，岳纯之校证：《宋刑统校证》卷27《杂律》"违令及不应得为而为"，北京大学出版社，2015年，第376页］，反而较"不干己之诉"处罚为轻。对于此类与法律规定相抵牾之判决，柏清韵的研究结论值得重视："宋朝政府不遗余力地在全国范围内实施协调一致的法律。然而不可避免地，不同的法官还持着不同见解，并且使用了不同的断案哲学。争论和龃龉常常出现，而在同一个案件多次上诉的情况下，抵牾判决亦颇常见。因而民法，尤其是婚姻及财产法，最好被视为一个充满张力和演变的过程，并不代表着协调一致、一成不变而又普遍化的法律规范。宋代嬗变的无情步伐使得律法尤其变化不定，并且在各个层面上向司法体系展示出应有尽有的挑战和复杂性，一如我们在置身其中的现代社会里所发现的那样。"〔美〕柏清韵，《法及其限度：宋代法律诉讼中的断案哲学与抵牾判决》，宋刚译，《兴大历史学报》第18期，2007年6月，第190页。

杖一百的处罚为轻。如此，则与南宋重惩累诉"不干己事"者之原则形成悖论，这种现象在司法实践中恐非个案。使得部分妄诉之人借助"不干己之法"和"不应得为而为"条，逃脱诬告反坐的严厉制裁。准确认定罪名和适用法律，是维护地方司法清明的基本前提。开禧元年（1205）十一月十三日臣僚言州县狱讼繁多，因胥徒顽赖勾结、州县法司失察、贪吏抄估籍没等因素相互交织，导致"'所诵告讦之人未尝反坐，不过科以不应为不干己之罪而已。乞行下监司、州县，申严告讦之禁。官吏有敢故纵违犯者，重置典宪，其告讦之人照条反坐。'从之"[1]。

本章小结

宋代"不干己之诉"是催生"不干己之法"的现实因素，"不干己之法"是处置"不干己之诉"的基本准则。"不干己之诉"不绝如缕，则"不干己之法"代有因革。"赵谏案"最为重要的历史贡献在于正式确立了宋代"不干己之诉"的诉讼原则，较于广顺二年（952）敕中"不干己事及所论矫妄，并加深罪"的表述，可谓高下立现。在官僚监察领域，由督促言官履职、鼓励检举赃官及抑制挟私攻讦三项司法理念，衍生出三类完全不同的诉讼法则。判定举告官吏不法与"不干己之诉"之间关系，大致遵循以下诉讼惯例：言职论奏不法与旁人举告赃罪者，若事状明白、证据确凿，不以"不干己之诉"论；一般官员非因职务检举同僚违法获罪者，往往存在构成"不干己之诉"的可能；人户因利益受损揭举官吏赃罪，不应以"不干己之诉"论断。在社会治理领域，碑刻、官箴、榜文等多种载体，成为宋代各级官府布宣德化、劝谕民庶、刊布法令、约束词讼的重要路径。宋代长期奉行特许告诉惯

---

[1] 《宋会要辑稿》刑法3之39—40，第14册，第8413页。

例，案外旁人举告且不以"不干己之诉"论者，往往限于强盗、杀人、放火、强奸、略人、传习妖教、造畜蛊毒等严重刑事犯罪，对于人命案件，仍由被害人亲属承担首要申报责任，旁人越次告诉者，仍构成"不干己之诉"。官吏在辞状书写、案件受理和案件分类方面进行了长期思考和实践，在不予受理的案件类型方面，似乎尚未形成统一而确定的规定。在罚则适用层面，存在斟酌量刑惯例。杖责一百虽为敕定量刑准则，法官却有权在此限内酌情减轻。此外，朝廷虽强调严惩讼师哗徒群体，实践中却存在援引《宋刑统》"不应得为"条从轻处罚之惯例。总体而言，理解"不干己之诉"的核心在于查明案件性质、事主身份与诉讼请求等关节要点。严于治吏、强化纠弹和消弭滥讼，成为支配"不干己之诉"处置结果的三项基本原则，"不干己之诉"在不同领域衍生出内涵迥异的"不干己之法"，有效推动了古代诉讼法律体系的自我完善和良性运行。

第五章

赦前事之诉

赦宥宥罪，国之大典。自汉代以降，历代王朝均秉承禁止告言赦前事的诉讼原则。在国家追诉与私人告诉两个层面，均对"赦前事之诉"持否定态度。关于宋代"赦前事之诉"的专门研究，迄今尚未见及。[1] 本书拟从告诉禁令之表述方式、赦宥诏敕之时效掌控、赦前罪过之司法裁判和严重罪行之追诉处置等方面，对该原则在宋代的发展与运行进行讨论。

第一节　告诉禁令之表述方式

中国古代"赦前事之诉"禁令至少包含诏敕、律文、解释三类表述方式。其中，诏敕是"毋告赦前事"原则的最为常见的习惯性表述方式。如元寿二年（公元前1年）九月诏："自今以来，有司无得陈赦前事置奏上。"[2]《隋炀帝营东都成大赦诏》曰："敢以赦前事相告言者，以罪罪之。"[3]《大中十三年

---

[1] 相关研究成果主要有：邬文玲《汉代赦免制度研究》，中国社会科学院研究生院博士学位论文，2003年5月；郭东旭《论宋代赦降制度》，《宋史研究论丛》第3辑，河北大学出版社，1999；范立舟、蒋启俊《两宋赦免制度新探》，《暨南学报》（哲学社会科学版）2005年第1期；戴建国《唐宋大赦功能的传承演变》，《云南社会科学》2009年第4期。

[2] （汉）班固撰，（唐）颜师古注：《汉书》卷12《平帝纪》，中华书局，1962，第348页。按：颜师古注："置奏上，谓立文奏而上陈也。"

[3] （唐）许敬宗编，罗国威整理：《文馆词林校证》卷665《诏二十五·隋炀帝营东都成大赦诏》，中华书局，2001，第277—278页。

十月九日嗣登宝位赦》："以赦前事相告言者，以其罪罪之。"[1]《册府元龟》记天福元年（936）十一月己亥《肆赦改元制》："赦书日行五百里，敢以赦前事言者，以罪罪之。"[2] 宋代赦宥异常频繁，据宋人袁褧言："国朝自建隆至靖康，自建炎至乾道，大赦凡一百二十有三，恩沾率土，可谓至矣。"[3] 宋代沿袭了前朝禁止"赦前事之诉"的传统，类似表述在两宋诏敕中不在少数。如《熙宁四年（1071）九月十日明堂赦书》："敢以赦前事言者，以其罪罪之。"[4] 淳熙二年（1175）十一月诏节文："敢以赦前事言者，以其罪罪之，主者施行。"[5] 嘉祐七年（1062）十月二十七日，司马光《论赦札子》说："臣伏见国家每下赦书，辄云敢以赦前事，言者以其罪罪之，诚欲恩泽下究而号令必信也。"[6] 可见，"毋告赦前事"原则经由累朝赦令宣示，已经成为宋代赦令的标准公文样态。

律文是"毋告赦前事"原则最为直接的法律依据。《宋刑统·斗讼律》"告赦前事"条系统规定了"赦前事之诉"的法律责任："诸以赦前事相告言者，以其罪罪之。官司受而为理者，以故入人罪论。至死者，各加役流。"[7] 本条律文法意有二：其一，举告赦前事者，以所告之罪惩治；其二，官司违法受理赦前事者，以故入人罪论，罪责见于《宋刑统·断狱律》"官司出入

---

[1] （宋）李昉等编：《文苑英华》卷420《赦书一·登极赦书》，中华书局，1966，第2128页。

[2] （宋）王钦若等编纂，周勋初等校订：《册府元龟》卷93《帝王部·赦宥第十二》，凤凰出版社，2006，第1027页。

[3] （宋）百岁老人袁褧撰，俞钢、王彩燕整理：《枫窗小牍》卷下，上海师范大学古籍整理研究所编：《全宋笔记》（第4编，第5册），大象出版社，2008，第238页。

[4] （宋）陈襄：《古灵先生文集》卷12《内制·熙宁四年九月十日明堂赦书》，四川大学古籍整理研究所编：《宋集珍本丛刊》影印南宋刻本，第8册，线装书局，2004，第748页上。

[5] （宋）马端临著，上海师范大学古籍整理研究所、华东师范大学古籍研究所点校：《文献通考》卷252《帝系考三·皇帝朝德寿宫仪注》，中华书局，2011，第6805—6806页。

[6] （宋）司马光撰：《司马文正公传家集》卷26《章奏九·论赦札子》，商务印书馆，1937，第370页。

[7] （宋）窦仪详定，岳纯之校证：《宋刑统校证》卷24《斗讼律》"告赦前事"，北京大学出版社，2015，第320页。

人罪"条。[1] 同时,《宋刑统》规定:"若事须追究者,不用此律。"所谓事须追究者,"谓婚姻、良贱、赦限外蔽匿应改正、征收及追见赃之类"。

解释是"毋告赦前事"原则内涵与外延之补充说明。宋人傅霖《刑统赋解》对"以赦前事相告"律文文意进行了简约概括:"赦前公事,不敢告言。正赃见在,追征合完。压良为贱、侵隐田园、脱漏户口,听告赦前。"[2] 通过解释疏议字句,便于法司适用律条。由此,可以对"以赦前事相告言"条的适用规则作如下概括:第一,一般犯罪如事在赦前,诉事人不得告发;第二,涉案赃物应依法追征。估绢平赃时,如果"内有经赦,即言在赦前后、赃钱绢匹入案。估时,皆长吏、通判、本判官面勒行人估定实价,其制勘推期者,亦勘官监估"[3]。第三,压良为贱、侵隐田园和脱漏户口三类犯罪,不受"毋告赦前事"原则限制,可在赦令发布后向法司告诉。

从诏敕、律文、解释三个方面考察,"赦前事之诉"的内涵外延与适用标准似乎相当明晰。然而,司法实践中的具体情形却远比法律规定复杂。尤其值得注意的是,赦宥罪人可能引发诸多负面法律后果,其一,若赦免过泛,可能使严重犯罪逃脱法律制裁,"惠奸长恶,引小人于大谴之域,其为害固不胜言矣"[4]。因此,历代赦文往往设计例外条款,规定若干重罪不在赦限;其

---

[1] 按:《宋刑统》规定:"诸官司入人罪者,若入全罪,以全罪论;从轻入重,以所剩论。刑名易者,从笞入杖,从徒入流,亦以所剩论;从笞、杖入徒、流,从徒、流入死罪。亦以全罪论。其出罪者,各如之。即断罪失于入者,各减三等;失于出者,各减五等。若未决、放,及放而还获,若囚自死,各听减一等。即便使推事,通状失情者,各又减二等。所司已承误断讫,即从失出入法。虽有出入,于决罚不异者,勿论。"(《宋刑统校证》卷30《断狱律》"官司入人罪",第406页)今人刘俊文指出:"赦前所犯,既经赦免,其罪已除。如有控告,则同故诬人于罪;如受而为理,则同故入人于罪⋯⋯唯至死者免死处加役流。所以如此,盖因其所告虽违律,但仍属事实,与真正诬告者略有不同也。"刘俊文:《唐律疏议笺解》,中华书局,1996,第1657—1658页。

[2] (宋)傅霖撰,(元)郗口韵释,(元)王亮增注:《刑统赋解》卷上"事须追究而正者听言乎赦前",《续修四库全书》编委会:《续修四库全书》(第972册),上海古籍出版社,2002,第200页。

[3] (清)徐松辑,刘琳、刁忠民、舒大刚、尹波等校点:《宋会要辑稿》刑法3之1,第14册,上海世纪出版股份有限公司、上海古籍出版社,2014,第8393页。

[4] (宋)洪迈撰,孔凡礼点校:《容斋随笔·容斋三笔》卷7"赦恩为害",中华书局,2005(唐宋史料笔记丛刊),第507页。

二，如赦免过频，不轨之徒甚至可以推算赦书时效，在赦前实施犯罪。司法实践中，犯罪形态千差万别，如部分犯罪逾越赦宥前后；或赦前犯罪，赦后发觉；或虽在赦前，却属于不予赦免的严重罪行等。上述问题为立案审查和司法裁判带来巨大挑战，也同步催生了"赦前事之诉"原则适用中的诸多惯例性规则。

第二节　赦宥诏敕之时效掌控

时效是宋代司法中异常重要的法律问题。司法审判之中，起诉时间、受理时间、羁押时限、审理起讫、结决时间、上诉时间等，均可能对案件流程和司法责任产生重大影响。本书关注的赦宥问题，亦与时效密切关联。围绕赦前犯罪问题，宋代建构了立案审查、赦前预警、个案甄别和告讦惩治四项机制，以期在规范运作"毋告赦前事"原则的同时，有效协调赦宥与刑罚之间相辅相成的互动关系。

一　审查机制

宋代法司受案之际，应对诉请是否属于"赦前事之诉"进行实质审查。《州县提纲》告诫官员应特别注意在立案前认真审查起诉时间节点，排除以赦前事告言："览状必详其发端月日。盖事有要紧者，必即诉于公。经数月而后始入词者，必非要紧，须诘其因何稽缓。"如诉状内刻意隐瞒案发时间，或日久经年，并非紧要；或事在赦前，于法无据。此类情形则"须令再供，然后施行"[1]。由此，法司立案审查成为摈除"赦前事之诉"的重要路径。换而

---

[1] （宋）佚名撰，张亦冰点校：《州县提纲》卷2"判状详月日"，（宋）李元弼等撰，闫建飞等点校：《宋代官箴书五种》，中华书局，2019，第123—124页。

言之，从私人追诉角度而言，单纯以赦前事向官府告诉，往往难于获得立案，甚至面临遭受责罚的法律风险。特定时期，诏敕还可设定自首期间，凡事在赦前且限内自首者，官府即不再受理被害之家告诉。绍兴二年（1132）闰四月十九日，吉州言引刑部看详："如盗贼系依赦限一月之内出首之人，虽被害人于赦前经官陈理，官司追捕未到，缘既在限内出首，自不合受理根究前罪。"[1] 司法实践中，由于司法传统影响和诏敕、律文规定，时人对于"赦前事之诉"的后果可谓了然于胸。因此，专司告诉赦前事者鲜见其事，因民间词诉和官司按问而夹带、牵涉赦前事者却不在少数。淳熙十六年（1189）十一月十一日，大理卿王尚之言："'今后民间词诉、官司按刺送所司推勘者，只合将大赦后犯罪依法勘结。若其所犯在大赦前，苟非恶逆以上，并不许推究。'从之。"[2] 此敕明确以赦令时间发布为界，赦前所犯，谋反、大逆、谋叛、恶逆以外普通犯罪不予追究，从而逐步形成了针对赦前事的立案审查机制。

二 预警机制

由于国家赦令下达多有规律可循，不法之徒往往刻意于赦前实施犯罪，并试图利用赦宥免责。对此《宋刑统》已有明确的制度设计："诸闻知有恩赦而故犯……不得以赦原。"疏议释曰："闻知有恩赦而故犯，谓赦书未出，私自闻知而故犯罪者。"[3] 然而，宋代特殊的赦宥规则却大幅抵消了法制的威慑功能与制裁效力。《宋史·刑法志》："宋自祖宗以来，三岁遇郊则赦，此常制也。世谓三岁一赦，于古无有。"[4] 戴建国指出："宋三年一郊，郊

---

[1] 《宋会要辑稿》兵 13 之 11，第 14 册，第 8856 页。
[2] 《宋会要辑稿》职官 5 之 53，第 5 册，第 3147 页。
[3] 《宋刑统校证》卷 30《断狱律》"遇赦不原"，第 409 页。
[4] （元）脱脱等：《宋史》卷 201《刑法三》，中华书局，1977，第 5029 页。

必大赦,大行庆赏,已成惯例。"[1] 实践中,哗徒奸民通过推算赦宥时间节点,实现犯罪目的且逃脱刑事制裁的事例屡见不鲜。南宋程珌曾言:"夫顽恶之民,逆数赦期,赦前为奸,赦至无罪,此赦之所以不欲先定也。"[2] 因此,应对颁布赦令保持审慎与克制的态度。有鉴于此,宋廷建立了赦前预警机制,每于赦前降下约束,申警贪盗顽劣之徒。天圣五年(1027)七月壬寅,据知亳州马亮奏请,"诏自今大礼前已降约束,而犯劫盗及官典受赃,并论如律,仍毋得禁奏听裁",[3] 意在打击强盗、窃盗、受赃等严重犯罪。宝元元年(1038)十月甲戌,右司谏韩琦奏请"赦前一月,约束京师犯盗罪至徒若伤人者勿赦,从之"[4]。进一步补强赦前预警机制,以绝不法之徒觊觎之心。嘉祐七年(1062)十月二十七日,司马光针对"臣僚多以私意偏见,奏赦前事,乞不原赦"之弊建议,对于情理巨蠹必不可赦者,应在赦令颁布之前"豫降约束,敕内明白言之,其余并从赦文处分",而不因臣僚奏请而轻重其刑。君主认为特不原免者,"止宜依法施行,亦不可使重于赦前之罪"[5]。逐步排除强盗、杀伤、官典受赃等犯罪适用赦宥,并配套建构恶性犯罪追诉机制。

---

[1] 戴建国:《唐宋大赦功能的传承演变》,《云南社会科学》2009年第4期,第136页。按:马伯良指出:"在宋代司法体系中,有两个部分可能特别重要:一是帝国范围内普遍性的大赦,二是审判复核程序。统计数据表明,那些其案件有幸能被上请的人,有百分之九十的可能性能够得以免死。这当然可能是因为地方官员只有在遇到重大疑难案件时才上请,但也有可能是某种仁政的体现。不管具体是哪种情况,反正从犯人的角度来看,他们都是获益者。"〔美〕马伯良:《宋代的法律与秩序》,杨昂、胡雯姬译,中国政法大学出版社,2010,第420页。

[2] (宋)程珌:《程端明公洺水集》卷2《奏疏·代上殿札子(二)》,四川大学古籍整理研究所编:《宋集珍本丛刊》影印明嘉靖刻本,第71册,线装书局,2004,第26页下。

[3] (宋)李焘撰,上海师范大学古籍整理研究所、华东师范大学古籍研究所点校:《续资治通鉴长编》卷105"仁宗天圣五年七月壬寅",中华书局,1992,第2442页。

[4] 《续资治通鉴长编》卷122"仁宗宝元元年十月甲戌",第2883页。

[5] 《司马文正公传家集》卷26《章奏九·论赦札子》,第371页。

三 甄别机制

司法实践中,案件往往跨越赦令颁布时间节点,存在赦前犯罪而赦后发觉、赦前赦后犯罪相互牵连等多种情形,如何准确甄别、认定赦前犯罪,成为适用赦宥政策的关键所在。如天圣八年(1030)十一月,"戚里有殴妻至死,更赦事发者。太后怒曰:'夫妇齐体,奈何殴至死邪?'"时任知开封府寇瑊认为:"'伤居限外,事在赦前,有司不敢乱天下法。'卒免死"[1]。《宋刑统·斗讼律》"保辜"条对手足殴伤人、他物殴伤人、以刃及汤火伤人、折跌支体及破骨者等情形分别设定期限,由侵害人负责对被害人实施医治,"限内死者,各依杀人论。其在限外,及虽在限内,以他故死者,各依本殴伤法"[2]。此案中属于典型的跨越型犯罪,犯罪行为与后果分别显现于赦令颁布前后。某妻死于限外,其夫构成伤害罪,殴击行为又在赦前,故应赦罪免死。与之对应,若被害人于辜限内死亡,自当依律以杀人论,不得通过赦令随意减轻。宝元二年(1039)八月庚午,判大理寺杜曾言:"近世赦令,杀人已伤未死者,皆得原减,非律意。请伤者从律保辜法,死限内者论如已杀,勿赦。皆著为令。"[3] 相比之下,武安军节度推官赵抃[景祐元年(1034)进士]处理的"伪印案"虽然属于跨越型犯罪,罪名认定却相对复杂。据《东都事略》记载:"有伪造印者,吏以为当死,抃曰:'造在赦前而用在赦后,赦前不用,赦后不造,法皆不死。'遂以疑谳之,卒免死。"[4] 本案作为宋代典型判例,在多种文献中均有著录。案犯伪造印章,并在赦令下达后使用。

---

1 《宋史》卷 301《寇瑊传》,第 9990 页。
2 《宋刑统校证》卷 21《斗讼律》"保辜",第 284 页。
3 《续资治通鉴长编》卷 124 "仁宗宝元二年八月庚午",第 2922 页。
4 (宋)王称撰,孙言诚、崔国光点校:《东都事略》卷 73《赵抃传》,齐鲁书社,2000(二十五别史),第 609 页。

《宋刑统·诈伪律》"伪造宝印符节"条:"诸伪写官文书印者,流二千里;余印,徒一年。"[1] 此为伪造官印之罚则。又据"盗用宝印符节"条:"即以伪印印文书施行,若假与人及受假者施行,亦与伪写同。未施行及伪写印、符、节未成者,各减三等"[2],此为使用伪造官印之罚则。赵抃清晰界定伪造、使用官印时间,据律论罪,其法意理解与赦令适用极其明晰准确。元符二年(1099)秋七月庚申,刑部言:"承受制书官文书及为人掌寄制书官文书,在赦前亡失,不曾经官司自陈而赦后事发者,不以赦原。从之。"[3] 此类犯罪横跨赦令下达前后,事在赦前,赦后发觉,如承受、为人掌寄者未曾主动申报,则不可原免。由此,敕旨在督促行为人妥善保管文书责任的同时,积极履行查访、报告义务。总之,对于跨越型犯罪的认定与处置,除准确认定行为时间与性质以外,法司严格依照法律规定进行的准确甄别,则是保障赦令适用的根本前提。

四 惩治机制

除《宋刑统》"以赦前事相告言"相关规定以外,臣僚奏对也直接推动了"毋告赦前事"原则的实践运行。宋代士大夫阶层普遍习为惇厚,崇尚宽容,强烈谴责"外托公言,内缘私忿,诋欺暧昧,苟陷善良"的构陷行为。仁宗末年,翰林学士张方平、殿中侍御史吕诲先后进言,指责中外臣僚暴人

---

[1] 《宋刑统校证》卷25《诈伪律》"伪造宝印符节",第328页。按:值得注意的是,本条量刑在实践中不断变化,神宗初年已加至死刑。熙宁三年十一月,枢密使文彦博言:"臣闻刑平国用中典。自唐末至周,五代乱离,刑用重典,以救一时,故法律之外,轻罪或加至于重,徒流或加至于死。权宜行之以定国乱,可也,然非律之本意,不可以为平世常法。国家承平百年,当用中典,然因循用法,犹有重于旧律者。若伪造官文书,即律止于流二千里,今断从绞;尤其甚者,因近年臣僚一时起请,凡伪造印记再犯皆不至死者,亦从绞刑,是不应死而死也。"《续资治通鉴长编》卷217"神宗熙宁三年十一月戊申",第5280页。

[2] 《宋刑统校证》卷25《诈伪律》"盗用宝印符节",第329页。

[3] 《续资治通鉴长编》卷513"哲宗元符二年七月庚申",第12201页。

阴私、相互攻讦。[1] 嘉祐五年（1060）六月乙丑颁布的《诫约不得言人赦前事及小过细故诏》强调："言人赦前事，若有司受而为理者，并论其罪。"[2] 以此警示臣僚毋得揭举他人赦前事。治平四年（1067）九月二十二日神宗即位大赦又曰："中外臣僚多以赦前事捃摭吏民，兴起狱讼；苟有违误，咸不自安，甚非持心近厚之谊，使吾号令不信于天下。其申诏内外言事、按察官司，毋得依前举劾，具按取旨，否则科违制之罪"[3]，整治告讦乱象之志可谓昭然。但是，此诏违背言官"风闻言事"惯例，实质上剥夺了御史、谏官的法定职责。同年九月二十七日，知谏院司马光再三奏请"追改前诏，刊去'言事'两字"，认为若言官"言之得实，诚所欲闻，若其不实，当罪言者"[4]。可见，无论是律文所言"以其罪罪之"，抑或讯劾告言之人，甚至追究违制之罪，凡此种种，其意均在要求各级法司严格掌控时间节点，遏制举告赦前之事。需要指出的是，赦令发布前后，法司应依法定时限审理案件，不得因赦令发布影响案件审理进程。据元祐七年（1092）七月戊申《赦前鞫公事诏》："应赦前鞫公事，诸处申乞不原赦恩，或官司故作拖延，若被勘之人逃亡，并令刑部候案到取旨。"[5]

1　按：张方平《论赦前事》曰："伏见近岁台谏及按察官等，多发人积年罪状，及有奏劾之事，辄请不以赦降原减，作法于凉，甚非治道。赦书之文云：敢以赦前事言者，以其罪罪之。所以省刑本而著至信也。人之多僻，其亦久矣。在于中人，孰能无过。若以一眚之故，而为终身之累，臣恐举世无全人矣。既经赦宥，许之惟新，忽复追论，谁将自保。快一时之小忿，失天下之大信，相沿弊迹，寖成险俗。弃瑕录善，义则不然。伏望特降诏书，明谕中外，今后言事及按察官等，不得发人累经赦宥之事，及乞不以赦降原减。上资忠厚之风，允穆大公之化。"[（宋）张方平：《乐全先生文集》卷20《论事·论赦前事》，四川大学古籍整理研究所编：《宋集珍本丛刊》影印清钞本，第5册，线装书局，2004，第786页下—787页上] 殿中侍御史吕诲言："'故事，台谏官许风闻言事者，盖欲广其采纳，以辅朝廷之阙失。比来中外臣僚多上章告讦人罪，既非职分，实亦侵官。甚者诋斥平素之缺，暴扬暧昧之事，刻薄之态，寖以成风，请惩革之。'故下是诏。"《续资治通鉴长编》卷191"仁宗嘉祐五年六月乙丑"，第4627页。
2　（宋）佚名编：《宋大诏令集》卷194《政事四十七·戒饬五·戒约不得言人赦前事及小过细故诏》，中华书局，1962，第712页。按：《东都事略》所记此诏文字略异："自今臣僚如有辄上封章，告人罪及以赦前事言者，并当讯劾之。"《东都事略》卷6《仁宗纪二》，第47页。
3　《文献通考》卷173《刑考十二·赦宥》，第5171页。
4　《宋史》卷201《刑法三》，第5028页。
5　王智勇、王蓉贵主编：《宋代诏令全集》卷712《刑法·刑制九》，四川大学出版社，2012，第6875页。

第三节　赦前罪过之司法裁判

赦前罪行与赦宥类型之间存在直接对应关系，并将对行为人的裁判结论产生重要影响。马端临曾对宋代赦宥类型（大赦、德音、曲赦）及其赦宥对象有如下经典概括：

> 宋朝赦宥之制，其非常覃庆，则常赦不原者咸除之，其次释杂犯死罪以下，皆谓之大赦，或止谓之赦。杂犯死减等，而余罪释之；流以下减等，杖、笞释之，皆谓之德音；亦有释杂犯罪至死者。其恩霈之及，有止于京城、两京、两路、一路、数州、一州之地者，则谓之曲赦。[1]

作为累朝相沿且尽人皆知的法律常识，"毋告赦前事"原则在常规司法裁判中的运行状况究竟如何？赦前事之诉是否得到有效遏制？解决上述疑问，尚需透过个案考察与类案分析，方可能得出较为接近史实的若干结论。因《宋刑统》"以赦前事相告言"明确规定了受理赦前事的法律责任，因此，州县法司对于此类告诉势必保持高度警惕。直接且单纯以赦前事告诉的案件相对罕见，对于赦前发生的普通民事、刑事案件，法司亦避免主动干预或介入。如因其他案件牵涉，法司必须对赦前关联情节做出判断时，往往选择豁免或减等处罚。由于此类牵连型案件多因田宅、婚姻等民间细故所起，不存在政治因素考量，故而更加接近宋代司法处置赦前情节之原貌与常态。至于官僚

---

[1] 《文献通考》卷 173《刑考十二·赦宥》，第 5167 页。按：又据《宋史·刑法二》："恩宥之制，凡大赦及天下，释杂犯死罪以下，甚则常赦所不原罪，皆除之。凡曲赦，惟一路或一州，或别京，或畿内。凡德音，则死及流罪降等，余罪释之，间亦释流罪。所被广狭无常。又，天子岁自录京师系囚，畿内则遣使，往往杂犯死罪以下，第降等，杖、笞释之，或徒罪亦得释。若并及诸路，则命监司录焉。"《宋史》卷 201《刑法三》，第 5026 页。

赦前罪行，普通刑事犯罪往往经言官弹奏、御史台推问奏报、君主裁决等司法环节，以贬黜等行政处分方式获得一定减免；反逆、叛降等严重犯罪，则不论赦前赦后，须启动追诉机制实施制裁。

一　免责

宋代民间词讼如案情涉及赦前事状，法司则以赦令颁布为界予以裁断。《清明集》"妄诉田业案"中，法司针对刘纬平日健讼情节，首先强调"今事在赦前，固难追断"。由此可见"不理赦前事"原则对于受案和裁判范围的直接效力。同时认为，"若不少加惩治，将无以为奸狡者之戒。从轻决竹篦十下"[1]。此类处罚显然不属于常规刑罚，只是针对哗徒略施薄惩，以明教化。"定夺争婚案"中，吴重五伙同吴千乙兄弟先将阿吴一女二嫁，前夫之家乞还财礼，法司追索供对，又牵出吴千二"同姓为婚"一节。本案中，因阿吴已有孕在身，最终以退还翁家财礼结案，吴重五等三人所涉"同姓为婚"与"和娶人妻"徒二年的刑责，因"犯在赦前，且与免断，引监三名备元受钱、会，交还翁七七"[2]。"伪将已死人生前契包占案"中，黄明之与李日益争讼破塘下东山边吴友暹田业。黄明之于吴友暹死后，"乃写立已死人契，尽该一十八丘，是欲包并三家物业为一"。法司以"所有黄明之假伪之罪，事在赦前，且与免科"[3]。《勉斋集》所记"陈希点帅文先争田案"中，陈希点两次陈词，妄诉帅文先不使官会之罪，黄榦认为："若从条定断，则陈希点合在反坐决配之条，事在赦前，且免根究。"[4] 司法实践中，枉法裁判行为也可能因

---

[1] 中国社会科学院历史研究所、宋辽金元史研究室点校：《名公书判清明集》卷4《户婚门·争业上》"妄诉田业"，中华书局，1987，第123页。

[2] 《名公书判清明集》卷9《户婚门·婚嫁》"定夺争婚"，第349页。

[3] 《名公书判清明集》卷9《户婚门·违法交易》"伪将已死人生前契包占"，第307页。

[4] （宋）黄榦：《勉斋先生黄文肃公文集》卷40《判语·陈希点帅文先争田》，四川大学古籍整理研究所编：《宋集珍本丛刊》影印元刻本，第68册，线装书局，2004，第208页下。

事在赦前，得以免除处罚。如"白莲寺僧如琏论陂田案"中，如琏"经转运司论金溪县尉看定薛定陂田，不还本寺耕种，仍将行者勘杖一百，在县身死。所断不当，事送本县看详"。先前审理疑点重重，所涉"吏辈受财，曲断其事，已在赦前，皆可勿问。而所争之田，欲乞上司再委官前去地头体究，方见着实庶绝词讼，申都运提举使衙取旨挥"[1]。可见，刘纬、吴重五、黄明之、陈希点等所涉及的民事争讼，皆因犯在赦前，得以免科。

二 减等

因赦宥减等的案例多因案情涉及赦前事状，法司往往予以减等处置。《清明集》"鼓诱卑幼取财案"中，黎定夫等在孙母阿杨健在的情况下，教唆其私自倚当田业，得钱共一百二十贯足。黎定夫、夏某、刘庚四等得财有差。孙某有母在，而私以田案倚当，亦合照瞒昧条，从杖一百。刘顺为牙保，亦当同罪。法司认为："虽犯在赦前，然黎定夫等诈欺得财，陪涉卑幼，以破坏人家财产，残害人家子弟，岂容罚不伤其毫毛。案备所供，申使、府取自施行。"[2] 显然，对于黎定夫等人的处罚，法定刑应为杖一百，在考虑赦宥因素的同时，申报府司施加制裁，且应在杖一百以下论断，以惩效尤。"母在与兄弟有分"案中，魏峻在其母健在、兄弟尚存的情况下，以危文谟为牙人，将田业典与丘汝砺。"魏峻来丘汝砺家交易，危文谟赍契往李氏家著押"，交易程序均系违法。法司认为："丘汝砺、危文谟犯在赦前，自合免罪，但危文谟妄词抵执，欺罔官司，败坏人家不肖子弟，不容不惩，勘杖六十，仍旧召保。"[3] "争墓木致死案"中，余细三十等与胡小七因祖墓林木纠纷，导致胡小七佃火危辛一殒命。"推原起争

---

[1] 《勉斋先生黄文肃公文集》卷38《判语·白莲寺僧如琏论陂田》，第196页上。
[2] 《名公书判清明集》卷8《户婚门·孤幼》"鼓诱卑幼取财"第284页。
[3] 《名公书判清明集》卷9《户婚门·违法交易》"母在与兄弟有分"，第301—302页。

之因，皆胡小七者以判状付之悍仆，依凭威势，平白斫伐他人墓木。"法司认为："照得余再六所犯在减降赦前，其弟余再三已毙于狱，其父余细三十已作余超名，前经刑部特与贷命，决脊杖二十，刺配二千里军州牢城。"[1] 余氏兄弟致死人命，因赦宥减等发落。"豪横方震霆等虐害案"中，方震霆涉嫌强骗财物、欺诈田业、兜揽诈赖等，数罪并罚，当断死刑。法司以"前贤之后，合从三宥，兼所招亦有系赦前者，特与从轻勘杖一百，编管南康军"[2]。以上黎定夫、魏峻、余再六所犯，杂有物业倚当、田产交易，以及因墓林争议引发的人命官司，皆因事在赦前，法司据律酌情，减等处置。

三　降贬

宋代文献之中，官僚因赦前事遭受责罚降贬的事例不在少数，此与不理赦前事原则之间，似乎存在矛盾关系。其实，解释此类现象，应从赦令性质与言官职责切入。赦免实质上是君主以国家名义豁免行为人罪责，至于赦免的时限、范围、罪行等，均存在适当调整的可能，且可以通过诏狱追究特定赦前犯罪。简而言之，对于官僚赦前犯罪，君主拥有赦免与否的终极权力。与此同时，宋代御史、谏官弹奏官僚违法，不受"毋告赦前事"原则的限制。司马光是御史言事传统的坚定维护者，"御史之职，本以绳按百僚，纠摘隐伏。奸邪之状，固非一日所为。国家素尚宽仁，数下赦令，或一岁之间至于再三，若赦前之事皆不得言，则其可言者无几矣"[3]。因此，官僚赦前犯罪多因言官举奏、并由御史台等机构审理，并经皇帝裁断，最终结果多以赦前刑罚为限减等论断。如屯田员外郎盛梁知普州时，"受赇枉法，给部民韩从曦

1　《名公书判清明集》卷9《户婚门·墓木》"争墓木致死"，第331页。
2　《名公书判清明集》卷12《惩恶门·豪横》"豪横"，第454—455页。
3　《宋史》卷201《刑法三》，第5028页。

所纳田产，下御史按劾"[1]，由监察御史任中正按问，罪当大辟，[2] 以其父年八十，子年十四，法当上请，"又事在（咸平）五年郊祀赦前，故免死焉"[3]。咸平六年（1003）二月庚寅，盛梁削籍、黥面、流崖州。庆历四年（1044）十一月甲子，大理评事、集贤校理苏舜钦因以鬻故纸公钱召妓女开席、会宾客，御史中丞王拱辰讽其僚属鱼周询、刘元瑜等劾奏，事下开封府治。"是时南郊大礼，而舜钦之狱，断于赦前数日"[4]，法司刻意规避赦宥条款，苏舜钦仍除名、勒停。同年十二月十九日，大理寺丞、集贤校理陆经因借贷西京民钱，数与僚友燕聚，语言多轻谏官等事，为监察御史刘元瑜劾奏，"'请重置于法，勿以赦论。'诏遣太常博士王翼往按其罪，并以经前与进奏院祠神会坐之，责授袁州别驾"[5]。上述案件之中，举劾和审理等环节皆有御史充分参与，此与宋代言职弹奏官僚违法，不受赦令限制的司法传统高度契合，最终的处置结论，亦充分展现君主变更、解释和适用赦令的权限。因此，宋代官僚因赦前犯罪遭受处分者并非个案。元祐元年（1086）闰二月，右司郎中张汝贤言：邵武军知军张德源、将乐知县杨永、宣化知县赵佽、光泽知县曹格增起盐额、科抑过限、用刑残酷，虽在赦前，奏请特行黜责。"诏张德源特冲替；赵佽、曹格差替；杨永候案到，令刑部奏取指挥。"[6] 元符元年（1098）春正月癸酉，右监门卫大将军、惠州刺史令箸殴击城西厢使臣贾若谷，并伤其弟。因"犯在赦前，合原，诏特降一官"[7]。需要注意的是，并非所有赦前犯罪皆可以降贬方式得到宽宥，叛逆、杀人、贼盗等严重罪行，则不以赦前赦后为限，依法论刑。

---

[1]《续资治通鉴长编》卷54"真宗咸平六年二月庚寅"，第1181—1182页。
[2] 参阅《宋史》卷288《任中正传》，第9670页。
[3]《续资治通鉴长编》卷54"真宗咸平六年二月庚寅"，第1182页。
[4]（宋）魏泰撰，李裕民点校：《东轩笔录》卷4，中华书局，1983（唐宋史料笔记丛刊），第41页。
[5]《续资治通鉴长编》卷153"仁宗庆历四年十二月乙巳"，第3726页。
[6]《续资治通鉴长编》卷368"哲宗元祐元年闰二月壬辰"，第8866页。
[7]《续资治通鉴长编》卷494"哲宗元符元年春正月癸酉"，第11736—11737页。

第四节 严重罪行之追诉处置

一 叛逆

对于发生于赦前叛逆重罪,不得享受赦宥优待,仍须依律问罪。《宋刑统》规定:谋叛谓"有人谋背本朝,将投蕃国,或欲翻城从伪,或欲以地外奔,即如莒牟夷以牟娄来奔,公山弗扰以费叛之类"[1]。如张田镇桂州日,宜州人魏利安负罪亡命西南龙蕃。至和二年(1055)二月,随蕃酋龙以烈入贡,利安遭张田诘责枭首。龙以烈罪亦当死,张田认为"'事幸在新天子即位赦前,汝自从朝廷乞恩。'乃密请贷其死"[2]。元丰六年(1083)二月丁未朔,两地供输人周辛祖、顺祖、六儿因私过北界,与崔学郎等觇事,犯在赦前。"诏周辛祖、顺祖、六儿各处斩。"[3] 两宋之交,金人谋立异姓,右谏议大夫宋齐愈书张邦昌姓名。此后,"宋齐愈下台狱,法寺以犯在五月一日赦前,奏裁。诏齐愈谋立异姓,以危宗社,非受伪命臣僚之比,特不赦"[4]。建炎元年(1127)七月甲辰,斩宋齐愈于都市。以上三例谋叛行为因属于十恶重罪,为常赦所不原,故须依律问刑。

二 人命

人命案件是宋代赦宥中甚为关注的特定类型。天禧元年(1017)三月辛酉,江南提点刑狱、太常博士范应辰曾有"赦前杀人剽财,赦后虽不复为,

---

[1] 《宋刑统校证》卷1《名例律》"十恶",第8页。
[2] 《宋史》卷333《张田传》,第10706页。
[3] 《续资治通鉴长编》卷333"神宗元丰六年二月丁未",第8013页。
[4] 《宋史》卷200《刑法二》,第5001页。

若因事捕获，决隶远恶州军"[1] 之议，虽因故搁置，亦足见时人对赦前人命案件之重视程度。景德二年（1005）正月甲申，高品王怀信部送通利军强盗三人赴阙，请行磔市之戮，"其犯乃在赦前，上曰：'赦令所以示信于天下也，况此等未尝杀人。'悉宥之，以隶军籍"[2]。显然，赦前强盗若无杀人情节，即有享受减免的可能。北宋中期以后，对于赦前杀人多予以追责。景祐元年（1034）四月二十九日，中书门下言："诸路州军明道二年三月赦前配军人，除十恶、杀人放火、父母陈首及元是军人作过配到者依旧外，自余杂犯配军人并放逐便。"[3] 即赦前因杀人配军者，不得宽宥，仍须依旧服役。《石谔墓志》曾记石谔［政和二年（1112）卒］追究赦前命案事例："属县章丘有李氏，赀高忍愎，婢仆忤意，辄断舌抉目，手刃数十辈。以贿结郡县吏，刺守令短阴持之。君至，摘其奸，而会赦当原。君言于朝，诏尽削其官，黥配岭表，郡人快之，自是豪右敛迹。"[4] 南宋光宗时，"常德有舟稍程亮，杀巡检宋正国一家十二口，累岁始获，乃在宁庙登极赦前，吏受其赂，欲出之"。大理少卿俞澄奏援太祖朝戮范义超故事，以为"杀人于异代，既更开国大霈，犹所不赦，况亮乎？于是遂正典刑"[5]。可见，关于赦前杀人案件的裁判，始终是宋代舆论的焦点，在进行个案裁判时，被奉为"祖宗故事"的范义超案，已经成为后世裁判类案的重要依据，实质上承担了典型判例所具备的指导和参照功能。

---

[1] 《文献通考》卷173《刑考十二·赦宥》，第5169页。
[2] 《续资治通鉴长编》卷59"真宗景德二年正月甲申"，第1316页。
[3] 《宋会要辑稿》刑法4之19，第14册，第8456页。
[4] 郭茂育、刘继保编著：《宋代墓志辑释》，中州古籍出版社，2016，第463页。
[5] （宋）周密撰，张茂鹏点校：《齐东野语》卷10"俞侍郎执法"，中华书局，1983（唐宋史料笔记丛刊），第180页。按：据《宋史·刑法二》："陕州民范义超，周显德中，以私怨杀同里常古真家十二人，古真小子留留幸脱走，至是，擒义超诉有司。陕州奏，引赦当原。帝曰：'岂有杀一家十二人，可以赦论邪？'命正其罪。"（《宋史》卷200《刑法二》，第4985页）《长编》将此事系于开宝五年（972）五月癸酉，"陕州言，民范义超周显德中以私怨杀同里常古真家十二人，古真年少脱走得免，至是长大，擒义超诉于官，有司引赦当原。上曰：'岂有杀一家十二人而可以赦论乎？'命斩之"。（《续资治通鉴长编》卷13"太祖开宝五年五月癸酉"，第284页）《文献通考》《宋史全文》所记与《长编》略同。

三　贼盗

重惩贼盗是宋代刑事政策调整的重要方面，《贼盗重法》《窝赃重法》《重法地法》等均与此直接相关。与此同时，贼盗犯罪亦是"赦前事之诉"原则体系中的特殊类型，对于严重、恶性贼盗犯罪，往往不论赦前赦后，并行惩治。淳化元年（990）十一月十八日诏："窃盗、强盗至徒以（北）〔上〕并劫贼，罪在赦前而少壮者，并黥面配本城。"[1] 天圣六年（1028）八月，知永兴军姜遵言："'请应陕西捉获强盗贼赃及一贯已上，永配牢城；一贯已下再犯及窃盗，不计赦前后，但经三犯，并配军。庶令悛改，肃清关辅。'奏可。"[2] 治平四年（1067）九月十四日，审刑院、大理寺言：除开封府县、曹、濮、澶、滑州诸县以外，"'欲乞其余州军今后灾伤地分（特）〔持〕杖强盗，不以财物、斛斗，但同火三人以上，伤人及赃满者，如捕盗官吏及诸色人等捕获正贼，鞠勘得本非良民，前来已曾作贼，罪至徒，经断不以赦前后，但今犯合至死者，如合该酬奖，更不用灾伤减等，并依元条施行。余依刑部敕取旨。'从之"[3]。为打击灾伤州县饥民强盗谷米，治平四年（1067）九月诏："灾伤州县持仗强盗，不以财物斛斗，但同火三人以上，伤人及计赃罪死者，捕获已尝为盗，至徒经断，不以赦。前后今犯至死者，依元条，不用灾伤减等。"[4] 元祐六年（1091）闰八月戊辰，大理寺言：军人逃亡后，即

---

[1] 《宋会要辑稿》刑法4之2，第14册，第8446页。

[2] 《宋会要辑稿》刑法4之15，第14册，第8453—8454页。

[3] 《宋会要辑稿》兵11之28-29，第14册，第8832页。按：此处元敕，指治平三年四月五日诏，"开封府长垣、考城、东明县并曹、濮、澶、滑州诸县获强劫罪死者，以分所当得家产给告人，本房骨肉送千里外州军编管，即遇赦降，与知人欲告、案问欲举自首、灾伤减等，并配沙门岛。罪至徒者，刺配广南恶州军牢城，以家产之半赏告人，本房骨肉送五百里外州军编管，编管者遇赦毋还。五服内告首者，具案奏。获贼该酬赏者，不用灾伤降等"。《宋会要辑稿》兵11之26-27，第14册，第8831页。

[4] （宋）程大昌撰，徐沛藻、刘宇整理：《演繁露续集》卷1《制度》"饥民强盗人谷米"，上海师范大学古籍整理研究所编：《全宋笔记》（第4编，第9册），大象出版社，2008，第166页。

因强盗、放火、谋杀人配充军而犯者,"不以赦前,徒罪皆配广南,流罪配沙门岛"[1]。上述赦前贼盗等重罪,无论赦宥诏敕颁布前后,官府均应主动追诉,人犯不得享受赦免优待。

四 杂犯

除人命、贼盗等犯罪以外,依据社会治理现实需要,特定时期之特定罪名也可成为官府主动追诉的对象,且不受赦令时效限制。因相关罪行事类庞杂,权以"杂犯"概述。明道二年(1033)十一月三日,龙图阁直学士狄棐奏请:"广州杂犯罪人五犯杖罪,不以赦前赦后,决讫配岭北州军本城。"其后曾一度变更为赦后五犯方行刺配。至此,乞依元敕施行。诏"五犯杖罪,赦前者送邻州编管,赦后者即依前降指挥施行"[2]。即以赦令下达为界,赦前犯罪送邻州编管,赦后犯罪,仍决讫配岭北州军本城,可见赦令对量刑轻重之显著影响。景祐三年(1036)正月七日,中书门下言,诉雪程序之中,即使赦前产生的司法责任,事后仍需追究:"'欲令审刑院、大理寺、刑部,今后命官、使臣披雪犯罪,经别定夺显是不当者,元奏断、定夺、签书官员不以赦前赦后,并具姓名闻奏。'从之。"[3] 元丰元年(1078)六月二十九日,福建路转运使塞周辅提举本路盐事,奏请"私贩者、交易、引致、停藏、负载之人,不以赦前后,三犯杖皆编管邻州;已编管而再犯者,配本城。禁其般运杂和之弊,严其保伍捕告之法"[4]。即不论赦前后发生贩运私盐行为,且采取累犯加重处罚措施。绍兴年间为遏制江西州县健讼之风的臣僚奏请,则充分展示追诉机制对于常规赦令效力之强力突破。绍兴十三年(1143)八月

---

[1] 《续资治通鉴长编》卷465"哲宗元祐六年闰八月戊辰",第11109页。
[2] 《宋会要辑稿》刑法4之18—19,第14册,第8456页。
[3] 《宋会要辑稿》刑法4之73,第14册,第8485页。
[4] 《宋会要辑稿》食货24之17,第11册,第6520页。

丁未，度支员外郎林大声言："'江西州县百姓好讼，教儿童之言，有如四言杂字之类，皆词诉语，乞禁止。'刑部请不以赦前后编管邻州，从之。"[1] 礼部据奏，检准《绍兴敕》，"诸聚集生徒教辞讼文书杖一百，许人告。再犯者不以赦前后，邻州编管。从学者各杖八十"[2] 的规定，奏请将教授《四言杂字》认定为词讼之书，依条断罪。并行下诸路州军、监司依条施行。

至南宋宁宗时，《庆元条法事类》规定数项严重罪行不以赦前后一律问罪，遂使赦前重罪追惩趋于常态。如《诈伪敕》规定：伪造官印，印成文书或商税物者，"若于官物有犯，干系人知情减犯人一等。以上徒罪皆配本州，流罪皆配邻州。造伪人再犯流，不以赦前后配五百里"[3]。《卫禁敕》规定："诸知情私有榷引货，（贩与非贩等。）及知情引领交易、停藏、负载人，不以赦前后，四犯杖并邻州编管，经编管后各又两犯杖，不刺面配本城。（各以本色榷货理犯数。）"[4] 《名例敕》："诸僧、道犯盗诈恐喝财物，（未得者同。）若博赌及故殴伤人并避罪逃亡，或犯私罪徒、公罪流并编管及再犯私罪杖，（不以赦前后。）并还俗。"[5] 《贼盗敕》："诸盗杀官私马、牛，流三千里，三头匹者，虽会赦配邻州。（累及者，不以赦前后准此。）"[6] 与其他诏敕受特定时间、地域限制不同，此类条法具备普遍适用的法律效力。

总之，不同时期的诏敕是追惩赦前特定罪名的直接依据，也是变更、排除先前赦令的最高准则，且无论赦前赦后，一体行用，从而达到排除特定罪行适用赦宥的最终目的。上述叛逆、贼盗、杀人等赦前犯罪，或须赦前赦后一并追究，或依法不在赦宥之限。与普通刑事、民事案件相比，此类刑事重

---

[1] （宋）李心传撰，辛更儒点校：《建炎以来系年要录》卷149"绍兴十三年八月丁未"，上海古籍出版社，2018，第2546页。
[2] 《宋会要辑稿》刑法3之26，第14册，第8406页。
[3] （宋）谢深甫等撰，戴建国点校：《庆元条法事类》卷17《文书门二·给纳印记》，黑龙江人民出版社，2002（中国珍稀法律典籍续编），第364页。
[4] 《庆元条法事类》卷28《榷禁门一·榷货总法》，第381页。
[5] 《庆元条法事类》卷50《道释门一·总法》，第690页。
[6] 《庆元条法事类》卷79《畜产门·杀畜产》，第890页。

罪往往难于享受减等或免责等优待。

本章小结

中国古代"赦前事之诉"禁令至少包含诏敕、律文、解释三类表述方式。作为累朝遵行之基本诉讼原则,"毋告赦前事"在宋代立法体系架构之内,得到充分而细致的展现。尤其值得关注的是,宋代通过对赦令适用时效和适用范围的有效掌控,建构了立案审查、警示防范、划界甄别等综合管控机制。其中,通过赦前颁布"约束",化解潜在风险的惯例性行为方式,为赦令有效实施提供了有力支持。司法实践中,除依照律文规定免责外,形成了减等处罚以示惩戒的诉讼惯例,意在宣明教化,劝诫风俗。至于御史、谏官举奏的赦前罪行,长期存在排斥"毋告赦前事"原则适用的司法传统。对于严重刑事犯罪,后续诏敕时常排除先前赦令的适用效力,且体现出鲜明的时效和地域特色。在处置严重罪行领域,法司通过援引前朝或本朝"故事",认可、比附并采纳先前判例作为法律渊源,由此亦可证明成法之外,惯例性规则的重大实践价值。

第六章
取 会

中国古代证据的种类、收集、运用和效力等，一直是证据学科研究的重点领域。目前，学界已在宋代证据类型、证人制度等方面进行了深入研究，并取得一系列重要学术成果。[1] 然而，关于中国古代取证程序运行中存在的顽瘴痼疾和应对策略，仍有深入讨论之余地。两宋之际取证规则的发展与运行，为查明传统证据制度体系构造和运行机理提供了参考样本。作为本书讨论的关键命题——"取会"是宋代官署之间以调查取证为核心的日常公务行为，具体指各级官署调查案情、取阅文案、获取证据、推动程序的特定司法行为，也包括对证据的可采性审查。[2]《宋史·赵与懽传》记载："死囚以取会驳勘，动涉岁时，类瘐死，而干证者多毙逆旅。宜精择宪臣，悉使详覆，果可疑则亲往鞠正，必情法轻重可悯，始许审奏。"[3] 此处"取会"，即为法司调查取证之意。取会程序之适用，遍及宋代法律创制、法司审判和刑罚执行等领域，实践中又称为"会问""追会"等。元祐三年（1088）五月四日，监察御史赵挺之"'请以台官所言事付三省看详，若合立法及冲改旧法，即

---

1 代表性研究成果有：王云海《宋代司法制度》，河南大学出版社，1992；郭东旭《宋代法制研究》，河南大学出版社，1997；蒋铁初《中国古代证人制度研究》，《河南省政法管理干部学院学报》2001年第6期；郭东旭、魏磊《宋代"干证人"法制境遇透视》，《河北大学学报》（哲学社会科学版）2008年第2期；姜登峰《中国古代证据制度的思想基础及特点分析》，《证据科学》2013年第4期；张鹏莉、李尧《论"以审判为中心"对侦查取证的指引作用》，《证据科学》2018年第2期。
2 栾时春：《宋代证据制度研究》，法律出版社，2017，第66页。
3 （元）脱脱等：《宋史》卷413《赵与懽传》，中华书局，1977，第12402页。

乞下本部取会如何施行，从朝廷指挥。'从之"[1]。此为法律创制程序中取会之例；天圣三年（1025）八月臣僚言：因部送之人不切监防，诸州决配强贼多在路走透，"遂诏申明前制，仰逐处据所配罪人约度地里、日数，移文会问，每年终具数闻奏。转运使每半年一次举行指挥，常切关防，不得旷慢"[2]，此为刑罚执行程序中取会之例。本书以宋代取证程序时限问题为核心，关注取会规则的发展变化与实际运行，旨在厘清取证程序存在的诸多弊端及其破解对策，试图通过古今参照，为当代法治建设提供借鉴。

第一节　取会规则之体系架构

取会法司与承受机构双方是会问程序基本参与主体，按照地域管辖原则，"诸犯罪，皆于事发处州县推断。在京诸司人事发给（者）、巡察纠捉到罪人等，并送所属官司推断。在京无所属者，送开封府"[3]。直至南宋，仍规定"诸犯罪皆于事发之所推断"[4]。由此，受理案件初审的各级法司成为承受取会的责任主体。具体而言，宋代会问取受规则主要涉及公文管理、期限管理和羁押管理等基本要素。

一　公文管理

公牒是宋代官署办理各类公务的长行公文，法律对于牒文程式有详细规定。在诉讼程序中，如涉及调查事宜，各级法司均应执公牒取会。景德二年

---

[1] 刘琳、刁忠民、舒大刚、尹波等校点：《宋会要辑稿》职官1之26，第5册，上海古籍出版社，2014，第2952页。
[2] 《宋会要辑稿》刑法4之12，第14册，第8452页。
[3] 高明士：《天圣令译注》，元照出版有限公司，2017，第457页。
[4] （宋）谢深甫等撰，戴建国点校：《庆元条法事类》卷73《刑狱门三·决遣》，黑龙江人民出版社，2002（中国珍稀法律典籍续编），第744页。

（1005）六月诏强调，"审刑院、刑部，凡会问公事，并须公牒往来"[1]。元祐四年（1089）七月甲申规定，三省、枢密院以外机关勾唤人吏，应押贴子取索，"如有合会问事，许押贴子取索，仍令实封赍还。御史台合要人吏指说，即依原条"[2]。为确保取会公牒顺利传递，天圣二年（1024）正月规定：开封府禁勘公事，实行取会专递之制，如"干系外州军，追捉照证人及合行会问公文，令入马递发放，不得将常程公事一应发遣"[3]。南宋设立"递补取会"规则，落实取会公牒传达责任。《庆元条法事类》规定："诸定夺有所追取、会问，并直牒所属，（州院、司理院申本州，移文。）有妨碍者，牒以次官，俱妨碍者，牒他官。"[4] 在取会文书管理方面，宋代法令也颇多发明。淳熙八年（1181）七月四日，刑部侍郎贾选言："'乞自今刑寺驳勘取会狱案文字，令进奏院专置绿匣，排列字号、月日、地理，当官发放。所至铺分即时抽摘单传，承受官司依条限具所会并施行因依，实书到发日时，用元发（缘）〔绿〕匣回报，庶几违滞之处易于稽考。'从之。"[5] "绿匣取会"意在督促承受官司及时回复调查内容，是宋代凭牒取会原则的重要进步，并在法律事务中发挥重要作用。《黄氏日抄》曾言："非刑狱追会之事，筒匣又不可轻遣。"[6] 宋代各级官府对于筒匣、牌信的使用异常慎重，而上司绿匣与州县牌信之间，则存在直接指令关系。《州县提纲》言"信牌之类，不可常出，常出则人玩。惟上司绿匣追会，及大辟强盗时出而用之"[7]。此外，《庆元条法事类》确立回报文书编号规则："诸省、台、寺、监若余官司会问文书用字

1　《宋会要辑稿》职官15之1，第6册，第3407页。
2　（宋）李焘撰，上海师范大学古籍整理研究所、华东师范大学古籍研究所点校：《续资治通鉴长编》卷430 "哲宗元祐四年七月甲申"，中华书局，1992，第10394页。
3　《宋会要辑稿》刑法3之60，第14册，第8424—8425页。
4　《庆元条法事类》卷8《职制门五·定夺体量》，第144页。
5　《宋会要辑稿》职官15之26，第6册，第3421页。
6　（宋）黄震：《黄氏日抄》卷72《申明三·申提刑司乞造循环匣状》，张伟、何忠礼主编：《黄震全集》（第6册），浙江大学出版社，2013，第2120页。
7　（宋）佚名撰，张亦冰点校：《州县提纲》卷2 "立限量缓急"，（宋）李元弼等撰，闫建飞等点校：《宋代官箴书五种》，中华书局，2019，第119页。

号者，于回报公文前朱书来号。"[1] 总之，在诉讼程序中，以凭牒取会原则为要旨的公文管理规则得到长足发展，并在官府公务中广泛适用。

二　期限管理

徐朝阳曾言："法律因权利义务久不确定，恐于社会秩序有重大妨碍，特设一定期限以确定其权利义务，是即时效之制所由起。"[2] 依限取会是宋代会问规则之核心内容，取会法司与承受机构须共同遵守、协作履行法定期间。宋代创设了较为缜密的取会期限规则，取会、承受法司均受到各类取会期限的严格约束。《庆元条法事类》规定：奉使取会者，限期三日，"诸奉使官司取会文书，限三日报，急，一日，于法当应副事，限二日"[3]。三省、枢密院、省、台、寺、监"若会同取索（余官司被受朝旨而会问取索者同）而违限者，论如官文书稽程律。以上催驱官与同罪，即回报不圆，致妨定断，减二等"。据《宋刑统》"制书稽缓错误"条："其官文书稽程者，一日笞十，三日加一等，罪止杖八十。"[4] 取会法司误期者，当职应据此处罚；承受官司对于取会回报有失者，依律减等论断。同时，取会期限的设定，应充分考虑难易程度、往回时间和查证期限等因素，以保障承受官司顺利履行职责。对于承受朝省追取、会问待报事件，"计往回及约行遣程限已过，三经举催不报，或虽五报而不圆者，申所属提点刑狱司究治，仍申尚书刑部。若事干监司者，即申尚书省"[5]。承受三省、枢密院、省台寺监会问取索事件，"限五日报，（有故者除之。）别置籍，委官（发运、监司委主管文字、检法官，州

1　《庆元条法事类》卷16《文书门一·文书》，第345页。
2　徐朝阳著，吴宏耀、童友美点校：《中国古代诉讼法》，中国政法大学出版社，2012，第48页。
3　《庆元条法事类》卷5《职制门二·奉使》，第48页。
4　（宋）窦仪详定，岳纯之校证：《宋刑统校证》卷9《职制律》"制书稽缓错误"，北京大学出版社，2015，第137页。
5　《庆元条法事类》卷8《职制门四·定夺体量》，第143页。

委通判或幕职官。)催驱"。若承受官司不能按期完成,应"具事因申请展限,未报,通计违日理之"[1]。法令对于承受机构回报逾期、催促无效者设定明确罚则。绍兴五年(1135)三月八日诏规定,诸路监司取会州县,"三经究治不报,住滞人吏杖一百勒停,当职官申尚书省取旨"[2]。此条后来纂入《庆元条法事类》,[3] 遂为常法定制。南宋朝廷特别强调,各级法司不得妄行取会,承受官司禁止回报,"诸公事已有照验而官司在作行遣相度与度取会者,承受处不得回报,具事因申牒所枉处统属官。其在京无统属者,申尚书省"[4]。对于其他州县合法追会,承受官司则应于限内从速办结,"不宜住滞,枉费盘缠,便生恶语"[5]。总之,期限始终是取会程序之枢轴所在,也是制约审理、羁押等程序之要害命门。上述关于取会期限、催报次数、展期申请、稽误罚则、妄行取会的详尽规定,成为规范和约束各级机关办理取会业务的基本法则。

三 羁押管理

因追会取证而牵涉入案人员,多于州县监狱临时羁押,时谓"寄收"。然而,取会羁押却因缺乏明确法律规定,往往因循淹延,监管失当。不仅获释不可预期,且因所食宿无着、疾瘟蔓延,导致收寄干连人等处境异常悲苦。司法实践中,收寄者一般比照狱囚标准统一管理。天圣《狱官令》规定:"诸狱囚有疾病者,主司陈牒,长官亲验知实,给医药救疗,病重者脱去枷、

---

1 《庆元条法事类》卷 8《职制门四·定夺体量》,第 143 页。
2 《宋会要辑稿》职官 45 之 19-20,第 7 册,第 4242 页。
3 按:《庆元条法事类》规定:"三经究治不报,人吏杖一百,勒停,当职官具奏听。"《庆元条法事类》卷 8《职制门四·定夺体量》,第 142 页。
4 《庆元条法事类》卷 16《文书门一·行移》,第 352 页。
5 (宋)李元弼撰,张亦冰点校:《作邑自箴》卷 2《处事》,(宋)李元弼等撰,闫建飞等点校:《宋代官箴书五种》,中华书局,2019,第 14 页。

锁、杻，仍听家内一人入禁看侍。"[1] 因取会滋生的羁押问题曾引起朝廷高度重视，绍兴十三年（1143）六月四日诏："'今后应诸官司送下见禁取会未完并患病罪人赴在城巡检司知管、责保人，并与依临安府见禁罪囚例支破饮食，内病患者差医人医治。'寻诏诸路州军依此"[2]，从而使收寄人饮食、医药得到一定程度保障。此敕也从反面说明，因官司取会而遭遇羁押人员在食宿、医疗、拘禁等方面处境艰难。针对州县狱"将干连无辜之人一例收禁，狱犴常满，不上禁历"的羁押乱象，绍熙元年（1190）七月十二日臣僚奏请，申饬诸路提点刑狱常切觉察，颁发赤历记录收禁人员信息，专人申报，定期疏决：

"自今后分上下半年，从本司印给赤历，下州县狱官，以时抄转所禁罪人，不得别置寄收私历。州委司法，县委佐官，五日一申，随即检举，催促结绝。巡历所至，索历稽考，如辄将干证无罪之人淹延收系及隐落禁历，不行抄上而别置历者，按劾闻奏，官吏重置典宪。"从之。[3]

《庆元条法事类》参照囚徒管理规则，要求监所及时申报病囚信息，上司差官验视，符合条件者可取保医治；其余在押人员狱内医治，并逐日报告在册数额："诸囚在禁病者，即时申州（外县不申。）差官视验，杖以下（品官流以下。）情款已定，责保知在，余别牢医治，官给药物，日申加减，（在州仍差职员监医，其取会未圆责送官司知管者，准此。）"[4] 此外，狱内囚徒械系、入侍、看验等规定，对于取会收寄者亦可参酌适用。

---

1 高明士主编：《天圣令译注》，第531页。
2 《宋会要辑稿》刑法6之66，第14册，第8566页。
3 《宋会要辑稿》刑法6之71，第14册，第8569页。
4 《庆元条法事类》卷74《刑狱门四·病囚》，第766页。

第二节　取会程序之实际适用

"在证据裁判原则下，证据是连接实体与程序的纽带，是整个刑事诉讼枢机所在。"[1] 在刑事诉讼之中，法司时常通过取会程序核实信息、获取证据或查明案情，进而选择相应程序处置案件。按照北宋司法惯例，开封府大辟狱具，"本处既已录问，则申刑部请覆其实，刑部乃关吏部差官同虑，谓之审问"。罪囚如无翻异，则依律论决；如事有可疑，则移治他司。元祐元年（1086）闰二月庚戌，殿中侍御史吕陶言开封府勘小阿贾杀人公事，案件经吏部刘斐审问，"斐看详案卷，称是情节可疑，遂疏述不圆七事，申刑部乞行会问。续据本府回报，三事并是误供"。后刘斐接续条陈案节不圆一十二项，"刑部既见刘斐所申如此，亦虑小阿贾之情或涉冤枉，遂付大理再推，庶得其实"[2]。刘斐通过疏驳取会，核出案件事实与证据纰漏十九宗，案件移送大理寺推问，从而有效避免冤狱。绍圣四年（1097）十二月癸卯，御史蔡蹈言台司收到开封府东明县百姓六百九十八状，计一千八百五十九户，陈论本县不受夏旱灾伤诉请。经"取会到知县李升，缘故参府主簿何夷权管县事，未委本官何为不受前项词诉？"[3] 本案缘于县官任职、主政等行政事务纠葛，导致百姓诉请无人受理，最终引发大规模群体上访事件。而御史台取会县司，则是查明案情原委及追究当职责任的关键所在。宋代司法实践中，尚有通过取会程序牵出旧案之例。绍圣四年（1097）十一月癸未，泾原路经略使章楶奏陈诸路招募军士，普遍存在逃亡作过之人隐瞒身份之"投换"现象。贴黄曰："本司五月间，曾差使臣管押马三十九匹，往第八将交割。"渭州蕃落第

1　张鹏莉、李尧：《论"以审判为中心"对侦查取证的指引作用》，《证据科学》2018年第2期，第162页。
2　《续资治通鉴长编》卷369"哲宗元祐元年闰二月庚戌"，第8913页。
3　《续资治通鉴长编》卷493"哲宗绍圣四年十二月癸卯"，第11718—11719页。

二十指挥十将李孚调换马匹，事发逃亡，却将干证人禁系在狱，后李孚于兰州金城关投换蕃落第九十六指挥。兰州乃差人取会于渭州，遂牵出李孚换马旧案。章楶指出，"见今渭州司理院，缘李孚换马事，禁系干证人在狱，守待本人首获结绝，本州见差人勾追。向若不因会问，本司何曾得知？刑狱何由得结绝？"[1] 作为宋代日常公务之一的取会程序，在核对事主身份和查验案情细节中的关键地位，由此可窥其一斑。南渡以后，伴随人口迁徙，籍贯变动，曾推行"本贯会问"之制，以期查明系囚身份，从速疏决滞狱。据乾道元年（1165）五月十四日，刑部言："据舒州申，本州诸县犴狱淹延，动涉岁月。盖由淮南之人多自浙江迁徙，在法合于本贯会问三代有无官荫，及祖父母、父母有无年老应留侍丁，及非犯罪事发见行追捕之人。若数人共犯，则自东徂西，皆合会问，道途往返，少亦不下数千里。"[2] 建议居住七年以上者，即以居住地州县为本贯；死罪及徒以上并合用荫人，根勘官司仍须依条逐处会问。因追证之人有无官荫，是否应留侍丁，是否属于在逃人员等，"都关系到是否要减免或加重刑罚的原则性问题，不能轻信犯人口供，需实地调查才能确认"[3]。

姜登峰曾指出："我国古代重口供、轻物证，但是这并不代表我国古代不重视证据的收集或者证据的运用"[4]，惜未进行进一步阐释。宋代取会规则之实际运行，则成为中国古代高度重视证据收集与运用之明证。在民事诉讼之中，取会程序也得到广泛适用，并成为裁断民间婚田两竞案件的重要步骤。《清明集》保留数宗民事裁判追会事例，对于观察南宋民事案件取会的实际运作提供了参考依据。在《不当立仆之子》案中，官府可以取会调查诉讼参与人亲缘关系。黄以安死后无子，其兄黄以宁自行确立黄家仆从曹老之子为

1　《续资治通鉴长编》卷 493 "哲宗绍圣四年十一月癸未"，第 11711 页。
2　《宋会要辑稿》刑法 3 之 84，第 14 册，第 8439 页。
3　王云海：《宋代司法制度》，河南大学出版社，1992，第 281 页。
4　姜登峰：《中国古代证据制度的思想基础及特点分析》，《证据科学》2013 年第 4 期，第 417 页。

以安嗣。州司"合追阿袁、阿汤与曹老父子出官供对,及会问黄氏诸尊长,要见阿袁是不是生母,曹老是不是姓徐,阿汤是不是情愿命继,则曲直可以立判"[1]。显然,查访阿袁、曹老、阿汤等人信息,目的在于确认立继者的真实身份。《立继有据不为户绝》所记分割家产案,吴琛有女四人,生前曾立异姓男吴有龙为子,诸人相安无事,曾无异辞。有龙死后,吴琛女二十四娘等请求按照户绝标准分割家庭财产。赵知县依法确认吴琛、吴有龙之间合法收养关系,从而排除户绝法之适用。由于共同原告之一二十七娘身份状况存疑,"或称已嫁许氏,或称卖为义女,有词以来,不曾根对,又无婚书可凭"。宋代规定"已嫁承分无明条,未嫁均给有定法",则二十七娘身份状况将直接决定案件走向。因此,县司"欲与移文通城县取会却作施行"[2],即审判机关向二十七娘实际居住地调查核实。《官为区处》记录了因"一女二嫁"导致退还彩礼一事。李介翁死后,生母阿郑侵吞孤女良子嫁赀,良子转由房长李义达抚养,经义达主议,韩凤为媒,聘于余日荧男震子,"更以良子就养于余,且半年矣"。后李义达、阿郑及后夫希珂等合谋,劫夺良子,拟改嫁赵必惯。法司认为:"余日荧之子既不得婚,先来聘送礼物与半年供给之费,法理悉当追还。"鉴于良子年幼,不明利害,决定撤销先前婚约,"合并监阿郑及李义达,逐一计算理还,取会余日荧领状申"[3]。取会调查之主要内容,应为李义达收纳余家聘礼及良子半年供给费用。

取会是法司查明案情与获取证据之法定程序,如法司擅自略省,则于法有罚。熙宁九年(1076)八月戊申,侍御史周尹言:开封府勘劾司农寺吏刘道冲等盗用官钱事,"闻(判司农寺)张谔以简请求权知府陈绎于三数日结

---

[1] 中国社会科学院历史研究所、宋辽金元史研究室点校:《名公书判清明集》卷7《户婚门·立继》"不当立仆之子",中华书局,1987,第207—208页。
[2] 《名公书判清明集》卷7《户婚门·立继》"立继有据不为户绝",第217页。
[3] 《名公书判清明集》卷7《户婚门·孤幼》"官为区处",第232页。

案，故出罪人"[1]。陈绎受张谔请求，故纵司农吏死罪的具体情节，《宋会要辑稿》则记熙宁九年（1076）十二月二十二日，"谔以简抵绎催促，绎呼勘司人吏喻意，仍遣见谔，具道狱事，不候会问，便行区断，出却逐人重罪"[2]。开封府蓄意逾越向司农司调查取证的会问环节，存在明显程序瑕疵和舞弊事实，诏送提举诸司库务司劾问。此后，案件审理进程和结论又遭权御史丞邓润甫、知制诰熊本质疑。最终，陈绎落翰林学士兼侍读，以本官知制诰知滁州；张谔落直集贤院直舍人院，勒停。南渡以后，对于略省会问的处罚则更趋完善，《绍兴令》规定："诸受诉讼应取会与夺而辄送所讼官司者，听越诉，受诉之司取见诣实，具事因及官吏职位、姓名，虚妄者具诉人，申尚书省。"[3] 试图从百姓越诉、监司按劾两个角度督促法司依法履职。绍兴二年（1132），"尝有舟人杀士人一家，乃经府陈状云：'经风涛损失'，（知临安府宋）辉更不会问，便判状令执照"。显然，对于舟人谎报事故，临安府未经实地取会，乃迳行决断。"后事败于严州，尚执此状以自明。鞫之，前后此舟凡杀二十余家矣"[4]，知临安府宋辉此前渎职酿成的错案因此揭出。

第三节 取会诸弊与应对策略

与宋代严密的取会规则体系形成鲜明反差的是，取会程序运行之中，滋生出一系列以逾期违慢为显著症状的沉疴痼疾，严重侵害法司权威、司法效

---

1 《续资治通鉴长编》卷 277 "神宗熙宁九年八月戊申"，第 6778—6779 页。
2 《宋会要辑稿》职官 65 之 42-43，第 8 册，第 4822 页。
3 《宋会要辑稿》刑法 3 之 26，第 14 册，第 8406 页。
4 （宋）庄绰撰，萧鲁阳点校：《鸡肋编》卷中 "宋辉谬政士民诋恶"，中华书局，1983（唐宋史料笔记丛刊），第 55 页。按：《建炎以来系年要录》：绍兴二年正月己酉，"直龙图阁、江淮发运副使宋辉知临安府……（绍兴二年十二月）庚子，秘阁修撰、知临安府宋辉罢，以殿中侍御史曾统再疏，论其救火无术，罪戾至多，又受入内东头供奉官符辅之请求，纵释私酤故也。"〔（宋）李心传撰，辛更儒点校：《建炎以来系年要录》卷 51 "绍兴二年二月乙酉"，上海古籍出版社，2018，第 924 页；卷 61 "绍兴二年十二月庚子"，第 1078 页〕因此，宋辉审理此案当在绍兴二年知临安府任上。

能和事主权益。真宗景德年间,"每宣敕下诸路相度会问公事,多是稽留,不即结绝,致烦催促"[1],取会逾期已然属于司法惯常状态。熙宁三年(1070)知陈州张方平《陈州奏监司官多起刑狱》,更透过"冒请粮米"个案,痛陈会问取索引发的刑狱淹滞、禁系枝蔓、案牍滋繁等司法弊病:

> 臣到陈州方此亲见自二月末赴本任,至四月中所司呈公事一件,称有兵士指论冒请粮米,事系是去年十二月状,自后行遣会问,回报始足,遂于四月十二日送司理院,方行取勘,文案未具,当月十九日,有转运判官张次山到州检点,取索一宗状词将带前去,寻别差官置院推勘。四月末所差官到院,至九月初,方始结绝,历一百二十余日,前后所经禁系近六十人,往还三千余里,勾追照证,炎暑之月,系累道路,自夏涉秋,其间病患相继,亦有军员枉遭刑禁,及至断遣,并止杖罪。推院缴送到所取款状二千一百三十一纸,净案六百七十张,诸杂行遣照证文字三十五卷,当时若自本州勘结,不过十余日可了,其滋章为弊如此。[2]

一宗看似简单的"冒请粮米"案,其调查取证却颇费周折。本案期限之长、证人之众、案牍之繁,均可视作宋代取会程序畸形运作之典型例证。原本作为有效查明案情及准确适用法律的取证程序,最终沦为司法实践的枷锁桎梏,严重侵害证人权益,无端滋生冤狱,虚耗司法资源,阻碍公务流程。如前所述,期限问题是会问规则体系的核心所在,在法定期间内查明事实、获取证据,则是法司推进后续审理工作的基本前提。而与期限直接对应的取会阻滞、回报稽留和禁系淹滞,则成为长期困扰宋代会问之典型弊病,并直

---

[1] 《续资治通鉴长编》卷64"真宗景德三年十一月庚申",第1435页。
[2] (宋)张方平:《乐全先生文集》卷25《论事·陈州奏监司官多起刑狱》,四川大学古籍整理研究所编:《宋集珍本丛刊》影印清钞本,第6册,线装书局,2004,第43页上。

接导致羁押、审理、执行等环节产生连锁延误。针对上述问题，宋代立法者与司法者曾进行深入思考和反复实践，此处拟对取会诸弊的破解之道进行专门讨论。

一 取会阻滞

取会是司法程序中经常使用的调查手段，各级官吏唯有恪守"本其心、求其情、精其事"的司法原则，方可最大限度保障取会程序合法、高效和顺畅。关于县、州、监司、刑寺、台省各自受案权限和调查职责，法律本有明确规定，实践中却时常出现搁置、推脱、敷衍、越权等乱象。有鉴于此，宋代主要从以下三个方面整肃取会阻滞问题。其一，保障县司依法取会。"狱贵初情，初情利害实在县狱。"[1] 县司作为基层受案单位，对于查明案件原始记录，掌控司法进程方面，具有无可替代的重要地位。因此，县司应严格实施立案审查，如案件已经处于取会调查阶段，人户不得反复陈诉，尽量消弭无效诉讼。"凡有词在官，如易于剖析，即与施行。但有追会不齐，究实未到，合听有司区处，不应叠叠陈词。今以两月为期，如两月之外不觊有司结绝，方许举词，不然并不收理。"[2]《昼帘绪论》中提及的"两月为期"，应为法司办理案件和事主再次陈诉的法定期限，对于县司日常法务，具有普遍指导意义。宣和五年（1123）五月二十七日，中书省言外路县官多有不恤民力、抑勒侵扰，借百姓陈词之机，催索户下积欠，客观限制人户诉权，"或因对证，勾追人户到县，与词状分日引受。若遇事故，有迁延至五七日不能辨对了当，非理拘留，妨废农事"。有鉴于此，朝廷明令对赋役与民讼做合理切割，要求

---

[1] 《宋会要辑稿》刑法3之87，第14册，第8442页。
[2] （宋）胡太初撰，闫建飞点校：《昼帘绪论·听讼篇第六》，（宋）李元弼等撰，闫建飞等点校：《宋代官箴书五种》，中华书局，2019，第174页。

"县道民讼与追会到公事，并合每日受理行遣，不当分日引受"[1]，禁止将人户赋税义务与诉讼权益随意捆绑，以免县司受案拖延或滞留证人。其二，禁止上司敷衍推诿。除县司有效掌控立案审查，保障有效取会以外，诸司、诸州亦应落实司法职责，不得随意推诿于属下法司。部分长吏主动担当，简省属县日常司法压力。如名臣曾巩"与属县为期会，以省追呼，皆有法。终其去州，未尝有一人至田里者，故所至有惠爱"[2]。南宋朝廷曾多次重申监司、州郡及大理寺、刑部等机构的取会职责。若州司认为案情不明，则应凭牒取会，不得将嫌犯退还属县。绍兴二十三年（1153）十月十一日，大理寺丞环周言："在法，犯徒以上及应奏者送州。若本州见得所勘情节未圆，事碍大情，委合取会事件，仰行下所属取会，断结施行，即不得将解到罪人退送下县，重行勘结，庶免囚徒迁往，淹延刑禁。"[3] 环周奏请此后结解公事，州司不得退还下县；如确有情节不圆，州官应审实推鞫，亲行追会，依限结断。绍兴二十八年（1158）五月七日刑部言：对于翻异驳勘及别推公事，如果前勘不当情形，依法与本案合并审理，按照以下标准处置：若原审官吏无替移事故，即依照绍兴九年（1139）指挥施行；"如委有替移事故、难以追会者，候供证尽实，先次结案。其不当官吏虽遇恩、去官，仍取伏辨，依条施行。"[4] 对于原审法官及检断、签书、录问等人的责任追究程序，应在条件成熟时先行结断，不受别勘或重推进度限制。绍熙元年（1190）十月十一日，大理正季洪批评监司、郡守推勘体究流于形式，"其间盖有止称已曾体究，有司拘文，亦未免与之约法。或所犯狼籍，偶不言及曾经体究，逐致倖免，势须行下取会，动涉岁月，复有留滞之叹"[5]。建议监司、郡守按发官属，如确

1　《宋会要辑稿》刑法2之87，第14册，第8330页。
2　洛原：《宋曾巩墓志》，《文物》1973年第3期，第31页。
3　《宋会要辑稿》刑法3之82，第14册，第8437页。
4　《宋会要辑稿》刑法3之83，第14册，第8437页。
5　《宋会要辑稿》职官15之27，第6册，第3422页。

实查明事因，则不得泛言已曾体究，以供有司据凭约法处置。嘉定三年（1210）四月二十四日，臣僚针对民间各类越诉现象，主张严格限制越级受案、滥行追会，以期保障基层司法管辖权限："乞自今进状，如系台省未经结绝名件，许令缴奏取旨，行下所送官司，催趣从公结绝。如所断平允，即从断施行；如尚未尽，却行一按追究，即不得径行追会根勘。"[1] 其三，落实宪司取会监督。由诸路提刑司主导的常规督查，是化解会问稽滞的基本手段。宣和六年（1124）正月十二日，大理寺参详："提刑司既系专行检察刑狱，若实有情犯可疑，或事干非常，理合要见情由检察，即合随事取会。"[2] 由此，若所辖州县案件取会阻滞，提刑司当随事检点，催促督查。绍兴三年（1133）三月癸未，大理正刘藻奏请："'诸路狱案情犯未圆者，除命官外，更不取会，令刑寺悉行两断，委宪司遣官审问，定归一断。事下本寺，本寺奏如所请；其不可定归一断者，即上朝廷，酌情处断施行。'从之。"[3] 此奏要求刑部、大理寺直接裁断诸路上报的"情节未圆"案件，而不再取会地方，同时强调诸路提刑司派员审问州县案件，最大限度发挥地方司法效能，纾缓中央裁判压力。特殊条件下，尚书省也可就会问阻滞问题进行专项督查，绍圣元年（1094）六月十九日，殿中侍御史郭知章言："近年官吏、军民诣阙，辨明酬奖，理诉冤抑，司勋、刑部会问稽留，有逾一二年不决者"，建议尚书省左右司每季专项督查，"分取司勋、刑部辨诉未了事，具情节及诘难、疏驳因依，如（望）〔妄〕作滋蔓，行遣稽留，随事大小罪之"[4]。总之，取会阻滞的症结在于法定取会期限无法得到有效遵守，上级司法机关有意推诿拖延，导致基层法司压力剧增，诸路监司监督地方刑狱的法定职责也并未有

---

1 《宋会要辑稿》刑法3之40，第14册，第8413页。
2 《宋会要辑稿》刑法6之62，第14册，第8564页。
3 （宋）佚名撰，孔学辑校：《皇宋中兴两朝圣政辑校》卷13《高宗皇帝十三》"绍兴三年三月癸未"，中华书局，2019（中国史学基本典籍丛刊），第406页。
4 《宋会要辑稿》刑法3之21，第14册，第8403页。

效落实。上述因素迫使宋代臣僚对取会阻滞问题进行深入考量，试图通过限制恶意滥诉、保障及时受案、依法凭牒取证、宪司随事督查等路径，维护法定取会程序，严格恪守取会期限，有效推进司法进程。

二　回报稽留

宋代通过建立以下三项机制，应对承受官司取会回报中存在的各类问题。其一，按期回报。对于常规司法取会事宜，须以法律规定为准，催促承受官司尽快回报。绍兴二十三年（1153）九月辛丑，大理寺丞郭唐卿面对，"'论州县推勘罪人，于他处追取会问，往往回报稽留，致淹刑禁，乞申严令甲程限施行。'从之"[1]。淳熙七年（1180）五月十四日，"诏诸路州军将应承受到疏驳再勘狱案，须管遵依鞫狱条限。如承受取会不圆情节，亦不得过会问条限。自今如有违滞去处，仰本路开具当职官吏姓名，申尚书省取旨，重作施行"[2]。乾道六年（1170）八月十七日，刑部曾言地方官司借会问之名，行拖延之实，"其间却称见移文他处会问，动经岁月，不能结绝"，奏请惩治经办稽留官吏。同时，"'内有取伏辨之官，亦仰专差人监督共责，各除程限五日具申朝廷。若有拖延去处，从本部将被受官司开具因依，申朝廷先赐施行，庶得不致迁延，避免朝典。'从之"[3]。乾道六年（1170）八月九日，臣寮言承受官司拒不审实、敷衍塞责、规避实情，"'乞下刑部、棘寺，将诸处取会事件加严程限，有稽违者，具官吏姓名纠举以闻。'从之"[4]。承受法司按期回报，本为法定职责而无需赘言。绍兴、乾道之际，臣僚却多次揭露回报稽留之弊，充分说明法司履职实情与法令规定之间，显然存在较大差距。其二，

1　《建炎以来系年要录》卷165 "绍兴二十三年九月辛丑"，第2856页。
2　《宋会要辑稿》职官5之50，第5册，第3145页。
3　《宋会要辑稿》职官15之24，第6册，第3420页。
4　《宋会要辑稿》刑法3之86，第14册，第8441页。

计次催问。对于未在法定期限内回报者，取会法司应及时催促。对于反复催问仍回报稽滞，经办官司须接受处罚。政和四年（1114）八月十七日，权发遣京畿提点刑狱公事林篪奏：" '乞应今后狱司取会狱事，其承受官司再催不报，故作不完者，并令狱司除申所属官司施行外，在京径申御史台，在外申提刑司，依法案治。'从之。"[1] 同时，如经多次取会仍无法确证者，应由大理寺指定裁断或迳由提刑司处置。绍兴二十六年（1156）十一月乙酉，刑部郎中孙敏修言：天下所奏狱案，其间有情节不圆、行下取会者，建议"取会三次，供报未尽徒罪以上，许令法寺贴说指定，或作两断行下。仍专委提刑前去审问情实，定断归一。如尚有不尽，及事涉疑似，即选官别勘，庶无冤滞。诏刑寺长贰看详，申尚书省"[2]。计次催问实质上是在按期回报原则无法落实情形下，被迫延长取会回报时限的无奈选择。无论是"再催不报"，抑或"三次取会"，均是在承受法司无法按期回复取会事宜条件下做出的权宜举措。其三，酌情立限。宋代律法固然对取会期限、回报期限、回报次数、展期次数等均有明确规定，但在实践中回报稽留问题仍长期存在，并严重阻碍取会法司推进后续程序。究其根本，在于部分期限规定脱离基层司法实际，遂在实际操作层面产生严重障碍。因此，应允许承受法司在特定条件下破限取会。《州县提纲》指出：对于上司追会、大辟劫盗、冤抑未申之类，则"不可拘常限，故不得已而用破限焉。破限必量地远近，盖远乡往返有四五百里者，若初限例与一二日，追会不至而辄挞之，则是责人以其所不能也。里正受赂，诈以所追人出外或病而妄申者，固其常矣。其间岂无实外出者，岂无实病者，必酌情而行，庶亡冤滥"[3]。同时，在恪守法定程限的同时，尽量做到"立限有别，应限有程"。对于追会事件期限截止以后，实际上可以经

---

[1]《宋会要辑稿》刑法6之59，第14册，第8562—8563页。
[2]《建炎以来系年要录》卷175"绍兴二十六年十一月乙酉"，第3069—3070页。
[3]《州县提纲》卷2"立限量远近"，第119页。

历"申展"（三次）、"定到"（二次）、"不展"（不可复展），实际共计六次宽展期限。"若更稽违，则当勘杖若干，枷监追集。"由此，法定取会期限实质上可能出现倍增式延长。同时，还应依据地域广狭、远近不同合理设限，且限期内差办事务不宜过繁，"先令限司立定规式，每都一限，给引不得过十件，如事多，十引之外余引与给后限。若里正违引，一件与免笞，两件量加笞决，三件四件各决若干，甚至十违八九则勘杖锢身，不容轻贷"[1]。以上虽是针对各类公务程限概括而言，对于基层官司日常公务之司法追会，当可一体行用。落实依限取会、计次催问、酌情立限三项原则的贯彻施行，反映出宋代司法审时度势、权宜变通的立法理念，以及在恪守期限法定原则的基础上，最大限度提升司法效能，提升办案效率的价值追求。

三 禁系淹滞

两宋的司法实践中，非法拘系、淹禁干证人始终是执法中普遍存在的一个弊端。[2] 禁系淹滞固然是取会阻滞的直接产物，却又与审判流程之草率、敷衍不无干系。"令每有私忿怒，辄置人于囹，两争追会未圆，亦且押下。佐厅亦时有遣至者，谓之寄收。长官多事，漫不暇省，遂致因循淹延。"[3] "寄收"虽属临时羁押措施，却可能因取会逾期而产生长期留置。案件一日无法结绝，在押嫌疑人及干连人等亦无法发落或释放。《赵继仁墓志》曾记载：衡州豪民兄弟析产纠纷，累诉于州司、监司，"弟竟瘐死，侄因诬诉，谓伯父以厚赀贿吏，计杀吾父，连坐几二十人……又富民争田，阅二十七年矣。县不能决，白之州，州不能决"[4]。针对取会程序存在的禁系淹滞问题，宋代主要采取监司检察、差

---

1 《昼帘绪论·期限篇第十三》，第194页。
2 郭东旭、高楠、王晓薇、张利：《宋代民间法律生活研究》，人民出版社，2012，第364页。
3 《昼帘绪论·治狱篇第七》，第176页。
4 何新所编著：《新出宋代墓志碑刻辑录·南宋卷》（八），文物出版社，2019，第140页。

官疏决和分类管束等对策，试图破解禁系逾期难题。其一，监司检察。宋代诸路提刑司肩负监督地方司法的重要职责。熙宁三年（1070），张方平奏请朝廷特降约束完善羁押检录规则，详细记录"所送公事因由，据到院出院月日，但系勾追禁系人数，于在禁日有无病患死亡，所追干系人州县程途近远及断放刑名"[1]，申报中书、御史台或法寺看详事状，而系囚检录事宜，当由提刑司负责落实。绍兴六年（1136）八月一日，中书舍人董弅言取会刑部、诸路见勘奸赃不法等罪一百二十一件，"其干连禁系有及三四年未结绝"，奏请诸路提点刑狱官详加检察，"其有事匪究实，妄作滞系，并按劾以闻。如提点官故纵不举，他司自合互察"[2]，试图通过逐级监察、诸司互察等交叉监督路径，纾解滞狱难题。淳熙六年（1179）四月四日，广西经略安抚刘焞言本路宾、邕、昭、象等州见有劫盗公事一十五火，未曾结断。"'自来候提刑司请覆取会，或奏听敕裁，动淹岁月……乞许经略司索取各州勘到情款，将迹状显著、赃证明白之人一面约法，依上件敕条酌情断遣，候事定日依旧。'从之"[3]，此为经略司代行提刑司疏狱职责之例。其二，差官疏决。配合监司常规检察，朝廷曾多次差遣使臣巡检疏决各地滞狱，其中因取会稽留者，可在一定条件下责保暂释。元祐元年（1086）四月己亥诏"在京并开封府界诸县见禁罪人，内有根究未见本末，或会问结绝未得者，在京差左司谏王岩叟，开封府界诸县差监察御史孙升，亲往逐处分视狱囚……应照证未圆、会问未到者，并召保知在，听候断遣"[4]。政和三年（1113）九月九日，尚书刑部郎中钱归善以刑狱淹延枝蔓，申都省请在京委刑部郎中及御史一员，大理寺等处委本部员外郎耿良能分头点检，催促结绝。徽宗诏曰："仰所委官限一月结绝，如取会未圆、见行推治公事，自合依

1　《乐全先生文集》卷 25《论事·陈州奏监司官多起刑狱》，第 6 册，第 43 页下。
2　《宋会要辑稿》刑法 3 之 77，第 14 册，第 8434 页。
3　《宋会要辑稿》职官 41 之 78，第 7 册，第 4039 页。
4　《续资治通鉴长编》卷 375 "哲宗元祐元年四月己亥"，第 9088 页。

条施行。"[1] 绍兴十三年（1143）正月丁未，"诏大理寺选寺丞一员，往郴州鞫前知邕州俞儋狱"[2]，并催结湖南北、广西见禁淹留公事。三月十三日，刑部言：诸路见承圣旨、朝旨取勘公事一百三十三件，"'内有委合守待追取会问公事，即严立近限催促。如或出违所责日限，仰提刑具职位、姓名申部，取朝廷指挥施行。'从之"[3]。其三，分类管束。监所应严格区分系留人等身份，对于已决囚徒、证人、邻保等做不同处理。大观二年（1108）十二月十八日诏要求法司会问逃军之类，应区分罪名类型，不得以轻罪妨重罪，以重罪待轻罪，"可自今勿俟轻罪，免其追证，庶无留狱"[4]。宣和五年（1123）十一月十八日，大名府路安抚使徐处仁奏：被群盗驱虏、胁从农民，"虽曾随从惊劫县镇，元不曾放火杀人，虽曾受赃，能自脱身，虽被捉获，便招本情，候会问到邻保，委见诣实，直与疏放"[5]。然而，在泛滥追证，淹留禁系中给无辜"干证人"带来了极大的灾难，使无罪之人受到不应有的伤害。[6] 上述横亘两宋的系列疏决禁系措施，也从侧面反映了取会程序中非法拘禁现象长期且普遍存在的客观事实。更为重要的是，证人长期遭受非法禁系的残酷现实，促使证人作证意愿大幅减损。因证人合法权益缺乏有效保障而滋生的厌讼、惧讼、避讼心理，成为传统社会阻碍和困扰证人作证的症结所在。

第四节　取会积弊之成因考量

作为常规司法程序的取会行为，本有明晰而完备的法律规则可以依循，

1　《宋会要辑稿》刑法5之31，第14册，第8520页。
2　（宋）李焘撰，燕永成校正：《皇宋十朝纲要校正》卷24《高宗》"绍兴十三年正月丁未"，中华书局，2013（中国史学基本典籍丛刊），第687—688页。
3　《宋会要辑稿》刑法3之80，第14册，第8436页。
4　《宋会要辑稿》刑法6之58，第14册，第8562页。
5　《宋会要辑稿》兵12之28，第14册，第8848页。
6　郭东旭、魏磊：《宋代"干证人"法制境遇透视》，《河北大学学报》（哲学社会科学版）2008年第2期，第98—99页。

有识之士经过反复实践与探索,亦总结和实施了一系列行之有效的措施,竭力维护程序正义,保障司法效率。然而,纵览两宋司法实践,围绕取会阻滞等法律问题,各项应变机制和改革措施的实际效果却显得捉襟见肘,因取会逾期所暴露的因循、推脱、贿赂、拖延等违法现象,始终无法得到根除。因此,有必要进一步对造成取会弊病的深层原因进行探究。

一 州县难治

地方州县是审理各类案件的基本单位,具体实施取会和承受事务。各地经济、治安、人口、地理、民风有别,治理难度存在显著差异,"难治之邑"的记述时常见诸各类文献。如常州无锡县,"本县所管二十三乡主客户口,狱讼浩繁,积年不决,号为难治之邑"[1]。王质出领淮西郡,"部中十邑,素多盗与讼,号为难治"[2]。周必强[嘉定八年(1215)卒]任绍兴府溪口镇税兼萧山、诸暨两县巡检,"镇据山依谷,其民险悍,号为难治,贩醝著者,百十为群,率以成习"[3]。宋代任官诏敕之中,亦不讳言某地为难治之邑。如苏轼《罗适知开封县程之邵知祥符县制》敕言:"赤县之众,甚于剧郡。五方豪杰之林,百贾盗贼之渊。盖自平时,号为难治。"[4] 在时人文集中,也时常可以发现典治州县的痛苦经历,王禹偁《送徐宗孟序》言:"余去年出内庭,临滁上境,与合淝接,闻其郡大狱烦,号为难治。"[5] 杨亿《奏举李翔状》言:

---

1 (宋)陈襄:《古灵先生文集》卷16《奏状·知常州乞留陈经不对移任满状》,四川大学古籍研究所编:《宋集珍本丛刊》影印南宋刻本,第8册,线装书局,2004,第779页下。

2 (宋)范仲淹撰,李勇先、王蓉贵校点:《范文正公文集》卷4《墓志·尚书度支郎中充天章阁待制知陕州军府事王公墓志铭》,四川大学出版社,2007,第336页。

3 何继英主编,上海博物馆编著:《上海唐宋元墓》,科学出版社,2014,第95、98页。

4 (宋)苏轼撰,孔凡礼点校:《苏轼文集》卷39《制敕·罗适知开封县程之邵知祥符县制》,中华书局,1986(中国古典文学基本丛书),第1112页。

5 (宋)王禹偁:《王黄州小畜集》卷20《送徐宗孟序》,四川大学古籍研究所编:《宋集珍本丛刊》影印宋绍兴刻本,第1册,线装书局,2004,第671页下。

"龙泉县山深地险，俗薄民顽。岁有逋租，狱多滞讼，号为难治，非止一朝。"[1] 在为数众多的宋代官员仕宦履历之中，狱讼繁难等类似表述占据相当比例。由于司法取会是地方政府日常公务之一，基层司法重压往往在取会程序中得以充分暴露。知平江军府事赵彦櫹、权两浙西路提典刑狱公事王棐曾痛陈嘉定年间嘉定县狱讼、劫盗、赋役诸害，其中"争竞斗殴，烧劫杀伤；罪涉刑名，事干人命；合行追会，不伏赴官，至有经年而不可决者"[2]，狱讼淹延之害首当其冲。可见，地方居户驳杂、狱讼繁杂与民风健讼等客观因素相互叠加，遂使追会不畅、狱讼淹滞等现象普遍且长期存在。

二　有司渎职

宋代相当数量的取会阻滞难题，皆由基层法吏敲诈索贿、推诿懈怠、鲁莽颟顸、粗暴干预等因素所致。譬如，对于斗殴、争界等必须取会追证者，"富者有赂，则可以非为是；贫者无赂，则可以是为非。专凭证会，则凡贫弱者皆无理矣"[3]。部分县官专任胥吏、里保进行调查，案件真相则可能因经办受贿而无法澄清："里正会实，受赇偏曲，或乞差邻都再会。若凭吏拟差，或受赇再差其亲密，则偏曲如初，卒不得直。"[4] 其次，因案发地官司申报资料粗疏，迫使刑寺反复取会，贻误时限。政和五年（1115）四月十六日，因处置命官、将校犯罪自首，遇恩去官事，刑部郎中李绎奏："缘自来在外官司于状内多不如令详具有无专条战功、别犯并计，却致刑寺再行取会，动经岁月，

---

[1] （宋）杨亿：《武夷新集》卷16《表状五·奏举李翔状》，四川大学古籍研究所编：《宋集珍本丛刊》影印清嘉庆刻本，第2册，线装书局，2004，第344页下。
[2] （宋）范成大纂修，汪泰亨等增订：《吴郡志》卷38《县记》，中华书局编辑部编：《宋元方志丛刊》，中华书局，1990，第967页下—968页上。
[3] 《州县提纲》卷2"证会不足凭"，第118页。
[4] 《州县提纲》卷2"再会须点差"，第118页。

莫能结绝。"¹ 此外，因异地官司推脱迁延，干扰追证进程，也是造成取会受阻的因素之一。绍兴九年（1139）八月三日，臣僚言："契勘广右（避）〔僻〕远，刑禁每多淹延……追证取会及差官审录之类，一涉他州，互相推避，文移往返，动经岁月。"² 异地取证之难，由此可窥其详。与此同时，上司追会事务也可能对基层司法构成严重干扰，其中尤以上级官司"差吏之弊"为甚。宋代州司因场务、赋税、取会等公务，时常向属县官司差遣办事吏卒。曹彦约《纳诸司白札子》曾对差吏于追会之际干预县政、勒索挥霍、挑唆词讼等劣迹进行深刻揭露：

> 然而州郡倅厅之差人，有未免肆行于县者。一兵卒而入县门，则一县之事半废矣。县令坐于上，闻廊下有叫呼而不敢问。县吏窜于市，闻上司有期限而不敢出。幸而解去其人，不足恤也。不幸而锁之于客邸，纵之于道路，则县官有占护而不发之名，而公私有计会纸札之费。遣卒愈多，而官钱愈不解也。一职级而入县门，则一县之事全废矣。旁立侧视，而县令不安于坐。朝宴夜饮，而县吏不循于法，求耗剩之名色，以为食钱，其实皆官物也。剥县吏之衣食以为日用，其实皆官蠹也。采一县之所闻以为己功，主张有力者之民讼，以号令官吏，甚至于安坐半年，承行公事而不追回者，此则差吏卒之弊也。³

除了面对上级办差吏卒的侵凌，县司官员还须时常警惕本地属下非违，以保障取会事务顺利进行。朱景渊（绍熙年间进士）任建康府上元尉，"君即置三帙几上，一曰受委，凡符移之下于台府者籍焉；二曰受词，凡牒诉之

---

1 《宋会要辑稿》刑法1之29，第14册，第8242页。
2 《宋会要辑稿》刑法3之79，第14册，第8435页。
3 （宋）曹彦约：《昌谷集》卷13《札子·纳诸司白札子》，《景印文渊阁四库全书》（第1167册），台湾商务印书馆股份有限公司，1986，第164页。

关于职守者籍焉；三曰追会，凡引帖之下于闾里者籍焉。日视事已，即手自勾校而核其违，吏不能欺"[1]。公文、词讼与追会三事县尉须逐日核销、检查，以防属吏作弊。县司在应对州府吏卒骚扰的同时，还须督促属下依法履职，处境逼仄，苦不堪言。荀卿言"有治人，无治法"[2]。承担取证责任官司因主客观因素干扰，时常无法有效获取或提供证据，导致宋代司法程序往往因人为因素遭遇阻断甚至搁浅。与此同时，诸司官员与属吏之间在观念、作风、利益层面的根本差异，也是造成地方法司怠政渎职的重要原因之一。

三　治狱草率

宋代取会之难又与上级司法机关敷衍塞责直接关联。庆元三年（1197）七月二十七日臣僚言：因案件壅滞，大理寺为追求从速结案，竟然行下州县，妄作追会：

> 今闻大理寺遇有发下狱案，数目壅并，详断不及。吏辈虑恐省部催促问难，多是搜寻些少不圆情节，申乞取会，便将名件销豁，作已结绝之类。殊不知一经取会，远地往反又是一二年，是致州郡刑狱多有淹延，盛夏隆冬，饥寒疾疫，囚系者（瘦）〔瘐〕死，监留者失业，召民怨而伤和气，莫此为甚。[3]

证据是否圆备全凭大理寺认定，取会名目亦难免存在吹毛求疵之嫌。为逃

---

[1]（宋）刘宰：《漫塘文集》卷29《墓志铭·故湖州通判朱朝奉墓志铭》，四川大学古籍研究所编：《宋集珍本丛刊》影印明万历刻本，第72册，线装书局，2004，第466页上。

[2]（清）王先谦撰，沈啸寰、王星贤点校：《荀子集解》卷8《君道篇第十二》，中华书局，1988（新编诸子集成），第230页。

[3]《宋会要辑稿》职官24之41，第6册，第3678页。

避司法监督，大理寺利用取会程序将案件行下诸州，虽可暂时冲抵案件存量，却可能直接导致案件搁置和取会稽留。同时，基层法司滥用奏裁程序草率结案之弊亦值得充分重视。嘉泰三年（1203）三月十一日，江西运副陈研言："窃见诸路州军大辟公事到狱之初，不先审定罪人本情，多为迁就之词，求合于疑虑可悯之条，此最今日治狱之大弊……推求其故，县狱禁勘无翻异，即申解州，州狱覆勘无翻异，即送法司，具申提刑司详覆，行下处断。往往州吏必多方驳难县胥，宪司吏人必多方驳难州吏，追呼取会，因而受赂。"[1] 县司为避免刁难，往往逃避申报，教唆狱囚，以疑虑可悯奏裁，以免追呼需索之扰，最终却催生大量无效取会和司法腐败。由于嫌犯更多关注最终实体裁判与量刑结论，因此各级法司所谓"压力传导"，最终演变为胥吏与嫌犯之间的串通舞弊行为。原本作为法定正当程序的取会环节，在司法实践中已然面目全非。基于各级法司自身利益需要，取会滥行与追会淹滞等非常现象竟然得以合理并存。

本章小结

取会理论与实践的矛盾现象，深刻揭示了宋代司法困境的一个侧面：一方面，法律详尽规定了取会规则，且经司法实践检验不断修正；另一方面，不断完善的规则体系却始终无法有效解决长期存在的司法弊病，取会阻滞、回报稽留和禁系淹滞几乎贯穿宋代司法之始终。其中固然存在司法环境、法吏素养、审判规则等客观因素，却也与宋代追会规则本身在设计与执行层面均存在的先天缺陷不无关系。部分法定取会期限标准设定脱离实际；法定追会、禁系期限与实际执行落差悬殊；直接经办取会的基层吏卒、里保等不堪重负等。基层司法信息无法有效传递并及时转化为长官决策和立法参考，各

---

[1]《宋会要辑稿》职官5之59—60，第5册，第3149—3150页。

类司法机关在处置取会事务时权利义务失衡，进而导致承受官司敷衍塞责，久拖不决。究其根本，因中国古代奉行"疑罪从有"等诉讼原则，对于取会无果、查无确证的案件，无法按照无罪推定原则，迅速终结裁判程序并开释干系人等。与此同时取会程序客观形成的诸如展期时限、催问次数等惯例性规则，亦未能及时转化为诉讼制度，从而无法有效推进取会程序的规则修订与高效实施。考察宋代以时限所贯穿、统领的取证规则体系不难发现，通过司法实践检验法律规则，及时发现并矫正规则层面之缺漏与不足，是中国古代证据规则体系发展完善的基本路径。

第七章
鞫　治

《宋刑统》《天圣令》《庆元条法事类》等设定了审理狱讼的系列成文规则，并作为宋代司法裁判的基本依据长期行用。与此同时，宋代法司鞫治狱讼，亦形成、继受和适用诸多惯例性规则。其核心意涵主要表现在以下四个领域：其一，常规审判程序中，诸司长官须躬亲狱讼；其二，开封府、大理寺和御史台专司诏狱；其三，诏狱案件审理中，君主亲加引问程序长期行用，此应为司法特例嬗变而来之诉讼惯例。其四，在鞫治大臣、宗室案件中，形成和适用一系列惯例性规则。本章共计三节，第一节讨论宋代裁判程序中推鞫的一般原则；第二节讨论鞫治程序中长期存在的躬亲狱讼、诏狱专司和亲加引问三项裁判惯例；第三节讨论重臣、宗室贬黜、降职案件的裁判惯例问题。

第一节　推鞫基本原则

一　五听断狱

"以五声听狱讼"[1] 是支配传统司法审判之基本原则，"以情勘问" 则是

---

[1] （汉）郑玄注，（唐）贾公彦疏，赵伯雄整理：《周礼注疏》卷35《小司寇》，《十三经注疏》整理委员会整理：《十三经注疏》，北京大学出版社，2000，第1073页。

宋代司法审判的首要途径。司法实践中，五听断狱者不乏其例，如王冒［元符二年（1099）卒］知应天府，"宁陵县民有寄金于人，因其死而匿之，家人讼之，病于无证。君以色听得之，叩首服罪"[1]。对于"五听"鞫狱与其他证据之间的关系，宋人郑克有如下论断："初察其色，已见其情，乃更详其本末，而检核以事，验证以物，于是情既露矣，辞必穷矣，安得不服乎？"[2] 除恪守"五听"断狱原则之外，宋代司法也异常重视证人证言、书证、物证等证据的收集、判断与运用，《折狱龟鉴》《棠阴比事》等文献著录的经典案例不在少数。洛阳出土《卢震墓志》则记录了虢州军事推官卢震［嘉祐七年（1062）卒］通过模拟犯罪现场破获命案的过程："河南盗诱童子，欲夺其珍，缢而未绝，使妻继下其刃，鞫者不尽，监司疑之，请君覆按。至，则令造木刀、塑像、遣囚，状其跡，群疑遂泮，皆戮诸市。"[3]

如在其他证据充分确实的情况下，嫌犯仍不招认，法司方可依法刑讯。《宋刑统》规定："诸应讯囚者，必先以情，审察辞理，反复参验。犹未能决，事须讯问者，立案同判，然后拷讯。"[4] 天圣《狱官令》要求察狱之官"先备五听，又验诸证据，事状疑似，犹不首实者，然后考掠"[5]。《狱官令》此条令文由来已久，据《魏书·刑法志》："谨案《狱官令》：诸察狱，先备五听之理，尽求情之意，又验诸证信，事多疑似，犹不首实者，然后加以拷掠"，[6] 则晚至北魏已有此令。杜佑《通典》又曰："大唐律：诸察狱之官，先备五听，又验诸证信，事状疑似，犹不首实者，然后拷掠。"[7]《唐律疏议》

1　郭茂育、刘继保编著：《宋代墓志辑释》，中州古籍出版社，2016，第401页。
2　(宋) 郑克撰，杨奉琨校译：《折狱龟鉴校释》卷3《辨诬》"胡质"，复旦大学出版社，1988，第173—174页。
3　郭茂育、刘继保编著：《宋代墓志辑释》，第195页。
4　(宋) 窦仪详定，岳纯之校证：《宋刑统校证》卷29《断狱律》"不合拷讯者取众证为定"，北京大学出版社，2015，第397页。
5　高明士主编：《天圣令译注》，元照出版有限公司，2017，第508页。
6　(北齐) 魏收：《魏书》卷111《刑法志》，中华书局，2017（点校本二十四史修订本），第3135页。
7　(唐) 杜佑撰，王文锦等点校：《通典》卷168《刑法六·考讯附》，中华书局，1988，第4348页。

引《狱官令》："察狱之官，先备五听，又验诸证信，事状疑似，犹不首实者，然后拷掠。"[1] 北宋初年，朝廷继续细化鞫狱、拷掠规则，据建隆三年（962）十二月六日敕，诸道州府推司官吏审理贼盗刑狱，"并须用心推鞫，勘问宿食行止、月日去处。如无差互及未见为恶踪绪，即须别设法取情，多方辩听，不得便行鞭拷"[2]。司法实践中，确需刑讯者，亦应履行相关手续方可施行："罪人未吐实情，先须立判，同官通签讫，方行拷讯。"[3]

由此，五听盘诘和查验诸证是获取嫌犯供词的首选路径；如确须拷讯，亦应在穷尽讯问、验证等程序之后依法进行。法司应认真核实罪囚供款，"必须事事着实，方可凭信，不然万一逼人于罪，使无辜者受枉罚，令得无怍于心乎？"[4] 由于嫌犯供词是主导案件走向之关键证据，故而《狱官令》对于此作出专门规定："诸问囚，皆判官亲问，辞定，令自书辦。若不解书者，主典依口写讫，对判官读示，"[5] 力求保障罪犯供述与供状内容一致。由于多数案件并不能经过一次讯问即查得实情，所以主审法司往往需要在推鞫程序中多次提审诘问嫌犯，而审问次数上限则时有更易。

二 狱贵初情

宋人对于初审程序的功能与价值具有深刻认识，并在司法实践中形成"初情在县""狱贵初情"和"详审初词"三项司法理念。其一，"初情在县"。与

---

1 （唐）长孙无忌等撰，刘俊文点校：《唐律疏议》卷29《断狱》"讯囚察辞理"，中华书局，1983，第552页。
2 《宋刑统校证》卷29《断狱律》"不合拷讯者取众证为定"准"建隆三年十二月六日敕节文"，第400页。
3 （宋）李元弼撰，张亦冰点校：《作邑自箴》卷5《规矩》，（宋）李元弼等撰，闫建飞等点校：《宋代官箴书五种》，中华书局，2019，第33页。
4 （宋）胡太初撰，闫建飞点校：《昼帘绪论·治狱篇第七》，（宋）李元弼等撰，闫建飞等点校：《宋代官箴书五种》，中华书局，2019，第179页。
5 高明士主编：《天圣令译注》，第512页。

级别管辖相适应,"初情在县"原则揭示出县司裁判在司法流程中的关键地位,此于宋代士大夫群体之中获得广泛共识。"宋代的审判是由知县受理诉状开始的,起诉书的受理与不受理的权限在知县……如果收到诉讼书,原则上审判将根据需要随时进行。"[1] 刘一止［宣和三年（1121）进士］认为:"狱之初情,实在于县。自县而达之州,虽有异同,要之以县狱所鞫为祖,利害不轻"[2],遂以县狱繁剧,奏请县丞兼治狱事。乾道九年（1173）十二月九日,臣寮言:"'狱贵初情,初情利害实在县狱。'而滥行囚禁、系囚翻异、刑狱淹滞等司法积弊,多因县狱初勘失实所致。'乞自今后遇有重囚翻诉,委官根勘,见得当来县狱失实,将官吏并坐出入之罪。'诏刑部看详申尚书省。"[3] 南宋末年,胡太初又从州县狱情关系角度,重申"初情在县"理念:"罪之小者,县得自行决遣;罪之大者,虽必申州,而州家亦惟视县款为之凭据,则县狱岂不甚重?而令之任责岂容不曲尽县心哉?"[4] 其二,"狱贵初情"。案件原始信息是影响和制约审判程序之核心所在,唯有查明案情之原始状况,方可正确适用法律。初情至要,缘其本真,"盖狱之初发,犯者不暇藻饰,问者不暇锻炼,其情必真而易见,威以临之,虚心以诘之,十得七八矣"[5]。宋代众多地方官吏深谙此理,在司法审判中详察初狱,探求实情。绍兴末年,王正功监临处州青田,"有诉夫死

---

1 〔日〕高橋芳郎:《宋代中国の法制と社会》,汲古书院,2002,第200页。徐道邻曾言:"在中国的传统司法制度里,县衙门是很重要的一级。因为民间所有的民刑诉讼,都是在这里开始,但它也是最脆弱的一环。因为有几项重要的司法原则,事实上是相互冲突的,因而严重的影响到县司法的健全发展。这种情形,可能是在宋朝——就司法制度说,这是中国法制史上的黄金时代——才逐渐形成的,以后则每况愈下。"徐道邻:《宋朝的县级司法》,《东方杂志》复刊第五卷第九期,1972年3月,收入徐道邻《中国法制史论集》,志文出版社,1975（新潮丛书之22）,第129页,及氏著《徐道邻法政文集》,清华大学出版社,2017,第240页。

2 （宋）刘一止:《苕溪集》卷12《札子·乞令县丞兼治狱事》,四川大学古籍研究所编:《宋集珍本丛刊》影印清钞本,第34册,线装书局,2004,第185页下。

3 （清）徐松辑,刘琳、刁忠民、舒大刚、尹波等校点:《宋会要辑稿》刑法3之87,第14册,上海世纪出版股份有限公司、上海古籍出版社,2014,第8442页。

4 《昼帘绪论·治狱篇第七》,第179页。

5 （元）张养浩:《三事忠告·牧民忠告》卷下《慎狱第六》"狱诘其初",商务印书馆,1936（丛书集成初编）,第17页。

于殴者,君按视,则更曰自经。君察其必以贿故,即用初情讯之,具服"[1]。此案中,王正己将初词(殴杀)与翻变(自缢)相互参照,最终推问得实。嘉定年间,溧阳尉陈景周则从亲身经历,深刻阐释了基层法吏在查明案件初情中关键作用:"察狱在初,而初情惟尉为能得之。故职所当亲,虽猥不惮言,有可证虽微,必即既太旨略定。而后丽之狱,故一成而不可变。"[2] 其三,"详审初词"。全面、准确掌握当事人最初诉请或供词,是法司明察初情之基本路径,亦是制约案件审理进程之核心要素。《州县提纲》指出,"讼者初词,姓名、年月、节目必须详览",应注意将嫌犯最初供述与后续增减事状相互参照,"傥后词与前异,前词所无而其后辄增者,皆为无理。若夫狱囚所招,则先隐其实,旋吐真情,又不可例凭初词"[3]。如遇数名案犯解至,为免嫌犯变乱情状或主吏受赇偏曲,应实行分牢处问,"各于一处隔问责供,顷刻可毕。内有异同,互加参诘。既得大情,轻者则监,重者则禁,然后始付主吏。虽欲改变情款,诬摊平人,不可得矣"[4]。《南都道护录》提示官吏鞫问,应"每一行若干人,即时分牢异处,亲往遍问,私置一簿,随所语记之。其后结正,无能出初语者"[5]。法司后续可能展开的多次推问对应,"初问"在案件事实认定和法律适用的枢

---

1 (宋)楼钥撰,顾大朋点校:《攻媿集》卷107《墓志铭·朝请大夫致仕王君墓志铭》,浙江古籍出版社,2010,第1841页。
2 (宋)刘宰:《漫塘文集》卷31《墓志铭·故溧阳县尉陈修职墓志铭》,四川大学古籍研究所编:《宋集珍本丛刊》影印明万历刻本,第72册,线装书局,2004,第491页上。
3 (宋)佚名撰,张亦冰点校:《州县提纲》卷2"详审初词",(宋)李元弼等撰,闫建飞等点校:《宋代官箴书五种》,中华书局,2019,第113—114页。
4 《州县提纲》卷3"详究初词",第135页。
5 (宋)黄震:《黄氏日抄》卷44《读本朝诸儒书十一下·元城道护录》,张伟、何忠礼主编:《黄震全集》(第5册),浙江大学出版社,2013,第1518页。按《黄氏日抄》本条言"《道护录》者,珵所集,不著姓氏。珵以宣和六年春介杨龟山书谒元城于南都而录其说。"张镃《仕学规范》引《南都道护录》所记如下:"胡寅问曰:'筮仕之初,遽领推勘,不知治狱要道,何如?'公曰:'在常注意,而一事不可放过,某有同年宋若谷,初在洺州同官。留意狱讼,当时遂以治狱有声。监司交荐,其后官至中散大夫。尝曰:狱贵初情,每有系狱者,一行若干人即时分牢异处,亲往遍问。私置一簿子,随所通语毕记之,因以手指画膝上教珵曰:题云:某日送到某人某事若干人,列各人姓名,其后行相去不三寸许,以初问讯所得语列疏姓名左方,其后结正,无能出初语者。盖人乍入狴狞,既仓卒,又异处不能相谋,此时可以得其情耳。狱贵初情,此要道也。'"(宋)张镃:《皇朝仕学规范》卷24《莅官》,书目文献出版社,1988(北京图书馆古籍珍本丛刊,第68册),第630页上。

轴地位由此得以证明。

三　一问得情

与"初问"程序相适应，宋代司法审判中，存在大量"一问得情""一问得实""一问伏奸""一问即承""一问而服"等类似记载，即法官在不同程序中通过一次讯问即查明案情，意在证明办案法官高尚的职业道德和精良的业务能力。显然，"一问"与"初问"并非等同，前者可能发生于各个诉讼阶段，而后者仅存在于初次问按程序之中。首先，府县法官可能在"初问"时通过一次讯问查明案情。建炎四年（1130）胡舜陟［大观三年（1109）进士］知临安府时，"新城豪徐权出力捕杀群盗，盗有得逸者，妄诉其杀平民，几偿死。舜陟一问得情，诛盗而释豪，阖府称快"[1]。淳熙八年（1181），方导夷知湖州武康县，"有诉夫久出不还，知其必死而迹不明者，君为设方略，得姓徐者，一问即承"[2]。相比之下，更多"一问得情"事例来自录问、换推、疑案等初审以外环节，办案者处置疑难案件之高超艺术亦由此得以彰显。据《莫中奉墓志铭》："宪司有系囚，事联省曹，吏以枝辞蔓其狱，六更推治不能决"，命知泗州昭信县事莫表深［元丰二年（1079）进士］往治，"一问而情得，人服其明"[3]。又如《孙昱墓志》记载：昌州郑氏幼子随母外出十五年，其父死后，诸兄诬以非郑氏子，此案五经州县、三被朝旨直至击登闻鼓仍不得直，本道令孙昱［元丰二年（1079）卒］推治，"公一问情得，不数月狱成"[4]。哲宗时，句容人盗嫂害兄，"别诬三人同谋。既皆

1　（宋）罗愿：《鄂州小集》卷6《传·胡待制舜陟传》，四川大学古籍研究所编：《宋集珍本丛刊》影印明万历刻本，第61册，线装书局，2004，第741页下。

2　《攻媿集》卷113《墓志铭·参议方君墓志铭》，第1958页。

3　（宋）杨时：《龟山先生全集》卷33《志铭四·莫中奉墓志铭》，四川大学古籍研究所编：《宋集珍本丛刊》影印明万历十九年林熙春刻本、傅增湘校，第29册，线装书局，2004，第538页下。

4　何新所编著：《新出宋代墓志碑刻辑录·北宋卷》（五），文物出版社，2019，第118页。

讯服，一囚父以冤诉"[1]。通判以下认为狱成不可易，知江宁府陆佃［熙宁三年（1070）进士］"一问即服，而三人者，皆平人也，即日破械纵之"[2]。《朝奉大夫知永州张公行状》记淳熙年间嫌犯录问翻异后，由衡州决曹掾张奭推问得实事："有人士董其姓者，于他狱已承杀人之罪。录囚之官，问之不承，又以付公，一问知其无辜……而实杀人者亦就禽。"[3] 上述莫表深、孙昱、陆佃、张奭四人事迹，展示了宋代官员在初审以外程序明察疑狱、纠正冤案、处置翻变的司法功能。显而易见，并非所有案件均可"一问得情"，上述事例恰恰说明，在常规案件审理流程之中，法司往往难以做到"一问得情"。见于行状、墓志、史传的典型事例多以特例形式得到专门记录，反映出"一问"即可"得情"，在宋代司法审判中应属于偶然事件。

表7-1　　　　　　　　　　宋代"一问得情"典型案例表

时间	法官	案　情
真宗末	监衢州酒张奎［大中祥符五年（1012）进士］	婺州有滞狱囚曰徐生，法当死。狱成，三问皆不伏。转运使选公就覆，不烦追逮讯掠，视牍而辨，徐得不死，皆伏其明悟。[4]
仁宗朝	江宁府观察推官元绛［天圣二年（1024）进士］	钟山民介居南北，被酒相殴击于道。既归，明日有盗刖其足者，其妻呼邻里，皆意斗者之所为也。捕至，公语其妻曰："汝可去，盗已服矣。"阴使吏随其后，果有浮图迎笑，窃语相贺。公即縶浮图，庑下召妻，一问伏奸。[5]

1　（元）脱脱等：《宋史》卷343《陆佃传》，中华书局，1977，第10919页。
2　（宋）陆游撰，李昌宪整理：《家世旧闻》卷上，上海师范大学古籍整理研究所编：《全宋笔记》（第5编，第8册），大象出版社，2012，第242页。
3　（宋）杨万里撰，辛更儒笺校：《杨万里集笺校》卷119《行状·朝奉大夫知永州张公行状》，中华书局，2007（中国古典文学基本丛书），第4573—4574页。
4　（宋）杜大珪编，顾宏毅、苏贤校证：《名臣碑传琬琰集校证·中集》卷10《张枢密奎墓志铭》，上海古籍出版社，2021（历代碑志汇编），第738页。
5　（宋）王安礼：《王魏公集》卷7《志铭·资政殿学士太子少保致仕赠太子少师谥章简元公墓志铭》，四川大学古籍整理研究所编：《宋集珍本丛刊》影印清翰林院钞本，第17册，线装书局，2004，第233页上。

续表

时间	法官	案情
仁宗朝	开封府司录陈希亮 [天圣八年（1030）进士]	会外戚沈氏子以奸盗杀人事下狱，未服。公一问得其情，惊仆立死，沈氏诉之。[1]
仁宗朝	孙昱 [大中祥符九年（1016）生，门荫入仕]	昌州郑氏幼子随母外出十五年，父死，诸兄诬以非郑氏子，五经州县、三被朝旨推究，幼子竟不得直，寒饥且濒于死，再击登闻鼓。事下本道，使者委公穷治。公一问情得，不数月狱成。[2]
熙宁间	权知开封府滕甫 [皇祐五年（1053）进士]	民有王颖者，为邻妇隐其金，阅数尹不能辨。颖愤闷至病。伛杖而诉于公。公呼邻妇，一问得其情，取金还颖。颖奋身仰谢，失伛所在，投杖而出，一府大骇。[3]
元丰五年	知开封府王存 [庆历六年（1046）进士]	听断明允，都人顺赖。县尝上大辟，公疑其冤，一问，果平民，纵去。[4]
元丰六年	越州萧山尉游酢 [元丰六年（1083）进士]	县有疑狱，余年不能决，公摄邑事，一问得其情而释之，精练如素官者，人服其明。[5]
哲宗朝	知江宁府陆佃 [熙宁三年（1070）进士]	有句容县民三人同杀一人，皆论死。录囚已引服矣，而囚父诣府称冤，公受其诉。通判狄咸争以为既经录问，不当听。公曰："姑缓十日，当得之。"即设方略购捕，果以八日得真贼。盖死人之弟与嫂通，畏事露，因害其兄。一问即服，而三人者，皆平人也。即日破械纵之。[6]

1　（宋）苏轼撰，孔凡礼点校：《苏轼文集》卷13《传·陈公弼传》，中华书局，1986（中国古典文学基本丛书），第416页。
2　何新所编著：《新出宋代墓志碑刻辑录·北宋卷》（五），文物出版社，2019，第118页。
3　《苏轼文集》卷15《墓志铭·故龙图阁学士滕公墓志铭（代张文定公作）》，第462页。
4　《名臣碑传琬琰之集·中集》卷30《王学士存墓志铭》，第1078页。
5　《龟山先生全集》卷33《志铭四·御史游公墓志》，第538页上。
6　《家世旧闻》卷上，第242页。

续表

时间	法官	案情
哲宗朝	知泗州昭信县事莫表深 ［元丰二年（1079）进士］	宪司有系囚，事联省曹，吏以枝辞蔓其狱，六更推治不能决，命公往治之，一问而情得，人服其明。1
崇宁二年	天兴知县苗师颜	崇宁元年冬，兴元军士有怨其守费诜者，走益昌上变，告诜叛。益昌守得之惶惑，夜半遣吏驰出城趋兴元捕反房，即日以事闻，传檄郡国，拘其亲属。后旬日，诜面缚至，并就逮者数十人，悉缧首系狱，穷治反状，自冬迄夏，累月无所得，首鼠不决。朝廷疑之，迁其狱于凤翔。而天兴宰苗君师颜实领其事，时二年六月也。诜既槛就道所至，发卒鸣鼓围绕，护送人皆意诜不能自白，而诜亦自度必死。暨至岐下，一问而得实实，八日而狱具。诜无毫发罪，即日破械出。2
建炎四年	知湖州葛胜仲 ［绍圣四年（1097）进士］	有刘惇者，自称明节皇后弟，官承宣使，所至郡府皆接以礼，盗请俸钱积数百万。公一见与之言，觉其诈，即加收治，一问而服，乃开封捕盗使臣也。3
建炎四年	知临安府胡舜陟 ［大观三年（1109）进士］	新城豪徐权出力捕杀群盗，盗有得逸者，妄诉其杀平民，几偿死，舜陟一问得情，诛盗而释豪，阖府称快。4
绍兴中	兴国丞张琯 ［元祐六年（1091）进士］	兴国有婚讼，久不决，公察其妇人不类良家，一问引服。5

---

1 《龟山先生全集》卷33《志铭四·莫中奉墓志铭》，第538页下。
2 （宋）唐庚：《唐先生文集》卷18《杂文·送苗师颜序》，四川大学古籍整理研究所编：《宋集珍本丛刊》影印清钞宋绍兴己卯饶州刊本，第31册，线装书局，2004，第713页上。
3 （宋）章倧：《宋左宣奉大夫显谟阁待制致仕赠特进谥文康葛公行状》，（宋）葛胜仲：《丹阳集》卷24《附录》，四川大学古籍整理研究所编：《宋集珍本丛刊》影印清钞本，第32册，线装书局，2004，第735页上。
4 《鄂州小集》卷6《传·胡待制舜陟传》，第741页下。
5 （宋）陆游撰，马亚中校注：《渭南文集校注二》卷38《墓志铭·朝奉大夫直秘阁张公墓志铭》，钱仲联、马亚中主编：《陆游全集校注》（10），浙江教育出版社，2011，第396页。

续表

时间	法官	案情
绍兴中	吉州通判鹿何	佐郡有声，邻有滞讼，部使者多以委君，一问而得其情。1
绍兴中	祁阳丞罗上行 ［建炎二年（1128）进士］	移以丞祁阳，受牒鞫狱衡州。先是，衡有浮屠，弱一孤儿而夺之田。浮屠者，径山宗杲之徒也。宗杲以才弁，得幸于公卿要人。孤儿每讼田于有司，皆观望宗杲之势，挠法以田畀浮屠屡矣。元亨未至衡州十里所，宗杲遗书于元亨，咳之惟所欲。或当涂荐章，或金帛，皆立致，必以田畀其徒。元亨谢曰："诺。"既入城，则发其奸。其讼一问而决，举田以归孤儿。诸公大惊。2
绍兴中	知建昌军陆时雍 ［赐上舍出身］	建昌阜繁，为一路剧，盗贼出没郊野，为民患，公至设方略，明赏募，无问久近皆获。狱讼或累政不能决者，一问情辄得，郡中骇服。3
绍兴中	通判滁州钟将之 ［绍兴十八年（1148）进士］	旁郡有囚久系，公奉檄一问得其冤，破械出之，闻者骇愕，已而正囚果获。4
淳熙八年	知湖州武康县方导夷 ［绍兴十九年（1149）以郊恩补将仕郎］	有诉夫久出不还，知其必死而迹不明者，君为设方略，得姓徐者，一问即承。5
淳熙十二年	提点湖南刑狱潘德鄜	《朝野杂记》：初，潭州刲梁晚四劫杀商人，狱成而变，其后七推不能明。淳熙十二年，潘德鄜提点湖南刑狱，一问得实，破械出之，事闻上，由是贤德。6

---

1 （清）黄本骥《古志石华》卷29《宋四》，新文丰出版公司编辑部：《石刻史料新编》（第2辑，第2册），新文丰出版公司，1979，第1401页。
2 《杨万里集笺校》卷122《墓表·罗元亨墓表》，第4729页。
3 （宋）曾协：《云庄集》卷5《状·左朝请大夫前知建昌军陆公行状》，《景印文渊阁四库全书》（第1140册），台湾商务印书馆股份有限公司，1986，第292页下。
4 《漫塘文集》卷30《墓志铭·故通判滁州朝散钟大夫墓志铭》，第476页下。
5 《攻媿集》卷113《墓志铭·参议方君墓志铭》，第1958页。
6 （宋）佚名：《新编翰苑新书·前集》卷48《提刑》"一问得实"，书目文献出版社，1988（北京图书馆古籍珍本丛刊，第74册），第387页。

续表

时间	法官	案　　情
淳熙中	衡州决曹掾张奭 ［乾道六年（1170）以门子补将仕郎］	有人士董其姓者，于他狱已承杀人之罪，录囚之官，问之不承，又以付公，一问知其无辜。时郡中将进士，公请立赏捕正犯者，而听其就试。宪使怒，公请不已，从之。既揭榜，董为待补太学弟子员第一，而实杀人者亦就禽。[1]
淳熙中	兼权临安府李椿 ［淳熙十年（1183）卒］	德寿宫送内人四辈，鞫火事实。甲遗烬而诬乙，一问得情。[2]
淳熙中	知临川县刘德礼 ［淳熙二年（1175）进士］	岁饥，富民蕴年，饥民趋谨，盗发其廪。尉幸赏，一日获十八人，且具狱。君一问得其情，谓尉曰："非盗也。"尉擿富者讼之郡，郡方移鞫，而他所获真盗，乃释之。[3]
宁宗朝	知湖州归安县朱晞颜 ［绍熙元年（1190）进士］	乌程褚氏女奴窃藏以逃，其父惧，及迫之溺死，而讼褚氏，疑不能明。郡以是属君，君致女奴之弟，一问得其情，阖郡骇叹。[4]

第二节　鞫治惯例举要

一　躬亲狱讼

　　诸司长官躬亲狱讼的要求，首先体现于御史台鞫治程序。宋初，御史大夫不除正员，以中丞一人为台长，"躬亲狱讼"实质要求御史中丞、侍御史、殿中侍御史、监察御史等台官鞫狱之际，均应躬亲理问。雍熙元年（984）秋七月壬子，太宗谓宰相曰："'御史台，阁门之前，四方纲准之地。颇闻台中鞫狱，御史多不躬亲，垂帘雍容，以自尊大，鞫按之柄，委在胥吏。求民

1　《杨万里集笺校》卷119《行状·朝奉大夫知永州张公行状》，第4573—4574页。
2　《杨万里集笺校》卷116《传·李侍郎传》，第4453页。
3　《杨万里集笺校》卷119《行状·奉议郎临川知县刘君行状》，第4566页。
4　《漫塘文集》卷29《墓志铭·故湖州通判朱朝奉墓志铭》，第466页。

之不冤，法之不滥，岂可得也？'乃诏自今鞫狱，御史必须躬亲，毋得专任胥吏。"[1] 上述惯例性规则的形成，既是对诸司长官履职之法纪要求，亦是纠正各地司法乱象的必要举措。此后，诸司长官躬亲狱讼被奉为"祖宗故事"，成为宋代司法审判之基本原则。

要求诸司长官躬亲狱讼的记载即不绝于史，且时常通过征引"故事"加以表述。淳化四年（993）六月一日，诏御史台遵从故事，自御史中丞以下，皆须躬亲鞫狱："其御史台合行故事，并令条奏以闻。应有刑狱公事，中丞已下躬亲点检推鞫，不得信任所司，致有冤滥。"[2] 嗣后，躬亲狱讼的要求逐步扩展至诸司长官。景德元年（1004）五月癸丑诏："诸路州府军监，见禁罪人，宜令长吏以下躬亲详勘，限三日内断遣了毕，不得妄有枝蔓淹延。"[3] 大中祥符七年（1014）六月己未，"诏两京、诸路，系囚死罪委长吏躬亲详鞫，徒、流降等决遣，杖以下释之"[4]。乾兴元年（1022）十一月戊寅，"令纠察在京刑狱并诸路转运使副、提点刑狱及州县长吏，凡勘断公事，并须躬亲阅实，无令枉滥，及有淹延"[5]。元祐四年（1089）三月戊戌，"诏诸路监司，除近便州军躬亲外，余各于辖下选官分诣诸州军，将见禁公事与当职官逐一躬亲引问，除死罪于法合听旨及重伤守辜外，余并疾速放讫以闻"[6]。可见，躬亲狱讼是宋廷对中央和地方长官鞫问职责的统一规范。

关于朝廷要求长吏躬亲狱讼的目的，沈括曾有如下论断，《梦溪笔谈》著录"故事"曰："大理法官皆亲节案，不得使吏人……盖欲士人躬亲职事，

---

[1] （宋）李焘撰，上海师范大学古籍整理研究所、华东师范大学古籍研究所点校：《续资治通鉴长编》卷25"太宗雍熙元年秋七月壬子"，中华书局，1992，第582页。

[2] 《宋会要辑稿》职官55之3，第8册，第4498页。

[3] 《续资治通鉴长编》卷56"真宗景德元年五月癸丑"，第1238页。

[4] 《续资治通鉴长编》卷82"真宗大中祥符七年六月己未"，第1879页。

[5] （宋）佚名编：《宋大诏令集》卷202《政事五十五·刑法下·令纠察刑狱提转及州县长吏凡勘断公事并须躬亲阅实诏》，中华书局，1962，第750页。

[6] 《续资治通鉴长编》卷424"哲宗元祐四年三月戊戌"，第10255页。

格吏奸，兼历试人才也"[1]，可见，诸司长吏知法、守法、用法，是防止吏卒舞弊、杜绝司法乱象以及历练官员才干的有效途径。南渡以后，长吏躬亲狱讼之鞫治故事仍得以多次重申。绍兴二年（1132）五月十三日，诏："霖雨不止，诸处刑狱窃虑淹延，行在委刑部郎官，在外委提刑躬亲催督，结绝见禁公事，具已结绝月日申尚书省。"[2] 乾道元年（1165）二月二十四日，诏："久雨未晴，深虑刑狱淹延，有妨和气，可令殿中侍御史章服往大理寺、临安府、仁和、钱塘两县，两浙东西路令提刑躬亲诣所部州县决遣。"[3] 晚至理宗末年，仍可见朝廷颁布类似诏令，景定元年（1260）十一月丙寅诏："诸路监司，躬亲巡历州县，裁决狱囚，奉行不虔者，台臣觉察以闻。"[4] 显然，对于躬亲狱讼这项常规事务之反复申严，恰恰充分反映出官僚将狱讼委手胥吏的现象，在宋代绝非个例。

二 诏狱专司

对于朝廷专差的诏狱案件，受理机关亦有惯例可寻。与唐代以"三司推事"作为临时机构审理诏狱案件不同，宋代多由开封府、大理寺或御史台负责审理诏狱案件。据《宋史·刑法志》记载，宋代诏狱"体大者多下御史台狱，小则开封府、大理寺鞫治焉"[5]。与之相适应，设置诏狱的场所，亦应遵循惯例，于大理寺、御史台等处设立。如君主随意变更受案机关，即存在产生违背祖制的巨大风险。宋代违逆"诏狱专司"惯例的现象，主要表现为擅

---

[1] （宋）沈括撰，金良年点校：《梦溪笔谈》卷2《故事二》，中华书局，2015（唐宋史料笔记丛刊），第14页。
[2] 《宋会要辑稿》刑法5之33，第14册，第8521页。
[3] 《宋会要辑稿》刑法5之40，第14册，第8525页。
[4] （宋）佚名撰，汪圣铎点校：《宋史全文》卷36《宋理宗六》"景定元年十一月丙寅"，中华书局，2016（中国史学基本典籍丛刊），第2899页。
[5] 《宋史》卷200《刑法二》，第4997页。

自变更置狱场所和内臣参与司法。庆历四年（1044）三月丁亥，知审刑院丁度"以内臣治诏狱为不可，因援唐制三司参按故事，请任御史，罢内臣"[1]。意在排除内臣参鞫诏狱案件，强化御史鞫治要案之权限，此与唐代众官"杂治"程序中，御史台之优越地位前后相承。[2] 又据《容斋随笔》："国朝但有大理及台狱，元丰、绍圣间，蔡确、章子厚起同文馆狱之类，非故事也。"[3] 洪迈所言"同文馆狱"，指元丰、绍圣年间在同文馆置狱鞫治的部分诏狱案件，主要包括元丰元年（1078）冬十月相国寺僧宗梵案、元丰四年（1081）十月王珫与石士端妻王氏通奸案、绍圣四年（1097）八月文及甫案等。同文馆所置诏狱，因违背本朝故事，故而遭到时人批评。同理，宋代于皇城司等处审理的诏狱案件，如元丰二年（1079）三月，岐王颢夫人冯氏纵火案、绍圣三年（1096）哲宗孟皇后"巫蛊"案等，亦与"祖宗故事"相违。皇城司本名武德司，位于左承天门内北廊。太平兴国六年（981）十一月改为皇城司，执掌"皇城管钥、木契，及命妇朝参显承殿内取索事"[4]。实际上却是中央特务机构，是受皇帝直接差遣的特殊侦缉组织，具体承担秘密侦察、搜集情报和治安管控等任务。其中，孟皇后"巫蛊"案本属子虚乌有，且于皇城司置狱秘密审讯，故而遭到多名朝臣质疑。右正言邹浩《谏哲宗立刘后疏》曰："孟氏之罪，未尝付外杂治，果与贤妃争宠而致罪乎？世固不得而知也。"[5] 殿中侍御史陈次升《上哲宗论内治》也对本案可疑之处有所揭露：

---

[1] 《续资治通鉴长编》卷147"仁宗庆历四年三月丁亥"，第3568页。

[2] 按：陈玺认为："永徽以后，'三司'日益权重，但御史台地位显赫，参与杂鞫大案几为定制。但凡审理重大案件，御史台必有官员参推，此传统一直延续至安史乱后。究其根本，杂治与三司推事皆因诏狱而起，诏狱承天子之命而行，御史为天子耳目，以耳目之司察钦定刑狱，沟通畅达，程序简易，诚可谓珠联璧合，在最大效用上体现了皇权对司法的直接控制。"陈玺：《唐代杂治考论》，《法律科学》（西北政法大学学报）2017年第3期，第198页。

[3] （宋）洪迈撰，孔凡礼点校：《容斋随笔·容斋续笔》卷1"汉狱名"，中华书局，2005（唐宋史料笔记丛刊），第231页。

[4] （宋）高承撰，（明）李果订，金圆、许沛藻点校：《事物纪原》卷6《京邑馆阁部第三十二》"皇城司"引《东京记》，中华书局，1989，第333页。

[5] （宋）邹浩：《道乡先生邹忠公文集》卷23《疏·谏哲宗立刘后疏》，四川大学古籍整理研究所编：《宋集珍本丛刊》影印明成化六年刻本，第31册，线装书局，2004，第158页上。

"所治之狱，不经有司，虽闻追验证左，而事迹秘密，朝臣犹不预闻，士庶惶惑，固无足怪。"[1] 因此，北宋前期逐步形成并长期继受的诏狱案件审理模式，已经作为"祖宗之法"得到社会普遍认同，一旦出现君主擅自变更的情形，必然遭遇士大夫阶层强烈抵制。

三 亲加引对

"亲加引对"是指君主亲自参与个案审理，旨在借助君主过问、干预产生威慑效力，以避免法司枉法裁判。宋代君主亲加引问的惯例性规则，在孝宗朝叶元潾案中得到充分展示。乾道二年（1166）五月，右谏议大夫林安宅、侍御史王伯庠论参知政事叶颙侄元潾请求周良臣赃贿事，"下临安府送狱勘鞫"[2]。《宋史·叶颙传》："上下其事临安府，时王炎知临安，上令炎亲鞫置对，无秋毫迹。"[3] 由于孝宗差遣临安知府王炎亲鞫，本案遂具备诏狱性质。据杨万里《宋故尚书左仆射赠少保叶公行状》记载：案发之后，叶颙长子元泳、侄元潾先后遭到拘捕。叶颙"念元潾以一身二千里就逮，恐仇家包藏祸心，元潾非命，则谗无由而白"，乃上章请求孝宗亲自过问此案，其中援引太宗朝裁断诏狱故事三则，并对叶元潾的最终裁断产生比附适用效力：

"臣仰惟国家圣祖神宗，用刑钦恤。虽锦工之贱，狱吏之微，亦皆引对。至于妇人李氏，两至殿庭，故中外无幽杜壅阏之事。伏望陛下明圣，狱成之日，先以上闻，赐以睿览，仍乞依祖宗故事，亲加审克，庶刑不冤。"时王炎帅临安，帝令炎亲鞫之。元潾至有司，与周良臣置对，初无

---

1 （宋）陈次升：《谠论集》卷1《上哲宗论内治》，《景印文渊阁四库全书》（第427册），台湾商务印书馆股份有限公司，1986，第329页下。
2 《宋会要辑稿》职官78之51，第9册，第5219页。
3 《宋史》卷384《叶颙传》，第11821页。

秋毫迹。然安宅时同知枢密院，王伯庠为侍御史，恐喝典狱，必欲文致，人人危之。公章至，帝下之临安。狱成上闻，帝亲览。御笔书其后曰："安宅、伯庠，风闻失实。事关大臣，并免所居官。"安宅仍贬筠州，时乾道二年八月也。[1]

八月丙戌，"诏林安宅、王伯庠论叶颙侄元潾受周良臣请求赃事，讯验无迹，事干大臣，风闻失实。林安宅可罢同知枢密院事，王伯庠罢侍御史"[2]。叶颙奏状中援引且为朝廷采纳的三则故事，皆发生于太宗一朝。其一，"锦工之贱"指王赞诬奏锦工事。雍熙二年（985）闰九月庚寅，"崇仪副使王赞决杖，降为供奉官。坐监绫锦院，挟私诬奏锦工，请加刑。上召锦工诘问之，工因言赞阴事，赞具伏，抵罪"[3]。此案后世影响甚为深远，绍兴三十二年（1162）十月庚午，侍读洪遵进读《宝训》时，君臣议论曾对"锦工故事"予以充分肯定："上曰：'祖宗精于治道如此。'遵奏云：'愿陛下以祖宗为法，天下幸甚。'"[4] 以上先朝承用的司法故事，必然对叶元潾案产生直接影响。其二，"狱吏之微"指王元吉之冤。太平兴国九年（984）六月，寡妇刘氏因惧子王元吉揭露其奸状，令侍婢妄诉王元吉置毒于食中。元吉先后于开封府右军、左军推治，并经开封府引问，司录司重推，皆未能明其冤屈。元吉复令妻张氏挝登闻鼓以闻，太宗令中使收捕元推官吏送御史台再鞫。"初元吉之系，左军巡卒系缚搒治，谓之'鼠弹筝'，极其惨毒。帝令以其法缚狱卒，宛转号叫求速死。及解缚，两手良久不能动。"[5]《太宗皇帝实录》"惟求

1　《杨万里集笺校》卷119《行状·宋故尚书左仆射赠少保叶公行状》，第4541页。
2　（宋）佚名撰，孔学辑校：《皇宋中兴两朝圣政辑校》卷45《孝宗皇帝五》"乾道二年八月丙戌"，中华书局，2019（中国史学基本典籍丛刊），第1008页。
3　（宋）钱若水修，范学辉校注：《宋太宗皇帝实录校注》卷34"太宗雍熙二年闰九月庚寅"，中华书局，2012，第384页。
4　《宋史全文》卷23下《宋高宗十九》"绍兴三十二年十月庚午"，第1951页。
5　《宋史》卷200《刑法二》，第4986页。

速死"四字之后，又有"上曰：汝犹不胜其苦，他人能胜之乎？"[1] 一节不见于他书，却充分展示了太宗亲自引对狱吏之实况。其三，"李氏两至殿庭"故事，指太平兴国九年（984）李氏陈请事："登闻院引对妇人李氏，自陈云无儿息，身且病，恐一旦溘死，家业委弃，欲未死有所归。上因谓宰相曰：'此妇人数日前朕已令开封府依所欲裁置之，今复来告诉，称其父已被系矣。此是小事，何用禁系？京辇之下尚敢如此，天下至广，冤枉可知。"[2] 叶颙引用的三则太宗亲临鞫问的诏狱案件，事主身份皆极卑微，意在劝谕孝宗尊奉祖宗故事，亲自过问叶元璘案。乾道二年（1166）与太平兴国九年（984）相距 182 年之久，三则陈年旧例竟然在叶元璘案进程之中发挥关键作用，不仅说明叶颙等士大夫谙熟国朝典故，宋代司法对于本朝"故事"等惯例性规则之高度重视与认同，亦由此得以证明。

第三节　大臣降责惯例

宋代秉承重文抑武国策，重用文臣治国理政，对士大夫少杀不辱，且以此为"祖宗故事"，历代恪守。据《挥麈后录》记载，宋初"不杀大臣"祖训即已确立："本朝法令宽明，臣下所犯，轻重有等，未尝妄加诛戮。恭闻太祖有约，藏之太庙，誓不杀大臣、言官，违者不祥。"[3]《佩韦斋辑闻》进而将宋初优崇礼遇之官员范围描述为大臣、功臣和谏臣："昌陵初即位，誓不杀大臣、不杀功臣、不杀谏臣，折三矢藏之太庙，俾子孙世守之。"[4] 建炎元年（1127）四月乙酉，管干龙德宫曹勋向高宗转述徽宗宣谕之际，曾再次提及

---

1 《宋太宗皇帝实录校注》卷 30 "太宗太平兴国九年六月丁未"，第 194 页。
2 《宋会要辑稿》刑法 5 之 16，第 14 册，第 8511 页。
3 （宋）王明清：《挥麈录·挥麈后录》卷 1，中华书局，1961（宋代史料笔记丛刊），第 69 页。
4 （宋）俞德邻撰，汤勤福整理：《佩韦斋辑闻》卷 1，上海师范大学古籍整理研究所编：《全宋笔记》（第 8 编，第 4 册），大象出版社，2017，第 192 页。

太祖训示:"艺祖有誓约,藏之太庙,誓不杀大臣及言事官,违者不祥。"[1]
绍圣四年(1097),章惇、蔡卞等罗织贬谪元祐诸臣,奏发司马光墓。哲宗问及汉、唐诛戮故事,尚书左丞许将对曰:"'祖宗以来未之有,本朝治道所以远过汉、唐者,以未尝辄戮大臣也。'哲宗皆纳之。"[2] 宋代礼遇宰执大臣传统之深远影响与法律效力,经由此例可见一斑。与此同时,优崇大臣又与宋代君臣共理天下的理念直接对应,宋代士大夫又在"祖宗法度"加持之下,精彩演绎君臣共治理论,唯治国臣僚范围与等次有所不同。沈遘拟《诫励贡士敦尚行实诏》:"凡尔守令师帅官,吾所以共治天下者也。"[3] 李光《应

---

[1] 《皇宋中兴两朝圣政辑校》卷1《高宗皇帝一》"建炎元年四月乙酉",第4页。
[2] 《宋史》卷343《许将传》,第10910页。按:同属进呈汉唐故事,苏轼所进典故却因多处涉及诛戮大臣,遭遇同僚非议,元祐四年二月丙辰,监察御史王彭年奏:"'臣伏觇皇帝陛下好学不倦,圣敬日跻,左右讲读,必择天下端亮忠信之臣,务以道德辅成圣性。若使邪伪险薄之人,妄进奸言,以惑天听,臣恐为害不细。臣闻翰林学士兼侍读苏轼每当进读,未尝平易开释,必因所读文字,密藏意旨,以进奸说。闻轼言者,无不震悚。所进汉、唐事迹,多以人君杀戮臣下,及大臣不禀诏令,欲以擅行诛斩小臣等事为献。若此言者,殊非道德仁厚之术,岂可以上渎圣聪。轼之性识险薄,以至如是,轼之奸谋,则有所在。窃恐欲渐进邪说,大则离间陛下骨肉,小则疑贰陛下君臣,奸人在朝,为国大患,不即远逐,悔无及矣。原轼之心,自以来诋谤先朝语言文字至多,今日乃欲谋为自完之谋,是以百端奸谲,欲惑天听。若此人者,岂宜久在朝廷!伏愿二圣渊衷鉴照,特行诛窜,以谢天下。'贴黄称:'轼之所进汉、唐故实、诛斩杀戮等事,编录见存,皆可考验。'彭年又奏:'近者论奏翰林学士兼侍读苏轼,多以汉、唐人君杀戮臣下,及大臣不奉法令,欲以擅行诛斩小臣等事上进,乃于讲筵读史书之际,怀挟私意,妄论政事,以渎圣聪。欲乞朝廷置斥施行,至今未闻德意。伏望圣慈特赐睿旨,降出臣奏状,付三省取出讲筵编录,则苏轼所进汉、唐事迹内照验,见有上顶杀戮诛斩等事,若非辅成人主仁厚德性之说,不合进献,即乞早赐斥逐。如臣所言不当,亦乞特行黜降。'贴黄称:'轼为翰林学士,职在侍从,凡论政事,宜明上章疏,指陈是非,其在讲读,即非议论政事之所。今轼于体当上章疏而不上,于不当奏事之处而论奏,动违故常,必挟奸罔。伏愿详察,早赐置斥,以杜微渐。'先是,轼于讲筵进事迹云:'成帝时,张禹位特进,甚尊重。朱云上书求见,欲斩佞臣一人,以厉其余。上问:谁也?对曰:安昌侯张禹。上大怒曰:小臣居下讪上,廷辱师傅,罪死不赦。御史将云下,云攀折殿槛,呼曰:臣得下从龙逢、比干游于地下足矣,未知圣朝何如耳。文帝时,申屠嘉为丞相,邓通方爱幸。嘉入朝而通居上旁,有怠慢之礼。嘉奏事毕,因言:朝廷之礼不可以不肃。罢朝坐府中,为檄召通曰:不来,且斩通!唐太宗时,河内人李好德得心疾,妄为妖言,诏按其事。大理丞张蕴古奏:好德被心疾,法不当坐。治书侍御史权万纪劾奏蕴古本贯在相州,好德之兄厚德为其刺史,情在阿纵,案事不实。上怒,命斩之于市。'彭年累奏俱不报,崇宁末,乃检会施行。"(《续资治通鉴长编》卷422"哲宗元祐四年二月丙辰",第10219—10221页)可见,对于故事的拣择、进呈与释读,应与宋代家法祖训所确立的原则保持一致,若与之相违,即使符合史识,亦难为时议所容受。
[3] (宋)沈遘:《西溪集》卷4《制造·诫励贡士敦尚行实诏》,《景印文渊阁四库全书》(第1097册),台湾商务印书馆股份有限公司,1986,第28页下。

诏论盗贼事宜状》："守令民之父母，所与陛下共治天下者也。"[1] 刘一止《上殿札子》："自古人主所与共天下之治者，未尝不属之公卿大夫。"[2] 左司谏王岩叟进而指出："陛下所与共天下之治者，惟二三执政大臣而已。"[3] 在宋代士大夫阐释"君臣共治天下"论断之中，则以熙宁四年（1070）元老重臣文彦博"为与士大夫治天下，非与百姓治天下也"[4] 的论断最为著名。上述观念的形成，是宋代政治格局深刻变化的直接反映。张其凡指出："在法制的基础上，互相制约的皇权、相权、监察权，通过道理维持其平衡，共同控制着北宋国家机器的运转，形成皇帝与士大夫共治天下的局面。这就是北宋政治的现实，也是其不同于唐代及其前政治局面的新特征。"[5] 宋代君主须遵奉"圣人之道"治国理政的政治信条、士大夫"以天下为己任"的政治情怀，并与国家权力分立与制衡机制等因素相互作用，共同构筑了宋代优崇士大夫的时代特征。

与"不杀士大夫"祖训相适应，宋代时常引证本朝"故事"处置大臣。如元祐元年（1086）闰二月辛亥，正议大夫、知枢密院事章惇因"轻薄无行，好为俳谐俚语，及尝受内臣宋用臣馈遗"，守本官出知汝州。钱勰所草章惇降责制词明言"稽参故实，稍屈典刑"[6]，由此可见宋代优崇罪臣惯例之重要影响。又据《宋史·蔡确传》："确在安陆，尝游车盖亭，赋诗十章，知汉阳军吴处厚上之，以为皆涉讥讪，其用郝处俊上元间谏高宗欲传位天后事，以斥东朝，语尤切害。"[7] 遭到左谏议大夫梁焘、右谏议大夫范祖禹、左司谏

---

[1] （宋）李光：《庄简集》卷12《奏议·应诏论盗贼事宜状》，四川大学古籍研究所编：《宋集珍本丛刊》影印清乾隆翰林院钞本，第34册，线装书局，2004，第29页下。
[2] 《苕溪集》卷11《札子·上殿札子（又）》，第182页上。
[3] 《续资治通鉴长编》卷370"哲宗元祐元年闰二月辛亥"，第8935页。
[4] 《续资治通鉴长编》卷221"神宗熙宁四年十月戊子"，第5370页。
[5] 张其凡：《"皇帝与士大夫共治天下"试析——北宋政治架构探微》，《暨南学报》（哲学社会科学版）2001年第6期，第118页。
[6] 《续资治通鉴长编》卷370"哲宗元祐元年闰二月辛亥"，第8934页。
[7] 《宋史》卷471《奸臣一·蔡确传》，第13700页。

吴安诗、右司谏王岩叟、右正言刘安世连章弹奏。其中，刘安世先后十二次上章，论蔡确作诗讥讪事，其中，与梁焘同上的第七次章奏如下：

> 准《名例律》：十恶，六曰大不恭。注：谓指斥乘舆，情理切害者。
> 准《职制律》：指斥乘舆，情理切害者斩。
> 准《名例律》议请减赎章：犯十恶者，不用此律。
> 一宰相丁谓，贬崖州司户参军。
> 一前枢密副使孙沔，贬节度副使，宿州安置。
> 一前参知政事吕惠卿，贬节度副使，建州安置。
> 右臣等早来延和殿，伏蒙宣谕，令具行遣比附条例密奏。臣等略具合用律法，及责降大臣故事，备录如右。臣等窃谓三人之间，丁谓之责最重。然其所犯，亦非蔡确之比。伏乞圣明，更赐参酌。[1]

据章奏所言，刘安世等按照哲宗指示，检录"合用律法及责降大臣故事，备录如右"。显然，在处置蔡确时，《宋刑统》相关条目与先朝降责故事，均是处置蔡确的基本依据，"故事"在司法实践中的功能与地位亦由此得以充分证明。

丁谓、孙沔、吕惠卿三人，皆以宰执大臣身份获罪降责。其中，丁谓因尝教女道士刘德妙托老君言祸福，事涉夜醮妖妄。乾兴元年（1022）七月辛卯，"贬丁谓为崖州司户参军"[2]，在三人中处境最为悲惨。《宋史·孙沔传》：谏官吴及、御史沈起奏孙沔淫纵无检、贪暴酷虐诸事，"乃责宁国节度副使……其后复光禄卿，分司南京，居宿州"[3]。又据《宋会要辑稿》：嘉祐四

---

1 （宋）刘安世：《尽言集》卷9《论蔡确作诗讥讪事（第七）》，商务印书馆，1936（丛书集成初编），第107页。
2 《宋史》卷9《仁宗纪一》，第176页。
3 《宋史》卷288《孙沔传》，第9690页。

年（1059）七月十二日，"观文殿学士、礼部侍郎、知寿州孙沔责宁国军节度副使、知忻州"[1]。《宋史·吕惠卿传》："中丞刘挚数其五罪，以为大恶。乃贬为光禄卿，分司南京。再责建宁军节度副使，建州安置。"[2] 元祐元年（1086）六月辛亥，"吕惠卿责授建宁军节度副使，本州安置，不得签书公事。从谏官王岩叟等四人所奏也"[3]。从贬所位置和各项待遇而言，朝廷对于孙沔、吕惠卿的处分显然轻于丁谓。以往降责故事，主要以降职、外贬、安置三种罚则同时施加于罪臣。安置"或栖以传舍，或给以口粮，使之稍有以自遂，始得谓之安……惟止于年为稽考，月为点检，禁令不得恣行他适而已，以是为置"[4]。遵从"不杀士大夫"祖训，对照《宋刑统》量刑标准，并参酌丁谓、孙沔和吕惠卿三人降责故事，元祐四年（1089）五月辛巳，朝廷对宰臣蔡确做出裁决："蔡确责授左中散大夫、守光禄卿、分司南京。"[5] 同月丁亥，再责英州别驾，新州安置。

另一方面，对于降责大臣之叙复、恩宥和家属抚恤事宜，宋代亦有惯例可循。建中靖国元年（1101）夏四月辛卯朔日食，"故事，当降诏求直言"。《东都事略·曾肇传》："徽宗命肇草诏。诏下，投匦者日千百人。元祐士大夫再以赦恩甄叙，或复旧职，典方面。肇奏：'生者蒙恩矣，死者未被圣泽也，请如寇準、曹利用故事，捡会臣僚贬死未经叙复者，还其所夺官职。'"[6] 曾肇主张以已有恩赦为基础，参照本朝故事，在降责大臣死后复其

---

1 《宋会要辑稿》职官65之18，第8册，第4807—4808页。
2 《宋史》卷471《吕惠卿传》，第13708页。
3 《续资治通鉴长编》卷380"哲宗元祐元年六月辛亥"，第9240页。
4 （清）王明德撰，何勤华等点校：《读律佩觿》卷4"安置"，法律出版社，2001，第143页。
5 《续资治通鉴长编》卷427"哲宗元祐四年五月辛巳"，第10314页。按：刘挚弹劾吕惠卿五罪如下："惠卿以前两府居帅守之任，所宜与国家同休戚，将顺至意，以镇方面，乃敢用贪功幸进之志，为此乱阶，大违弃制诏，亏臣子之道。其罪一也。当陛下谅阴之中，谋动干戈。其罪二也。受神宗遗诏未逾月，而忘哀疚之情，觊幸功赏，为大不忠。其罪三也。致新天子命令失信于四夷。其罪四也。开外域之隙，至今警备未得安情。其罪五也。"（宋）刘挚撰，陈晓平、裴汝诚点校：《忠肃集》卷7《奏议·劾太原擅兴状》，中华书局，2002，第151页。
6 《东都事略》卷48《曾肇传》，第381页。

旧职，对其亲眷以示抚慰。据《宋史·真宗纪》：天禧四年（1020）六月丙申，"以寇凖为太子太傅、莱国公"[1]。同年八月二十三日，以交通内侍周怀政，贬寇凖为道州司马，乾兴元年（1022）二月戊辰，再贬雷州司户参军，后死于贬所。《宋史·寇凖传》："凖殁后十一年（明道二年）复太子太傅，赠中书令、莱国公，后又赐谥曰忠愍。皇祐四年，诏翰林学士孙抃撰神道碑，帝为篆其首曰'旌忠'。"[2] 天圣七年（1029）二月癸酉，因受曹汭案牵连兼私贷景灵宫钱，"贬曹利用为崇信军节度副使，房州安置，未至自杀"[3]。《宋史·曹利用传》：明道二年（1033），"追复节度兼侍中，后赠太傅，还诸子官，赐谥襄悼，命学士赵槩作神道碑，帝为篆其额曰'旌功之碑'，诏归所没旧产。"[4] 由寇凖、曹利用故事可知，降责大臣殁后，朝廷可采取复职、赠官、赐谥、旌表、还产等优待措施，曾肇主张参照寇、曹故事，追复贬死臣僚官职，以表朝廷宽仁、优抚之意。晚至南宋末年，仍可见援引本朝故事处置宗室事例。宝庆元年（1225）正月，湖州盗潘壬等谋立济王竑未遂，史弥远令客秦天锡托召医治竑疾，逼竑缢于州治。魏了翁、真德秀、洪咨夔、潘枋等相继上疏，咸言其冤。大理评事胡梦昱"引用晋太子申生、汉戾太子及秦王廷美之事凡百余言，讦直无忌"[5]。真德秀又曰："愿诏有司讨论雍熙追封秦邸舍罪恤孤故事，斟酌而行之……太平兴国中秦邸事作，太子太师王溥等议于朝堂者七十有四人，然后有诏裁决，以大事不可轻也。"[6] 其中所引"秦邸故事"即秦王廷美故事，太平兴国七年（982），卢多逊与秦王廷美结构谋逆，太宗事后并未诛灭廷美后嗣，罚则止于贬黜、安置而已，降廷美为

1　《宋史》卷8《真宗纪三》，第168页。
2　《宋史》卷281《寇凖传》，第9534页。
3　《宋史》卷9《仁宗纪一》，第186页。
4　《宋史》卷290《曹利用传》，第9708页。
5　（元）佚名撰，王瑞来笺证：《宋季三朝政要笺证》卷1"乙酉理宗宝庆元年"，中华书局，2010（中国史学基本典籍丛刊），第3页。
6　（宋）刘克庄著，辛更儒校注：《刘克庄集笺校》卷168《行状·西山真文忠公》，中华书局，2011（中国古典文学基本丛书），第6511页。

涪陵县公，房州安置，妻、子女并去封号，发遣西京。参照廷美降责故事，济王竑殁后，朝廷曾于端平元年（1234）、景定五年（1264）、德祐元年（1275）三度封赠，最终，"下礼部议，赠太师、尚书令，依旧节度使，升封镇王，谥昭肃。以田万亩赐其家，遣（试礼部侍郎兼中书舍人王）应麟致祭"[1]。此外，因秦王廷美有子德恭等十人，后嗣不绝。参照此例，依据提领户部财用兼修国史常楙提议，命大宗正司为济王竑立后。

综上，由众多先朝、本朝事例累积而成的降责惯例，是宋代降责宰执大臣、宗室贵胄的重要法律依据，同类故事的遴选和征引，并无严格时间限制，但以类目相同、事状相似、罚则相近三项标准作为适用要领。在惯例类型方面，既有处置罪臣事例之直接援用，也有抚恤褒赠之比照援用，充分体现出在罪行认定、罚则适用、善后措施等领域，诉讼惯例与成文律令并驾齐驱的法律地位和适用效力。

本章小结

本章讨论宋代鞫治程序的一般原则，重点就五听断狱、狱贵初情和一问得情三项常规裁判原则进行了分析。五听盘诘和查验诸证是获取嫌犯供词的首选路径，如确须拷讯，亦应在穷尽讯问、验证等程序之后依法进行。宋人对于鞫治程序之功能与价值具有深刻认识，并在司法实践中形成"初情在县""狱贵初情"和"详审初词"三项司法理念。宋代司法审判中，存在大量"一问得情"的记载，即法官在不同程序中通过一次讯问即查明案情，意在证明办案法官具有高尚的职业道德和精良的业务能力。然而，在常规案件审理流程之中，往往难以做到"一问得情"。除一般推鞫原则以外，宋代鞫

---

[1]（元）脱脱等：《宋史》卷246《宗室三·镇王竑传》，中华书局，1977，第8738页。

治程序中形成并适用了诸多惯例性规则，诸如诸司长官躬亲狱讼、大理寺、开封府和御史台专司诏狱、重大案件君主亲自引对等，上述以"本朝故事"形式存续的诉讼惯例，在宋代司法裁判中居于异常重要的支配地位。与重文抑武国策和重用文臣治国理念相适应，宋代对士大夫少杀不辱，且以此为"祖宗故事"历代恪守。司法实践中所引证的用以处置大臣之本朝"故事"，是与《宋刑统》等成法并列的直接法律渊源；与此同时，降责大臣之叙复、恩宥和家属抚恤事宜，宋代亦有大量司法惯例可资依循。

第八章
三　问

众证定罪是唐代正式确立的证据规则。《唐律疏议·断狱》规定："诸应议、请、减，若年七十以上、十五以下及废疾者，并不合考讯，皆据众证定罪，违者以故失论。"宋代虽直接承用《唐律疏议》众证定罪的规定，却在司法实践中创制了作为众证定罪前置程序的三问规则。律典关于官员、贵族、老幼、废疾等依法不应刑讯之旧制，也在宋代发生重大变化。与此同时，宋代众证定罪的具体情形，亦因案情差异呈现多种类型。目前，学界虽有关于众证定罪的相关研究，[1] 但针对宋代言词证据规则，特别是众证定罪原则的专文研究，迄今尚未见及。那么，意在获得嫌犯供词的三问程序从何而来？宗室官员如经三问仍不招供，可否施加刑讯？众证定罪是否完全依赖言词证据间之互相印证？法司省略三问是否构成程序瑕疵？为破解以上疑问，本书拟通过系统考察三问不承、追摄刑讯和众证定罪三个前后相继的司法环节，围绕宋代言词证据规则这一核心命题，讨论唐宋之际证据规则体系之内涵变化和运行状态。

---

[1] 代表性研究成果有：王庆廷《众证定罪》，《南京医科大学学报》（社会科学版）2008年第3期；祖伟《中国古代"据众证定罪"证据规则论》，《当代法学》2012年第1期；施陈继《中国传统证明力标准的现代价值——从"众证定罪"到"孤证不能定案"》，《黑龙江省政法管理干部学院学报》2017年第5期。

第一节　三问不承与追摄刑讯

唐代已有"三推结断"先例，长庆元年（821）十一月，据御史台奏："应十恶及杀人斗殴、官典犯赃，并伪造计银、劫盗窃盗，及府县推断讫重论诉人等，皆是奸恶之徒……伏请今后有此色贼，台及府县并外州，但计三度推问，不同人皆有伏款。及三度断结讫，更有论诉，一切不重推问。"[1] 显然，设定三度结断的目的在于遏制罪囚滥讼，并藉此纾缓法司推鞫压力。因《宋刑统》准用此敕，三度结断在北宋具有直接法律效力。然而，"《刑统》内虽有此条，承前官吏因循不能申明"。淳化四年（993）十一月十五日，据知制诰柴成务奏请，经大理寺详定，对于伏罪分明，录问翻变者，"如三经推勘，伏罪如初，款辨分明，录问翻变，（监）〔临〕决称冤者，并依法处断"[2]。由此，唐长庆元年（821）敕规定的"三推结断"原则构成宋代"三度推勘"的历史渊源，并对适用于宗室、命官的三问制度之形成产生直接影响。从"三推结断"到"三经推勘"的规则演进，以至"三问不承"和"三人证实"之程序勾连，无不体现宋人审慎、严谨、宽缓之司法理念。受"刑不上大夫"司法传统影响，宋代推鞫命官、宗室等，遵从"三问为限"原则，即法司讯问嫌犯应以三次为限。需要说明的是，三问应为宋代法司问案次数之上限，而并非每宗案件皆须经过三次鞫问。同时，其他案件一般不受三问限制，可依据案情需要随时追摄嫌犯。如范育诣庆州劾蕃部事，奏乞初

---

[1] （宋）王溥：《唐会要》卷60《御史台上·御史台》，上海古籍出版社，2006，第1228页。按：徐道邻对长庆元年十一月敕的意义有如下论断："这里说明了重推制度里几项要点：（1）每次重推，必须换另一位推官。（2）重推祇限三次。（3）无理冤的犯人，加一级治罪。（4）称冤有理的，前后三位推官都分别论罪。"徐道邻：《翻异别勘考》，《东方杂志》复刊第六卷第二期，1972年8月，收入氏著《中国法制史论集》，志文出版社，1975（新潮丛书之22），第156页，及氏著《徐道邻法政文集》，清华大学出版社，2017，第264页。

[2] （清）徐松辑，刘琳、刁忠民、舒大刚、尹波等校点：《宋会要辑稿》刑法3之51，第14册，上海古籍出版社，2014，第8419—8420页。

问不承即追摄，神宗悯其边鄙，改作再问。元丰元年（1078）五月戊戌，神宗"诏庆州，制勘命官再问不承，听追摄"[1]。此处再问已为特例，一问不承便行逮系当属常态。其次，在排除人为干预的情况下，三问之"初问"可能最大限度接近案件实情，"狱贵初情"理念也由此受到时人高度关注；再次，对于事实清楚、证据充分而嫌犯三问拒伏案件，应依照众证结案原则处断。

宋代司法重视优崇士大夫阶层，品官、宗室等在三问不承的情况下，方可追摄，即采取逮捕或传讯等强制措施。[2] 同时，宋代法令突破《唐律疏议》应议、请、减者"不合拷讯"[3] 的规定，对于三问不承官员在收禁勘问时，亦可施以刑讯。徽宗朝曾对三问的运行细则进行专门规范，政和七年（1117）八月二十五日诏明确了命官、命妇犯罪三问后，刑讯、着枷、拷掠的规定：

> 应命官、命妇犯罪，在法三问拒抗，辄不承伏，方具奏禀，乞行追摄勘鞫，示与常人有异。累年以来，刑法官司往往不遵条法，不顾官品，未知所犯轻重，更不三问，习常奏乞，直行追摄，枷讯拷掠，无所不至。如此，与常人何异？则命官终不得荫身，岂不有违祖宗法令、轻朕爵禄乎？可自今后命官、命妇犯罪，依法须俟实有三问不承，方行奏禀追摄，再一问枷，又一问讯。以上并不承者，即不得依前违法辄有奏禀及乱行收禁、枷讯拷掠。可立条令，载在《断狱》，著为永法。如违，其官吏以违御笔科罪。仍仰御史台出榜，在刑狱官深切按察纠劾。[4]

---

1 （宋）李焘撰，上海师范大学古籍整理研究所、华东师范大学古籍研究所点校：《续资治通鉴长编》卷289"神宗元丰元年五月戊戌"，中华书局，1992，第7080页。

2 按：王云海指出："宋代司法实践中，对于逮捕与传讯常常混淆，对这两个性质完全不同的强制措施基本没有明确的区分。"因此，此处以"追摄"指代逮捕、传唤等强制措施。王云海：《宋代司法制度》，河南大学出版社，1992，207页。

3 （唐）长孙无忌等撰，刘俊文点校：《唐律疏议》卷29《断狱》"议请减老小疾不合拷讯"，中华书局，1983，第550页。

4 《宋会要辑稿》刑法3之70-71，第14册，第8431页。

此敕反映了三点重要信息：其一，官员犯罪，在私宅或居所经三次讯问不伏者，允许采取强制措施到案；其二，对于隐瞒案情且情理切害者，可依法刑讯，至多以五次问对为限；其三，上述关照官员的特殊规定并未得到有效遵守，法司在未完结三问的情形下追摄、刑讯品官、宗室的现象时有发生。为使法司勘鞫宗室别于常人，政和七年（1117）九月十日手诏在强调三问的同时，对宗室犯罪之审讯、羁禁、定罪、拷掠和训诫等再次予以规制，旨在优崇宗室，敦睦亲族，此敕显然是同年八月二十五日诏的补充与发展：

> 宗室犯罪，不以亲疏、有无官爵、罪犯轻重，从来循例与常人同法。有司承例奏乞，不候三问，未承，便加讯问。朕席庆仙源，嗣承大统，岂有恩不及于祖宗之裔乎？追远念亲，为之恻然。自今有犯，除情理巨蠹，事涉重害，及已杀伤人，并别被御笔处分外，余只以众证为定，仍取伏辩，并不得辄加箠拷。若徒流以上，方许依条请官制勘，自余只行严监散禁。虽有上条，承勘官司逐旋奏禀，若合行庭训者，并赴大宗正司，令本位尊长以小杖依法夏楚。恪意遵承，立为永法，以副朕敦睦九族之意。[1]

据此，宗室犯罪处罚措施分为三档：其一，"情理巨蠹，事涉重害，及已杀伤人，并别被御笔处分"者，无须受三问原则限制；其二，徒、流刑以上者，应遵从三问不承和众证定罪两项原则，经奏裁后由法司推勘；其三，情节轻微者，由本位尊长训诫。据《礼记·学记》：夏、楚分别指榎、荆二物，

---

[1]《宋会要辑稿》帝系5之28，第1册，第135—136页。

"所以扑挞犯礼者",[1] 以收敛整齐威仪。责罚是当时宗室教育中的一种惩劝方式,何兆泉指出:徽宗崇宁年间,"夏楚已由宫学的惩戒手段,进一步演变为对宗室犯罪的常用刑罚"[2]。犯笞、杖刑者,监禁时免于械系。《书叙指南》曰:"散禁人,曰颂系之"[3],此即《汉书·刑法志》所言"颂系",颜师古释曰:"宽容之,不桎梏。"[4] 可以认为,晚至政和年间,宋代已经形成较为完备的三问程序适用规则,而此规则之适用与发展,不仅是传统法制优崇官员贵族理念在程序方面的又一创造,更是宋代偃武兴文、礼遇士人治国理念的重要体现。从诉讼规则层面而言,宋代三问程序既是"五听断狱"原则的理性伸延,亦是中国古代口供中心时代证据规则的重要进步。在众证定罪原则适用中,三问已经成为后续拘捕拷掠和众证定罪的法定前置环节,逾越或规避三问程序而随意采取或变更强制措施者,实质上构成对刑讯规则和众证定罪的双重侵害。

表 8-1　　　　　　　　　　　宋代刑讯规则简表

天圣《狱官令》	《庆元条法事类》
宋 32:每考相去二十日,若讯未毕,更移它司,仍须考鞫者,(注曰:囚移它司者,连写本案俱移。)则连计前讯,以充三度。即罪非重害,及疑似处少,不必皆满三度。者(若)〔囚〕因讯致死者,皆具申牒当处,委它官亲验死状(狀)。[5]	

1　(汉)郑玄注,(唐)孔颖达疏,龚抗云整理:《礼记正义》卷36《学记》,《十三经注疏》整理委员会整理:《十三经注疏》,北京大学出版社,2000,第1230页。
2　何兆泉:《两宋宗室研究——以制度考察为中心》,上海古籍出版社,2016,第148页。
3　(宋)任广:《书叙指南》卷18"狱具囚徒",商务印书馆,1937(丛书集成初编),第228页。
4　(汉)班固撰,(唐)颜师古注:《汉书》卷23《刑法志》注,中华书局,1962,第1108页。
5　高明士主编:《天圣令译注》,元照出版有限公司,2017,第508—509页。

续表

天圣《狱官令》	《庆元条法事类》
宋33：诸讯囚，非亲典主司，皆不得至囚所听问消息。其考囚及行罚者，皆不得中易人。1	《断狱令》：非当行典狱，不得至讯所。其考讯及行决之人，皆不得中易。2
宋49：诸枷，大辟重二十五斤，流、徒二十斤，杖罪一十五斤，各长五尺以上、六尺以下。类（颊）长二尺五寸以上、六寸以下。共阔一尺四寸以上，六寸以下；径三寸以上，四寸以下。仍以干木为之，其长阔、轻重，刻志其上。杻长一尺六寸以上、二尺以下，广三寸，原（厚）一寸。钳重八两以上，一斤以下，长一尺以上、一尺五寸以下。锁长八尺以上、一丈二尺以下。3	《断狱敕》：诸杖、笞（狱具枷、杻、钳、锁之类同。）制度违式者，杖六十。4
宋50：诸杖，皆削去节目。官杖长三尺五寸，大头阔不得过二寸，厚及小头径不得〔过〕九分。小杖长不得过四尺五寸，大头径六分，小头径五分。讯囚（囚）杖长同官杖，大头径三分二厘，小头二分二厘。其官杖用火印为记，不得以筋、胶及诸物装钉。拷讯者臀、腿分受。5	《断狱式》：狱具，杖，重一十五两，长止三尺五寸，上阔二寸，厚九分，下径九分。笞，长止四尺，上阔六分，厚四分，下径四分。6 《断狱令》：诸狱具，每月当职官依式检校，杖不得留节目，亦不得钉饰及加筋胶之类。仍用火印，从官给。7 《断狱敕》：诸杖直决人而暗加杖数，及于杖上增以他物故为惨毒者，徒二年，意在规求或情涉雠嫌，若决徒、流罪者，配本州。以故致死者，依故杀法，仍奏裁。8 《断狱令》：诸讯囚，听于臀、腿及两足底分受。9

1　高明士主编：《天圣令译注》，第510页。
2　（宋）谢深甫等撰，戴建国点校：《庆元条法事类》卷73《刑狱门三·决遣》，黑龙江人民出版社，2002（中国珍稀法律典籍续编），第744页。
3　高明士主编：《天圣令译注》，第528—529页。
4　《庆元条法事类》卷73《刑狱门三·决遣》，第743页。
5　高明士主编：《天圣令译注》，第530页。
6　《庆元条法事类》卷73《刑狱门三·决遣》，第749页。按：又据《州县提纲》："讯杖，在法许于臀、腿、足底分受，然每讯不过三十而止。"《州县提纲》卷3"勿讯腿杖"，第136页。
7　《庆元条法事类》卷73《刑狱门三·决遣》，第749页。
8　《庆元条法事类》卷73《刑狱门三·决遣》，第743页。
9　《庆元条法事类》卷73《刑狱门三·决遣》，第744页。

第二节　三问规则之实施状况

　　宋代裁判领域三问程序不见于《宋刑统》《庆元条法事类》等法典，应当是宋代司法长期累积形成的惯例性规则。三问程序的出现，当在神宗熙宁年间以后。元丰二年（1079）正月壬午，御史何正臣赴太庙监察，摄太尉、豫章郡王宗谔遣吏传言有负屈事。何正臣认为宗谔诉事不当，望付有司治罪。"诏大宗正司劾罪，后大宗正司言宗谔三问不承，诏罚铜二十斤。"[1] 宗正司置于仁宗景祐三年（1036），负责处置宗室案件，"受其词讼而纠正其愆违，有罪则先劾以闻；法例不能决者，同上殿取裁"[2]。本案审理中，大宗正司在三问之后，是否对宗谔采取追摄、刑讯措施史载不详，罚铜之责当为薄惩。元丰四年（1081）三月，朱服为御史，参知政事章惇密使客周之道"达意于服，为服所白。惇父冒占民沈立田，立遮诉惇，惇系之开封"[3]。侍御史知杂事舒亶言："如惇三问不承，乞勒令参对。"《续资治通鉴长编》记章惇自言："向在湖州一见朱服，后于京师旅见者，再不交一谈。今为御史，无相闻之理，亦无讬周之道达意及取服生月年岁等事"[4]，此段文字当即开封府三问时章惇所作供状。作为追摄、讯问前置程序的三问之制，也构成制约法司擅自拘捕命官的重要法则。元祐八年（1093）正月庚子，前知辽州榆社县唐恧因冲撞开封府判官赵越节仗，遭厢巡收付右厢，经宿乃释。监察御史黄庆基认为：唐恧身为命官，"'借使有罪当按，犹须三问不承，方得追摄……越为人

---

[1] 《续资治通鉴长编》卷296"神宗元丰二年正月壬午"，第7197页。
[2] 《宋史》卷164《职官四》，第3888页。按：张邦炜指出："从'先劾以闻'、'上殿取裁'等语可以看出，大宗正司只有建议权而无审判权，决断权属于皇帝。"由此，宗室犯罪在审判程序上享受预定特权，不可能"与常人同法"。张邦炜：《宋代皇亲与政治》，四川人民出版社，1993，第82页。
[3] 《宋史》卷471《奸臣一·章惇传》，第13710页。
[4] 《续资治通鉴长编》卷311"神宗元丰四年正月辛亥"，第7541页。

臣，敢擅威福，实骇众听。'诏令户部鞫之"[1]。厢巡擅自拘捕知县唐悫，有违三问之制。建炎三年（1129），张浚奏徽猷阁直学士陈彦文在江州妄用诸司钱四十余万缗，且多欺隐，高宗"遣御史一员（监察御史沈与求），往察其事"[2]。在此期间，"内命官不候三问追摄，言者以为彦文带职侍从，难于不候三问而追摄"[3]。九月辛酉，陈彦文黜落徽猷阁直学士，以便鞫问程序依法进行。[4] 可见，陈彦文落职，意在剥夺其带职侍从特殊身份，以便三问程序依法推进。

然而，旨在关照品官、宗室的三问之制实际效力却可能大打折扣，法司在追摄、刑讯之前略省三问的情况时有发生，即使履行三问程序，犯官亦存在遭遇威逼，被迫伏罪的巨大风险："百司恣戾，付寺劾之，至三问取伏状，被劾者惧对，莫敢辨。"[5]《清波杂志》曾记法司因常平积欠勘鞫官吏事："州郡刑狱冤滥，有司以被朝命，虽知不曾着字，盖亦行三问，岂容不承？罪及无辜，大率类此。"[6] 绍兴年间，大理卿王衣言："'伏、辩二事也，理有曲直，情有虚实，岂可一概令必伏无辩。今胁以追逮之威，使人不得尽辞，非立法之本意。请自今轻犯三问未承，犹听辩，庶无滥罚。'从之。由是人获自

---

1 《续资治通鉴长编》卷480"哲宗元祐八年正月庚子"，第11426页。
2 （宋）李心传撰，辛更儒点校：《建炎以来系年要录》卷28"建炎三年九月辛酉"，上海古籍出版社，2018，第574页。
3 《宋会要辑稿》职官70之8，第8册，第4919页。
4 按：陈彦文落职制书，见于《徽猷阁直学士朝请郎陈彦文可先次落职制》："敕：端木赐孔门高弟而货殖，韩安国汉朝名臣而资贪。如彼昔人之贤，未免后世之议。矧非其匹，可有是疵。具官某，早陟班行，久更烦使属，此艰虞之际，起于摈废之中。图有一日之长，付以九江之责。驱攘盗贼，实宣扞御之劳。抚养罢羸，顾乏廉平之誉。掊取无艺，侵渔一空。既徙厥官，尽去其籍。会枢臣之出使，按罪迹以上闻。方劾实于台僚，难厕名于从橐。其镌禁职，往对狱辞。尚省尔愆，无尤邦宪。可。"（宋）綦崇礼：《北海集》卷5《制·徽猷阁直学士朝请郎陈彦文可先次落职制》，四川大学古籍研究所编：《宋集珍本丛刊》影印清乾隆翰林院钞本，第38册，线装书局，2004，第120页下—121页。
5 《宋史》卷377《王衣传》，第11659页。
6 （宋）周辉撰，刘永翔校注：《清波杂志校注》卷7"常平"，中华书局，1994（唐宋史料笔记丛刊），第293页。

理。"¹ 至南宋末年，天下之狱，不胜其酷，"呼喝吏卒，严限日时，监勒招承，催促结款"²。又置"掉柴""夹帮""脑箍""超棍"等酷虐狱具，宗室、品官尚且不免捶楚，遑论百姓常人。此外，宋代胥吏在司法实践中的负面因素亦不容小觑，"严酷的刑讯对于狱讼胥吏来说是非常自然甚至可以说是出于保其本能的推鞫方法……人犯即使冤枉，也未必敢翻供。一旦翻供，往往引发胥吏加倍的报复"³。另一方面，具备嫌犯身份的个别官吏跋扈抗拒，也可能直接阻断三问之后的追摄程序。元丰年间，江西监司朱彦博欲以巧计中伤提刑李阅，诬告李阅违法差遣水手，及令弓手勾集耆壮土兵等。"及置狱推劾，众证其妄，三问不承，理当追摄，而彦博拒抗不赴，致干照人枉在刑禁，淹延半年。狱官具奏，而朝廷指挥亦止取干证人为定，便行断放，终不能屈致彦博。"⁴

综上，宋代三问之制的运行路径可作如下概括：宗室、命官、命妇等犯罪，应依法事先履行三问程序，若无理拒伏，法司则应追摄对质甚至施加刑讯。对于事经三问及追摄、刑讯仍不伏罪者，则应依照众证定罪原则处置。

第三节　三问不承与众证结案

所谓众证结案，是指对于命官、宗室、老幼、废疾等依法不得刑讯之特殊群体，须三名以上证人明证其事的独立性证据规则。⁵《断狱律》规定："诸应议、请、减，若年七十以上、十五以下及废疾者，并不合拷讯，

1　《北海集》卷35《墓志铭·故右中大夫充集英殿修撰提举江州太平观历城县开国男食邑五百户赐紫金鱼袋王公墓志铭》，第313页下。
2　《宋史》卷200《刑法二》，第4996页。
3　张正印：《宋代狱讼胥吏研究》，中国政法大学出版社，2012，第227—228页。
4　《续资治通鉴长编》卷491"哲宗绍圣四年九月乙丑"，第11656页。
5　参阅祖伟《中国古代"据众证定罪"证据规则论》，《当代法学》2012年第1期，第71页。

皆据众证定罪，违者以故、失论。"[1] 在众证结案规则之内，证人的言辞就成为认定案情、适用法律、定罪量刑的主要依据，证人证言与被告人的口供处于同等重要的地位。[2] 实践中，朝廷又对众证结案原则之适用予以细化，并渗透于勘验、取证、推鞠等诸多场合。政和七年（1117）九月十日诏规定，宗室犯罪"除涉情理重害别被处分外，余止以众证为定，仍取伏辩，无得辄加捶拷"[3]。宣和三年（1121）六月五日，针对官员犯罪异地取勘淹延之弊，臣僚上言："'欲乞应官员有犯已得旨先次停罢取勘之人，并令同在一处，就便供答文字，则是非曲直，便可判见，不至迁延。若五百〔里〕外，除赃私罪自合究治外，其犯公罪只乞以众证为定，案后书坐，庶免留狱滞讼。'〔诏〕徒以上罪并依奏。"[4] 在涉及命官、宗室案件之中，众证结案又以"三问不承"为前提条件，嫌犯如经过三次质对拒不承认犯罪事实，则须众证结案，即三人以上"明证其事，始合定罪"。又据《宋刑统·名例律》："称众者，断狱律云，七品以上，犯罪不拷，据众证定刑，必须三人以上始成众。但称众者，皆准此文。"[5] 可以认为，众证结案实质上是传统口供中心主义的扩张与伸延，是法司在无法获得嫌犯伏辞情况下狱成案定的基本路径。

与研究主题相适应，本书关于众证结案的讨论，主要聚焦于享有议、请、减司法特权之宗室、命官群体。其中，"应议，谓在名例八议人；请，谓应议者周以上亲及孙，若官爵五品以上者；减，谓七品以上之官及五品以上之祖父母、父母、兄弟、姊妹、妻、子孙者"[6]。宋代司法实践中，命

---

[1] 《宋刑统校证》卷29《断狱律》"不合拷讯者取众证为定"，北京大学出版社，2015，第395—396页。
[2] 参阅王晓龙、郭东旭《宋代法律文明研究》，人民出版社，2016，第293页。
[3] （宋）马端临著，上海师范大学古籍整理研究所、华东师范大学古籍研究所点校：《文献通考》卷167《刑法六·刑制》，中华书局，2011，第5009页。
[4] 《宋会要辑稿》刑法3之71-72，第14册，第8431页。
[5] 《宋刑统校证》卷6《名例律》"杂条"，第96页。
[6] 《宋刑统校证》卷29《断狱律》"不合拷讯者取众证为定"，第396页。

官三问不承之处置，虽概称众证定罪、众证结案等，结合法司审判程式与嫌犯主观态度等因素，又可分为伏罪推定、欺隐抵赖和锻炼推结三类情形。

一　伏罪推定

命官经三问不承，如不作申辩，即可作有罪推定，依据众证原则结案。熙宁二年（1069），在著名的"阿云之狱"论争中，围绕律敕之争与谋杀刑名，兼判刑部刘述与参知政事王安石产生激烈争执，神宗"诏开封府推官王尧臣劾刘述、丁讽、王师元以闻"[1]。对于刘述的审理，采取三问不承，众证结案方式了断。据《宋史·刘述传》："开封狱具，述三问不承。安石欲置之狱，光又与范纯仁争之，乃议贬为通判。帝不许，以知江州。"[2] 此后，陈襄、范纯仁、司马光等上书极谏无果。刘述三问不承，法司作出伏罪推论。元丰七年（1084）九月庚申，神宗命殿中侍御史蹇序辰、右司员外郎路昌衡往熙州劾李宪。"初，御史台鞫皇甫旦狱，召宪赴阙，至秦州，会有边警，诏止之。台请宪三问不承即追摄，诏用众证结案。乃遣序辰等就劾，既又命序辰等即秦州移文劾宪。"[3] 可见，因李宪三问不承，神宗诏以众证定罪方式，作伏罪推定。元丰八年（1085）三月甲午朔，"景福殿使、武信军留后、入内副都知、熙河兰会路经略安抚制置使李宪，追入内副都知，武信军留后，应熙河兰会路差遣并依旧"[4]。因李宪遣将讨贼有功，特免勒停，仅"罢内省

1　《文献通考》卷170《刑考九·详谳平反》，第5100页。按：吕志兴认为："虽然这次争议有着极为复杂的政治背景，但其表面则是'律敕之争'。从中可以看出，制、敕等的制定不得违反律的原则或精神，否则即使由于特定的政治因素起作用在当时得以制定与颁行，但最终还是要根据律意改正。"吕志兴：《宋代法律体系与中华法系》，四川大学出版社，2009，第142—143页。

2　《宋史》卷321《刘述传》，第10433页。

3　《续资治通鉴长编》卷348"神宗元丰七年九月庚申"，第8360页。

4　《续资治通鉴长编》卷352"神宗元丰八年三月甲午"，第8448页。

职事"¹。嘉定年间，知太平州芜湖县监仓张锜因于揽户借贷钱物、以官米准还私债及下属仓吏肆行奸盗等事，于江宁县鞫治。据专知邵维、斗级尹茂、厅子夏震、揽户孟三二等供招，监仓张锜"累令夏震往孟三二家借钱入己使用，前后通计七百五十贯文，及孟三二以索逋为言，监仓张锜乃令邵维许以将来受纳，每石减饶耗米五升以折还所欠。其后孟三二揽到人户苗米赴仓交纳，凡一千七百余石，遂如元约减饶过耗米八十五石有奇……具狱，众证甚明"。嘉定八年（1215）九月四日札，"奉圣旨，张锜降两资放罢"²。以上刘述、李宪、张锜等案中，均无法查明嫌犯对于三问指控之具体回应，即无认罪伏辞或脱罪辩驳，对于此类不置可否的质对情形，法司可"三人证实"原则作伏罪推定。

二 欺隐抵赖

"事状明白，更无可疑，尚复抵谰，留系不决，始用众证。"³ 在事实清楚、证据确凿的情况下，如遇犯官欺瞒抵赖，希求侥免，当在质对后做出有罪认定。元丰初年，陈绎知广州时，曾以木观音像易公使库檀像，并私用市舶乳香、买羊亏价等事。元丰七年（1084）三月乙巳，大理寺丞郭槩就江宁府劾陈绎，言绎"三供罪状不尽，乞追摄。诏陈绎所未承罪，止以众证结案"⁴。《玉照新志》录中书札子，陈绎"并申奏辨明所犯虚诈，及取勘时逐

---

1 《宋史》卷467《宦者二·李宪传》，第13640页。
2 （宋）真德秀：《西山先生真文忠公文集》卷12《对越甲藁·举刺·申将文林郎监江东转运司寄纳仓张锜重行追夺等事》，四川大学古籍研究所编：《宋集珍本丛刊》影印明正德刻本，第76册，线装书局，2004，第17页上。
3 （宋）孙觌撰：《南兰陵孙尚书大全文集》卷1《书·上皇帝》，四川大学古籍研究所编：《宋集珍本丛刊》影印明钞本，第35册，线装书局，2004，第317页下。
4 《续资治通鉴长编》卷344"神宗元丰七年三月乙巳"，第8255页。

次虚妄等罪"[1]。可见，经法司调查罪证确凿的情况下，[2] 陈绎经三次问对，仍欲诋欺不承，最终据众证结案原则处置。元丰七年（1084）六月一日，太中大夫、龙图阁待制、知江宁府陈绎"免除名勒停，追太中大夫，落龙图待制，知建昌军。子承务郎彦辅冲替"[3]。元符元年（1098）九月丙寅，淮南、两浙路察访孙杰言：江、淮、荆、浙等路制置发运使吕温卿私买民宅、冒借请给、亏少税钱等事，乞下有司考正其罪。哲宗诏"罢温卿发运使，于淮南州军听候朝旨。仍就近供答文字，如有罪，不以将来赦原"[4]。元符元年（1098）冬十月丁亥，据御史中丞安惇奏请，诏朝请郎曾镇往扬州置司推勘。案件审判中，"温卿谩不肯置对，（大理正张）近言：'温卿所坐明白，傥听其蔓词，惧为株连者累。'诏以众证定其罪"[5]。特殊情况下，法司可能突破"三问不承"惯例，多次就犯罪事实质问罪臣。元符二年（1099）三月丁巳，北朝生辰使副、试礼部尚书蹇序辰因改例受绢、外宴客省及饮酒辄拜等事，"诏大理少卿周鼎，权殿中侍御史左膚就寺置司取索推究"[6]。本案审理中，蹇序辰已经四问不承，"制勘所上殿得旨，令更一问，如不尽情供招，取旨追摄，勘所遂坐此旨再劾"。由此，蹇序辰案破例至"五问"仍未招供，终以

---

[1] （宋）王明清撰，戴建国、赵龙整理：《玉照新志》卷1，上海师范大学古籍整理研究所编：《全宋笔记》（第6编，第2册），大象出版社，2013，第128页。

[2] 按：元祐元年四月，诏知建昌军陈绎差知兖州，中书舍人苏轼、范百禄缴还词头。其中言陈绎赃状甚详："元祐元年四月二十三日，朝奉郎试中书舍人苏轼同朝请大夫试中书舍人范百禄状奏。今月二十二日，准宣使房送到词头，内知建昌军陈绎奉圣旨差知兖州者。右臣等勘会陈绎知广州日，私自取索，用市舶库乳香斤两多多，本犯极重，以元勘不尽，至薄其罪。外买生羊寄屠行，令供肉，计亏价钱三十七贯有余。州宅元供养檀木观音一尊，经别造杉木胎者，货易入己，计亏官钱二贯文，系自盗赃一匹二丈，合准例除名。纵男役将下禁军织造坐褥，不令赴敕。纵男与道士何德顺游从。绎曲庇何德顺弟何迪，偷税金四百两，事不断抽，罚不觉察。公使库破，男并随行助教供给食钱。以公使穀养乞鹅，系窃盗自守不尽赃，罪杖。其余罪犯，难以悉陈。"《苏轼文集》卷27《缴进陈绎词头状》，第775页。

[3] 《宋会要辑稿》职官66之29，第8册，第4841页。

[4] 《续资治通鉴长编》卷502"哲宗元符元年九月丙寅"，第11965页。按：据《宋会要辑稿》：元符元年九月二十一日，"诏罢江淮荆浙等路制置发运使吕温卿，仍就近供答文字，有罪不以来赦原。以察访孙杰言其不法故也"。《宋会要辑稿》职官67之21，第8册，第4858页。

[5] 《宋史》卷353《张近传》，第11145页。

[6] 《续资治通鉴长编》卷507"哲宗元符二年三月丁巳"，第12077页。

众证定罪：

> 序辰乃答云，既奉旨追摄，更不敢依前分析。仍不肯云所招并是诣实。勘官再对，言其违法不实之状甚明，众证灼然，又同使李嗣徽等悉已伏罪，唯序辰多端避罪，意待翻变，将来虽结案录问，必不免翻变。乞依吕温卿近例，止以众证结案，更不取勘录问。奉旨：范镗以下结案录问，蹇序辰依所奏。以此狱方具。[1]

蹇序辰罪状分明，却三次上书不实，拒抗欺诋，翻变无常。三月之内，经反复辩驳，蹇序辰落职，降一官知黄州。时彦、林邵、张宗高、王诏、曹曚、范镗、李嗣徽、向绛等，皆因奉使辽国拜不如仪、不依例受抬箱马及对制不实等事，黜落责罚有差。值得注意的是，法司请求参照吕温卿事例，略省取勘录问程序，直接以奏裁方式定案，此当为宋代司法之特例。

三　锻炼推结

部分案件因属诬构陷害，官员虽经追摄问对，甚至非法掠治，始终无法获得嫌犯伏辞。此时，法司亦可能锻炼冤狱，且盗用众证名义结断。绍兴十一年（1141）著名的"岳飞案"是诬构锻炼、妄冒众证结案原则的典型事例。秦桧遣使捕岳飞父子入狱属吏，朝廷初命何铸鞫问，"既而阅实无左验，铸明其无辜"。朝廷改命万俟卨推劾，岳飞坐系两月，无可证者。其后"簿录飞家，取当时御札藏之以灭迹。又逼孙革等证飞受诏逗遛，命评事元龟年取行军时日杂定之，傅会其狱。岁暮，狱不成，桧手书小纸付狱，即报飞死，

---

[1]《续资治通鉴长编》卷511"哲宗元符二年六月癸巳"，第12166页。

时年三十九"[1]。岳飞之冤,众所周知。秦桧、万俟卨等仍引王俊、王贵、姚政、庞荣、傅选等人证词,对外宣称众证结罪。直接记载"岳飞案"以众证结断的史料,如下所引:

1.《建炎以来系年要录》:于是飞以众证,坐尝自言己与太祖俱以三十岁除节度使,为指斥乘舆,情理切害;及敌犯淮西,前后亲受札十三次,不即策应,为拥兵逗遛。当斩。[2]

2.《宋史·张宪传》:万俟卨诬飞使于鹏、孙革致书宪、贵,令虚申警报以动朝廷,云与宪书规还飞军。其书皆无有,乃妄称宪、贵已焚之矣,但以众证具狱。[3]

3.《中兴两朝圣政》:飞久不伏,因不食求死。至是,万俟卨入台,月余,狱遂上,于是飞以众证,坐尝自言"己与太祖俱以三十岁除节度使"为指斥乘舆,情理切害;及虏犯淮西,前后受亲札十三次,不即策应,为拥兵逗遛,当斩。[4]

4.《忠文王纪事实录》:其具狱,但称以众证结案,而王竟无服辞云。[5]

5.《金佗稡编·鄂王行实编年》:其具狱但称以众证结案,而先臣竟无服辞云。[6]

6.《金佗续编·百氏昭忠录》:飞困于拷掠,亦无服辞。飞既死于狱

---

1 《宋史》卷365《岳飞传》,第11393页。
2 《建炎以来系年要录》卷143 "绍兴十一年十二月癸巳",第2422页。
3 《宋史》卷368《张宪传》,第11463页。
4 (宋)佚名撰,孔学辑校:《皇宋中兴两朝圣政辑校》卷27《高宗皇帝二十七》"绍兴十一年十二月癸巳",中华书局,2019(中国史学基本典籍丛刊),第891页。
5 (宋)谢起岩:《忠文王纪事实录》卷3《行实编年三》"绍兴十一年",《续修四库全书》(第550册),上海古籍出版社,2002,第344页。
6 (宋)岳珂撰,王曾瑜校注:《鄂国金佗稡编续编校注》卷8《经进鄂王行实编年卷之五》"绍兴十一年",中华书局,2018,第753页。

矣，具狱乃以众证蔽罪，飞赐死，宪、云戮于市。[1]

按照宋代司法惯例，对于名臣岳飞的审判理应施行三问程序。然而，相关文献对此皆付阙如，而《百氏昭忠录》"众证蔽罪"的表述，可谓洞察此案实质。岳飞入狱以后，可核实的表现仅有二事，第一是绝食反抗，第二，虽承受酷刑折磨，却未自诬。[2] 经过数次推问及拷掠之后，万俟卨始终未能获得岳飞服辞，而作为众证结案的前置要件，三问程序在此案中并未得到明确展示，而以"三问不承"为前提所进行的追摄、掠治等，亦因此存在明显程序瑕疵。岳飞案是绍兴年间宋廷"第二次削兵权"重大事件之一，此后，"建炎绍兴初年武将骄悍跋扈、拥兵自重的局面一去不复返了，祖宗家法大体恢复，南宋政权的格局重回重文轻武、以文抑武的旧轨"[3]。此外，如遇特殊原因无法质对者，则可能被视为默认伏罪之表意，且完全丧失申辩机会。绍兴十七年（1147），秦桧使台州守臣曹悙访求右朝散郎、直秘阁吕摭阴事，"会摭嫂姜氏告摭烝其庶弟之母，送狱穷治，摭惧罪阳瘖，乃以众证定罪，于是一家破矣"[4]。阳瘖又作阳喑，"喑，疾不能言也"[5]，九月甲戌，吕摭除名，梧州编管。吕摭阳瘖口不能言，应是受审期间惊恐所致。法司无法获得伏辞，即作有罪推定，实以众证结案之名，行锻炼定谳之实。

---

1 《鄂国金佗稡编续编校注》卷21《百氏昭忠录卷之五·章尚书颖经进鄂王传之五》，第1627页。
2 参阅王曾瑜《岳飞之死》，《历史研究》1979年第12期，第35页。
3 虞云国：《论宋代第二次削兵权》，《上海师范大学学报》1986年第3期，第102页，收入虞云国《两宋历史文化丛稿》，上海人民出版社，2011，第177—178页。
4 《建炎以来系年要录》卷156"绍兴十七年九月甲戌"，第2688—2689页。按：《续宋编年资治通鉴》所记与《要录》略异："九月，窜吕摭。桧恨颐浩不已，使台州守臣曾亨求其家阴事。会摭嫂姜氏告摭烝其庶弟之母，送狱穷治其罪。于是，一家破矣。"（宋）刘时举撰，王瑞来点校：《续宋中兴编年资治通鉴》卷6"绍兴十七年九月"，中华书局，2014（中国史学基本典籍丛刊），第125页。
5 （南朝宋）范晔撰，（唐）李贤等注：《后汉书》卷76《循吏·童恢弟翊传》注，中华书局，1965，第2482页。

第四节　孙觌赃案之程序瑕疵

在宋代众多众证结案事例之中，高宗朝"孙觌赃污案"的审理与处置显得格外特殊。因法司略省三问程序，以致依据众证定案做出的裁判难以获得嫌犯认同。高宗时，吏部侍郎李光劾奏孙觌在临安知府任上，"受诸县献钱四万贯及盗取激赏库金银，并籴官米，受百姓财万计"[1]。绍兴二年（1132）二月庚午，孙觌送大理寺推问，三月庚戌"以众证为定"。闰四月丁酉，孙觌"坐以经文纸札之属馈过客，计直千八百缗。有司言觌自盗，当死。诏贷死免决刺，所过发卒护送。连坐流徙者，又三十余人"[2]。《宋史·高宗纪》对于此案亦有明确定性："左朝奉郎孙觌坐前知临安府赃污，贷死除名，象州羁管。"[3] 至此，孙觌赃案似已定谳无疑。

然而，孙觌羁管象州以后，曾多次上书诉冤，以致对于孙觌的处分逐渐

---

[1] （宋）熊克著，顾吉辰、郭群一点校：《中兴小纪》卷12"绍兴二年闰四月壬子"，福建人民出版社，1984（八闽文献丛刊），第153页。按：据李光《论孙觌札子》："臣伏覩绍兴元年十二月十四日，三省同奉旨：备坐祖宗旧制，应赃吏决杖配诸州牢城，盖谓军兴之际，不免时有科率。若更容纵赃吏，并缘为奸，则民力愈此。有以见陛下意在生灵，深疾贪污。命下之日，孰不相庆。今已累月，而诸司按察官循习既久，恬不为怪。遂使朝廷美意，委为空文，臣窃痛愤。伏自艰难以来，朝廷一切姑务涵贷凶贪之徒，割剥生灵，无所忌惮。况朝廷行法，当自贵近始。臣伏见前知临安府孙觌在任赃污不法，远近播传。诸司惧其一旦复用，则为己害，不敢按发。觌之为人，朝廷所知。前后臣僚论列，罪大恶稔，至辱詈君父，甚于仇雠，有臣子所不忍闻者。陛下贷而不诛，又使复典郡，寄于觌恩高厚矣。乃不悛革，益肆无赖。到任之初，以军期为名，拘九邑县令在府，勒令出钱共四万五千余缗。名曰助军，不附文历。又将亲信使臣毛汝能辟为都监，文林郎毛珪权钱塘县令，令二人提领本府应干仓场库务，偷盗转易，不可稽考。郡中官僚，相顾侧目。至有'人生五马贵，莫畏二毛侵'之语。临安府捉获酤卖私酒百姓，其家富厚，觌会珪受钱一千贯，更不解送所司，至帖下本县，直行放免。又遣所亲他董人乞觅过新城县百姓唐邦臣等钱一千五百贯，皆有迹状。除代之后，将犒赏金银钱物与都吏专刭官等分受。比至得替，其公库供帐之物并不发还，及将空名度牒、官告等移易妄用，收附不明。监司往来，厚加结纳。每到发送馈谓之合食，日事燕游，每会不下百余千。以此上下相蒙，无缘显露。伏望圣慈奋发干刚，出自睿断，送大理寺或差台官一员，就府置司体究，候赃证分明，捕逮送狱。依法断遣，以警具僚。其属邑县令及人吏等，迫于威势者，赃非入己，或许其自首。庶几远近闻风，咸知畏戢。实天下幸，甚取进止。"[（宋）李光：《庄简集》卷11《奏议·论孙觌札子》，四川大学古籍研究所编：《宋集珍本丛刊》影印清乾隆翰林院钞本，第34册，线装书局，2004，第17—18页］李光此札后送大理寺，成为逮捕、审讯孙觌的重要依据。

[2] 《建炎以来系年要录》卷53"绍兴二年闰四月丁酉"，第969—970页。

[3] 《宋史》卷27《高宗纪四》，第497页。

发生翻转。孙觌辩辞中多次对大理寺不经问对、不取服辩等违法行为予以抗议。如《上皇帝书》言："臣待罪私家，无一吏至门，无一词勘诘，不追赃证，不取伏辨，直行宪典，同时连坐，备尝棰掠，不堪其毒。"第二次上书曰："锻炼弥时，私家无一物可取为证，无一吏持片纸扣门，问所当之罪……如臣所坐，未尝移狱别推，未尝托疾避罪，大理寺何名辄用众证。"[1]《与万俟参政书》又曰："公案无一字书押，以众证为罪。"[2] 总之，大理寺逾越三问程序，迳行拘捕、拷掠直至众证定罪的司法程序，成为孙觌辩白的主要依据之一。更为重要的是，孙觌辩词说明，三问程序履行之中，朝廷命官止须居家待罪，法司应先差吏持文书登门问对。若赃证明白，三问不承，方可逮捕、讯鞫，直至众证定罪。据《建炎以来系年要录》：孙觌"上书诉枉。事下刑部，刑部言：'觌所犯未尝置对，止据众证定罪，于法意、人情委是未尽。'故释之"[3]。所谓"未尝质对"，即本案因未经常规三问程序，且未获得孙觌服辞或辩解，此正与孙觌所言相合。最终，孙觌关于大理寺程序瑕疵的辩驳获得刑部认可。绍兴四年（1134）八月戊寅，朝廷特赦孙觌，令其逐便。此后，除名、勒停人孙觌得以渐次叙复，绍兴五年（1135）闰二月乙巳，叙左奉议郎。此后，孙觌仍坚持申诉，直至绍兴二十六年（1156）六月壬午，得复左朝奉郎；绍兴二十六年（1156）十一月辛巳，复右文殿修撰、提举江州太平兴国宫。面对错综复杂的案情，大致可以做出以下判断：孙觌赃污罪行事实清晰，证据确实，然而，大理寺审理却未经三问，直接适用众证结案，引发事主抗辩，刑部驳正。后经孙觌历次强辩，最终得以复职。由此可见，三问不承与众证结案前后相承，不可或缺，二者共同构成宋代法司审理命官案件的重要程序规则。

---

[1]《南兰陵孙尚书大全文集》卷1《书·上皇帝》，第317页下、318页下。
[2]《南兰陵孙尚书大全文集》卷2《书·与万俟参政书》，第322页上。
[3]《建炎以来系年要录》卷79"绍兴四年八月戊寅朔"，第1324页。

尽管如此，由于宋代程序规则已与实体裁判明确分立，孙觌赃官身份并未因其反复申辩而发生改变。绍兴二十年（1150）八月己未，秦桧进呈前侍从见在谪籍人，上曰："闻莫俦、孙觌尚在近地，此辈宜令远去。言官自合论列，盖朝廷清明，忠邪判白，奸臣逆子固当屏迹也。"[1] 孙觌依违无操，世所不齿，宋人陈振孙曾言：觌"生元丰辛酉，卒乾道己丑，年八十有九，可谓耆宿矣。而其生平出处，至不足道也"[2]。清人赵翼亦言其"知临安府，以赃败，编管象州，则觌本非端士"[3]。上述史料表明，孙觌赃案属实，案件鞫治中的程序瑕疵，是改变孙觌案件最终走向的关键所在。然而，孙觌虽经特赦并三复官职，其赃吏身份却始终无法改变。

总之，在制度创制层面，宋代创造性地发展了众证定罪原则，通过创制三问前置程序，在一定程度上保障了特定群体的体面与尊严。在规则运作层面，宋代高度重视程序的正义性，在众证定罪之前，三次讯问之际，应向嫌犯出示书证、物证等证人证言以外的其他证据。与此同时，宋代将三问程序与刑讯措施前后照应，"三问不承"之后递进适用追摄、着枷、刑讯等强制措施。从程序设计角度而言，三问的创制，实质上是对特殊人群免于刑讯特权的直接替换，即实施三问以后，嫌犯即不再享有豁免掠治之特殊关照。通过对宋代众证结案不同情形的考察可知，众证定罪规则，既可在嫌犯沉默或抵赖的情况下，为法司综合判断、运用各类证据预留空间，又能有效遏制法吏肆意拷掠、锻炼推结，从而有效避免冤狱产生。宋代通过创立三问程序，使法司获得嫌犯供词的几率有所提升；对经三问程序无理抗拒者施加逮捕、刑讯，在否定和抵制司法特权主义泛滥方面进行了适度探索；三问程序、拘系刑讯以及众证定罪的发展与运行，则直接印证了宋代言词证据规则的革新

---

1 《建炎以来系年要录》卷 161 "高宗绍兴二十年八月己未"，第 2776 页。
2 （宋）陈振孙撰，徐小蛮、顾美华点校：《直斋书录解题》卷 18《别集类下》，中华书局，1987，第 527 页。
3 （清）赵翼：《陔余丛考》卷 41 "孙觌为东坡子"，商务印书馆，1957，第 913 页。

与完善。总之，在三问前置、刑讯为辅的规则设计背景之下，宋代众证定罪证据规则经由体系重构实现了规则自洽，对于改变固有的以口供为中心的传统，构建各类证据相互印证原则发挥了重要作用，从而为中国古代证据规则体系的完善和证明方式的革新进行了有益尝试。

本章小结

三问不仅是传统法制优崇官员贵族理念在程序方面的规则创造，更是宋代偃武兴文、礼遇士人治国理念的重要体现。唐长庆元年（821）敕规定的"三推结断"原则构成宋代"三度推勘"的历史渊源，并对适用于宗室、命官的三问规则之形成产生直接影响。受"刑不上大夫"司法传统浸染，宋代推鞫命官、宗室等，遵从"三问为限"原则，即法司讯问嫌犯应以三次为限。在三问不承的情况下，方可对品官、宗室等采取逮捕或传讯等强制措施。宋代裁判领域之三问程序不见于《宋刑统》《庆元条法事类》等法典，应当是司法实践长期累积形成，并在司法实践中得到贯彻的惯例性规则。宋代三问之制的运行路径可作如下概括：宗室、命官、命妇等犯罪，应依法事先履行三问程序，若无理拒伏，法司则应追摄质对甚至施加刑讯。对于事经三问及追摄、刑讯仍不伏罪者，则应采取众证定罪原则处置。宋代司法实践中，命官三问不承之处置，虽概称众证定罪、众证结案等，结合法司审判程式与嫌犯主观态度等因素，又可分为伏罪推定、欺隐抵赖和锻炼推结三类情形。孙觌赃污罪行事实清晰，证据确实，然而，大理寺审理却未经三问，直接适用众证结案，引发事主抗辩，刑部驳正。后经孙觌多次上书强辩，最终得以复职。由此可见，三问不承与众证结案前后相承，不可或缺，二者共同构成宋代法司审理命官案件的重要程序规则，亦是宋代言词证据规则发展变化的典型例证。

第九章
录 问

对于宋代司法审判环节的具体构成，学界存在不同看法。前辈学者已对介于勘鞫、检断之间的"录问"程序给予必要关注，并取得部分重要研究成果。[1] 然而，关于宋代录问的体系构成、京城及地方录问模式之差异等关键

---

[1] 按：宫崎市定认为："在判罪以前，有三个预备阶段，即巡捕、推鞫和检断，原则上规定三者应独立操作。"〔[日]宫崎市定：《宋元时期的法制与审判机构——〈元典章〉的时代背景及社会背景》，原载《東方學報》京都第24册，1954年2月，收入《宫崎市定全集》（11，宋元），岩波书店，1992，第159页。又收入杨一凡、〔日〕寺田浩明主编《日本学者中国法制史论著选》（宋辽金元卷），中华书局，2016，第24页〕徐道邻认为："凡有徒以上的刑狱，在'推勘'（即包括刑讯的审问）完毕之后，必须经过'录问'，纔能进行'检断'（检法断刑）。如果犯人在'录问'时翻异，就得在原另外派一个人重审，这个叫做'别推'。别推的供词，到了第二次录问时又被翻异，这时候就得把案子移送到另一个机关去重审，这个叫做'移推'。"〔徐道邻：《宋朝的县级司法》，收入氏著《中国法制史论集》，志文出版社，1975（新潮丛书之22），第138—139页，及氏著《徐道邻法政文集》，清华大学出版社，2017，第239—261页〕郑寿彭认为："凡徒以上刑案，在推勘之后，必须经'录问'的程序，然后方能检法断刑。"（郑寿彭：《宋代开封府研究》，"国立"编译馆中华丛书编审委员会，1980，第681页）王云海则认为宋代审判一般有推勘、录问、检法、拟判、审核、判决等六道程序，而"录问"是进入判决的第一道手续。（王云海：《宋代司法制度》，河南大学出版社，1992，第289—298页）刘馨珺认为："鞫狱与录问是紧接着的步骤，即是在鞫狱刑讯结款之后，检法书拟之前，县官要判定系囚的罪名，才能确定其判决是否属于县衙的权责；推勘讯问之后，若是杖罪以下，县衙可以立即判决科刑，若是包括编配的徒罪以上，经过县衙'录问'以后，就要把所有的'追证'、'勘结'案款整理完备，才可以呈送州衙。"与徒以上案件录问不同，此处县衙"录问"指聚录引问。（刘馨珺：《明镜高悬——南宋县衙的狱讼》，北京大学出版社，2007，第178页）戴建国、郭东旭则将录问视为审讯的一个环节。（戴建国，郭东旭：《南宋法制史》，人民出版社，2011，第191页）戴建国进而指出："宋代鞫司审讯后的案子，后续因有录问、检法程序，一旦有误，比较容易被发现。"（戴建国：《宋代鞫、谳、议审判机制研究——以大理寺、审刑院职权为中心》，《江西社会科学》2018年第1期，第118页）霍存福认为："在鞫、谳之间，即鞫之后、谳之前，一般还要插入录问；检法之后，还有拟判；之后是聚议，最后呈上长官。"（霍存福：《宋代"鞫谳分司"："听""断"合一与分立的体制机制考察》，《社会科学辑刊》2016年第6期，第22页）陈佳佳认为，宋代"案件的审理可以细分为四个环节，即：推问勘鞫、差官录问、检法议刑、长官定判。"（陈佳佳：《宋代录问制度考论》，《政法论坛》2017年第2期，第92页）此外，吕志兴、陈兴林：《宋代司法审判制度的独特设计》，《人民法院报》2012年11月23日，第7版；陈玉忠：《宋代刑事审判权约机制研究》，人民出版社，2013，第143—149页；贾文龙：《卑职与高峰——宋朝州级属官司法职能研究》（人民出版社，2014，第98—135页）等相关论著，均对宋代录问有所涉及。

问题，仍缺乏清晰而全面的观察。因此，有必要对宋代录问的源流嬗变轨迹和实际运行状况进行重新检讨。

第一节 录问内涵之转型重塑

从司法程序角度溯源，"录问"始见于《魏书·世宗纪》：永平元年（508）六月壬申，诏"可依洛阳旧图，修听讼观，农隙起功，及冬令就。当与王公卿士亲临录问"[1]。此处录问，应释为"录囚"之意，即接续汉魏晋司法传统，由君主省察愆衍、疏理滞狱的法律行为。作为宋代"录问"的直接制度渊源，五代之际，"录问"仍在特定语境下具备传统录囚之意。诏敕多次申明地方长吏躬亲录问的法定职责，清泰元年（934）九月甲辰，"以霖霪甚，诏都下诸狱委御史台宪录问，诸州县差判官令录亲自录问，画时疏理"[2]。开运二年（945）五月壬戌，殿中丞桑简能奏请，"令所在刑狱委长吏亲自录问，量罪疾速断遣，务绝冤滥，勿得淹留"[3]。广顺三年（953）四月乙亥敕节文："在州及所属刑狱见系罪人，卿可躬亲录问，省略区分，于人务不行者，令俟务开系；有理须伸者，速期疏决，俾皆平允，无至滞淹。"[4] 上述诏敕中所言录问，均为有司省录牢狱系囚之泛称。宋代录囚呈现君主亲录、遣使录问和长吏自录等多种类型，太平兴国六年（981）九月壬戌诏："诸州大狱，长吏不亲决，吏缘为奸，逮捕证左滋蔓，或踰年而狱未具。自今宜令州长吏五日一亲临虑问，得情者即决遣之。"[5] 景德二年（1005）九月辛未，

---

[1] （北齐）魏收：《魏书》卷8《世宗纪》，中华书局，2017（点校本二十四史修订本），第245页。

[2] （宋）薛居正等：《旧五代史》卷46《唐书二十二·末帝纪上》，中华书局，2015（点校本二十四史修订本），第734页。

[3] （宋）王钦若等编纂，周勋初等校订：《册府元龟》卷151《帝王部·慎罚》，凤凰出版社，2006，第1690页。

[4] 《旧五代史》卷147《刑法志》，第2297页。

[5] （宋）佚名编：《宋大诏令集》卷200《政事五十三·刑法上·令诸州大狱长吏五日一亲临虑问诏》，中华书局，1962，第740页。

"上阅开封府囚帐，日系二百余人，悯其苛留。命给事中董俨、直昭文馆韩国华与知府张雍虑问，情轻者即决之，事须证佐者促成之"[1]。乾道四年（1168）七月二十八日，孝宗诏"临轩虑问，决遣罪人"[2]。显然，宋代君主亲虑、遣使虑问和有司虑囚等录囚方式并存，与唐、五代以来秉承的录囚传统存在不可割裂的渊源关系。[3]

受晚唐以来司法体系变革的深刻影响，宋代"录问"突破宽宥、疏狱、慎恤等固有意涵，逐渐发展成为勘鞫、检断之间的独立审判程序，其基本功能在于对原审判决事实认定与法律适用进行全面审查。对于徒以上案件，法司经审阅案卷、审录罪囚、查验证据等程序，若罪囚伏辩，即依法进入检法断刑程序；若罪囚翻异、称冤，即转入重鞫别勘程序。据《宋刑统》准用后唐天成三年（928）七月十七日敕节文：

> 诸道州府，凡有推鞫囚狱，案成后，逐处委观察、防御、团练、军事判官引所勘囚人面前录问，如有异同，即移司别勘。若见本情，其前推勘官吏量罪科责。如无异同，即于案后别连一状，云"所录问囚人与案款同"，转上本处观察、团练使、刺史。如有案牍未经录问过，不得便令详断。[4]

1　（宋）李焘撰，上海师范大学古籍整理研究所、华东师范大学古籍研究所点校：《续资治通鉴长编》卷61"真宗景德二年九月辛未"，中华书局，1992，第1368页。

2　（清）徐松辑，刘琳、刁忠民、舒大刚、尹波等校点：《宋会要辑稿》刑法5之14，第14册，上海古籍出版社，2014，第8510页。

3　按：与汉代州郡刺史巡查冤狱的事务性活动有别，唐代帝王亲录、有司自录、命使录问等虑囚方式迭相为用，有司常规疏决和使臣临时理问交错进行，虑囚制度已经成为封建君主树立勤政慎罚形象、掌控最高司法权力和缓解社会矛盾的重要途径。（陈玺：《唐代诉讼制度研究》，商务印书馆，2012，第241页）汉唐以来的录囚传统，促使宋代录囚呈现出新旧内涵并存，新旧制度交替的时代特征。

4　窦仪详定，岳纯之校证：《宋刑统校证》卷29《断狱律》"不合拷讯者取众证为定"，北京大学出版社，2015，第401—402页。按：本条史料又见于《五代会要》，文字略异："今后指挥诸道州府，凡有推鞫囚狱，案成后逐处委观察、防御、团练、军事判官，引所勘囚人，面前录问。如有异同，即移司别勘。若见本情，其前推勘官吏量罪科责。如无异同，即于案后别连一状，云所录问囚人无疑，案同转上本处观察团练使、刺史。有案牍未经录问，不得便令详断。如防御、团练、刺史州有合申节使公案，亦仰本处录问过，即得申送。"[（宋）王溥：《五代会要》卷10《刑法杂录》，上海古籍出版社，1978，第160页]《全唐文》录此敕，除"云所录问囚人无疑"作"云所录问囚人无疑案"外，其他与《五代会要》同。[（清）董诰等编：《全唐文》卷109《后唐明宗四·申严覆勘狱囚敕》，中华书局，1983，第1110页]与《宋刑统》引文相比，《五代会要》文前多出"今后指挥"四字，文末多"如防御、团练、刺史州有合申节使公案，亦仰本处录问过，即得申送"一节。

本条史料所言"录问"已与疏决滞狱语境之下"录囚"内涵迥然有别。天成三年敕全面规定录问程序的基本法则，涵盖录问时间、录问人选和录问内容等问题，其中，"所录问囚人与案款同"抑或"所录问囚人无疑"应为当时录问书状习语。值得注意的是，中唐以后出现的勘鞫、检断分野趋势，是重新定义录问程序地位与功能的先决条件。唐建中二年（781）十一月十三日敕节文：法直官"但合据所覆犯由，录出科条，至于引条判断，合在曹官"[1]。上述规定在后唐得以继受与发展，天成二年（927）八月十一日，大理卿李延范奏："伏准格文，法直官祗合录出科条，备勘押入案，至于引条判断，合在曹官，仍不许于断状内载法直官姓名者。"[2] 法直官与曹官各司其职，两不相见，鞫谳分司格局已初现端倪。正是由于审判、检断的明确分工，录问才可能在狱具之后独立进行。宋代最终形成勘鞫、录问、检法并立格局，如《职制令》规定："诸命官奏状，非鞫狱、录问及例许直发者，并申本属入递。"[3]《断狱令》："诸被差请鞫狱、录问、检法而与罪人若干系人有亲嫌应回避者，自陈改差，所属勘会，诣实保明，及具改差讫因依申刑部，仍报御史台。"[4] 上述见于《庆元条法事类》诸条充分证明，录问与鞫狱、检法等程序前后相承且独立运行。[5]

至于录问程序的适用范围，学界亦有相关讨论。陈佳佳认为：录问程序同样适用于民事案件，"只不过在'重刑轻民'的时代，民事案件中的录问

1　《宋刑统》卷30《断狱律》"断罪引律令格式"条准"唐建中二年十一月十三日敕节文"，第405页。

2　《五代会要》卷16《大理寺》，第270—271页。

3　（宋）谢深甫等撰，戴建国点校：《庆元条法事类》卷4《职制门一·上书奏事》，黑龙江人民出版社，2002（中国珍稀法律典籍续编），第39页。

4　《庆元条法事类》卷8《职制门五·亲嫌》，第151页。

5　按：绍兴年间，孙觌言："伏见祖宗之制，笞杖至轻之罪，尚虑有司观望灭裂，不得其情，故有录问之法，审ළ之际，翻异称冤，则移狱别推，之后事状明白，更无可疑，尚复抵谳，留系不决，始用众证，至于命官，则又加详矣。"详言录问设立缘由、程序与功能等，足以证明两宋录问接续承用之历史脉络，《庆元条法事类》有关录问诸条，应为北宋已降之旧例。（宋）孙觌：《南兰陵孙尚书大全集》卷1《书·上皇帝书》，四川大学古籍研究所编：《宋集珍本丛刊》影印明抄本，第35册，线装书局，2004，第317页下。

环节没有像徒刑以上刑事案件那样被严格要求，所以史料记载不多，但是不能说没有"[1]。值得注意的是，针对徒以上案件进行的程序性审查，是宋代录问的核心要义，若民事裁判涉及刑事处罚，方才启动录问程序，而非所有民事案件均须录问。《宋代录问制度考证》一文所据开封府前勘天清寺僧契如还俗和故左丞吕余庆孙男归政事，在《宋刑统》中均有规定。《宋刑统·杂律》"诸色犯奸"条准后周显德二年（955）五月七日敕节文："今后，僧尼中有犯盗窃、奸私、赌钱物、醉及蛊害、欺诈等罪，并依法科刑，仍勒还俗，罪至死者，准法处分。"[2]《宋刑统·户婚律》"典卖指当论竞物业"条："应田宅、物业，虽是骨肉，不合有分，辄将典卖者，准盗论，从律处分。"[3] 所谓"准法处分""从律处分"，意为适用相应刑罚，而非承担民事责任。依据上述两案裁判，大中祥符三年（1010）八月诏："开封府今后内降及中书、枢密院送下公事，罪至徒以上者，并须闻奏。"此外，《名公书判清明集》也曾多次提及录问程序，相关案件虽与田宅资财相涉，案犯行为性质却属经济犯罪。因此，此类录问仍针对徒以上刑事案件进行，应不存在民事录问专门程序。

第二节　录问规则体系之构成

一　遴选机制

在长期司法实践中，宋代逐步形成录问官遴选与委派机制。咸平五年（1002）七月丙申，殿前侍卫卒有犯至死，因阁门祗候钱昭晟专往录问非

---

[1] 陈佳佳：《宋代录问制度考论》，《政法论坛》2017年第2期，第93页。
[2] 《宋刑统校证》卷26《杂律》"诸色犯奸"准"周显德二年五月七日敕节文"，第359页。
[3] 《宋刑统校证》卷13《户婚律》"典卖指当论竞物业"准"杂令"，第175页。

便,"始令阁门祗候迭往"[1],从而杜绝个别官员专任擅权。大中祥符二年(1009)正月戊辰,宋廷要求开封府、殿前、侍卫司奏断大辟,应在原审法官之外另择录问人选:"其逐处录问罪人,并当别差人吏,不得令元推典祗应"[2],意在杜绝录问官心存偏见或先入为主。绍兴十六年(1146)五月十四日规定,鞫狱、录问、检断等公事人选应注重考察专业素养,"于非坑冶兴发去处县丞内通行选差经任实晓法之人。如或缺官,即于合差出初任已经一考以上员数内通行选委"[3]。为保障录问程序公正合法,遴选回避原则显得至关重要。咸平四年(1001)二月,规定御史台差朝官录问军巡院大辟罪人,"不得与本院官相见"[4]。景德二年(1005)九月规定,录问官回避,限于同年同科目及第者:"应差推勘录问官,除同年同科目及第依元敕回避外,共同年不同科目者不得更有辞避。"[5] 此后,宋代形成"鞫狱、录问、检法而与罪人若干系人有亲嫌应避者,自陈改差。录问官回避"的遴选定制。崇宁二年(1103)以后,曾一度修改为"除有服亲及曾经荐举,或有仇怨者许避外,余更不避"[6]。至淳熙元年(1174)六月四日,上述规定经臣僚奏请废除。宁宗《庆元条法事类》在损益累朝录问回避规则基础上,对于"亲""嫌"之具体范围予以明确界定,[7] 以便依法差官录问。同时,若公事未毕,录问官与"监司及置司所在官吏相见,或录问、检法与

---

[1] 《续资治通鉴长编》卷52"真宗咸平五年七月丙申",第1141页。按:文渊阁四库全书本作"迭往"[《景印文渊阁四库全书》(第314册),台湾商务印书馆股份有限公司,1986,第703页下],中华书局点校本误为"送往","送往"义不可解,或因形近而讹所致,当据此订正。
[2] 《续资治通鉴长编》卷71"真宗大中祥符二年正月戊辰",第1588页。
[3] 《宋会要辑稿》刑法3之81,第14册,第8437页。
[4] 《宋会要辑稿》职官55之4,第8册,第4499页。
[5] 《宋会要辑稿》刑法3之55,第14册,第8422页。
[6] 《宋会要辑稿》职官24之33,第6册,第3673页。
[7] 按:本条《庆元条法事类》规定:"亲,谓同居,或袒免以上亲,或缌麻以上亲之夫、子、妻,或大功以上婚姻之家,或母、妻大功以上亲之夫、子、妻,或女婿、子妇缌麻以上亲,或兄弟妻与姊妹夫之期以上亲;嫌,谓见任统属官或经为授业师,或曾相荐举,有仇怨者,其缘亲者,仍两相避。"《庆元条法事类》卷8《职制门五·亲嫌》,第151页。

鞫狱官吏相见者，各杖八十"[1]。此外，宋代还出现了吏部差官录问京城刑狱的"审问"之制，元祐六年（1091）冬十月辛酉，监察御史安鼎言："乞在京置司勘公事，狱成，令吏部差朝臣一员录问"[2]，遂使审判程序更趋严密。

作为办理要案的司法机关，御史台狱录问人选受到特别重视。淳化三年（992）四月，"诏今后御史台所勘公事，徒罪已上案成后，轮差丞郎、谏议已上一员就台录问，取伏款文状，方得结案以闻"[3]。同年五月壬寅诏："自今御史府断徒罪已上狱，其令尚书丞郎、两省给舍已上一人亲临虑问，得情者决之。"[4] 真宗咸平二年（999）十月，诏御史台流罪已上奏案，"自今尚书省郎中已上，两省舍人已上，从下依次牒请录问"[5]。值得注意的是，差官录问的传统似乎一度中断，《续资治通鉴长编》言太平兴国七年（982）宋覃狱以后，差官录问即久废不举，至咸平三年（1000）五月己亥，御史台和开封府狱复行录问："御史台狱流、死罪，令给、谏以上录问，开封府死罪，选朝官录问。"[6] 大中祥符五年（1012）四月九日诏："应曾经纠察在京刑狱司申奏、下御史台禁勘、大辟罪人法成公（按）〔案〕者，委御史台于郎中已上牒请录问讫，再于中书舍人以上、丞郎以上再请录问。"[7] 上述录问官员的身份与位阶，反映出朝廷对台狱录问之高度重视。此外，太宗朝还曾专门规定台狱录问中款状书写格式，同时赋予中丞、知杂录问台狱专门权力。淳化四年（993）三月四日规定，御史台勘事，"须问头碎款连穿，长款圆写，即经中丞、知杂看读，录问责伏款状，方具奏案"[8]。同年三月二十二日又诏：今

1　《庆元条法事类》卷9《职制门六·馈送》，第168页。
2　《续资治通鉴长编》卷467 "哲宗元祐六年冬十月辛酉"，第11147页。
3　《宋会要辑稿》职官55之2，第8册，第4497页。
4　《宋大诏令集》卷200《政事五十三·御史府断徒以上令丞郎给舍一人亲虑问诏》，第743页。
5　《宋会要辑稿》职官55之4，第8册，第4499页。
6　《续资治通鉴长编》卷47 "真宗咸平三年五月己亥"，第1017页。
7　《宋会要辑稿》职官15之45-46，第6册，第3433页。
8　《宋会要辑稿》职官55之2-3，第8册，第4498页。

后御史台所勘公事，"系徒罪已下，结成文案，更不差官录问，只委中丞、知杂录问，无致枉滥。"[1]

二　审录机制

从录问程序而言，录问官通过审查书状、提审罪囚、讯问证人等方式，对判决所涉事实认定和法律适用进行全面审查。"每狱具则请官录问，得手状伏辨，乃议条决罚。"[2] 推其原意，在于防止审讯官作弊，保证司法审判的准确性。[3] 经过长期积累，宋代形成了一系列录问程序规则，广泛涉及认赃、禁留、保释等法律问题。为加速开封府流罪以下公事处置，天禧元年（1017）十一月，开封府言"'除大辟罪依旧结案外，其余流罪以下公事，止依在府勘事体例写长状，具札子缴连录问后，送法司定刑名断遣。'从之"[4]。天禧三年（1019）二月十二日，据殿中侍御史董温其言，规范录问环节赃物辨识程序，"自今凡认赃，当官员前令变主识认，题号著字；内不是元赃，即勘官著字。至录问时，令本判官更切覆问"[5]。熙宁十年（1077）十一月庚戌，诏"自今命官犯公罪不至追夺，而去官尚当论罪取旨者，录问讫勿禁留，仍知所在"[6]。宣和元年（1119）十月三日，据刑部尚书王革参酌《政和令》《开封府令》，规定证人责保放出，未经论问者不得远行："诸鞫狱干证人无罪者，限二日责状先放。其告捕及被侵（捐）〔损〕人唯照要切情节，听暂追，不得关留证讫，仍不得随司即证。徒以上

---

[1]《宋会要辑稿》职官55之3，第8册，第4498页。
[2]《续资治通鉴长编》卷77"真宗大中祥符五年四月辛酉"，第1763页。
[3] 戴建国：《宋代法制初探》，黑龙江人民出版社，2000，第216页。
[4]《宋会要辑稿》刑法6之53，第14册，第8560页。
[5]《宋会要辑稿》刑法3之2，第14册，第8394页。
[6]《续资治通鉴长编》卷285"神宗熙宁十年十一月庚戌"，第6987页。

罪犯人未录问者，告示不得远出。"[1] 乾道六年（1170）三月二十六日规定，录问范围应以原案卷宗和囚徒翻状内容为限，不得关涉案外情节："'自今录问官遇有翻异，当厅令罪人供具实情，却以前案并翻词送后勘官参互推鞫，不得更于翻词之外别生情节，增减罪名。其累勘不承者，依条选官审勘。'从之。"[2]

在众多案例之中，哲宗朝"瑶华秘狱"因清晰展现引对、书状及奏狱等录问环节，故而值得特别关注。绍圣三年（1096），孟皇后养母燕氏、尼法端与供奉官王坚为后祷祠事发，哲宗诏入内押班梁从政、管当御药院苏珪于皇城司鞫问。狱成，命侍御史董敦逸覆录。《宋史·后妃传》言皇城司"捕逮宦者、宫妾几三十人，搒掠备至，肢体毁折，至有断舌者"[3]。而《独醒杂志》的记载不仅可以与此印证，更详尽记载了录问程序中提审、书状等内容："公入狱引问，见宫官奴婢十数人，肢体皆毁折，至有无眼耳鼻者，气息仅属，言语亦不可晓。问之，只点头，不复能对。公大惊，阁笔不敢下。内侍郝随传旨促之，且以言语胁公。公不得已，以其案上。"[4] 显然，本案干系人等在原审阶段遭遇非法刑讯，以致无法参与录问程序。"敦逸畏祸，不能刚决，乃以奏牍上。"[5] 然而，董敦逸素以弹击不避贵近著称，事后曾上疏力辩孟后之冤："瑶华之废，事有所因，情有可察。诏下之日，天为之阴翳，是天不欲废之也；人为之流涕，是人不欲废之也。臣尝阅录其狱，恐得罪天

---

1 《宋会要辑稿》刑法1之31-32，第14册，第8245页。按：此敕后来应编入成法，长期行用。据《古今合璧事类备要》载："诸鞫狱，于证人无罪者，日下责状先放。其告捕及被侵损人唯照要切情节，听暂追证讫，仍不得随司。若证徒以上罪犯人，未问者，告示不得远出。"（宋）谢维新：《古今合璧事类备要外集》卷23《刑法门·款辨·刑法总论》，《景印文渊阁四库全书》（第941册），台湾商务印书馆股份有限公司，1986，第571页上。

2 《宋会要辑稿》刑法3之85，第14册，第8440页。

3 （元）脱脱等：《宋史》卷243《后妃下·哲宗昭慈孟皇后传》，中华书局，1977，第8633页。

4 （宋）曾敏行著，朱人杰标校：《独醒杂志》卷5"董敦逸录问元符厌诅事"，上海古籍出版社，1986，第47页。

5 （宋）陈均撰，徐沛藻等点校：《皇朝编年纲目备要》卷24"哲宗皇帝绍圣三年"，中华书局，2006（中国史学基本典籍丛书），第596页。

下。"[1] 绍圣三年（1096）九月乙卯，废皇后孟氏为华阳教主、玉清妙静仙师，出居瑶华宫，赐名冲真。

三 奖惩机制

为保障录问官有效履行职权，宋代构建了包括考课、容错、奖励在内的录问激奖体系。命官在任期间推鞫、录问，检法、验尸等，"每考通计过百日者，所过月日不理为考任"[2]。大中祥符四年（1011）十一月十六日诏："今后差官覆劾事，如前案大事既正，虽有小节目不圆，但不是出入罪者，其元勘录问、检断官更不行勘，只收理闻奏。审刑院、大理寺候奏到取旨。"[3] 次年三月辛巳，诏大理寺，"自今诸处奏案有失出入徒半年罪者，其元勘录问检断官等，不须问罪"[4]。上述考核、容错、免责机制的建立，有利于录问官勤于职守，查明案情。同时，依据驳正原判罪名、人数等因素，奖励录问官员。政和三年（1113）规定，录问官驳正流罪以下七人者，比照大辟一人奖励："诏令刑部立法：'诸入人徒、流之罪已结案，而录问官吏能驳正，或因事而能推正者，累及七人，比大辟一名推赏。'"[5] 绍兴三年（1133）三月，前司士曹事兼管左推勘公事孟师尹因录问惠州狱囚，驳正黄四等七人死罪，"特迁右宣教郎、知营道县。既而有司言师尹尝平反死囚五人，特命迁一秩"[6]。

另一方面，若录问官失职于法有罚。景祐三年（1036）八月十五日，蕲

---

1 《宋史》卷 355《董敦逸传》，第 11177 页。
2 《庆元条法事类》卷 5《职制门二·考任》，第 64 页。
3 《宋会要辑稿》刑法 3 之 56，第 14 册，第 8422 页。
4 《续资治通鉴长编》卷 77"真宗大中祥符五年三月辛巳"，第 1759 页。
5 《宋史》卷 201《刑法三》，第 5024 页。按：此敕后来纂入《赏令》："诸入人徒、流罪或配已结案，（谓将权以下及无罪或不该配人，作徒、流配罪勘结者。）而录问官吏（元勘当职官非。下文准此。）能驳正或因别推而能推正者，各累及七人比大辟一名计数推赏。"《庆元条法事类》卷 73《刑狱门三·推驳》，第 756—757 页。
6 （宋）李心传撰，辛更儒点校：《建炎以来系年要录》卷 63"绍兴三年三月丁丑"，上海古籍出版社，2018，第 1112 页。

春知县苏谭因录问林宗言狱不当，"罚铜十斤，并特冲替"[1]。熙宁九年（1076）八月戊申，开封府勘劾司农司寺吏刘道冲等盗用官钱事，司农寺"干连官吏并开封府元录问官吏，并送三司劾之"[2]。《庆元条法事类》规定：如置司鞫狱不当，案有当驳之情，"而录问官司不能驳正，致罪有出入者，减推司罪一等。即审问（非置司同）或本州录问者，减推司罪三等。（当职官签书狱案者，与出入罪从一重。）"[3]

在录问官惩罚机制中，围绕"一案推结"制度之存废，推勘、录问、检断诸官责任追究机制亦随之变化。绍兴二十八年（1158）五月七日刑部言：翻异、别勘公事，如原审不当，需同时调查录问官等。"'其不当官吏虽遇恩、去官，仍取伏辨，依条施行。合一案推结者，其检断、签书、录问官包括在内，除无'勿原'指挥外，依指挥虽遇赦、去官，亦合取责伏辨。'从之。"[4] 淳熙五年（1178）十月九日，参酌绍兴、乾道敕条法意，革新"一案推结"旧制，为避免案件淹延，规定原案先次结断，再追究录问不当之责："将鞫狱前推及录问官吏有不当者，如已替移事故，元犯系死罪，遵依绍兴旧法，一案推结外，余罪遵依乾道旧法施行。"[5] 淳熙十三年（1186）十月六日，参酌《刑部法》《考功令》旧制，针对失入死罪，设立推勘官、录问官责任等差，"'今欲于《考功令》内'曾失入死罪'字下添入注文'谓推勘官'四字，即与审问、录问官稍分等降，庶几于《刑部法》不相抵牾。乞下敕令所修立成法。'从之"[6]。庆元四年（1198）九月十二日，针对"一案推结"之弊，臣僚言："'检断签书及录问官，止据一时成款，初不知情，免与同罪。如此，则人知一案推结之法必行，而检断、

---

1 《宋会要辑稿》刑法4之73，第14册，第8485页。
2 《续资治通鉴长编》卷277"神宗熙宁九年八月戊申"，第6778页。
3 《庆元条法事类》卷73《刑狱门三·推驳》，第756页。
4 《宋会要辑稿》刑法3之83，第14册，第8437页。
5 《宋会要辑稿》职官5之49，第5册，第3144页。
6 《宋会要辑稿》刑法1之54，第14册，第8267页。

签书、录问之官既不与罪，则关涉亦省，而民冤得以自直。'诏令刑寺看详闻奏。"[1] 显然，"一案推结"之核心，在于追究原勘官责任，并同时将录问、检断官予以减等或免除处分。

第三节　京城诸狱之录问模式

北宋京城开封公事浩穰，狱讼繁剧，在监督诸司刑狱方面，逐步形成了以差官录问为原则，置司录问为特例的并行录问格局。差官录问台狱惯例之践行由来已久，太宗太平兴国七年（982），聂咏、范祥、宋覃、卜伦等坐私以铜钱易铁钱，"皆下御史狱"[2]。宋覃泣称"台司不容辨说，必令如所讯招罪。太宗悯之，乃诏自今御史台每奏狱具，差官诣台录问"[3]。由此开创宋代差官录问御史台狱之先例。大中祥符二年（1009），置纠察在京刑狱，专司录问京城诸狱。然而，在纠察司存续的七十余年间，差官录问京师诸狱事例仍大量存在，因此，纠察司并非独享录问之权。元丰三年（1080），纠察司职权罢归刑部，而刑部录问权限，又时常为御史台侵夺。由此，京城诸狱录问权限，理论上虽有明确归属，在实际运行中，却呈现朝臣差遣与纠察刑狱交互为用、刑部纠察案和御史台分权并立的特殊司法惯例。此处以诸司权限更替为线索，分别对纠察在京刑狱、御史台和刑部录问京城诸狱实况作如下阐释。

一　纠察司录问

设立纠察在京刑狱是宋代录问体系之重大变革。大中祥符元年（1008）

---

[1] 《宋会要辑稿》职官 5 之 57，第 5 册，第 3148 页。
[2] 《续资治通鉴长编》卷 23 "太宗太平兴国七年八月"，第 526 页。
[3] 《续资治通鉴长编》卷 47 "真宗咸平三年五月己亥"，第 1017 页。

六月，开封府勘进士廖符，"械系庭中，曝裂其背，讯之无状"[1]。真宗悯其罪未见情，横罹虐罚，于大中祥符二年（1009）七月丁巳，特置纠察在京刑狱司（又名纠察在京刑狱、纠察刑狱、纠察司等）。同时，明确规定京城御史台、开封府向纠察司供报的案件类型和纠察司督查案件方式等：

> 其御史台、开封府应在京刑禁之处，并仰纠察。其逐处断遣徒已上罪人，旋具供报。内有未尽理及淹延者，并须追取元（按）〔案〕看详，举驳申奏。若是旷于举职，致刑狱有所枉滥，别因事彰露，其所委官必当重置之法。更有令条贯事件，仍仰擘画开坐以闻。[2]

此敕在仁宗末期已经成为常法，据嘉祐五年（1060）九月八日，"诏备录大中祥符二年七月四日始置纠察在京刑狱司敕书下本司。今后每有差到官，令看详遵守施行"[3]。陆游《家世旧闻》曾言：家藏高祖太傅陆轸《除纠察在京刑狱敕》，敕辞即誊录大中祥符二年（1009）七月敕内容，[4] 此正与嘉祐五年（1060）诏敕精神契合。宋代纠察司置纠察官二人，最初差知制诰周起、侍御史赵湘纠察在京刑狱，后例以"两制"以上充任。宋代翰林学士与中书舍人合

---

1 《续资治通鉴长编》卷72"真宗大中祥符二年七月甲寅"，第1622页。按：《宋会要辑稿》："去年六月开封府勘进士廖符，械系庭中，暴裂其背，而鞫之无状。"《宋会要辑稿》职官15之44，第6册，第3432页。
2 《宋会要辑稿》职官15之44，第6册，第3432页。
3 《宋会要辑稿》职官15之46，第6册，第3433页。
4 按："其辞曰：中书门下牒尚书工部郎中、直昭文阁馆陆某。牒奉敕：国家精求化源，明慎刑典。况辇毂之下，斯谓浩穰，狱讼之间，尤谓繁剧。苟听断少乖于阅实，则蒸黎或陷于非辜。伏念眕怀，当食兴叹。宜申条制，式示哀矜。乃眷近臣，慎求公器。察其枉挠，举彼稽留。庶遵隐悼之规，以召和平之气。宜差同纠察在京刑狱。其开封府应在京有刑禁之处，并仰纠察。其逐处断遣徒以上罪人，旋具供报。内有未尽理及有淹延者，并须追取元案看详，举驳申奏。若是旷于举职，致刑狱有所枉滥，别因事彰露，其所委官，必当重行朝典。更有合行条贯事件，仍擘画开坐闻奏。牒至，准敕故牒。庆历六年九月日牒。工部侍郎、参知政事丁。（押字。）"又言：《实录》、《国史》皆不载其（按：指纠察在京刑狱）职事之详，此敕可备史官之求也。"。（宋）陆游撰，李昌宪整理：《家世旧闻》卷上，上海师范大学古籍整理研究所编：《全宋笔记》（第5编，第8册），大象出版社，2012，第228—229页。

称"两制",据《朝野类要》:"翰林学士官,谓之内制,掌王言大制诰、诏令、赦文之类。中书舍人谓之外制,亦掌王言凡诰词之类。"[1] 由此,担任纠察在京刑狱者,应由翰林学士、中书舍人以上官员担任。

专设纠察司录问在京刑狱,是宋代录问规则长期演进、逐步规范的必然产物。自五代以来,作为审判程序的录问多临时差官问按,录问官遴选及录问事务施行均乏定制。就司法职能而言,纠察司领纠察在京刑狱司事,监察在京诸囚狱逐日决断系禁犯人情状,并收受在押已决犯人冤案的陈状申诉,[2] 而录问则是纠察司参稽审覆京城诸狱之基本方式。自大中祥符二年(1009)始,纠察司成为监督京城诸司刑狱之枢轴所在,吕陶《奏为乞复置纠察在京刑狱司并审刑院状》曾言:

> 京师之狱,自开封府、御史台、大理寺诸寺监、开祥二县,并尉司左右外厢马步军司三排岸,以至临时诏狱,以及昼监、夜禁等,无虑二十余处。祖宗以来,虽极详慎,然犹恐有司失,实而冤者无告,故祥符中,诏置纠察一司,以统制之。[3]

旧时纠察司设于开封城东,"所以京师诸处刑狱疑难者,有司皆言过东衙,方是了当"。纠察司通过录问罪囚,对于维护京城司法秩序发挥了重要作用。如大中祥符九年(1016)正月七日,咸平张斌妻卢氏诉侄质被酒诟悖

---

[1] (宋)赵升编,王瑞来点校:《朝野类要》卷1《称谓》"两制",中华书局,2007(唐宋史料笔记丛刊),第44页。按:《演繁露续集》引苏易简《续翰林志》言"两制"源流曰:"晋天福中,从宰臣冯道奏,诏翰林学士院公事,宜并归中书舍人。自是舍人昼直者当中书制,夜直者当内制。至开运元年六月,诏曰:'翰林学士与中书舍人分为两制,偶自近年权停内字,况司诏命必在深严,宜复置学士院',桑维翰所建也。凡今合言两制者,皆始此也。此时未有权侍郎,故外制为从官之初也。"(宋)程大昌撰,徐沛藻、刘宇整理:《演繁露续集》卷1《制度》"两制",上海师范大学古籍整理研究所编:《全宋笔记》(第4编,第9册),大象出版社,2008,第173页。

[2] 龚延明:《宋代官制辞典》,中华书局,2001(增补本),第437页。

[3] (宋)吕陶:《净德集》卷2《奏状·奏为乞复置纠察在京刑狱司并审刑院状》,商务印书馆,1935(丛书集成初编),第17页。

案，历经咸平县、开封府审理，在录问程序中，纠察在京刑狱王曾、赵稹认为"咸平县民妇卢与养子争财，府县官吏恣受其贿，知府慎从吉男亦为请求。虑军巡讯问，有所顾避，望移鞫他所"[1]，以确保案件获得公正审理。庆历元年（1041）[2]，开封府审理中书守堂官周卞偷窃空字敕黄，伪作祠部度牒事。事发后，中书吏人刘式与本房堂后官张用和方始陈首举觉，开封府按成之日，"惧见录问，别有干连，上下通情，奏请周卞更不录问，直令弃市"[3]。而开封府亦止按余人，而不问堂吏。是时，知制诰富弼纠察刑狱，以为案情质对不明，请以吏付开封府。"执政指其坐曰：'公即居此，无为近名。'弼正色不受其言，曰：'必得吏乃止。'"[4] 在审理"卢氏狱""周卞狱"时，录问程序通过全面详覆案情，为整肃请托贿赂、枉法裁判等司法乱象构建了程序屏障。同时，纠察司亦通过录问程序，履行巡省监所职责。天圣四年（1026）正月，纠察在京刑狱司言：左军巡勘咸平县贼姜则累行打劫，录问并无翻异，羁押期间冻落手指九指。"'欲乞今后令当职官吏躬亲勒医人子细看验，如有疾患疮病，钤辖狱子、医人看承医疗。'从之。"[5] 仁宗朝曾一度出现"凡圣旨中书门下、枢密院所鞫狱，皆不虑问"的反常恶例。嘉祐四年（1059）七月庚申，装御营卒桑达数十人酗酒斗呼、指斥乘舆，"有司不之觉，皇城使以旨捕送开封府推鞫案成，弃达市"。本案因略省纠察司录问程序，遭到纠察刑狱刘敞移府问难："'朝廷旧法，不许用例破条。今顾于刑狱极慎，人命至重之际，而废条用例，此臣所不喻也。'天子乃以公章下开封

---

1 《宋会要辑稿》刑法3之57，第14册，第8423页。
2 按：今人王欣据蔡襄《端明集》卷21《奏议·论中书吏人刘式之罪》及范纯仁《范忠宣公文集》卷16《富公行状》等，将周卞案系于庆历二年，考辨甚详，当可信从。（王欣：《北宋纠察在京刑狱司研究》，西北大学硕士学位论文，2018年12月，第24页）
3 （宋）蔡襄：《宋端明殿学士蔡忠惠公文集》卷17《奏议·论中书吏人刘式之罪》，四川大学古籍整理研究所编：《宋集珍本丛刊》影印清雍正甲寅刻本，第8册，线装书局，2004，第83页上。
4 《续资治通鉴长编》卷133"仁宗庆历元年九月戊午"，第3174页。
5 《宋会要辑稿》刑法6之54，第14册，第8560页。

府，著为令。"[1] 知制诰、纠察在京刑狱范镇亦言："特许废条用例，事理乖舛，又臣所不谕也。"[2] 通过此案，纠察司奏请继续承用纠察录问惯例，凡大辟公事，"其情理可疑及囚自变者，并委纠察司奏请别差官置勘，其司狱等仍须与原勘处不相干碍，方许抽差"[3]。同时，府司及左右军巡大辟公事，"内虽系奉圣旨及中书密院勘送者，案成之后，一依编敕施行，贵得允当"。从而有效维护成法权威，杜绝因事异制。"桑达狱"之中刘敞、范镇抗争获胜的事实表明，纠察司依法录问的司法惯例已为时人普遍接纳并得到严格恪守。如纠察官对于案件认识与原判意见相左，可提请审刑院、大理寺详定。如纠察在京刑狱王安石与开封府对于"斗鹑案"中案犯行为性质的认识产生分歧，并认为府司失入平人为死罪。"府官不伏，事下审刑、大理详定，以府断为是。有诏安石放罪。"[4] 嘉祐七年（1062）十月甲午，知制诰王安石同勾当三班院。

纠察司之运作机理和施行效果却颇为时议所崇，"每有大辟，倍加精审"[5]。同时，纠察司不领他务，"得以专意于决讼报囚之事，其访问则无宾客之禁，其巡省则无冬夏之限"[6]。至神宗朝，纠察司录问权限逐步扩张至殿前马步军司办理的死刑案件，逐步形成台官会同纠察司录问之惯例。熙宁三

---

[1] （宋）刘敞撰，逯铭昕点校：《彭城集》卷35《行状·故朝散大夫给事中集贤院学士权判南京留司御史台刘公行状》，齐鲁书社，2018，第930页。

[2] （宋）赵汝愚编，北京大学中国中古史研究中心校点整理：《宋朝诸臣奏议》卷99《刑赏门·恤刑·上仁宗论开封府公事不经纠察司引问》，上海古籍出版社，1999，第1064页。

[3] 《续资治通鉴长编》卷190"仁宗嘉祐四年七月庚申"，第4581页。

[4] 《续资治通鉴长编》卷197"仁宗嘉祐七年十月甲午"，第4783页。按：柳立言认为："在争鹑案中，开封府等司法人员考虑到取鹑者的法律权益而追究鹑主的法律责任，而王安石考虑到鹑主的权益而追究取鹑者的责任，恰似在法庭上替两造辩护，各引律文，唇枪舌战，无宁是传统法律以权利和责任为着眼点的进步表现。但王安石以取鹑者是否逃跑作为是否可杀的标准，实在是忽略了取鹑这行为本身是否如此严重，以致取一鹑而后逃皆曰可杀，未免不符合'罪刑对称'的司法原则。他又咄咄逼人，舍协商而取弹劾，使案情陷入零和的僵局，反而可能引进了非法律的因素来结案，这是我们应该汲取的教训。"柳立言：《一条律文各自解读：宋代"争鹑案"的争议》，《"中央"研究院历史语言研究所集刊》第73本，第1分，第158页。

[5] 《续资治通鉴长编》卷190"仁宗嘉祐四年七月庚申"，第4581页。

[6] 《净德集》卷2《奏状·奏为乞复置纠察在京刑狱司并审刑院状》，第17页。

年（1070）八月乙亥，"诏殿前、马步军司，大辟囚并如开封府法送纠察司录问"[1]。与此同时，御史台会同纠察司录问的情形逐渐增多。熙宁五年（1072）三月壬辰，纠察在京刑狱祝咨奏请，由御史台派员共同录问殿前、马、步军司死罪军人："'其殿前、马、步军司军人犯死罪，乃止牒审官西院，差大使臣录问，缘大使臣少通法意，乞依开封府例，牒御史台差官就逐司录问。'……从之。"[2] 元丰二年（1079）二月乙卯，据知大理卿崔台符言，诏"'大辟罪牒御史台差官赴纠察司审覆'……后又诏：'报御史台差官同纠察司就寺审覆。'"[3] 御史台对纠察司录问事务的持续介入，为元丰官制正名以后，刑部与御史台分掌督查架构的成型埋下伏笔。

二 诏狱特使录问

从理论而言，大中祥符二年（1009）以后，京城诸司办理的徒以上案件，均由纠察司录问，应当对差官录问京城诸狱之司法惯例构成严重冲击。然而，在纠察司专职录问体制存续期间，仍可见大量朝廷临时差遣特使录问御史台、开封府等京城诸司刑狱事例。如宝元二年（1039），权知开封府郑戬按使院行首冯士元奸赃及私藏禁书事，牵涉颇众。此案移鞫御史台，"狱具，诏翰林学士柳植录问"[4]。庆历八年（1048），开封府右军巡院审理欧阳修外甥女张氏奸罪，狱成，诏太常博士、权发遣户部判官苏安世录问。苏安世"坐牒三司取录问吏人不闻奏"[5]，降殿中丞、泰州监税。皇祐二年（1050）四月，医家子冷青诈称皇子惑众，知开封府钱明逸审判此案，因对

---

[1] 《续资治通鉴长编》卷214 "神宗熙宁三年八月乙亥"，第5210页。
[2] 《续资治通鉴长编》卷233 "神宗熙宁五年三月壬辰"，第5657页。
[3] 《续资治通鉴长编》卷296 "神宗元丰二年二月乙卯"，第7211页。
[4] 《续资治通鉴长编》卷125 "仁宗宝元二年十一月丁酉"，第2939页。
[5] （宋）王铚撰，朱杰人点校：《默记》卷下，中华书局，1981（唐宋史料笔记丛刊），第40页。

初拟刑罚产生分歧。仁宗差遣中书舍人、提举在京诸司库务赵槩与天章阁待制、知谏院包拯录问冷清公事。包拯曾详细记录奉差往军巡院看详公案事："据冷清款招伏，前后狂言非一，原其情状，法所无赦，致之极典，固在不疑。"[1] 至和元年（1054），开封民繁用妄言马军副都指挥使、昭信留后张茂实为真宗子，下开封府审理，坐编管歙州。后复诏光禄少卿许宗寿鞫之，"狱成，知谏院张择行录问，驳用非心病，诏更验定"[2]，繁用配广南牢城，牵连者释放。元丰二年（1079）三月，岐王颢乳母构陷夫人冯氏纵火，哲宗乃召冯氏二婢，"命中使与侍讲郑穆同鞫于皇城司，数日狱具，无实。又命翊善冯浩录问"[3]。神宗时，侍御史张纪按狱永康军，"狱具，请君（虞部郎中皇甫鉴）录问。君视狱情有不尽者，随事驳正"[4]。即使元丰官制改革以后，差官录问事例仍时有发生，如元丰八年（1085）"乌台诗案"，根勘苏轼于御史台，结案具状申奏后，"差权发运三司度支副使陈睦录问，别无翻异"[5]。可见，在纠察司抑或刑部执掌京城诸狱录问的同时，朝廷差官录问京城刑狱之司法惯例亦得以同步赓续，由此形成临时差官与常设纠察长期并行的录问模式。

三　御史台、刑部录问

元丰改制裁撤纠察司，致使录问权力分配体系再次遭遇重大调整。"官制既行，罢审刑、纠察，归其职于刑部。"[6] 然而，纠察司裁撤以后，录问职权

1　（宋）包拯撰，杨国宜校注：《包拯集校注》卷3《论妖人冷清等事》（一），黄山书社，1999（安徽古籍丛书），第147页。
2　（宋）司马光撰，邓广铭、张希清点校：《涑水记闻》卷10"张茂实出知潞州"，中华书局，2017（唐宋史料笔记丛刊），第212页。
3　《续资治通鉴长编》卷297"神宗元丰二年三月丁酉"，第7229页。
4　《彭城集》卷38《墓志铭·故朝散大夫尚书虞部郎中致仕上骑都尉皇甫君墓志铭》，第977页。
5　（宋）朋九万：《东坡乌台诗案》，商务印书馆，1939（丛书集成初编），第32页。
6　《宋史》卷201《刑法三》，第5021页。

之归属曾在御史台、刑部之间长期游移。元祐元年（1086）五月一日三省言：自纠察司督查之责罢归刑部，无复申明纠举之制，"'请以异时纠察职事悉委御史台刑察兼领，刑部毋得干预，其御史台刑狱令尚书省右司纠察。'从之"[1]。元丰三年（1080），始于御史台置吏、兵、户、刑、礼、工"六察"，"上自诸部寺监，下至仓场库务，皆分隶焉"[2]。此时，御史台刑察遂合法掌控纠察司录问等职权，甚至直接将刑部排斥在外。直至绍圣元年（1094）七月十一日，据御史刘拯奏请，录问事宜方自刑察转隶刑部右曹："应御史台见领旧纠察司职事内，录问公事令刑部右曹郎官施行，余并仍旧。"[3] 官制改革后，刑部不仅执掌天下狱讼，更兼纠察在京刑狱之职，是继受纠察司录问权限的法定机关。刑部左曹专司断案，右曹专司理雪，以右曹郎官掌管录问事，意在驳正诸司成案。司法实践中，旧时纠察司录问事务改由刑部纠察案具体施行。然而，与纠察司相比，刑部纠察案的运作机制与督查效果却颇受时议指摘："止以胥吏三人，主行其事，诸处申到大辟文案，亦委郎官一员，与吏部所差之官同虑。不过引囚读示，再取伏辩而已。其名虽存，其实已废。"[4] 可见，刑部右曹应是录问主管机关，刑部纠察案则为录问事务承办机构。总之，元丰改制后的十余年间，御史台曾长期掌控纠察司原有录问之权，旧时纠察司录问权限"悉归刑部"的格局仍未完全成型，伴随刑部详覆权限逐步确立，其录问职责方趋于明朗。

---

1 《宋会要辑稿》职官 15 之 13，第 6 册，第 3414 页。
2 《宋会要辑稿》职官 17 之 20，第 6 册，第 3459 页。
3 《宋会要辑稿》职官 55 之 11，第 8 册，第 4503 页。按：（高宗绍兴）〔哲宗绍圣〕元年（1131），"诏御史台见领旧纠察司职事内合审录问者归刑部右曹，余悉仍旧。"（《宋会要辑稿》职官 17 之 15，第 6 册，第 3456 页）校勘记认为此条"高宗绍兴"应为"哲宗绍圣"之误。比勘文字，此条当即绍圣元年七月十一日刘拯言。
4 《净德集》卷 2《奏状·奏为乞复置纠察在京刑狱司并审刑院状》，第 17—18 页。

第四节　地方狱案之录问模式

一　差官录问

北宋初年，差官录问和翻异别勘已经作为司法原则，在各地审判机构中长期运行，并成为沟通中央与地方司法的重要管道。淳化四年（993）十一月十五日，知制诰柴成务言："应差官勘事及诸州推鞫罪人，案成差官录问，其大辟罪别差职员监决。如录问翻变，或临决称冤，即别差官推勘。"[1] 与中古时期遣使录囚传统相适应，北宋长期奉行差官录问地方刑狱惯例。差官录问主要在于督促长吏躬亲狱讼，复核地方要案审理结论，最大限度避免滋生冤狱和滞狱现象。太宗太平兴国九年（984）六月己丑，诏"今后宜令遣使分诣诸州，令周细详酌，如不干人命，使至便与断决，不须重勘"[2]。并分遣殿中侍御史李范等八人往两浙、淮南、江南、西川、广南录问刑狱。端拱二年（989）五月十九日，差朝官、京官四十人，分十四路，"往逐处点检见禁罪人。流罪已下如录问无阙违，又非钱谷干系者，与本处知州军、通判等约法决遣，不得淹滞刑禁"[3]。天禧四年（1020）闰十二月丁卯，命龙图阁学士陈尧咨、皇城使刘永宗巡省地方刑狱，"或有陈诉屈枉，经转运、提点司区断不当，即按鞫诣实，杖已下亟决遣之，徒已上飞驿以闻。仍取系囚，躬亲录问，催促论决"[4]。上述诸朝录问事例，已逐渐聚焦于地方已决案件之推鞫、决断事宜，而非既有巡检囹圄、疏决滞狱之意。绍兴元年（1131）九月五

1　《宋会要辑稿》刑法 3 之 51，第 14 册，第 8419 页。
2　（宋）钱若水修，范学辉校注：《宋太宗皇帝实录校注》卷 30 "太宗太平兴国九年六月己丑"，中华书局，2012，第 181—182 页。
3　《宋会要辑稿》刑法 5 之 17，第 14 册，第 8512 页。
4　《续资治通鉴长编》卷 96 "真宗天禧四年闰十二月丁卯"，第 2232 页。

日，越州见勘军人黄德等持杖劫盗断死，因所杀之人尸不经验，疑虑奏裁，朝廷遂差遣官员录问："令刑部郎官躬亲往彼取索公案看详审问。如情犯别无翻异，即依今来指挥断遣；如或情节可疑，难便处断，即具奏闻。"[1] 因此，朝廷差遣使臣巡检地方州县刑狱，是宋代地方狱案录问的基本模式之一，亦为唐、五代以来遣使录囚传统之制度遗产。

二　邻州录问

宋代录问是在徒以上案件推劾案成后，另行择员进行的独立复核程序。"国家断徒以上罪，皆须勘鞫子细，案牍圆备，断官录问，然后行刑。"[2] 徒罪案件是划分州、县审判管辖分野之界石，县司负责审理笞、杖两类案件，徒以上案件须申报于州。据天圣《狱官令》："诸犯罪，杖〔罪〕以下，县决之；徒以上，送州推断。"[3] 作为案件初审机关，县司须根据案犯罪名及拟断刑罚确定级别管辖，对于杖以上及编配应比徒者，县司应在查证确实、长吏聚录后报送州司。《断狱令》规定："徒以上及应奏者，并须追证勘结圆备，方得送州。"[4] 淳熙三年（1176）二月七日，据大理评事张维言，规定县狱"徒罪以上囚，令、佐聚问无异，方得结解赴州"[5]。作为确定层级管辖之核心要素，案犯罪名与刑罚的初步认定，均需由县司长吏通过聚录引问程序完成，州、府法司则负责徒以上案件勘鞫、录问、检断等具体事宜。如《名公清明集》"豪横方震霆等虐害案"中，弋阳县司查明方震霆涉嫌强骗财物、欺诈田业、兜揽诈赖等犯罪事实，并初步检索相关敕条罚则，拟断方震霆、

---

[1] 《宋会要辑稿》刑法5之32，第14册，第8521页。
[2] （宋）田锡：《咸平集》卷1《奏议·上真宗论轻于用兵》，四川大学古籍整理研究所编：《宋集珍本丛刊》影印明澹生堂钞本，第1册，线装书局，2004，第269页下。
[3] 高明士主编：《天圣令译注》，元照出版有限公司，2017，第460页。
[4] 《庆元条法事类》卷73《刑狱门三·推驳》，第757页。
[5] 《宋会要辑稿》职官5之48，第5册，第3144页。

方愿、杨千八勘杖、编管。江东提刑司蔡杭裁断"牒本州从条录问讫,即时引断押遣,仍镂榜州县"[1]。依据案犯罪责,此案应由弋阳县申报所属信州审理,并依法差官完成录问事宜。

大中祥符九年(1016)八月丙戌,秘书丞韩庶言:"'诸州鞫狱,多以勘官所部僚属录问,虑有冤滥,不能明辩。望于邻州选官,'从之。"[2] 自此,邻州选官成为宋代录问地方狱案之基本原则。例如,姚锡[字予善,淳熙十一年(1184)卒]任吉水簿时,"傍郡尉获盗觊赏,狱具,委予善覆讯。予善索牍亲阅,得其差。明日入狱取器仗视之,摘图谓吏曰:'民室甚小,户甚窄,垣壁无损,而盗四十人皆有伤,岂寻丈之室能容此众、用此仗乎'?吏不能对。于是移劾,活者九人,一郡惊其明"[3]。与宋代行政层级相适应,邻州录问是针对本路所辖毗邻州府狱案做出的制度安排,旨在通过人员交叉回避,保障案件审理质量。邻州差官录问,应由推鞫州府申报所属监司,于本路下辖邻州择官录问,临近州官因指定管辖获得录问权限。宝元二年(1039)五月一日,两浙路提点刑狱周陵奏立命官犯罪别州差官再录之制:"'今后命官犯罪系州府禁勘者,乞案成录问后,并就近申转运或提刑司,于辖下别郡选差官吏再行录问。如事理分明,即缴案申奏;若事无证据,显有抑屈,即明具抑屈不平事件申本司,别差不干碍官员覆勘。'从之。"[4] 元丰五年(1082)十二月癸亥,奉议郎王钦臣建议诸路监司被制书鞫案时,区分"差官取勘"与"取勘闻奏",凡是"'有朝旨称取勘者,监司自勘,委勘处或邻近通判录问检断;如干系者众,须当置司,乃得差官。'从之"[5]。显然,邻州差官录问的目的在于排除地方州县因利益纠葛干预司法裁判。绍兴五年(1135)十

---

[1] 《名公书判清明集》卷12《惩恶门·豪横》"豪横",第454—455页。
[2] 《续资治通鉴长编》卷87"真宗大中祥符九年八月丙戌",第2006页。
[3] 何新所编著:《新出宋代墓志碑刻辑录·南宋卷》(七),文物出版社,2019,第49页。
[4] 《宋会要辑稿》刑法3之62,第14册,第8426页。
[5] 《续资治通鉴长编》卷331"神宗元丰五年十二月癸亥",第7987页。

月九日，为避免移送案件引发妄行追呼、淹延时日问题，刑部奏请监司按发公事，"止送本州，依公取勘，若勘结未圆，狱官不得禀受。如违，依监司禀受法断罪施行。候勘结圆备，即差邻州官前来录问，庶得日后断绝词讼"[1]，以免移狱追证，重成留滞。

罪因若移至邻州鞫劾，则录问亦当于邻州进行。宣和六年（1124），潭州湘潭县令刘式自盗官钱，为监司按发。刘式先送邵州根勘，翻异后遂改送袁州看详，得无罪状。其后百姓胡安又讼刘式杀害平人，于衡州推勘，称鞫勘圆备。"比至差官录问胡膺等一十九人，各已伏辩，独式翻异不承。今来致烦朝廷，令提刑司别选官，移桂阳监置司重别根勘。"[2] 因刘式多次翻异，此案先后在邵州、袁州、衡州、桂阳等地审理，录问程序亦在当地进行。

三 监司录问

录问程序之功能在于检讨原判错误，杜绝冤狱，而诸路监司则职在督查辖内州县司法。因此，监司录问成为确保地方司法监察体系有效运作的又一重要渠道。北宋初年，地方州县刑狱审理程序之中，已有监司录问所辖州县刑狱之记录。淳化三年（992）五月甲午，太宗令"转运使案部，所至州县，先录问刑禁"[3]。淳化三年（992）七月三十日，诏逐路转运司今后应勘事，"只差勘官一人。如公案了当，依旧例请录问官、检法官一员。或有大段刑狱公事，临时取旨"[4]。对于多次翻异案件，宋代在参考唐制的基础上，确立三推之制。淳化四年（993）十一月十五日，知制诰柴成务检会《刑统》准用唐长庆元年（821）敕，奏请施行三推断结之制，而监司则在其中担当重要

---

1 《宋会要辑稿》刑法3之76，第14册，第8433页。
2 （宋）胡寅撰，容肇祖校：《斐然集》卷15《缴湖南勘刘式翻异》，中华书局，1993，第316页。
3 《续资治通鉴长编》卷33"太宗淳化三年五月甲午"，第736页。
4 《宋会要辑稿》刑法3之50，第14册，第8419页。

角色：

> 欲望今后朝廷、转运司、州府差官勘鞫，如伏罪分明，录问翻变，轻者委本州处别勘，重者转运司邻州遣官鞠勘。如三经推勘，伏罪如初，款辨分明，录问翻变，（监）〔临〕决称冤者，并依法处断。[1]

大中祥符五年（1012）四月二十四日，于录问程序中增设逐级申诉制度，特别强调诸路监司受案之责："如事有滥枉，许诣录问官陈诉，即选官覆按。如勘官委实偏曲，即劾罪同奏；如录问官不为申举，许诣转运、提刑司，即不得诣阙越诉。"[2] 天圣九年（1031）八月九日规定：盗贼案件录问时未翻变者，许于半年内申诉："'请自今鞫劾盗贼，如实枉抑者，许于虑问时披诉。若不受理，听断讫半年次第申诉。限内不能翻诉者，勿更受理。'从之。"[3] 此处所言次第申诉，当即大中祥符五年（1012）敕规定。元符元年（1098）六月辛巳，据尚书省言：针对录问前、后翻异称冤现象，分别设立处置机制："'大理寺修立到，大辟或品官犯罪已结案，未录问，而罪人翻异，或其家属称冤者，听移司别推。若已录问而翻异称冤者，仍马递申提刑司审察。若事不可委本州者，差官别推。'从之。"[4]

对于地方刑狱要案，诸路监司录问传统得以长期适用。熙宁三年（1070）十二月庚申，陕西宣抚使韩绛言："'延州百姓马志诚造作妖言，谋为不顺，语连将官。禁勘多日，取到案款。委转运使孙坦躬亲录问，别无翻异。已详酌逐人情罪等第断遣，及与免所断之人亲属缘坐去讫。'从之。"[5] 元符元年

---

[1] 《宋会要辑稿》刑法3之51，第14册，第8419—8420页。
[2] 《宋会要辑稿》刑法3之15，第14册，第8400页。
[3] 《宋会要辑稿》刑法3之17，第14册，第8401页。
[4] 《续资治通鉴长编》卷499"哲宗元符元年六月辛巳"，第11873页。
[5] 《续资治通鉴长编》卷218"神宗熙宁三年十二月庚申"，第5294页。

(1098）春正月，中书舍人沈铢言："'青州制勘院奏，劾得单立所传文字，系胡洁己将江南潘佑上李煜表改作龚夬姓名，毁谤指斥，乞委本路监司审察。'诏京东转运副使王瑜录问。"[1] 除本路监司躬亲录问以外，诸路所属州县官吏时常承受监司差遣，录问异地案件。孝宗时，朱晞颜任荆门军当阳尉。摄夷陵令韩立胄被诬以赃罪，案成，宣抚使王炎"檄公录问，公视其爰书，钱物皆非入己，经驳所鞫，凡三日而狱平"[2]。淳熙初，衡州有公吏三人，坐枉法罪至死，"宪司檄衡山丞贵溪叶璟录问"[3]。《清明集》载杨子高身犯结托、夺产、假官等罪，江西提刑宋慈（字惠父，号自牧，建阳人）以其所犯三罪，其二尚未图结，"先决脊杖二十，刺配英德府牢城，差官录问，取服状先断"[4]。以上三例为监司委派属官录问之例。

就录问方式而言，监司亦从审查案卷、提审狱囚和讯问证人等方面督查州县狱案。绍兴二十一年（1151）八月十九日诏："今后诸州军承勘凶恶强盗案成，候审录讫，将前元勘始末一宗案款录白二本，审录问官具诣实保明文状申缴，赴提刑司并刑部，行下大理寺收管。"[5] 绍兴三十二年（1162）十一月二十九日，枢密院检详刑房文字许枢言"近者翻异，多系滑吏犯赃、奸民犯盗之类，未至引断，只于录问便行翻异，使无辜之人滥被追证"。为避免滥行翻异，干扰司法，"'乞自今如有似此等类，即从前项引断翻异申提刑司审详指挥施行。'从之"[6]。

1　《续资治通鉴长编》卷494"哲宗元符元年春正月戊午"，第11728页。

2　（明）程敏政辑撰，何庆善，于石点校：《新安文献志》卷82《行实 才望·宋故通议大夫守尚书工部侍郎致仕休宁县开国男食邑三百户赠宣奉大夫朱公晞颜行状》，黄山书社，2004，第1993页。

3　（宋）洪迈撰，何卓点校：《夷坚己志》卷4"叶通判录囚"，中华书局，1981，第1335页。

4　中国社会科学院历史研究所、宋辽金元史研究室点校：《名公书判清明集》卷12《惩恶门·豪横》"结托州县蓄养罢吏配军夺人之产罪恶贯盈"（又判），中华书局，1987，第465—466页。

5　《宋会要辑稿》刑法3之81—82，第14册，第8437页。

6　《宋会要辑稿》刑法3之84，第14册，第8438页。

四　邻路录问

若监司差官录问翻异，案件已在本路穷尽救济途径者，则应移文邻路监司差官重录。宣和六年（1124）四月二十五日，据前权发遣京西南路提点刑狱公事周因奏，诏"今后大辟已经提刑司详覆，临赴刑时翻异，令本路不干碍监司别推。如本路监司尽有妨碍，即令邻路提刑司别推"[1]。由于各路属于行政平级单位，承受管辖别推、录问等事之邻路监司，应申朝省取旨定夺。诸路监司差官推鞫公事，如录问翻异或家属称冤，合行移文邻路提刑、转运司差官别推。绍兴十五年（1145）正月十日，刑部言："'今来淮南路提刑司系本路转运司通行主管，若逐司有翻异或称冤，合依法别推公事，欲乞移文邻路提刑、转运司差官施行。'从之。"[2] 显然，邻路差官别推，当在本路所属州府推鞫、录问完结后进行。元祐六年（1091）六月，知颍昌府阳翟县赵仁恕犯法，本路提点刑狱钟浚发举其事。仁恕之父翰林学士彦若论浚不公，乞求朝廷移邻路取勘，"及差宿州符离知县孟易勘到仁恕情罪，录问孟正民疏驳易所勘情节，与元勘不同"[3]。由于本案在原审未结绝前移于邻路勘鞫、录问，严重违背翻异别勘原则，遭到左谏议大夫郑雍、右正言姚勔、侍御史贾易、殿中侍御史杨畏等交章劾奏。

在录问翻异领域，数次反复翻变的"五推"现象在孝宗、宁宗之际受到特别关注。"在法：囚禁未伏则别推，若仍旧翻异，始则提刑司差官，继即转运司、提举司、安抚司或邻路监司差官，谓之五推。"[4] 由此，罪囚翻异后，提刑司、转运司、提举司、安抚司、邻路监司等五处监司重鞫狱案，此前已

---

1 《宋会要辑稿》刑法3之72，第14册，第8432页。
2 《宋会要辑稿》刑法3之81，第14册，第8436页。
3 《续资治通鉴长编》卷460"哲宗元祐六年六月丙辰"，第11007页。
4 《宋会要辑稿》职官5之63，第5册，第3151页。

成鞫狱定制。"从五推制度的形成,一方面看出南宋对'雪冤'程序的保障,另一方面也显示出宪、漕、仓、帅诸司在刑狱制度上的重要性。"[1] 淳熙四年(1177)十一月十九日,宋廷再次厘定"五推"以上案件处置流程:如已经本路监司、帅司或邻路监司差官通及五次勘鞫,不移前勘,又行翻异者,"牒邻路提刑司,于近便州军差职官以上录问或审问。如依前翻异,即令本路提刑具前后案款指定闻奏"。如案件原由提刑司按问,"即从转运司长官指定闻奏。候到,下刑寺看详"。如干连供证事状明白,不移前勘,申尚书省取旨断罪。"'若刑寺见得大情不圆,难以便行处断,须合别行委官,即令邻路未经差官监司于近便州军差官别推,不得泛追干连人。'从之。"[2] 淳熙十三年(1186)三月诏规定:已经五推仍依前翻异者,"须管提刑躬亲鞫勘,不得委官代勘。案成,依条差官审录"[3]。如依前翻异,本路转运取索前后案款,尽情参酌,全面考察情节词理后闻奏,刑寺据案断申取朝廷指挥,断遣施行,此类案件实际已经七推。在录问官责任方面,对于已经五推复行翻异者,淳熙十一年(1184)七月六日指挥规定:"具录翻词闻奏,听候指挥施行外,所是乞将检断、签书、录问止据一时成款,初不知情,免与同罪。"庆元四年(1198)九月十二日,臣僚言:"本寺照得检断、录问、签书不问有无当驳之情,并与推勘官一案推结,委是轻重不伦。今来臣僚奏请,即与敕令所前来申请颇同。今看详,送敕令所参酌,看详施行"[4],主张对推勘、录问和检断官员的法律责任加以区别。

---

1 刘馨珺:《明镜高悬——南宋县衙的狱讼》,北京大学出版社,2007,第36页。
2 《宋会要辑稿》职官5之48,第5册,第3144页。
3 《宋会要辑稿》职官5之49,第5册,第3144页。
4 《宋会要辑稿》职官5之58,第5册,第3149页。

五　大辟聚录

在慎刑恤狱理念指引下，宋代针对诸州大辟案件专设同录、再录和聚录之制。咸平五年（1002）十月戊寅，据遂州观察支使陆文伟建言，确立州司会同录问大辟之法："诏自今并须长吏、通判、幕职官同录问详断。"[1] 大中祥符三年（1010）六月庚午，在诸州长贰亲录的基础上，又立大辟案件再录之法，诏诸州大辟罪及五人以上狱具，"请邻州通判、幕职官一人再录问讫决之"[2]。大中祥符六年（1013）三月戊午，因诸州大辟五人以上案件须转运、提点刑狱司录问讫乃得决，颇有留滞之嫌，诏"自今听本处不干碍官若三班使臣录问"[3]。在各类死刑案件录问方式之中，尤以"聚录"最为详备。"聚录"又曰聚问，"谓大辟案成，长吏聚录而问者。"[4] 聚录之时，长贰以下聚厅议事，"人吏依句宣读，无得隐瞒，令囚自通重情，以合其款"。诸州长吏会同录问死刑案件，经长吏聚录翻变者，由监司差官推勘。郑寿彭认为：录问"这种制度到了南宋时，臣僚也认为此制流弊丛生，应于改善，不过是时的术语叫做'聚录'而已"[5]。其实，早在北宋，作为录问方式之一的聚录已经出现。景祐四年（1037）正月十三日，诏"诸州勘大辟罪人，结成公案，聚听录问。或罪人翻变，骨肉申冤，本处移司差无干系官吏推勘。或再翻变，

---

[1]《续资治通鉴长编》卷 53 "真宗咸平五年十月戊寅"，第 1156 页。
[2]《续资治通鉴长编》卷 73 "真宗大中祥符三年六月庚午"，第 1675 页。
[3]《续资治通鉴长编》卷 80 "真宗大中祥符六年三月戊午"，第 1821 页。按：三班使臣，谓 "节度、观察、防御、团练、刺史等子弟充供奉官、侍禁、殿直，有旨令内朝起居者。"《宋史》卷 116《礼十九》，第 2753 页。
[4]（元）徐元瑞：《史学指南》"推鞫"，浙江古籍出版社，1988（元代史料丛刊），第 102 页。按：刘馨珺则认为：聚录并非仅针对死刑案件，"凡有罪者，就得完成聚问的手续。"刘馨珺：《明镜高悬——南宋县衙的狱讼》，第 177 页。
[5] 郑寿彭：《宋代开封府研究》，"国立"编译馆中华丛书编审委员会 1980 年版，第 683 页。

即申转运、提刑司差官推勘"[1]。政和四年（1114）"诏立聚问审录之限"，其中，死囚录问期限为五日。[2] 南宋时期，有关大辟聚录的法令主要集中于落实长吏躬亲录问方面。乾道四年（1168）五月十四日，诏"今后大辟罪展，委长吏于聚录之际详加诘问"[3]。然而，聚录虽是决定狱囚生死的关键环节，其中却不乏舞弊搪塞、草菅人命者，常有狱吏"惮于平反，摘纸疾读，离绝其文，嘈囋其语，故为不可晓解之音，造次而毕，呼囚书字，茫然引去，指日听刑，人命所干，轻忽若此"[4]。为慎重起见，宋代要求"诸路录问大辟，长吏当亲诘以防吏谩"[5]。乾道四年（1168）五月，礼部员外郎、知处州范成大建议改革聚录读状程序：

"当稽参'自通重情，以合其款'之文，于聚录时，委长贰点无干碍吏人先附囚口责状一通，覆视狱案，果无差殊，然后亦点无干碍吏人依句宣读，务要详明，令囚通晓，庶几伏辜者无憾，冤枉者获伸。"从之。[6]

刑狱之中，人命至重，若强盗罪至大辟者，则受到法司格外关注。对此，宋代立法曾有多次调整，其中，又以申报流程和推赏标准两项最为关键。建炎元年（1127）九月二十四日，楚州以贼徒聚录申报迁延为由，"'欲权将应有获到贼人，若系凶恶徒党，勘见赃证分明，结案聚录讫，一面依条断讫，

---

[1]《宋会要辑稿》刑法3之62，第14册，第8426页。按：《续资治通鉴长编》：景祐四年正月"丙戌，诏：'天下狱有大辟，长吏以下并聚厅虑问。有翻异或其家诉冤者，听本处移司；又不服，即申转运司，或提点刑狱司，差官别讯之。'"《续资治通鉴长编》卷120"仁宗景祐四年正月丙戌"，第2819页。

[2]（宋）马端临著，上海师范大学古籍整理研究所、华东师范大学古籍研究所点校：《文献通考》卷167《刑考六·刑制》，中华书局，2011，第5009页。

[3]《宋会要辑稿》职官47之35，第7册，第4285页。

[4]（明）黄淮、杨士奇编：《历代名臣奏议》卷217《慎刑》，上海古籍出版社，1989，第2854页上。

[5]（宋）周必大撰，王瑞来校证：《周必大集校证》卷67《神道碑·资政殿学士宣奉大夫参知政事萧正肃公燧神道碑》，上海古籍出版社，2020，第992页。

[6]《文献通考》卷167《刑考六·刑制》，第5017页。

录案申提刑司，候贼盗衰息日依旧。'从之"[1]。绍兴年间，朝廷将聚录完结作为推赏强盗案件之前置条件。绍兴十三年（1143）五月十七日，吏、刑部看详臣僚言，"今后获到强盗，已经结案，长贰聚录讫，刑名已定遇恩之人，许依赏格。如在县未结，解到州未结案，长贰未聚录之人，即系刑名未定，更不推赏"[2]。绍兴十六年（1146）八月二十七日又诏："今后捕获强盗，在州县未经结案聚录遇恩之人，候案成依大辟法外，令长吏以下聚录取索文状，方许断遣。"[3] 为激励地方长吏依法录问，乾道六年（1170）九月十九日，重修敕令所参照获盗条格，奏请酬赏标准："'如获强盗，案证已完，本州长贰聚录，或已审录无翻异，偶（瘦）〔瘐〕死者，正官一名与当半名，权官两名与当半名。即未尝结录而（瘦）〔瘐〕死，更不计数。'从之。"[4]

第五节　个案裁判与规则背离

宋代京城、地方录问规则体系的变迁与运行，深刻反映出"事为之制，曲为之防"分权制约理念在宋代司法审判中的精彩演绎。无论专掌京城刑狱的纠察司、御史台和刑部专司录问，抑或地方邻州、本路和邻路差官录问，作为勾连鞫劾程序与检断程序之间的关节要点，录问已经成为平反冤抑、疏决滞狱的重要制度设计。由使臣、僚佐、邻州、监司组成的录问系统，构建了宋代刑事审判权制约机制，"对于各级审判机构依法行使审判权，提供了有效保障"[5]。然而，"法善而不循法，法亦虚器而已"[6]。在两宋个案裁判中，背离录问规则精神的情形却时有发生。其一，流于形式，敷衍塞责。太平兴

---

[1] 《宋会要辑稿》兵13之1，第14册，第8851页。
[2] 《宋会要辑稿》兵13之19，第14册，第8860页。
[3] 《宋会要辑稿》兵13之19，第14册，第8861页。
[4] 《宋会要辑稿》职官59之25，第8册，第4658页。
[5] 陈玉忠：《宋代刑事审判权制约机制研究》，人民出版社，2013，第148页。
[6] （清）沈家本撰，邓经元、骈宇骞点校：《历代刑法考》，中华书局，1985，第47页。

国八年（983）十二月，权知相州、右补阙、直史馆田锡曾批评朝廷多差殿直承旨出使制勘，因使臣才能、学识局限，治狱淹延深刻者不在少数，"及当录问，皆伏款词"[1]。皇祐三年（1051），京城举人张彦泽曾事温成皇后，私作告身事败，系于开封府狱，知开封府刘沆论彦方死。"狱具，中书遣比部员外郎杜枢虑问，枢扬言将驳正，亟改用谏官陈旭，权幸切齿于枢。"[2] 陈旭录问此案，甚至"灭裂情节，附会权贵"。嘉定五年（1212）十二月十四日，曾有臣寮揭露基层法司懈怠渎职之状："'罪至死、徒者，法当录问，今不复差官，或出于私意而径从特判……乞行下诸路提刑司严行觉察，照见行条法，或有违戾，罪在必刑。'从之。"[3] 其二，有司专擅，迳行裁决。如庆历元年（1041）"周卞案"、庆历八年（1048）"欧阳修甥张氏狱"、皇祐三年（1051）"张彦方狱"、元丰四年（1081）"余行之狱"[4] 等，均出现有司试图略省录问、迳行裁断等违规操作。绍圣四年（1097）正月以后，开封府所勘公事，曾经"一面画旨，直行奏断，更不录问"[5]。淳熙年间，曾有广东帅潘畤"无便宜之文，不经录问详覆"[6]，擅斩犯法军士四人之恶例。其三，迁延系留，诱供翻异。录问程序适用之中，时常可能出现新的法律问题。乾道九年（1173）十一月九日，大（理）〔礼〕敕对录问所引发的狱囚稽留问题有如下描述："勘会被差鞫狱、录问，起发违〔时〕及辄占留（词）〔辞〕避者，皆有成法。近来所差之官，往往不即起发，饰词避免，或妄称它司先以差委。文牒往来，迁延月日。致使罪人久被囚系。"[7] 嘉定十四年（1221）六

1　《咸平集》卷1《奏议·上太宗条奏事宜》，第267页上。
2　《续资治通鉴长编》卷170"仁宗皇祐三年二月戊申"，第4082页。
3　《宋会要辑稿》刑法3之88，第14册，第8442—8443页。
4　按：刘安世《论王子韶路昌衡差除不当》言："臣又闻昌衡治余行之狱，辄废录问，违经乱法，天下以为酷吏。"（宋）刘安世《尽言集》卷8《论王子韶路昌衡差除不当（第八）》，商务印书馆，1936（丛书集成初编），第95页。
5　《历代名臣奏议》卷217《慎刑·改正诉理事乞正看详官骞序辰安惇典刑奏状》，第2849页下。
6　（宋）楼钥撰，顾大朋点校：《攻媿集》卷99《神道碑·少傅观文殿大学士致仕益国公赠太师谥文忠周公神道碑》，浙江古籍出版社，2010，第1738页。
7　《宋会要辑稿》刑法3之87，第14册，第8442页。

月九日,知处州孔元忠言:推勘官诱导供认,录问官诱导翻异之状:"今之被差勘鞫者循袭为常,才一入院,惧其留滞,推狱示意于囚,使之供状,略无异辞。至录问官之来,即使之翻异。故囚利其无所拷讯,所差官则谓得讫事便回。"[1] 可见,维系和保障录问程序之依法展开,成为宋代司法必须直面和思考的重要命题。

本章小结

中唐以后出现的勘鞫、检断分野趋势,是重新定义录问程序地位与功能的先决条件。宋代"录问"突破宽宥、疏狱、慎恤等固有意涵,逐渐发展成为勘鞫、检断之间的独立审判程序,其基本功能在于对原审判决事实认定与法律适用进行全面审核。针对徒以上案件进行的程序性审查,是宋代录问的核心要义,若民事裁判涉及刑事处罚,方才启动录问程序,而非所有民事案件均须录问。

在长期司法实践中,宋代逐步形成诸司录问官遴选与委派机制,出现吏部差官录问京城刑狱的"审问"之制。从录问程序而言,录问官通过审查书状、提审罪囚、讯问证人等方式,对判决所涉事实认定和法律适用进行全面审查。为保障录问官有效履行职权,宋代构建了包括考课、容错、奖励在内的录问激奖体系,尤其是在"一案推结"规则革新中,对原勘官、录问官、检断官责任进行适当区分。

北宋京城开封公事浩穰,狱讼繁剧,在监督诸司刑狱方面,逐步形成了以差官录问为原则,置司录问为特例的并行录问格局。在地方录问领域,宋代形成差官录问、邻州录问、大辟聚录、监司录问和邻路录问等录问方式。

---

[1] 《宋会要辑稿》职官5之63,第5册,第3151页。

作为勾连鞫劾程序与检断程序之间的关节要点，录问已经成为平反冤抑、疏决滞狱的重要制度设计。然而，两宋个案裁判中，流于形式，敷衍塞责；有司专擅，迳行裁决；迁延系留，诱供翻异等背离录问规则精神的情形时有发生。维系和保障录问程序之依法展开，成为宋代司法必须直面和思考的重要命题。

第十章
杂 治

自两汉以降，杂治以惯例形态在中国司法中长期存续，并在不同历史时期，呈现出各自鲜明的时代特色。学界已对与两宋时期杂治规则密切关联的课题，诸如宋代诏狱、鞫谳分司以及部分历史公案进行了充分研究。需要注意的是，宋代相当数量的诏狱采取群臣杂治方式审判，这一点在现有的研究成果中尚未引起足够重视；同时，部分著名案件如苏轼"乌台诗案"、蹇序辰案、岳飞"风波亭案"、曲端狱等虽已有充分讨论，[1] 其中案件审理中涉及的杂治程序类型化研究，似仍有深入之余地。由此，"杂治"作为传统司法中一类重要惯例性规则，成为现有研究成果忽略的交集所在。本章通过分析宋代杂治的主要类型、人员构成、运行程序和罚则适用等命题，勾勒两宋杂治的嬗变脉络与运行状态，深刻考察宋代司法规则转型与变革的历史轨迹。

---

[1] 代表性成果有：戴建国《宋代诏狱制度述论》，《岳飞研究》（岳飞暨宋史国际学术研讨会论文集），中华书局，1996，收入氏著《宋代法制初探》，黑龙江人民出版社，2000，第246—263页；李裕民《宋神宗制造的一桩大冤案——赵世居案剖析》，《宋史新探》，陕西师范大学出版社，1999，第30—46页；刘德重《关于苏轼"乌台诗案"的几种刊本》，《上海大学学报》2002年第6期；戴建国《宋代诏狱制度考述》，杨一凡、尤韶华主编《中国法制史考证》甲编第五卷《历代法制考·宋辽金元法制考》，中国社会科学出版社，2003，第314—341页；张忠炜《"诏狱"辨名》，《史学月刊》2006年第5期；戴建国《熙丰诏狱与北宋政治》，《上海师范大学学报》（哲学社会科学版）2013年第1期；董春林《政治文化重建视阈下的南宋初期诏狱研究》，社会科学文献出版社，2017；朱刚《"乌台诗案"的审与判——从审刑院本〈乌台诗案〉说起》，《北京大学学报》（哲学社会科学版）2018年第6期；戴建国《"东坡乌台诗案"诸问题再考析》，《福建师范大学学报》（哲学社会科学版）2019年第3期；赵晶《文书运作视角下的"东坡乌台诗案"再探》，《福建师范大学学报》（哲学社会科学版）2019年第3期；吴淑敏《元符政争管窥——以蹇序辰出使案为中心》，《中华文史论丛》2019年第2期。

第一节　宋代杂治之类型

在讨论杂治之前，首先应明确宋代杂治的内涵与外延。宋代杂治是适用于臣僚交杂共治诏狱案件的规则，其适用范围、人员遴选、程序运作等均不见诸两宋典制明文，而在司法实践中长期保持诉讼惯例状态。与杂治近似或等同之专属概念，又有参鞫、同鞫、参治等专门术语。汉唐常见的杂讯、杂问、杂理、杂鞫等称谓基本退出历史舞台。按照杂治置狱地点和成员信息，可以分为奉诏杂治、遣使杂治和有司自鞫三类。

一　奉诏杂治

奉诏杂治是宋代杂治最为常见的类型，即中央臣僚接受君主差遣，在京城诸司设置临时法庭，会同审理重大诏狱案件的审判模式。《宋史·刑法志》："诏狱，本以纠大奸慝，故其事不常见。初，群臣犯法，体大者多下御史台狱，小则开封府、大理寺鞫治焉。"[1] 以上记载与宋代奉诏杂治的情形基本吻合。按照置狱地点作为分类标准，宋代奉诏杂治置狱场所，又有开封府、大理寺、御史台和其他机构。

（一）开封府

"开封府所治京师，其职事之剧，固非天下郡府之比。"[2] 北宋开封府掌辖京畿，拥有独立办理诏狱案件的司法权限，"中都之狱讼皆受而听焉，小事

1　（元）脱脱等：《宋史》卷200《刑法二》，中华书局，1977，第4997页。
2　（宋）沈遘：《西溪集》卷7《开封府乞增属官札子》，《景印文渊阁四库全书》（第1097册），台湾商务印书馆股份有限公司，1986，第75页下。

则专决，大事则禀奏，若承旨已断者，刑部、御史台无辄纠察"[1]。如遇干系重大、滞狱延宕、悬疑不决等情形，君主时常差遣臣僚至府杂治。淳化三年（992）十一月，开封府尹许王元僖中毒而薨。元僖深得太宗眷顾，尹开封府，礼数优隆，诸王莫比。元僖暴亡，开封府判官吕端"坐裨赞无状，遣御史武元颖、内侍王继恩就鞠于府"[2]。景德二年（1005），大理寺详断官仇象先等以开封府审判不当，诣登闻诉理。次年正月，真宗"诏工部尚书王化基、枢密直学士李湝、御史中丞吕文仲、给事中董俨、知杂御史王济覆视之"[3]。绍圣四年（1097）十月癸未，哲宗"诏吏部侍郎安惇、刑部侍郎周之道，同勘开封府见勘御史台知班李奇擅收敕牓，及取合干官吏，具案以闻"[4]。开封府以杂治方式审理的案件，如遇事涉疑似、事主称冤、有司纠弹等情形，君主可令御史台等机关重审。

（二）大理寺

元丰改制以前，大理寺"谳天下奏案而不治狱"，主要负责决断地方上奏案件："凡狱讼之事，随官司决劾，本寺不复听讯，但掌断天下奏狱，送审刑院详讫，同署以上于朝。"[5] 遇重大疑难案件，可于大理寺置狱，君主委派诸司官员参鞫。端拱元年（988）闰五月，右领军卫大将军陈廷山谋反，上亲问得实，"诏左谏议大夫李巨源、判大理寺、虞部郎中张佖杂治之"[6]。元符二年（1099）三月，贺北朝生辰使副试礼部尚书蹇序辰奉使辽国进拜不如

---

[1] 《宋史》卷166《职官六》，第3941—3942页。
[2] 《宋史》卷281《吕端传》，第9514页。
[3] （宋）李焘撰，上海师范大学古籍整理研究所、华东师范大学古籍研究所点校：《续资治通鉴长编》卷62"真宗景德三年正月戊辰"，中华书局，1992，第1384页。
[4] 《续资治通鉴长编》卷492"哲宗绍圣四年十月癸未"，第11676页。
[5] 《宋史》卷165《职官五》，第3899页。
[6] （宋）杨仲良：《皇宋通鉴长编纪事本末》卷10《太宗皇帝》"陈廷山"，江苏古籍出版社，1988（宛委别藏本），第209页。

仪，"诏大理少卿周鼎权、殿中侍御史左膚就寺置司取索推究"[1]。南渡以后，建炎、绍兴年间发生两宗于大理寺置狱的杂治名案。建炎四年（1130），"有女子诣阙，称为柔福，自虏中潜归"[2]，实为乾明寺尼李善静诈作柔福帝姬。至绍兴十二年（1142）显仁太后韦氏还宫，内人杨氏、内医官徐中立告其诈妄，高宗诏"下大理杂治"[3]，差殿中侍御史江邈、大理卿周三畏参鞫。另一宗大理寺置狱的杂治要案则是家喻户晓的岳飞之狱。绍兴十一年（1141）十月戊寅，"下岳飞、张宪大理狱，命御史中丞何铸、大理卿周三畏鞫之"[4]。

（三）御史台

据《宋史·职官志》："御史台掌纠察官邪，肃正纲纪。大事则廷辨，小事则奏弹。"[5] 与开封府、大理寺等机构相比，御史台是宋代杂治诏狱之枢轴所在。太平兴国七年（982），赵普奏报宰臣卢多逊与秦王廷美交通事，"上怒，责授多逊兵部尚书，下御史狱。捕系中书守堂官赵白、秦府孔目官阎密、小吏王继勋、樊德明、赵怀禄、阎怀忠等，命翰林学士承旨李昉、学士扈蒙、卫尉卿崔仁冀、膳部郎中兼御史知杂滕中正杂治之"。卢多逊案是宋代杂治之始，也是御史台主理诏狱的典型例证。景德二年（1005），因考官陈尧咨受枢密直学士刘师道请托作弊，"诏东上阁使曹利用、兵部郎中边肃、内侍副都知阎承翰诣御史府杂治之"[6]。天圣三年（1025）十一月，因奸商强市盗贩，

---

1 《续资治通鉴长编》卷507"哲宗元符二年三月"，第12077页。
2 （宋）罗大经撰，王瑞来点校：《鹤林玉露》乙编卷5"柔福帝姬"，中华书局，1983（唐宋史料笔记丛刊），第206页。
3 （宋）李心传撰，徐规点校：《建炎以来朝野杂记》甲集卷1《上德》"伪亲王公主"，中华书局，2000（唐宋史料笔记丛刊），第54页。按：建炎四年十一月乙巳，"伪福国长公主适右监门卫将军、驸马都尉高世荣，以世荣为贵州刺史，赐公主银帛各三千疋两，钱五千缗。时调度日繁，户部不能办，乃命诸费视故事皆损五之四云。"〔（宋）李心传撰，辛更儒点校：《建炎以来系年要录》卷39"建炎四年十一月乙巳"，上海古籍出版社，2018，第754页〕由此，李善静妄冒柔福帝姬事，必在此前。
4 《宋史》卷29《高宗纪六》，第550页。
5 《宋史》卷164《职官四》，第3869页。
6 《续资治通鉴长编》卷59"真宗景德二年四月丁酉"，第1328页。

侵夺官利，罢贴射茶法，三司孔目官王举、勾覆官勾献等"付御史台杂治"[1]。建炎四年（1130）正月二日，两浙宣抚副使郭仲荀寇至弃城遁，过行在不朝，"续令御史府、大理杂治"[2]。熙宁、元丰以后，诏狱迭兴，凡临时承诏置推者称作"制勘院"，其中重大案件多于御史台审理。御史台除直接承旨杂治，还时常复审开封府、大理寺等机构案件，主持杂治程序并形成终审结论。如元丰六年（1083）闰六月，因尚书左丞蒲宗孟妨碍公务，将作监牒大理寺。"大理寺并不追究，唯坐吏许经臣罪"，御史中丞黄履遂奏大理寺"'畏避权势，慢上曲法者也。'诏御史台鞫实以闻"[3]，神宗差大理少卿韩晋卿、中丞黄履、御史杨畏就台劾罪。

（四）其他

除开封府、大理寺、御史台以外，刑部、禁中、同文馆等地，也可能成为杂治置狱之所。宋代尚书省有"受付六曹文书，听内外辞诉"[4] 等职责，雍熙二年（985）六月戊午，曹彬等因违诏失律，太宗"令翰林学士贾黄中、右谏议大夫雷德骧、知杂李巨源诣尚书省推治之"[5]。仁宗以后，皇帝对杂治诏狱的掌控愈加强化，杂治场所的选择时有突破常规之恶例。庆历八年（1048）正月，宿卫亲从官颜秀等四人兵变。事发后，"皇城司官六人，其五已受责，独（副都知）杨怀敏尚留"[6]。枢密使夏竦与杨怀敏相结，欲屈法庇护，"请御史同宦官即禁中鞫其事"[7]。绍圣三年（1096）九月，孟皇后狱起，

1　（宋）陈均撰，徐沛藻等点校：《皇朝编年纲目备要》卷9"仁宗皇帝天圣三年"，中华书局，2006（中国史学基本典籍丛书），第184页。
2　（清）徐松辑，刘琳、刁忠民、舒大刚、尹波等校点：《宋会要辑稿》职官70之8，第8册，上海古籍出版社，2014，第4919页。
3　《续资治通鉴长编》卷336"神宗元丰六年闰六月"，第8101页。
4　《宋史》卷161《职官一》，第3787页。
5　（宋）佚名编：《宋大诏令集》卷94《将帅·贬责·推治曹彬等失律罪诏》，中华书局，1962，第345页。
6　《宋史》卷316《吴奎传》，第10318页。
7　《续资治通鉴长编》卷162"仁宗庆历八年正月辛酉"，第3909页。

哲宗"诏入内押班梁从政、管当御药院苏珪即皇城司鞫之"[1]。《宋史·职官六》：皇城司"掌宫城出入之禁令，凡周庐宿卫之事、宫门启闭之节皆隶焉"[2]。杨怀敏案与孟皇后案置狱地点，均与皇城司有关。此外，宋代还有在同文馆置狱杂鞫之例，元丰元年（1078）冬十月壬子，命权同判刑部员外郎吕孝廉，司勋员外郎、权大理少卿韩晋卿，"于同文馆置司，劾相国寺设粥院僧宗梵等事"[3]。北宋同文馆在延秋坊，"熙宁中创置，以待高丽国进奉人使"[4]。本案因事连前知祥符县孙纯，故送同文馆这一"无干碍官司"根究。元丰四年（1081）十月，大理寺鞫王琬与石士端妻王氏奸罪，"上批：'狱丞王瑗承勘作奸，不可不治。'乃命监察御史里行朱服、检正中书刑房公事路昌衡移劾于同文馆，仍以（内侍冯）宗道监劾"[5]。

二　遣使杂治

对于地方呈报的重大案件，君主可委派臣僚于当处置狱杂问，此为奉诏杂治的延伸方式。具体而言，遣使杂治包含以下三种类型。其一，中央官员外赴推鞫。参与此类案件杂治者，均由朝廷拣择委派，于案发地置狱审判。婺州民黄衮讼袁象家藏禁书，妖妄惑众。天禧元年（1017）春二月癸巳，"诏殿中侍御史王奇，侍禁、阁门祗候李仲乘驿鞫治"[6]。元丰七年（1084）九月二十三日，神宗以贪功生事之故，"命殿中侍御史蹇序辰、尚书右司员外郎路昌衡往熙州劾李宪"[7]。绍兴十三年（1143）正月己酉，诏大理寺丞袁

1　（宋）王称撰，孙言诚、崔国光点校：《东都事略》卷14《世家二·哲宗昭慈圣献皇后孟氏》，齐鲁书社，2000（二十五别史），第110页。
2　《宋史》卷166《职官六》，第3932页。
3　《续资治通鉴长编》卷293"神宗元丰元年十月壬子"，第7151页。
4　《宋会要辑稿》职官25之11，第6册，第3685—3686页。
5　《续资治通鉴长编》卷317"哲宗元丰四年十月庚申"，第7665—7666页。
6　《续资治通鉴长编》卷89"真宗天禧元年春二月癸巳"，第2045页。
7　《宋会要辑稿》职官52之12，第8册，第4451页。

楠、燕仰之往静江府,"推劾徽猷阁待制、提举江州太平观胡舜陟不法事以闻"[1]。其二,中央地方官员联合推鞫。此类案件往往由差遣中央臣僚主持推鞫事宜,同时委派当地或毗邻州县官吏参鞫。如雍熙二年(985),歙州监军凶人黄行逵弟坐法抵死,行逵诬州将故入其罪,太宗"诏宣州通判姚铉与(殿值张)煦鞫之,即日决遣"[2],意在整合与调动地方司法资源。雍熙三年(986),广南转运使司门员外郎王延範因妄言休咎,坐谋不轨,张霸缘私怨告于知广州徐休复。因休复驰奏于朝,启动杂治程序,"太宗遣高品阎承翰乘传,会转运副使李琯暨休复杂治延範,具伏"[3]。仁宗时,真定府定州路都总管夏守恩并子元吉骄恣不法,定州通判李参发其赃。"命侍御史赵及与大名府通判李钺鞫问得实,法当死。"[4] 其三,委托地方官吏就地杂治。此类案件不再差遣中央使臣推劾,直接由地方官吏奉旨承办。熙宁五年(1072)十二月,御史盛陶言兵部员外郎、判流内铨李复圭守庆州,骄众轻敌,以败国事。诏"(永兴军路提点刑狱周)良孺与知庆州楚建中同根究"[5]。元丰元年(1078)十一月,秦熙州提举官汲逢专领今本务欠钱十二余万缗,逢母族亦尝贷借兼驱磨,官称逢有虚增钱数七万余缗。诏汲逢先勒停,令开封府遣人押送秦州制院,委新权发遣永兴军等路常平等事李孝博于"陕西路选差狱官与卫尉寺丞、知三泉县庄黄裳同鞫之"[6]。据《朝奉郎致仕黄君墓志铭》记载,李孝博选任与庄黄裳同鞫此案者,乃陕西提点刑狱黄莘。[7]

---

[1] 《建炎以来系年要录》卷148 "绍兴十三年正月己酉",第2513页。
[2] 《宋史》卷308《张煦传》,第10149页。
[3] 《宋史》卷280《王延範传》,第9511页。
[4] 《宋史》卷290《夏守恩传》,第9715页。
[5] 《续资治通鉴长编》卷241 "神宗熙宁五年十二月己丑",第5881页。
[6] 《续资治通鉴长编》卷294 "神宗元丰元年十一月丁亥",第7168—7169页。
[7] "君讳莘,字任道,姓黄氏……迁陕西提点刑狱,驾部员外郎。汲逢坐市易事系秦州诏狱,逮三百人,久未决。主者幸有功,惨核巧诋,先给移逢病于州,君方摄事,亟遣医,得逢无恙状,乃檄问所以为不实者,主者情见趣竟狱,不敢小出入。逢得无冤,坐轻,诣君位谢曰:'获更生,实君赐也。'"(宋)刘挚撰,陈晓平、裴汝诚点校:《忠肃集》卷14《墓志铭·朝奉郎致仕黄君墓志铭》,中华书局,2002,第288页。

三　有司自鞫

除奉诏杂治和遣使杂治之外，宋代司法还存在有司自鞫的情形，即地方长吏自行组织审判机构推鞫要案。宋高宗时，宣抚处置使张浚与忠州防御使知渭州吴玠密谋，言前威武大将军曲端尝作诗题柱，有指斥乘舆之意。有研究表明："曲端的专横跋扈与南宋初年宋高宗政权急需向心力的地方势力大相径庭，这是曲端之死的根本政治因素，论史者不可不知。"[1] 绍兴元年（1131）七月庚戌，"张浚以曲端属吏，以武臣康随提点夔路刑狱，与（利路制置使）王庶杂治之"[2]，曲端死于恭州狱。张浚试图制造曲端病死狱中之假象，以塞天下悠悠众口。[3] 曲端案虽非诏狱案件，却以杂治方式就地审判，此虽为个案现象，却反映出"他官共治"[4] 要案这一司法传统的深刻影响。值得重视的是，五代以来官制厘革以及鞫谳分司制度的确立，直接促成宋代杂治内涵的深刻变化。州司疑案重审程序之中，时常适用"杂治"程序。此虽与本书重点讨论的诏狱杂治有别，却是研究宋代"杂治"问题不可回避的现象。据《朝散大夫殿中丞知汝州叶县骑都尉陈君墓志铭》：永定军辖内发生命案，守丞认为司理参军陈耿［殁于庆历八年（1048）］为死囚解脱，遂"遣他掾与司理杂治"[5]，笞掠百千，诬服待报，次年于博野县捕得真凶。陈耿担任的司理参军乃"国朝别置，专鞫狱事"[6]，在鞫谳分司体系中承担勘鞫刑狱职能。建隆三年（962）规定，"凡诸州狱，则录事参军与司法掾参断

1　董春林：《政治文化重建视阈下的南宋初期诏狱研究》，社会科学文献出版社，2017，第88页。
2　《宋史》卷26《高宗纪三》，第489页。
3　参阅李贵录《"曲端冤狱"与南宋初年的陕西陷失》，《南开学报》（哲学社会科学版）2002年第6期，第94页。
4　（汉）班固撰，（唐）颜师古注：《汉书》卷36《楚元王传》注，中华书局，1962，第1927页。
5　（宋）刘敞：《公是集》卷53《墓志铭·朝散大夫殿中丞知汝州叶县骑都尉陈君墓志铭》，四川大学古籍整理研究所编：《宋集珍本丛刊》影印清光绪覆刻聚珍本，第9册，线装书局，2004，第786页下。
6　（宋）孙逢吉：《职官分纪》卷40"司理参军"，中华书局，1988，第734页下。

之。自是，内外折狱蔽罪，皆有官以相覆察"[1]。本案"杂治"则指永兴军长官差遣他官会同陈耿重审。又据《承议郎王公墓志铭》记载，诸暨温户沈渊遭遇劫掠，真凶未获。前任县令捕得与盗同姓名者鞠讯，狱具上报越州。知县王登［殁于靖康元年（1126）］视事，得其冤状纵出。"一府传疑，檄县再录囚杂治"[2]，即越州派员赴诸暨县会审此案。总之，在鞫谳分司架构之内，"杂治"一词早已深入宋人思维和话语体系，成为描摹宋代各级司法机关审判环节的重要法律概念。囿于主题所限，本书将集中精力讨论诏狱领域的杂治问题。

第二节　宋代杂治之构成

杂鞫之要义，惟在"穷覈其罪"[3]。作为裁判诏狱案件的临时司法机构，宋代杂治的人员组成虽情况繁杂，类型多样，诸司官员却均应以索隐发微、劾断罪行为中心。对于杂治身份隶属、具体员额和运作程序，宋代律令并无明确规定。一般情况下，两个以上不同机构的官员杂鞫诏狱者，是宋代"杂治"的基本形态。如景德三年（1006）八月，工部侍郎董俨请托黄观荐己知益州未遂，俨坐躁竞倾狡，急于进用，"命枢密直学士刘综与御史杂治之"[4]。元丰元年（1078）冬十月，朝廷根究吕嘉问市易违法事，"诏江南东路转运、提举司鞫吕嘉问事，其提点刑狱王安上不许回避，令依前降指挥同鞫"[5]。此后，又差遣江南西路提点刑狱李茂直、江南西路转运判官彭汝砺、提举两浙路常平范峒等推鞫吕嘉问事。特定情况下，同一机构两名以上官员参鞫诏狱

1　《宋史》卷199《刑法一》，第4967页。

2　（宋）葛胜仲：《丹阳集》卷13《墓志铭·承议郎王公墓志铭》，四川大学古籍整理研究所编：《宋集珍本丛刊》影印清钞本，第32册，线装书局，2004，第627页上。

3　（元）徐元瑞：《史学指南》"推鞫"，浙江古籍出版社，1988（元代史料丛刊），第103页。

4　《宋会要辑稿》职官64之20，第8册，第4776页。

5　《续资治通鉴长编》卷293"神宗元丰元年冬十月乙巳"，第7148页。

者，也可谓之"杂治"。如建炎元年（1127）五月丁未，开封少尹余大均、前太仆少卿陈冲等因根括金银，并缘为奸，欺盗甚众，又聚集歌乐，靡所不为，下御史台狱，高宗"令殿中侍御史黎确、马伸杂治"[1]。绍兴十三年（1143）正月己酉，诏大理寺丞袁枏、燕仰之往静江府推劾胡舜陟，《建炎以来系年要录》遂将此次制使推劾称为"杂治"。[2] 以上见于《皇宋十朝编年纲要》《建炎以来系年要录》《宋史全文》等资料的"杂治"事例，突破了以往杂治以"他官共治"的司法传统，是宋代杂治范畴、类型与结构深刻变革的文本佐证。

唐代三司推事制度的出现，曾是"杂治"日趋规范的重要标志。[3] 后世杂治似乎应当遵循相对固定的构成模式，即继承唐代大理寺、刑部、御史台官员为主的人员架构。然而，遵从于宋代收天下之权"悉归于朝廷"的集权理念，且与宋代官僚体系厘革和司法规则变革的理政举措相适应，宋代杂治并未因袭唐代"三司"格局。因此，"三司推事"故事已无法行用；宋代虽未曾恢复"三司推事"惯例，却时常差遣臣僚"杂治"诏狱，此亦为承用汉、唐故事之一端也。就参与者身份信息而言，在择官差遣层面，宋代杂治更加聚焦监察、谏诤、侍从、秘书等特定群体。

一 御史

两宋时期，打破了御史台不能独自审判重大刑狱案件的制度，御史在司法监察方面的职能进一步扩大。[4] 若言御史台是宋代杂治机构之枢轴，御史

---

[1] （宋）李壂撰，燕永成校正：《皇宋十朝纲要校正》卷21《高宗》"建炎元年五月丁未"，中华书局，2013（中国史学基本典籍丛刊），第609页。
[2] （宋）佚名撰，汪圣铎点校：《宋史全文》卷21中"宋高宗十四""绍兴十三年正月己酉"，中华书局，2016（中国史学基本典籍丛刊），第1668页。
[3] 陈玺：《唐代杂治考》，《法律科学》（西北政法大学学报）2017年第2期，第196页。
[4] 贾玉英：《宋代监察制度》，河南大学出版社，1996，第56页。

群体则为承办杂治之主力。以上论断依据《宋史·刑法志》关于御史台、开封府和大理寺审理诏狱案件的分工原则立论，更可以在大量杂治案例之中获得生动且鲜活的诠释。"社会问题的解决（比如一场官司的判决）必须要放回这个问题产生的具体情境中去理解"，并将研究聚焦在人的活动和活动发生的社会情境之上。[1] 与之相适应，立足于特定时空背景展开杂治人员构成的个案研究，即显得尤为必要。御史台奉诏推治者，多为案情重大或案犯身份特殊的案件。早在太宗雍熙二年（985）六月，即有知杂御史李巨源参鞫曹彬案。此后，吕端案（御史武元颖、内侍王继恩）、董俨案（枢密直学士刘综、御史）、卢氏案（殿中侍御史王奇、户部判官著作郎直史馆梁固）、高清案（比部员外郎刘宗吉、御史江仲甫）、袁象案（殿中侍御史王奇、侍禁阁门祗候李仲）、曹汭案（权发遣三司使事王博文、监察御史崔暨、内侍罗崇勋、转运副使王沿）、杨怀敏案（御史、宦官）、夏守恩案（侍御史赵及、大名府通判李钺）、黄德和案（殿中侍御史文彦博、入内供奉官梁知诚）、郑侠案（知谏院知制诰邓润甫、御史中丞邓绾、御史知杂张琥）、李逢案（中丞邓绾、同知谏院范百禄、御史徐禧等）、范子渊案（知杂御史蔡确、谏官黄复）、相州狱（知谏院蔡确、寺丞刘仲弓、御史中丞邓润甫、御史上官均等）、陈世儒案（知大理少卿塞周辅、丞叶武、贾种民、御史黄颜）、虞蕃案（权御史中丞李定、监察御史里行何正臣、御史舒亶等）、苏轼案（知谏院张璪、御史中丞李定、御史舒亶、何正臣）、章惇案（大理寺官、御史丰稷）、韩存宝案（御史知杂事何正臣、干当御药院梁从政）、蒲宗孟案（大理少卿韩晋卿、中丞黄履、御史杨畏）、皇甫旦案（御史中丞、侍御史、殿中侍御史、中书舍人蔡京、右司员外郎路昌衡）、刘仲昕等案（监察御史韩川、刑部郎中祝庶）、蹇序辰案（大理少卿周鼎权、殿中侍御史左肤）、邹浩案（御

---

[1] 赵世瑜：《历史人类学的旨趣：一种实践的历史学》，北京师范大学出版社，2020，第33页。

史石豫、御史左膚）、张怀素案（开封府尹林摅、御史中丞余深、内侍）、章縡案（开封府李孝寿、监察御史张茂直、御史沈畸、萧服、姚其来、知苏州孙杰、发运副使吴泽仁等）、余大钧等案（殿中侍御史黎确、殿中侍御史马伸）、岳飞案（御史中丞何铸、大理卿周三畏、御史中丞万俟卨）、李善静案（殿中侍御史江邈、大理卿周三畏）、军妇杨氏案（知阁门事干办皇城司兼枢密副都承旨郑兴裔、御史）等至少三十宗杂治案例，存在御史台官员参与杂治的情形。御史参与杂治事例之多、时限之长、类型之繁，使宋代其他职官无法望其项背。其中，郑侠案、虞蕃案、皇甫旦案对于全面认识御史在宋代杂治中的作用提供了重要线索。

（一）郑侠案

熙宁六年（1073）三月二十六日，监安上门郑侠进《流民图》，指陈王安石新法诸弊。郑侠献图对神宗产生极大震动，颁诏停罢青苗、免役、方田、保甲等。王安石罢相等一系列重大变故，皆与郑侠上书不无干系，新法推行首遭重创。六月十三日，郑侠因进流民图状，涉及越分言事、擅发递马之罪，"忽行下刑部，定合罚铜十斤放，奉圣旨依奏，仍特免勒停"[1]。此事本当至此落幕，然而，郑侠又于十月一日再次上书，指摘朝廷新政和人事布局，为新任参知政事吕惠卿等所不容，郑侠狱至此乃兴。[2] 熙宁七年（1074）十一

---

[1]（宋）郑侠：《西塘集》卷1《三月二十六日以后所行事目》，《景印文渊阁四库全书》（第1117册），台湾商务印书馆股份有限公司，1986，第372页上。
[2] 按：关于郑侠十一月初一日状内容，据《西塘集》："十一月初一日状，盖为大臣诬罔至尊，绝不近理。彼皆有所凭恃，而复敢为，使人愤惋不能已。是以入文字，凡事皆画一……如被甲登殿等事，台谏如弓灵木偶之类，皆所画一。"[《西塘集》卷1《十一月初一日奏状》，第376—377页上] 其中，"被甲登殿"正因宫廷辛秘，为神宗所忌。李焘认为："禁中有人被甲登殿事，据侠《言行录》，当是宿州狂人孙真也，事见九年五月三日戊午。据《林希野史》载，孙真事乃是九年四月一日，与郑所言殊不相关，当别有被甲登殿者，非孙真也。"（《续资治通鉴长编》卷259"神宗熙宁八年正月"，第6310页）

月初五，郑侠因"谤讪朝政，追毁出身以来文字，送汀州编管"[1]。据《事目》记载：郑侠十一月初六接编管汀州敕令，初七押出门，初九行至陈州。同日，吕惠卿言宰执韩绛、冯京向郑侠泄露"被甲登殿"[2] 等禁中君臣对面之言，神宗面责冯京，冯京请求与郑侠对质，侍御知杂事张琥劾奏冯京与侠交通有迹，请求追回郑侠付狱穷治。十二日，开封府差舒亶到陈州勾回郑侠，由知谏院知制诰邓润甫、御史中丞邓绾、侍御史知杂事张琥治郑侠狱。御史对于涉案范围和审理进程产生重要影响，据《续资治通鉴长编》记载："润甫等深探侠辞，多所连引，狱久不决，台官皆不得归家。"[3] 期间，神宗以案情枝蔓，下诏催促结案，韩绛、范百禄亦多规谏。侍御史知杂张琥取媚吕惠卿，以案连大臣，理须考实为由屡次拖延，终"深其辞，致京等于罪"[4]。在刑部（判刑部司封员外郎胡援、前权同判刑部太常丞王子韶等）参与议定郑侠、冯京等人处置结论时，御史中丞邓绾等主张重责远斥，伺机铲除异己势

---

1 （宋）马光祖修，（宋）周应合纂：《景定建康志》卷48《直臣传·郑侠》，中华书局编辑部编：《宋元方志丛刊》，中华书局，1990，第2144页上。按：郑侠汀州编管时间，《西塘集》《续资治通鉴长编》有所出入：《西塘集》言"直至六月十三日，忽例下刑部，定合罚铜十斤放。奉圣旨依奏，仍特免勒停。凡在京近百余日，只候郊礼过，授一广南、福建差遣出京。十一月初一日，复入文字，极指其事，乞赐临问。是月初五日，准敕追毁出身以来文字，送汀州编管。"（《西塘集》卷1《三月二十六日以后所行事目》，第372页）《续资治通鉴长编》言六月乙亥，"诏监安上门、光州司法参军郑侠勒停，编管汀州。"（《续资治通鉴长编》卷254"神宗熙宁七年六月乙亥"，第6207页）《宋史全文》（《宋史全文》卷12上《宋神宗二》"熙宁七年六月乙亥"，第700页）、《皇朝编年纲目备要》（《皇朝编年纲目备要》卷19"神宗皇帝熙宁七年"，第466页）与《续资治通鉴长编》同。由此，可作出如下判断：六月十三日，郑侠初断罚铜十斤，因再次上书触怒吕惠卿，兴御史台狱，至十一月初五，改断汀州编管。又据《续资治通鉴长编》引《旧录》："七年十一月二十二日丙辰，上批：'御史台推郑侠事，追逮命官甚众，而承制官司并不锁台守宿，间归私家，可令具状以闻。'"（《续资治通鉴长编》卷259"神宗熙宁八年正月"，第6311页）可见十一月中，郑侠尚在台狱受审，亦可证《三月二十六日以后所行事目》所言不虚，今从《事目》。

2 按：郑侠二次台狱受审，深层次原因在于吕惠卿和冯京之宿怨。据《东轩笔录》："冯京与吕惠卿同为参知政事，吕每有所为，冯虽不抑，而心以为不善，至于议事，亦多矛盾。会郑侠狱起，言事者以侠尝游京之门，推劾百端，冯竟以本官知亳州。"（宋）魏泰撰，李裕民点校：《东轩笔录》卷5，中华书局，1983（唐宋史料笔记丛刊），第53页）

3 《续资治通鉴长编》卷259"神宗熙宁八年正月庚子"，第6311页。

4 《宋史》卷328《张璪传》，第10569页。

力。熙宁八年（1075）正月十三日，罢冯京政事，守本官知亳州。[1] 郑侠英州编管，丁讽、王克臣、王安国、杨永方、杨忠信、孔仲卿、吴无至等皆得罪，僧晓容勒归本贯。

（二）太学案

元丰元年（1078），建州进士虞蕃伐登闻鼓，控告太学讲官校试诸生去取、升补不公，此即"太学狱"。此案最初由开封府审理，虞蕃举告参知政事元绛子耆宁私荐从孙伯虎升补太学内舍，京师富室郑居中、饶州进士章公弼等赂结太学官员得补中上舍。权知开封府许将断虞蕃告讦之罪，神宗疑其不直，移劾于御史府，由中丞蔡确主审此案。元丰二年（1079）二月戊辰，依据御史台请求，"诏增监察御史里行何正臣、舒亶同鞫太学狱，不许接见宾客。从御史台请也"[2]。元丰二年（1079）五月二十二日，增派"权御史中丞李定同根治太学狱"[3]。元丰二年（1079）三月，因知开封府许将涉及太学狱事，而御史台鞫治，多用开封府吏，改命钱藻权开封府，原审开封府官员被卷入太学狱，御史台成为主导案件审理进程的关键所在。本案由御史中丞蔡确主管，蔡确治狱向来以严而少恩、深文周纳著称。十一月庚午，神宗又采纳御史何正臣之请，"狱辞所及，虽蕃所不言，皆得究治"[4]。涉案人员如知开封府许将、元耆宁等皆逮捕械系。《东轩笔录》详细记载了十月许将在御史台受审及伏罪后夜半放出归家的细节：

> 许将坐太学狱，下御史台禁勘，仅一月日暨伏罪，台吏告曰："内翰

---

[1] 按：《冯京墓志》言"选人郑侠上书斥时事，且荐公相。公未尝识侠，言者谓公交通，出知亳州。神宗独知其无罪，徙河南府"。中国文物研究所、河南省文物研究所编：《新中国出土墓志》（河南壹，下册），文物出版社，1994，第350页。
[2] 《续资治通鉴长编》卷296"哲宗元丰二年二月戊辰"，第7213页。
[3] 《宋会要辑稿》职官28之9，第6册，第3757页。
[4] 《续资治通鉴长编》卷301"神宗元丰二年十一月庚午"，第7320页。

今晚当出矣。"许曰："审如是，当为白中丞，俾告我家取马也。"至晚欲放，中丞蔡确曰："案中尚有一节未完，须再供答。"及对毕，开门，已及二更以后，而从人谓许未出，人马却还矣。许坐于台门，不能进退，适有逻卒过前，遂呼告之曰："我台中放出官员也，病不能行，可烦为于市桥赁一马。"逻卒怜之，与呼一马至，遂跨而行。是时许初罢判开封府，税居于甜水巷，驭者惧逼夜禁，急鞭马，马跃，许失绥坠地，腰膝尽伤，驭者扶之于鞍，又疾驱而去，比至巷，则宅门已闭。许下马坐于砌上，俾驭者扣门，久之无应者，驭者曰："愿得主名以呼之。"许曰："但云内翰已归可也。"驭者方知其为判府许内翰，且惧获坠马之罪，遽策马而走。许以坠伤，气息不属，不能起以扣门，又无力呼叫，是时十月，京师已寒，地坐至晓，迨宅门开，始得入。[1]

至于御史台官夜袭宰臣元绛府邸，追摄、审讯绛子耆宁的情形，苏颂撰《太子少保元章简公神道碑》和王安礼撰《资政殿学士太子少保致仕赠太子少师谥章简元公墓志铭》均有详尽记述。据《神道碑》记载，御史台拘捕元耆宁后，其父元绛曾请求纳"平生禄职以赎其命，使即讯于家。事之是非轻重，一切听报，上恻然许之"[2]。《墓志铭》又曰："御史格诏，夜立耆宁庭中，遣使蹙迫伏辜，又谓公使学官孙谔风祭酒禄伯虎以为教谕。已而御史至府第簿责公，公不复省视，即取牍书审如所劾，其后狱辞成。"[3] 可见，元绛请求在台狱以外讯问耆宁的诉求，乃至神宗对元绛的许诺，实质并未严格落实。由御史中丞蔡确、御史何正臣、舒亶、李定等主持审理的太学狱"追逮

---

1 《东轩笔录》卷9，第103页。
2 （宋）苏颂著，王同策、管成学、颜中其等点校：《苏魏公文集》卷52《碑铭·太子少保元章简公神道碑》，中华书局，1988，第783页。
3 （宋）王安礼：《王魏公集》卷7《志铭·资政殿学士太子少保致仕赠太子少师谥章简元公墓志铭》，四川大学古籍整理研究所编：《宋集珍本丛刊》影印清翰林院钞本，第17册，线装书局，2004，第234页下。

遍四方，锻炼岁余，连坐者甚众"[1]。最终，宰执元绛罢知亳州，判监黄履落职，许将黜知蕲州，学官王沇之除名，余中、王沔之等，并黜责有差。

（三）皇甫旦狱

皇甫旦妄奏军功案也是御史参与杂治的典型案例之一。《宋史·回鹘传》："敕李宪择使聘阿里骨，使谕回鹘令发兵深入夏境。宪以命殿直皇甫旦。旦往，不得前而妄奏功状，诏逮旦赴御史狱抵罪。"[2]《宋史》《续资治通鉴长编》《宋会要辑稿》等文献对台狱办理此案均有记载，其中，《续资治通鉴长编》保留了该案杂治人员构成的详细记录："元丰七年六月己巳朔，诏御史中丞、侍御史、殿中侍御史就台劾右班殿直皇甫旦，仍命中书舍人蔡京、右司员外郎路昌衡同治。"[3] 宋代御史台继承唐制，分设三院：侍御史一人，隶属台院；殿中侍御史二人，隶属殿院；监察御史六人，隶属察院。可见，神宗拣择至少五名官员会同审理皇甫旦案。元丰七年（1084）九月二十三日，又命殿中侍御史蹇序辰、尚书右司员外郎路昌衡往熙州劾问李宪。右司员外郎路昌衡曾于三个月前参鞫皇甫旦，从案件脉络和职官名称观之，殿中侍御史蹇序辰极有可能也是最初参鞫皇甫旦的成员之一。由此，御史台官始终主导皇甫旦、李宪案的审理流程。元丰八年（1085）三月一日，李宪以"坐妄奏功状，罢内省职事"[4]。右班殿直皇甫旦"除名勒停，南安军编管"[5]。

二　内侍

宋世以汉唐阉祸为鉴，管束宦者甚严。开国之初，内臣止掌宫掖，未尝

1　《皇朝编年纲目备要》卷 20 "神宗皇帝元丰二年"，第 492 页。
2　《宋史》卷 490《外国六·回鹘传》，第 14117 页。
3　《续资治通鉴长编》卷 346 "神宗元丰七年六月己巳"，第 8301 页。
4　《宋史》卷 467《宦者二·李宪传》，第 13640 页。
5　《宋会要辑稿》职官 66 之 31，第 8 册，第 4842 页。

令预政事。"或有不得已而差出外方，止令干一事，不得妄采听他事奏陈。天下以为幸。"[1] 赵宋诸君多能守祖宗之法，从臣僚之议，故无阉党之忧。北宋杂治程序处置的诏狱案件，君主不仅亲自拣择杂治臣僚，更时常差遣亲近内臣行使勘验、参鞫、监督职权。宦官承受差遣参与审判，可以视为皇权在宋代会审领域之急速扩张。由此，内侍成为杂治程序中异常活跃的群体。其实，西汉后期即有宦者参与杂治先例，东汉中期后，宦官在杂治中的地位和作用明显上升，[2] 唐代也有吏部尚书刘晏、御史大夫李涵、右散骑常侍萧昕、兵部侍郎袁傪、礼部侍郎常衮、谏议大夫杜亚及中使一名参鞫元载之事例。北宋"诏狱常用中人充制使"，作为宋代内侍参与杂治的始作俑者，阎承翰曾参鞫太宗、真宗朝数宗诏狱案件。承翰以周世宗内侍身份入宋，"太宗时擢为殿头高品，稍迁内侍供奉官、内殿崇班"[3]。雍熙三年（986）三月，阎承翰与转运副使李琯、知广州徐休复杂治王延範案。咸平五年（1002）春，"命邢昺、阎承翰等于太常寺别鞫"[4] 任懿纳贿登第事。景德二年（1005）四月，枢密直学士、工部郎中、权三司使刘师道弟几道举进士，礼部奏名将廷试。近制悉糊名较等，考官陈尧咨教几道密于卷中刺针眼为识验。后几道事泄诏落其籍，永不预举。因师道固求辩理，"帝含容，不复穷理，师道故求辩对，乃命东上閤门使曹利用、内侍省副都知阎承翰、兵部郎中边肃就御史台杂治之"[5]。此后，内侍参鞫诏狱事例屡见史乘。赵州民赵德崇诣阙告兵马监押曹汭不法事，"汭坐被酒衣黄衣，令人呼万岁"[6]。天圣七年（1029）正月，章献太后差龙图阁待制王博文、监察御史崔暨与内侍罗崇勋"鞫汭于真定

---

[1] （宋）邵伯温撰，李剑雄、刘德权点校：《邵氏闻见录》卷7，中华书局，1983（唐宋史料笔记丛刊），第66页。
[2] 虞云国：《汉代杂治考》，《史学集刊》1987年第3期，第71页。
[3] 《宋史》卷466《宦者一·阎承翰传》，第13610页。
[4] 《宋史》卷283《王钦若传》，第9560页。
[5] 《宋会要辑稿》职官64之18–19，第8册，第4775页。
[6] 《宋史》卷290《曹利用传》，第9708页。

府"[1]。熙宁八年（1075）九月，御史中丞邓绾疏奏吕惠卿居丧日与赃官张若济交通，"诏遣徐禧及内侍冯宗道杂治。诏（集贤校理检正礼房）徐禧、（内侍）冯宗道同（司农主簿）王古根究以闻"[2]。元丰二年（1079）苏轼诏狱，也存在中使参鞫的情形，"一日，禁中遣冯宗道按狱，止贬黄州团练副使"[3]。元丰四年（1081）七月，韩存宝讨乞弟失律，"更遣环庆路副总管林广代之，命御史何正臣、中人梁从政，至蜀杂治"[4]。此外，绍圣四年（1097）八月，哲宗曾"差内侍一员"，[5] 与蔡京等杂治同文馆狱。大观元年（1107）五月，"开封府尹（林）摅与御史中丞余深及内侍杂治"[6] 张怀素谋反事，以上案例反映出宋代皇权假借宦官之手，向司法领域强力渗透的时代印记。

宋代参鞫事例之中，内侍可承担监勘之职。所谓监勘即负责监督杂鞫事务。唐代有宰辅重臣监领杂治事例，龙朔三年（663）夏四月乙丑，右相李义府下狱，高宗"遣司刑太常伯刘祥道与御史，详刑共鞫之，仍命司空李勣监焉"[7]。与此形成鲜明对比的是，宋代内侍参与杂治，可采取阅卷、提审、参议等多种方式行使监勘权力。此于卢氏狱（中使谭元吉监勘）、欧阳修狱（入内供奉官王昭明监勘）、潘开狱（中使李舜举审覆）、僧宗梵狱（勾当御药院窦仕宣监勘）中均有反映。

祥符年间，咸平县民张斌妻卢氏诉侄张质被酒诟悖，因张质纳贿胥吏，卢氏迭讼于咸平县、开封府，下其事于右军巡院，给事中、权知开封府慎从

---

1 《续资治通鉴长编》卷107"仁宗天圣七年正月癸卯"，第2492页。
2 《续资治通鉴长编》卷268"神宗熙宁八年九月乙酉"，第6573页。
3 （宋）孙升撰，赵维国整理：《孙公谈圃》卷上，朱易安、傅璇琮等主编：《全宋笔记》（第2编，第1册），大象出版社，2006，第146页。
4 （宋）秦观撰，徐培均笺注：《淮海集笺注》卷33《志铭·泸州使君任公墓表》，上海古籍出版社，1994（中国古典文学丛书），第1104页。
5 （宋）马端临著，上海师范大学古籍整理研究所、华东师范大学古籍研究所点校：《文献通考》卷167《刑考六·刑制》，中华书局，2011，第5005页。
6 《宋史》卷351《林摅传》，第11111页。
7 （宋）司马光：《资治通鉴》卷201"高宗龙朔二年夏四月乙丑"，中华书局，1956，第6334—6335页。

吉密请付御史台，纠察刑狱王曾、赵稹认为"事涉从吉，虑军巡顾避。稹方知杂，请不以付台。乃命殿中侍御史王奇，户部判官、著作郎、直史馆梁固鞫治，仍遣中使谭元吉监之，逮捕者百余人"[1]。大中祥符九年（1016）正月七日，真宗曾对王旦说："昨谭元吉监劾公事，并不知的然管勾之事。降敕具条样名目，自今监劾，逐时付与，使有所遵据。"[2] 谭元吉履行监勘详情虽未可详知，但应以诏敕明示监勘人员职权的规定，当自此确立。

庆历五年（1045），河北都转运使、龙图阁直学士欧阳修因言事切直，上疏论韩琦等不当罢职，为宰执贾昌朝、陈执中所忌。欧阳修甥女张氏幼孤，鞠育于家，后嫁侄欧阳晟。晟自虔州司户罢任，以仆陈谏同行。张氏因与陈谏通奸，鞫于开封府右军巡院。权知府事杨日严因旧事积怨，"使狱吏附致其言以及修，谏官钱明逸遂劾修私于张氏，且欺其财，诏安世及昭明杂治"[3]。主审本案的军巡判官著作佐郎孙揆主张仅审理张氏与陈谏通奸事，不复枝蔓。宰相再命太常博士三司户部判官苏安世与中贵人杂治。其中，内侍王昭明承担监勘之责。关于王昭明监勘事迹，《默记》有如下记载：

> 昭明至狱，见安世所劾案牍，视之骇曰："昭明在官家左右，无三日不说欧阳修；今省判所勘，乃迎合宰相意，加以大恶，异日，昭明吃剑不得。"安世闻之大惧，竟不敢易揆所勘，但劾欧公用张氏资买田产立户事奏之。[4]

《魏王别录》对此也有相关记录："昭明为监勘官，正色曰：'上令某为

1　《续资治通鉴长编》卷 86 "真宗大中祥符九年三月壬子"，第 1977 页。
2　《宋会要辑稿》刑法 3 之 58，第 14 册，第 8423 页。
3　《续资治通鉴长编》卷 157 "仁宗庆历五年八月甲戌"，第 3799 页。
4　（宋）王铚撰，朱杰人点校：《默记》卷下，中华书局，1981（唐宋史料笔记丛刊），第 40 页。

监勘，正欲尽公道，锻炼何等语也？'欧阳公遂清脱。"[1] 综合以上信息，王昭明通过审查陈撰、苏安世审判案卷，履行监勘职责，避免欧阳修蒙冤。然而，欧阳修为执政不容，降知制诰知滁州，苏安世降殿中丞泰州监税，王昭明降寿州监税。

元丰元年（1078），宗梵告发主僧行亲擅用官给常住粥钱。事下开封府，事连判开封府苏颂女婿堂妹之子孙纯，为皇城卒所告。十月壬子，神宗"命权同判刑部员外郎吕孝廉，司勋员外郎、权大理少卿韩晋卿，于同文馆置司，劾相国寺设粥院僧宗梵等事，令勾当御药院窦仕宣监之"[2]。宋御药院初隶内侍省，置御药院勾当官四人，以入内内侍省充。"掌案验方书，修合药剂，以待进御及供奉禁中之用。"[3] 由于史料匮乏，窦仕宣监勘本案之细节无从查明，但从《宋会要辑稿》元丰"四年三月十七日，诏干当御药院窦仕宣等、押领医官本殿祗候老宗元等，减磨勘年有差"[4] 的记载可知，窦仕宣似乎并未受到本案牵连。

特定情况下，内侍监勘优势无法履行平反冤狱职责。元丰元年（1078）四月，知谏院蔡确与寺丞刘仲弓、邓润甫、上官均推鞫潘开狱，收大理寺评断官窦苹、周孝恭等拷讯。邓润甫、上官均奏蔡确妄滥，神宗差谏官黄履、监察御史黄廉、御药李舜举同诣台按验。内侍李舜举等至御史台，与邓润甫、蔡确等"坐帘下引囚于前，读示款状，令实则书实，虚则陈冤"。此前蔡确鞫问之时，囚徒翻异辄遭笞掠，"皆怖畏，言不屈"[5]，唯有窦革翻异，却无法查验考掠之痕。"履、舜举还奏，上颇不直润甫等言。"[6] 中丞邓润甫落职

---

[1]（宋）江少虞撰：《宋朝事实类苑》卷16《顾问奏对》"王昭明"条引，上海古籍出版社，1981，第191页。

[2]《续资治通鉴长编》卷293"神宗元丰元年十月壬子"，第7151页。

[3]《宋史》卷166《职官六》，第3940页。

[4]《宋会要辑稿》职官19之14，第6册，第3554页。

[5]《宋史》卷471《奸臣一·蔡确传》，第13699页。

[6]《续资治通鉴长编》卷289"神宗元丰元年四月乙巳"，第7060页。

知抚州，上官均责授光禄寺丞知光泽县。另一方面，宋代内侍参与杂治，时有因突破常规而遭遇非议之例。天禧四年（1020）七月，入内副都知周怀政谋逆，"诏宣徽北院使曹玮与（客省使杨）崇勋就御药院鞫讯"[1]。此案事关真宗末年中枢格局安排，涉及太子监国、宰执更替及刘后秉政等重大事项，实质是一场宰相联合权宦的未遂政变。最终，周怀政伏诛，寇準外贬。真宗"诏皇太子开资善堂，引大臣决天下事，后裁制于内。真宗崩，遗诏尊后为皇太后，军国重事，权取处分"[2]。由此造就了天圣、明道年间章献太后临朝称制的特殊政局。天圣九年（1031）四月己巳，内侍罗崇勋唆使皇城卒虚告陈留知县王冲市物有剩利，经章献太后授权，由罗氏主持杂治事宜。据《尚书屯田郎中提举兖州仙源县景灵宫王公墓志铭》："太后果怒，下公吏使中人杂治之。讯掠甚急，欲公自诬服。"[3] 庆历八年（1048）正月，宿卫亲从官颜秀等四人兵变，事连宦官杨怀敏，枢密使夏竦欲为曲庇，"枢密使夏竦请御史与宦官同于禁中鞫之"[4]。遭遇参知政事丁度、知开封府张升、殿中侍御史何郯、大理丞吴奎等人接连反对，请求付外台穷治党与。"固自旦争至食时，上卒从竦议。"[5] 绍圣三年（1096）九月乙卯，孟皇后姊以道家符水入宫，养母燕氏、尼法端与内供奉官王坚以左道为后祷祠等事发，蔡卞乞掖庭置狱，差宦者推治。"遂诏内侍梁从政、苏珪即皇城司鞫之。"[6] 一时众议喧哗，殿中侍御史陈次升认为"自古推鞫狱讼，皆付外庭。未有宫禁自治高下，付阉宦之手"[7]。右正言邹浩也认为"孟氏之罪，未尝付外杂治"[8] 有违礼法。内廷

---

1 《续资治通鉴长编》卷96"真宗天禧四年七月甲戌"，第2209页。
2 《宋史》卷242《后妃上·章献明肃刘皇后传》，第8613页。
3 《公是集》卷53《墓志铭·尚书屯田郎中提举兖州仙源县景灵宫王公墓志铭》，第782页上。
4 《宋史》卷292《丁度传》，第9764页。
5 《续资治通鉴长编》卷162"仁宗庆历八年正月辛酉"，第3909页。
6 《皇朝编年纲目备要》卷24"哲宗皇帝绍圣三年"，第596页。
7 （宋）陈次升：《谠论集》卷1《上哲宗论内治》，《景印文渊阁四库全书》（第427册），台湾商务印书馆股份有限公司，1986，第329页下。
8 （宋）邹浩：《道乡先生邹忠公文集》卷23《疏谏哲宗立刘后疏》，四川大学古籍整理研究所编：《宋集珍本丛刊》影印明成化六年刻本，第31册，线装书局，2004，第158页上。

置狱和宦官专鞫均有违宋代司法传统，遭到臣僚极力反对，却未能改变本案审理进程。绍圣三年（1096）九月乙卯，"废皇后孟氏为华阳教主、玉清妙静仙师，赐名冲真"[1]。

三 学士、谏官

学士和谏官是参鞫诏狱的重要力量之一。北宋开国至仁宗朝，多有学士参鞫之例；神宗以后，其事渐稀。谏官阶层自太宗时开始参与杂治，与学士参鞫形成鲜明对比的是，熙宁、元丰年间正是谏官参鞫的活跃时期。在杂治领域，形成学士与谏官交错互补的人事布局。

"学士之职，清切贵重，非它官可比。"[2] 宋代有翰林学士与翰林学士承旨参与杂治之例。翰林学士掌内制，备皇帝咨询顾问。雍熙三年（986）四月戊午，诏翰林学士贾黄中、右谏议大夫雷德骧、司门员外郎知杂事李巨源、贾黄中等杂治曹彬等九人。七月戊辰，贾黄中等逐一奏报曹彬、郭守文、傅潜、米信、崔彦进、杜彦圭、蔡玉、陈廷山、薛继昭等人罪状，[3] 由此可明贾黄中在此次杂治中的领衔地位。与翰林学士相比，翰林学士承旨则不常置，"以院中久次者一人充"[4]。承旨学士参与杂治事例，可溯至太平兴国七年（982）李昉参鞫卢多逊案。至北宋晚期，仍可见翰林学士参鞫事例。绍圣四年（1097）发生同文诏狱，哲宗"命翰林学士蔡京、中书舍人蹇序辰等杂治"[5]。《文献通考》对此次杂治班底有更为详细地记述："诏中书舍人蹇序辰

---

1 《宋史》卷18《哲宗纪二》，第345页。
2 （宋）钱惟演著，胡耀飞点校：《钱惟演集》卷7《金坡遗事·补遗》，浙江古籍出版社，2014，第106页。
3 参阅《续资治通鉴长编》卷27"太宗雍熙三年七月戊辰"，第619页。
4 《宋会要辑稿》职官6之46，第5册，第3179页。
5 ，（宋）杜大珪编，顾宏毅、苏贤校证：《名臣碑传琬琰集校证·下集》卷13《刘右丞挚传》，上海古籍出版社，2021（历代碑志汇编），第2012页。

审问，仍差内侍一员同往。蔡京、（谏议大夫权吏部侍郎）安惇等共治之。"[1]其中，蔡京以翰林学士身份参鞫此案，"京捕内侍张士良，令述陈衍事状，即以大逆不道论诛，并刘挚、梁焘劾之。衍死，二人亦贬死，皆锢其子孙"[2]。

北宋咸平二年（999）七月，置翰林侍讲学士，"以国子祭酒邢昺为之"[3]。咸平五年（1002）春，王钦若知贡举，河阴民常德方讼临津尉任懿纳贿登第，真宗"令翰林侍读学士邢昺、内侍都知阎承翰、工部郎中知曹州边肃、虞部员外郎知许州毋宾古覆按之"[4]。此案审理中，邢昺的袒护意见对王钦若处置结论产生重要影响："昺力辨钦若，而洪湛抵罪，钦若以是德之。昺之厚被宠顾，钦若与有功焉。"[5] 最终，知举官洪湛削籍流儋州，死于贬所，"人知其冤，而钦若恃势，人莫敢言者"[6]。此外，尚有"为直学士之冠"[7]的枢密直学士（班位次于翰林学士）李浚参鞫仇象先案、枢密直学士刘综参鞫董俨案、龙图阁直学士（班位次于枢密直学士）兼侍讲鲁宗道参鞫雷允恭案等，此处从略。

谏官是参与杂治另一重要群体。太宗朝即有右谏议大夫（隶中书省）雷德骧参鞫曹彬，左谏议大夫（隶门下省）李巨源参鞫陈廷山事例。北宋国初置谏院，知院官凡六人，以司谏、正言充职，"而他官领者，谓之知谏院"[8]。宋代谏官参与杂治案例，以天章阁待制知谏院包拯参鞫冷清案较为典型。皇祐二年（1050），狂人冷清诈称皇子，诣开封府自陈，"并妄以神〔仁〕宗与其母绣抱肚为验"。知府钱明逸"以狂人置不问，止送汝州编管"[9]。推官韩绛、翰林学

---

1 《文献通考》卷167《刑考六·刑制》，第5005页。
2 《宋史》卷472《奸臣二·蔡京传》，第13722页。
3 《宋史》卷6《真宗纪一》，第109页。
4 《宋会要辑稿》职官64之16，第8册，第4773页。
5 《宋史》卷431《儒林一·邢昺传》，第12801页。
6 《宋史》卷283《王钦若传》，第9560—9561页。
7 （宋）叶梦得撰，宇文绍奕考异，侯忠义点校：《石林燕语》卷2，中华书局，1984（唐宋史料笔记丛刊），第25页。
8 《宋史》卷161《职官一》，第3778页。
9 《默记》卷下，第41—42页。

士赵㮣进言冷清留外非宜，仁宗"诏公（赵㮣）与包拯杂治，得其实，乃诛清"[1]。知谏院包拯等人在录问程序通过阅卷、勘问、申奏等司法环节，审查开封府所断狱案。据《论妖人冷清等事》："臣奉敕差与赵概等录问冷清公事，臣寻往军巡院将公案看详。"第二次奏章又有"臣近以开封府勘到冷清、高继安等，乞早行显戮，免惑中外"[2] 等语。谏官在审理冷清案中的关键作用由此可明。此外，尚有同知谏院范百禄参鞫赵世居案、知谏院张璪参鞫苏轼案、谏官黄复参鞫范子渊案、谏官黄履参鞫相州狱等，恕不赘言。

第三节　宋代杂治之程序

作为特殊的司法审判规则，宋代杂治的适用领域与程序构成较为复杂，除杂治本身以外，可能涉及案件的告劾、调查、讯问、集议等环节。而臣僚杂治则是勾连、贯通上述程序要素之核心所在。

一　告劾

因职责与目的不同，弹劾、控告、举告等均可开启杂治程序。与置狱场所和参鞫人员相适应，御史纠弹在各类告劾方式之中最为重要。如熙宁五年（1072）十二月己丑，御史盛陶言"兵部员外郎、判流内铨李复圭昨守庆州，骄众轻敌，以败国事"[3]，乃令周良孺、楚建中根究。元丰二年（1079）七月三日，御史中丞李定、监察御史里行何大正、舒亶、国子博士李宜之并言苏

---

[1] （宋）苏轼撰，孔凡礼点校：《苏轼文集》卷18《碑·赵康靖公神道碑》，中华书局，1986（中国古典文学基本丛书），第542页。

[2] （宋）包拯撰，杨国宜校注：《包拯集校注》卷3《论妖人冷清等事》（一、二），黄山书社，1999（安徽古籍丛书），第147、148页。

[3] 《续资治通鉴长编》卷241"神宗熙宁五年十二月己丑"，第5880页。

轼作为诗文谤讪朝政，"奉圣旨送御史台根勘奏闻"[1]，从而引发著名的"乌台诗案"。元丰四年（1081），参知政事章惇命袁默、周之道传意市恩于御史朱服，"为服所白"[2]，遂命御史丰稷与大理寺官杂治。其次，因利益纠葛控告引发杂治程序，在宋代司法中，诉冤、泄愤、希赏等都可能成为引发举告的直接因素。太平兴国中，广南转运使、司门员外郎王延范因好言术数，屡与术士刘昂等妄言天命，谋为乱逆。王延范平日奴视僚属，峻刑多怨。"会怀勇小将张霸给使转运司，延范因事杖之，霸知延范与知广州徐休复不协，诣休复告延范将谋不轨及诸不法事"[3]，后因徐休复奏闻，朝廷遣使杂治。大观元年（1107）张怀素谋反，侍从范寥受汤东野资助，"遂诣阙陈其事，朝廷兴大狱，坐死者数十人"[4]。范寥得授左藏库副使，汤东野自布衣授宣义郎、司农寺主簿。再次，案外第三人举告是引发杂治的又一常见路径。元丰元年（1078），相国寺设粥院僧宗梵告发"（主僧）行亲辄持百千出，疑有奸"[5]。府尹苏颂认为宗梵所告，与己无干。或言苏颂因姻亲包庇行亲，神宗遂诏于同文馆置狱杂鞫。此外，熙宁八年（1075）五月，沂州民朱唐告前余姚主簿李逢谋反等案，均属于案外第三人告诉情形，囿于资料所限，尚无法查明朱唐举告的具体缘由。

二　勘验

勘验是杂治程序的前置环节之一，为顺利推进杂治程序，朝廷往往事先委派臣僚检视。乾兴元年（1022）六月庚申，山陵都监内侍省押班雷允恭

1　（宋）朋九万：《东坡乌台诗案》，商务印书馆，1939（丛书集成初编），第4页。
2　《宋史》卷471《奸臣一·章惇传》，第13710页。
3　《宋史》卷280《王延範传》，第9511页。
4　（宋）王明清：《挥麈录·挥麈后录》卷8，中华书局，1961（宋代史料笔记丛刊），第178页。
5　《续资治通鉴长编》卷293"神宗元丰元年十月壬子"，第7151页。

"坐擅移皇堂并盗库金银锦帛珠玉，杖死于巩县"[1]。此案因涉真宗永定陵营造事宜，关系重大，故在杂鞫之前，多次适用勘验程序。据《续资治通鉴长编》记载：雷允恭与判司天监邢中谋议，于山陵上行百步法，开筑之际，土石相半，后致石尽水出，工役甚艰。至五月辛卯，修奉山陵部署夏守恩停工奏待命。"癸巳，入内供奉官毛昌达还自陵下，具奏其事。太后即使问谓，谓始请复遣按行使蓝继宗、副使王承勋往参定。"[2] 嗣后，太后又先后遣内侍押班杨怀玉、内供奉官罗崇勋、右侍禁阁门祇候李惟新、内殿承制马仁俊就巩县同鞫雷允恭罪状。六月癸卯，"又遣龙图阁直学士权知开封府吕夷简、龙图阁直学士兼侍讲鲁宗道、入内押班岑保正、入内供奉官任守忠覆视皇堂"[3]。同时，委派"司天监主簿侯道宁、周讷随往，又令夷简召京城习阴阳地理者三五人偕行"[4]。此案审判虽以吕夷简、鲁宗道、岑保正、任守忠等杂鞫为中心，朝廷前后派遣诸司朝臣十余人进行的实地勘验，为查明案情发挥了重要作用。实地勘验在范子渊案中也有清晰展示，熙宁年间，浚川司范子渊"言遣官并用浚川杷疏浚夺水势，悉归二股故道，退出民田数万顷，诏大名府保明"。文彦博言退田止因霜降水落，与杷无干。神宗命知制诰熊本与都水主簿陈祐甫、河北漕臣陈知俭按视，果如彦博所言。熙宁十年（1077）五月庚午，神宗诏"（知杂御史蔡）确与谏官黄履杂治，置狱，逮系二百余人。数月狱成，子渊及本等皆重坐，彦博勿问"[5]。

---

1 《宋史全文》卷 6《宋真宗二》"乾兴元年六月庚申"，第 294 页。按：关于雷允恭涉案赃物及关联人等处罚，《续资治通鉴长编》记作 "允恭坐擅移皇堂，并盗库金三千一百一十两、银四千六百三十两、锦帛一千八百匹、珠四万三千六百颗、玉五十六两及当进皇堂犀带一、药金七十两，又坐尝令取玉带赐辅臣而窃取其三，于是杖死于巩县，籍其家，弟侍禁、寄班祇候允中决配郴州编管。邢中和贷命，决配沙门岛。坐决配者又十七人"。（《续资治通鉴长编》卷 98 "真宗乾兴元年六月癸卯"，第 2284 页）

2 《皇宋通鉴长编纪事本末》卷 24《真宗皇帝》"雷允恭擅易皇堂"，第 692—693 页。

3 《续资治通鉴长编》卷 98 "真宗乾兴元年六月癸卯"，第 2284 页。

4 《宋会要辑稿》礼 29 之 23，第 3 册，第 1331 页。

5 《名臣碑传琬琰之集校证·下集》卷 13《文忠烈公彦博传》，第 1994 页。

三　讯问

"夫人臣举要，有司致详，阅实之初，五听参具。"[1]《宋刑统》《狱官令》等对拷掠的条件、期限、次数均有明确规定。[2] 然而，宋代司法实践中系囚惨苛、拷掠失当的情形却屡见不鲜。景德四年（1007）十月乙卯，"毁诸道官司非法讯囚之具"[3]。元丰年间，大理寺狱"榜掠诘讯，一委吏胥，非理陵虐，无所告诉"[4] 的痼疾仍为臣僚所指摘。绍兴十三年（1143）四月甲戌，"毁狱吏讯囚非法之具"[5]。杂治作为特殊审讯程序，时常可见拷掠酷虐之迹。元丰元年（1078）夏四月乙巳，知谏院蔡确承旨同御史台按潘开狱，"收大理寺评断官窦苹、周孝恭等，枷缚暴于日中，凡五十七日，求其受贿事，皆无状"[6]。宋代审理诏狱案件，"依制勘条例，并须逐一勾追，证对圆结"[7]。因此，诏狱案件追摄拘系者甚众。元丰元年（1078），御史中丞蔡确深探太学狱，连引朝士，"自翰林学士许将以下皆逮捕械系，令狱卒与同寝处，饮食旋溷共为一室，设大盆于前，凡羹饭饼饵举投其中，以杓混搅，分饲之如犬豕。久系不问，幸而得问，无一事不承"[8]。大观元年（1107），章

---

[1] （宋）佚名撰，孔学辑校：《皇宋中兴两朝圣政辑校》卷46《孝宗皇帝六》"乾道三年正月甲辰"，中华书局，2019（中国史学基本典籍丛刊），第1021页。

[2] 《狱官令》宋令32条规定："每考相去二十日，若讯未毕，更移他司，仍须考鞫者（注曰：囚移它司者，连写本俱移。）则连计前讯，以充三度。即罪非重害，及疑似处少，不必皆满三度。"（高明士主编：《天圣令译注》，元照出版有限公司，2017，第508—509页）

[3] 《宋史》卷7《真宗纪二》，第135页。

[4] 《续资治通鉴长编》卷335"神宗元丰六年五月壬寅"，第8073页。

[5] 《宋史》卷30《高宗纪七》，第558页。

[6] （宋）司马光撰，邓广铭、张希清点校：《涑水记闻》卷16"相州狱"，中华书局，2017（唐宋史料笔记丛刊），第353页。

[7] （宋）陈襄：《古灵先生文集》卷8《奏状·乞疏放秀越二狱干系人状》，四川大学古籍研究所编：《宋集珍本丛刊》影印南宋刻本，第41册，线装书局，2004，第776页上。按：戴建国认为："所谓'制勘条例'，无疑便是关于诏狱的审判规则。其具体内容无法一一考知。戴建国：《宋代法制初探》，黑龙江人民出版社，2000，第249页。

[8] 《宋史》卷471《奸臣一·蔡确传》，第13699页。

缞盗铸事发,诏于开封府置狱,遣开封府李孝寿、监察御史张茂直同勘,"逮系千数,方寒,拷掠手足指脱略者,不可胜计,死则投之墙外。其面目姓名偶同者,入狱则死生未可知,株连稽延"[1]。岳飞下狱对吏,"立身不正而撒其手",旁有执杖狱卒"击杖子作声叱曰:'叉手正立。'飞竦然声喏而叉手矣。既而曰:'吾尝统十万军,今日乃知狱吏之贵也。'"[2] 以上虽皆为特例,亦足以说明办理诏狱案件时,杂治诸司"锻炼周内、文致其罪"[3] 等评价绝非虚言。

四　审谳

鞫治是杂治诸多流程之中心环节。宋代逐步建立了中央法司到地方州县的鞫谳分司制度,所谓"鞫之与谳,各司其局,初不相关,是非可否,有以相济,无偏听独任之失"[4]。但是,作为经常参与杂治的大理寺,直至元丰元年(1078)十二月十八日戊午,"中书请复置大理狱",[5] 鞫讯与检法分立,方才具备"鞫谳分司"意涵。直至南渡以后,狱案未成而推鞫之吏先与法吏议事的情况仍客观存在。因此,周林奏请:"严立法禁,推司公事未曾结案之前,不得辄与法司商议。"[6] 因此,在鞫谳分司背景下讨论杂治问题,必须注意到该制度的前后变化与实际运行。

1　《皇朝编年纲目备要》卷27"徽宗皇帝大观元年",第692页。
2　(宋)徐梦莘撰:《三朝北盟会编》卷206《炎兴下帙一百六》,上海古籍出版社,1987,第1488页上。
3　(宋)王楙撰,郑明、王义耀校点:《野客丛书》卷12"汉狱吏不恤",上海古籍出版社,1991(宋元笔记丛书),第171页。
4　《宋会要辑稿》职官15之20,第6册,第3418页。
5　(宋)王应麟撰:《玉海》卷67《诏令·刑制》"元丰大理寺",中文出版社株式会社,1987(合璧本),第1332页。
6　(明)黄淮、杨士奇编:《历代名臣奏议》卷217《慎刑·推司不得与法司议事札子》,上海古籍出版社,1989,第2850页上。

第十章 杂 治 335

宋代诏狱包括臣僚杂治审断，大理寺检法量刑，刑部、审刑院详断[1]等司法环节。由于罪状与刑罚最终须奏请君主裁夺，杂治定罪及法司量刑均可能存在变数。雍熙三年（986）六月丙辰，太宗诏翰林学士贾黄中、右谏议大夫雷德骧、司门员外郎知杂事李巨源于尚书省鞫问曹彬等人违诏逗留，退军失律之罪。对于曹彬等人罪状，北宋李宗谔《曹武惠王彬行状》有如下记载：

彬、守文、潜具伏，违诏失律，士多死亡；信、彦进违部署节制，别道回军，为虏所败；彦圭不容军士晡食，设阵不整，致亡失军士。玉遇敌畏懦不击，易服潜遁；廷山涿州会战失期；继昭临阵先谋引退，军情挠惑。[2]

至于曹彬等人量刑，则由刑部、大理寺议定。"彬等奉辞出征，大失辎重，准律：主将守备不设，为贼掩覆，临阵先退，皆坐死。"据《宋刑统》："诸主将守城，为贼所攻，不固守而弃去，及守备不设，为贼所掩覆者，斩。"[3] 因此案干系重大，又由工部尚书扈蒙等集议。在量刑层面，太宗特诏减死，贬曹彬为右骁卫上将军，崔彦进右武卫上将军，米信右屯卫上将军，郭守文右屯卫大将军，傅潜右领军卫大将军，杜彦圭均州团练副使，陈廷山复州团练副使，蔡玉除名配商州，薛继昭降为供奉官。

端拱元年（988），右领军卫大将军陈廷山与亲吏翟赞、马梦正等谋置帛书于蜡丸中，遣部曲田勋赍入契丹通谋，召其大将于越令入寇，约以廷

---

[1] 按：苏颂《审刑院题名石柱记》："太宗皇帝仁明抚运，烛见至理。以谓文吏巧诋，不尽哀矜。执政大臣非所以责于平亭也。于是特诏以淳化二年八月置院禁中，命近臣一员知院事，以朝臣六员为详议官，专治断谳，不兼别务。其廪赐优异，燕见款数，固不与诸司等比。凡州郡重辟之疑可矜，若一命私犯罪笞以上之罚，与夫律令格敕之弊当更者，皆先由大理论定，然后院官参议。议合，然后核奏画旨，送中书案实奉行。其慎重如此，非特狱无枉滥而已。"《苏魏公文集》卷64《记》，第979页。
[2] 《名臣碑传琬琰之集校证·中集》卷43《曹武惠王彬行状》，第1320—1321页。
[3] （宋）窦仪详定，岳纯之校证：《宋刑统校证》卷16《擅兴律》"主将不固守城"，北京大学出版社，2015，第219页。

山内应，为石曦所发。太宗诏左谏议大夫李巨源、判大理寺虞部郎中张佖杂治。李巨源、张佖作为"断司"，认定陈廷山罪行为"谋反已行"，大理正李润之和中书刑房李文方为"议司"，负责依据"断司"认定的罪行检法议罪。然而，"大理正李润之断廷山谋叛未行，发觉当绞。中书刑房吏李文方用事，润之附会之"。即"议司"擅自改变了"断司"认定的罪行，并直接导致量刑的变化。《职官分纪》："不预议法，又不见案牍。文方遣小吏就取印行用，佖初付之，因不甘，上疏言其事。"[1] 这里需要注意的是，张佖在允许小吏用大理寺印之时，并无权观览"议司"案卷，后听闻"议司"擅改罪行，故上疏言事。经太宗召集宰相吕蒙正廷议，经过据理力争，张佖的定罪意见最终获得采纳。

康定元年（1040）二月，都监内臣黄德和怯遁，并诬奏刘平、石元孙降敌，"朝廷以禁卒围其家，命殿中侍御史文彦博、内臣梁致械诣河中府置狱，遣知同州待制庞籍往讯焉，具得其状"[2]。四月十五日，具狱以闻，中书、枢密院共召大理寺约法，"准律：主将以下先退者斩之。又，部曲告主者绞。二十二日，两府进呈，奉圣旨：黄德和于河中府腰斩，枭其首于延州城下；王信杖杀"[3]。据《宋刑统·擅兴律》"临阵先退"条："诸主将以下临阵先退，若寇贼对阵，舍仗投军，及弃贼来降而辄杀者斩。"[4] 对照律文可知，朝廷采取腰斩、枭首，升格处死黄德和。又据《斗讼律》"奴婢告主罪"条："诸部曲、奴婢告主非谋反、逆、叛者，皆绞"[5]，刘平仆人因诬告其主，亦升格杖死。

建炎年间，乾明寺尼李善静诈作柔福帝姬。至绍兴十二年（1142）九月

1　《职官分纪》卷19"大理卿"，第462页上。
2　（宋）曾巩撰，王瑞来校证：《隆平集校证》卷19《武臣·石元孙》，中华书局，2012（中国史学基本典籍丛刊），第563页。
3　《涑水记闻》卷11"三川口之战"，第236页。
4　《宋刑统校证》卷16《擅兴律》"临阵先退"，第220页。
5　《宋刑统校证》卷24《斗讼律》"奴婢告主罪"，第316页。

甲寅，下大理杂治。据《要录》可知，高宗诏"殿中侍御史江邈、大理卿周三畏治之"[1]。而《杂记》则详细记录了大理寺对于李善静量刑的建议：

  大理言："称公主者，乃东都乾明寺尼李静善也。"法寺当诈假官，流二千里；冒诸俸赐计赐四十七万九千余缗，为诈欺官私以取财物，准盗论，罪止流三千里；节次入内起居，为阑入至御在所者，斩。以上并该赦外，冯益被旨识认之时，静善与益对坐，谓上为兄，系对捍制使而无人臣之礼，大不恭，十恶，罪至死，不赦。"[2]

  按照大理寺意见，李善静至少涉及四条罪状：其一，诈假官。李善静诈称皇亲，妄冒福国长公主，据《宋刑统·诈伪律》："诸诈假官、假与人官及受假者，流二千里"[3]，与大理寺所奏相合。其二，赃额。李善静涉案赃额，《鹤林玉露》言"前后请给锡赉计四十七万九千缗"[4]，与大理寺所奏相合。《诈伪律》："诸诈欺官私以取财物者准盗论。"罪止流三千里的规定，则见于《名例律》。其三，阑入。李善静自称柔福帝姬，蕲州兵马钤辖韩世清送至行在。《卫禁律》规定："诸阑入宫门，徒二年……入上阁内者。绞……若持仗及至御在所者，斩。"[5] 其四，对捍制使。柔福帝姬乃道君皇帝女，与莘王植同产，论其行辈为高宗妹。李善静假冒柔福，面对中使冯益盘诘，虚构身份，"是废臣节，故为不敬也"[6]。《职制律》"指斥乘舆"条疏议说："谓奉制、敕使人有所宣告，对使拒捍，不依人臣之礼。既不承

1　《建炎以来系年要录》卷146"绍兴十二年九月甲寅"，第2489页。
2　《建炎以来朝野杂记》甲集卷1《上德》"伪亲王公主"，第54—55页。
3　《宋刑统校证》卷25《诈伪律》"诈假官"，第334页。
4　（宋）罗大经，撰王瑞来点校：《鹤林玉露》乙编卷5"柔福帝姬"，中华书局，1983（唐宋史料笔记丛刊），第206页。
5　《宋刑统校证》卷7《卫禁律》"阑入庙社宫殿门"，第103页。
6　《吏学指南》"较名"，第56页。

制命，又出拒捍之言者，合绞。"[1] 九月辛丑，李善静数罪并罚，决重杖处死，内侍冯益、内人吴心儿以验视不审，编管外州。[2] 李善静罪状，以阑入御在所最重，依律当斩，其他罪责均为此罪所吸纳，但高宗敕裁重杖决杀，其法律依据为《宋刑统》准用唐建中三年（782）八月二十七日敕节文。[3] 值得注意的是，建中三年（782）敕原本仅适用于谋反、谋大逆、谋叛、恶逆四罪，本案所涉"大不恭"不在此限。因此，本案杖杀的适用，属于南宋死刑处决方式之扩张解释。

五　移送

宋代诏狱案件的移送次序，在开封府、大理寺、御史台三者之间呈现渐进形态。相州劫杀案、陈世儒案在适用杂治程序时，均存在更换主审机关的情况。神宗时，相州有三人为劫，杀营救邻人，州司断处三人死刑，且已断结数年。时有刑房堂后官周清，为王安石引置中书，当时规定若刑房能驳审刑、大理、刑部断后违法得当者，一事迁一官，"故刑房吏日取旧案吹毛，以求其失"[4]。《涑水记闻》对案情有如下记载：

> 韩魏公判相州，有三人为劫，为邻里所逐而散。既而为魁者谓其徒曰："自今劫人，有救者先杀之。"众诺。他日，又劫一家，执其老妪，

---

[1] 《宋刑统校证》卷10《职制律》"指斥乘舆"，第145页。
[2] 参阅（宋）熊克著，顾吉辰、郭群一点校《中兴小纪》卷30"绍兴十二年九月辛丑"，福建人民出版社，1984（八闽文献丛刊），第364页。
[3] 《宋刑统校证》卷1《名例律》"五刑"，第5—6页。
[4] 《续资治通鉴长编》卷287"神宗元丰元年正月"，第7026页。按：梅原郁指出："王安石掌握政权之后，为了让自己的改革顺利进行，设立了各种各样的直属机构，选拔新人和底层的人强行实行新法。其中和司法相关的制度有，中书刑房公事中胥吏出身的人被录用。同时还实行了这样的制度：将大理寺以前断案的疏漏指摘出来，指摘出来之后便可被提拔。为了能被王安石招入麾下，这些人互相竞争，在地方重翻旧案，把旧案的信息送给中央。"〔日〕梅原郁：《宋代司法制度研究》，創文社，2006，第455页。

搒捶求货，邻人不忍共号呼，来语贼曰："此姥更无他货，可惜搒死。"其徒即刺杀之。州司皆处三人死。[1]

对于这样一宗陈年旧案，刑房堂后官周清援引新法驳以失入，事下大理寺，维持相州原判。周清执前议再驳，复下刑部审核。刑部以清驳为是，大理不服，争论未决。恰在此间，殿中丞签书相州判官陈安民惧得罪，指使相州法司潘开到京城请托于宰臣吴充女婿文及甫。皇城司奏潘开赍三千余缗赂贿大理。以陈安民、潘开请托事发为分水岭，相州狱转化为诏狱性质，且先后于开封府和御史台审理。据《长编》记载：本案"事下开封按鞠，无行赂状，惟得安民与开书。谏官蔡确知安民与充有亲，乃密言事连大臣，非开封可了，遂移其狱御史台。盖从确请也"[2]。诏中丞邓润甫、御史上官均按之，与府狱同。后王珪奏遣蔡确"诣台参治"[3]。蔡确酷虐惨苛，煅炼为狱，为邓润甫、上官均所奏。神宗以台狱失直，遣知谏院黄履、监察御史里行黄廉、[4] 勾当御药院李舜举"据见禁人款状引问，证验有无不同，结罪保明以闻"[5]。

元丰初年，国子博士陈世儒欲以丁忧去外官，遂与妻李氏、婢高、张等谋杀母张氏。本案经三次变更主审机关，最终查明实情。"诸婢以药毒之，不

---

[1] 《涑水记闻》卷16"相州狱"，第352页。
[2] 《续资治通鉴长编》卷287"神宗元丰元年正月"，第7027页。
[3] 《宋史》卷471《奸臣一·蔡确传》，第13698页。
[4] 据《宋史·黄廉传》："相州狱起，邓温伯、上官均论其冤，得谴去，诏廉诘之，竟不能正。未几狱成，始悔之。加集贤校理，提点河东刑狱。"（《宋史》卷347《黄廉传》，第11003页）又据黄庭坚《叔父给事行状》："差同结绝相州狱事。初，相州事发于皇城，卒事十九不实。知杂御史蔡确锻炼成狱，以此自媒。中丞邓温伯、御史上官均上疏论之，温伯又在经筵造膝而论。确耳目长，具得温伯、均所言，又善伺察中人主意，即论温伯、均朋党为邪，与罪人为地。又任残贼吏日引诸囚，如使者虑问状，称冤者辄苦辱之，有人情所不能堪。及上遣黄履、李舜举按而，而囚以为如前，皆引服。于是天子不疑确，而温伯、均皆得罪。均犹独上疏争之。公至未几，而具狱上矣。公尝谓子弟：'吾失不极论此狱，甚愧于上官御史也。'"（宋）黄庭坚撰，刘琳、李勇先、王蓉贵校点：《黄庭坚全集·别集》卷9《行状·叔父给事行状》，四川大学出版社，2001，第1650—1651页。
[5] 《续资治通鉴长编》卷289"神宗元丰元年四月乙巳"，第7060页。

死，夜持钉陷其脑骨，以丧归。为婢所告，送大理寺推治，而李辞屡变，凡三易狱始得实。世儒并妻等十人并处死"[1]。元丰元年（1078）六月，此案送开封府，开封府法吏谓李氏不明言使杀姑，法不至死，或潜知开封府苏颂欲宽世儒夫妇。狱久不决，御史奏言开封府所鞫不尽，元丰二年（1079）正月己卯，诏迁其狱于大理寺。陈世儒妻李氏乃龙图阁学士李师中女，母为吕夷简孙。母吕氏尝干其叔父同知枢密院吕公著，请求于知开封府苏颂。然吕公著未尝请托于苏颂，大理丞贾种民却欲蔓其狱，又先后遣御史黄颜、御史何正臣监治。大理寺主审此案期间，曾两次适用杂治程序。四月乙丑，"诏知大理少卿塞周辅、丞叶武、贾种民同黄颜鞫陈世儒事。从颜请也"[2]。五月庚辰，"诏司勋郎中李立之、太常博士路昌衡重鞫陈世儒狱。以世儒妻李录问称冤也"[3]。贾种民于上殿札子"增易语言事节，傅致其罪。公著自辨，移御史台推治"[4]。又据《赠苏司空墓志铭》："大理奏世儒妻、母因缘大臣，有请于公，又移御史台。"[5] 此即贾种民诬奏吕公著请求苏颂事也。此案于八月壬子移至御史台，苏颂自濠州诣台对狱，最终查明贾种民增减辞状之罪，苏颂、吕公著等冤屈由此辨明。

作为宋代诏狱案件基本的主审机关，开封府、大理寺、御史台均可能在审判中启用杂治程序。如开封府审理不当或案情未尽，事须移送者，君主可以在大理寺或御史台之间进行选择。值得注意的是，开封府与大理寺在移送诏狱案件时，存在调整次序的可能。蔡硕、窦长裕、刘仲昕等盗用官钱案的审理程序，即出现大理寺在先，开封府居后的情况。元祐元年（1086）十一月庚申，右司谏王觌言："臣伏见前军器少监蔡硕与窦长裕、刘仲昕等使用官

---

[1] 《东都事略》卷66《陈执中传》，第542页。
[2] 《续资治通鉴长编》卷297"神宗元丰二年四月乙丑"，第7236页。
[3] 《续资治通鉴长编》卷298"神宗元丰二年五月庚辰"，第7245页。
[4] 《续资治通鉴长编》卷302"神宗元丰三年二月己未"，第7359页。
[5] （宋）曾肇：《曲阜集》卷3《墓志铭·赠苏司空墓志铭》，《景印文渊阁四库全书》（第1101册），台湾商务印书馆股份有限公司，1986，第383页上。

钱公事，先系工部根究，累月不决，遂送大理狱，亦复累月未见结绝。今窃闻因蔡硕陈诉，又移送开封府。"[1] 可见，大理寺审理的诏狱案件，可能因为某种原因，移送开封府主审。因此，相对于御史台而言，在杂治领域，开封府与大理寺的地位更为接近。

六　集议

杂治程序之后，对于特别重大、疑难案件，可能启动集议程序，对前期议罪、论刑进行综合评判，为案件最终裁决提供参考。据《宋会要辑稿》："国初，典礼之事当集议者，皆先下诏都省，省吏以告当议之官，悉集都堂"，[2] 这一议事模式对宋代杂治集议产生直接影响。太平兴国七年（982），太宗拣择翰林学士承旨李昉等杂治卢多逊案。狱具，"诏文武常参官集议朝堂"[3]，太子太师王溥等七十四人参议。对此，《宋史》《续资治通鉴长编》《宋大诏令集》《宋宰辅编年录》等均有记载，其中，关于廷议、敕裁等细节，又以《宋会要辑稿》所言最详：

> 引进使梁迥奉传诏旨，以卢多逊与秦王廷美结构奸谋，情状显露，比（今）〔令〕鞫劾，多逊具伏者。臣等今详，卢多逊自言累遣堂吏赵白以中书机事密告秦王廷美，去年九月中又令赵白言于廷美云："愿宫车早万岁，尽心事大王。"廷美又遣涓人樊德明报多逊曰："丞相言正会我意，亦愿宫车早晏驾。"又多逊尝受秦王廷美私遗弓矢等事。臣等谨按："兵部尚书卢多逊身处宰司，心怀顾望，潜遣亲吏，交结藩王，通达语

1　《续资治通鉴长编》卷391"哲宗元祐元年十一月庚申"，第9511页。
2　《宋会要辑稿》仪制8之1，第4册，第2449页。
3　《续资治通鉴长编》卷23"太宗太平兴国七年四月丙子"，第517页。

言，呪诅君父，大逆不道，干纪乱常，上负国恩，下亏臣节，宜行诛灭，以正刑章。其卢多逊伏请削在身官爵，准法诛斩。按《贼盗律》：谋反大逆，父子年十六已上皆绞，十五已下及母女、妻妾，子妻妾、祖孙、兄弟、姊妹、部曲、资财、田宅并没入官。男年八十及笃疾、妇人年六十及废疾者并免。伯叔父、兄弟之子皆流三千里，不限籍之同异。其秦王廷美伏请并同卢多逊处分。中书吏赵白、廷美涓人樊德明并请处斩。臣等谨具议定以闻。"[1]

王溥等首先对杂治程序认定的卢多逊、赵廷美等人罪状进行复核，李昉等查明卢多逊顾望呪诅、交通亲王等，构成谋反重罪。廷议所引量刑律文，[2]则当据大理寺、刑部所奏。前述曹彬案和陈廷山案也启用了集议程序，雍熙二年（985），贾黄中、雷德骧、李巨源鞠治认为，曹彬等构成"主将不固守城"，太宗召百官集议。据《宋会要辑稿》记载："法官言：据律，主将守备不设，为贼掩覆，临阵先退，皆斩。诏下其议，工部尚书扈蒙等请如法寺所定。"[3] 最终，曹彬等从轻发落，贬降有差。可见，集议则在程序层面，构成对鞠治的实质监督。[4] 经过杂治议罪、法司议刑以及百僚集议后，量刑结论取决于皇帝的最终裁定。

---

1 《宋会要辑稿》仪制8之1-2，第4册，第2448—2449页。
2 《宋刑统校证》卷17《贼盗律》"谋反逆叛"，第229页。
3 《宋会要辑稿》兵8之6，第14册，第8758页。
4 按：古代司法集议，具有较强历史延续性，汉代司法集议对公正司法的制约作用非常明显，中央司法中的集议，能集思广益、保证判决的准确性，并体现出慎刑的司法理念。（参阅秦涛《律令时代的"议事以制"：汉代集议研究》，中国法制出版社，2018，第291—292页）司法集议的上述作用在隋唐时期得以延续，"集议最显著的作用在于促进司法的公正、公平，减少冤假错案的发生……集议的另一个作用就是恤刑。隋唐时期，在司法集议的过程中，实际上有一个不言自明的总原则，即议刑从轻。"张春海：《论隋唐时期的司法集议》，《南开学报》（哲学社会科学版）2011年第1期，第78页。

第四节　杂治罚则之适用

杂治案件经过议罪、量刑、集议、奏裁等程序之后，势必需要关注涉案人员的最终处置状况。由于杂治案件多数干系重大，故而除案犯本人以外，时常涉及家眷、亲党、属吏等关系人等的处置；部分杂治是针对已决案件的复审，如原判错误，势必涉及追究原审法官责任。通过考察杂治案件的罚则适用，可以准确认识宋代刑罚实施状况。因此，杂治案件罚则适用领域中，处置范围、法官责任和罚则适用三者密不可分。为便于表述，以下采撷相关典型案例，对宋代杂治案件罚则之实际适用情况进行分类考察。

一　处置范围

杂治案件的最终处置范围和处置方式，首先与涉案主体、罪名轻重、司法程序等法律要素直接关联，除主犯以外，从犯、亲眷、同僚、属吏等均在连坐处分之列。太平兴国七年（982）卢多逊案是观测宋代处置范围亲属从坐和职属从坐的绝佳例证。该案经审判、量刑、集议之后，涉及卢多逊与赵廷美两大集团人员的处置。最终，卢多逊及亲眷准《宋刑统·贼盗》"谋反"条减等论断：卢多逊免除在身官爵及三代封赠，削夺、追毁妻子官封；亲属配隶崖州，充长流百姓，终身禁锢。此外，卢多逊"期周以上亲属，并配隶边州远郡禁锢"[1]，实质上已经超越了法律规定的从坐范围。

与卢多逊案类似，参与此案的秦王廷美集团也受到严厉惩处。主犯廷美与卢多逊交通，顾望咒诅，诏勒归私第。后应赵普等议，"降廷美为涪陵县

---

[1]《宋大诏令集》卷203《政事五十六·贬责一·卢多逊削夺官爵配隶崖州制》，第755页。

公，房州安置"[1]。与卢多逊近亲属方式类似，廷美妻、子皆遭贬黜，妻楚国夫人张氏削国封，子女等并去封号，"发遣西京，就廷美居止"[2]。廷美属吏依据罪行不同，分等论罪：中书守堂官赵白、秦王府孔目官阎密、小吏王继勋、樊德明、赵怀禄、阎怀忠等因参与逆谋，"并斩都门外，仍籍其家，亲属流配海岛"[3]。廷美属官阎矩、孙屿因辅导无状，分别贬为涪州、融州司户参军。

熙宁八年（1075），因受李逢、赵世居狱牵连，赵世居和李逢亲属均遭到处分。按照王安石"世居当行法，其妻及男女宜宽贷，除属籍可也"的建议，赵世居赐死，实于普安院缢杀，由中使冯宗道视瘗埋，"世居子孙贷死、除名、落属籍，隶开封府官舍监锁，给衣食；妻女、子妇、孙女，并度为禁寺尼；兄弟并追两官勒停，伯叔兄弟之子，追一官，停参……世居并子令少、令誉名去'世'字、'令'字，孙五岁以上听所生母若乳母监锁处鞠养，及五岁以上取旨"[4]。因此，今本《宋史·宗室世系表九》德芳之子惟能一房，已无赵世居及其子孙相关信息。[5] 与此同时，李逢本人凌迟处死后，妻因久为李逢所弃，免没官，度为尼。"男女没为官奴婢；叔司农少卿禹卿，姪分宜县主簿袭，汝州推官毅，前永济县主簿颜，并免真流；兄祕书丞逵免没官，并除名勒停，逵送湖南编管；侄龚免决配，江东编管。"[6]

元丰元年（1078）"太学狱"因案情发展，多名官员受贿、请托、渎职行为浮出水面，经御史台杂治后，导致开封府和国子监官场震荡，最终导致宰臣元绛罢职。刘挚评价此案说"上自朝廷侍从，下及州县举子，远至闽、

---

1 《续资治通鉴长编》卷 23 "太宗太平兴国七年五月癸丑"，第 520 页。
2 《宋史》卷 244《宗室一·魏王廷美传》，第 8668 页。
3 《宋史》卷 264《卢多逊传》，第 9120 页。
4 《续资治通鉴长编》卷 263 "神宗熙宁八年闰四月壬子"，第 6446 页。按："赵世居死后，其子（令）訾一直锁禁收押。元丰八年五月二十四日，'刑部言：赵訾坐父世居尝谋不轨，除名、停参、锁闭，今已十年，乞比类流配人。'诏免锁闭，就僧屋居之。"《宋会要辑稿》刑法 6 之 19，第 14 册，第 8541 页。
5 《宋史》卷 223《宗室世系表九》，第 6463—6465 页。
6 《续资治通鉴长编》卷 264 "神宗熙宁八年五月丁丑"，第 6470 页。

吴，皆被追逮。根株证佐，无虑数百千人，无罪之人，例遭棰楚，号呼之声，外皆股栗"[1]。"太学狱"起因于太学生虞蕃讼学官去取不公事，宰执元绛子耆宁"常嘱其从孙伯虎于直讲孙谔、叶唐懿，得升补为太学内舍生，又嘱谔请求于判监黄履，以伯虎为小学教谕"[2]。此案先后在开封府、御史台审判。涉案官员多责以罚铜、冲替、降职、除名等行政处分。开封府因初审此案存在瑕疵，权知开封府许将"会治太学虞蕃讼，释诸生无罪者"，落翰林学士知蕲州。前司户参军李君卿降一官，前士曹参军蔡洵并冲替，开封府判官许懋、李宁、熊皋罚铜有差。元丰二年（1079）十月十三日，判监沈季长、国子监直讲王沔之坐受太学生赂，升补不公，季长落职勒停，沔之除名永不收叙。判国子监黄履因不察属官取不合格卷子，"免追官勒停，听赎铜"。枢密院直学士陈襄受太学生陈度赂，罚铜十斤。秘书丞范峒坐为封弥官漏字号，学官王沔之坐纳赂属请并冲替。国子监直讲孙谔、叶唐懿各追两官，免勒停特冲替，"沔之、中、峒、沔之虽会赦降，犹特责焉"[3]。参知政事元绛坐辩诉不实知亳州，子耆宁罚铜十斤。

岳飞案的处置范围，也直接证明杂治案件处置案犯、亲属、职属以及关联人等的具体方式。《宋史·高宗纪六》记绍兴十一年（1141）十二月癸巳，岳飞赐死于大理寺，家属徙于广南，官属于鹏等论罪有差。《岳飞传》则说"幕属于鹏等从坐者六人"[4]。同时，受政治因素影响，尚有多名官员被冠以私相交结罪名，遭遇贬黜。十二月三日，臣僚言左通奉大夫、充徽猷阁待制、提举江州太平观刘洪道与岳飞交结，"责授濠州团练副使，柳州安置"。绍兴十二年（1142）正月十日，知徽州朱芾、前知宣州李若虚放罢。五月十三

1　《忠肃集》卷4《奏议·论太学狱奏》，第90页。
2　（宋）徐自明著，王瑞来校补：《宋宰辅编年录校补》卷8《神宗皇帝下》，中华书局，1986，第478页。
3　《宋会要辑稿》职官66之10，第8册，第4828页。
4　《宋史》卷365《岳飞传》，第11393页。

日，朱芾"责授左朝奉郎军器少监，分司西京，邵武军居住"，李若虚"勒停，送徽州羁管。以臣僚言，芾等顷为岳飞谋议，不能赞其主帅，故有是命"[1]。

二　法官责任

对于已决案件的复审，如果杂治程序最终改变原审结论，则须追究原审法官责任。景德二年（1005）十月庚寅，经开封府审理，大理寺详断官仇象先等六人，"坐议狱不当，为外郡覆奏抵罪"[2]，并削官一任。象先等诣登闻诉理，经工部尚书王化基等五人覆视，"皆言象先等事虽有失，而法不至追官"。景德三年（1006）正月戊辰，"诏（仇象先等）各复旧秩，而罪开封府官属焉"[3]。遗憾的是，囿于资料限制，目前无法详知开封府原审法官的具体罚则，通过比照卢氏案、陈世儒案等对于原审法官处罚事例，大致可以廓清杂治法官责任规则。大中祥符八年（1015），开封府审理咸平县卢氏狱，户曹参军吕楷就县推问。卢氏亲属向吕楷和从吉长子慎钧行贿，并请托于学士钱惟演。知开封府慎从吉密请将此案交付御史台，诏御史王奇、直史馆梁固鞫问。狱成，知开封府慎从吉"坐削给事勒停，惟演罢翰林学士，楷、钧免官配隶衡、鄂州"[4]。行贿人卢文质、卢昭一、卢澄并削官、决配。熙宁八年（1075）三月丙申，中书言：沂州路提点刑狱王庭筠等审理李逢谋反，"'先奏逢无大逆谋，告人妄希赏，显不当。'诏并劾庭筠，先冲替……庭筠自缢而死"[5]。元丰二年（1079）春正月丁亥，审理僧宗梵案的右谏议大夫苏颂、开

---

[1] 《宋会要辑稿》职官70之25，第8册，第4929页。
[2] 《续资治通鉴长编》卷61"真宗景德二年十月庚寅"，第1371页。
[3] 《续资治通鉴长编》卷62"真宗景德三年正月戊辰"，第1384页。
[4] 《宋史》卷277《慎知礼子从吉传》，第9446页。
[5] 《续资治通鉴长编》卷261"神宗熙宁八年三月丙申"，第6356页。

封府判官徐大方、推官许彦先，及涉案的孙纯夺官、勒停，参鞫者大理少卿韩晋卿、吕孝廉"坐理断不当，各罚铜二十斤"[1]。杂治流程中，法官若违背权贵意志，则存在遭受责罚的巨大风险。大观元年（1107）九月，蔡京讽言者诬苏州章绂与州人郁宝盗铸，于开封府置狱，遣开封府李孝寿、监察御史张茂直同勘。"狱不成，又遣御史沈畸、萧服、姚其来重鞫之。"[2] 然而，至苏州以后，御史沈畸并未按照蔡京授意行事，"即日决释无佐证者七百人，叹曰：'为天子耳目司，而可傅会权要，杀人以苟富贵乎？'遂阅实平反以闻。京大怒，削畸三秩，贬监信州酒税，未几，卒。既而狱事竟，复羁管明州。使者持敕至家，将发棺验实，畸子濬泣诉，乃止。"[3] 御史萧服因偕沈畸出使鞫章绂狱，"坐羁管处州"[4]。绍兴年间，负责杂治岳飞诏狱的何铸、周三畏因忤秦桧，最终未能避免责罚。《宋史》云何铸在审理岳飞时，曾"辨岳飞之冤，亦人所难"[5]。绍兴十二年（1142）八月六日，臣僚论签书枢密院事何铸"首董岳飞之狱，阅日滋久，初无一言叙陈，既而以枢臣使虏，自谓议狱不合，遂致远行"[6]，依前端明殿学士、左朝奉大夫、提举江州太平观，后分司徽州居住。周三畏在办理岳飞案以后，曾以大理卿权尚书刑部侍郎、权刑部尚书、敷文阁待制知平江府，仕途相对畅达。终因臣僚言"三畏顷在大理卿，鞫勘岳飞公事，犹豫半年不决"[7]，于绍兴二十年（1150）三月二十三日落职勒停，送汀州编管。总之，经过杂治程序改判，或撤换法官重鞫，原审法官可能面临勒停、降职、免官、羁管、配隶等多种问责方式。

---

1 《续资治通鉴长编》卷 296 "神宗元丰二年正月丁亥"，第 7198 页。
2 （宋）范成大纂修，汪泰亨等增订：《吴郡志》卷 50《杂志》，中华书局编辑部编：《宋元方志丛刊》，中华书局，1990，第 1027 页下。
3 《宋史》卷 348《沈畸传》，第 11023 页。
4 《宋史》卷 348《沈畸附萧服传》，第 11024 页。
5 《宋史》卷 380《何铸传》，第 11709 页。
6 《宋会要辑稿》职官 78 之 42，第 9 册，第 5214 页。
7 《宋会要辑稿》职官 70 之 35，第 8 册，第 4934—4935 页。

三 罚则类型

宋代刑罚体系在承继唐代笞、杖、徒、流、死五刑体系的基础上，因时因地制宜，多有厘革创新。袭用或创立折杖、安置、配隶、编管、羁管、凌迟等，并可在杂治案件罚则适用中得到证明。此外，受案情差异、身份等级、罪责轻重等要素制约，实践中不仅存在对"五刑"体系的突破，形成行政处分与刑罚制裁并用的罚则格局。由于杂治推鞫者多为官僚贵族，故对于编配者先施加落职、降职、罚铜、冲替、追官、勒停、除名等行政制裁，并时常作为配隶刑的前置措施。与宋代折杖法相适应，配隶成为宋代杂治罚则中适用的重要选项，具体又有刺配、编管、羁管、安置等具体类型。

"安置"是宋代行政处罚措施之一，刑罚等次轻于编管、羁管。元丰二年（1079），诏知谏院张璪等杂治苏轼，十二月庚申，诏"祠部员外郎、直史馆苏轼责授检校水部员外郎、黄州团练副使、本州安置，不得签书公事，令御史台差人转押前去"[1]。宋代流配体系中，以编管和羁管最为常见。"宋法：不文面而流者谓之编管。"[2] 天圣九年（1031）四月己巳，秘书丞、知陈留县王冲"配雷州编管"[3]。景祐四年（1037）闰四月己亥，武宁节度使夏守恩"除名，配连州编管"[4]。熙宁八年（1075）诛李逢，"司天监学生秦彪、百姓李士宁杖脊，并湖南编管"[5]。元丰四年（1081）七月十九日，"入内供奉言韩永式除名，配沙门岛；管干机宜文字魏璋除名，编管贺州；梓州路运副董钺除名"[6]。元丰八年（1085）三月，"安州观察支使、主管机宜文字钟传

---

1 《续资治通鉴长编》卷 301 "神宗元丰二年十二月庚申"，第 7333 页。
2 《史学指南》"杂刑"，第 79 页。
3 《续资治通鉴长编》卷 110 "仁宗天圣九年四月己巳"，第 2558 页。
4 《续资治通鉴长编》卷 120 "仁宗景祐四年闰四月己亥"，第 2830 页。
5 《宋史》卷 200《刑法二》，第 4998 页。
6 《宋会要辑稿》兵 10 之 7，第 14 册，第 8796 页。

除名勒停，郴州编管"[1]。羁管"谓寄留以养也"[2]，是重于编管的编配措施。元符二年（1099）九月，正言邹浩言多狂妄，诏御史石豫与御史左膚鞫问，"特除名勒停，送新州羁管"[3]。刺配是宋代配隶刑至重者，宋代杂治案例中，涉及黥配者不在少数。咸平五年（1002）三月，僧惠秦因受举人任懿贿赂，"以年七十余，当赎铜八斤，特杖一百，黥面，配商州坑冶"[4]。大中祥符九年（1016），知太康县高清纳贿事败，命比部员外郎刘宗吉、御史江仲甫劾问，"清枉法当死，特杖脊黥面，配沙门岛"[5]。天禧四年（1020）七月，周怀政伏诛，"乾祐观主王先、道士张用和、殿直刘益、借职李贵康玉、殿侍唐信徐原，并免死，黥面，配儋、梅、高、崖、雷、琼、万安、循州"[6]。天圣七年（1029）正月，曹汭狱涉案人"王旻杖脊配沙门岛，遇赦不还；王元亨以丧明编管旁州；余悉配广南、荆湖牢城"[7]。皇祐二年（1050）假冒皇子冷清伏诛，党羽全大道决杖"黥配郴州"[8]。大观元年（1107），蔡京兴苏州钱狱，章綖"刺面配沙门岛，追毁出身以来文字，除名勒停，籍入其家"[9]。

隋唐以降，死刑渐趋规范，"绞以致毙，斩则殊形，除恶之体，于斯已极"[10]。《开皇律》《唐律疏议》等唯留绞、斩二等。建中三年（782）八月，应刑部侍郎班宏奏请，确定重杖一顿处死之制，[11]并为《宋刑统》准用。宋

---

1 《宋会要辑稿》职官66之30，第8册，第4842页。翁建道指出："机宜文字官是宋代各路帅臣辟举之军事幕僚，主要设置于沿边各路之军事要地，尤其是宋夏冲突之后的陕西地区。机宜由安抚使等帅臣自行辟举，所辟举之人或为亲属子弟或为故旧部属。机宜所负责之职务是以军事机密事务为主，诸如书写奏章、入呈边事、参与军事谋划、带军作战等。"参阅翁建道《北宋机宜文字官初探》，《史学汇刊》第24期，2009年12月，第1—36页。

2 《吏学指南》"狱讼"，第100页。

3 《续资治通鉴长编》卷515"哲宗元符二年九月甲子"，第12252页。

4 《皇宋通鉴长编纪事本末》卷22"真宗皇帝""王钦若事迹"，第612页。

5 《宋史》卷277《慎知礼子从吉传》，第9447页。

6 《续资治通鉴长编》卷96"真宗天禧四年七月甲戌"，第2209页。

7 《续资治通鉴长编》卷107"仁宗天圣七年正月癸卯"，第2492页。

8 （宋）王明清：《挥麈录·挥麈余话》卷1，中华书局，1961（宋代史料笔记丛刊），第293页。

9 《宋史》卷328《章楶子綖传》，第10591页。

10 （唐）魏徵等撰：《隋书》卷25《刑法志》，中华书局，2019（点校本二十四史修订本），第788页。

11 参阅（唐）杜佑撰，王文锦等点校：《通典》卷165《刑法三·刑制下》，中华书局，1988，第4262页。

代杂治案件刑罚适用中，斩刑等处断方式较为常见，端拱元年（988）六月丙辰朔，右领军卫大将军陈廷山与术士刘昂、前戎城主簿田辨、监市舶秘书丞陆坦"俱斩广州市，籍没延範家"[1]。天禧四年（1020）七月癸酉，入内副都知周怀政"斩于城西普安寺"[2]。另一方面，隋唐以后死刑处断方式虽趋于规范，宋初法定死刑仅绞、斩、杖杀而已。然自北宋初年，杂治罚则中腰斩、凌迟等酷刑的适用不乏其例。雍熙三年（986），开封尹许王元僖薨，"擒（侍妾）张及造酒注子人凡数辈，即以冬至日脔钉于东华门外"[3]。端拱元年（988）六月三日，陈廷山亲吏翟赞等"皆腰斩，缘坐者免死，籍没其家"[4]。康定元年（1040）四月丙午，"腰斩东染院副使、鄜延路都监黄德和于河中府，仍枭首延州城下"[5]。值得特别注意的是，熙宁年间是宋代乃至中国古代死刑变革的关键时期。诏狱、杂治与死刑三者交汇的历史节点，直接指向决定赵宋王朝运势的熙丰年间。熙宁八年（1075），沂州民朱唐告前余姚主簿李逢谋反，逢辞连宗室秀州团练使世居等。神宗命中丞邓绾、同知谏院范百禄与御史徐禧杂治。"狱具，赐世居死，李逢、刘育及徐革并凌迟处死，将作监主簿张靖、武进士郝士宣皆腰斩。"[6] 同年五月，"诏腰斩进士李侗。坐与世居、李逢等谋不轨也"[7]。元丰二年（1079）九月丁丑，"诏前国子博士陈世儒并妻李、婢高、张等十九人并处斩，婢高凌迟，妻李特杖死，婢卑等七人贷死，杖脊，分送湖南、广西、京西路编管"[8]。凌迟、腰斩渐成常刑。马

---

1 《宋史》卷280《王延範传》，第9511页。
2 《宋史》卷466《宦者一·周怀政传》，第13616页。
3 《默记》卷上，第7页。
4 《皇宋通鉴长编纪事本末》卷10《太宗皇帝》"陈廷山"，第210页。
5 《续资治通鉴长编》卷127"仁宗康定元年四月丙午"，第3007页。
6 《宋史》卷200《刑法二》，第4998页。
7 《续资治通鉴长编》卷264"神宗熙宁八年五月甲子"，第6458页。
8 《皇宋通鉴长编纪事本末》卷65《神宗皇帝》"何正臣诬吕公著"，第2127页。按：戴建国指出：御史"黄颜、何正臣在参与监讯后都先后称病不出……然其明知案情有冤，却不敢言，此中必有难言之隐。其实黄颜很清楚，那就是，神宗设置诏狱的本意是要深挖出可能存在的朋奸之党羽，志在必得。然而事情非常棘手，并不好办，故黄颜不得不托故辞职了事。"[戴建国：《熙丰诏狱与北宋政治》，《上海师范大学学报》（哲学社会科学版）2013年第1期，第118—119页]

端临曾曰："凌迟之法，昭陵以前，虽凶强杀人之盗，亦未尝轻用。自诏狱既兴，而以口语狂悖者，皆丽此刑矣。"[1] 此后，凌迟逐渐进入律典，成为宋、元、明、清累朝沿袭的死刑处断方式。

第五节　杂治之政治逻辑

作为汉唐以来长期行用的惯例规则，杂治的实践运作必然保留深刻的时代印记，并与特定历史时期的政治生态、人事布局、司法环境等因素密切关联。对于重大诏狱案件，《宋史》采取了"其悖于法及国体所系者著之，其余不足纪"[2]的著录原则，其中，李逢案、同文馆狱、余大均案、郭仲荀案、岳飞案、胡舜陟案采用杂治方式审判。除熙宁八年（1075）李逢案与绍圣四年（1097）同文馆案以外，其余四宗案例均发生于高宗建炎、绍兴之际。囿于不同的历史视角、选择标准和书写体例，《宋史·刑法志》的记载与宋代杂治的实况存在一定距离。目前，透过五十余宗可以查明的案例可知，自太平兴国七年（982）卢多逊案开始，至淳熙元年（1174）步军营妇杨氏杀人案，杂治是宋代审理诏狱案件的重要途径之一，却非唯一或者必经途径。其中，目前可以查明的北宋48宗案例，占据宋代杂治案件的87.3%，而神宗熙宁、元丰年间的16宗杂治案例，则占据近乎30%的惊人比例，此于《宋史》"熙宁以后，诏狱屡兴"的描述完全契合。

作为奉诏鞫囚的重要司法程序，杂治诏狱甚至可以视作观察重大政治事件来龙去脉的绝佳样本。经由杂治审理的案件均承受君主命令进行，此自不待言；数宗杂治案件因直接关涉宫闱秘辛，值得特别注意。作为宋代杂治的首次尝试，太平兴国七年（982），卢多逊与秦王廷美"愿宫车早晏驾"的诅

1　《文献通考》卷167《刑考六·刑制》，第5001页。
2　《宋史》卷200《刑法二》，第4998页。

咒直接触动太宗的敏感神经。《宋史·太宗纪》论赞说："若夫太祖之崩不踰年而改元，涪陵县公之贬死，武功王之自杀，宋后之不成丧，则后世不能无议焉。"[1] 斧声烛影的千古疑云、仓促改元的异常举动和追贬廷美的过激行为，[2] 都成质疑太宗法统正当性的有力证据。此后，宋初兄弟相及的特殊继承顺位，又为熙宁八年（1075）杂治李逢谋反案埋下伏笔。李逢谋反案发的根本原因，是太宗末年司天监苗昌裔的隔世谶语。据《挥麈余话》：太宗永昌陵卜吉之际，司天监苗昌裔曾留下"太祖之后，当再有天下"的神秘预言，此实质上"是对光义非正常即位的一种曲折反对"[3]。熙宁年间，昌龄之孙李逢"素闻其家语，与方士李士宁、医官刘育荧惑宗室世居，共谋不轨，旋皆败死。详见国史"[4]。赵世居乃太祖之后，秦王德芳曾孙，南阳侯赵从贽第三子，[5] 累迁右羽林卫大将军、秀州防御使。方伎李士宁事迹见于《宋史》《续资治通鉴长编》《东都事略》等，李士宁"挟术出入贵人间，尝见世居母康，以仁宗御制诗赠之。又许世居以宝刀，且曰：'非公不可当此。'"[6] 李士宁因与王安石有布衣之旧，减死杖脊，编管湖南。赵世居及医官刘育系于

---

1 《宋史》卷5《太宗纪二》，第101页。
2 按："烛影"之说最早见于《续湘山野录》："宦官、宫妾悉屏之。但遥见烛影下，太宗时或避席，有不可胜之状。"[（宋）文莹撰，郑世刚、杨立扬点校：《续湘山野录》，中华书局，1984（唐宋史料笔记丛刊），第74页] 前辈学者张荫麟、吴天墀、邓广铭、张其凡等已注意到太宗即位的诸多疑点。关于秦王廷美之死与"斧声烛影"密切关系，李裕民指出：害死亲弟廷美，是伴随太宗继位发生的一系列不正常事件之一，"廷美死前，金匮遗诏已经出笼，而按遗诏传递原则，光义死后，应传位给廷美，如今害死廷美，太宗便难逃违背遗诏的罪责，于是在得到廷美死讯后，居然宣布廷美之母不是杜太后，而是太宗的乳母耿氏。"李裕民：《揭开"斧声烛影"之谜》，《山西大学学报》1988年第3期，第13页。
3 张其凡：《宋太宗》，吉林文史出版社，1997，第45页。
4 《挥麈录·挥麈余话》卷1，第266页。
5 按：据《宋史》：从贽乃秦王赵德芳之孙，南康郡公赵惟能第三子。（参阅《宋史》卷244《宗室一·秦王德芳传》，第8685—8686页）《宗室金紫光禄大夫检校太子宾客左屯卫大将军使持节温州军事温州刺史充本州团练使兼御史大夫上柱国天水郡开国公食邑二千五百户食实封二百户赠邓州观察使南阳侯墓志铭》："臣谨按宗籍，艺祖皇帝之曾孙讳从贽者，潭康惠王讳德芳之孙……子十二人，世经、世复、世居、世泽皆诸卫将军。"[（宋）王珪：《华阳集》卷39《志铭》，商务印书馆，1935（丛书集成初编），第531—532页] 另据《续资治通鉴长编》："甲午，命知制诰沈括、同知谏院范百禄赴御史台推李逢等公事，塞周辅鞠逢反谋，得右羽林军大将军、秀州团练使世居交通状，故有是命。世居，南阳侯从贽子也。"《续资治通鉴长编》卷261"神宗熙宁八年三月甲午"，第6356页。
6 《宋史》卷334《徐禧传》，第10721页。

台狱后，神宗诏"御史台差官同中使即世居及育家索图谶、书简等"[1]。结合刘育凌迟处死的处置结论观之，刘育罪责显然重于李士宁。李逢、赵世居"事件揭示了大宋朝廷对待宗室的无情铁腕，与宗室们习以为常的脉脉温情形成鲜明对照"[2]。神秘预言、仁宗御诗、缠龙金刀、图谶祆书、攻守图术等一系列反逆举动，对作为太宗后裔的神宗皇帝构成莫大威胁，看似一宗未遂的谋反案件，其背后却是太祖、太宗两系子孙围绕皇权正统的暗流博弈。

与宋代党争、变法、和议等重大事件相适应，杂治诏狱参与者的历史形象难免存在标签化嫌疑，此于时人撰述中可以得到直接证明。[3] 忠奸之辨原本是中国历史长盛不衰的热门议题之一，《奸臣传》是宋代史官的创造，直至《新唐书》问世，"奸臣"方才与儒林、孝友等成为正史列传类目之一。"木将坏，虫实生之；国将亡，妖实产之。"[4] 在宋人观念中，社稷安危与臣僚正邪存在直接关系，人事变故可能影响诏狱案件的裁判走向，甚至可能成为左右政局的关键因素。因此，"正邪之辨"[5] 成作史官撰修《宋史·奸臣传》的直接原因。值得注意的是，数名"奸臣"恰恰又是参治诏狱之急先锋，甚至是倾轧诬构、锻炼冤狱的行家里手，其中又以蔡确、吕惠卿、蔡京最为典型。蔡确位列《宋史》奸臣之首，参鞫范子渊案、相州狱、太学狱等大案，"屡兴罗织之狱，缙绅士大夫重足而立矣"。吕惠卿虽未直接参鞫李逢、郑侠二狱，确是实际的幕后推手。王安石首次罢相后，吕惠卿极力排挤，"又起李逢狱，事连李士宁。士宁有道术，安石居丧，与同处数年，意欲并中安石也；又起郑侠狱，事连安石弟安国，罪至追勒。

---

[1] 《续资治通鉴长编》卷261"神宗熙宁八年三月丙申"，第6356页。

[2] 〔美〕贾志扬著：《天潢贵胄：宋代宗室史》，赵冬梅译，江苏人民出版社，2005（海外中国研究丛书），第90页。

[3] 按：戴建国指出："党争是我们观察问题的一个重要视角，但不应是唯一的。苏轼诗案确实有党争的背景，但不能把涉及案子的所有人都往党争关系上挂靠。"戴建国：《"东坡乌台诗案"诸问题再考析》，《福建师范大学学报》（哲学社会科学版）2019年第3期，第155页。

[4] （宋）欧阳修、宋祁：《新唐书》卷223下《奸臣下》，中华书局，1975，第6363页。

[5] 《宋史》卷471《奸臣一》，第13697页。

凡可以害安石者，无所不用其智"[1]。蔡京曾参鞫皇甫旦案、同文馆狱、章縡案等，审理同文馆狱时，与章惇极力锻炼，"会挚卒，京奏不及考验，遂免其子官，与家属徙英州，凡三年，死于瘴者十人"[2]。同文馆狱起，"蔡京乞诛灭安世等家，谗虽不行，犹徙梅州"[3]。神宗、哲宗、徽宗等朝，奸臣干预、操纵司法是造成诏狱迭兴，参鞫风行的重要因素。总之，与特定的政局变化、人事兴替、法制变革等因素相互绞绕，宋代杂治继续秉承诉讼惯例传统，并于杂治类型、人员拣择、审理程序、罚则适用等领域颇多发明，一定程度促进了传统审判机制的完善与发展。与此同时，部分杂治案件客观存在罗织锻炼、枝蔓株连和用刑惨刻的严重弊端，遂使宋代诏狱审判呈现出甚为复杂的时代图景。

本章小结

宋代杂治是适用于臣僚交杂共治诏狱案件的规则，因适用范围、人员遴选、程序运作等规则均不见诸两宋典制明文，在司法实践中长期保持诉讼惯例状态。按照杂治置狱地点和成员信息，可以分为奉诏杂治、遣使杂治和有司自鞫三类。对于杂治身份隶属、具体员额和运作程序，宋代律令并无明确规定。一般情况下，两个以上不同机构的官员杂鞫诏狱者，是宋代"杂治"的基本形态。宋代突破以往杂治以"他官共治"的司法传统，特定情况下，同一机构两名以上官员参鞫诏狱者，也可谓之"杂治"。就参与者身份信息而言，宋代杂治更加聚焦监察、谏诤、侍从、秘书等特定群体。宋代杂治的适用领域与程序构成较为复杂，除杂治本身以外，可能涉及案件的告劾、调

---

[1] 《皇朝编年纲目备要》卷20"神宗皇帝熙宁八年"，第473页。
[2] 《宋史》卷340《刘挚传》，第10858页。
[3] 《宋史》卷345《刘安世传》，第10953页。

查、讯问、集议等环节。而臣僚杂治则是勾连、贯通上述程序要素之核心所在。杂治案件罚则适用领域中，处置范围、法官责任和罚则适用三者密不可分。除主犯以外，从犯、亲眷、同僚、属吏等均在连坐处分之列。对于已决案件的复审，如果杂治程序最终改变原审结论，则须追究原审法官责任。经过杂治程序改判，或撤换法官重鞫，原审法官可能面临勒停、降职、免官、羁管、配隶等多种问责方式。由于杂治推鞫者多为官僚贵族，故对于编配者先施加落职、降职、罚铜、冲替、追官、勒停、除名等行政制裁，并时常作为配隶刑的前置措施。与宋代折杖法相适应，配隶成为宋代杂治罚则中适用的重要选项，具体又有刺配、编管、羁管、安置等具体类型。作为汉唐以来长期行用的诉讼惯例，宋代杂治的法律实践必然保留深刻的时代印记，并与特定历史时期的政治生态、人事布局、司法环境等因素密切关联。作为奉诏鞫囚的重要司法程序，杂治诏狱甚至可以视作观察部分重大政治事件来龙去脉的绝佳样本。

第十一章
狱　空

第一节　两宋诸司狱空事迹

关于宋代狱空问题，学界已经取得较为丰硕的研究成果，[1] 如季怀银将宋代"留狱"根刷清理分为无狱机关的"断绝之制"和有狱机关的"狱空之制"；张凤仙对于宋代狱空内涵、成因、后果进行了分析；石川重雄对宋代狱空的政策变迁、国家祭祀等问题进行了系统研究；陈亚敏对宋代狱空的管理、狱空频发的原因进行了讨论，特别注意到录囚、恩宥与狱空之间的关系；王忠灿对宋代制造狱空的目的、手段、特征等进行了探究。然而，现有研究成果对于宋代狱空仍缺少整体观察，对于狱空奖励的惯例属性，以及"不奏狱空"与"妄奏狱空"的并存现象等问题仍缺少系统探究。本章首先以宋代官署为基本分类依据，主要从人物和事迹两个方面，系统考察宋代狱空的基本情况；重点讨论断绝公事、奏报表贺、降诏奖谕、起建道场等本朝"狱空故事"，特别关注不奏狱空和妄奏狱空两类对立现象，以

---

[1] 季怀银：《宋代清理"留狱"活动述论》，《中州学刊》1990年第3期；张凤仙：《试析宋代的"狱空"》，《河北大学学报》（哲学社会科学版）1993年第3期；〔日〕石川重雄：《宋代的狱空政策》，田由甲译，收入戴建国主编：《唐宋法律史论集》，上海辞书出版社，2007，第196—209页；陈亚敏：《宋朝狱空现象研究》，郑州大学硕士学位论文，2012年5月；王忠灿：《从制造"狱空"看宋代官僚司法的特征》，《许昌学院学报》2018年第11期。

期对宋代狱空事迹形成客观认识,为考察狱空程序诸环节的具体实施构筑时间轴线与空间图景。

一 开封府

作为北宋都城所在,开封府四方辐辏,狱事繁剧,历来号为难治。由此,开封府狱空事迹成为考察宋代司法实况的重要样本。早在太祖开宝年间,已出现开封府三年连奏四次狱空的记录。据《续资治通鉴长编》:开宝七年(974)冬十月,"开封府言京城诸官司狱皆空,无系囚"[1]。开宝八年(975)五月己亥,"开封府言京城诸官司狱空,无系囚"。同年七月丙子,"开封府又言京城诸官司狱皆空,无系囚"[2]。开宝九年(976)九月乙丑,"开封府言京城诸官司狱皆空,无系囚"[3]。此后,真宗、神宗、哲宗、徽宗四朝,成为开封府狱空频报的重要历史时期。天禧四年(1020)十月戊戌,"开封府狱空,诏奖吕夷简等"[4]。天禧五年(1021)九月丙申,"权知开封府吕夷简言狱空,诏奖之"[5]。值得注意的是,宋代非常重视对同类政务进行理论总结,在事例、先例、惯例与制度之间形成顺畅的进阶机制。如元丰六年(1083)六月二十五日,龙图阁直学士、朝奉郎、权知开封府王存言三院狱空,"诏开封府官吏并依元丰五年推恩"[6]。重和元年(1118)十二月五日,诏:"开封府狱空,已降指挥等第推恩,并依政和六年九月例施行。"[7]《宋会要辑稿·

---

[1] (宋)李焘撰,上海师范大学古籍整理研究所、华东师范大学古籍研究所点校:《续资治通鉴长编》卷15"太祖开宝七年十月",中华书局,1992,第324页。

[2] 《续资治通鉴长编》卷16"太祖开宝八年五月己亥",第340、342页。

[3] 《续资治通鉴长编》卷17"太祖开宝九年九月乙丑",第375页。

[4] 《续资治通鉴长编》卷96"真宗天禧四年十月戊戌",第2220页。

[5] 《续资治通鉴长编》卷97"真宗天禧五年九月丙申",第2255页。

[6] (清)徐松辑,刘琳、刁忠民、舒大刚、尹波等校点:《宋会要辑稿》刑法4之85,第14册,上海世纪出版股份有限公司、上海古籍出版社,2014,第8493页。

[7] 《宋会要辑稿》刑法4之89,第14册,第8496页。

刑法四》保留了政和六年（1116）九月十七日开封府狱空推恩的详细记录，可资参考。[1] 综上，以元丰五年（1082）、政和六年（1116）为代表的狱空奖励标准，对后来同类事件的处置产生先例参照效力，并成为狱空奖谕酬赏惯例形成与运作的事实依据。

耐人寻味的是，长达四十余年的仁宗一朝，奏报狱空事迹却甚为稀见，但也并非毫无踪迹可寻。晏几道《鹧鸪天》有云："碧藕花开水殿凉。万年枝上转红阳。升平歌管随天仗，祥瑞封章满御床。金掌露，玉炉香。岁华方共圣恩长。皇州又奏圜扉静，十样宫眉捧寿觞。"[2] 宋人黄昇曾言该词创作原委："庆历中，开封府与棘寺，同日奏狱空，仁宗于宫中宴集，宣晏叔原作此，大称上意。"[3] 值得怀疑的是，宋代大理寺狱置于元丰元年（1078）十二月，"上以国初废大理狱非是，又开封囚猥多，乃命复置"[4]。黄昇所言庆历

---

[1] 按："政和六年九月十七日，开封尹王革等奏：'契勘七月初十日，本府六曹、两狱、四厢、十六县狱空，已具表称贺讫。今保明到合推恩官吏下项。第一等三十一员：尹一员乞不推恩，少尹二员，司录二员，刑曹三员，左右狱掾四员，议刑掾二员，检法使臣四员，催督并监勘公事听司使臣四员、吏人一名，催督并监勘公事准备差遣使臣二员。第二等一十九员：士曹官二员，议曹官一员，兵曹官二员，工曹官二员，旧新左厢官二员，东明、鄢陵、酸枣、扶沟知县四员，催促公事官并使臣四员，书状兼奏报使臣一员、进武副尉一名。第三等三十五员：旧新右厢官二员，陈留、中牟、雍丘、祥符、长垣、开封、咸平、阳武知县八员，杂务掾官二员，催督监勘公事准备差遣使臣一员，捉事使臣十七员，进义副尉一名，监大门使臣二员，提辖使臣二员。人吏，第一等四十三人：左右狱职级二人、推司一十三人，刑曹〔职〕级一名、典书一十人，户曹职级二人、典书二人，法司手分八人。第二等六十五人：左右狱推司二十人，士曹职级二人、典史四人，户曹典书六人，仪曹职级一名、典书五人，兵曹职级二人、典书一十人，刑曹典书五人，工曹职级一名、典书五人，催（捉）〔促〕待报公事职级二人。第三等一百八十七人：士曹典书五人，户曹典书一十四人，兵曹典书二人，刑曹典书一名，工曹典书一名，奏司职级一名、典书一名，监读案典书四人，左右狱副典书八人，六曹副典书二十人，左右狱狱子五十人，六曹狱子三十七人，刑狱案职级七人、典书一十九人、副典书四人。'诏：'第一等官员各转一官，人吏有官资人各转一官资，无官资人各支赐绢一十匹。第二等官并有官人吏减三年磨勘，无官人吏各支赐绢七匹。第三等官并有官人吏各减二年磨勘，（无官人吏各支赐绢七匹第三等官并有官人吏各减二年磨勘）。无官人吏各支赐绢五匹，左右狱狱子各支赐绢三匹，六曹狱子各支赐绢二匹。提刑钱归善等转一官，属官减三年磨勘。内王序、钱归善转行，余得止法人依条回授，年限不同人依条施行。'"《宋会要辑稿》刑法4之88—89，第14册，第8496页。

[2] （宋）晏几道撰，张草纫笺注：《二晏词笺注·小山词笺注》，上海古籍出版社，2008（中国古典文学丛书），第335页。

[3] （宋）黄昇辑，王雪玲、周晓薇校点：《花庵词选》卷3《宋词》"晏叔原"，辽宁教育出版社，1997，第56页。

[4] （宋）陈均撰，徐沛藻等点校：《皇朝编年纲目备要》卷20"神宗皇帝元丰元年"，中华书局，2006（中国史学基本典籍丛书），第490页。

年间棘寺狱空纪事，或应为大理寺结绝狱事欤？但其所记开封府奏报狱空事迹当可信从。

季怀银指出："中国封建统治者把能否做到'案无留事'，看作是政治清浊的重要标志。"[1] 宋代诗词中大量保存宋代诸司狱空事迹，譬如杨亿《京府狱空降诏因寄大尹学士》："终日讼庭无一事，早调伊鼎佐汤盘。"[2] 祖无择《至齐五月两院狱空喜而成咏》："厌预铃斋议，欣闻狱犴空。"[3] 王十朋《刑清》："昔日循良吏，狱空无怨声。"[4] 宋人撰述的诗词等文学作品，在相当程度映射了宋代士大夫阶层的诉讼观念和精神世界。宋代围绕此类主题创作的诗词作品，反映了狱空在宋代各级政务活动，尤其是司法事务中的标志性意义。[5]

表 11-1　　　　　　　　　　宋代狱空诗词简表

作者	诗　词
魏野	《陪乔职方泛舟之三门谒禹祠》波浪溅旌旗，东游谒禹祠。千秋花发日，两院狱空时。城里闲棠树，船中舞柘枝。晋公曾禊洛，不召野人随。[6]
	《上知府鲍少卿》五福三朝客，同年想少存。立功从太祖，卧里见曾孙。易进因仁政，难休为帝恩。权临二陕重，官处九卿尊。烟翠甘棠柳，风清画戟门。四门潜遂意，百吏动惊魂。不病轻丹灶，无愁鄙酒樽。出衙清道路，在宅素盘飧。上马身犹健，看书眼未昏。狱空时拥旆，多谢到山村。[7]

1　季怀银：《宋代清理"留狱"活动述论》，《中州学刊》1990 年第 3 期，第 111 页。
2　（宋）杨亿：《武夷新集》卷 4《诗》，四川大学古籍研究所编：《宋集珍本丛刊》影印清嘉庆刻本，第 2 册，线装书局，2004，第 227 页上。
3　（宋）祖无择：《洛阳九老祖龙学文集》卷 3《五言四韵诗四十二首》，《宋集珍本丛刊》影印清钞本，第 7 册，线装书局，2004，第 679 页上。
4　（宋）王十朋撰：《宋王忠文公文集》卷 41《十八坊诗》，四川大学古籍研究所编：《宋集珍本丛刊》影印清雍正刻本，第 44 册，线装书局，2004，第 309 页下。
5　参阅何永军《〈全宋词〉所见宋代诉讼及司法》，《宁夏社会科学》2006 年第 2 期，第 145—149 页。
6　（宋）魏野：《钜鹿东观集》卷 2"陪乔职方泛舟之三门谒禹祠"，《宋集珍本丛刊》影印清钞本，第 2 册，线装书局，2004，第 50 页下。
7　《钜鹿东观集》卷 5"上知府鲍少卿"，第 64 页上。

续表

作者	诗　词
杨　亿	《京府狱空降诏因寄大尹学士》长安恶少罢探丸，桴鼓声沉禁网宽。三尺旧章闲玉律，八行优诏下金銮。帝临宣室方前席，民值唐年耻挂冠。终日讼庭无一事，早调伊鼎佐汤盘。1
苏　颂	《次韵钱塘周寺丞狱空》网疏由世教，讼息偶年丰。圜土无留系，黎氓识变风。时方还治古，令欲训民中。宣布来千里，兴行自一同。吏宁嗟画地，书亦简司空。共对承平理，惟思尽至公。2
赵　抃	《次韵衢守陈守言职方招游烂柯山》贤侯九日去寻山，牵俗无由得附攀。换世昔传仙局久，登高今喜使车还。平原丰稔农欢劝，犴狱空虚吏放闲。从此烂柯光价起，为留佳句落人寰。3
	《次韵高阳吴中复待制见寄》守蜀无堪讵足论，扪参天邈紫微垣。岁时丰衍真为幸，犴狱空虚冀不冤。素志未容龟曳尾，误恩深愧鹤乘轩。嘉章益见公高谊，所得长逢左右原。4
祖无择	《至齐五月两院狱空喜而成咏》厌预铃斋议，欣闻狱犴空。王章用旧制，五月绍遗风。止系垂衣治，非干别驾功。惟期四海内，刑措与周同。5
徐　积	《送江倅》昔之别驾，则有王祥，其民歌之，海隅称焉。今亦有人，能绍厥后，民之悦之，称不容口。庶民所见，乃其皮肤。见察情伪，见敏簿书，见法平恕，见狱虚空，事见无留，才见有余。已不敢肆，人安厥居。其所见者，止于君子。良士大夫，谓其所性。得之刚毅，所以能断。所以无蔽，所以敢为。所以勇义。决遣簿书，是其余事。汉之朱博，赵张龚尹。抚恤大众，何独古人。王祥虽贤，失在宝刀。正而平者，心则不摇。人或赠之，则弗受之。借曰受之，何佩有之。弗佩曰正，弗受曰平。平维正，宜于朝廷。用之一方，一方之纲，在我者正，是谓为政。6
刘　挚	《送许敏修使二浙二首》（之二）蒹葭曾愧倚瑶琼，京兆经年共左厅。屡喜足音临病几，（原注：卧病日久，屡蒙访问。）独何才力致虚图？（原注：君治开封有能名，比以狱空被赏，亦及不肖。）闽山近部荣分绣，越客何人识使星？随看锋车下江海，归来人物重朝廷。7
韦　骧	《答鲁虞部见寄》鄙才效职便穷僻，忽忽天星殆二周。系狱空虚民讼少，倅门埋塞吏心忧。琴书永日清无际，草树逢春绿正柔。惊坐高宾如见顾，幽欢何惜贯貂裘。8

1　《武夷新集》卷4《诗》，第227页上。
2　（宋）苏颂著，王同策、管成学、颜中其等点校：《苏魏公文集》卷10《律诗·次韵钱塘周寺丞狱空》，中华书局，1988，第115页。
3　（宋）赵抃撰：《赵清献公文集》卷3《五言排律十九首》，《宋集珍本丛刊》影印明旦嘉靖四十一年刻本、傅增湘校，第6册，线装书局，2004，第717页下。
4　《赵清献公文集》卷4《七言律诗一百五十九首》，第725页上。
5　《洛阳九老祖龙学文集》卷3《五言四韵诗四十二首》，第679页上。
6　（宋）徐积：《节孝先生文集》卷9《古诗十五首》，《宋集珍本丛刊》影印明嘉靖四十四年刘祐刻本，第15册，线装书局，2004，第599页上。
7　（宋）刘挚撰，陈晓平、裴汝诚点校：《忠肃集》卷18《七言律诗·送许敏修使二浙二首》，中华书局，2002，第417页。
8　（宋）韦骧：《钱唐韦先生文集》卷4《古今体诗》，上海书店，1994（丛书集成续编，第101册），第556页下。

续表

作者	诗 词
晏几道	《鹧鸪天》：碧藕花开水殿凉，万年枝上转红阳。升平歌管随天仗，祥瑞封章满御床。金掌露，玉炉香，岁华方共圣恩长。皇州又奏圜扉静，十样宫眉捧寿觞。[1]
陆佃	《依韵和再开芍药十六首》（其一五）诸县丰登狱屡空，珍祥如欲助升中。不妨故故留连月，未到频频恼乱风。向上郁葱佳气紫，现前圆满报身红。自今长许汾阳醉，内外曾无缌少功。[2]
吕南公	《送张司理》三年频说狱空虚，叹息贤才治有余。晓踏府尘铃窅眇，夜吟庭月树扶疏。尚微官职人皆有，已大精神众不如。努力无忘建功业，秃毫他日为君书。[3]
米芾	《狱空行上献府公朝奉麾下涟水令米芾皇恐》（新添见英光堂帖）楚州五邑口百万，扰静尽系太守公。政由吏人民乃扰，政由太守民气通。安土乐生善欲，恶民惟欲与吏同。太守无能不敢吏，精力不给吏乃庸。两狱百间塞有罪，有耳未闻一日空。晋昌唐公名世后，清风素节为时宗。五更三点运精思，众人安寝吏计穷。百姓小妄赦不罪，庶几小屈能自致。五邑来者初亦汇，久而官悚吏皆畏，虽欲呼之亦不至。乃知狱空空有理，百万无冤无枉吏。来者迎刃无留滞，赦来两狱久无事。太守政声既如此，廉车旁午目所备。胡不刻章上天子，追风早上促公起。去入省闱或使指，吏皆欲去民欲留。我祝公去岂同吏，长坂大车程万里。[4]
葛胜仲	《囹空讼息，复遇肆眚，庭事萧然。蒙良器解元宠诗，辄以二章为谢》一官铜墨付疏顽，岁好人和偶未瘝。东亩黄云糜苣卧，北扉青草棘徽闲。鵃亭夜觉冤氛静，蝇笔晨惊霈泽颁。倪氅欢谣归帝力，风人溢美但赪颜。 编户相安易得情，年来狴犴每刑清。庭闲不复施梧象，俗朴聊同示草缨。胮背仅能平柱桃，需头那复觊褒荣。人言官事无由了，暂寄居官事之名。[5]
史浩	《满庭芳二》（立春词时方狱空）暖日轻融，阴云初敛，一番雪意阑珊。柳摇金缕，梅绽玉腮寒，知是东皇翠葆，飞星汉，来止人间。开新宴，笙歌逗晓，和气满尘寰。风光偏，舜水贤侯政美，棠阴多欢。更圜扉草鞠，木索长闲。休向今朝惜醉，红妆映，群玉颓山，行将见，宜春帖子，清夜写金銮。[6]
王十朋	《刑清》昔日循良吏，狱空无怨声。刑清本无术，心地要先清。[7]
	《州县狱空赠知录孙听》把麾承乏楚邦东，狱及期年始报空。顾我自惭无德政，同僚深喜有于公。[8]

---

1 （宋）晏几道：《小山词》，第17页。
2 （宋）陆佃：《陶山集》卷2《七言律诗》，新文丰出版公司，1985（丛书集成新编，第62册），第88页。
3 （宋）吕南公：《灌园集》卷5《七言律诗》，《景印文渊阁四库全书》（第1123册），台湾商务印书馆股份有限公司，1986，第53页上。
4 （宋）米芾：《宝晋英光集》卷2《律诗下》，《宋集珍本丛刊》影印清初钞本，线装书局，2004，第27册，第784页下—785页上。
5 （宋）葛胜仲：《丹阳集》卷19《七言律诗》，四川大学古籍整理研究所编：《宋集珍本丛刊》影印清钞本，第32册，线装书局，2004，第687页下。
6 （宋）史浩：《鄮峰真隐漫录》卷47《曲词》，四川大学古籍研究所编：《宋集珍本丛刊》影印清钞本，第42册，线装书局，2004，第235页下。
7 《宋王忠文公文集》卷41《十八坊诗》，第309页上。
8 《宋王忠文公文集》卷44《诗绝句七言三》，第44册，第344页上。

续表

作者	诗　词
喻良能	《狱空》公庭日将夕，吏报空狱岸。虽无春草鞠，已有蛛丝蔓。欢乐见鸟乌，呻吟绝鹅雁，谅非片言折，聊发一笑粲。1
	《摄邑狱空》番邑于今剧，民风自古雄。琴堂惭久摄，剑狱喜新空。縲索尘埃里，桁杨片段中。使君端不扰，顾我百无功。2
虞俦	《除日狱空，唯欠租，监系颇众，因悉纵遣之，期以开岁五日毕来。因记东坡先生倅杭，除夜直都厅，囚系皆满。题诗壁间，辄用其韵》讼牒日已稀，私幸庭无留。胡不了租税，顾为此拘囚。催科迫星火，对案亦包差。作苦念田家，岁莫得少休。羔酒会邻里，盍归与妇谋。刻期亦人耳，吾其反自修。3
仲并	《送大理金少卿赴阙，以老成耆德，重于典刑，为韵兼寄呈刑曹徐侍郎》畴昔公何如，尽读天下书。公今复何似，未如张与于。皋陶当日语，一一皆世模。但令犴狱空，安用高吾间。4
周孚	《陈季陵侍郎生日二首》政简官多暇，刑清狱屡空。尝从父老语，俱话使君功。鸿宝宁资汝，黄麻正待公。仁人自宜寿，天意与民同。5
陈淳	《依赵尉狱空韵上陈宰》民沐仁风状小儿，陶陶远罪日何知。圜扉草色春长茂，公舍棠阴昼缓移。谁复鼠牙纷击剥，类将鸡黍乐追随。涂歌里咏喧传处，尽是吾侯德政碑。6
刘克庄	《昔坡公倅杭，有悯因诗。后守杭，几岁除狱空，公和前作。庐山吴公前倅后守，践坡补处，亦以岁除狱空，和坡二诗，寄示墨本，次韵附诸公后》坡去二百载，尚有遗爱留。孤山领众客，三圄无一囚。吴尹学问人，刀笔盖所羞。惓惓民隐瘼，不翅乙戚休。大意师长公，尚德贱智谋。谈文及谈政，俪美襄与修。 (二) 吾闻霹雳手，刮决靡停留。彼哉刑名家，腊晦方报囚。烹鲜贵不扰，劲鼠呵可羞。恕斋仁满腔，圄空吏沐休。清静有古意，正大无阴谋。乍可免兆京，安能媒蹇修？7

1　（宋）喻良能：《香山集》卷1《五言古诗》，四川大学古籍研究所编：《宋集珍本丛刊》影印清乾隆翰林院钞本，第56册，线装书局，2004，第82页上。
2　《香山集》卷5《五言律诗》，第110页上。
3　（宋）虞俦：《尊白堂集》卷1《五言律诗》，四川大学古籍研究所编：《宋集珍本丛刊》影印清乾隆翰林院钞本，第63册，线装书局，2004，第396页下。
4　（宋）仲并：《浮山集》卷1《五言古诗》，四川大学古籍研究所编：《宋集珍本丛刊》影印清乾隆翰林院钞本，第42册，线装书局，2004，第2页下。
5　（宋）周孚：《蠹斋铅刀编》卷8《古律诗》，《影印文渊阁四库全书》（1154册），台湾商务印书馆股份有限公司，1986，第603页下。
6　（宋）陈淳：《北溪先生大全文集》卷3《律诗》，四川大学古籍研究所编：《宋集珍本丛刊》影印明钞本，第70册，线装书局，2004，第23页。
7　（宋）刘克庄著，辛更儒校注：《刘克庄集笺校》卷38《诗》，中华书局，2011（中国古典文学基本丛书），第2046页。

开封府反复出现狱空事迹，与历任主管官员之勤勉履职直接关联，多位府尹亦因任内狱空，得以青史留名。至道元年（995）八月，真宗以皇太子判开封府事，"京狱屡空，太宗屡诏嘉美"[1]。天圣末年，程琳知开封府，"久而治益精明，盗讼稀少，狱屡空，诏书数下褒美"[2]。崇宁中，显谟阁待制王襄权知开封府，"府事浩穰，讼者株蔓千余人，缧系满狱。襄昼夜决遣，四旬俱尽；又阅月，狱再空"[3]。同时，开封府狱空更与直接承办案件的推官、判官的勤勉尽职密不可分。咸平二年（999），卢琰选为开封府判官，"会狱空，有诏奖之"[4]。元丰中，祖无颇权开封府推官，"三院狱空，开封尹王存上表称贺，赐公奖谕银、绢"[5]。哲宗时，邵鬸［熙宁六年（1073）进士］入为开封府推官，管当使院公事。"以三院狱空，赐五品服，迁都官郎中。"[6] 府尹、推官、判官等人在所辖任内的不懈努力，京畿重地得以屡现狱空治迹。

二　大理寺

伴随元丰官制改革，大理寺逐步成为宋代狱空奏报的重要机关之一，寺官因狱空获得著史、奖谕、赏赐、迁转等激励措施，与开封府并无二致。元丰五年（1082）九月辛卯，"大理卿杨汲等言狱空，诏付史馆"[7]。元丰八年（1085）四月四日，"大理卿王孝先等言狱空，诏付秘书省，仍令学士院降诏

1　（元）脱脱等：《宋史》卷6《真宗纪一》，中华书局，1977，第104页。

2　（宋）欧阳修撰，李逸安点校：《欧阳修全集》卷23《居士外集23·碑铭三首·镇安军节度使同中书门下平章事赠太师中书令程公神道碑铭并序》，中华书局，2001（中国古典文学基本丛书），第362页。

3　《宋史》卷352《王襄传》，第11126页。

4　《宋史》卷307《卢琰传》，第10126页。

5　《洛阳九老祖龙学文集》卷16《家集·提刑始末·朝奉大夫提点福建路刑狱公事兼本路观农使提举河渠公事柱国赐紫金鱼袋祖无颇赠宣奉大夫》，第734页上。

6　（宋）撰人不详：《京口耆旧传》卷3"邵饰"，新文丰出版公司，1985（丛书集成新编，第101册），第379页。

7　《续资治通鉴长编》卷329"神宗元丰五年九月辛卯"，第7929页。

奖谕"[1]。实践中，朝廷时常援引先例作为官吏迁转标准。大观二年（1108）狱空迁转中，曾两次提及崇宁五年（1106）六月三日推恩先例。大观二年（1108）正月二十四日，大理寺言："'见禁公事，并已勘断了当，即日狱空。'诏依崇宁五年六月三日例推恩，马防、崔直躬特与转行。"[2] 大观二年（1108）五月二十四日，"中书省勘会大理寺今年四月二十七日狱空，诏〔依〕崇宁五年六月三日例推恩，朝请大夫大理卿曹调、朝议大夫大理少卿任良弼各与转行一官"[3]。而政和六年（1116）二月二十七日大理寺官吏迁转，则援引崇宁四年（1105）十月八日指挥施行。据大理卿李百宗奏："'伏睹本寺本月二十一日两推狱空，已具表称贺奏闻。'诏：'大理卿李百宗、少卿李传正及正、丞各特转行一官，捉事使臣各支赐绢五匹，杖直节级、长行、通引官、捉事人、专知官各支赐绢三匹，表奏司各支赐绢二匹。余并依崇宁四年十月八日指挥推恩。'"[4]

南渡以后，大理寺最初置于钱塘门内。绍兴二十年（1150）诏徙仁和县西。相对而言，南宋大理寺奏报狱空事例虽明显减少，却长期延续了奏报狱空的政务运作惯例，据《建炎以来系年要录》记载：

> 绍兴六年六月庚子，大理少卿张汇等言狱空，诏嘉奖，仍免表贺。（原注：十三年六月戊申、二十二年五月乙未、二十六年四月戊午〔庚寅〕、二十九年正月丙辰、三十年四月丙寅、三十一年五月庚辰，并同此。）[5]

---

1 《宋会要辑稿》刑法4之86，第14册，第8493页。
2 《宋会要辑稿》职官24之13，第6册，第3662页。
3 《宋会要辑稿》刑法4之86—87，第14册，第8494页。
4 《宋会要辑稿》刑法4之87—88，第14册，第8495页。
5 （宋）李心传撰，辛更儒点校：《建炎以来系年要录》卷102"绍兴六年六月庚子"，上海古籍出版社，2018，第1719页。

第十一章 狱 空　365

本条史料全面记载了绍兴年间大理狱空的基本情况，且上述七次大理寺狱空事迹，均可在相关史料中寻得踪迹，据《宋会要辑稿·刑法四》：

> 高宗绍兴六年六月四日，大理寺奏："左右推见禁公事勘断尽绝，即目狱空，省（纪）〔记〕得在京日本寺官上表称贺。"诏免上表，令学士院降诏奖谕。（十三年六月二十三日大理少卿朱斐等、二十二年五月一日大理卿许大英等、二十六年四月十九日大理少卿章焘等、二十九年正月一日大理少卿金安节等，及三十年四月十八日、三十一年五月八日大理寺并奏狱空，各诏免上表称贺，令学士院降诏奖谕。）[1]

绍兴六年（1136）六月丁酉朔，绍兴十三年（1143）六月丙戌朔，绍兴二十二年（1152）五月乙未朔，绍兴二十九年（1159）正月丙辰朔，绍兴三十年（1160）四月己酉朔，绍兴三十一年（1161）五月丁酉朔，狱空具体期日皆与《要录》相合。但是，绍兴二十六年（1156）四月壬申朔，庚寅为十九日，并无戊午日。又据《要录》：绍兴二十六年（1156）四月庚寅，"大理寺言狱空。诏免上表贺，仍赐少卿章焘等诏书奖谕"[2]。经前后对校可知，《建炎以来系年要录》所言绍兴二十六年（1156）四月戊午狱空记时有误，当以庚寅为是。南宋大理寺奏报狱空事迹，在孝、光、宁等朝得以长期延续。淳熙十三年（1186）十二月戊戌、淳熙十四年（1187）十二月庚午、[3] 光宗绍熙五年（1194）正月丙子，[4] 大理寺均曾奏报狱空。需要注意的是，上述事迹并非南宋大理寺狱空的全部数据。例如，《咸淳临安志》所保留南宋大理寺狱空奖谕诏书19道，高宗6道〔绍兴六年（1136）六月己亥、绍兴十三

1　《宋会要辑稿》刑法4之89，第14册，第8497页。
2　《建炎以来系年要录》卷172"绍兴二十六年四月庚寅"，第3004页。
3　《宋史》卷35《孝宗纪三》，第686、688页。
4　《宋史》卷36《光宗纪》，第708页。

年（1143）六月丙午、绍兴二十二年（1152）四月辛卯、绍兴二十六年（1156）四月己丑、绍兴二十八年（1158）十二月癸丑、绍兴三十年（1160）四月丙寅］，孝宗10道［隆兴元年（1163）十二月、乾道四年（1168）七月、乾道五年（1169）六月乙丑、乾道八年（1172）九月丁丑、淳熙改元（1174）四月癸亥、淳熙二年（1175）六月辛未、淳熙二年（1175）十二月、淳熙四年（1177）正月、淳熙五年（1178）闰六月、淳熙十三年（1186）十二月］，光宗1道［淳熙十六年（1189）闰五月某日改元］、宁宗2道［开禧元年（1205）二月、嘉定八年（1215）四月］，其中颇有溢出《宋史》《建炎以来系年要录》《宋会要辑稿》等文献著录者。兹以绍兴三十年（1160）四月丙寅大理寺狱空为例，参考《咸淳临安志》所录奖谕诏敕，可明南宋奖谕大理狱空之梗概：

> 古者画衣冠、异章服而民不犯，中世以还，周云成康，汉言文景，刑措不用，朕甚慕之。夫胜残去杀者，善人之为邦；明慎用刑，不留狱者，旅之正吉也。卿等司吾详刑，各修乃职，靡淹恤稽留之咎，守要囚服念之程，谨三尺之章，致无一人之狱，顾视古昔，亦庶几矣。剡章来上，良用叹嘉。[1]

又如，孝宗淳熙改元奖谕大理寺狱空事迹，还可以在《龙图阁待制知建宁府周公墓志铭》中获得印证。据墓志记载，周自强于乾道九年（1173）召为大理卿，"淳熙改元，狱空，被诏奖"[2]。对于此次狱空事迹，《咸淳临安志》奖谕诏敕亦有详细著录，此处不赘。而宁宗嘉定八年（1215）四月大理

---

[1] （宋）潜说友纂，王志邦、王福群、金利权标点：《咸淳临安志》卷6《行在所录·诸寺·大理寺》，浙江古籍出版社，2017（杭州文献集成，第41册），第81页。
[2] （宋）韩元吉著，刘云等点校：《南涧甲乙稿》卷22《墓志铭·龙图阁待制知建宁府周公墓志铭》，中国社会科学出版社，2022（河北大学燕赵文化高等研究院成果文库），第411页。

寺狱空奖谕诏敕，则是《咸淳临安志》中关于南宋大理寺狱空事迹的最后记录：

> 朕观至治之世，时和岁丰，而礼逊之俗兴，家给人足，而争夺之风息。是以刑措不式，囹圄屡空，朕甚慕之。比岁旱蝗，近延郊甸，每虑饥寒之民，冒法抵罪，丽于廷尉者众也。而期月以来，狱无烦系，实惟汝等明刑弼教，风动四方，以称朕期于无刑之意。省览来奏，嘉叹不忘。[1]

三 临安府

自建炎南渡，宋廷驻跸临安，临安府遂取代开封，成为京城狱空事务的奏报机关。如临安府曾在绍兴十三年（1143）两次奏报狱空：正月十五日，"临安府奏左右司理、府院禁勘公事并已结断了当，即目狱空。诏令学士院降诏奖谕"。五月二十八日，"临安府奏左右司理、府院并管下钱塘等九县，内外一十二处，并皆狱空"[2]，朝廷降诏奖谕"守臣敷文阁待制王㬇。㬇，珪孙也"[3]。此后，孝宗、光宗、宁宗、理宗等朝，屡见临安府狱空奏报。如理宗嘉熙三年（1239），赵與懽授端明殿学士、知临安府、浙西安抚使。"江堤竣事，狱空。"[4] 嘉熙四年（1240）二月癸丑，"临安府守臣言狱空。诏奖

---

1 《咸淳临安志》卷6《行在所录·诸寺·大理寺》，第83页。
2 《宋会要辑稿》刑法4之89，第14册，第8497页。
3 （宋）熊克著，顾吉辰、郭群一点校：《中兴小纪》卷31"绍兴十三年五月甲申"，福建人民出版社，1984（八闽文献丛刊），第371页。
4 《宋史》卷413《赵與懽传》，第12405页。

之"[1]。景定四年（1263）十二月丙子，"临安府帅臣吴革奏狱空。诏奖之"[2]。

南宋方志中保留了多宗临安府狱空奖谕敕文和守臣跋语，为准确认识狱空事迹提供了重要依据。乾道四年（1168）八月十九日，"权发遣临安府周淙言本府狱空，降诏奖谕，推级等本府量行犒设"[3]。《咸淳临安志》详细记载了此次狱空奏报、降诏奖谕及守臣题跋的运行轨迹：

《奖谕狱空》（乾道四年九月）：畿方千里，是为众大之居；俗具五民，盖有奇衺之习。趋利者率多于巧伪，忘身者公肆于夺攘，自昔有闻，于今未泯。卿中和乐职，不事刑威，方略禁奸，尤知政要。桁杨罕用，狴犴一空。载览敷陈，不忘嘉叹。（原注：守臣周淙谨记，记曰：皇帝宅位之六载，秋八月戊申，临安府守臣淙，以狱空闻。辛亥，赐玺书奖谕。臣下拜登受跪；复训辞谓臣中和乐职，不事刑威，仰见圣主谦虚遇下，不居其功，顾臣至愚，何足知此？然臣尝读《中庸》之书，见"中和"二字，乃圣人治天下国家之要道，致中和，天地位焉，万物育焉，岂复有乖戾不平之气，奸于其间。于斯时也，虽五刑不设可也。治古既远，淳漓朴散，法于是立，然犹以五礼防民之伪而教之中，以六乐防民之情而教之和，礼乐刑政，相为表里，未尝一日而偏废也。周之成康，盖得此道，刑措不用，余四十年。汉之文景，唐之太宗、明皇，得之未纯，行之有间，仅能几致刑措而已。陛下诚明之性，得于生知，化育之功，见于日用，故凡本诸身、加乎民，无非中和之道。乃七月己丑，肆御便殿，亲录要囚，悉从原减，德至渥也。臣猥以驽才，待罪京邑，圣恩全

---

[1] （宋）佚名撰，汪圣铎点校：《宋史全文》卷33《宋理宗三》"嘉熙四年二月癸丑"，中华书局，2016（中国史学基本典籍丛刊），第2738页。

[2] 《宋史全文》卷36《宋理宗六》"景定四年十二月丙子"，第2921—2922页。

[3] 《宋会要辑稿》刑法4之90，第14册，第8497页。

覆,使得展体率职,布宣宽大之意,不假刑威,奸伏自化,王畿千里,罔有留狱,是岂臣力所能致哉?盖天子建中和之极,其效如此,臣何功之有焉!臣方且诵天保之章,归美报上,而陛下锡以明纶,宠谕华衮,退思忝冒,惕若履冰,臣敢不仰体睿慈,勉图报称,刊之金石,昭示万邦。非特以侈上赐,俾郡国之吏,戮力同心,上广好生之德,期底成康之治。臣不胜大愿,谨拜手稽首,书于下方,以对扬天子之休命。[1]

依据以上信息可知,临安府周淙于乾道四年(1168)八月十九日(戊申)奏报狱空,二十一日(辛亥)朝廷降诏褒奖,而周淙跋语及刊石等,则在当年九月。与此类似,乾道七年(1171)十二月二十五日,"皇太子、领临安尹惇言本府直司三院狱空,上表称贺。令学士院降诏奖谕,推级等本府量行犒设"[2]。时任临安府尹所书跋语,均著录于《咸淳临安志》相关条目之中。又据《宋会要辑稿》:嘉泰二年(1202)正月十五日,"司农少卿、兼知临安府丁常任言本府狱空,诏令学士院降诏奖谕"[3]。嘉泰四年(1204)七月七日,"试太府卿、兼知临安府王辅之言本府狱空"[4]。开禧二年(1206)二月十二日,"直宝谟阁、权发遣临安军府事赵善防言本府狱空,诏令学士院降诏奖谕"[5]。嘉定十一年(1218)正月十六日,"直徽猷阁、兼知临安府程覃言本府狱空,诏令学士院降诏奖谕"[6]。嘉定十六年(1223)六月六日,"太府卿、兼权户部侍郎、兼知临安府袁韶言本府狱空,诏令学士院降诏奖谕"[7]。《宋会要辑稿》所录敕文均与《临安志》相合,然而,《临安志》保

---

1 《咸淳临安志》卷40《诏令一·国朝·孝宗皇帝》,第400页。
2 《宋会要辑稿》刑法4之90,第14册,第8498页。
3 《宋会要辑稿》刑法4之90,第14册,第8498页。
4 《宋会要辑稿》刑法4之90,第14册,第8498页。
5 《宋会要辑稿》刑法4之91,第14册,第8499页。
6 《宋会要辑稿》刑法4之92,第14册,第8500页。
7 《宋会要辑稿》刑法4之92,第14册,第8500页。

留之胡与可、张构恭、韩彦质、袁说友、朱晞颜、丁常任、王补之、赵善防、程覃、袁韶、赵与𥲤、颜颐中、赵与懽、赵与𡥉等守臣跋文，皆为《宋会要辑稿》所不及。同时，亦有部分守臣跋语所言狱空事迹，不见于其他史籍。如淳熙元年（1174）十二月，"守臣胡与可谨记曰：淳熙元年十二月戊午，临安府三院狱空，敬援旧章以闻。越翼日，蒙赐玺书奖谕"[1]。庆元五年（1199）十一月，"守臣朱晞颜恭跋曰：皇帝即祚之五年秋八月，臣以驽材叨贰冬卿。明年夏六月，蒙上推择，使待罪辇毂之下。十有一月，囹圄适空，参考故实，以甲辰闻奏。丙午，有诏赐臣晞颜"[2]。此外，又有绍定元年（1228）四月守臣袁韶跋，淳祐元年（1241）十月、淳祐十一年（1251）正月守臣赵与𥲤跋，咸淳五年（1269）正月、咸淳六年（1270）正月、咸淳七年（1271）正月守臣潜说友跋等所记狱空事迹不见于他书，从而凭借临安一隅之丰富史实，为还原南宋狱空原貌提供了参照。

四　提刑司

提点刑狱司本为转运属官，景德四年（1007）始自转运司析出，别为一司。[3] 宋代诸路提点刑狱司负有向中央奏报所属府、州、军、县狱空事迹之职责。如大中祥符七年（1014）十月己卯，河北提点刑狱司言"博州狱空百三十九日。宰相言天下奏狱空者无虚月，唯此奏日数稍多，上特令降诏奖之"[4]。天禧五年（1021）六月辛亥，"京西提点刑狱司言河南府狱空，诏奖判府事王钦若"[5]。大观三年（1109）二月十四日，前淮南东路提点刑狱公事

---

[1] 《咸淳临安志》卷40《诏令一·国朝·孝宗皇帝》，第401页。
[2] 《咸淳临安志》卷41《诏令二·国朝·宁宗皇帝》，第403页。
[3] 林瑞翰：《宋代政治史》，正中书局，1989，第442页。
[4] 《续资治通鉴长编》卷83"真宗大中祥符七年十月己卯"，第1900页。
[5] 《续资治通鉴长编》卷97"真宗天禧五年六月辛亥"，第2248页。

第十一章 狱 空　371

吴慈奏："前任本路管下州县申到自大观元年至二年六月终狱空月日、次数。又陕州奏大观元年二月州院、司理院、平陆等县狱空月日"，[1] 诏淮东提刑、陕州、平陆县及海州官吏赏赐有差。政和元年（1111）十二月十一日，朝散大夫、知解州上官行奏请著录京东、西路提刑任内所辖狱空事迹："'京东旧系重法地分，素号狱讼烦冗。昨来全路狱空，与一州一县狱空事体不同……伏望特降睿旨，付之信史。'从之。"[2] 政和年间，为全面、及时知悉地方狱空事迹，刑部曾多次奏请由提刑司逐月统计、奏报所辖州县狱空情况，以便朝廷逐月掌控州县狱空情况：

> （政和）二年五月十八日，刑部奏："知密州曹量奏：'窃见诸路州县凡有狱空，自来未尝奏闻，欲乞今后令逐路提刑司据州县申到狱空去处，每月类聚奏闻，庶使无留刑禁，罪辜获免淹系。'刑部欲依本官奏乞事理行下。"从之。[3]
>
> （政和）四年十一月二日，刑部奏："淮南东路提点刑狱司申，据高邮知县状，具到狱空次数。本部看详，州县狱空，理当立法，令申提刑司类聚，月终奏闻。诏依。今据修下条：诸州县狱空并申提点刑狱司类聚，月终以闻。"[4]

不宁唯是，诸路提刑司除统计、奏报辖内狱空外，还肩负管理地方治安、司法、狱政之责，是造就诸路狱空的主导力量。部分良吏理政有方，辖区得以狱空频现。徽宗时，任谅提点京东刑狱，"梁山泺众流所汇，渔其中者，旧无名籍，肆为奸偷，不可搜剔。谅伍其家，刻其舟。非有籍不得

1　《宋会要辑稿》刑法4之87，第14册，第8494页。
2　《宋会要辑稿》刑法4之87，第14册，第8495页。
3　《宋会要辑稿》刑法4之87，第14册，第8495页。
4　《宋会要辑稿》刑法4之87，第14册，第8495页。

辄入，属县地犬牙其间者，镵石为表，盗发不得抵谰，违地界，故微捕尤力，盗不得起，郡邑屡以狱空告"[1]。据《夔州路提点刑狱张君墓志铭》：高宗时，张桅［绍兴二年（1132）进士］任夔州提点刑狱公事，"于狱事尤切切，首下教禁戢四事：拷掠无得过数，系始无事踰律，讯问必躬临，疾病必以实合。一路之狱，凡六十有五，禁囚百三十事，令下才阅月，以狱空闻者三十八所"[2]。

由于京城诸狱时常奏报狱空，促使朝廷开始更多关注地方狱政，提刑司则成为贯彻中央政令的关键所在。据大观元年（1107）八月七日《监司分诣所部决狱御笔》："可令监司分诣所部，虑囚决狱。其或淹延不治，留禁无辜，即劾按以闻。庶几囹圄之空，偏及天下。"[3] 南渡以后，提刑司监察、统计、奏报狱空的职能受到朝廷格外重视。绍兴三十一年（1161）五月甲申，大理寺狱空。高宗与宰执问对之际，透露出对地方所司人选的高度关切："惟是诸路宪臣或不得人，则吏强官弱，民无所措，卿等宜思革此弊。"[4] 实践中，提刑司汇集、申报所辖州县狱空事迹不在少数，隆兴二年（1164）五月，"荆湖北路提点刑狱公事富元衡言本路狱空"[5]。同年十月，"福建路提点刑狱公事任尽言〔言〕本路狱空"[6]。宁宗嘉泰初，"诏诸宪台，岁终检举州军有狱空并禁人少者，申省取旨"[7]。

---

[1] （宋）张镃：《皇朝仕学规范》卷17《莅官》，书目文献出版社，1988（北京图书馆古籍珍本丛刊，第68册），第608页下。

[2] （宋）张栻：《新刊南轩先生文集》卷39《墓铭·夔州路提点刑狱张君墓志铭》，四川大学古籍研究所编：《宋集珍本丛刊》影印明嘉靖刻本，第60册，线装书局，2004，第225页上。

[3] （宋）佚名编：《宋大诏令集》卷202《政事五十五·刑法下·监司分诣所部决狱御笔》，中华书局，1962，第751页。

[4] 《建炎以来系年要录》卷190"绍兴三十一年五月甲申"，第3387页。

[5] 《宋会要辑稿》刑法4之89，第14册，第8497页。

[6] 《宋会要辑稿》刑法4之89，第14册，第8497页。

[7] 《宋史》卷200《刑法二》，第4995页。

五　府州军

　　与宋代地方行政层级相对应，府、州、军等亦是奏报狱空的重要机构。淳化二年，吴元载知成都府事，"从晨至暮，案牍盈箱，公躬览悉周，全亡倦色，讵容势援，是枉皆原，因得囹圄时空，居人安堵"[1]。冯拯知河南府时，曾出现连年狱空、鸠巢其户的特殊景象。据《续资治通鉴长编》：大中祥符六年（1013）二月甲戌，"诏奖知河南府冯拯等，狱空故也"[2]。大中祥符七年（1014）四月癸亥，"河南府狱空，有鸠巢其户，生二雏"[3]。与此时"鸠巢其户"类似的瑞兆事例，曾发生于唐开元年间。玄宗开元二十五年（737）七月己卯，大理少卿徐峤奏："'大理狱院，由来相传杀气太盛，鸟雀不栖，今有鹊巢其树。'于是百官以几致刑措，上表称贺。"[4] 显然，此次狱空强烈表达了宋人对于"几致刑措"盛世景象的希冀与想象。据《宋史·杨绘传》：杨绘知兴元府，"在郡狱无系囚"[5]。《天章阁待制杨公墓志铭》又曰："奏课第一，徙知兴元府。未期年，狱空者二百八十余日。"[6] 其事迹可以视作宋代知府留心狱事之典型。

　　与京城狱空相类，诸州、军奏报狱空事例亦不胜枚举。景德二年（1005）正月戊午，右正言、直史馆张知白言"江南诸州，惟袁州有盗二人未获，余郡皆狱空"[7]，几近天下无狱。大中祥符元年（1008）七月，

---

[1] 郭茂育、刘继保编著：《宋代墓志辑释》，中州古籍出版社，2016，第101页。
[2] 《续资治通鉴长编》卷80 "真宗大中祥符六年二月甲戌"，第1818页。
[3] 《宋史》卷8《真宗纪三》，第156页。
[4] （宋）司马光编著，（元）胡三省音注：《资治通鉴》卷214 "玄宗二十五年七月己卯"，中华书局，1956，第6830页。
[5] 《宋史》卷322《杨绘传》，第10448页。
[6] （宋）范祖禹撰，贾二强等校点：《太史范公文集》卷39《墓志铭·天章阁待制杨公墓志铭》，北京大学《儒藏》编纂与研究中心编：《儒藏》（精华编219），北京大学出版社，2014，第530页。
[7] 《续资治通鉴长编》卷59 "真宗景德二年正月戊午"，第1311页。

"兖州狱空，司理参军郭保让扫除其间，得芝四本"[1]。此事记入《宋史·五刑志》，与大量芝草瑞异并列。由于狱中生芝者仅此一例，郭保让亦赖此意外留名。大中祥符五年（1012）十二月己卯，"知天雄军寇凖言狱空，诏奖之"[2]。天禧四年（1020）七月戊辰，"判杭州王钦若酒榷增羡、狱空，诏奖之"[3]。石辂［熙宁二年（1069）卒］知虔州，"治不烦而威甚行，三狱为空"[4]。宣和五年（1123）十一月二十六日，河阳元绍直言："'本州两狱并无见禁公事，各是狱空。'奉诏特许支破系省钱，赐宴犒设官吏。"[5] 南宋州、军奏报狱空事迹大量涌现，尤以孝宗朝为甚。如隆兴元年（1163）五月，"知盱眙军周琮言本军狱空"[6]。隆兴二年（1164）五月，"知荆门军胡俦言本军狱空"[7]。乾道五年（1169）二月二十二日，"知扬州莫濛言本州狱空"[8]。同年六月四日，"知庐州郭振言本州狱空"[9]。乾道八年（1172）正月，"知荆门军胡俦言本军狱空"，次年二月六日，胡俦再奏本军狱空。[10] 而知赣州洪迈则在乾道八年（1172）二月、十一月及乾道九年（1173）二月七日，先后三次奏报本州狱空。[11] 需要警惕的是，大量存在或反复申奏的狱空事迹，难免呈现狱空司空见惯的幻觉。其实，具体至地方州府，真实存在的狱空实属罕见。据文天祥《吉州右院狱空记》记载，吉州右司理院曾于理宗开庆元年（1259）五月、九月及次年五月三次狱空，而这三次狱空，均被认为与吉州司理严陵洪松龙存在联系："君书三考，候

1　《宋史》卷63《五行二上》，第1389页。
2　《续资治通鉴长编》卷79 "真宗大中祥符五年十二月己卯"，第1809页。
3　《续资治通鉴长编》卷96 "真宗天禧四年七月戊辰"，第2207页。
4　国家图书馆善本金石组编：《宋代石刻文献全编》（第2册），北京图书馆出版社，2003，第635页上。
5　《宋会要辑稿》刑法4之89，第14册，第8497页。
6　《宋会要辑稿》刑法4之89，第14册，第8497页。
7　《宋会要辑稿》刑法4之89，第14册，第8497页。
8　《宋会要辑稿》刑法4之90，第14册，第8497页。
9　《宋会要辑稿》刑法4之90，第14册，第8498页。
10　《宋会要辑稿》刑法4之90，第14册，第8498页。
11　《宋会要辑稿》刑法4之90，第14册，第8498页。

代者未至，岁月有奇，狱空之事，其二在考内，其一在候代时。"同时，据当地长老传说，"自南渡百余年，惟乾道庚寅，嘉定甲申狱尝空"[1]。由此，可以对南宋时吉州狱空的时间轴线作如下梳理：乾道六年（庚寅，1170）、嘉定十七年（甲申，1224）、开庆元年（1259）和开庆二年（1260）。在一百三十三年之间，仅有狱空六次而已。一方面，宋代"实际狱空"似乎难于形成，另一方面，又见诸司频繁"妄奏狱空"，对此两种始终并存司法现象之评判，应保持必要的审慎与警觉。

众多宋代官员履职州军，在传记、行状、墓志、神道碑等资料中，保留了大量与狱空有关的记载，为查明宋代州军司法实况提供了重要佐证。真宗时，张禹珪知澶州，"颇勤政治，以瑞麦生、狱空，连诏嘉奖"[2]。李仲芳〔淳化三年（992）进士乙科〕知汉阳军三年，"汉阳之狱空者二岁"[3]。大中祥符七年（1014），薛颜知杭州，"民讼益稀少，数以狱空闻上"[4]。因禀赋、学术、阅历不同，宋代州官理政一方，宽严急缓可谓各具特色。如晁宗恪〔熙宁二年（1069）卒〕、赵抃任职虔州之际，分别采取"勤政"与"自治"两种截然不同的治理路径，却均呈现辖内狱空景象。据《光禄少卿晁（宗恪）公墓志铭》："其为虔州，州近盐，多盗与讼，公至，修弛废，督奸强，威信盛行，盗不敢发，而狱无系囚。"[5] 赵抃知虔州，"虔素难治，抃御之严而不苛，召戒诸县令，使人自为治。令皆喜，争尽力，狱以屡空"[6]。与晁宗恪治虔相似，赣州纠曹赵必健〔嘉定十年（1217）进士〕也通过加速处置积

---

[1]（宋）文天祥：《文山先生全集》卷12《吉州右院狱空记》，四川大学古籍研究所编：《宋集珍本丛刊》影印明嘉靖刻本，第88册，线装书局，2004，第665页。

[2]《宋史》卷261《张铎传》，第9048页。

[3]《欧阳修全集》卷24《居士外集24·墓表八首·尚书屯田员外郎李君墓表》，第372页。

[4]（宋）刘攽撰，逯铭昕点校：《彭城集》卷36《神道碑·宋故中大夫守光禄卿分司西京上柱国河东郡开国侯食邑一千三百户赐紫金鱼袋薛公神道碑》，齐鲁书社，2018，第945页。

[5]（宋）曾巩撰，陈杏珍、晁继周点校：《曾巩集》卷46《志铭十五首·光禄少卿晁公墓志铭》，中华书局，1984（中国古典文学基本丛书），第630页。

[6]《宋史》卷316《赵抃传》，第10322—10323页。

案，"平反剖决，数月狱空，州人谓旷百年未见"[1]。王必成［嘉定十四年（1221）卒］为南剑理掾，"俗狠刑繁，君至剖谳无滞，再考狱空，州人以为异事"[2]。与上述能吏有所不同，神宗朝杨景略治苏和许将治郓则以教化风俗、规劝导引为主。《龙图阁待制知扬州杨公墓志铭》：杨景略［治平二年（1065）进士］"到苏未数月，狱无系者。议者以为自孙冕在镇日尝狱空，逮今八十年复见杨公矣"[3]。《宋史·许将传》：元丰中，"又改郓州，上元张灯，吏籍为盗者系狱，将曰：'是绝其自新之路也。'悉纵遣之，自是民无一人犯法，三圄皆空。父老叹曰：'自王沂公后五十六年，始再见狱空耳。'"[4]巧合的是，上述两则史料采取了异常类似的书写方式，遂使郓、苏二州前任长官狱空政绩得以昭示。据《吴郡志》："孙冕，太中大夫、行书礼部郎中、直史馆，天圣。"[5]《舆地纪胜》："孙冕，新淦人，擢雍熙第，后守苏州。"[6]由此，《杨景略墓志》所言孙冕狱空事，当在仁宗天圣年间。又据《宋史·王曾传》：景祐二年（1035），王曾"拜右仆射兼门下侍郎、平章事、集贤殿大学士，封沂国公"[7]。《续资治通鉴长编》：景祐四年（1037）四月甲子，"右仆射、兼门下侍郎、平章事王曾罢为左仆射、资政殿大学士、判郓州"[8]。宝元元年（1038）十一月戊午，"郓州言资政殿大学士、左仆射王曾卒"[9]。由此，王沂公狱空事迹当在此间。

部分州县长吏若体恤民瘼，嘉惠地方，深受百姓爱戴，乃有乡祠之荣。

1　《刘克庄集笺校》卷160《英德赵使君》，第6267页。
2　《刘克庄集笺校》卷148《墓志铭·王翁源》，第5858页。
3　《苏魏公文集》卷56《墓志·龙图阁待制知扬州杨公墓志铭》，第851页。
4　《宋史》卷343《许将传》，第10908—10909页。
5　（宋）范成大纂修，汪泰亨等增订：《吴郡志》卷11《题名·本朝牧守题名》，中华书局编辑部编：《宋元方志丛刊》，中华书局，1990，第770页上。
6　（宋）王象之编著，赵一生点校：《舆地纪胜》卷34《江南西路·新淦县·人物》，浙江古籍出版社，2012，第1097页。
7　《宋史》卷310《王曾传》，第10185页。
8　《续资治通鉴长编》卷120"仁宗景祐四年四月甲子"，第2826页。
9　《续资治通鉴长编》卷122"仁宗宝元元年十一月戊午"，第2886页。

杨景略"去之日，吴人遮道泣涕。及卒，扬人思之不已，举州为之设浮屠斋，又建祠堂于龙兴佛舍，拜泣其下。虽古所谓遗爱不过是也"[1]。程师孟[景祐元年（1034）进士]临治五镇，"断正滞讼，辨活疑罪，盖不可胜计。所至之地，囹圄空虚，道不拾遗。既去，民为立祠，刊石颂德"[2]。许汾知邓州，"在镇四年，一路狱空者八十县，邻路饥流，诏公赈济，全活饥民二万六千九百有奇。去之日，百姓遮道拜泣，比之召父杜母，而立祠于堂"[3]。刘唐工[宣和元年（1119）卒]知嘉州，"郡狱屡空，阅三岁，纔一决死刑。邦人德之，为立生祠"[4]。何逢原[乾道四年（1168）卒]知嘉州，"犴狱屡空，罢行估，不一毫市于民。去之日，阖境交送，攜扶填拥，至不得行。有然香于臂以祝者，且曰：'自有汉，嘉无此贤使君。'祠于佛舍，至今奉之"[5]。南宋名臣王十朋历知饶、湖、夔、泉四州，"事至立断，其甚不得已乃推鞫，亦不淹系，故狱屡空……泉人闻公丧，会哭于开元僧舍，又立祠堂以事之。近世为政得人心，未有如公比者"[6]。可见，任内狱空是地方官赢得尊重与追念的关键因素之一，也是宋代官吏实施基层社会治理政绩的重要表现。

六 诸县

县官职级卑微，往往难于跻身史册。在《宋史》《续资治通鉴长编》《宋

---

[1] 《苏魏公文集》卷56《墓志·龙图阁待制知扬州杨公墓志铭》，第851页。

[2] （宋）龚明之撰，张剑光整理：《中吴纪闻》卷3"程光禄"，朱易安、傅璇琮等主编：《全宋笔记》（第3编，第7册），大象出版社，2008，第213页。

[3] （宋）佚名：《新编翰苑新书·前集》卷45《安抚使》"活饥民二万六千"，书目文献出版社，1988（北京图书馆古籍珍本丛刊，第74册），第369页。

[4] 周峰编：《贞珉千秋——散佚辽宋金元墓志辑录》，甘肃教育出版社，2020，第84页。

[5] 《宋王忠文公文集》卷16《志铭·何提刑墓志铭》，第44册，第82页下。

[6] （宋）汪应辰：《汪文定公集》卷12《志铭·龙图阁学士王公墓志铭》，《宋集珍本丛刊》影印清钞本，第46册，线装书局，2004，第117页下—118上。

会要辑稿》《文献通考》等基本书献中，关于诸县狱空的单独记录难觅其踪，幸赖部分方志存留若干信息，为查明宋代县司狱空提供了线索。县官有狱空等卓行义举者，亦可成为宰治地方之典范。《宝祐仙溪志》：神宗时，陈次升知密州安丘县，"时州从事摄政，告以系囚颇众，当斥大狱屋。公曰：'子不教我期于无刑，乃教我广狱耶？'未几，从事到县而狱空，于是叹服"[1]。《宝祐重修琴川志》：冷世修［绍兴十八年（1148）进士］"调秀州崇德县簿，太守张瑜异之，移摄理掾，狱屡空，知泰州兴化县"[2]。更为重要的是，因部分墓志著录个别县官治狱的若干片段，基层狱空实况乃不至湮灭，并勾勒出宋代基层官僚理政一方、勤于狱事的社会图景。如知南京宋城县签书蔡修［嘉祐八年（1063）卒］，"其治宋城，诱復逃民以万数，而狱犴屡空"[3]。《吴国夫人陈氏墓志铭》：陈氏之父陈向为开封令，"有能名，未满岁，奏圄空者三。神宗以为材，将用之，擢尚书度支员外郎"[4]。《萧景修墓志》：萧景修［元符三年（1100）卒］历任临贺尉、平南令、知符离县等，"为吏不苟简，必令中法律，得民情。以算捕盗，或踰年，盗不发，狱屡空"[5]。《吴子正墓志铭》：徽宗时，吴思［大观元年（1107）卒］知池州建德县，"君始至，大

---

[1]（宋）赵与泌修，黄岩孙纂：《仙溪志》卷4《宋人物》，中华书局编辑部编：《宋元方志丛刊》，中华书局，1990，第8317页上。按：元泰定甲子（1324）陈士壮《待制陈公行实》记作："时州从事摄政，及公下车，从事首告公以此邦狱讼最繁，当帣大狱宇。公曰：'子何不教我以无刑，乃教我广狱耶？'卒不听，公一绾县章，以忠和恺悌为政，民讼于庭者案牍相衔，公以理开晓之，皆心服而去。踰月，从事行县而圄空，于是叹服。"（宋）陈次升：《说论集》卷5附《待制陈公行实》，《景印文渊阁四库全书》（第427册），台湾商务印书馆股份有限公司，1986，第378页下—379页上）《宋史》卷346《陈次升传》仅言"第进士，知安丘县"，不及狱空事。

[2]（宋）宋应时纂修，鲍廉增补，（元）卢镇续修：《琴川志》卷8《叙人·人物》，中华书局编辑部编：《宋元方志丛刊》，中华书局，1990，第1230页下。

[3] 郭茂育、刘继保编著：《宋代墓志辑释》，第297页。

[4]（宋）汪藻撰，（清）孙星华辑：《浮溪集》卷28《吴国夫人陈氏墓志铭》，新文丰出版公司，1985（丛书集成新编，第63册），第94页。

[5]（宋）黄庭坚撰，刘琳、李勇先、王蓉贵校点：《黄庭坚全集·别集》卷10《墓志铭·宋故通直郎河东转运司勾当公事萧君子长墓志铭》，四川大学出版社，2001，第1661—1662页。

兴学校，劝农桑，教民力，本岁余邑大治，迄去，狱无系囚，民到于今颂之"[1]。李晟［宣和二年（1120）卒］知阴平县，"公到，无敢以非理犯者，囹圄屡空，宪司上其事，郡守蒙奖诏，而公被赏"[2]。南渡以后，有关县内狱空的记录仍时常见诸宋人墓志，且在著录标准和行文习惯方面，与北宋志传保持高度一致。据《林伯和墓志铭》：乾道六年（1170），林鼐知福州侯官县，"刑狱使武吏，素不相得，擒县胥移问，怒拍案，声出厅屋。伯和徐答，报不能屈，滋怒。一日突入县虑囚，值其狱空而去"[3]。《朝奉郎权发遣大宁监李君墓志铭》：李炎震［淳熙十一年（1184）进士］"移宰资阳，裁听健决，狱无系囚，邑人称之"[4]。《通判恭州江君墓志铭》：江介［淳熙十年（1183）卒］任进贤县令、知永兴县时，"于听讼折狱，察见底蕴，而风喻开诱，卒多归于仁恕。所治两邑，狱空皆岁余"[5]。《提刑徽猷检正王公墓志铭》：王回［绍熙三年（1192）卒］任永康县尉，"行以勤恕，囹空四五"[6]。

诸县狱空又是观测宋代地方社会民风里俗的重要标识，以陆九渊《宜章县学记》为例，经朝廷和地方的资助，宜章县学延揽生员，开坛设教，"异时斗争夺攘，惰力侈费之习，廓然为变。忠敬辑睦，尊君亲上之风，蔼然为兴。牒诉希阔，岸狱屡空……兹土之乐，中州殆不如也"[7]。南宋名臣刘克庄

---

[1] （宋）杨时：《龟山先生全集》卷30《志铭一·吴子正墓志铭》，四川大学古籍研究所编：《宋集珍本丛刊》影印明万历十九年林熙春刻本、傅增湘校，第29册，线装书局，2004，第520页上。

[2] 郭茂育、刘继保编著：《宋代墓志辑释》，第485页。

[3] （宋）叶适：《水心先生文集》卷15《墓志铭·林伯和墓志铭》，四川大学古籍研究所编：《宋集珍本丛刊》影印明正统刻本，第66册，线装书局，2004，第524页下。

[4] （宋）魏了翁：《重校鹤山先生大全文集》卷71《墓志铭·朝奉郎权发遣大宁监李君（炎震）墓志铭》，四川大学古籍研究所编：《宋集珍本丛刊》影印明嘉靖铜活字印本，第77册，线装书局，2004，第386页下。

[5] 刘永翔、朱幼文校点：《晦庵先生朱文公文集》卷92《墓志铭·通判恭州江君墓志铭》，（宋）朱熹撰，朱杰人、严佐之、刘永翔主编：《朱子全书》（第25册），上海古籍出版社、安徽教育出版社，2002，第4263页。

[6] （宋）杨万里撰，辛更儒笺校：《杨万里集笺校》卷125《墓志铭·提刑徽猷检正王公墓志铭》，中华书局，2007，第4857页。

[7] （宋）陆九渊：《象山先生文集》卷19《记·宜章县学记》，四川大学古籍研究所编：《宋集珍本丛刊》影印明正德刻本，第64册，线装书局，2004，第54页下。

知建阳县任满时，曾撰祝文曰："某来无异绩，去无遗爱。然三年之内，囹空讼少，吾民不识水旱，神之赐也。秩满当去，稽首祠下。"[1] 此为本人亲述，当非溢美之词。总之，狱空绝非独立存在，特定时期、特定区域经济、文化、治安、司法、风教、信仰等社会因素，均对狱空的形成发挥着强烈支配作用，而狱空又往往折射出地方社会的众生百态。

宋代诸司狱空事迹对辽、金政权产生直接影响，任内所辖狱空，同样被作为良吏治迹载入史册。据《辽史·耶律玦传》：咸雍初，耶律玦兼北院副部署。"及秦国王为西京留守，请玦为佐，从之。岁中狱空者三。"[2] 重熙十六年（1047），耶律仆里笃"知兴中府，以狱空闻"[3]。姚景行为上京留守，"不数月，以狱空闻"[4]。另据《朝散大夫同知东平府事胡公神道碑》，金章宗时，胡景崧为大兴推官，"莅职不三月，以狱空闻，诏锡宴以宠之"[5]。《大金故岢岚刺史侯公墓志铭》记，泰和年间，坊州刺史侯大中所辖"狴犴为空，省降钱一十万以旌其治"[6]。凡此种种，可证宋廷与辽、金在狱讼典制层面之融通与互鉴。

第二节　断绝狱空故事因革

宋代司法实践中，逐步形成了一系列适用于狱空领域的通例性规则，谓之"狱空故事"。据《文献通考》记载："故事，法司断绝，必宣付史馆狱

---

[1]《刘克庄集笺校》卷135《祝文九十四首·辞诸庙》，第5406页。
[2]（元）脱脱等：《辽史》卷91《耶律玦传》，中华书局，2016（点校本二十四史修订本），第1502页。
[3]《辽史》卷91《耶律仆里笃传》，第1503页。
[4]《辽史》卷96《姚景行传》，第1544页。
[5]（金）元好问撰，（清）张穆校：《元遗山先生集》卷17《碑铭表志碣·朝散大夫同知东平府事胡公神道碑》，新文丰出版公司，1997（丛书集成三编，第38册），第359页。
[6] 何新所编著：《新出宋代墓志碑刻辑录·南宋卷》（七），文物出版社，2019，第82页。

空,降诏奖谕,或加秩赐章服。"[1] 可见,宋代结绝、狱空"故事"主要包括宣付史馆、降诏奖谕、加秩赐服三项。此外,实践中存在与结绝、狱空有关的其他惯例性规则,如臣僚表贺、撰述跋文、起建道场等。结绝、狱空领域"故事"的形成、厘革与运行,成为证成宋代惯例性规则嬗变与运行的绝佳例证。

一 断绝公事

关于宋代狱空的讨论,必然涉及"结绝"之制,二者前后相继,相伴而生。因此,如欲查明狱空法律程序,有必要先对结绝进行剖析。"断绝"又称"决断""结绝"等,意指宋代法司在特定时间清理存量案件的专项司法活动。陈次升《上哲宗乞立限疏决疏》曾对宋代断绝之法的设立初衷有如下表述:

> 臣恭惟祖宗以来,至仁之政,敷锡庶民,好生之德,哀矜庶狱。方夏之暑雨,冬之祁寒,禁刑虑有淹延,累囚困苦,故立断绝之法。熙宁间,又令刑法官吏并赴中书省,勒宿立限断案,中书得案,即降指挥,顷刻无留,人实被赐。[2]

显然,限期结绝积案是处置刑狱淹滞的重要举措,而案件处置完毕,即可在特定时段出现狱空。元丰年间是宋代断绝之法变革的重要历史阶段,元丰五年(1082)七月壬午,废除大理寺官赴中书省谳案旧例,诏"自今

---

[1] (宋)马端临著,上海师范大学古籍整理研究所、华东师范大学古籍研究所点校:《文献通考》卷167《刑考六·刑制》,中华书局,2011,第5010页。
[2] 《谠论集》卷1《上哲宗乞立限疏决疏》,第335页下。

每岁一次，本寺以见在案尽数断绝，上中书取旨。"[1] 大理寺每年一次定期处置现存积案，遂成定制。南宋曾多次对结绝时间和断绝次数进行调整，绍兴元年（1131）六月二十四日，据都省言："未经宰相呈押者，（如谓刑部、大理寺申断绝之类。）并类聚，每月单具事目，呈宰相请笔。"[2] 南宋一度每年分上、下半年两次断绝狱案，庆元四年（1198）十月三日，大理司直富珆言："'大理寺狱案，乞今后从本寺於逐季仲月定日断绝。'从之。"[3] 由此，每年仍旧四次断决。特殊情况下，如在限期内无法断绝狱案，可奏请暂定断绝，延期处置。孝宗隆兴二年（1164）十二月十二日，大理寺申奏，因受假日影响，断绝期限减半，"'见在刑寺公案已入住断条限，即难以再行排日断绝。今欲将应见在寺并已断上朝省未得指挥狱案住断。候赦，依条限定断施行。'从之"[4]。此外，宋代已经形成规范的断绝奏报仪式，《宋会要辑稿·礼八》曾记朝贺礼仪中刑部尚书奏报刑狱断绝仪轨：

> 次引刑部尚书俛伏，跪，奏称："刑部尚书臣某言：天下断绝，请付史馆。"俛伏，兴，躬。侍中前承旨，退，西向曰"制可"，侍中复位。舍人曰"拜"，刑部尚书再拜，赞祗候，还本班。（无即不奏。太史令同。）[5]

宋代断绝和狱空之间关系异常密切，开封府、大理寺（元丰置狱后）等

---

1 《续资治通鉴长编》卷328"神宗元丰五年七月壬午"，第7891页。
2 《宋会要辑稿》职官3之35，第5册，第3053页。
3 《宋会要辑稿》职官24之42，第6册，第3678页。
4 《宋会要辑稿》职官24之27，第6册，第3670页。
5 《宋会要辑稿》礼8之14，第2册，第649页。

第十一章 狱　空　383

机关依照时限断绝，是奏报狱空之前提要件。[1] 元丰五年（1082）三月庚子，知开封府王安礼言："'司录司狱空外，有左右军巡院狱案皆已断绝，止有见禁罪人丁怀等公案已奏及在纠察司。望责近限审录及约法断遣，所贵三院皆狱空。'从之。"[2] 元丰六年（1083）十月乙酉，朝奉郎、试大理卿杨汲试刑部侍郎。"初，汲言大理寺断绝狱空，诏付史馆，因有是命。"[3] 政和五年（1115）三月狱空奖谕诏敕，则充分说明了结绝与狱空之间的关系："已降处分，开封府限三日结绝公事。今两狱奏空，其官吏究心公事，依应批旨，即日奏上，颇见宣力，可依昨狱空例推恩。"[4] 值得警惕的是，政和年间出现了为求得狱空而催促有司结绝狱案的不良动向。政和六年（1116）十二月六日，太师、鲁国公蔡京言："'伏觇开封尹王革奏，奉诏，开封府见禁公事稀少，仰催促结绝，冬祀前奏狱空。十月二十九日，据左右狱等处公事并已断绝，即日狱空。'诏许称贺。"[5] 政和七年（1117）四月三日，开封府尹王革又奏："奉诏，开封府见禁公事稀少，可催促奏狱空。"[6] 诸司行事，自有体例。此类本末倒置的人为干预行径，势必对宋代司法产生严重负面影响。为在限内完成结绝、狱空任务，法司采取草率断绝、转移系囚等舞弊行为自当难以避免。

---

[1] 按：季怀银认为："无狱机关的清理——'断绝之制'，与对有狱机关的清理——'狱空之制'，二者之间存在显著差异：无狱机关包括刑部、审刑院和大理寺左断刑，这些机构内部不设监狱，而只负责审判地方或京师地区上报的案件。为防止这些上奏案件淹延不决，宋政府对这些机构规定了定期或不定期的断绝制度。而设有监狱的机关，包括中央大理寺右治狱、京师开封府（南宋临安府）和地方州县。这些有监狱的机关将案件全部清理完毕，以至狱内空无一人，就叫作'狱空'。"（参阅季怀银《宋代清理"留狱"活动述论》，《中州学刊》1990年第3期，第112—113页）一般断绝诏敕确实向审刑院、刑部和大理寺下达，但是，作为有狱机关，开封府和大理寺在元丰置狱以后，均可同时适用结绝、狱空两项规则。
[2]《续资治通鉴长编》卷324"神宗元丰五年三月庚子"，第7805页。
[3]《续资治通鉴长编》卷340"神宗元丰六年十月乙酉"，第8185页。
[4]《宋会要辑稿》刑法4之87，第14册，第8495页。
[5]《宋会要辑稿》刑法4之89，第14册，第8496页。
[6]《宋会要辑稿》刑法4之89，第14册，第8496页。

二 奏报表贺

结绝、狱空以后，开封府或临安府、大理寺及路、州、府、军等应向朝廷奏报相关信息，经刑部、御史台验实无误，朝廷颁降奖谕诏敕。宋代臣僚表贺断绝、狱空传统由来已久，据《宋会要辑稿》：天禧五年（1021）二月甲寅，知审刑院宋绶言，"得详议官尚霖等状，诸州刑奏并断毕，无留牍。诏奖绶等，仍赐缗钱，宣付史馆，群臣上表称贺。其后，奏断绝赐缗钱，付史馆如例，而不常表贺"[1]。可见，晚至天禧年间，群臣表贺断绝、狱空事例即已存在，其后表贺惯例或曾出现暂时搁置。至徽宗政和年间，又有大量表贺事例复行于世。如政和六年（1116）三月十日，"以开封尹奏上元之夕狱空，及路不拾遗，太师蔡京等拜表称贺"[2]。按照流程，应由开封府尹奏报狱空事项，据赵鼎臣《代开封尹奏获到阑遗物札子》：

> 臣契勘乃者上元之夕，天府狱空，及兵民以阑遗之物献于楼下。陛下幸听群臣班贺，且命有司书之于史矣。距今才一月日，而本府左右狱相继再空，并自闰正月十八日后来，军民李青等凡若干人，节次以所获阑遗金银、驴马、缗钱等物输之于官，不敢有隐，推原踪迹，事状甚明。[3]

札子详细记述开封府先后两次狱空、军民傅质等拾金不昧，以及妇人郑氏照管迷童郭宜哥等事。同时，反复颂扬徽宗至仁盛德，社会风俗醇厚。朝

---

[1] 《续资治通鉴长编》卷97"真宗天禧五年二月甲寅"，第2241页。
[2] 《宋会要辑稿》仪制7之3-4，第4册，第2421页。
[3] （宋）赵鼎臣：《竹隐畸士集》卷9《札子·代开封尹奏获到阑遗物札子》，《景印文渊阁四库全书》（第1124册），台湾商务印书馆股份有限公司，1986，第181页下。

廷颁诏奖谕后，群僚可上表称贺。太师蔡京等贺表今虽不存，王安中《贺上元开封狱空及路不拾遗表》则可印证此次臣僚表贺的基本情况。[1] "狱空有奉表称贺之礼，有降诏奖谕之文。"[2] 君主有权诏免狱空表贺，人臣受奖则须致以谢忱。宋代有司长官狱空谢表，可通过傅察《代少尹谢狱空奖谕表》知其一二：

> 佐天府之浩穰，初乏微劳。奉圣书之温纯，遽叨睿渥。（中谢）伏念臣性资巽耎，学术迂疏，误辱简知，荐更器使。区区自效，惭窃位以素餐。断断无能，但因人而成事。方唐虞推好生之治，而赵张著良吏之称。务教化而省禁防，人自重于犯法，行宽大而禁苛，暴物不陷于无辜。岂特囹圄之空虚，固已奸邪之销释在于蕞尔，蔑有称焉。敢谓至仁，亦蒙善奖。恩重丘山之赐，褒逾黼黻之荣。蔀屋生辉，汗颜有腼。此盖伏遇皇帝陛下匿瑕忘过，录善使能，视民如伤，欲遂措于刑罚。班赏无吝，俾咸劝于事功。苟少效于涓埃，必曲形于纶綍。臣敢不仰遵圣训，俯激愚衷，勉以一心，庶尽公家之利。藏之什袭，永为私室之珍。[3]

上表称贺的核心在于，通过答谢狱空奖谕颂扬君主圣德。然而，群臣狱空表贺内容多为浮词谄语，专事献媚贡谀，荧惑主听。徽宗朝，慕容彦逢曾

---

[1] 按："臣某等言：国家闲暇，盛元夕之豫游。囹圄空虚，属神都之嘉靖。俗更敦于廉耻，义不取于堕遗。书信牍以有光，播缗区而交庆。（中贺）窃以周德厚成王之世，方底措刑。鲁邦闻孔子之风，遂无拾路。惟辇毂浩穰之旧，宜岁时抵冒之繁。今乃民协于中，罔干予正。至若货弃于地，不必已藏。盖摩义渐仁，亲覩圣人之作，故迁善远罪，首同大道之行。恭惟皇帝陛下，德与气游。政从纲举，有孚翼翼之邑，于变熙熙之台。月当春王正之中，殆无居者。人笃士君子之行，靡犯有司。狱无双方具备之辞，市有三日后举之物。赏亟行于象魏，威尽弛于桁杨。臣窃幸丁辰，共深归美，有耻且格，莫穷鼓舞之神。无疆惟休，但罄形容之颂。"［(宋)王安中：《初寮集》卷4《表·贺上元开封狱空及路不拾遗表》，四川大学古籍研究所编：《宋集珍本丛刊》影印清乾隆翰林院钞本，第33册，线装书局，2004，第223页下—224页上］

[2] 《宋会要辑稿》刑法4之90，第14册，第8498页。

[3] (宋)傅察：《傅忠肃公文集》卷上《表三十一首·代少尹谢狱空奖谕表》，四川大学古籍研究所编：《宋集珍本丛刊》影印清光绪刊本、傅增湘校，第39册，线装书局，2004，第382页下—383页上。

不厌其烦，作《刑部断绝狱案札子》数首，[1] 四库馆臣称其"以刑部狱空及天下奏案断绝具札称贺，至三四上，殊可嗤鄙"[2]。狱空贺表以阿谀奉承为能事，于理政治事毫无裨益，徒增臣僚进奉之费，君主省阅之劳。南渡以后，

---

[1] 按：《刑部断绝狱案札子》："恭惟皇帝陛下躬建皇极，心澄化源。德骏业隆，超冠古昔。甚盛之举，不可一二数。皆章明较著，垂休无穷。上帝博临，珍祥绍至。方将坐阳馆而颁治，登介丘以告成。时和岁丰，家给人足，薄海内外，欢忻交通。如在一堂之上，宜其民罔犯法，而秋官之廷无留谳，称庆于朝。矧天宁密迩，搜讲盛仪。百辟奉觞，异邦款塞。于焉刑措，孰不归仁。臣等备数典司，获与击壤之民，上祝亿万岁无疆之寿，不胜欢忻。鼓舞之至，谨具进呈。臣等伏觇本部自四月二十日拟断天下奏案尽绝，已具表称贺，仍乞宣付史官讫。恭惟皇帝陛下，以至德要道，纂隆圣绪。成功巍巍，同符尧禹。自中达于四方，万民乐业，家给人足，以故狱讼衰息。自凡奏谳之在秋官者，今已罄绝。闻太平刑措，实在兹时。臣猥司邦宪，亲逢盛事。获与击壤之民，共陶美化，不胜大幸。右臣等具到近五年断大辟数，逐岁递减，比政和上二年计减一半以上，此盖皇帝陛下盛德妙道，克配上帝。良法美意，永佑下民。由中及外，无有远迩。家给人足，化行俗成。以故狱讼衰息，几至刑措。臣等无任欢欣鼓舞之至，谨具进呈。臣等伏觇本部自三月十五日，拟断天下奏案尽绝，已具表称贺，仍乞宣付史官讫。恭惟皇帝陛下在躬清明，霽受众甫。天德地业，超冠古初。上帝博临，符瑞创见。岁丰家给，民有悓志。迁善远罪，罔或抵冒。以故邢用几措，而秋官以谳章罄绝，称庆于朝。太平之隆，光于载籍。臣等实司中典，亲逢盛际，无任欢呼鼓舞之至，谨录进呈。臣等伏觇本部，自某月日拟断天下奏案尽绝，已具表称贺，仍乞宣付史官讫。恭惟皇帝陛下，躬蕴道真，丕冒九有。盛德大业，超冠古初。格于皇天，休贶荐至。四民安生乐业，家给人足。以故迁善远罪，罔或抵冒。而秋官屡以时无留谳，称庆于朝。凡厥有知，孰不归圣。臣等亲逢盛事，获与群伦上祝亿万岁无疆之寿，不胜欢欣鼓舞之至，谨具进呈。臣等伏觇本部，自九月二十四日拟断天下奏案尽绝，已具表称贺，仍乞宣付史官讫。恭惟皇帝陛下，盛德妙道，高出唐虞。制作设施，自我作古。凡历世愿望而不克举者，今悉有成，大功巍巍，不可一二数。是以天地并祝，殊祥异瑞。载籍所未见者，踵闻于四方。时和岁丰，闾里之民，日用饮食，欣欣愉愉，咸有悓志。方且扶老携幼，瞻望华阙，乞诏清跸，登封告成。宜其风醇俗厚，迁善远罪而不犯于有司。太平若兹，孰谓无象。矧天宁在迩，聿修盛仪。百辟奉觞，异邦遣使。而秋官以谳章罄绝，称庆于朝，凡厥有知，孰不归圣。臣等亲逢盛事，无任抃蹈鼓舞之至。臣等伏觇本部，自九月九日拟断天下奏案尽绝，已具表称贺，仍乞宣付史官讫。恭惟皇帝陛下，配天立极，执古御今。凡法度礼乐，所以嘉惠天下者，出自独断，焕然一新。由中及外，无有远迩。风移俗易，民日迁善远罪。以故谳章几措，秋官论报，屡以罄绝闻。太平之隆，高越前古。臣等亲逢千载之期，不胜欢欣鼓舞之至。臣某等言：伏觇本部自九月一日，拟断天下奏案尽绝，已具表称贺，仍乞宣付史官讫。恭惟皇帝陛下，躬蕴道真，默该众妙。运精神，动心术，措诸事业，以嘉惠天下。太平之隆，超越唐虞三代之上。兹者归德穹昊，玉检推尊，极钦崇之精，意礼成之日。秋官以时无留谳，称庆于廷。群伦底豫，灵心昭答。和同天人，使之无间。其在今日，臣等备位攸司，亲逢盛事，获与击壤之民，上祝亿万岁无疆之寿。不胜欢呼鼓舞之至，谨具进呈。[（宋）慕容彦逢：《摘文堂集》卷10《札子·刑部断绝狱案札子》，《景印文渊阁四库全书》（第1123册），台湾商务印书馆股份有限公司，1986，第419页下—第421页上］又据慕容彦逢《代宰臣以下贺狱空及大理寺断绝表》："日蠲嘉靖，四陈囹圄之空。棘寺肃清，两奏简书之绝。臣邻归美，郡国告成，曾未涉于岁时，已屡编于史册。谓如盛阶，实掩前闻。臣（中贺）窃以治格熙淳，教化行而争讼息。俗跻富寿，衣食足而廉耻兴。乃形止辟之风，克副好生之德。恭惟皇帝陛下神机独运，圣学兼该。以文武之忧勤，有尧舜之孝悌。继志述事，动怀明发之心，布政施仁，每颁中出之诏。民咸远罪，用用措刑。矧当孟冬，甫临诞节。北邻修庆，西敌造朝。上奉万年之觞，共申善颂。下罔一夫之狱，昭示囚休。臣等均被宠恩，共膺荣禄，愿称燕雀之贺，庶殚葵藿之诚。"《摘文堂集》卷11《表·代宰臣以下贺狱空及大理寺断绝表》，第434页下—435页上。

[2] （清）永瑢等撰：《四库全书总目》卷155《集部八·别集类八·摘文堂集》，中华书局，1965，第1340页中。

狱空表贺旧例逐渐废弃，则奏表、贺表、谢表应均在此列。

长期以来，各地竞相奏报断绝狱空、路不拾遗或各色祥瑞，空文取悦，于事无益。与北宋相比，表贺陋习在南渡以后有所收敛，绍兴年间确立诏免上狱空表贺惯例，禁止临安府、大理寺等长官进表称贺。如绍兴六年（1136）六月四日，大理寺狱空，本寺官欲上表称贺。"诏免上表，令学士院降诏奖谕。"[1] 绍兴二十六年（1156）四月甲午，高宗重申："前大理寺狱空，不许上表称贺，甚为得体。"[2] 此后，宋廷基本遵循"绍兴故事"，诏免表贺断绝、狱空。如乾道九年（1173）闰正月二十二日，皇太子、领临安尹惇言本府狱空，"诏免上表称贺，推级等本府量行犒设"[3]。淳熙五年（1178）闰六月丁酉，大理卿吴交如等札子，"本寺公事勘会尽绝，并无收禁罪人，见今狱空，欲依故事上表称贺"[4]。孝宗诏免上表，令降诏奖谕。吴交如所言"故事"，当指绍兴六年（1136）以前旧例，此时显然已遭废除，断绝、狱空等事，已经无须上表称贺。吴交如此番奏请，亦未获得孝宗应允。南宋表贺狱空特例甚为罕见，乾道七年（1171）十二月二十五日，"皇太子、领临安尹惇言本府直司三院狱空，上表称贺。令学士院降诏奖谕，推级等本府量行犒设"[5]，而此次表贺特例当与太子亲领府尹相关。因法司长官不再进奉狱空贺表，群僚自然亦无须竞以表奏为能事。对违规表贺狱空者，应予严厉处罚。光宗时，大理少卿张缜违反不许表贺惯例，"辄易其名，为《狱空颂》以献谀佞"[6]。绍熙二年（1191）六月二十二日，张缜差主管建宁府武夷山冲祐观。

1　《宋会要辑稿》刑法4之89，第14册，第8497页。
2　《建炎以来系年要录》卷172"绍兴二十六年四月甲午"，第3004页。
3　《宋会要辑稿》刑法4之90，第14册，第8498页。
4　《宋史全文》卷26下《宋孝宗六》"淳熙五年闰六月丁酉"，第2217—2218页。
5　《宋会要辑稿》刑法4之90，第14册，第8498页。
6　《宋会要辑稿》职官73之6，第9册，第5004页。

三　降诏奖谕

降诏奖谕是褒扬狱空臣僚的核心措施，其内容涉及身份、荣誉和物质三个方面。与身份有关的奖励措施主要包括官职转迁、磨勘减年、颁赐章服等；与荣誉有关的奖谕措施主要包括宣付史馆、颁诏褒美等；与物质有关的奖谕措施主要包括赏赐钱、银、绢等。上述三类奖励措施或合并使用，或有所侧重，共同构成宋代狱空激奖规则的基本内容。

（一）身份奖谕

身份奖谕主要指对断绝、狱空官员给予官职迁转、磨勘减年、赏赐章服等奖励措施。宋初诸司奏报狱空事例即大量涌现，当时已经设定擢拔官员的相应措施。元丰七年（1084）正月戊午，"知开封府王存言，司录司、左右军巡院狱空，乞付史馆。诏王存迁一官，余官令第劳上司勋"[1]。相对而言，《宋会要辑稿》所保留狱空奖谕史料，以徽宗朝最为详尽，对认识狱空官员职务、履历变化详情提供了莫大便利。崇宁四年（1105）闰二月六日，开封府狱空，朝廷依据职务和业绩，对府尹、推官、诸曹官、判官、司录、检法等逐一设定奖励标准，其中转迁官职、磨勘减年、赏赐章服等措施可谓一应俱全：

> 开封府狱空，王宁特转两官。两经狱空，推官晏几道、何述、李注，推官转管勾使院贾炎并转一官，仍赐章服；法曹曾谔转一官，减二年磨勘；仓曹杨允、户曹刘浞、兵曹陆偕、士曹张元膺，各减三年磨勘；军

---

[1] 《续资治通鉴长编》卷342"神宗元丰七年正月戊午"，第8227页。

巡判官贺项、张华、孙况、张必，检法使臣李宗谨、程谅，各转一官，减二年磨勘。一经狱空，推官曹调赐金紫，工曹王良弼转一官；司录李士高减二年磨勘，候叙用了日收使；检法（司）〔使〕臣刘禹臣特与转一官，减二年磨勘。[1]

大观元年（1107）九月二十九日，据大理寺状，"具到断绝官职位、姓名，数内王衣、周泽、商守拙、林渊并自七月二十六日中书差，依崇宁四年例减半推恩。内周泽、商守拙各与减二年磨勘，王衣、林渊比类施行。大理寺卿马防、少卿任良弼各转一官"[2]。大理寺所言"依崇宁四年例减半推恩"，当即参照上条执行。政和五年（1115）三月，开封府于三日限内结绝公事，两狱奏空，"开封府尹盛章、少尹陈彦修、李孝端、左司录事李传正、右司录事王行可并转一官。馀有官人减三年磨勘，无官人等第支赐"[3]。以上诸事，均可作为查明宋代狱空身份奖谕举措的例证。

然而，由于朝廷滥行恩赏，伪造狱空现象愈演愈烈。南渡之初，高宗应宰相范宗尹所请，命有司讨论崇宁、大观以来狱空等滥赏名目十八项。建炎四年（1130）六月十一日，诏："崇宁以后冒滥功赏转官减年，今后更不许收使，其已收使人并行改（止）〔正〕，其已给付身并令拘收毁抹。"[4]《容斋随笔》又曰："行下吏部，若该载未尽名色，并合取朝廷指挥，临时参酌。追夺事件，遂为画一规式，有至夺十五官者。"[5] 然而，由于改革严重触动当时官僚阶层整体利益，遂遭遇官场强烈反弹。当时伪齐刘豫方盗据河南，朝

---

1 《宋会要辑稿》刑法4之86，第14册，第8494页。
2 《宋会要辑稿》刑法4之86，第14册，第8494页。
3 《宋会要辑稿》刑法4之87，第14册，第8495页。
4 《宋会要辑稿》职官10之3，第6册，第3282页。
5 （宋）洪迈撰，孔凡礼点校：《容斋随笔·容斋四笔》卷15"讨论滥赏词"，中华书局，2005（唐宋史料笔记丛刊），第810页。

论恐动摇人心，遂令停罢讨论，绍兴元年（1131）七月癸亥，"范宗尹罢"，[1] 此次检括滥赏运动终告夭折。相对而言，南宋关于狱空官员迁转擢拔、磨勘减年的记载大幅减少，然狱空官司官吏依照惯例获得犒赏当仍属常态。如嘉定十一年（1218）正月，"会弥年天狱空，降诏奖谕，（大理寺）卿少以下各转一官"[2]。

章服赏赐是狱空身份奖谕的重要组成部分。赐章服是指因特定事迹功劳，对官品不及者升格服色，赐佩金、银鱼袋的奖励措施。据《石林燕语》："服色，凡言赐者，谓于官品未合服而特赐也。"[3] 研究表明："服饰赏赐属于物质激励的一种方式，统治者企图通过服饰赏赐，利用物质刺激手段，激励臣民勤于职守、积极进取、振奋军威、保家卫国、促进生产、恪守封建伦理纲常等，从而达到稳定社会秩序、维护专制统治的最终目的。"[4]《宋史·舆服志》对赐服对象有如下记载："又有出于特赐者，旌直臣则赐之，劝循吏则赐之，广孝治则赐之，优老臣则赐之，此皆非常制焉。"[5] 显然，狱空获赐者，应归入循吏善政者之列。现存资料关于狱空赐服者，主要集中于对开封府推、判官的奖励。元丰初年，刘挚权发遣开封府推官，"以开封狱空，赐金紫服"[6]。元丰五年（1082）夏四月壬子朔，开封府三院狱空，"推、判官许懋、胡宗愈、刘仲熊并赐章服"[7]。开封府推官、判官俱为从六品，受奖者超资赐予三、五品章服，特示优崇。

1　《宋史》卷26《高宗纪三》，第489页。
2　（宋）陈宓：《复斋先生龙图陈公文集》卷22《兵部开国高公墓志铭》，四川大学古籍研究所编：《宋集珍本丛刊》影印清钞本，第73册，线装书局，2004，第671页下。
3　（宋）叶梦得撰，宇文绍奕考异，侯忠义点校：《石林燕语》卷3，中华书局，1984（唐宋史料笔记丛刊），第34页。
4　王艳：《宋代的章服赏赐》，《史学月刊》2012年第5期，第59页。
5　《宋史》卷153《舆服五》，第3564页。
6　（宋）杜大珪编，顾宏毅、苏贤校证：《名臣碑传琬琰集校证·下集》卷13《刘右丞挚传》，上海古籍出版社，2021（历代碑志汇编），第2009页。
7　《续资治通鉴长编》卷325"神宗元丰五年四月壬子"，第7813页。

（二）荣誉奖谕

降诏褒奖和宣付史馆是对断绝、狱空事迹的荣誉表彰。宋代君主颁降的奖谕诏敕，是证明官僚断绝、狱空治迹最为显赫的官方文件。早在北宋初期，即有奖谕狱空事例存世，咸平三年（1000）十二月丙寅，"开封府奏狱空，诏嘉之。"[1] 部分宋代奖谕断绝、狱空的诏敕完整保留至今，为考察宋代司法运行状况提供了便利。如王安石撰《赐天章阁待制知审刑院齐恢奖谕诏》：

敕齐恢：省所奏，据大理寺日奏司状：四月一日已前下寺公案，并已断绝，无见在事。具悉卿以才被选，典领祥刑。蔽罪谳疑，遂无留狱。囹空之隆，朕庶几焉。阅奏叹嘉，不忘乃绩。[2]

嘉定十六年（1223）六月六日，太府卿、兼权户部侍郎、兼知临安府袁韶言本府狱空。诏令学士院降诏奖谕，本则狱空诏敕反映了南宋后期奖谕文书的基本面貌：

朕（为）〔惟〕京师首善之地，布德流化，当自近始。德化不洽，刑狱滋烦，何以示四方万里哉！尔以通儒尹畿甸，明恕勤敏，百废具兴，严威不施，隐然弹压之望。刑清狱简，用奏囹空，斯可为承流者劝矣。批览来章，不忘嘉叹。[3]

除奖谕诏敕以外，宣付史馆则是狱空荣誉性奖谕的又一方式。诸司狱空

---

[1]《宋史》卷6《真宗纪一》，第113页。
[2]（宋）王安石：《临川先生文集》卷48《内制·赐天章阁待制知审刑院齐恢奖谕诏》，四川大学古籍研究所编：《宋集珍本丛刊》影印宋刻、元明递修本，第13册，线装书局，2004，第455页上。
[3]《宋会要辑稿》刑法4之92，第14册，第8500页。

奏报经验实无误后交付史馆著录，传诸后世，大量宋代断绝、狱空事例，正是依赖宣付史馆惯例的推行得以存续至今。熙宁初年，"以断绝乃常事，不足书，罢宣付史馆，仍不降诏奖谕"，由此，宣付史馆和降诏奖谕或曾一度罢废。然而，上述禁令应未长期实施，元丰年间即已恢复断绝、狱空事迹宣付史馆旧例。仅元丰五年（1082）即至少发生两次奖谕狱空，宣付史馆事例：元丰五年（1082）四月戊午，"大理卿崔台符言本寺狱空。诏送史馆，台符减磨勘二年，少卿韩晋卿、杨汲一年"[1]。元丰五年（1082）九月十三日，"大理卿杨佋等言狱空，诏付史馆"[2]。绍圣二年（1095）正月十六日，龙图阁直学士、权知开封府王震言："'司录司、左右军巡院状，并无见勘公事及门留知在人请官。'诏送史馆，赐银绢章服，减磨勘年有〔差〕。"[3] 值得注意的是，徽宗时，狱空事迹宣付史馆已被奉为"祖宗故事"。《历代名臣奏议》记陈瓘进故事曰：

> 昔审刑院断绝公案，仁宗喜曰："天下至广，而断刑若此，有以知刑讼之至简，有司无稽迟也。"乃下诏奖法官，而付其事于史官。臣窃见元丰中，开封府狱空，神考大喜，擢知开封府王安礼为尚书右丞，下至胥吏，悉获赉赏。自是而后，内外有司，皆以狱空为悦，盖仁祖以讼简赏法官，而神考以狱空擢府尹，所以示仁民之意一也。[4]

与宣付史馆"故事"相适应，徽宗朝将狱空事迹宣付史馆事例不在少数。

---

1 《续资治通鉴长编》卷325"神宗元丰五年四月戊午"，第7818页。
2 《宋会要辑稿》刑法4之85，第14册，第8493页。
3 《宋会要辑稿》刑法4之86，第14册，第8494页。
4 （明）黄淮、杨士奇编：《历代名臣奏议》卷217《慎刑》，上海古籍出版社，1989，第2848页下—2849页上。按：据《郡斋读书志》："陈莹中《了斋集》三十卷。右皇朝陈瓘字莹中，延平人。建中靖国初，为右司谏。尝移书责曾布，及言蔡京及弟卞之奸恶。章疏十上，除名，编隶合浦以死。靖康中，赠谏议大夫。自号了翁。"〔（宋）晁公武撰，孙猛点校：《郡斋读书志校证》卷19《别集类下》，上海古籍出版社，1990，第1022页〕

崇宁五年（1106）十月三日，开封尹时彦奏："'开封府一岁内四次狱空，乞宣付史馆。'从之。"[1] 大观四年（1110）五月四日，文武百僚、尚书左仆射何执中等言："'（复）〔伏〕见开封府左治狱空，并断绝，上表。乞宣付史馆。'从之。"[2] 南宋将常规狱空事迹宣付史馆的事例相对稀见，或因其已成为司法常态，故无须视为特例专门著录。嘉定九年（1216）五月十二日，"大理卿钱仲彪言：'本寺狱空实及一年，即与时暂狱空不同，欲遵典故，乞令上表称贺，宣付史馆。所有犒设吏人，即照旧例於本寺赃罚钱内减半支给。'诏依，令学士院降诏奖谕"[3]。此次狱空因时间较长，方以特例形式宣付史馆，宁宗在降诏奖谕的同时，仍免上表称贺。

（三）物质奖谕

物质奖谕是与身份奖谕、荣誉奖谕并行的狱空激励措施，主要方式为官府向断绝、狱空官吏颁赐银、钱、绢等。元丰五年王安礼"三院狱空"案，为研究狱空奖金的标准与分配提供了重要证据：

> 元丰五年四月一日，知开封府王安礼言三院狱空，诏送史馆，安礼迁一官，推判官许懋、胡宗愈、刘挚、刘仲熊并赐章服。军巡判官毕之才以下十四人为三等，第一等迁官，第二等减磨勘二年，第三等一年，吏史转资。仍赐绢千匹，银一百五十两、钱五百千。[4]

该条史料全面反映了宋廷对开封府三院狱空采取的身份奖谕、荣誉奖谕

---

[1]《宋会要辑稿》刑法 4 之 86，第 14 册，第 8494 页。
[2]《宋会要辑稿》刑法 4 之 87，第 14 册，第 8495 页。
[3]《宋会要辑稿》刑法 4 之 91，第 14 册，第 8499 页。
[4]《宋会要辑稿》刑法 4 之 85，第 14 册，第 8493 页。

和物质奖谕三类奖励方式。其中,物质奖谕方式包括绢、银、钱三项。[1] 此次狱空在当时颇具新闻效应,以致"辽使过见,叹息称为异事。"[2] 然而,臣僚对王安礼三院狱空事迹存在强烈争议,并直接引发朝廷修改狱空赏格。李心传《旧闻证误》曾言:"国初以来,开封府未尝三狱同空。元丰五年,王安礼知府,乃谋作'天府狱空',以图进用。时有御史劾其诈妄,朝廷按视,狱皆空。御史以罪斥,安礼拜右丞。绍圣、崇宁以后,躁进之徒用此术,奏狱空者多矣,朝廷遂立迁一官为赏格。"[3] 如因狱空迁转过频,则可暂时搁置迁转惯例,单独适用物质奖励。元丰七年(1084),权知开封府王存等再奏狱空,初命依据故事迁官,"而门下省以谓前此存等以狱空迁官,或赐章服,才半岁,今推赏不可"。二月十一日,止赐"王存奖谕敕书、银绢百定两,推判官胡宗愈等银绢三十定两"[4]。大观二年(1108)五月十七日、九月十四日,开封府接连两次狱空,府尹宋乔年奏请不再奖励,"诏府尹令学士院降诏,馀官降敕书奖谕,人吏依例支赐"[5]。显然,过于频繁的狱空奏报,使各类奖励措施的激励价值大为折损。或因京城诸司连奏狱空,朝廷恩赏宽滥之故,政和三年(1113)九月十二日,"诏大理寺、开封府自今不得奏狱空,其推恩、支赐并罢"[6]。

南宋狱空物质奖谕主要呈现两方面的变化,其一,赃罚钱成为狱空奖金的主要来源。此类事例相对集中于孝宗一朝,隆兴元年(1163)十二月二十六日,大理卿李洪言大理狱空,"令学士院降诏奖谕,推级等于赃罚钱内等第

---

[1] 按:至于诸司长官、僚属等狱空奖励分配标准,可参考次年开封府狱空事例。元丰六年六月己巳,龙图阁直学士、权知开封府王存言三院狱空,"诏开封府官吏并依元丰五年推恩"。(《续资治通鉴长编》卷335"神宗元丰六年六月己巳",第8086页)当时,祖无颇权开封府推官,因此次狱空,"赐公奖谕银、绢。"据《洛阳九老祖龙学文集》所存十三件敕书(之三)记载:祖无颇获得"银三十两、绢三十疋"的物质奖励。《洛阳九老祖龙学文集》卷16《家集·敕书一十三件·敕三》,第736页上。
[2] 《续资治通鉴长编》卷325 "神宗元丰五年四月壬子",第7813页。
[3] (宋)李心传撰,崔文印点校:《旧闻证误》卷2,中华书局,1981(唐宋史料笔记丛刊),第35页。
[4] 《宋会要辑稿》刑法4之86,第14册,第8493页。
[5] 《宋会要辑稿》刑法4之87,第14册,第8494页。
[6] 《宋会要辑稿》刑法4之87,第14册,第8495页。

支给食钱"[1]。乾道四年（1168）八月十六日，大理卿韩元吉言大理狱空，"令学士院降诏奖谕，推级等于赃罚钱内等第支给食钱"[2]。乾道五年（1169）六月四日，大理卿沈度言大理狱空，"降诏奖谕，推级等于赃罚钱内等第支给食钱"[3]。乾道八年（1172）九月十一日，大理少卿马希言大理狱空，"令学士院降诏奖谕，推级等于赃罚钱内等第支给食钱"[4]。宁宗开禧元年（1205）二月二十五日，大理卿、（无）〔兼〕删修敕令官曾咼等言本寺数月之间二度狱空，奏请"所有依例合支犒设，本寺自于见追赃罚、籍没钱内那融支遣，取自朝（庭）〔廷〕指挥施行"[5]。其二，狱空奖金支付日益拮据。由于经费匮乏，南宋中期出现为避免支付狱空奖金隐匿申报的反常现象。光宗朝被视为南宋从治世折入衰世的转捩点，[6] 其困乏气象于狱空酬赏一隅亦可证明。绍熙元年（1190）十二月二十二日，大理寺丞周晔言："旧例奏狱空，犒赏胥吏，凡所经由，等第支给，至数千缗。寺库既不能（辨）〔办〕，狱虽无系囚，但申省部，不敢陈奏，遂至赊作狱空，常欠利债。"据此，周晔建议"'凡遇狱空，悉以闻奏，无用犒吏，降诏奖谕亦乞特免。'从之"[7]。彻底取消狱空奖金的建议固然可以纾缓财政压力，却势必打击法司断绝滞狱的履职热情，因而难于推行。无奈之下，宁宗嘉定年间采取减半支付的权宜之策支付狱空奖金。嘉定二年（1209）七月八日，大理寺狱空，"'犒吏一节，欲於本寺赃罚钱内减半支给。'从之"[8]。嘉定九年（1216）五月十二日，大理卿钱仲彪言狱空一年，奏请"所有犒设吏人，即照旧例於本寺赃罚钱内减半支

---

1 《宋会要辑稿》刑法4之89，第14册，第8497页。
2 《宋会要辑稿》刑法4之90，第14册，第8497页。
3 《宋会要辑稿》刑法4之90，第14册，第8497—8498页。
4 《宋会要辑稿》刑法4之90，第14册，第8498页。
5 《宋会要辑稿》刑法4之91，第14册，第8499页。
6 虞云国：《南宋行暮：宋光宗宋宁宗时代》，上海人民出版社，2018，第7页。
7 《宋会要辑稿》刑法4之90，第14册，第8498页。
8 《宋会要辑稿》刑法4之91，第14册，第8499页。

给。诏依"[1]。

辽、金亦有狱空物质奖励措施，其基本类型当与宋相近。《辽史·兴宗纪》：重熙六年（1037）秋七月辛丑朔，"以北、南枢密院狱空，赏赉有差"[2]。《辽史·道宗纪》：清宁二年（1056）三月乙巳，"南京狱空，进留守以下官"[3]。宋、金在奖金分配机制上存在一定差异，宋朝多将奖金作为个人收入，金国多将奖金充作宴乐费用。《金史·世宗纪》：大定七年（1167）五月丙午，大兴府狱空，"诏赐钱三百贯为宴乐之用，以劳之"[4]。《金史·蒲察郑留传》："朔州多盗，郑留禁绝游食，多蓄兵器，因行春抚谕之，盗乃衰息，狱空。赐锡宴钱以褒之。"[5]

四　起建道场

据《宋会要辑稿·刑法四》："凡诸州狱空，旧制皆（除）〔降〕诏敕奖谕。若州司、司理院狱空及三日以上者，随处起建道场，所用斋供之物并给官钱，节镇五贯，诸州三贯，不得辄扰民吏。"[6] 本则史料主要反映三项信息：其一，以诏敕方式奖谕狱空，是长期存续之旧例、故事；其二，诸州狱空达三日以上者，应起建道场举行祭祀仪式；其三，斋供费用由官府拨付，节镇、诸州分别为五贯、三贯。至《庆元条法事类》，狱空道场拨付费用已大幅增加，《给赐格》规定："诸州狱空，给道场钱：节镇，一十贯；余州，五贯。"[7] 部分为诸司狱空道场撰写的功德疏、青词保留至今，其内容主要为颂扬所司囹圄荡涤，

---

[1] 《宋会要辑稿》刑法4之91，第14册，第8499页。
[2] 《辽史》卷18《兴宗纪一》，第247页。
[3] 《辽史》卷21《道宗纪一》，第288页。
[4] （元）脱脱等：《金史》卷6《世宗纪上》，中华书局，2020（点校本二十四史修订本），第155页。
[5] 《金史》卷128《循吏·蒲察郑留传》，第2920页。
[6] 《宋会要辑稿》刑法4之85，第14册，第8492页。
[7] （宋）谢深甫等撰，戴建国点校：《庆元条法事类》卷75《刑狱门五·刑狱杂事》，黑龙江人民出版社，2002（中国珍稀法律典籍续编），第806页。

政通人和。并试图凭借狱空道场彰善惩恶，宣明教化。道场疏即佛教徒做道场，拜忏时所焚化的祝告文。[1] 如洪适《广州狱空道场疏》曰：

> 退萌丕变，浸销嚚讼之风。幽囹屡空，悉自法云之覆。适当开岁，爰启梵筵。伏念某典郡于斯，隃冬已再。访游禽于绝涧，每戒深文。鞠茂草于圜扉，洊臻善效。尚虞桁榴之下，或有槛牢之冤。仰赖慈悲，为之洗涤。伏愿刑章益措，无重罪之系囚，慧力无边，跻斯民于寿域。[2]

类似表述又见于多篇文献，如陈师道《代司理院狱空道场疏》："幽囹空虚，实作太平之象。法筵崇饰，聿修典礼之常……更凭梵力，普及苍生。"[3] 洪适《广州狱空道场疏》（又）："仰真乘之芘护，肃宝相以熏崇……爰启梵筵，广敷贝藏。拔沈冤于既往，严净福以无边。伏愿慧剑解割于恶缠，法炬开明于善地。慈悲所化，永无犉佩之群。远迩可封，不必鼠墉之听。"[4] 而沈遘《三司狱空道场功德疏》强调："申命有司，率循故事。命竺干之众，启梵呗之场。秘密并宣，允臻于胜，果福祥所报，愿谢于洪慈。稽首真如，同归正觉。"[5] 不仅言明狱空道场运用佛法教化民众之初衷，也说明起建道场已经成为长期遵行的"狱空故事"之一。

除借力释教力量以外，道教对于宋代司法的影响亦不容小觑。"宋代道教斋醮，在道教斋醮史上具有显著特点，道教斋醮法会已成为国家祀典的重要

---

[1] 朱燕青：《史浩〈昌国保塯青词〉和〈昌国保塯道场疏〉摭谈》，《浙江海洋学院学报》（人文科学版）2014年第2期，第54页。
[2] （宋）洪适：《盘洲文集》卷70《疏文四十一首·广州狱空道场疏（之二）》，四川大学古籍研究所编：《宋集珍本丛刊》影印傅增湘校清光绪刻本，第45册，线装书局，2004，第460页上。
[3] （宋）陈师道：《后山先生集》卷19《杂著三十九首·代司理院狱空道场疏》，四川大学古籍研究所编：《宋集珍本丛刊》影印明弘治十二年刻本，第29册，线装书局，2004，第7页下。
[4] 《盘洲文集》卷70《疏文四十一首·广州狱空道场疏（之一）》，第460页上。
[5] （宋）沈遘：《西溪集》卷9《三司狱空道场功德疏》，《景印文渊阁四库全书》（第1097册），台湾商务印书馆股份有限公司，1986，第94页上。

组成部分。"[1] 斋醮仪式须撰写青词,用以荐告神明。青词又名青辞、清词、绿章,是道教在举行斋醮活动时敬献给神灵的奏章祝告之类,是进行人神沟通的文字化书面表达形式。[2] 据唐李肇《翰林志》:"凡太清宫、道观荐告词文用青藤纸朱字,谓之青词。"[3] 洪适所撰两则《广州狱空青词》反映了道教对宋代社会的长期浸淫的一个侧面。洪适首先描述了广州难于治理的现状:"羊城之剧镇,处鲸海之上游。蛮蜑杂居,常起斗争之事。鱼盐逐利,易兴掠夺之谋。多有重辜,号为难治。"其后,重点描述设醮祈祝的主要目的:"爰择良辰,肃陈净醮。按多仪于琳札,诵密语于琅函。度既往之沈冤,迎将来之景贶。"[4] 某次海飓之后撰写的狱空青词,则有"恐其画地为牢,犹有哭林之鬼,辄伸禳谢,敢贡恳祈"[5] 的记录。石川重雄认为,"当时的官僚通过这样的国家祭祀,来力图推进仁政"[6]。作为宋代长期运行的狱空故事之一,官方资助起建道场,赞呗醮禳,成为表彰各地狱空先进事迹,构建"无狱"社会风气的路径之一。

然而,宋代地方狱空的实际情况未必尽与长吏奏报相合,其中,狱空所获赏赐亦未必可以抵罂狱勒索所得。[7] 对此,吴势卿(字安道,号雨岩,建安人)在《治推吏不照例禳祓》中以辖内饶、信二州为例,有所揭示:

本路狱事之多,莫如饶、信,居常系狱者动辄百十人,未见有狱空

---

1 张泽洪:《宋代道教斋醮》,《宗教学研究》1996年第1期,第39页。
2 查庆、雷晓鹏:《宋代道教青词略论》,《四川大学学报》(哲学社会科学版)2009年第4期,第47页。
3 (唐)李肇:《翰林志》,《景印文渊阁四库全书》(第595册),台湾商务印书馆股份有限公司,1986,第298页上。
4 《盘洲文集》卷69《青词二十一首·广州狱空青词》,第453页上。
5 《盘洲文集》卷69《青词二十一首·广州狱空青词》,第454页上。
6 〔日〕石川重雄:《宋代的狱空政策》,田由甲译,收入戴建国主编:《唐宋法律史论集》,上海辞书出版社,2007,第207页。
7 按:苗书梅指出:"公吏在州级地方行政中承担了繁重的职能,发挥了很大的作用。但是,权重处易生弊,宋代州府公吏利用手中的权力,主要是借助官府的威势,也干了许许多多危害官府和百姓的事情,甚至成为地方行政中备受文臣士大夫批评的巨大祸害之一……公吏受当时人批评最多的是司法政务中的劣迹。"苗书梅:《宋代州级公吏制度研究》,《河南大学学报》(社会科学版)2004年第6期,第106页。

之时。此不可专归罪于民俗之顽犷,皆缘官司不以狱事为意,每遇重辟名件,一切受成吏手,一味根连株逮,以致岁月奄延,狱户充斥。气候不齐之时,春秋之交,多是疾疫相染,无辜瘐死。[1]

吴氏到任后,榜禁恶俗,简径断决,饶州两狱岁首狱空,遂欲照例建立道场禳祓,感召和气,却遭到胥吏抵制,"推吏等人,非其所乐闻,只愿狱户充斥,可以骗乞,反怒当职不合疏决,使狴犴一清,更不照例禳祓"。最后,两狱头汪仁、刘友刺配本州牢城,长枷榜众。可见,不同群体之间基于自身利益考量,在狱空问题上并未达成一致意见。由此,围绕狱空后续环节的起建道场产生异议,则在情理之中。

第三节 不奏狱空与妄奏狱空

不奏狱空与妄奏狱空是宋代司法中始终并存、相互对立的两类现象。前者指部分良吏勤勉履职、安守职分,对于辖内真实存在的狱空事迹不作刻意申报;后者指官吏希求奖谕、赏赐和升迁,采取瞒报数据、转移狱囚等舞弊手段,制造狱空假象。从本质而言,不奏狱空与妄奏狱空所反映的,实质上是宋代官僚个体在从政道德和个人修养方面的巨大差异,以及狱空奖励规则在设计与运行中存在的内在缺陷。

一 不奏狱空

不奏狱空是指有司长官放弃通过申奏获得恩赏的行为,反映了部分良吏

---

[1] 中国社会科学院历史研究所、宋辽金元史研究室点校:《名公书判清明集》卷11《人品门·公吏》"治推吏不照例禳祓"(又判),中华书局,1987,第426页。

缄默理政，深藏功名的官德与节行。与妄奏狱空相比，宋代士大夫不奏狱空因事例稀见，故而愈显珍贵。黄裳撰《中散大夫林公墓志铭》曾记知福州兼本路兵马钤辖林积[庆历六年（1046）进士]核实辖区狱空事：

> 下车及期，政行讼简，狱吏禀白："今听奏者一二人耳，前日多于此，且寄县舍，以狱空闻于朝。"公曰："既有听奏者，岂得以为空耶？诬上邀誉，非予之志也。"自是，僚属事无小大，责实而后告。[1]

狱吏转移、寄存狱囚后炮制"狱空"，并公然直禀长吏，申请奏报朝廷。显然，基层狱吏并不认为上述做法存在瑕疵，亦无须进行任何遮掩。或许，宋代盛世图景下不断涌现的狱空事例中，其中通过"技术"手段人为塑造者应非个别。而长官与属吏之间基于共同利益所形成的默契与配合，也应当是狱空事务中的官场行规。林积所言"诬上邀誉"四字，生动描摹了部分官吏奏报狱空的卑劣手段和龌龊目的。墓志言"公之遇事，勤愼而精审，事无小大，预为条目，故其处繁若简，吏无所容其奸"。归根结底，福州属县"不奏狱空"仍得益于长官林积本人之个人自律和勤勉。然而，若以德性修养作为维系政务运行基础，其适用范围和实施效力自然饱受怀疑。

与历史上开封府频繁奏报狱空形成鲜明对比的是，范百禄主政开封期间，竟以"圄空不自言"[2]著称。元祐六年（1091）二月癸巳，"翰林学士范百禄为龙图阁学士、权知开封府"[3]。关于范百禄不奏狱空事迹，《资政殿学士范公墓志铭》《宋史》《东都事略》所记略异：

1　（宋）黄裳：《演山先生文集》卷33《墓志铭·中散大夫林公墓志铭》，四川大学古籍研究所编：《宋集珍本丛刊》影印清钞本，第25册，线装书局，2004，第49页下—第50页上。
2　《新编翰苑新书·前集》卷42"京尹""圄空不自言"，第359页。
3　《续资治通鉴长编》卷455"哲宗元祐六年二月癸巳"，第10903页。

《资政殿学士范公墓志铭》：始视事，留狱无虑千人。公审核精敏，未及月，廷无留事。凡为开封者多略细务，公独省民事如他州，日阅牒诉五百号。未尽五月，盗贼畏，争讼息，狱无系者。僚属请以圄空言，公曰："千里之县，而无一人之狱，此上德所格，岂守臣之功邪？"固请不听。[1]

《东都事略》：僚属以圄空，欲百禄言于朝。百禄曰："千里之圻而无一人之狱，此上德所格，岂尹功邪？"[2]

《宋史·范百禄传》：勤于民事，狱无系囚。僚吏欲以圄空闻，百禄曰："千里之畿，无一人之狱，此至尊之仁，非尹功也。"不许。[3]

可以认为，开封府出现狱空，应归功于范百禄勤于吏事，悉心剖决。而对于治下圄空局面的形成，范氏却将其视为本职庶务拒绝申报。需要指出的是，从墓志到本传，叙述文字虽大幅删削，其叙事核心却始终聚焦于称颂君主盛德。近百年后，《东都事略》有关范百禄不奏狱空事迹，为临安守臣张构援引。淳熙十二年（1185）二月临安狱空，孝宗降诏奖谕，诏书后附跋文曰："昔范百禄守开封，尝谓其属曰：'以千里之圻而无一人之狱，此上德所格，岂尹力耶？'可谓知本之言矣。"[4] 范百禄不奏狱空之论，其影响可谓深远。然而，辇毂之下的开封府奏报狱空事例何其繁矣？范百禄不奏狱空，或可展示其私德高尚，却也在客观上迫使开封府僚属合法利益普遍受损。由此，官员一旦做出不奏狱空的抉择，即必须承受相当程度的舆论压力与利益损失。不可否认，不奏狱空美名的获得，必须以牺牲自身和他人切身利益为代价，

---

[1] 《太史范公文集》卷44《墓志铭·资政殿学士范公墓志铭》，第598页。
[2] （宋）王称撰，孙言诚、崔国光点校：《东都事略》卷77《范百禄传》，齐鲁书社，2000（二十五别史），第647页。
[3] 《宋史》卷337《范镇从子百禄传》，第10793页。
[4] 《咸淳临安志》卷40《诏令一·国朝·孝宗皇帝》，第401页。

而这种牺牲未必能够获得僚属的认同，甚至难于避免沽名钓誉之嫌或被视为不谙人情世故。

不奏狱空的事例在南宋仍可见及，孝宗时司农少卿李浩因揭"贱籴湿恶，隐克官钱"[1]之奸，以刚正得名，除大理卿。"故事：寺狱空上表贺，公独不奏。"[2] 李浩突破惯例，不奏狱空之事迹，与其性格和私德直接相关，《宋史》本传言："浩天资质直，涵养浑厚，不以利害动其心。少力学为文辞，及壮益沉潜理义。立朝慨然，以时事为己任，忠愤激烈，言切时弊。"或许，李浩对于通过狱空希求恩赏的官场旧例颇不认同，作为仕林"不贺狱空"之"另类"角色得到史臣推崇。

二 妄奏狱空

自开宝末年始，奏报狱空已渐趋常态，其中因诸司官僚有效治理而实属结绝、狱空者，自当激奖擢拔，彪炳史册。然而，因逃避考核、希求奖赏等因素炮制狱空行为，则对宋代司法秩序的正常运行构成严重侵害。由于"宋代朝廷上下大兴'狱空'之风，以至在各地官员中造成一股谎报'狱空'以求赏赐的不正之风。"[3] 实践中，拒收案件、草率裁断、转移系囚等，成为制造狱空的主要方式。权东京留守陈尧叟"虽大辟罪亦止面问状，亟决遣之，未尝留狱"，得以奏报狱空。上述草率断绝行为引发真宗担忧，景德四年（1007）二月戊辰朔，"上曰：'尧叟素有裁断，然重事宜付有司案鞫详察。'因密加诏谕焉。"[4] 大中祥符二年（1009）十一月一日，权判刑部慎从吉言："近据邠、沧二州勘鞫大辟囚干连数人，裁一夕即行斩决……如此则不体朝旨，邀为己功，但务狱

---

[1] 《宋史》卷388《李浩传》，第11905页。
[2] 《新刊南轩先生文集》卷37《墓志铭·吏部侍郎李公墓铭》，第217页下。
[3] 张凤仙：《试析宋代的"狱空"》，《河北大学学报》（哲学社会科学版）1993年第3期，第23页。
[4] 《续资治通鉴长编》卷65"真宗景德四年二月戊辰"，第1444页。

空，必无所益。欲望依准前诏，不得奖谕。"[1] 并奏请严格核查州、县禁囚状况，及有无责保、寄店等隐瞒情形。然而，直至徽宗朝，各类炮制狱空现象仍屡见不鲜。据宣和二年（1120）臣僚言："比年官吏希求恩赏，治狱者务作狱空，辄不受辞。又寄留囚徒于他所，致有逃逸。断刑者务作断绝，灭裂卤莽，用刑失当，有以妇人配隶千里者。"[2] 可见，追求赏赐擢拔和逃避职责考核，是刺激官吏弄虚作假、妄奏狱空的两类主要原因。更有甚者，为迎合朝廷粉饰太平和官僚希求恩赏的现实需要，官吏以欺隐枉法为捷径，以阿谀奉承为能事，诸司狱空竟与路不拾遗、狱生芝草、甘露下降等各类所谓"祥瑞"相互关联。可以认为，"狱空是高级官僚和喜好狱空的皇帝之间沟通的一种方式，其中的政治意涵不言而喻"[3]。政和五年（1115）十一月十一日，文武百僚、太师鲁国公蔡京等言："伏觐开封尹盛章奏，本府狱空，道场有甘露降于右狱桎柳槔上，夺目耀日，灿如珠玑。京等奉表称贺，乞宣付史馆。"[4] 政和六年（1116）三月，赵鼎臣《代开封尹奏获到阑遗物札子》甚至说开封府辖内"狴犴廓然，无有留狱。吏卒束笞，椎聚桎梏而昼睡。行路之人，舒愉胖肆，意若委货财而寓诸国家也"[5]，其真实性着实令人生疑。

此外，从部分行状、墓志中，还可知悉宋代大量存在炮制狱空现象。据《宋史·向子諲传》：元符三年（1100），向子諲知开封府咸平县，"豪民席势犯法，狱具上，尹盛章方以狱空觊赏，却不受，子諲以闻，诏许自论决。章大怒，劾以他事勒停"[6]。《徽猷阁直学右大中大夫向公墓志铭》则透露出本案更多信息："豪民马氏倚荫犯法，狱具上，府尹盛章方以圄空觊赏，却不受。公直以

1　《宋会要辑稿》刑法4之85，第14册，第8492页。
2　《文献通考》卷167《刑考六·刑制》，第5010页。
3　王忠灿：《从制造"狱空"看宋代官僚司法的特征》，《许昌学院学报》2018年第11期，第83页。
4　《宋会要辑稿》瑞异1之22–23，第5册，第2605页。
5　《竹隐畸士集》卷9《札子·代开封尹奏获到阑遗物札子》，第181页下。
6　《宋史》卷377《向子諲传》，第11639页。

闻，诏许自论决，章大怒，劾公以修学市木不如其直，请御宝特勒停。"[1] 当然，府尹盛章所庇豪民，或不止马氏一人。淳熙十二年（1185）十一月，许及之为其岳父洪适撰写的《宋尚书右仆射观文殿学士正议大夫赠特进洪公行状》记载了绍兴十七年（1147）台州通判洪适揭发属县妄奏狱空的事例："尝行县，至黄岩，令以系囚十数辈匿堂庑间，诡以狱空告，公坐令听事，闻大呼声，即诘视。诸囚皆叫号称冤。"[2] 洪适后竟因台守迎合秦桧，遭遇弹劾免官。向子諲、洪适因揭举妄奏狱空遭遇长官陷害，暴露出宋代妄奏狱空现象普遍存在的事实，也反映出核验、纠举此类司法舞弊行为的巨大难度。

与上述二例相比，哲宗朝钱勰"狱空不实"案则显得更为复杂。元祐三年（1088）三月二十八日，"开封府狱空，诏付史馆，权知府钱勰转一官，推官赐章服"[3]。至同年九月七日，狱空所涉知府、推官、判官却因奏报失实遭遇责罚："龙图阁待制、权知开封府钱勰知越州，朝散大夫、仓部郎中范子

---

[1] 《汪文定公集》卷11《徽猷阁直学右大中大夫向公墓志铭》，第105页下。
[2] 《盘洲文集》附《宋尚书右仆射观文殿学士正议大夫赠特进洪公行状》，第532页下—第533页上。《建炎以来系年要录》将此事归于曾恬："许及之撰《恬行状》云：通判台州将终更，忠宣有英州之谪，台守与公不相能，公尝行县至黄岩，令以系囚十数辈匿堂庑间，诡以狱空告。公坐厅事，闻大呼声，即诘视诸囚，囚皆叫号称冤，因各其事申诸司，归白守，守以为不关白长官，撰弹文迎秦意，秦讽言官上之，坐免官。"（《建炎以来系年要录》卷156"绍兴十七年十一月丁丑"注，第2695页）显误。据《高邮军曾使君墓志铭》：曾恬育有二子、五女，"适朝奉大夫、军器监丞魏叔介，承事郎、激赏酒库所干办公事王鏴，进士毛适、元粹，一在室。"（《南涧甲乙稿》卷21《墓志铭·高邮军曾使君墓志铭》，第405页）又据嘉泰元年周必大《丞相洪文惠公（适）神道碑》：洪适"女三人：长早卒；次适通奉大夫、同知枢密院事许之女，前卒；次适朝散大夫、两浙西路提点刑狱公事薛绍。"〔（宋）周必大撰，王瑞来校证：《周必大集校证》卷67《神道碑·丞相洪文惠公（适）神道碑》，上海古籍出版社，2020，第998页〕洪适女婿正为许及之，与《行状》相合，则揭发黄岩县妄奏狱空者，当属洪适无疑。柏文莉指出："至少在宋代，为男女撰写的墓志一般提供诸子的姓名，如有可能，也会提供诸子的官品，以及女婿们的名衔。由于这些书写习惯——特别是亲戚关系网中不止一人有墓志——则往往可能重构多代家族和姻亲关系……7至13世纪墓志中对于祖先的关注转移了，反映了这一时期祖先在决定社会身份地位上重要性的下降……宋初，墓志通常提供诸子与女婿们的名字，也经常提供他们的官衔。11世纪中叶，实际上所有墓志均提供儿孙、女婿，甚或孙女婿的名字，在可能的情况下也会提供他们的官衔，这是整个宋代墓志书写的规则。值得注意的是，宋代墓志撰者讨论墓主后代时，尤其关注科名与仕宦成就。"〔美〕柏文莉：《权力关系：宋代中国的家族、地位与国家》，刘云军译，江苏人民出版社，2015，第12、17、19页）吴铮强则对宋代墓志的社会史价值有所揭示："碑刻史料中保存着某些家族墓地的墓志文献，是研究地方家族史的珍贵史料；某些碑刻墓志反映了传主家庭婚姻的世俗面向，与文集墓志形成鲜明反差。"吴铮强：《文本与书写：宋代的社会史——以温州、杭州等地方为例》，社会科学文献出版社，2019，第80页。

[3] 《宋会要辑稿》刑法4之86，第14册，第8493页。

谅知蕲州，朝奉大夫、新差提点河北西路刑狱林邵知光州，仍各罚铜二十斤，内勰展三年磨勘，邵展二年磨勘。"[1] 依照惯例进行的狱空酬赏为何会发生颠覆性反转？《宋会要辑稿》对钱勰妄奏狱空案的来龙去脉言之甚详，对此，《东都事略》的记录也可资佐证："元祐初，知开封府，迁给事中。复以龙图阁待制知开封府，以系囚别所迁就圄空，出知越州，易瀛州。"[2] 本传所言"迁就狱空"即是对"狱空不实"之曲笔。然而，李纲撰《钱勰墓志》则基于为逝者讳的书写传统，对该宗狱空案件作出过度回护："三年春，以狱空迁秩，公辞，不得已乃受。而言者复论狱空非实，公不自明，力丐补外，乃以本职知越州，兼两浙东路兵马钤辖。"[3] 显然，墓志承认墓主狱空不实一事，却刻意改写钱勰遭遇弹劾及获罪外贬等情节，《宋史·钱勰传》进而将狱空不实外贬一节写作"积为众所憾，出知越州，徙瀛州"[4]。右正言刘安世曾对钱勰等炮制狱空情节进行揭露："今开封官吏，以大辟之囚，权令寄厢，敢肆诞谩，谓无一人之狱。朝廷信用其奏，亟推厚赏，进官锡服，几二十人。"[5] 显然，钱勰等通过转移系囚实现"狱空"，并按照惯例得以宣付史馆、转迁赐服。元祐三年（1088）八月，钱勰狱空事遭遇质疑："中书劾其诈，诏勰

---

[1] 《宋会要辑稿》职官66之38，第8册，第4846页。

[2] 《东都事略》卷48《钱勰传》，第384页。

[3] （宋）李纲著，王瑞明点校：《李纲全集》卷167《墓志一·宋故追复龙图阁直学士赠少师钱公墓志铭》，岳麓书社，2004，第1546页。

[4] 《宋史》卷317《钱惟演附勰传》，第10350页。按：据《续资治通鉴长编》：元祐五年十月己亥，"龙图阁待制、知越州钱勰知瀛州。"（《续资治通鉴长编》卷449"哲宗元祐五年十月己亥"，第10789页）苏轼与钱氏相交甚厚，曾作《送钱穆父出守越州绝句二首》相赠："其一。簿书常苦百忧集，樽酒今应一笑开。京兆从教思广汉，会稽聊喜得方回。其二。若耶溪水云门寺，贺监荷花空自开。我恨今犹在泥滓，劝君莫棹酒船回。"[（清）王文诰辑注，孔凡礼点校：《苏轼诗集》卷30《古今体诗六十三首·送钱穆父出守越州绝句二首》，中华书局，1982（中国古典文学基本丛书），第1589—1590页] 后又作《次韵钱越州》："髯尹超然定逸群，南游端为访云门。谪仙归侍玉皇case，老鹤来乘刺史轓。已觉簿书哀老子，故知笾豆有司存。年来齿颊生荆棘，习气因君又一言。"（《苏轼诗集》卷31《古今体诗四十四首·次韵钱越州》，第1645页）后转工部、户部侍郎，元祐八年五月甲午，"权户部尚书钱勰为龙图阁直学士、知开封府"。《宋史》本传言其"复知开封，临事益精。苏轼乘其据案时遗之诗，勰操笔立就以报。轼曰：'电扫庭讼，响答诗筒，近所未见也。'"

[5] （宋）刘安世：《尽言集》卷2《论开封官吏妄奏狱空冒赏事》，商务印书馆，1936（丛书集成初编），第25页。

分析，并下法寺约法。"据刘安世奏状言："台臣抗章弹其缪妄，陛下付之执政，按见实迹。"可见，朝廷曾差遣御史验实此事。然而，哲宗却认为若过度处置此事，可能导致朝廷颜面无存："昨钱勰等奏狱空，盖因三院实无禁系，假此可以风化天下；况又宣付史馆，今若便作妄冒断遣，恐有伤事体。卿等更宜详酌施行，所有已进入约法等文字，更不降出。"[1] 直至九月七日，方对开封府一众涉案官员进行处分。此后，刘安世又因"勰等所犯情实欺君，考之公论，皆谓责之太薄，而名且不正。事关国体，须至论列"，最终却未能改变朝廷对钱勰、范子谅、林邵所作处分。

针对妄奏狱空之一司法痼疾，宋廷主要采取以下应对措施。其一，细化标准。淳化三年（992）四月十二日，诏："诸州须司理院、州司、倚郭县俱无禁系，方得奏为狱空。"即地方州府奏报狱空，须以辖内诸狱及属县皆无系囚为条件。同时规定，地方守臣"自勤发遣致狱空者，仰长吏勘会诣实，批书印历，更不降诏奖谕，并依《编敕》施行"[2]。淳化三年（992）狱空标准细则，为大中祥符二年（1009）五月壬午诏所重申："诸州奏狱空，须州司司理院、倚郭县俱无囚系，方为狱空。"并要求刑部按旬核实："每奏到，刑部将旬奏禁状一处点对，如应得元敕，特降诏奖谕。"[3] 其二，同僚纠举。太平兴国七年（982）八月十五日，两浙路转运使高冕言："'部内诸州系囚甚多，盖知州、通判慢公，不即决遣，致成淹延。或虚奏狱空，隐落罪人数目，以避朝廷按问。望自今虚奏狱空及见禁人状内落下人数、隐缩入禁月日者，许本州官吏互相申纠，重行朝典。'从之。"[4] 与此同时，朝廷设立赏格奖励纠举隐瞒罪囚者，据《宋史·刑法志》："妄奏狱空及隐落囚数，必加深谴，

---

1 《续资治通鉴长编》卷413"哲宗元祐三年八月庚子"，第10043页。
2 《宋会要辑稿》刑法4之85，第14册，第8492页。
3 《续资治通鉴长编》卷71"真宗大中祥符二年五月壬午"，第1609页。
4 《宋会要辑稿》刑法4之85，第14册，第8492页。

募告者赏之。"[1] 其三，有司核查。宋代刑部、御史台负责核实狱空事迹。《宋会要辑稿》引《神宗正史·职官志》："若狱空或断绝，则刑部验实以闻。"[2]《宋史·职官志》又曰："若狱空或断绝，则御史按实以闻。"[3] 大中祥符二年（1009）五月八日，针对银台司奏饶、歙二州狱空奖谕事，诏"今后乞先委刑部将旬奏禁状点勘不谬，即具奏降诏。刑部点勘如依得《编敕》，即具以闻"[4]。元丰七年（1084）四月十九日，大理卿王孝先言本寺狱空。诏降敕奖谕。神宗以开封府、大理寺比岁务为狱空，恐希赏不实，诏"自今有司上狱空，令御史台、刑部按实"[5]。绍兴十九年（1149），湖广、江西、建康府皆言甘露降，诸郡奏狱空。三月丙申，高宗在与秦桧议论时指出，"闻诸郡奏狱空，例皆以禁囚于县狱，或厢界寄藏，此风不可滋长。自今有奏狱空者，当令监司验实，如有妄诞，即行按治，仍命御史台察之"[6]。宋代惩治妄奏狱空行为的不懈努力，在部分案例中得到充分体现。大中祥符三年（1010）正月己未，"两浙提点刑狱、太常博士皇甫选罚金三十斤，徙江南路。选以部内系囚悉寓禁他所，妄奏狱空，为知杭州王济所发，故有是责"[7]。除《续资治通鉴长编》所言转移系囚以外，皇甫选炮制狱空的手段还包括滥行保释。据《三朝训鉴》："选务欲所部狱空，常戒诸州，无得禁人。若词讼未辨，止令知在曲直邪正，无以辨明。"[8]

不奏狱空与妄奏狱空两类司法现象，客观上触及了宋代司法体制核心问题。对于客观存在的狱空事实，仅凭长官一人好恶，即可做出奏报与否的决断，而此类决断是否存在刚愎自用抑或渎职妄为之嫌疑？官僚与胥吏阶层对

---

[1]《宋史》卷199《刑法一》，第4969页。
[2]《宋会要辑稿》职官24之4，第6册，第3657页。
[3]《宋史》卷165《职官五》，第3900页。
[4]《宋会要辑稿》刑法4之85，第14册，第8492页。
[5]《宋会要辑稿》刑法4之86，第14册，第8493页。
[6]《建炎以来系年要录》卷159"绍兴十九年三月丙申"，第2732页。
[7]《续资治通鉴长编》卷73"真宗大中祥符三年正月己未"，第1650页。
[8]（宋）江少虞：《宋朝事实类苑》卷3《祖宗圣训·真宗皇帝》，上海古籍出版社，1981，第27页。

妄奏狱空所采取的各类舞弊手段熟视无睹或心照不宣，是否说明朝廷推崇的所谓"狱空"体制本身的不尽合理？客观、审慎、公正的司法裁断，不应被狱空虚名所裹挟，狱空本身更不应成为君臣共同制造所谓"盛世"想象的陈设饰物。

本章小结

在不同历史时期，宋代开封府、大理寺、临安府、诸路提刑司和府、州、军、县等曾出现大量狱空事迹。除传世文献以外，方志、行状、墓志、碑刻等所见狱空事迹，为查明宋代州军司法实况提供了重要佐证。宋代重视对同类政务进行理论总结，在事例、先例、惯例与制度之间形成顺畅的进阶切换机制，逐步形成了一系列共同适用于结绝和狱空领域的通例性规则，此谓之"狱空故事"，主要包括宣付史馆、降诏奖谕、加秩赐服、臣僚表贺、撰述跋文、起建道场等。狱空"故事"的形成、厘革与运行，成为证成宋代惯例性规则嬗变与运行的绝佳例证。宋代盛世图景下不断涌现的狱空事例中，其中通过"技术"手段人为塑造者应非个别。而长官与属吏之间基于共同利益所形成的默契与配合，也应当是狱空事务中的官场行规。"不奏狱空"得益于个别官员本人之个人自律和勤勉。然而，以德性修养作为维系政务运行基础，其适用范围和实施效力自然饱受怀疑。追求赏赐擢拔和逃避岗位考核，是刺激官吏弄虚作假、妄奏狱空的两类主要原因。更有甚者，为迎合朝廷粉饰太平和官僚希求恩赏的现实需要，官吏以欺隐枉法为捷径，以阿谀奉承为能事，诸司狱空竟与路不拾遗、狱生芝草、甘露下降等各类所谓"祥瑞"相互关联。

第十二章
雪　活

　　雪释冤狱，活人性命，历来被认为是循良长吏之重要政绩。对此，宋代形成了雪活酬赏"故事"，并在司法实践中得到长期践行。郑克《折狱龟鉴》曾述姜遵雪冤死囚事，"姜遵为开封府右军巡院判官时，有二囚，狱具将抵死，遵察其冤状而出之。故事：雪活死囚当赏。遵恐以累前狱吏，乃不自言"[1]。《折狱龟鉴》成书于南宋绍兴三年（1133），则雪活酬赏"故事"应为此前累朝行用之诉讼惯例。雪活惯例的核心是官员通过纠正死刑错案，获得擢升或赏赐，此处关于雪活惯例的讨论，主要关注经办官员奖酬事宜。具体包括以下三个问题：其一，雪活酬赏惯例之形成；其二，雪活酬赏惯例之行用；其三，雪活酬赏惯例之突破。

1　（宋）郑克撰，杨奉琨校译：《折狱龟鉴校释》卷2《释冤下》"姜遵"，复旦大学出版社，1988，第108页。按：《直斋书录解题》："《折狱龟鉴》三卷。承直郎开封郑克武子撰。初，五代宰相和凝有《疑狱集》，其子水部郎和㙋续为三卷，六十七条。克因和氏之书分为二十门推广之，凡二百七十六条，三百九十五事。起郑子产，迄于本朝。"[（宋）陈振孙撰，徐小蛮、顾美华点校：《直斋书录解题》卷7《传记类》，上海古籍出版社，1987，第221页]《玉海》："绍兴中，郑克撰，三卷。和凝著《疑狱集》三卷（崇文目有之。）述事猥并，克乃分二十门，以义类诠次。"[《玉海》卷67《诏令·刑制》"绍兴折狱龟鉴"，中文出版社株式会社，1987（合璧本），第1332页]宋庠撰《姜遵行状》所记与此略同："二囚自诬弃市罪，狱将具矣，公微得冤状，翻其文致。先是雪冤有赏，公虑伤前主者，寝不自列。"（宋）宋庠：《元宪集》卷33《行状·故枢密副使朝奉大夫给事中柱国天水郡开国侯食邑一千三百户食实封二百户赐紫金鱼袋赠尚书吏部侍郎天水姜公行状》，商务印书馆，1935（丛书集成初编），第348页。

第一节　雪活酬赏惯例之形成

　　雪活惯例由来已久，实践中往往泛称雪冤、理雪、辨冤狱等。《隋书·李德饶传》："大业三年，迁司隶从事，每巡四方，理雪冤枉，褒扬孝悌。"[1] 唐代雪冤事例已经较为常见，且理雪对象逐步向死刑案件集中。如武周时司刑少卿徐有功常驳酷吏所奏，"每日与之廷争得失，以雪冤滥，因此全济者亦不可胜数"[2]。长安年间，左台监察御史苏颋奉诏按覆来俊臣等旧狱，"皆申明其枉，由此雪冤者甚众"[3]。更为重要的是，唐代因雪活死囚获得酬赏的事例已经屡见史籍，且与雪活官员之任用、考核、擢拔等行政管理规则直接关联。《唐阙史》记咸通初年，"天水赵宏者任江阴令，以片言折狱著声，由是累宰剧邑，皆以雪冤获优考"[4]。大中四年（850）八月，御史中丞魏謩奏请度支、户部、盐铁院官带宪衔者推劾狱讼，"'如累推有劳，能雪冤滞，御史台阙官，便令奏用。'从之"[5]。大中六年（852）七月考功奏：刺史、县令若能"开田招户，辨狱雪冤，及新制置之事，则任录其事由申上"[6]。但是，在雪冤官员岗位安排方面，唐代仍有特定要求。《旧唐书·韦温传》："盐铁判官姚勖知河阴院，尝雪冤狱，盐铁使崔珙奏加酬奖，令权知职方员外郎。"[7] 右丞韦温认为"'郎官朝廷清选，不宜以赏能吏。'上乃以勖检校礼部郎中，依

---

[1] （唐）魏徵等：《隋书》卷72《孝义·李德饶传》，中华书局，2019（点校本二十四史修订本），第1872页。
[2] （后晋）刘昫：《旧唐书》卷50《刑法志》，中华书局，1975，第2148页。
[3] 《旧唐书》卷88《苏瓌子颋传》，第2880页。
[4] （唐）高彦休撰，阳羡生校点：《唐阙史》卷上"赵江阴政事"，上海古籍出版社编：《唐五代笔记小说大观》，上海古籍出版社，2000，第1344页。
[5] 《旧唐书》卷18下《宣宗纪》，第627页。
[6] （宋）王溥：《唐会要》卷82《考下》，上海古籍出版社，2006，第1788页。
[7] 《旧唐书》卷168《韦温传》，第4379页。

前盐铁推官"[1]。可见，唐代雪冤能吏不得染指清要职位。又据长兴四年（933）二月大理正张琢援引咸通十年（869）二月二十九日大理少卿刘庆初奏议可知，唐懿宗时已经明确规定雪活死囚人数与考课、授官之间的对应关系，雪活酬赏惯例初现端倪，且在五代得以长期行用：

> "其法官中能辨雪冤狱、迹状尤异者，二人已上者，请书上下考，三人、四人已上者超资与官。今欲望依庆初所奏，法寺置议狱堂，凡断公事，并集法官详议，然后联署奏闻。天下诸州案牍，亦望本判官与副使已下，督厅会议。"敕："法寺议狱，宜且于寺卿厅内；法官赏罚，宜依所奏。天下州府有疑者，判官集议；寻常案款，则准法施行。"[2]

显然，晚唐时雪冤已经成为官吏考核、升迁的重要量化指标，雪冤酬赏的具体标准和申报程序已经初步成型。长兴四年（933），刑部员外郎卢华曾言"伏见本朝故事：凡内外官司，有能辨雪冤狱，活得人命者，特书殊考，非时命官。多难已来，此道渐废，既隳赏典，难得公心"[3]。此处"本朝故事"，当指唐代雪活惯例无疑。由此，五代成为延续、整顿和革新雪活惯例的关键时期。这一阶段，雪活的适用对象、酬赏标准和申报程序等基本确定，雪活死囚作为官吏考课重要内容之一，雪活酬赏因而成为激励各级长吏勤勉履职的重要举措。后唐同光二年（924）中书门下奏：刺史、县令因招复户口、增加赋税、辨雪冤狱，祛除积弊者，"即仰本处逐件分明闻奏，当议奖擢"[4]。天成二年（927）十月辛丑德音："天下诸州官员，如有善推疑狱及曾

---

[1] （宋）司马光著，（元）胡三省音注：《资治通鉴》卷246"文宗开成四年六月丁丑"，中华书局，1956，第7939页。
[2] （宋）王溥：《五代会要》卷16《大理寺》，上海古籍出版社，1978，第272页。
[3] （宋）王钦若等编纂，周勋初等校订：《册府元龟》卷475《台省部·奏议第六》，凤凰出版社，2006，第5383—5384页。
[4] 《五代会要》卷19《刺史》，第312页。

雪冤滥兼有异政者，当具姓名闻奏，别加甄奖。"[1] 长兴元年（930）二月二十一日南郊赦书曰："准长定格，应经学出身人，在任日雪得冤狱，许非时参选，超资注官，仍赐章服。"[2]

长兴四年（933）五月，据中书奏请，重新界定"雪冤"含义，此为五代雪活之制的关键性突破："凡云冤狱者，所司推鞫定罪不平，回曲作直，已成案牍，或经长吏虑问，或是雠家诉冤，重经推讯，始见情实，回死为生，始名雪冤。"同时，认定雪冤，又须以"元推官典招伏情罪，本处检案牍事即给与公据，便为考牒内竖出，候本官满日，便准近敕非时参选"。此外，调整和细化雪冤注官、赐服的标准："若活得一人，超一资注官；二人已上，加章服；已有章服，加检校官。如在任除冤雪狱外，限内征科了绝，减得一选已上，或招添户口一分已上，并许酬奖。如加至五品已上，许奏听敕旨。如虽雪得冤狱，征科违限合殿选者，亦待殿选满月，与叙雪冤之赏。"[3] 末帝清泰元年（934）六月，据大理正剧可久疏奏，诏"其军巡使、都虞候能覆推刑狱，雪活人命，及推按不平，致人负屈者，起今后，宜以长兴四年五月二十三日敕条施行，合有奖酬，亦等第比附行遣"[4]。后晋开运二年（945）正月，刑部侍郎赵远奏请，明确雪活酬奖申报时限："'乞自今但能雪活冤狱，不限中外官，并加旌赏。诸道州县委长吏抄案以闻。俟本人考满，即诣刑部投状，毋得隔越年岁，庶使内外同律。'诏从之。"[5] 上述选拔、注官和赐服的规定，构成宋代雪活酬赏惯例的直接历史渊源。此外，见于新出墓志的五代雪活事例，为考察五代末期的司法实况及对后世影响提供了佐证。据《魏丕墓志》记载："世宗之亲征瓦桥关也，公留掌京城东排岸事。有指水军楫夫为劫盗者，捕系七人于左军狱，占款既就，

---

[1] （宋）薛居正等：《旧五代史》卷147《刑法志》，中华书局，2015（点校本二十四史修订本），第2291页。
[2] 《五代会要》卷21《选事下》，第343页。
[3] 《五代会要》卷21《选事下》，第343页。
[4] 《册府元龟》卷613《刑法部·定律令第五》，第7081页。
[5] （元）脱脱等：《宋史》卷262《赵上交传》，中华书局，1977，第9066页。

垂欲论决。公疑其不实，即密令搜访，果得元盗，遂驰白留守韩通，悉擒获焉，被诬者由是皆免。"[1] 周世宗征讨瓦桥关发生于在显德六年（959）四月，魏丕雪活楫夫事迹，当在此间。

第二节 雪活酬赏惯例之行用

北宋开国之初，即对累朝行用的雪活酬赏规则予以修订。其一，增设幕职、州县官、检法官躬亲覆推的要求，明确区分日常公务与雪活劳绩。据建隆二年（961）九月诏："幕职、州县官、检法官因引问检法雪活得人命乞酬奖者，自今须躬亲覆推，方得叙为功劳。余准唐长兴四年、晋开运二年敕施行。若引问检法雪活，不在叙劳之限。"反映出宋廷通过承用先朝敕令，接续既有雪活规则之立法自觉。其二，重新界定雪活概念。"自后凡雪活者，须元推勘官枉死已结案，除知州、系书官驳正本职不为雪活外，若检法官或转运，但他司经历官举驳别勘，因此驳议，从死得生，即理为雪活。"其三，修改唐五代以来雪活奖酬标准。"其雪活得人者，替罢日刑部给与优牒，许非时参选。若雪活一人者，幕职循一资；州县官、幕职二人以上加章服；已有章服，加检校官；检校至五品以上及合赐章服，并京朝官雪活，并许比附奏裁。"其四，若官员希求酬赏，变乱既有判决，依律追责。"或覆推官妄欲变移，希冀酬奖，却为元推勘官对众凭者，其元驳议及覆推官各以出入人罪论。"[2] 上述改革既是对唐五代以来雪活酬赏规定的系统总结和完善，也为宋代雪活酬赏的具体实施提供了依循准则。

宋代京城诸司及州府举荐官员雪活酬赏，由审刑院、大理寺或刑部等机关

---

[1] 郭茂育、刘继保编著：《宋代墓志辑释》，中州古籍出版社，2016，第81页。
[2] （清）徐松辑，刘琳、刁忠民、舒大刚、尹波等校点：《宋会要辑稿》刑法4之93，第14册，上海古籍出版社，2014，第8500页。

进行审核。其中，审刑院承担详覆酬奖的重要责任。咸平六年（1003）十二月敕："应自今叙雪活及捉贼劳绩，文武官等合与不合该酬奖者，并令审刑院详覆闻奏。"[1] 景祐二年（1035）十二月二十七日，"审刑院定夺太常博士陈希亮雪活合得酬奖，诏赐绯"[2]。对此，《续资治通鉴长编》记作"赐太常博士陈希亮五品服，以尝辨冤狱也"[3]。天圣四年（1026）八月辛巳，据审刑院奏，"前权石州军事判官冯元吉循一资，仍赐五品服，以其尝辨冤狱，活二人死故也"[4]。此外，大理寺、刑部也时常奏请雪活酬赏事宜。景祐三年（1036）九月二十一日，大理寺言："'据详断官杨务本、焦好问状，昨蕲州太常博士林宗言为盗官物该极典，寻疏驳覆勘，雪活得宗言死罪，乞赐酬奖。'诏各赐银绢三。"[5] 宝元元年（1038）二月二十九日，"刑部言虞部员外郎郑知白雪活得徐德一名性命，合该酬奖。诏赐金紫"[6]。同年八月九日，"刑部言：'据前右军巡判官、大理寺丞冯振状，雪活得许从善一名，乞酬奖。看详不应《编敕》酬奖。'诏候依例合依入川通判，与当一任通判。今后正该雪活条贯，即与酬奖"[7]。此处所言"雪活条贯"，应是北宋奖酬官员雪活人命的专项法规。康定二年（1041）三月七日，审刑院、大理寺言"广济军录事参军麻永肩任和州录事参军日，雪活得贼人于诚、陈益死罪，合该敕酬奖。诏与两使职官，赐绯"[8]。绍兴六年（1136）七月二十七日，"漳州言：'司理参军、右迪功郎林聘明辨流、死罪刑名五件，计一十人，欲望推赏。'刑部勘当，林聘明辨裁决公事五件，已得允当，其元勘不当去处，合下本处依条施行。诏林聘与减一年勘磨，余依"[9]。上述获得雪活

---

[1] 《宋会要辑稿》刑法4之93，第14册，第8500页。
[2] 《宋会要辑稿》刑法4之93，第14册，第8500页。
[3] （宋）李焘撰，上海师范大学古籍整理研究所、华东师范大学古籍研究所点校：《续资治通鉴长编》卷117"仁宗景祐二年十二月戊戌"，中华书局，1992，第2768页。
[4] 《续资治通鉴长编》卷104"仁宗天圣四年八月辛巳"，第2415页。
[5] 《宋会要辑稿》刑法4之93，第14册，第8500页。
[6] 《宋会要辑稿》刑法4之93，第14册，第8500—8501页。
[7] 《宋会要辑稿》刑法4之93，第14册，第8501页。
[8] 《宋会要辑稿》刑法4之93，第14册，第8501页。
[9] 《宋会要辑稿》刑法4之94，第14册，第8501页。

酬奖事例，包括京城诸司、地方州军官吏等雪活人命者，经所在州军或官署申报，经审刑院或大理寺、刑部审核申奏，应依据《编敕》《雪活条贯》中雪活酬赏的相关规定，在现有官阶基础上注拟、晋升或赐服、赐物。其中，地方州府申报奖酬者，应由提点刑狱公事先行审核，再行奏报酬赏。大中祥符四年（1011），以资政殿大学士向敏中等磨勘提点刑狱、朝官、使臣课绩文字，第为三等，"帝以磨勘文字示王旦曰：'惟两浙朝臣、使臣有奏报雪活死罪者。定为第二等，余皆有责罚。'"[1] 绍兴七年（1137）正月癸未，左修职郎朱倬召对，"举咸平中以户口增减为计臣之殿最，祥符中以雪活冤狱为宪臣之上第"[2]，正为大中祥符四年（1011）旧事。宁宗嘉泰年间，刘颖提点湖南刑狱，曾对雪活事迹做出深刻分析，并展示了提点刑狱司审核死刑奏裁案件的详细程序：

> 湘民喜斗轻死，以故重辟多，吏常歁法出之，杀人者例不死。公曰："此东坡所谓外邀雪冤之赏，内希阴德之报者，岂辟以止辟之意哉？"诸郡以具狱上，惟过误可悯，若讯鞫有疑者，乃使奏谳，余悉论如律。然必召掾史议，反复数四，无纤芥疑乃决，故人自以不冤。按部所过，平狱犴，省牒诉，誉吏问俗，冒隆暑，由潭、邵历全、永，驱驰二千里乃归。人谓前所未有，资兴民邓其姓者，推刃同气，匿尸草野中，耕者四人见之以告邓，邓执而讼之官，官加考掠，民不胜痛自诬服，狱上，公疑之，命官阅实，果得其情。四人者破械而出，叩头呼天曰："生我者，提刑也。"[3]

---

[1] （宋）孙逢吉：《职官分纪》卷47"诸路提点刑狱"，中华书局，1988，第844页。
[2] （宋）李心传撰，辛更儒点校：《建炎以来系年要录》卷108"绍兴七年正月癸未"，上海古籍出版社，2018，第1820页。
[3] （宋）真德秀：《西山先生真文忠公文集》卷46《墓志铭·湖南运判刘公墓志铭》，四川大学古籍研究所编：《宋集珍本丛刊》影印明正德刻本，第76册，线装书局，2004，第511页。

显然，刘颖对雪活酬赏惯例的本质有清醒认识，部分官吏为获奖酬，滥奏可疑可悯，开脱死囚罪责，对命案苦主和法度尊严构成双重侵害。因此，刘颖遵从咸通以来雪活集议惯例，召集属官反复研讨，详覆案件事实认定和法律适用。墓志所记阅实四名农夫事例，正为提点刑狱雪活人命之证。其中所引东坡所谓云云，则出自苏轼《策别安万民六》："懦夫庸人，又有所侥幸，务出罪人，外以邀雪冤之赏，而内以待阴德之报。"[1] 而所谓阴德之报，确实对宋人思维构成深刻影响。《夷坚志》曾记张文规阴司添寿事迹，通过张皇鬼神，称道灵异，以证果报不虚。元祐七年（1092），英州司理参军张文规纠正真阳县民张五盗牛案，"雪冤狱，活十人，当得京秩。郡守方希觉以其老生无援，不为剡奏，但用举者迁临川丞，绍圣四年之官"。张文规虽因上司算计未得擢拔，却在病死后，蒙阴曹添寿十二年，偿其雪活之劳："子有雪活十人之功，故王以是报子，此人间希有事也。"[2] 此事委婉曲折，影射现实，在描摹宋代官员雪活人命事迹的同时，亦深刻反映出酬赏申报中人为干预等负面因素。[3] 宋人认为，雪活人命、平反冤狱者，理应获得官府奖赏；如因种种原因未能兑现，或将在寿命、家业、子孙等其他方面获得福报，可

---

1 （宋）苏轼撰，孔凡礼点校：《苏轼文集》卷8《策·策别安万民六》，中华书局，1986（中国古典文学基本丛书），第266页。
2 （宋）洪迈撰，何卓点校：《夷坚乙志》卷4"张文规"，中华书局，1981，第211、213页。
3 按：学界对于《夷坚志》等所记冥司审判的价值、意义等问题多有讨论，如郭东旭等认为："鬼神赏罚观念含有明显的法律制裁与法律秩序的内容，体现着一种法律功能的特征。"（郭东旭、牛杰：《宋代民众鬼神赏罚观念透析》，《河北大学学报》（哲学社会科学版）2003年第3期，第8页）卢秀满指出："洪迈所描述的阴间冥府，其审判亡灵的准则，不管是惩罚也好，或者是奖赏也好，除了与传统宗教信仰有关的部份外，判决的重点，主要是以伦理道德与社会规范为依据，显示了洪迈笔下宋人在冥法判决上的价值取向。"（卢秀满：《洪迈〈夷坚志〉之入冥故事研究——以冥法判决之准则及其意义为探讨中心》，《台北大学中文学报》2008年第6期，第128页）黄如渐指出："宋人与宋之前的民众所想象的冥界有所略同之。因宋以前的人们对于冥界的样貌，也大多认为是冥界就是阳间的翻版，而此类型的故事于宋前亦有所见知。因此像是阴阳相映的故事情节，于宋朝的笔记小说当中，数量也不在话下。"（黄如渐：《宋人想象的冥界——以〈夷坚志〉为中心》，《中正历史学刊》2011年第14期，第42页）柳立言进而指出："灵异故事占《夷坚志》五分之四或以上的篇幅，洪迈作为资深的史官和史学家，当然知道虚实混杂，必须加以考证才能采用。如果要成为客观中立不带成见的历史研究者，我们的态度不应是无一处可信，而是追究何处（which）可信。"柳立言：《人鬼之间：宋代的巫术审判》，中西书局，2020，第131页。

谓 "失之东隅，收之桑榆" 矣。作者通过所谓阴司报应，将官员政绩、考课、升迁与阳寿相互勾连，从而使勤勉履职官吏获得一定心理补偿，同时发挥劝善戒恶的社会宣教功能。

第三节　雪活酬赏惯例之突破

显而易见，雪活酬赏目的在于通过官吏详察案情，达到消除冤狱、慎刑止杀的目的。雪活人命被视为官僚重要德政治迹，部分雪活事例得以著于史籍、墓志之中（参阅表：12-1《墓志所见宋代雪活案例简表》）。譬如，任颛［治平四年（1067）卒］通判汝州，"州有大狱刘来福者，公至，为辨不当死者二人"[1]。绍圣初年，乔执中以宝文阁待制知郓州。"执中宽厚有仁心，屡典刑狱，雪活以百数。"[2] 名臣范百禄之子范祖述"监颍州酒税，摄狱掾，阅具狱，活两死囚，州人以为神"[3]。依据宋代司法惯例，雪活人命者应获得朝廷奖赏，与此同时，原审法官应承担相应法律责任。由此，针对雪活酬赏，出现庸吏滥用和良吏弃用两项截然对立的司法倾向。

表 12-1　　　　　　　　　墓志所见宋代雪活案例简表

事主	事迹
大名府法曹掾魏丕 ［咸平二年（999）卒］	会狱有系囚，为盗所引，死状已具。公察其冤，辨而出者凡五人，众服其明。[4]
摄行虢州太守吴昭明 ［天圣七年（1029）卒］	在虢时，尝摄行太守□□有系狱，法有疑，议吏文而不能谳，终以惨礉致之必死。公曰："吾诚不能与法吏争，然以情取之，固不相远，其当黥徒逮送于京师可也。"既而奏报，果曰虢太守议是。[5]

1　国家图书馆善本金石组编：《宋代石刻文献全编》（第2册），北京图书馆出版社，2003，第605页上。
2　《宋史》卷347《乔执中传》，第11018页。
3　《宋史》卷337《范镇从子百禄传》，第10793页。
4　何新所编著：《新出宋代墓志碑刻辑录·北宋卷》（五），文物出版社，2019，第32页。
5　郭茂育、刘继保编著：《宋代墓志辑释》，第129页。

续表

事主	事迹
知华阴县张子立 [嘉祐三年（1058）卒]	有豪强杀人，潜以厚赀，贿瞽者代其死。狱既上，公疑其冤，遂讯而出之，卒使奸人伏辜，属吏首过。[1]
虢州军事判官卢震 [嘉祐七年（1062）卒]	郑之妇与人谋杀其夫，子外至，妻告其由。子因诉于里人，县狱具，议母子妇当坐极法。君恻然曰："罪缘其母，而牵及无辜，实损和气。"白上官，躬请□县，在诘其根。既而止坐首恶，岂非阴功厚施者哉。[2]
洪州从事张奕 [治平三年（1066）卒]	洪之属邑有以纵火民家，囚上于州，有司议弃市。君独疑曰："是可死耶？"请自案狱，果得所以未尽之状，而囚论得免。[3]
坊州司理刘玘 [治平三年（1066）卒]	坊州狱有兄弟杀人者，郡官不根其首恶，皆欲论死。君原情执谳，一归之正，吏议不能夺，卒平其狱，冤者衔惠而绘其像。[4]
汝州通判任颛 [治平四年（1067）卒]	州有大狱刘来福者，公至，为辨不当死者二人。[5]
知寿州朱景 [熙宁元年（1068）卒]	其法置于死者，情涉疑谳，三覆阅实，即请于朝，赖平亭者众焉。[6]
丹州司理参军韩应 [熙宁九年（1076）卒]	治狱详明，能察情伪疑辞隐讼，片言辄决。时有系囚限于巧诋，当以重辟，不能自明。君力辨而生之，故终君之任，民自以不冤。[7]
舒州通判李孝基 [熙宁年间卒]	舒吏受赇诬平民以杀人，狱具将决。公察其冤，力与守争，留之三日，果得其情，吏皆伏辜，一郡大惊。[8]
马步司吏张吉 [元丰三年（1080）卒]	性颇慈悯，好出人罪，尝以法活死罪十余人。[9]
冀州司理参军晁端义 [元祐五年（1090）卒]	其在冀州，县上狱在大辟，君引讯疑之，俄得其冤，囚赖以活。法当赏，或劝其自列，君曰："吾不以是病邑官而为己功。"[10]

---

1 郭茂育、刘继保编著：《宋代墓志辑释》，第187页。
2 何新所编著：《新出宋代墓志碑刻辑录·北宋卷》（五），第75页。
3 罗振玉：《吴中冢墓遗文》，新文丰出版社编辑部：《石刻史料新编》（第1辑，第13册），新文丰出版公司，1986，第10165页。
4 何新所编著：《新出宋代墓志碑刻辑录·北宋卷》（五），第101页。
5 国家图书馆善本金石组编：《宋代石刻文献全编》（第2册），北京图书馆出版社，2003，第605页上。
6 何新所编著：《新出宋代墓志碑刻辑录·北宋卷》（五），第79页。
7 郭茂育、刘继保编著：《宋代墓志辑释》，第351页。
8 郭茂育、刘继保编著：《宋代墓志辑释》，第255页。
9 何新所编著：《新出宋代墓志碑刻辑录·北宋卷》（六），第141页。
10 何新所编著：《新出宋代墓志碑刻辑录·北宋卷》（六），第130页。

续表

事主	事迹
大理寺丞刘陶 [元祐六年（1091）卒]	伊阳有群斗，殴其一死者，然以物□□□□□□县捕之，甲亡而乙覆验，官以乙从而致死，覆验如之，县械乙上府，府下司录讯治。君既闻其□□□其首为死乙□不尝□府委他官验尸，则颅骨碎矣。繇是督尉捕甲，而乙得不死。所谓□□□□命者法当赏，君愀然曰："吾志伸人之枉尔，觊赏岂吾心哉？"1
知永嘉县签书天平军节度判官厅公事韩宋厚 [绍圣元年（1094）卒]	郡民栾在父为人殴伤，在往报之，而更廿五日而卒。狱具，当抵死。君曰："父被困辱而为此，情有可矜。"太守嘉其议，为谳于朝，得减死论。2
权京兆府观察推官王森 [元符三年（1100）卒]	陈囚三人，谓死不疑，公独恳恳，谳而生之。3
权兴元府褒城县主簿柴炳 [大观四年（1110）卒]	先是，大辟李用案成，欲定法次，公试详之，迺缘殴侄，误杀其姨。具闻，长吏初不然之，公再三恳请，迺从。卒获贷命，实公之力也。4
秀州法掾刘唐工 [宣和元年（1119）卒]	属县鞫大辟，案具赴州狱。会公兼摄狱官，淑问得其冤状，谳疑以待。未几，果获实杀人者。郡守喜公能辨囚冤，议请推赏。5
知衡州衡阳县王淦 [嘉熙元年（1237）卒]	全州指使徐从义之子徐可大货衡州赵秉义财物营生，后徐可大不义逃闪，其弟徐可久诬诉赵秉义夫妇谋杀其兄。连年不决，事关人命，公竟得情，遂雪其冤。6

一 滥行酬赏

司法实践中，多有庸官俗吏唯利是求，将雪活酬赏视为升迁获赏之南山捷径。后唐长兴四年（933），沧州节度使卢质受沧景观察判官靳诩父贿，以诩雪得冤狱奏荐恩奖。"质书生备位廉察，而受赂荐诩，人士丑之。"7 宋代

---

1 何新所编著：《新出宋代墓志碑刻辑录·北宋卷》（六），第133页。
2 （清）黄本骥：《古志石华》卷27《宋》，新文丰出版社编辑部：《石刻史料新编》（第2辑，第2册），新文丰出版公司，1979，第1374页。
3 何新所编著：《新出宋代墓志碑刻辑录·北宋卷》（六），第153页。
4 中国文物研究所、陕西省古籍整理办公室编：《新中国出土墓志》（陕西 壹，下册），文物出版社，2000，第157页。
5 周峰编：《贞珉千秋——散佚辽宋金元墓志辑录》，甘肃教育出版社，2020，第83页。
6 （清）黄本骥：《古志石华》卷30《宋五》，《石刻史料新编》（第2辑，第2册），第1406页。
7 《册府元龟》卷700《牧守部·贪黩》，第8090页。

士大夫曾多次指陈雪活酬赏之弊,著作佐郎曹定曾奏:"长吏雪活,乃其职分,不当更论课最。"判刑部慎从吉却以为,"长吏误失用刑,率皆受责,雪活冤狱,曾不霑恩,惩劝之间,未协于理",朝廷竟从从吉之请。景德二年(1005)五月二十一日,"诏自今后雪活得人性命者,理为劳绩"[1]。曹定所言,代表了宋代士大夫对雪活酬赏惯例合理存在的问难质疑。至和二年(1055)二月丙午,宰臣刘沆言:"其叙钱谷管库之劳,捕贼雪活之赏,有司虽存常格,已经裁定,尚复有侥幸之请。以法则轻,以例则厚,执政者不能守法,多以例与之。如此之类,乃是叙劳干进之弊。"[2] 宣和二年(1120),都曹翁彦深引述苏轼论断,陈奏雪活酬赏中舞弊之害:"今之官吏,外希雪活之赏,内冀阴德之报,递相驱煽,遂成风俗,一作奏案,无敢异议。胥吏乘之,奸弊万态,文致情理,莫可究诘。谳状径上,不由宪司。其就东市者,大抵贫民耳。"[3] 绍兴六年(1136)十一月丁卯,左司郎中耿自求建议准确认识可悯含义,杜绝官吏冒雪活之名,行干进之实:"'仍乞诏宪司州郡,如案情疑虑,误用法意,能雪活人命,自合依旧日赏典施行,庶几绝官吏希觊之望,使生者死者均被圣明平允之泽。'诏刑部看详申省。"[4]

二 弃用酬赏

因滥行雪活产生的擢用、赏赐行为,势必对朝廷考核、选官、奖励等既有制度构成侵害。更为严重的是,因雪活人命须以认定原审判决错误为前提,

---

[1]《宋会要辑稿》刑法 4 之 93,第 14 册,第 8500 页。按:此诏后来当著录为令,长期行用。庆历四年十二月二十七日,知谏院余靖言:"窃闻太常博士王翼西京勘公事回,赐绯章服。伏以朝廷赏罚,当慎其源,劝沮之本,不可不惜。伏见真皇御宇,敦尚仁爱,勘事之官惟能雪活人命,乃得叙为劳绩,至今书于甲令。"《宋会要辑稿》刑法 3 之 63,第 14 册,第 8426 页。

[2]《续资治通鉴长编》卷 178 "仁宗至和二年二月丙午",第 4318 页。

[3] (宋)马端临著,上海师范大学古籍整理研究所、华东师范大学古籍研究所点校:《文献通考》卷 167《刑考六·刑制》,中华书局,2011,第 5011 页。

[4]《建炎以来系年要录》卷 106 "绍兴六年十一月丁卯",第 1786—1787 页。

则酬赏擢用必以原审法官遭受责罚为条件。因此，部分循良官吏往往在平反冤狱的同时，突破既有诉讼惯例，放弃奏报雪活事迹，传为佳话。例如，太宗朝同州女奴逃亡案中，观察推官倪若水雪活富民父子事：

> 知州以若水雪冤死者数人，欲为之论奏其功。若水固辞曰："若水求狱事正，人不冤死，其论功非本心也。且朝廷若以此为若水功，当置录事何地耶？"知州叹服曰："如此，尤不可及矣。"录事诣若水叩头愧谢，若水曰："狱情难知，偶有过失，何谢也。"于是远近翕然称之，上亦闻其名。[1]

后因枢密直学士寇準推荐，淳化元年（990）冬十月乙巳，太宗面命若水为秘书丞、直史馆。与倪若水基于官德修养放弃雪活酬赏事迹相类，庆历初年，朱定国担任池州、贵州主簿时，以平反死狱，迁饶州军事判官。元丰四年（1081）新官制行，"著令京朝官致仕，历任有劳绩，则以全俸宠之。公以贵池雪活之故，可应格。或劝君自陈，君曰：'吾勤劳职事，夙夜匪懈，犹惧无以报廪禄之赐，今窃半俸老田里，又得一子禄养，恩已厚矣，敢较其他乎？'竟不言"[2]。治平年间，梁彦回［庆历五年（1045）进士］"在狱令为雪活二人，而君终不自言。或问所以？答曰：'初非不欲言，念一言之蒙赏甚轻，而有司坐深故之罚重矣。夫以重罚易轻赏，岂我所为哉？'人以长者许之"[3]。新出晁端义墓志、刘陶墓志所录志主事迹，则可与传世文献弃言酬赏事例相互参照。冀州司理参军晁端义［元祐五年（1090）卒］墓志："其在

---

[1]《续资治通鉴长编》卷31"太宗淳化元年十月乙巳"，第706页。

[2]（宋）杨杰：《无为集》卷13《墓志·故朝散郎致仕朱君墓志铭》，四川大学古籍研究所编：《宋集珍本丛刊》影印宋绍兴十三年刻本，第15册，线装书局，2004，第340页下。

[3]（宋）苏颂著，王同策、管成学、颜中其等点校：《苏魏公文集》卷58《墓志·屯田郎中知博州梁君墓志铭》，中华书局，1988，第895—896页。

冀州，县上狱在大辟，君引讯疑之，俄得其冤，囚赖以活。法当赏，或劝其自列，君曰："吾不以是病邑官而为己功。"[1] 大理寺丞刘陶［元祐六年（1091）卒］墓志载刘陶处置伊阳群斗命案，雪活某乙性命，"所谓□□□□命者法当赏，君愀然曰：'吾志伸人之枉尔，觊赏岂吾心哉？'"[2] 法官放弃酬赏申报，主要基于两点考虑：其一，查明案情、纠正冤案当为有司职守，不应额外奖赏。由此亦可发现，专门设置的雪活酬赏规则，其目的正在于试图解决官吏懈怠政事、滋生冤狱这一严重问题。其二，获得雪活酬赏必然揭露原判错误或推官舞弊，因此，后任获得酬赏必以前任遭遇惩罚为代价。从君子之德抑或官僚阶层整体利益权衡，时有官员放弃雪活酬赏申报。因此，放弃酬赏的雪活事例，虽是宋代司法之个案现象，却深刻反映了唐宋之际雪活规则轻重失衡的内在弊病，以及实践层面部分官吏贪功冒进，炮制雪活的丑态劣迹。《旧唐书·徐有功传》赞曰："听讼惟明，持法惟平。二者或爽，人何以生？"[3] 明、平二字作为传统司法基本理念和价值追求，理应成为支配辨雪冤狱的行为指南。

总之，宋代异常重视先朝与本朝各类"故事"的搜集、研究和应用。以雪活酬赏为例，其中既有对晚唐、五代以来司法惯例的承继，更有依据本朝司法实践所进行的革新，通过对昭雪人命案件的奖擢酬赏，沿袭了古代司法贵重人命、民本恤刑的法律传统，彰显了宋人以人为本、慎重刑狱、因势利导的司法理念，更反映出中华法律文明薪火相传、赓续不绝的固有内涵。"雪活酬赏"等一系列惯例性规则作为列祖列宗治国理政的智慧结晶，深刻体现了中华民族自古以来心系苍生的治国之道，展示出中国社会特有的崇法、务实、权变的宝贵特质。凝结着古代法治思想精华的中华优秀传统法律文化，

---

[1] 何新所编著：《新出宋代墓志碑刻辑录·北宋卷》（六），第130页。
[2] 何新所编著：《新出宋代墓志碑刻辑录·北宋卷》（六），第133页。
[3] 《旧唐书》卷85《徐有功传》，第2821页。

传承华夏文明的气质和禀赋，融汇新时代的价值与内涵，必将为全面依法治国注入丰富的养分和深厚的底蕴，将现代法治文明推进至新的高度。

本章小结

雪活惯例由来已久，晚至隋唐之际已现端倪，实践中往往泛称雪冤、理雪、辨冤狱等。晚唐时雪冤已经成为官吏考核、升迁的重要量化指标，雪冤酬赏的具体标准和申报程序已经初步成型。长兴四年（933）五月，据中书奏请，重新界定"雪冤"含义，此为五代雪活之制的关键性突破。建隆二年（961）九月诏对累朝行用的雪活酬赏规则予以修订，明确区分日常公务与雪活劳绩，重新界定雪活概念和奖酬标准，为宋代雪活酬赏的具体实施提供了依循准则。宋代京城诸司及州府举荐官员雪活酬赏，由审刑院、大理寺或刑部等机关进行审核。部分官吏为获奖酬，滥奏可疑可悯，开脱死囚罪责，对命案苦主和法度尊严构成双重侵害。雪活酬赏惯例目的在于通过官吏详察案情，达到消除冤狱、慎刑止杀的目的，宋代亦有大量雪活事例著于史籍、墓志之中。然而，多有庸官俗吏唯利是求，竟将雪活酬赏视为升迁获赏之南山捷径。更为严重的是，雪活人命须以认定原审判决错误为前提，则酬赏擢用必以原审法官遭受责罚为条件。因此，部分循良官吏往往在平反冤狱的同时，突破既有诉讼惯例，放弃奏报雪活事迹，传为佳话。

第十三章
长　流

"长流"自唐代创制以来，一直以惯例样态游离于律典之外。古代五刑体系在两宋之际急剧变化，配隶、配役、配军、安置、编管、羁管等异军突起，对传统流刑规则构成严重冲击，长流逐步完成了从诉讼惯例向诉讼制度的性质转化，其体系构造、地理布局、刑罚属性等发生一系列重要变革。然而，目前学界关于宋代长流问题的研究成果稍显匮乏。[1] 有鉴于此，有必要系统考察宋代长流的适用、变革与消弭，从而准确认知宋代刑罚规则演化与实际运行。

第一节　宋代长流之裁决流程

唐高宗永徽年间，太尉赵国公长孙无忌奏"别敕长流，以为永例。后赵公犯事，敕长流岭南，至死不复回，此亦为法之弊"[2]。嗣后，长流作为处置

---

[1] 相关研究成果有：郭东旭《宋代编管法》，《河北大学学报》（哲学社会科学版）1992年第3期，第12—16页；魏殿金《论宋代的"羁管"刑》，漳州师范学院学报（哲学社会科学版）2000年第3期，第74—76页；陈俊强《从〈天圣·狱官令〉看唐宋的流刑》，收入荣新江主编《唐研究》（第14卷），北京大学出版社，2008，第307—324页；熊飞《宋代配隶刑研究》，南京师范大学硕士学位论文，2013年5月。

[2] （宋）李昉等：《太平广记》卷121"长孙无忌"条引《朝野佥载》，中华书局，1961，第850页。按：今本《朝野佥载》又记"赵公长孙无忌以乌羊毛为浑脱毡帽，天下慕之，其帽为'赵公浑脱'。后坐事长流岭南，浑脱之言，于是效焉。"[（唐）张鷟撰，赵守俨点校：《朝野佥载》卷1，中华书局，1979（唐宋史料笔记丛刊），第11页］。可见长孙无忌长流事，在唐代颇为时人关注。

罪臣的严酷刑罚，在唐、五代得到长期适用。《宋史·刑法一》："宋法制因唐律、令、格、式。"[1] 唐代创制的长流刑，在宋代得以长期承用。就裁决程序而言，判定长流的案件一般须经有司杂治、群臣集议和君主敕裁等程序。

众官杂治是宋代审理要案的基本模式，也是形成长流裁断的首要环节。杂治是中国古代长期行用的会审方式，"杂谓以他官共治之也"[2]。杂治虽在古代司法中长期行用，但其适用范围、人员组成、诉讼程序等均无定制，就其法律性质及运行状态而言，基本属诉讼惯例范畴。[3] 卢多逊长流案是北宋首次以杂治程序审理的长流案件。太平兴国七年（982），中书侍郎兼兵部尚书同中书门下平章事卢多逊与秦王廷美结构奸谋，责授兵部尚书。太宗"命翰林学士承旨李昉、学士扈蒙、卫尉卿崔仁冀、膳部郎中知杂事滕中正杂治之"[4]。咸平三年（1000）正月，契丹犯塞，镇定高阳关三路行营都部署侍卫马步军都虞候忠武军节度使傅潜、都钤辖西上阁门使富州刺史张昭允迁延不战，失律得罪，"命工部侍郎钱若水、御史中丞魏庠、知杂御史冯拯按劾之"[5]。值得注意的是，宋代在相当程度延续了唐代御史台主导杂治的传统，众多要案的审理均于台狱杂按，断以极刑，最终敕裁宽宥，以长流发落。上述傅潜得罪，真宗令潜诣行在，"至，则下御史府，命（工部侍郎）钱若水同劾按，一夕狱具"[6]。咸平四年（1001），夏人寇清远军，营于积石河，张继能与杨琼、冯守规在庆州逗留，"不时赴援，致陷城堡，又焚弃青冈砦，特诏下御史府，免死，长流儋州"[7]。崇宁年间，黄宰上封事论丞相蔡京，"京

---

[1] （元）脱脱等：《宋史》卷199《刑法一》，中华书局，1977，第4962页。
[2] （汉）班固撰，（唐）颜师古注：《汉书》卷36《楚元王传》注，中华书局，1962，第1927页。
[3] 陈玺：《唐代杂治考论》，《法律科学》（西北政法大学学报）2017年第2期，第194页。
[4] 《宋史》卷264《卢多逊传》，第9119页。
[5] （清）徐松辑，刘琳、刁忠民、舒大刚、尹波等校点：《宋会要辑稿》兵8之9，第14册，上海古籍出版社，2014，第8759页。
[6] 《宋史》卷279《傅潜传》，第9474页。
[7] 《宋史》卷466《宦者一·张继能传》，第13620—13621页。

怒，逮赴御史狱，长流海岛"[1]。御史台狱主导长流案件审判的习惯，在南宋得以延续。建炎元年（1127）八月，"以御史鞠治陈仲、余大均、洪刍、王及之等，皆在围城中诱致内人为妾，及因抄札金银，自盗入己，论当弃市"[2]。此外，南宋出现大理寺审理内侍赃罪判处长流事例。乾道三年（1167），内侍陈瑶、李宗回交结镇江军帅戚方，"付大理究赃状"[3]。后经尚书左仆射兼枢密使叶颙谏言，孝宗乃诏陈瑶"除籍笞背免涅，长流循州。李宗回除籍，编置筠州"[4]。因史料阙载，陈瑶赃污案是否启动杂治程序，以及大理寺与御史台审理此案的具体差异，目前尚无法详查。

群臣集议是形成长流裁断的接续步骤。遇诏狱重案，皇帝多召集群臣讨论，参议人员范围往往限于五品以上文武常参官。"常参官"谓"常朝日常赴朝参者也。"[5] 唐制："文官五品以上及两省供奉官、监察御史、员外郎、太常博士日参，号常参官。"[6] 宋代常参官概念在继承唐、五代旧制的基础上有所厘革，据《宋史·礼志》记载：

> 正衙门则日见，群臣百官皆在，谓之常参，其后此礼渐废。后唐明宗始诏群臣每五日一随宰相入见，谓之起居，宋因其制。皇帝日御垂拱殿。文武官日赴文德殿正衙日常参……至元丰中官制行，始诏侍从官而上，日朝垂拱，谓之常参官。[7]

1　（元）马泽修，袁桷纂：《延祐四明志》卷4《人物考上·先贤·黄子游》，中华书局编辑部编：《宋元方志丛刊》，中华书局，1990，第6193页。

2　《宋会要辑稿》刑法6之25，第14册，第8544页。

3　《宋史》卷383《陈俊卿传》，第11786页。

4　（宋）杨万里撰，辛更儒笺校：《杨万里集笺校》卷119《行状·宋故尚书左仆射赠少保叶公行状》，中华书局，2007，第4545页。

5　（宋）司马光编著，（元）胡三省音注：《资治通鉴》卷224"代宗大历元年二月丁亥"胡注，中华书局，1956，第7188页。

6　（宋）欧阳修、宋祁：《新唐书》卷48《百官三》，中华书局，1975，第1236页。

7　《宋史》卷116《礼十九》，第2751页。

北宋常参官参议长流案件事例，主要集中于太宗、真宗、徽宗等朝。南渡以后，集议事例相对稀见。《宋史·卢多逊传》：太平兴国七年（982）卢多逊案经群臣杂治，"狱具，召文武常参官集议朝堂"。太子太师王溥等七十四人针对审判结论奏议如下：

> 谨案兵部尚书卢多逊，身处宰司，心怀顾望，密遣堂吏，交结亲王，通达语言，咒诅君父，大逆不道，干纪乱常，上负国恩，下亏臣节，宜膏鈇钺，以正刑章。其卢多逊请依有司所断，削夺在身官爵，准法诛斩。秦王廷美，亦请同卢多逊处分，其所缘坐，望准律文裁遣。[1]

对照《宋会要辑稿》所录王溥等奏议，远比《宋史·卢多逊传》所记详实，不仅概括卢多逊与秦王廷美勾结情节，并征引《贼盗律》"谋反"条律文，对于缘坐人等的处置意见，则明确表述为"中书吏赵白、廷美涓人樊德明并请处斩。臣等谨具议定以闻"[2]。可见，《宋会要辑稿》所录奏议，当与案件卷宗原文更为接近，后经史官节略，遂成本传文字。

群臣集议程序在多宗诏狱案件中有所反应，并对刑罚的最终裁断具有重要影响。咸平三年（1000）傅潜获罪当斩，"百官议论如律，上封者皆请正典刑。诏特贷其死焉"[3]。咸平四年（1001）闰十二月，杨琼等狱具，罪当死，"诏五品以上集议，兵部尚书张齐贤等请如律，上特赦之"[4]。重和元年（1118）六月己卯，朝奉大夫前知峡州王寀、资政殿学士刘昺生酬倡诗谤讪

---

1 《宋史》卷264《卢多逊传》，第9119页。
2 《宋会要辑稿》仪制8之2，第4册，第2450页。
3 《宋会要辑稿》兵8之9，第14册，第8759页。
4 （宋）李焘撰，上海师范大学古籍整理研究所、华东师范大学古籍研究所点校：《续资治通鉴长编》卷50"真宗咸平四年闰十二月戊辰"，中华书局，1992，第1101页。

悖道，妖讹不道。"诏寀伏诛，昺长流琼州。"[1]《宋史·刘昺传》对两名集议人员的身份信息有明确记载："事败，开封尹盛章议以死，刑部尚书范致虚为请，乃长流琼州。"[2]

君主敕裁减死是形成长流裁断的最终环节。唐宋之际，长流不在五刑"常流"之列，司法实践中所适用的长流裁判，大多源自死刑减等。《宋刑统》规定的刑等计算，减死者当入流罪，止于三千里。然"常流"不足以惩恶，遂有"长流"施于罪臣。上述理念在宋代长流事例中屡见不鲜。如《卢多逊削夺官爵配隶崖州制》："尚念尝居重位，久事明廷，特宽尽室之诛，止用投荒之典。实汝有负，非我无恩。"[3]《削夺傅潜张昭允官爵诏》："责帅之文，旧章斯在。访于群议，合置严诛。念其逮事先朝，屡经驱策，特从宽典，俾贷微生。"[4] 咸平四年（1001），杨琼得罪，百官议请依律斩首，"帝念其旧劳，故宥其死"[5]。政和八年（1118）六月，王寀、刘昺以谤讪悖道、妖讹不道罹祸，刘昺终以长流贷死。对此，诏敕特别强调"非故屈法宥奸，盖所以体天道之贵生，视斯民之觊德。故兹诏示，可出榜朝堂，布告在位，咸使闻之"[6]。宣和三年（1121）五月十五日，通判睦州叶居中减死长流，"居中自陈有母亲陈氏年老，见病，别无依倚，又自缘攧损腰脚，见求医将理待罪，乞赐宽宥，故有是诏"[7]。建炎元年（1127）八月一日，诏余大均、陈仲、洪刍长流贷命，高宗认为"王及之等所犯当戮，有司之法如此，但朕新政，重于杀士夫。故有是命"[8]。上述六例中减死长流的理由大致包含议功念旧、孝

---

1 （宋）李埴撰，燕永成校正：《皇宋十朝纲要校正》卷18《徽宗》"重和元年六月己卯"，中华书局，2013（中国史学基本典籍丛刊），第507页。

2 《宋史》卷356《刘昺传》，第11207页。

3 （宋）徐自明撰，王瑞来校补：《宋宰辅编年录校补》卷2"太宗皇帝"，中华书局，1986，第33页。

4 （宋）佚名编：《宋大诏令集》卷94《将帅·贬责·削夺傅潜张昭允官爵诏》，中华书局，1962，第346页。

5 《宋会要辑稿》职官64之16，第8册，第4773页。

6 《宋会要辑稿》刑法6之23，第14册，第8543页。

7 《宋会要辑稿》刑法6之24，第14册，第8544页。

8 《宋会要辑稿》刑法6之25，第14册，第8544页。

亲哀矜、慎杀止刑、新政布德等施刑理念，且成为影响长流裁判最终确立的关键因素。

第二节 宋代长流之体系构造

戴建国认为，唐代"长流者，除名，既无官爵，身份同庶民，流配于他所，无地里之限。三年后，于当地附籍，无特赦不得放还"[1]。宋代继承前代"长流"除名、发遣、从坐、叙复等基本构成要素，又在实践中不断加以完善，逐步形成以流配为中心，附加决杖、刺面、从坐、籍没等从刑的复合刑罚体系。与此同时，受宋代折杖与配隶的影响，宋代长流实际行用与唐代存在显著差异。

一 除名

除名是判处长流的先决条件，其目的在于褫夺罪人出仕以来所有官爵，以便发遣、管束和服役，实践中又有"削籍""削官""削夺官爵""削夺在身官爵""追毁出身以来文字"等变通表述。《宋刑统·名例律》："诸除名者，官爵悉除，课役从本色。"疏议曰："若犯除名者，谓出身以来，官爵悉除，"[2] "削籍"是褫夺罪臣公职身份，降为庶民的行政处分，唐代已有此类措施。贞观元年（627）十二月，利州都督李孝常等谋反，长孙顺德坐与交，"削籍为民。"[3] 元和元年（806）三月，收复东川，乃诏剑南西川节度使刘闢

---

[1] 戴建国：《唐宋变革时期的法律与社会》，上海古籍出版社，2010，第256页。
[2] （宋）窦仪详定，岳纯之校证：《宋刑统校证》卷2《名例律》"以官当徒除名免官免所居官"，北京大学出版社，2015，第39页。
[3] 《新唐书》卷105《长孙顺德传》，第4024页。

"可削夺在身官爵"[1]。五代之际，削籍处分得以长期适用。开运元年（944）十二月"乙酉，前登州刺史张万迪削夺官爵处斩"[2]。广顺三年（953）闰十二月辛未，邺都留守侍卫亲军都指挥使王殷"削夺在身官爵，长流登州。已而杀之，徙其家属于登州"[3]。宋代常以削籍作为流刑、配隶、安置、勒归、禁锢之前置处罚，对于长流一体适用。长流人除名之后，往往附加勒停见任处分，随即履行发遣程序。

二 发遣

宋代实行"折杖法"以后，加役流决脊杖二十，配役三年；"三流"自流三千里分别决脊杖二十、十八、十七，均配役一年。宋《狱官令》规定："诸配流囚决讫，二十日外居作，量以配所兵校防辖。"[4] 即流犯决杖后修整二十日，开始服役。司法实践中，宋代流刑逐步与配隶接轨，长流人发遣实行差使防援制度。天圣三年（1025）八月臣僚奏所引《编敕》规定的流人配送、监管制度，对于长流人犯之发遣、递送等事，当一体行用：

> 配送罪人须分明置历管系，候到配处，画时具交割月日回报元配之处。若经时未报，即移文根问。若在路走失者，随处根逐元监送人紧行捕捉。遂诏申明前制，仰逐处据所配罪人约度地里、日数，移文会问，每年终具数闻奏。转运使每半年一次举行指挥，常切关防，不得旷慢。[5]

---

[1] （后晋）刘昫：《旧唐书》卷140《韦皋附刘闢传》，中华书局，1975，第3827页。
[2] （宋）薛居正等撰：《旧五代史》卷83《晋书九·少帝纪三》，中华书局，2015（点校本二十四史修订本），第1276页。
[3] （宋）欧阳修撰，（宋）徐无党注：《新五代史》卷50《杂传第三十八·王殷传》，中华书局，2016（点校本二十四史修订本），第641页。
[4] 高明士主编：《天圣令译注》，元照出版有限公司，2017，第488页。
[5] 《宋会要辑稿》刑法4之12，第14册，第8452页。

第十三章 长 流　431

天圣《狱官令》规定："诸递送囚者，皆令道次州县量罪轻重、强弱，遣人援送，明相付领。其临时有旨，遣官部送者，从别敕。"[1] 流犯须实施械禁，由居所州军派员长解，沿途诸州防援递押。上述配送流犯的规定，在宋代长流案件中可以得到印证。宣和三年（1121）五月十五日，通判睦州叶居中长流琼州，"令所在州军枷项，差大使臣一员、禁军二十人、将校二人管押前去，逐州交替"[2]。长流人达到流所之后，负责长解的使臣应将沿途诸州解送文书申报尚书刑部。建炎元年（1127）八月一日，余大均、陈冲、洪刍长流沙门岛，"至登州交割"[3]。高宗"令吏部各差使臣一员，步军司各差兵级一人，将校一名，防送前去。候到贬所，取逐州交管文状，缴申尚书省"[4]。以上叶居中、余大均两案中移送囚徒，明言"逐州交替""逐州交管"，即《狱官令》所谓"明相付领"，指非由专使部送的一般情况下，沿途各州县的援送人，采逐州逐县交替押送犯人的方式，而不是一路从断决处押送到配所。[5] 如有司未能及时申报收管文状者，于法有罚。绍兴二十五年（1155）十二月，右承事郎康与之"坐事长流广南"[6]。绍兴二十六年（1156）六月四日，御史台言：

"勘会刑部供到，绍兴二十五年十月以后，因言章及刑部检举告讦、编管、安置、居住人（康与之等）……至今经涉年月，未见逐处申到收管文状。望降指挥，下刑部并所属监司严紧催督。如所在州军故作缘故

---

[1] 高明士主编：《天圣令译注》，第480页。
[2] 《宋会要辑稿》刑法6之23—24，第14册，第8543页。
[3] （宋）王明清撰，戴建国、赵龙整理：《玉照新志》卷4，上海师范大学古籍整理研究所编：《全宋笔记》（第6编，第2册），大象出版社，2013，第187页。
[4] （宋）徐梦莘撰：《三朝北盟会编》卷112"炎兴下帙十二"，上海古籍出版社，1987，第819页下。
[5] 高明士主编：《天圣令译注》，第483页。
[6] （宋）周必大撰，王瑞来校证：《周必大集校证》卷63《神道碑二·龙图阁学士宣奉大夫赠特进程公大昌神道碑》，上海古籍出版社，2020，第930页。

寄留人，不即押发，其当职官吏并乞令监司按劾，重作施行。"从之。[1]

三 随流

《宋刑统》规定，流人妻妾应随夫从坐，"妻妾见已成者，并合从夫。又依令，犯流断定，不得弃放妻妾"[2]。有学者指出："宋代实施折杖法后，上述律文'役满及会赦免役者，即于配处从户口例'、'妻妾从之；父祖子孙欲随者，听之'以及流人身丧'家口虽经附籍，三年内愿还者，放还'之规定，都已经自然失效"[3]，其实并非如此。司法实践中仍存在流人亲属随流事例，至天圣年间，妻妾随流定制有所松动，"如两情愿离者，听之"[4]。与妻妾形成鲜明反差的是，流人父祖子孙依律不在强制随流之列，"曾、高以下，及玄孙以上，欲随流人去者，听之"[5]。如子孙随流，则被视作司法特例，往往史籍文献中予以特别提示。咸平三年（1000）傅潜长流，"子内殿崇班从范亦削籍随父流所"[6]。政和八年（1118）六月，资政殿学士刘昺长流琼州，"又听其子随逐"[7]。宋代长流亲属从坐范围及罚则，在特定条件下可能发生重大调整，此于《卢多逊削夺官爵配隶崖州制》可证：

一家亲属，并配流崖州，所在驰驿发遣，纵经大赦，不在量移之限。期周已上亲属，并配隶边远州郡。部曲奴婢纵之，余依百官所议。

---

1 《宋会要辑稿》职官71之32，第8册，第4964—4965页。
2 《宋刑统校证》卷3《名例律》"犯流徒罪"，第46页。
3 魏殿金：《折杖法与唐宋量刑制度的变化》，《齐鲁学刊》2012年第6期，第45页。
4 高明士主编：《天圣令译注》，第477页。
5 （唐）长孙无忌等撰，刘俊文点校：《唐律疏议》卷3《名例》"流犯应配"，中华书局，1983，第67页。
6 《宋史》卷279《傅潜传》，第9474页。
7 《宋会要辑稿》刑法6之23，第14册，第8543页。

此制并未区分卢多逊家属亲属，妻妾父祖子孙等，当均在随流崖州之列，且不得叙复量移。此外，大幅扩张从坐范围，卢多逊服一年丧期以上亲属一并配隶边远州郡。据《宋刑统·名例律》：周亲"谓伯叔父母、姑、兄弟、姊妹、妻、子及兄弟之子之类。又例云，称周亲者，曾、高同。及孙者，嫡孙，众孙皆是，曾、玄亦同。疑是嫡孙，故别言孙。其子孙之妇，服虽轻而义重，亦同周亲之例。曾、玄之妇者，非"[1]。本案从坐者甚众，可见朝廷重惩卢多逊交结藩邸、指斥乘舆之志。

四 籍没

籍没是宋代长流的构成要素之一。东汉已有籍没之例，《后汉书·侯览传》：灵帝建宁初，中常侍侯览以贪侈奢纵"籍没资财，具言罪状"[2]。《宋刑统·贼盗律》规定：谋反及大逆者，"若部曲、资财、田宅，并没官"[3]。宋代长流为减死之刑，时常附加籍没罪人田宅、奴婢、资财。其中尤以靖康元年（1126）王黼籍没案最为典型。据《三朝北盟会编》记载：靖康元年（1126）正月二十四日，"王黼削夺在身官爵，长流衡州"。《靖康要录》又曰："令拘收籍没王黼、李彦等房廊住宅田土及户绝田产给还。"[4] 对于上述籍没财产的具体信息，《三朝北盟会编》征引史料详述王黼家赀豪奢之状，以及度支郎中邢倞负责抄没等事：

---

1 《宋刑统校证》卷2《名例律》"请减赎"，第19页。
2 （南朝宋）范晔撰，（唐）李贤等注：《后汉书》卷78《宦者列传·侯览传》，中华书局，1965，第2523页。
3 《宋刑统校证》卷17《贼盗律》"谋反逆叛"，第229页。
4 （宋）汪藻原著，王智勇笺注：《靖康要录笺注》卷1"靖康元年正月二十三日"，四川大学出版社，2008，第170页。

《秀水闲居录》云：王黼作相，初赐第相国寺东，又赐第城西竹竿巷，穷极华侈，累奇石为山，高十余丈，便坐二十余处，种种不同。如螺钿阁子，即梁柱门窗，什器皆螺钿也，琴光、漆花、罗木、雕花、碾玉之数，悉如此第之西，号西村。以巧石作山径，诘屈往返，数百步间，以竹篱、茅舍为村落之状，都城相第，乃有村名识者，以为不祥。黼侍妾甚众，有官封者十八人，八夫人，十宜人。《靖康前录》曰：二十四日，府尹聂山进札子，先追王黼行差，遣人追及于应天府杞县之南十里负固村，遂戮之，函首京师。随行金帛不可数，尽为小寇剽掠。差度支郎中邢倞籍其家财，倞措置无术，小人乘隙鼓唱争入黼第，绢七千余疋，钱三千余万，金玉之类为群小攘夺者三分之一。[1]

五　免黥

伴随宋代配役制度的演进，长流之附加刑更趋繁杂，除沿用唐代附加决杖之惯例以外，增设"刺面"一项。"刺面"又称黥、墨、涅面、札面等，西汉文帝刑制改革之际早已废除，至后晋时复行于世，天福三年（938）八月，左街史韩延嗣殴击致死人命，"徒二年半，刺面配华州，发运务收管"[2]。熙宁二年（1069）十二月，比部郎张仲宣犯枉法赃流贺州，神宗纳苏颂之言，以其情轻，特免杖与黥面。"自是，杖黥之法鲜施于命官矣。"[3] 与优崇

---

[1]《三朝北盟会编》卷31"靖康中帙六"，第230页。按：《宋史·艺文志》："朱胜非《秀水闲居录》二卷"，入故事类。[（元）脱脱等：《宋史》卷203《艺文二》，中华书局，1977，第5104页]《直斋书录解题》曰："《秀水闲居录》三卷，丞相汝南朱胜非藏一撰，寓居宜春时作。秀水者，袁州水名也。"[（宋）陈振孙撰，徐小蛮、顾美华点校：《直斋书录解题》卷11《小说家类》，上海古籍出版社，1987，第342页]

[2]（宋）王溥：《五代会要》卷9《议刑轻重》，上海古籍出版社，1978，第153页。

[3]（宋）陈均撰，许沛藻等点校：《皇朝编年纲目备要》卷18"神宗皇帝熙宁二年"，中华书局，2006（中国史学基本典籍丛刊），第425页。

衣冠原则相适应，长流犯官亦多免决黥面。宣和三年（1121）四月己巳，"前知睦州张徽言特贷命，免真决刺面，长流万安军"[1]。乾道三年（1167）八月三日诏，内侍寄资武功郎陈瑶"特免追毁出身以来文字，除名勒停，脊杖二十，不刺面，配循州收管"[2]。由此，免黥成为宋代长流与配隶的重要区别之一。

六　叙复

宋代"被责之久，该恩叙复旧官者，自有格法。"[3] 流人削籍之后，以百姓身份遣送至配所，可能面临服役终老、逢赦量移，甚至复职叙用等多种选择。宋代对于除名犯官叙用有明确规定，据《宋刑统》：除名者"六载之后听叙，依出身法。"[4] 天圣《狱官令》亦有"六载后听仕"的规定。[5] 唐代"长流"创制之初，原有至死不回之意。然高宗上元元年（674）八月壬辰改元赦文已有"长流人并放还"[6] 的规定，两宋司法实践中，长流人叙用之例不在少数，不仅"除名"之法律效力随之终结，"六年听叙"的限令亦无绝对拘束。至道三年（997）四月，安远节度行军司马胡旦"削

---

[1] （宋）杨仲良撰：《皇宋通鉴长编纪事本末》卷141《徽宗皇帝》"讨方贼"，江苏古籍出版社，1988（宛委别藏本），第4427页。

[2] 《宋会要辑稿》职官71之19，第8册，第4957页。按：杨万里《宋故尚书左仆射赠少保叶公行状》曾记陈瑶免决涅面原委："明日，大理寺上陈瑶具狱，其赃为钱二十万。帝曰：'此曹为奸，宜涅为城旦，屏之远方。'公奏曰：'凡假陛下威福为奸者皆然，可尽涅乎？愿戒敕使自新。'帝曰：'甚善。'于是有诏，陈瑶除籍脊背免涅，长流循州。李宗回除籍，编置筠州，诏免治行赂者，乃必罚毋赦。"《杨万里集笺校》卷119《行状》，第4544—4545页。

[3] （宋）赵升编，王瑞来点校：《朝野类要》卷5《降免》"叙复"，中华书局，2007（唐宋史料笔记丛刊），第100页。

[4] 《宋刑统校证》卷2《名例律》"以官当徒除名免官免所居官"，第38页。

[5] 按：据《宋刑统》引开成四年（839）十月五日敕节文："从今以后，应是流人，无官爵者，六载满日放归。"《宋刑统校证》卷3《名例律》"犯流徒罪"，第50页。

[6] （宋）王钦若等编纂，周勋初等校订：《册府元龟》卷84《帝王部·赦宥第三》，凤凰出版社，2006，第929页。

籍，长流寻州"[1]。咸平四年（1001）九月戊子，"以除名人胡旦为通州团练副使"[2]，除名与叙用间隔仅四年有余。咸平三年春正月乙酉，忠武军节度使傅潜长流房州，"五年，会赦，徙汝州。景德初，起为本州团练副使，改左千牛卫上将军，分司西京"[3]。咸平四年（1001）闰十二月丁丑，张继能长流儋州，景德二年（1005）"会赦，还，为内侍省内常侍"[4]。南渡前后，因时局动荡，长流人叙复事宜多有搁置，宣和二年（1120）十一月方腊陷杭州，徽猷阁待制赵霆守杭州，中奉大夫张宛提点两浙刑狱，二人皆挺身遁去，并诏贷死长流。绍兴元年（1131）六月，责受雷州别驾赵霆复朝散大夫。同年十月丁卯，张宛叙用，"复以明堂恩还直秘阁。言者奏其罪，命乃寝"[5]。如果诏敕之中已对叙复事宜作出裁断，则非有恩赦不得叙用。大中祥符七年（1014）十月己未，殿中丞童静专坐赃、冒荫等事，遭受"削籍，长流郴州，不得叙用"[6]的严厉处分。如此，非逢特赦恩遇，长流人随即丧失叙复可能。

第三节　宋代长流之地理布局

唐宋之际，长流的时空分布呈现较大差异。相比之下，宋代长流事例则呈急剧锐减趋势，南渡以后，仅高宗、孝宗二朝残存其事，且与编管、羁管等新兴制度交织杂用。在空间布局层面，受到时局变迁和疆域南移影响，宋代长流人发遣区域被挤压至广南东、西（循州、梅州、宜州、钦州、浔州、

---

[1] 《宋史》卷466《宦者一·王继恩传》，第13604页。
[2] 《续资治通鉴长编》卷49"真宗咸平四年九月戊子"，第1073页。
[3] 《宋史》卷279《傅潜传》，第9474页。
[4] 《宋史》卷466《宦者一·张继能传》，第13621页。
[5] （宋）李心传撰，辛更儒点校：《建炎以来系年要录》卷48"绍兴元年十月丁卯"，上海古籍出版社，2018，第881页。
[6] 《续资治通鉴长编》卷83"真宗大中祥符七年十月己未"，第1898页。

琼州、儋州、崖州、万安军、昌化军）二路。北宋时，长流里数的拘束效力日益松弛，长流京东、京西、荆南临近京师诸路事例时有发生，长流惯例逐渐被异军突起的配隶制度所吸纳。需要明确的是，宋代以犯人的居住地为配流起算地点，"诸编配计地里者，以住家之所，诸军以住营之所，各不得过里数三百里（三百里内无州者，配以次最近州）"[1]。此于长流当一体行用。由于宋代长流人多为京官罪臣，故地理远近权以长流州、军距离京城里数计算。

一　广南东、西路

广南是宋代长流人最为集中的发遣区域。宋代广南地区尚地处蛮荒，"南滨大海，西控夷洞，北限五岭……山林翳密，多瘴毒，凡命官吏，优其秩奉"[2]。上述区域环境险恶，体现了朝廷重惩罪臣的制刑初衷。更为重要的是，终宋之世，该区域一直为宋廷所有效掌控，故而成为安置长流人之核心所在。自太宗太平兴国年间卢相长流崖州以降，直至孝宗乾道三年（1167）陈瑶长流浔州，广南东、西二路一直是容留长流人犯的主要地区。《宋史·地理志》特别指出："儋、崖、万安三州，地狭户少，常以琼州牙校典治安南数郡，土壤遐僻，但羁縻不绝而已。"咸平四年（1001），杨琼、张继能失律问罪，分别长流崖、儋二州。宋时崖、儋二州皆隶广南西路，其中崖州又有新旧之别。熙宁六年（1073），废儋州为昌化军，后改南宁军，距"东京七千二百八十五里"[3]，开宝五年（972），废崖州为朱崖军。次年割旧崖之地隶属琼州，改振州为崖州，此为新崖州。南宋绍兴六

1　（宋）谢深甫等撰，戴建国点校：《庆元条法事类》卷75《刑狱门五·编配流役》，黑龙江人民出版社，2002（中国珍稀法律典籍续编），第780页。
2　《宋史》卷90《地理六》，第2248页。
3　（宋）王存撰，魏嵩山、王文楚点校：《元丰九域志》卷9《广南路》，中华书局，1984（中国古代地理总志丛刊），第438页。

年（1136），废军为宁远县，绍兴十三年（1143）改吉阳军，距"东京七千六百八十五里"[1]。二州皆以路途遥远、环境险恶著称，与"长流"在三千里以上放逐罪犯的本意最为契合。《庆元条法事类》则将万安、昌化、吉阳等，纳入"远恶州"范畴。[2]

二　沙门岛

五代时已有长流沙门岛的事例，后汉乾祐三年（950）正月庚戌，前永兴军节度副使安友规除名，流登州沙门岛，[3]此为"流登州沙门岛始也"[4]。后周广顺二年（952），敕丘珣"杖脊二十，长流沙门岛"[5]。宋时"犯死罪获贷者，多配隶登州沙门岛"。沙门岛隶属登州蓬莱县，《元丰九域志》：登州距"东京一千八百里"。《读史方舆纪要》则确指沙门岛位于登州府"西北六十里海中"[6]。由此，从地理远近而言，沙门岛并不在"三流"之列，甚至尚未达到二千里下限。却因海岛与世隔绝，口粮短缺，病患丛生，至者多死，成为宋代流配中最为严厉的刑等。[7]北宋为充实边防，时常遣送

1　《元丰九域志》卷9《广南路》，第439页。
2　《庆元条法事类》卷75《刑狱门五·编配流役》，第780页。
3　《旧五代史》卷103《汉书五·隐帝纪下》，第1593页。
4　（宋）李上交撰，虞云国、吴爱芬整理：《近事会元》卷5"沙门岛"，朱易安、傅璇琮等主编：《全宋笔记》（第1编，第4册），大象出版社，2003，第191页。
5　《册府元龟》卷924《总录部·诈伪》，第10720页。
6　（清）顾祖禹撰，贺次君、施和金点校：《读史方舆纪要》卷36《山东七·登州府》，中华书局，2005（中国古代地理总志丛刊），第1683页。
7　按：沙门岛囚徒悲苦处境曾引发部分官员关注，据《郭景修墓志》[大观二年（1108）卒]记载："登州沙门岛寨在海洲中，其囚皆四方恶少，分隶五岛，置戍卒百人锢守。当职者常惧其众且悍而难制，得纤过则文致其罪，而置于法。又诸岛卒长任私意专杀，即诈以病死称，寨官不复省察。公至，叹曰：'凶徒虽不足惜，然朝廷既贷其死而复杀之，则不亦累吾君好生之德乎？'乃移文诸岛，凡囚有罪，必先具款以报，公亲加按覆，有疾者亦以疾报，所隶遣医治之，以所全所失多寡为殿最而赏罚之。自是，讫公岁满，莫敢专杀，赖以全活者甚重。"国家图书馆善本金石组编：《宋代石刻文献全编》（第2册），北京图书馆出版社，2003，第5页。

流人至此。太祖建隆三年（962）七月丁卯，"索内外军不律者配沙门岛"[1]。宋代配隶长流沙门岛者虽众，但冠以"长流"名义者，目前仅见一例。高宗建炎元年（1127）八月一日，"余大均、陈冲、前谏议大夫洪刍，各特贷命，除名勒停，长流沙门岛，永不放还"[2]。伴随登州没于金国，宋廷不再向沙门岛发遣流犯。建炎四年（1130）十一月十二日刑部言："乞应诸路人犯配沙门岛，权配海外州军［谓万安、昌化、吉阳军、琼、郁（州）、林州。］……皆以虏人入寇、向北道路未通故也。"[3] 沙门岛接纳配流人犯的历史至此终结。

三　京西、淮南、荆南

京西南路曾是北宋长流人安置地域之一。咸平三年（1000）正月，契丹犯塞，傅潜、张昭允失律得罪，"潜坐是削夺在身官爵，长流房州，昭允长流通州"[4]。北宋房州隶属保康军节度，"东北至东京一千五百里，东北至西京一千五百五十五里"[5]。通州隶属淮南（东）路，"西北至东京约二千里。西北至西京约二千四百五十五里"[6]。荆湖南路也曾是宋代长流人安置地域之一，此路"东界鄂渚，西接溪洞，南抵五岭，北连襄汉"[7]，属于尚待深入开发的区域之一。宋代向此路诸州军遣送长流人的记载较为零星，目前仅见

1　《宋史》卷1《太祖纪一》，第12页。
2　《宋会要辑稿》职官70之5，第8册，第4917页。
3　《宋会要辑稿》刑法4之42，第14册，第8469页。
4　《宋会要辑稿》兵8之8，第14册，第8759页。按：关于张昭允长流地，《东都事略》卷42《傅潜传》、《宋大诏令集》卷94《将帅·削夺傅潜张昭允官爵诏》作"道州"；《宋史》卷279《傅潜附张昭允传》、《续资治通鉴长编》卷46、《宋史全文》卷5《真宗一》、《宋会要辑稿》等作"通州"，据《宋史·真宗纪一》：咸平三年正月"乙酉，流忠武军节度使傅潜于房州，都钤辖张昭允于通州，并削夺官爵。"今从《真宗纪》。
5　（宋）乐史撰，王文楚等点校：《太平寰宇记》卷143《山南东道二·房州》，中华书局，2007（中国古代地理总志丛刊），第2784页。
6　《太平寰宇记》卷130《淮南道八·房州》，第2567页。
7　《宋史》卷88《地理四》，第2201页。

《续资治通鉴长编》记大中祥符七年（1014）十月己未童静专削籍长流郴州，以及《三朝北盟会编》记靖康元年（1127）正月二十四日，王黼长流衡州二则。其中，衡州距"东京二千七百一十里"，郴州距"东京三千五百里"[1]。北宋以开封府、河南府为东、西二京，如按照地理远近计算，则傅潜、张昭允、王黼三人放逐里数均未超出"常流"三千里上限，虽具"长流"之名，竟为"配隶"之实。可见，宋代"长流"已不再限于边裔绝域之地，此为宋代长流性质和类属变化之重要表征。

第四节　宋代长流之性质变革

一　长流刑罚地位厘正

就刑罚属性而言，长流隶属"闰刑"畛域。中国古代"五刑"观念由来已久，《隋书·经籍志》记载："夏后氏正刑有五，科条三千。"[2] 中国古代法律体系中，以"五刑"为正刑，"五刑"之外的刑罚则为"闰刑"。[3] 故流刑为正刑，与流刑相关的长流、配隶、配流、配役、安置、充军、发遣等，或为流刑之异名，或为流刑所衍生。唐五代以来长期行用的长流，至北宋建隆三年（962）以准用旧敕方式纂入律典，《宋刑统》援引开元二年（714）八月六日敕和天宝九载（750）九月十六日敕，《杂律》针对"诈伪制敕及伪写

1　《元丰九域志》卷 6《荆湖路》，第 260 页、262 页。

2　（唐）魏徵等撰：《隋书》卷 33《经籍二》，中华书局，2019（点校本二十四史修订本），第 1102 页。

3　按：清人王明德曰："按五刑正目，自汉景以后惟止笞、杖、徒、流、死而已。是以名例特冠其例于首，以明刑之为法各有其正。虽云五者之外，仍有凌迟、枭示、戮尸等类，初非国之常刑，要皆因时或为一用者，终不可以五刑之正名。故此散见于律例各条中，或备著乎律例各条外，卒不得与五刑正目同俦而并列。总以明夫刑者，原非圣人所得已，固不容不为显揭以垂世，更不容同其混迹而无分。此先贤定律明教，澄序篇章之大旨也。"（清）王明德撰，何勤华等点校：《读律佩觿》卷四下"闰刑条目"，法律出版社，2001，第 135—136 页。

官文书印"和"选人冒名接脚"两类犯罪，[1] 设定决杖六十，长流岭南远恶的处罚措施。但是，长流隶属传统五刑体系之外的闰刑范畴，又与服刑方式相对清晰的"常流""加役流"存在一定差异，处于有名无实的尴尬境遇，"长流"之体系构造与具体施行，仍在依循唐五代惯例的基础上，不断发生厘革和嬗变。

从刑罚变迁考察，长流惯例催生配隶制度。自北周以降，流刑的发展路径主要集中于里数与居作两个方面。唐宋"长流"三等皆居役二年，加役流增加劳役一年，长流则侧重于流放里数的大幅扩张。然而，上述改革与流刑作为死刑减等的初衷仍存在重大差异，除里数与劳役以外，增设附加刑成为增加流人痛苦的重要路径。由此，决杖、黥刺、除名、勒停、禁锢、追毁出身以来文字等措施相继成为流刑的附加措施，原有流贬里数和居役内容也随之发生实质变动。最终，包括长流在内的流刑规则的实践与调试，对宋代配隶制度的形成与发达产生了直接影响。由于唐宋"长流"多适用于官僚贵族，故时常与具有同类功能的"编管"直接对应。

就刑罚功能论之，长流旨在完善减死规则。自西汉文景厘革刑制，"死刑既重，而生刑又轻"的固有缺陷长期困扰司法裁判，即使开皇年间复立五刑，死刑减等的讨论与尝试一直未曾中断。贞观年间曾复断趾之法，又立加役之流，永徽年间创制长流惯例，也以减少死刑适用为初衷。然而，上述努力似乎未能在慎刑止杀与重惩罪人双重目的之间求得平衡。张春海指出：唐代曾有复断趾旧例，立加役之流，创长流之法等诸多尝试，积极探索死刑减等之

---

[1] 按："盗用宝印符节"条准唐开元二年八月六日敕，"诈伪制、敕及伪写官文书印，并造意与句合头首者，斩。若转将伪印行用，及主典盗并欺罔用印，成伪文书者，绞。并为头首不在赦限，仍先决一百。其从，并依律以伪造、写论，与伪写同，并配长流岭南远恶处，并知情、容止造伪人，仍各先决杖六十。虽会恩免罪，百日见在不首者，并依前科决。其印文古字，人难辨识，纵大小微差，点画欠剩，但堪乱俗即坐。"（《宋刑统校证》卷25《诈伪律》"盗用宝印符节"，第330—331页）"诈假官"条准唐天宝九载九月十六日敕："选人冒名接脚，实系纪纲，比虽隄防，未全折中。如有此色，量决六十，长流岭南恶处。"（《宋刑统校证》卷25《杂律》"诈假官"，第335页）

有效路径。流刑"设置的烈度和等差没有达到当时人们观念中认可的程度，从而就使流刑的实际适用呈现出非常不稳定的状态"[1]。作为一类诉讼惯例规则，在唐宋司法实践中长期行用且又游离于律典之外的"长流"，在相当程度承担了减死一等的刑罚功能。

二 长流与配隶之抵牾

"长流"原本是与配隶、安置、罚镇并列的刑罚，广义上均可划归流刑范畴。开元十七年（729）十一月丙申敕："自先天以来有杂犯经移近处流人并配隶属碛西、瓜州者，朕舍其旧恶，咸与惟新，并宜放还。其反逆缘坐长流及城奴量移近处，编附为百姓。"[2] 开元二十四年（736）十月诏："两京城内及京兆府诸县囚徒、反逆缘坐及十恶、故杀人、造伪头首，死罪特宜免罪，长流岭南远恶处，其余杂犯死罪，隶配效力五年，流罪并放。"[3] 后梁龙德元年（921）五月丙戌制："长流人各移近地，已经移者许归乡里。"[4] 作为流刑的变体，长流主要是在地里远近层面增加刑罚的酷烈程度，因此，流放地域和里数成为中唐以后长流刑的核心因素。

宋初实行折杖法以后，传统"五刑"徒具其名。与之相适应，"配隶"逐渐发展成为宋代重要的刑罚制度，并出现流刑与配隶分野并进的立法格局。《宋会要辑稿》刑法四："国朝凡犯罪，流罪决讫，配投如旧条。"即承用《唐律》"常流"和加役流，合为四等，"长流"依例不入"旧条"之属；杖以上情重者配隶，随宜编发远近州军：

---

[1] 张春海：《论唐代的配隶刑》，《史学月刊》2010 年第 8 期，第 39 页。
[2] 《册府元龟》卷 85《帝王部·赦宥第四》，第 939 页。
[3] 《册府元龟》卷 85《帝王部·赦宥第四》，第 943 页。
[4] 《旧五代史》卷 10《梁书十·末帝纪下》，第 170 页。

第十三章　长　流　443

　　国朝凡犯罪，流罪决讫配投，如旧条：杖以上情重者，有刺面、不刺面配本州牢城。仍各分地里近远，五百里、千里以上及广南、福建、荆湖之别。京城有配窑务、忠靖六军等。亦有自南配河北屯田者。如免死者配沙门岛、琼、崖、儋、万〔安〕州，又有遇赦不还者。国初有配沙门岛者，妇女亦有配执针者，后皆罢之。[1]

　　与长流相比，宋代"配隶"刑之内涵显然更为复杂，"实际上是一个谨慎的分级处罚制度，结合了劳役刑、旧的流放刑和杖刑的特征"[2]。长流与配隶在服役地点、服役方式和附加刑方面均存在若干差别。首先，服役地域之异。服役地点远近的差异是配隶与长流的根本区别。宋代配隶等次综合考虑黥刺、决杖、里数、劳役等因素，且宋代不同历史阶段，配隶等次和区域亦存在显著变化。[3] 按照唐宋时期惯例，长流者一般在三千里以上区域服役，[4] 而宋代所谓"长流"者，在三千里州、军以下服役的现象不在少数。其次，服役内容之异。推行"折杖法"以后，宋代徒、流犯服役，在外州者，供当处官役。当处无官作者，"留当州修理城隍、仓库及公廨杂使"[5]，"长流"人犯服役内容或与之相类。配隶者则或从事军役，充边戍守；或从事煮盐、冶铁、酿造、开矿等苦役。第三，附加刑罚之异。附加黥刑是宋代配隶的基本

1　《宋会要辑稿》刑法4之1，第14册，第8445页。
2　〔美〕马伯良著：《宋代的法律与秩序》，杨昂、胡雯姬译，中国政法大学出版社，2010，第347页。
3　按：北宋仁宗皇祐中曾诏："配隶重者沙门岛砦，其次岭表，其次三千里至邻州，其次羁管，其次迁乡。"〔〔元〕脱脱等：《宋史》卷201《刑法三》，中华书局，1977，第5018页〕哲宗时，配隶有配本州、邻州、五百里、千里、二千里、三千里、广南、远恶州军等不同等次。〔参阅〔宋〕李焘撰，上海师范大学古籍整理研究所、华东师范大学古籍研究所点校《续资治通鉴长编》卷499"哲宗元符元年六月丙戌"，中华书局，1992，第11875页〕南宋后期，配隶之法更趋繁杂。淳熙十一年，校书郎罗点言："今世配法，乃至十四等……永不放还者，役终身；海外者，役八年；远恶、广南者，役七年；三千里、二千五百里者，并役六年；二千里、一千五百里者，并役五年；千五百里者，并役四年；特旨配邻州者，役三年；本州、本城者，并役二年，不刺面者，役一年。"〔〔宋〕马端临：《文献通考》卷168《刑考七·徒流（配没）》中华书局，2001，第5043—5044页〕
4　参阅陈玺《唐代长流刑之演进与适用》，《华东政法大学学报》2013年第3期，第123—125页。
5　高明士主编：《天圣令译注》，第485页。

原则，《庆元条法事类》规定："诸称'配'者，刺面。"[1] 即宋代配隶以附加黥、杖刑为原则；长流虽可附加决杖，却往往免予黥刺。以上宋代长流与配隶之间的抵牾现象，实质上反映了配隶日盛，长流渐衰的升降关系，以及长流为配隶所吸纳的转变历程。

三　长流与编管之互文

与流刑相比，宋代配隶制度纲目繁杂，变化多端，其内涵与外延时常颇多损益。有宋一代，长流与配隶并未彻底混同，编管（羁管）逐渐成为"长流"之代称，并于宋代史乘、文集之中频繁出现。《宋会要辑稿》《宋史》《东都事略》《皇朝编年纲目备要》《建炎以来系年要录》等史乘著录为"编管"或"羁管"的诸多事例，《诚斋集》《文忠集》《履斋遗稿》等宋人文集往往沿用"长流"旧称，南宋文人似乎更倾向于使用颇具古意的"长流"一词记录官吏降贬放逐，其中，徽宗朝黄庭坚编管宜州，是宋代较早以羁管指代长流的事例。据《东都事略》：徽宗崇宁二年（1103）二月，"庭坚尝作《荆南承天院记》，部使者观望宰相赵挺之意，以庭坚有幸灾之言，坐除名，编管宜州"[2]。《皇朝编年纲目备要》亦作"编管宜州"[3]。《宋史·黄庭坚传》录作"复除名，羁管宜州"[4]。淳熙七年（1180）正月十四日周必大《跋山谷萍乡县宝积禅寺记》则作"长流宜州"[5]。南宋以后，以"编管"指代"长流"例证更为常见。《建炎以来系年要录》记绍兴二十五年（1155）十二月丙申，"（右承务郎康）与之送钦州、（右宣教郎徐）樗高州编管"[6]。周必大

1　《庆元条法事类》卷75《刑狱门五·编配流役》，第779页。
2　《东都事略》卷116《文艺传·黄庭坚传》，第1010页。
3　《皇朝编年纲目备要》卷26"徽宗皇帝崇宁二年"，第669页。
4　《宋史》卷444《文苑六·黄庭坚传》，第13110页。
5　《周必大集校证》卷17《题跋四·跋山谷萍乡县宝积禅寺记》，第228页。
6　《建炎以来系年要录》卷170"绍兴二十五年十二月丙申"，第2962页。

《龙图阁学士宣奉大夫赠特进程公（大昌）神道碑》则作"长流广南"[1]。孝宗乾道三年（1167）八月，"内侍寄资武功郎陈瑶特免追毁出身以来文字，除名勒停，脊杖二十，不刺面，配循州收管"[2]。《宋史全文》作"决配循州"[3]，杨万里《宋故尚书左仆射赠少保叶公（颙）行状》却作"长流循州"。理宗景定二年（1261）四月，诏吴潜"居住循州"[4]。《宋史·吴潜传》记作"责授化州团练使、循州安置"[5]。而吴潜自作《循州上谢恩》则有"长流远服，曲贷余生"[6]的描述。由长流到配隶，由配隶到编管，宋代长流性质与功能的逐步转化，成为诉讼惯例向诉讼制度厘革嬗变的历史缩影。值得注意的是，宋代长流之法呈现出弱化里数、强调役作的双重倾向。南宋与长流互文的编管，目前仅见二千里、一千里、五百里、邻州四类里数，长流三千里以上的旧例已彻底丧失约束效力。

与"长流"互文通用之编管、羁管，宋初即已成常制，起初是犯官配隶的变通措施。太祖乾德五年（967）二月癸酉敕："自后命官犯罪当配隶者，多于外州编管，或隶牙校。"[7] 仁宗明道二年（1033）将此敕编著为令。[8]"羁管"最早见于《宋史·真宗纪》，天禧二年（1018）七月壬申规定："流以下罪减等，左降官羁管十年以上者放还京师。"[9] 宋代流配以附加黥刺为原则，编管者则是"不文面而流"[10]，是一种编录名籍，限制人身自由，接受监

1　《周必大集校证》卷63《神道碑二·龙图阁学士宣奉大夫赠特进程公大昌神道碑》，第930页。
2　《宋会要辑稿》职官71之19，第8册，第4957页。
3　（宋）佚名撰，汪圣铎点校：《宋史全文》卷24下《宋孝宗二》"乾道三年八月"，中华书局，2016（中国史学基本典籍丛刊），第2049页。
4　《宋史全文》卷36《宋理宗六》"景定二年四月己酉"，第2902页。
5　《宋史》卷418《文苑六·吴潜传》，第12519页。
6　（宋）吴潜撰：《履斋遗稿》卷4《表书词》，《景印文渊阁四库全书》（第1178册），台湾商务印书馆股份有限公司，1986，第432页。
7　《续资治通鉴长编》卷8"太祖乾德五年二月癸酉"，第189页。
8　《宋史》卷201《刑法三》，第5017页。
9　《宋史》卷8《真宗纪三》，第165页。
10　（元）徐元瑞：《吏学指南》"杂刑"，浙江古籍出版社，1988（元代史料丛刊），第79页。

督管束的方法,[1] 此与宋代长流免黥的司法实践基本吻合。羁管则"谓寄留以养也"[2],在刑罚档次上又重于编管。司法实践中,又有所谓"安置"与"编管""羁管"并用,而其等次略轻。[3] 前述建炎元年(1127)八月洪刍等八人流窜有差,"情重者长流海岛,余编置岭南"[4]。此处编置,实为安置。据《宋会要辑稿》:"(邢)〔刑〕部郎中张卿材责授文州别驾,雷州安置;李彝责授茂州别驾,新州安置;王及之责授随州别驾,南恩州安置;前大理卿周懿文责授陇州别驾,英州安置;胡思责授沂州别驾,连州安置。"[5] 南宋时,伴随羁管、编管、安置、移乡等制日益发达,长流惯例逐渐为编管所替代。唐宋之际"长流"惯例的运行、嬗变与淡出,成为这一时期流刑与配隶发展完善的历史缩影。

本章小结

古代五刑体系在两宋之际急剧变化,配隶、配役、配军、安置、编管、羁管等异军突起,对传统流刑规则构成严重冲击,长流逐步完成了从诉讼惯例向诉讼制度的性质转化,其体系构造、地理布局、刑罚属性等发生一系列重要变革。宋代在相当程度延续了唐代御史台主导杂治的传统,众多要案的审理均于台狱杂按,断以极刑,最终敕裁宽宥,以长流发落。群臣集议是形成长流裁断的接续步骤。遇诏狱重案,皇帝多召集群臣讨论,参议人员范围

---

1 郭东旭:《宋代编管法》,《河北大学学报》(哲学社会科学版)1992年第3期,第12页。
2 《吏学指南》"狱讼",第100页。
3 按:其实,宋代"居住""安置""编管""羁管"四者,为依次递加关系,并非同一概念。《朝野类要》:"被责者,凡云送甚州居住,则轻于安置也。""安置之责。若又重,则羁管、编管。"[《朝野类要》卷5《降免》"居住""安置",第100页] 清人沈家本认为:"羁管次于配隶,编管次于羁管,即轻重之等差也。羁管,当是羁系而管束之;编管,当是编入户籍而管束之;编置,当又轻于编管,谓编籍而安置之。随文诠解,义或如是。"(清)沈家本撰,邓经元、骈宇骞点校:《历代刑法考》,中华书局,1985,第261页。
4 (宋)李纲著,王瑞明点校:《李纲全集》卷176《建炎进退志总叙下之上》,岳麓书社,2004,第1634页。
5 《宋会要辑稿》职官70之5,第8册,第4917页。

往往限于五品以上文武常参官,而君主敕裁减死是形成长流裁断的最终环节。宋代继承前代"长流"除名、发遣、从坐、叙复等基本构成要素,又在实践中不断加以完善,逐步形成以流配为中心,附加决杖、刺面、从坐、籍没等从刑的复合刑罚体系。与此同时,受宋代折杖与配隶的影响,宋代长流的实际行用与唐代存在显著差异。宋代长流事例呈急剧锐减趋势,南渡以后,仅高宗、孝宗二朝残存其事,且与编管、羁管等新兴制度交织杂用。在空间布局层面,受到时局变迁和疆域南移影响,宋代长流人发遣区域被挤压至广南东、西二路。北宋时,长流里数的拘束效力日益松弛,长流京东、京西、荆南临近京师诸路事例时有发生,长流惯例逐渐被异军突起的配隶制度所吸纳。宋代长流隶属"闰刑"畛域,旨在完善减死规则,并且是催生配隶制度的动因之一。长流与配隶之间的抵牾现象,实质上反映了配隶日盛、长流渐衰的升降关系,以及长流为配役所吸纳的转变历程。由长流到配隶,由配隶到编管,长流性质与功能的逐步转化,成为中古时期诉讼惯例向诉讼制度厘革嬗变的历史缩影。

第十四章

停　　刑

汉代以降，"德主刑辅"为核心的封建正统法律思想成为支配历代司法之核心理念，秋冬行刑、恤刑慎杀、虑囚赦宥等司法规则渐成定制。西汉中后期，基本上确立了春季理冤狱、秋冬审案的诉讼时令原则，嗣后历代相沿，用之不改。学界关于宋代死刑的讨论虽由来已久，关于宋代停刑问题的专门讨论，抑或宋代节庆与停决之间关系的研究成果却尚未见及。[1] 本书以《宋刑统》《天圣令》《庆元条法事类》等不同时期法律文本为中心，依据"圣节""庆节"和其他期日三种类型，分别考察宋代节庆与停刑的相互关系，藉此查明传统慎刑观念在宋代的嬗变轨迹和宋代死刑规则的实际适用。

第一节　停刑之唐宋因革

《宋刑统》《天圣令》和《庆元条法事类》是反映两宋不同历史时期死刑执行规则变化的基本依据。《宋刑统·名例律》"五刑"条在继承《唐律疏议》绞、斩二刑的基础上，准用建中三年（782）八月二十七日敕节文，将

---

[1] 代表性研究成果主要包括：赵旭《唐宋死刑制度流变考论》，《东北师大学报》（哲学社会科学版）2005年第4期；胡兴东《中国古代死刑行刑时间制度研究》，《云南师范大学学报》（哲学社会科学版）2008年第1期；杨高凡《宋代大辟研究——从宋代死刑的执行率角度考察》，《保定学院学报》2014年第1期；张守东《人命与人权：宋代死刑控制的数据、程序及启示》，《政法论坛》2015年第2期；余敏芳《渗透与融合：宋代节日的道教化》，《中国道教》2016年第6期；陈俊强《关于唐代法律中的时间问题》，中国法制史学会、"中央"研究院历史语言研究所主编《法制史研究》（第32期），元照出版公司，2017。

杖杀规定为法定死刑执行方式。[1]《宋刑统·断狱律》"决死罪"条在沿袭秋冬行刑、死刑覆奏旧制的同时，准用唐五代令、敕7则，反映出宋廷对死刑执行的高度重视。具体包括：唐《狱官令》监决、收葬和决囚时辰条；唐元和六年（811）三月二十七日敕延迟决囚条；会昌元年（841）九月五日敕五品以上赃官准令自尽条；天成三年（928）闰八月二十三日敕行极法日停乐、减膳条；天福七年（942）十一月二十九日敕两京诸道州府应决大辟罪遇祭祀、节气及雨雪等暂停行刑条；唐《狱官令》恶逆以上及部曲奴婢杀主一覆奏条；建中三年（782）十一月十四日敕变更死刑覆奏条。[2] 天圣《狱官令》5-8条是关于仁宗初年死刑执行的规定，如第5条关于死刑覆奏和停乐制度，规定了京师死刑一覆奏和诸州死刑录奏和刑部详覆，第8条规定死囚称冤停决别推制度，[3] 其中部分内容已与《宋刑统》存在较大差异。南宋《庆元条法事类》中，停刑节庆项目及期间又与《天圣令》存在显著区别，集中反映了南渡以后调整节庆类目的改革成果。

表14-1　　　　　　　　　　唐宋停决死刑法律条款表

	文献名	停决死刑条款
律	《唐律疏议》	诸立春以后、秋分以前决死刑者，徒一年。其所犯虽不待时，若于断屠月及禁杀日而决者，各杖六十。待时而违者，加二等。[4]
	《宋刑统》	诸立春以后，秋分以前，决死刑者，徒一年。其所犯虽不待时，若于断屠月及禁杀日而决者，各杖六十，待时而违者加二等。[5]

---

[1] （宋）窦仪详定，岳纯之校证：《宋刑统校证》卷1《名例律》"五刑"，北京大学出版社，2015，第5—6页。
[2] 《宋刑统校证》卷30《断狱律》"决死罪"，第411—413页。
[3] 高明士主编：《天圣令译注》，元照出版有限公司，2017，第464—475页。
[4] （唐）长孙无忌等撰，刘俊文点校：《唐律疏议》卷30《断狱》"立春后秋分前不决死刑"，中华书局，1983，第571页。
[5] 《宋刑统》卷30《断狱律》"决死罪"，第411页。

续表

	文献名	停决死刑条款
令	开元《狱官令》	从立春至秋分，不得奏决死刑。若犯恶逆以上及奴婢、部曲杀主者，不拘此令。其大祭祀及致斋、朔望、上下弦、二十四气、雨未晴、夜未明、断屠日月及假日，并不得奏决死刑。[1]
	天圣《狱官令》	乾元、长宁、天庆、先天、降圣节各五日，（注曰：前后各二日。）天贶、天祺及元正、冬至、寒食、立春、立夏、太岁、三元、大词（祠）、国忌等日，及雨雪未晴，皆不决大辟。（注曰：长宁节，惟在京则禁。）[2]
	《庆元条法事类》	诸决大辟不以时日，即遇圣节及天庆、开基、先天、降圣、（以上各三日，前后各一日。）天贶、天祺节、丁卯、戊子日、元日、寒食、冬至、立春、立夏、太岁、三元、大祠、国忌（以上各一日。）及雨雪未晴，皆不行决。[3]

北宋初年的停刑制度主要继受了唐代典制，《宋刑统·断狱律》"决死罪"条对于宋代执行死刑时间做出原则规定："诸立春以后秋分以前决死刑者，徒一年。其所犯虽不待时，若于断屠月及禁杀日而决者，各杖六十。待时而违者，加二等。"[4] 疏议部分援引唐《狱官令》，对上述期间解释如下：其一，从立春至秋分，不得奏决死刑。其二，大祭祀、致斋、朔望、上下弦、二十四气、雨未晴、夜未明及假日，不得奏决死刑。其三，断屠月（正月、五月、九月）、禁杀日（每月十直日：一日、八日、十四日、十五日、十八日、二十三日、二十四日、二十八日、二十九日、三十日），"虽不待时，于此月日亦不得决死刑。"其四，"待时而违者"，指秋分以前立春以后，正月、

---

[1] 天一阁博物馆、中国社会科学院历史研究所天圣令整理课题组校证：《天一阁藏明钞本天圣令校证》，中华书局，2006，第644页。按《唐会要》记载："贞观十一年正月敕：在京禁囚，每月奏。自立春至秋分，不得奏决死刑。"［（宋）王溥：《唐会要》卷41《杂记》，上海古籍出版社，2006，第872页］显然，《开元令》此条规定应源自《贞观令》。

[2] 高明士主编：《天圣令译注》，第470页。

[3] （宋）谢深甫等撰，戴建国点校：《庆元条法事类》卷73《刑狱门三·决遣》，黑龙江人民出版社，2002（中国珍稀法律典籍续编），第745—746页。

[4] 《宋刑统》卷30《断狱律》"决死罪"，第411页。

五月、九月、及十直日，不得行刑。正月、五月、九月断屠逢闰月者，与正月同，亦不得奏决死刑。上述规定涵盖了死刑执行期间、期日、时辰等，理论上是唐宋相继的刑罚执行基本法则。

然而，承袭于《唐律疏议》的停刑期间规定，已与宋代死刑执行实况存在一定距离。春夏停刑、断屠停刑等旧制已经发生深刻变化。晚唐五代以降，秋冬行刑的规定实质上主要限于斩刑，建中三年（782）确立的重杖处死行刑方式则不在此限。真宗天禧四年（1020）五月丙寅诏："大辟有先准诏即行处斩者，自今除恶逆四等准律用刑，自余斩刑遇春夏止决重杖处死，俟秋分如故"[1]，可证宋初仍于春、夏两季重杖处死罪囚。宋代停刑期间的变化，引起北宋臣僚高度关注，援引前朝故事，规范停刑期间，成为北宋前期重要法律议题之一。淳化三年（992），三司盐铁判官裴庄"又引故事，禁屠月勿报重刑"[2]。可见，《宋刑统》中断屠月（正月、五月、九月）禁决死刑的规定当久已搁置。咸平四年（1001）春，判三司杨覃曾援引汉唐停刑故事，限制死刑执行时间："古之用刑，皆避三统之月。汉旧章：断狱报重尽三冬之月。又唐太宗凡断重刑日，敕减膳彻乐。"建议仿效汉、唐代故事行刑："仍望自今凡决重刑日，依唐故事，以彰至仁之德。"[3] 大中祥符元年（1008）六月乙未，殿中侍御史赵湘以"季冬诞圣之月，而决大辟不废"，复援汉代"无以十一月、十二月报囚"[4] 故事，建议限制死刑执行期间："愿诏有司自仲冬留大辟弗决，俟孟春临轩阅视，情可矜察者贷之，他论如法。"[5] 臣僚援引上述停刑故事，意在规劝君主参照历代刑决故事，适度限制行刑期间，由此亦可证明当时执行死刑，并未严格执行《宋刑统》相关规定。裴庄、杨

---

1 （宋）李焘撰，上海师范大学古籍整理研究所、华东师范大学古籍研究所点校：《续资治通鉴长编》卷95"真宗天禧四年五月丙寅"，中华书局，1992，第2193页。
2 （元）脱脱等：《宋史》卷277《裴庄传》，中华书局，1977，第9437页。
3 （明）黄淮、杨士奇编：《历代名臣奏议》卷216《慎刑》，上海古籍出版社，1989，第2834页下。
4 （南朝宋）范晔撰，（唐）李贤等注：《后汉书》卷3《章帝纪》，中华书局，1965，第153页。
5 《续资治通鉴长编》卷69"真宗大中祥符元年六月乙未"，第1549页。

覃、赵湘等引据汉唐停刑故事，意在规谏君主遵从汉唐典故，严格限制本朝行刑期间。

对于宋人而言，唐、五代停决死刑诸条目皆为前朝旧典，相关条目与宋代司法实践无法逐一对应。司法实践中所产生的故事、事例、诏敕等相互作用，对死刑执行规则体系的内涵与构成产生重要影响。宋代部分节日对于死刑奏报、复核和执行等构成直接约束，传统"恤刑慎杀"原则与政治、宗教、文化等诸多因素产生关联。较之于臣僚所援引的汉唐慎刑故事，宋廷更加侧重于承用、创制或厘革以节庆为代表的各类停刑期日。在各类限制行刑要素之中，节庆与停刑之间的特殊关系成为本书关注的核心议题。下文将重点讨论宋代因节庆与死刑奏报、复核及执行之间的相互关系，藉此查明这一历史时期死刑适用规则的行用规律与嬗变逻辑。

第二节　两宋圣节停刑

圣节又曰"诞节"，[1] 乃宋代帝、后生日，是节庆类目的重要组成部分。据《朝野类要》："国朝故事，帝、后生辰，皆有圣节名。后免之，只名生辰，惟帝有节名。盖自唐明皇千秋节始也。"[2] 可见，早在唐玄宗时即有圣节之名。唐代帝王生日命名尚未形成定制，如玄宗千秋节（天长节），肃宗地平天成节，并休假一日。此与《唐律疏议》所言"节日"停刑的规定存在对应关系。然而，唐代以帝王生日作为节日尚未形成定制，"至代宗，群臣请建天兴节，不报。自是历德、顺、宪、穆、敬五帝，皆不为节"[3]。然逢其降诞

---

[1]（宋）王应麟撰：《玉海》卷195《祥瑞》"诞节名"，中文出版社株式会社，1987（合璧本），第3703页。

[2]（宋）赵升编，王瑞来点校：《朝野类要》卷1《故事》"圣节"，中华书局，2007（唐宋史料笔记丛刊），第32页。

[3]（宋）叶梦得撰，宇文绍奕考异，侯忠义点校：《石林燕语》卷4，中华书局，1984（唐宋史料笔记丛刊），第51页。

之日，仍准旧例休假一日。直至文宗大和五年（831）十月甲戌，奉"修祖宗故事"，将文宗降诞定为庆成节，以帝王诞日为节之传统得以沿袭。此后，又有武宗庆阳节、宣宗寿昌节、懿宗延庆节、僖宗应天节、昭宗嘉会节、哀帝乾和节。此外，武宗初年又将老聃生辰立为节日，据会昌元年（841）二月敕："二月十五日，玄元皇帝降诞之日，宜为降圣节，休假一日。"[1] 以上节日皆据令、式休假，当日不决死刑。五代承用君主降诞之辰特置节名惯例，先后确定后梁太祖大明节、后唐庄宗万寿节、后晋高祖天和节、后汉高祖圣寿节、后周世宗天清节等，其假期多为三日。至此，由玄宗创制、文宗赓续、五代沿袭、两宋承用的诞圣节庆历史谱系逐步形成。

值得注意的是，五代逢圣节假日，已有停止奏覆刑狱公事先例。如清泰二年（935）正月乙巳，中书门下奏："遇千春节，凡刑狱公事奏覆，候次月施行。今后请重系者即俟次月，轻系者即诞圣节前奏覆决遣"[2]，其中已然蕴含圣节停断死刑之义。天福六年（941）二月辛卯诏："天下郡县，不得以天和节禁屠宰，辄滞刑狱"[3]，此恰说明此前遇圣节停决刑狱早已成为司法惯例。宋代延续唐、五代设立圣节的政治传统，据《宋史》《宋会要辑稿》《玉海》等文献记载，《天圣令》颁布前形成的圣节包括：太祖长春节、太宗乾明节（寿宁节）、真宗承天节、仁宗乾元节、章献明肃刘后长宁节。宋代"圣节"停刑之制，受到唐、五代律法的直接影响。太宗淳化二年（991）二月，判司天监苗守信等奏请，"正月一日及每月八日，太岁、三元、天赦日及上庆诞日，皆不断极刑"[4]。此处所言"上庆诞日"即太宗诞日寿宁节。大中

---

[1] 《唐会要》卷82《休假》，第1801页。

[2] （宋）王钦若等编纂，周勋初等校订：《册府元龟》卷2《帝王部·诞圣》，凤凰出版社，2006，第24页。

[3] （宋）薛居正等：《旧五代史》卷79《晋书五·高祖纪五》，中华书局，2015（点校本二十四史修订本），第1215页。

[4] （宋）马端临著，上海师范大学古籍整理研究所、华东师范大学古籍研究所点校：《文献通考》卷166《刑考五·刑制》，中华书局，2011，第4978页。

祥符三年（1010）二月戊子，"三司使丁谓请承天节禁刑罚、屠宰，从之"[1]。丁谓所言承天节，则为真宗诞日。天圣六年（1028）二月癸巳诏明确规定："乾元、长宁节禁决大辟前后各二日，余罪惟正节日权停。"[2] 其中，乾元节为仁宗生日，据《宋朝事实》："仁宗讳祯，大中祥符三年庚戌岁四月十四日，生于开封府，以其日为乾元节。"[3] 长宁节则为章献太后生日，据《宋史·礼志》：仁宗以"正月八日皇太后为长宁节"[4]。此后，《天圣令》明确规定：乾元、长宁二节当日及前后各二日，不决大辟；圣节停刑期间共计五日。按照国朝惯例，宋代帝、后薨逝后，以其生辰命名之圣节即不再停刑。如《天圣令》列举的停刑节庆期日，即已删除祖宗以来长春、寿宁、承天三节。

诞节停刑惯例在北宋中后期得到长期适用，元丰八年（1085）六月八日，诏"坤成节以大行皇帝梓宫在殡，惟开封府度僧道，比兴龙节减三之二，仍禁屠、决大辟罪。余依元丰令"[5]。此处所言坤成节，则为宣仁圣烈高后诞日。靖康元年（1126）七月五日，礼部、太常寺言徽宗诞日天宁节仪注："中外于节日禁屠宰及禁决流以上罪。"[6] 与此同时，《天圣令》原先规定的圣节停刑五日逐步缩减为三日。政和八年（1118）十月月令："天宁节，禁屠宰，弛刑三日，给系囚食，原杖罪之轻者。"[7] 据宣和元年（1119）十月月令："天宁节，弛刑，停奏大辟凡三日。"[8] 北宋后期确定的圣节停刑三日惯例，在南渡以后仍得以沿袭。建炎元年（1127）五月十二日，太常寺言："将来天申节，比附乾龙节礼例……逐处禁屠宰三日，前后各一日决大辟。遇

---

1 《续资治通鉴长编》卷73"真宗大中祥符三年二月戊子"，第1654页。
2 《续资治通鉴长编》卷106"仁宗天圣六年二月癸巳"，第2467页。
3 （宋）李攸：《宋朝事实》卷1《祖宗世次》，商务印书馆，1935，第11页。
4 《宋史》卷112《礼十五》，第2672页。
5 （清）徐松辑，刘琳、刁忠民、舒大刚、尹波等校点：《宋会要辑稿》礼57之23，上海古籍出版社，2014，第4册，第1996页。
6 《宋会要辑稿》礼57之25，第4册，第1999页。
7 《宋大诏令集》卷128《典礼十三·明堂五·十月月令》，第444页。
8 （宋）佚名编：《宋大诏令集》卷130《典礼十五·明堂七·十月月令》，中华书局，1962，第454页。

圣节三日，前后各一日，不行决"[1]，即高宗天申节停刑事宜，比照钦宗乾龙节进行。宁宗朝《庆元条法事类》明确规定："诸决大辟不以时日，即遇圣节……皆不行决。"[2] 此处所言"圣节"当指宁宗诞日瑞庆节，其停决期间为三日，即瑞庆节当日及前后二日。

唐宋之际逐渐形成的君主诞日停刑惯例，反映了中国古代"赏刑并用"的辩证思维模式和社会治理理念。中国古代形成诸多对立统一的概念范畴，如阴阳、君臣、尊卑、强弱、宽猛、文武、威福、刑德、赏罚、赏刑、黜陟等，无一不渗透着古代贤哲对自然万物和社会生活的深入思考。韩非子曾言："明主之所导制其臣者，二柄而已矣。二柄者，刑、德也。何谓刑德？曰：杀戮之谓刑，庆赏之谓德。"[3] 举国覃庆是宋代圣节恒定不变的基本主题，宋代圣节"朝廷下令禁止屠宰、丧葬和决大辟罪（死罪）数日，还给赐度牒、紫衣师号，准许剃度僧侣和试放童行"[4]。圣节期间举行的进献、赏赐、修斋、宴乐、推恩、设会、行香等，意在营造繁荣祥和的盛世景象。为了顺应君主圣诞的节庆氛围，构建好生之德、悲天悯人、宽宥刑罪的政治愿景，禁屠、辍刑等自然成为圣节庆典宏大叙事主题之下的必然选项。由此，短暂的停刑期间实质上发挥了顺应时令、平衡阴阳、昭示宽仁等多重社会效果。圣节停刑实质上是以庆赏之名，限制和压缩刑罚的适用空间，在传统明德慎罚思想框架之内，通过"辍刑"这一标签化行为方式，强化朝廷恩典与慎用死刑之间的直接对应关系。

---

[1] （宋）礼部太常寺纂修，（清）徐松辑：《中兴礼书》卷203《嘉礼三十一·天申节一》，续修四库全书编纂委员会：《续修四库全书》（第823册）影印国家图书馆藏清蒋氏宝彝堂抄本，上海古籍出版社，2002，第37页下。

[2] 《庆元条法事类》卷73《刑狱门三·决遣》，第745—746页。

[3] （清）王先慎撰，钟哲点校：《韩非子集解》卷2《二柄第七》，中华书局，2003（新编诸子集成），第39页。

[4] 朱瑞熙等撰：《辽宋西夏金社会生活史》，中国社会科学出版社，1998，第434页。

表 14-2　　　　　　　　　　宋代圣节停刑表

庙号	圣节名	停决期间
太祖	长春节（二月十六日）	
太宗	乾明节（十月七日，淳化元年正月己卯改为寿宁节）	
真宗	承天节（十二月二日）	
仁宗	乾元节（四月十四日）	五日
章献明肃刘后	长宁节（正月八日）	五日
英宗	寿圣节（正月三日）	
神宗	同天节（四月十日）	
宣仁圣烈高后	坤成节（七月十六日）	
哲宗	兴龙节（十二月八日）	
徽宗	天宁节（十月十日）	三日
钦宗	乾龙节（四月十三日）	三日
高宗	天申节（五月二十一日）	三日
孝宗	会庆节（十月二十二日）	
光宗	重明节（九月四日）	
宁宗	天祐节（十月十九日，绍熙五年九月甲戌改为瑞庆节）	三日
恭圣仁烈杨后	嘉庆节（五月十六日）	
理宗	天基节（正月五日）	
度宗	乾会节（四月九日）	
恭帝	天瑞节（九月二十八日）	

第三节 两宋庆节停刑

庆节之设,始于真宗。"诸庆节,古无是也,真宗以后始有之。"[1] 庆节在宋代特指真宗、徽宗等朝确立的天庆、先天等十个节日。真宗朝先后确立天庆、天贶、先天、降圣、天祺五节。其中,先天节为圣祖赵玄朗生日,"《宋朝会要》:大中祥符五年闰十月一日,诏以七月一日圣祖下降日为先天节"[2]。天庆、降圣、天贶、天祺则均与天书下降有关。大中祥符元年(1008)十一月壬午,"诏以正月三日(天书降日)为天庆节"[3]。大中祥符五年(1012)闰十月八日,诏以"十月二十四日降延恩殿日为降圣节,并休假五日"[4]。此处"休假五日"的规定,成为后来《天圣令》天庆、先天、降圣三节休假期间的直接法理依据。天贶、天祺二节的确立亦有所本,据《岁时广记》引《国朝会要》:"祥符四年正月,诏以六月六日天书再降日为天贶节。"[5]《事物纪原》引《宋朝会要》:"天禧元年正月诏,大中祥符元年四月一日,天书再降内廷中功德阁,其建为天祺节,一如天贶节例。"[6] 伴随真宗朝各类庆节逐步确立,节日开始与政事发生关联,庆节停刑的司法惯例随之形成。可以认为,相对于传统阴阳五行理论和秋冬行刑学说而言,"宋真宗新创节日对宋代死刑执行制度的完善起过一定作用"[7]。

与停刑期限直接关涉的庆节假期曾经多次进行调整,并出现圣节、庆节

---

1 《宋史》卷112《礼十五》,第2680页。
2 (宋)高承撰,(明)李果订,金圆、许沛藻点校:《事物纪原》卷1《正朔历数部第二》"先天",中华书局,1989,第12页。
3 《宋史》卷7《真宗纪二》,第139页。
4 《宋会要辑稿》礼57之30,第4册,第2003页。
5 (宋)陈元靓撰,许逸民点校:《岁时广记》卷24《朝节·天贶节》,中华书局,2020,第494页。
6 (宋)高承撰,(明)李果订,金圆、许沛藻点校:《事物纪原》卷1《正朔历数部第二》"天祺",中华书局,1989,第11页。
7 魏华仙:《宋真宗与宋代节日》,《中华文史论丛》2007年第2期,第49页。

停刑事宜相互参照的事例。如景德三年（1006）二月九日，三司使丁谓上言："'欲望承天节日准天庆节例，前后禁屠宰，辍刑罚，著于甲令，用为常式。'从之。"[1] 此时承天（庆节）、天庆（圣节）二节的停刑期间，当为节庆当日和前后二日，共计三日。大中祥符五年（1012）闰十月壬申，"立先天、降圣节，五日休沐，辍刑。"[2] 同年十二月丙戌，规定天庆节等与承天节一并停刑："天庆、天贶、先天、降圣、承天节，权止行刑。"[3] 大中祥符七年（1014）十月辛未，"诏自今天庆、天贶、先天、降圣节，有司勿进刑杀文字"[4]。显然，宋代节庆停刑的内涵应当包括停止死刑奏报、复核及行刑等死刑执行诸环节。此外，庆节停刑的规定还可以在司法实践中求得印证，如天禧三年（1019）十月己酉，知审刑院盛度言："在京及诸路止有断案三道，值降圣节不奏，自余绝无刑牍，请宣付史馆。"[5] 天圣七年（1029）《狱官令》在综汇、整顿景德以来庆节停刑故事的基础上明确规定：天庆、先天、降圣三节，前后各休假五日，禁决死刑；天贶、天祺二节当日不决死刑。然而，宋代节庆停刑期间的厘定并未至此终结，自仁宗朝中期开始，《天圣令》规定的停刑期间即已开始发生变化。庆历元年（1041）正月十九日，"诏乾元及天庆、天祺、天贶、先天、降圣节，自今惟正节日禁刑外，乾元节仍前后各一日停断大辟罪"[6]。此诏在剔除长宁节停刑旧制以外，还将乾元节停刑期间缩减为三日，诸节庆停刑期间仅限于正节一日。此次调整停刑期间，对于徽宗朝新增"庆节"停刑三日惯例的形成，乃至《庆元条法事类》中圣节

1　《宋会要辑稿》礼57之34，第4册，第2007页。
2　《宋史》卷8《真宗纪三》，第152页。按：《续资治通鉴长编》："诏：'圣祖名，上曰玄、下曰朗，不得斥犯。以七月一日为先天节，十月二十四日为降圣节，并休假五日。两京、诸州，前七日建道场设醮，假内禁屠宰、辍刑，听士民宴乐，京城张灯一夕。'"《续资治通鉴长编》卷79"真宗大中祥符五年闰十月壬申"，第1801页。
3　《续资治通鉴长编》卷79"真宗大中祥符五年十二月丙戌"，第1810页。
4　《续资治通鉴长编》卷83"真宗大中祥符七年十月辛未"，第1900页。
5　《续资治通鉴长编》卷94"真宗天禧三年十月己酉"，第2169页。
6　《宋会要辑稿》礼57之35，第4册，第2009页。

及天庆、开基、先天、降圣停刑三日规定的最终确立，均产生直接且深远的影响。

与真宗所立天庆、先天、降圣、天贶、天祺五节相对应，徽宗又先后确立宁贶、真元、天应、元成、天符、开基等节。伴随徽宗朝增设庆节，停刑名目出现激增倾向。徽宗多次将具有鲜明道教色彩的庆节纳入宋代四时月令[1]，从而使庆节停刑惯例具备了政治、法律与宗教通融的时代色彩，其停刑期间均为三日。据政和七年（1117）十一月月令："天应节，有罪毋决三日，日至停决大辟囚。"[2] 政和八年（1118）五月月令："宁贶节，毋决重辟三日。"[3] 重和二年（1119）二月月令："真元节，禁屠宰，有罪毋决三日。"[4] 宣和元年（1119）十月月令规定：天宁节（圣节）停奏大辟三日，"天符节亦如之。"[5] 宣和二年（1120）八月月令："元成节，朝谒神霄宫，禁屠宰，停奏大辟。"[6] 那么，这些道教节日的设立乃至因此引发的停刑现象，是否可以说明徽宗的崇道信仰呢？答案却似乎是否定的。有学者指出："表面上看，徽宗似乎'崇道'，质而言之，则其实不过'佞神'。再进一步看，如其谓之'佞神'，则又不如谓之'弄神'。"[7] 靖康之变以后，真元等庆节作为徽宗"溺信虚无，崇饰游观"的反面例证，遭到南宋朝廷摒弃。徽宗所立诸多庆节之中，唯有"开基节"得到后代君主的高度认同。徽宗宣和二

---

[1] 按：孔颖达疏："名曰月令者，以其纪十二月政之所行也。"《十三经注疏》整理委员会整理：《礼记注疏》卷14《月令第六》，北京大学出版社，2000，第512页。月令是古人依据四时节令，所进行的社会生产和社会生活的政令，是依据天文历法、自然物候、物理时空安排生产生活的法则。杨振红指出："以《吕氏春秋·十二纪》、《礼记·月令》、《淮南子·时则》为代表的月令书是在总结中华民族数百千年积累的天文历法知识、农业生产常识以及行政管理经验的基础上与阴阳五行理论相配伍而成。"杨振红：《月令与秦汉政治再探讨——兼论月令源流》，《历史研究》2004年第3期，第20页。

[2] 《宋大诏令集》卷126《典礼十一·明堂三·十一月月令》，第436页。

[3] 《宋大诏令集》卷127《典礼十二·明堂四·五月月令》，第441页。

[4] 《宋大诏令集》卷128《典礼十三·明堂五·二月月令》，第447—448页。

[5] 《宋大诏令集》卷130《典礼十五·明堂七·十月月令》，第454页。

[6] 《宋大诏令集》卷132《典礼十七·明堂九·二月月令》，第462页。

[7] 卢国龙：《权力与信仰简单结合的悲剧——漫谈宋徽宗"崇道"》，《世界宗教文化》1995年第1期，第14页。

年（1120）四月十九日，据大常寺言，置开基节（正月四日，太祖登位）："'应天府鸿庆宫系圣朝兴王之地，乞将每年正月四日，依降圣等节体例立一节名。'诏以开基节为名，在京合于景灵宫皇武殿、州军于有太祖皇帝神御处烧香。"[1] 开基节虽为徽宗新立庆节之一，却无任何宗教色彩，更具有彰显和赓续宋廷法统权威的象征意义。建炎元年（1127）十一月辛卯："诏政和以来，诸庆节号真元、宁贶、天成、天符、天应者皆罢之，惟开基节如故。"[2] 相比而言，真宗所立五节却在南宋得到长期行用，此于《庆元条法事类》等文献可证。显然，真宗庆节与徽宗庆节在南宋的不同命运，从节庆角度反映出政治、宗教和法律之间的深度关联。

宋代庆节具有浓厚的道教色彩，其间"道场斋醮、宫观行香、禁屠辍刑、宴乐张灯，以求延生保寿、消灾赐福"[3]。以大中祥符元年（1008）十一月庚辰《建天庆节诏》为例，即可知宋代庆节之盛："宜以正月三日天书降日为天庆节，休假五日。西京诸路就长吏公署或宫观，建道场七日，京城寺观燃灯，许臣民宴乐。其月已断屠宰，更不处分。"[4] 值得注意的是，关于宋代庆节的讨论，真宗与徽宗是无法回避的关键人物。基于复杂的政治、经济、军事和文化因素，[5] 真、徽二宗通过设立诸多道教庆节，推行打醮、宴乐、断屠、停刑等配套措施，促使道教在法律执行层面产生与佛教相类的社会影响，从而逐步奠定了道教在社会生活中的优越地位。

宋代庆节停刑惯例的设立以及篡入立法，是释、道二教悲悯好生理念的体现，尤其是宋代道教理念渗入法律执行层面之表彰。唐宋之际，断屠月、

---

[1]《宋会要辑稿》礼 57 之 32-33，第 4 册，第 2005—2006 页。
[2]（宋）李心传撰，辛更儒点校：《建炎以来系年要录》卷 10"建炎元年十一月辛卯"，上海古籍出版社，2018，第 248 页。
[3] 余敏芳：《渗透与融合：宋代节日的道教化》，《中国道教》2016 年第 6 期，第 65 页。
[4]《宋大诏令集》卷 144《典礼二十九·纪节·建天庆节诏》，第 524 页。
[5] 参见武清旸《宋真宗的道教信仰与其崇道政策》，《老子学刊》2016 年第 2 期，第 116 页。

十直日禁止刑杀的规定源自道教。[1]《老学庵笔记》引《唐高祖实录》：武德二年（619）正月甲子诏曰："自今每年正月、五月、九月十直日，并不得行刑。所在公私，宜断屠杀"[2]，此应为《唐律疏议》"十直日"停刑之渊源；而《宋刑统》又承用《唐律疏议》"禁杀日"专条，所谓"禁杀日"即"十直：月一日、八日、十四日、十五日、十八日、二十三日、二十四日、二十八日、二十九日、三十日"[3]。唐宋之际，由于十直日已经成为释道二教共同遵守的法则，以致时人误认为"十直日"源于佛教戒律。宋人赵与旹言遇此十日"不食肉，谓之'十斋'，释氏之教也"[4]。宋僧志磐《佛祖统记》引《释氏要览》言"十直日"断屠乃宋代停刑传统之直接渊源："每月十斋日，持佛菩萨号乞福灭罪……今国律令，诸州十直日不得行刑，正据此义。"[5] 显然，本于道教的"十直日"停刑先例，在宋代已长期归功于佛教。"释典微

---

[1] 刘俊文：《唐律疏议笺解》，中华书局，1996，第2103页。按：刘俊文所据乃《云笈七签》卷32《斋戒》"月十斋"："一日（北斗下）、八日（北斗司杀君下）、十四日（太一使者下）、十五日（天帝及三官俱下）、十八日（天一下）、二十三日（太一八神使者下）、二十四日（北辰下）、二十八日（下太一下）、二十九日（中太一下）、三十日（上太一下）。"[（宋）张君房：《云笈七签》卷32《斋戒》，《正统道藏》（22册），上海书店，1988，第258页上、中栏] 显然，所谓"十直"与"十斋"直接对应，而早在《无上秘要》中已有"十斋"的记载："道学不得违岁六斋、月中十斋。"（北周）宇文邕敕纂：《无上秘要》卷45《玉清下元戒品》，《正统道藏》（25册），上海书店，1988，第155页上栏。另，关于"十斋日"（十直日）源于道教问题，学界多有论说。尹富在苏远鸣（Michel Soymié）、王承文研究基础上指出："无论十斋日是道教徒在佛教六斋日的基础上发展出来的，还是早在东汉时期就已由张道陵创制，它都首先出现于唐前的道教经典中。而与之相对照的是，在唐前翻译过来的所有印度、中亚佛典中，以及中国僧人的著述中，甚至目前所知仍存于世的中土伪经中，我们都见不到有关十斋日的叙述。因此，佛教的十斋日来自道教，这是完全可以肯定的。"（尹富：《十斋日补说》，《世界宗教研究》2007年第1期，第27页）刘淑芬指出："十斋日原来是道教的斋日；不过，后来十斋日也成为佛教的斋日。"刘淑芬：《中古的佛教与社会》，上海古籍出版社，2008，第77页。

[2] （宋）陆游撰，李剑雄、刘德权点校：《老学庵笔记》卷8，中华书局，1979（唐宋史料笔记丛刊），第110页。相关文献关于此段文字记载颇不相同，《唐大诏令集》作"自今以后，每年正月、五月、九月，凡关屠宰杀戮，网捕畋猎，并宜禁止。"并无十直日之文。[（宋）宋敏求：《唐大诏令集》卷113《政事·道释·禁正月五月九月屠宰诏》，商务印书馆，1959，第586页]《册府元龟》作"自今以后，每年正月、五月、九月，及每月丁斋日，并不得行刑。所在公私，宜断屠杀。"[《册府元龟》卷42《帝王部·仁慈》，第452页]《唐会要》作"自今以后，每年正月九日，及每月十斋日，并不得行刑，所在公私宜断屠钓。"（《唐会要》卷41《断屠钓》，第855页）"丁"与"十"形近而讹，"丁斋"当为"十斋"，即"十直"。

[3] 《宋刑统》卷30《断狱律》"决死罪"，第412页。

[4] （宋）赵与旹撰，齐治平点校：《宾退录》卷3，中华书局，2021（唐宋史料笔记丛刊），第41页。

[5] （宋）释志磐：《佛祖统纪》卷33《法门光显志第十六》，[日]高楠顺次郎：《大正新修大藏经》（第49册），大正一切经刊行会，1970，第320页下栏。

妙，净业始于慈悲；道教冲虚，至德去其残杀。"真宗创制庆节停刑先例，宋代道教节日开始对死刑执行产生实质影响。《天圣令》确认了大中祥符以来设立天庆、先天、降圣、天贶、天祺五庆节，并对庆节停刑期间作出明确规定。政和以后，徽宗增设宁贶、真元、天应、元成、天符、开基等节，实践中均停刑三日。后经建炎元年整顿，最终在《庆元条法事类》中保留天庆、开基、先天、降圣、天贶、天祺六大庆节，同步规定停刑期间，而上述庆节停刑则与佛教毫无关联。伴随道教对于法律的影响日渐深入，经由国家宣示、皇权庇佑和宗教加持，以庆节之名产生的停刑举措，逐渐成为证成宋代盛世文明的重要依凭。

表14-3　　　　　　　　宋代庆节停刑表

庆节	设立时间	停刑
天庆	正月三日，天书降日，大中祥符元年（1008）十一月二十一日立。	五日
天贶	六月六日，天书再降日，大中祥符四年（1011）正月立。	一日
先天	七月一日，圣祖降日，大中祥符五年（1012）闰十月一日立。	五日
降圣	十月二十四日，天书降延恩殿日，大中祥符五年（1012）闰十月八日立。	五日
天祺	原名天祯节，四月一日，天书再降，天禧元年（1017）正月二十三日立。	一日
宁贶	五月十二日，祭方丘日，政和三年（1113）以五月十二日立。	三日
真元	二月十五日，太上混元上德皇帝降圣日，政和三年（1113）十一月五日立。	三日
天应	十一月五日，以修祀事天真示见，政和四年（1114）二月一日立。	三日
元成	八月九日，青华帝君生辰，重和元年（1118）五月壬辰立。	三日
天符	十月二十五日，傅受秘箓，宣和元年（1119）二月二十一立。	三日
开基	正月四日，太祖登位，宣和二年（1120）四月乙丑立。	三日

第四节　其他期日停刑

如前所述，《宋刑统》中规定的立春至秋分、断屠月、十直日、假日禁止奏决死刑，反映了传统天人感应、释道悲悯、秋冬行刑、恤刑慎杀等各类观念对宋代司法的深刻影响，其核心要义在于减省死刑、慎重人命。除圣节、庆节以外，《天圣令》对《开元令》原有的停刑期日进行了调整，在保留元正、寒食、冬至、立春、立夏、雨雪未晴的基础上，新增太岁、三元、大祠、国忌等，皆停刑一日。上述规定涵盖了死刑执行期间、期日、时辰等，理论上是唐宋相继的刑罚执行基本法则。这些期日来源不一、形态各异，下文将对"圣节""庆节"以外其他停刑期日进行分类讨论。

表14-4　　　　　　　　　宋代其他期日停刑对照表

文献名	其他期日停刑条款
《天圣令》	元正、冬至、寒食、立春、立夏、太岁、三元、大词（祠）、国忌等日，及雨雪未晴。
《庆元条法事类》	丁卯、戊子日、元日、寒食、冬至、立春、立夏、太岁、三元、大祠、国忌（以上各一日）及雨雪未晴。

一　假日

　　元正、寒食、冬至、立春、立夏是开元《狱官令》《天圣令》《庆元条法事类》共同规定的停刑期日。唐《狱官令》已有元正等期日停刑的规定："其大祭祀及致斋、朔望、上下弦、二十四气、雨未晴、夜未明、断屠日月及假日，并不得奏决死刑。"[1] 唐代"内外官吏则有假宁之节"，《唐六典》明确规定了假日名目和休假期限：

　　　　谓元正、冬至各给假七日，寒食通清明四日，八月十五日、夏至及

---

[1] 天一阁博物馆、中国社会科学院历史研究所天圣令整理课题组校证：《天一阁藏明钞本天圣令校证》，中华书局，2006，第644页。

腊各三日。正月七日、十五日、晦日、春秋二社、二月八日、三月三日、四月八日、五月五日、三伏日、七月七日、十五日、九月九日、十月一日、立春、春分、立秋、秋分、立夏、立冬、每旬，并给休假一日。[1]

开元《狱官令》规定的假日，包括传统节日（如端午）、部分节气（如立春）和特定期日（如二月八日）。上述停刑假日类目，在五代发生重要变化。后晋天福七年（942）十一月二十九日敕大幅缩减开元《狱官令》规定的"假日"名目："两（四）京、诸道州府应决大辟罪，起今后，遇大祭祀、正冬、寒食、立春、立夏、雨雪未晴以上日，并不得行极刑。如有已断下文案，可取次日及雨雪定后施行"，[2] 此敕成为《天圣令》停刑期日的历史渊源之一。其中，元正、寒食、冬至、立春、立夏五项，《天圣令》《庆元条法事类》中均原文承用开元《狱官令》旧文；"三元"则是在唐令正月十五（上元）、七月十五（中元）的基础上，增加十月十五日（下元）而成。《庆元条法事类》除将"元正"改为"元日"，调整"冬至"与"寒食"位次顺序以外，基本承用《天圣令》旧文。

二 大祠、雨雪未晴、太岁、国忌

其一，大祠。祭祀神明之日禁决刑杀，意在营造祥和肃穆的政治气氛。《天圣令》"大祠"源自开元《狱官令》"大祭祀及致斋"条，《唐六典》规定：凡大祀散斋四日，致斋三日，"散斋日不得吊丧问疾，不判署刑杀文书，不决罚罪人。"[3] 宋代"大祠"祭祀范围甚广，"天地、宗庙、神州地祇、太

---

[1] （唐）李林甫等撰，陈仲夫点校：《唐六典》卷2《尚书礼部》，中华书局，1992，第35页。
[2] 《宋刑统》卷30《断狱律》"决死罪"条引晋天福七年十一月二十九日敕节文，第413页。
[3] 《唐六典》卷4《尚书吏部》，第124页。

社、太稷、五方帝、日月、太一、九宫贵神、蜡祭百神、太庙奏告，并为大祠。"[1] 凡遇大祠之日，有司不奏刑杀文书。其二，雨雪未晴。宋令此款规定仍是在唐令基础上演化而来，开元《狱官令》规定"雨未晴"不得奏决死刑，天福七年（942）十一月二十九日敕改作"雨雪未晴"，后《天圣令》《庆元条法事类》相承不改。凡遇雨雪未晴，皆须依令停刑。其三，太岁。遇太岁与国忌停刑均为宋代法令增入内容，"太岁"即木星，岁徙一位，十二年行一周。太岁所在之辰，必不可犯，故术数家以太岁所在为凶方。遇太岁日，法司停决死刑。其四，国忌。宋代国忌日停刑的规定，始于真宗乾兴元年（1022）十二月二十五日诏，据《续资治通鉴长编》注引《会要》："开封府及三司、殿前马步军司，自今每遇国忌……不得断极刑。"[2]《天圣令》所言"国忌"特指四庙（禧祖、显祖、翼祖、宣祖）以下，仁宗以前，历任皇帝、皇后的忌日，共十四日。[3]《天圣令》颁布之前，宋代国忌停刑之制曾有调整，《续资治通鉴长编》注引《两朝史刑法志》："国忌日，旧亦禁刑。天圣初，听决放罪。其后，又诏真宗忌如天庆节，释杖笞情轻者。久之亦罢。"[4] 由此，《天圣令》国忌停刑的规定，是对天禧、天圣旧制之继受与厘定。

三　特定干支纪日

宋代亦有在特定干支纪日停刑的规定，例如，真宗、仁宗朝均曾规定于"庚戌""己巳日"停刑，乾兴元年（1022）十二月庚申诏：三司、开封府、

---

[1] （宋）庄绰撰，萧鲁阳点校：《鸡肋编》卷中"京中岁大中小祀"，中华书局，1983（唐宋史料笔记丛刊），第58页。
[2] 《续资治通鉴长编》卷99"真宗乾兴元年十二月庚申"，第2306页。
[3] 高明士主编：《天圣令译注》，第471页。
[4] 《续资治通鉴长编》卷99"真宗乾兴元年十二月庚申"，第2306页。

殿前马步军司"自今岁旦,四立,二分、至及庚戌、己巳,毋得断极刑"[1]。天圣六年(1028)规定:"京师正旦、四立分至、庚戌、己巳日,毋决大辟。"[2] 徽宗朝曾有"壬戌"日停刑事例,如宣和二年(1120)七月月令规定:"先天节……禁屠宰,停奏案,毋断刑三日,壬戌日亦如之。"[3] 重和元年(1118)十一月十五日中书省言:"乞在京官司遇壬戌日不奏刑杀。从之。"[4] 与《天圣令》相比,《庆元条法事类》其他停刑期日一项中变化最大者,当属"丁卯""戊子"日停决的出现。《庆元条法事类》所记"丁卯""戊子"日停刑之制,当是在累朝旧例基础之上演化而来。同时,《庆元条法事类》还规定"丁卯""戊子"日"仍禁鱼猎",[5] 此与禁行屠宰之义相同。

本章小结

宋代节庆停刑的内涵应当包括停止死刑奏报、复核及行刑等死刑执行诸环节。唐宋之际逐渐形成的君主诞日停刑惯例,反映了中国古代"赏刑并用"的辩证思维模式和社会治理理念。圣节停刑实质上是以庆赏之名,限制和压缩刑罚的适用空间,在传统明德慎罚思想框架之内,通过"辍刑"这一标签化行为方式,强化朝廷恩典与慎用死刑之间的直接对应关系。宋代庆节停刑惯例的设立以及纂入立法,是释、道二教悲悯好生理念的体现,尤其是宋代道教理念渗入法律执行层面之表彰。伴随道教对于法律的影响日渐深入,经由国家宣示、皇权庇佑和宗教加持,以庆节之名产生的停刑举措,逐渐成为证成宋代盛世文明的重要依凭。除圣节、庆节以外,《天圣令》对《开元

---

[1] 《续资治通鉴长编》卷99"真宗乾兴元年十二月庚申",第2306页。
[2] 《文献通考》卷167《刑考六·刑制》,第4995页。
[3] 《宋大诏令集》卷131《典礼十六·明堂八·七月月令》,第461页。
[4] 《宋会要辑稿》刑法2之72,第14册,第8322页。
[5] 《庆元条法事类》卷79《畜产门·采捕屠宰》,第894页。

令》原有的停刑期日进行了调整,在保留元正、寒食、冬至、立春、立夏、雨雪未晴的基础上,新增太岁、三元、大祠、国忌等,皆停刑一日。礼乐与法制之融合与照应,乃至释道二教悲悯慎刑理念之渗入,反映出宋代礼法合治、赏刑并举、三教兼容的治国理念,节庆停刑故事的形成与嬗变,更可视作传统"慎刑"思想在这一时期践行与完善的绝佳例证。

第十五章
赐　死

第一节　赐死令文消亡之迷局

作为刑罚适用层面给予官僚贵族的优待措施，赐死规则经历了漫长的发展历程，基本贯穿先秦至清末的漫长历史时期，其中，尤以汉、唐时代之赐死规则最具代表。[1] 唐《狱官令》规定："五品已上犯非恶逆以上，听自尽于家。"[2] 令文明确规定了赐死适用中身份要素、罪名要素与死刑执行方式三项内容。令文规定，赐死适用主体应仅限于官阶五品以上之官员、贵族，《唐律》规定，"五品以上之官，是为'通贵'。"[3] 所谓"恶逆以上"者，指谋

---

[1] 学界关于赐死的重要研究成果有：王元军《刘洎之死真相考索》，《人文杂志》1992年第5期；许仲毅《赐死制度考论》，《学术月刊》2003年第7期；陈玺《唐代赐死制度之演进与适用》，《华东政法大学学报》2015年第4期；刘庆《汉代赐死之法考论》，《江西社会科学》2015年第8期。

[2] 天一阁博物馆、中国社会科学院历史研究所天圣令整理课题组校证：《天一阁藏明钞本天圣令校证》，中华书局，2006，第644页。按：明人茅元仪认为，唐《狱官令》"赐死"条确立于贞观年间，"宽恤刑人有古过于今者，如唐贞观中定制，五品以上得乘车就刑，或赐死于家。"[（明）茅元仪撰：《暇老斋杂记》卷21，四库禁毁书丛刊编纂委员会：《四库禁毁书丛刊》（子部第29册，清光绪李文田家钞本），北京出版社，1997，第581页上] 清人沈家本亦持此说：《历代刑法考·刑制总考四》唐"赐死"条："《新志》：五品以上论死，或赐死于家（太宗时）。"[（清）沈家本撰，邓经元、骈宇骞点校：《历代刑法考》，中华书局，1985，第53页] 仁井田陞亦将此条定为《开元令》。[〔日〕仁井田陞原著：《唐令拾遗·狱官令第三十》"决大辟罪皆于市"，栗劲等编译，长春出版社，1989，第696页] 陈俊强列举了贞观十九年侍中刘洎等多宗唐代赐死案例，未对令文时代发表意见。（高明士主编：《天圣令译注》，元照出版有限公司，2017，第543—545页）至于《狱官令》"赐死"条年代归属问题，存在《开元令》承用《贞观令》旧文的可能。

[3] （唐）长孙无忌等撰，刘俊文点校：《唐律疏议》卷1《名例》"五品以上妾有犯"，中华书局，1983，第39页。

反、谋大逆、叛逆及恶逆四类犯罪，此为"十恶"体系中位列前四的严重罪行。而"听自尽于家"意为允许罪臣在居所（含宅邸、贬所、馆驿等）采取自缢、服毒等方式了断。开元二十七年（739）《唐六典》从死刑执行角度，重申了《狱官令》的规定："凡决大辟罪皆于市。五品已上犯非恶逆已上，听自尽于家"[1]，将秘密处决之赐死与公开行刑之绞、斩予以明确区分。武宗会昌元年（841）九月，库部郎中知制诰纥干泉等奏请，又将五品以上官赃罪抵死者明确纳入赐死范围："犯赃官五品已上，合抵死刑，请准《狱官令》赐死于家者，伏请永为定式。"[2] 至此，赐死适用规则基本定型，且作为死刑执行方式，在唐宋之际长期行用。

《宋刑统》全面承用唐、五代死刑规则，首先，《断狱律》规定，斩、绞、自尽均为法定死刑执行方式，不得随意更换："若应自尽而绞、斩，应绞、斩而令自尽，亦合徒一年。"[3] 因此，在律文层面，自尽为法定行刑方式之一；其次，《宋刑统》准用唐建中三年（782）八月二十日关于"杖杀"之敕令节文，[4] 则杖杀与斩、绞、自尽并列为法定死刑处断方式；其三，《断狱律》"决死罪"条准用《狱官令》3条，以及唐元和六年（811）三月二十七日、唐会昌元年（841）九月五日、后唐天成三年（928）闰八月二十三日、后晋天福七年（942）十一月二十九日、唐建中三年（782）十一月十四日、唐开成二年（837）十一月八日等敕节文6则，涉及死刑执行中覆奏、时限、撤乐等问题，其中，会昌元年（841）九月五日敕节文[5]专条肯定赐死的法律

1　（唐）李林甫等撰，陈仲夫点校：《唐六典》卷6《尚书刑部》"刑部郎中员外郎"，中华书局，1992，第189页。

2　（宋）王溥：《唐会要》卷39《定格令》，上海古籍出版社，2006，第825页。

3　（宋）窦仪详定，岳纯之校证：《宋刑统校证》卷30《断狱律》"断罪不当"，北京大学出版社，2015，第414页。

4　按：《宋刑统》："【准】唐建中三年八月二十日敕节文：其十恶中，恶逆以上四等罪，请准律用刑。其余各合处绞、斩刑，自今以后，并决重杖一顿处死，以代极法。释曰：恶逆以上四等罪，谓谋反、谋大逆、谋叛、恶逆。"《宋刑统校证》卷1《名例律》"五刑"，第5—6页。

5　按：《宋刑统》规定："唐会昌元年九月五日敕节文：刑部奏，犯赃，五品以上，合抵死刑，请准狱官令，赐自尽于家。敕旨依奏。"《宋刑统校证》卷30《断狱律》"决死刑"，第412—413页。

效力。晚至北宋初期，仍可见法司援引"赐死"条款之例证。据《宋会要辑稿》记载：至道二年（996）九月八日，灵州环庆清远军路马步军都总管、会州观察使田绍斌因奉诏"领兵于普乐河应接裹送粮草入灵州，寻遇番贼劫虏，抛失官粮"。对此，法司引用律、令断为死刑，听其自尽："准律，守备不设，为贼所掩覆者斩；准令，五品已上犯非恶逆以上听自尽。"[1] 此处所准令文，显然为唐宋相沿之《狱官令》"赐死"条款，此足以证明"赐死"条款在宋初仍然具备现行法令之效力。

"王族刑于隐者，所以议亲；刑不上大夫，所以议贵。"[2] 在制度设计层面，赐死是传统身份因素和君臣观念在刑罚适用层面的直接投射。以"白冠氂缨，盘水加剑"[3] 为典型特征的赐死古礼，经汉儒贾谊、戴德等人疏解，[4] 成为古代处置罪臣的重要理论依据，"人君观此，可以得待臣之礼，而人臣观此，其有罪者亦知所以自取也"[5]。赐死具有优礼臣下之意，"与议、请、减、赎各条，自属相符"[6]。在司法程序层面，"采用赐死的方式处治大臣，也是隐晦大臣罪行

1　（清）徐松辑，刘琳、刁忠民、舒大刚、尹波等校点：《宋会要辑稿》职官64之13，第8册，上海世纪出版股份有限公司、上海古籍出版社，2014，第4771页。

2　（后晋）刘昫：《旧唐书》卷85《唐临传》，中华书局，1975，第2812—2813页。

3　（汉）贾谊撰，阎振益、钟夏校注：《新书》卷2《阶级》，中华书局，2000（新编诸子集成），第81—82页。按：《汉书》引如淳曰："水性平，若己有正罪，君以平法治之也。加剑，当以自刎也。或曰，杀牲者以盘水取颈血，故示若此也。"（汉）班固撰，（唐）颜师古注：《汉书》卷48《贾谊传》，中华书局，1962，第2259页。

4　按：《通典》引《大戴礼》："刑不上大夫者，古之大夫有坐不廉污秽者，则曰'簠簋不饰'；淫乱男女无别者，则曰'帷薄不修'；罔上不忠者，则曰'臣节未著'；罢软不胜任者，则曰'下官不职'；干国之纪，则曰'行事不请'。此五者，大夫定罪名矣，不忍斥然正以呼之。是故大夫之罪，其在五刑之域者，闻有谴发，则白冠氂缨，盘水加剑，造乎阙而自请罪，君不使有司执缚牵而加之也。其有大罪者，闻命则北面跪而自裁，君不使人捽引而刑杀之也，曰：'子大夫自取之耳！吾遇子有礼矣。'是曰：'刑不上大夫。'"[（唐）杜佑撰，王文锦等点校：《通典》卷166《刑法四·杂议上》，中华书局，1988，第4285页] 明人丘浚言"臣按《大戴礼》此段，与贾谊疏同。盖古有此制，谊疏之以告文帝，戴德集礼记以为此篇，其弟圣又删去之，止存其首句耳。"《通典》曾征引此段佚文，而今本《大戴礼记》无，见于贾谊《新书》者文字略异。（汉）贾谊撰，阎振益、钟夏校注：《新书》卷2《阶级》，中华书局，2000（新编诸子集成），第80—81页。

5　（明）邱濬著，林冠群、周济夫点校：《大学衍义补》卷107《治国平天下之要·慎刑宪·议当原之辟》，京华出版社，1999，第916页。

6　（清）薛允升著，怀效锋、李鸣点校：《唐明律合编》卷30"断罪不当"，法律出版社，1998，第816页。

的一种方式，即为大臣隐恶"[1]。值得注意的是，赐死固然可以视为君主优崇缙绅之礼遇措施，亦是"大臣多自贵重，不肯屈辱于狱吏"[2]之无奈选择。然而，作为传承久远的司法规则，"赐死"条款却在北宋《天圣令》中神秘消失。那么，是否存在今本《天圣令》传抄遗漏赐死条款的可能呢？答案却是否定的。赐死是死刑处决方式之一，唐《狱官令》《唐六典》之中，赐死条款接续于"决大辟罪皆于市"条之后，是对常规行刑方式的例外规定，而"刑人于市"的观念与传统则可上溯至《礼记·王制》。[3]《天圣令》《元丰令》《绍兴令》《庆元条法事类》虽有"决大辟罪于市"条目，后续规定官员监刑、乘车酒食、亲故辞决、宣告犯状、行刑时间、尸身收瘗等内容，《庆元条法事类》进而将乘车就刑范围扩展为六品以上官犯非恶逆以上者，以上诸条嬗变轨迹清晰可循，自《天圣令》始，唯有赐死条款付之阙如。可见，宋代"赐死"条款的废除，乃是制度层面之专门安排，而非法令文本传抄疏漏所致。

表 15-1　　　　　　　　唐宋"决大辟行刑"条对比简表

《狱官令》	唐（开元）9：诸决大辟罪皆于市。五品以上犯非恶逆以上，听自尽于家。七品已上及皇族，若妇人犯非斩者，绞于隐处。[4]
《唐六典》	凡决大辟罪皆于市。（古者，决大辟罪皆于市。自今上临御以来无其刑，但存其文耳。）五品已上犯非恶逆已上，听自尽于家。七品已上及皇族、若妇人犯非斩者，皆绞于隐处。（决大辟罪，官爵五品已上在京者，大理正监决；在外者，上佐监决；余并判官监决，在京决者，亦皆有御史、金吾监决。若因有冤滥灼然者，听停决奏闻。）[5]

1　刘庆：《汉代赐死之法考论》，《江西社会科学》2015 年第 8 期，第 125 页。
2　（清）赵翼：《陔余丛考》卷 16 "大臣有罪多自杀"，商务印书馆，1957，第 302 页。
3　按：陈俊强认为："在众人一致弃绝特定人物的基础上，最直截了当的弃绝手段，就是结束其生命，使其永远和彻底的被弃绝。"陈俊强：《无冤的追求——从〈天圣令·狱官令〉试论唐代死刑的执行》，收入台师大历史系、中国法制史学会、唐律研读会主编：《新史料·新观点·新视角：〈天圣令论集〉》（下册），元照出版公司，2011，第 59 页。
4　天一阁博物馆、中国社会科学院历史研究所天圣令整理课题组校证：《天一阁藏明钞本天圣令校证》，中华书局，2006，第 644 页。
5　《唐六典》卷 6《尚书刑部》"刑部郎中员外郎"，第 189 页。

	续表
《天圣令》	宋6：诸决大辟罪皆于市，量囚多少，给人防援至刑所。五品以上听乘车，并官给酒食，听亲故辞决，宣告犯状，皆日未后乃行刑。（注曰：犯恶逆以上，不在乘车之限。决经宿，所司即为埋瘗。若有亲故，亦任收葬。）即囚身在外者，断报之日，马递行下。[1]
《元丰令》	决大辟于市，遣他官与掌狱官同监，量差人防护，仍先给酒食，听亲戚辞诀，示以犯状，不得掩塞其口，及令人众奔噪。并以未、申二时行决，经宿乃许收瘗。[2]
《绍兴令》	决大辟皆于市先给酒食，听亲戚辞决，示以犯状，不得窒塞口耳、蒙蔽面目及喧呼奔逼。[3]
《庆元条法事类》	《断狱令》：诸决大辟皆于市，遣他官同所勘官吏监决，量差人护送。仍先令长吏集当职官，引囚亲行审问乡贯、年甲、姓名来历，别无不同，给酒食，听亲戚辞决，示以犯状。（六品以上官犯非恶逆以上者，听乘车。）不得窒塞口耳，蒙蔽面目及喧呼奔逼。仍以未、申二时行刑，不得别加伤害。经宿，听亲故收瘗。（无亲故者，差职员。）[4]

今人陈俊强在比较唐、宋《狱官令》时曾言："宋仁宗天圣制令时，此条令文却遭到废弃，不再行用。而《天圣·狱官令》中却找不到相对应的官人判死罪准予自尽的条文，是宋代对官人取消了这方面的优待？"[5] 陈氏上述发现对于理解宋代赐死规则具有重要启发，惜未见及后续阐释。不仅如此，诸多有关宋代赐死的疑问亦随之产生。譬如《天圣令》颁行后，朝廷是否继续适用赐死？如何理解宋代赐死与"不杀大臣"祖训之间的抵牾现象？与其他死刑行刑方式相较，宋代赐死规则包含哪些基本要素？为解决上述疑问，本书试图以天圣《狱官令》颁布为界，通过对宋代赐死事例进行个案研究与

---

[1] 高明士主编：《天圣令译注》，第467页。
[2] 《续资治通鉴长编》卷376"哲宗元祐元年四月辛亥"，第9118—9119页。
[3] 《宋会要辑稿》刑法4之83，第14册，第8491页。按：关于《天圣令》《元丰令》《绍兴令》死刑执行条目嬗变关系，参阅戴建国《宋代刑法史研究》，上海人民出版社，2008，第295页；高明士主编《天圣令译注》，第468—470页。
[4] （宋）谢深甫等撰，戴建国点校：《庆元条法事类》卷73《刑狱门三·决遣》，黑龙江人民出版社，2002（中国珍稀法律典籍续编），第745页。点校本"听亲故收痊"，清钞本作"听亲故收瘗"，当据改。
[5] 高明士主编：《天圣令译注》，第544—545页。

类案分析，以期破解宋代赐死之诸多历史谜团。

第二节 祖宗家法与赐死特例

自1940年代以来，围绕宋太祖赵匡胤"不诛大臣、言官"誓约及其"誓碑"有无之公案，学界讨论异常热烈。值得注意的是，宋代"'不诛大臣言官'为一条祖宗家法，已经得到宋朝君臣的公认"[1] 的判断，得到前辈学者高度肯定。张荫麟指出："历世君主遵守唯谨，遂认为有不杀大臣之不成文的祖宗家法。"[2] 因此，"不杀大臣"可能以惯例、誓约或其他形式存在，且已经成为宋代君臣一贯恪守的祖宗家法。

"'祖宗之法'体现着'任人'与'任法'原则的互补与折衷。其落脚处是规矩法度，同时又突出着作为家族尊长、人治象征的'祖宗'之导向与决定作用。"[3] 宋代"不杀大臣"的祖训在法律程序亦有直接体现，据《朝野类要》："本朝无诛大臣之典，故大臣有罪，亦多是先与宫观，然后台谏上章，得旨批'依'，别日又宣麻降之，渐次行贬。"[4] 由于宋代极少处死两府、宰辅或宰执等大臣，《狱官令》"赐死"条款似已经丧失存在意义。"不杀大臣"这一本朝家法逐渐嬗变为司法惯例，并成为促使《狱官令》"赐死"条款删除的重要原因。但是，上述变化并非取消高级官僚之刑罚优待，而恰恰是宋代原则上取消对高级官员适用死刑的直接证明。因此，与前代相较，宋代官员赐死案例显著减少，其中赐死军将、重臣者，更是特定历史条件产生之特殊司法事例。另一方面，自太祖朝始，赐死事例仍不绝如缕，直至度宗咸淳

1　张希清：《宋太祖"不诛大臣、言官"誓约考论》，《文史哲》2012年第2期，第53页。
2　张荫麟：《宋太祖誓碑及政事堂刻石考》，《文史杂志》第1卷第7期，1941年1月，第16页。
3　邓小南：《宋代"祖宗之法"治国得失考》，《人民论坛》2013年第16期，第79页。
4　（宋）赵升编，王瑞来点校：《朝野类要》卷5《降免》"剥麻"，中华书局，2007（唐宋史料笔记丛刊），第99页。

六年（1270），仍可见赐死宫嫔事例。[1] 在二十余宗宋代赐死案例中，太宗赐死赵赞等"佞幸之狱"、钦宗赐死王黼等"靖康之狱"以及高宗赐死张邦昌等"炎兴之狱"值得特别重视。尤其是两宋之交发生的"靖康之狱"与"炎兴之狱"，更与祖宗家法精神和天圣修令成果相互抵触，可以视为特定历史条件下形成之司法特例。

一 佞幸之狱

咸平二年（999）四月丙子，主客郎中知虢州谢泌曾上疏曰："先朝有侯莫陈利用、陈廷山、郑昌嗣、赵赞之徒，喋喋利口，赖先帝圣聪，寻翦除之，然为患已深矣。"[2] 谢泌所言四人，皆于太宗端拱、至道年间获罪断死。端拱元年（988）六月丙辰，右领军卫大将军陈廷山因谋反"磔于市"。[3] 除此以外，侯莫陈利用、赵赞、郑昌嗣三人事迹，均见于《宋史·佞幸传》，且均因赐死殒命，故本书权称"佞幸之狱"。郑州团练使侯莫陈利用原卖药京城，多变幻之术，经枢密承旨陈从信引荐，骤加恩遇，"其居处服玩皆僭乘舆，人畏之不敢言"[4]。后为赵普举奏，太宗遣近臣按得奸状。端拱元年（988）三月乙亥，利用"配商州禁锢，寻赐死"[5]。此后，又有西京作坊副使度支都监赵赞，西上阁门副使、盐铁都监郑昌嗣因诬告、言事得位，互为表里，横恣不法。"会上元张灯，上清宫成，帝驾初临幸，都人尚未得游观。宫中三清阁，佗人不得至，赞与昌

---

[1] 按：据《宋季三朝政要》："（咸淳六年）上一日问似道曰：'襄阳之围三年矣，奈何？'对曰：'北兵已退去，陛下得臣下何人之言？'上曰：'适有女嫔言之。'似道诘问其人，诬以他事赐死。自是，边事无人敢对上言者。"（元）佚名撰，王瑞来笺证：《宋季三朝政要笺证》卷4"庚午度宗咸淳六年"，中华书局，2010（中国史学基本典籍丛刊），第343页。

[2] （元）脱脱等：《宋史》卷306《谢泌传》，中华书局，1977，第10096页。

[3] （宋）杨仲良撰：《皇宋通鉴长编纪事本末》卷10《太宗皇帝》"陈廷山"，江苏古籍出版社，1988（宛委别藏本），第210页。

[4] 《宋史》卷470《佞幸·侯莫陈利用传》，第13679页。

[5] 《宋史》卷5《太宗纪二》，第82页。

嗣率其党数辈犯关而入，携妓乐登阁，饮宴通夕。掌舍宦官不能禁止，因以其事闻。"[1] 至道元年（995）正月丁卯，削夺赵赞官爵，家属配隶房州，郑昌嗣责授唐州团练副使。"既行数日，并于所在赐死，中外莫不称快。"[2] 上述三人赐死皆非自我了断，侯莫陈利用实由中使"磔于市"，[3] 赵、郑二人"尽缢杀之"。[4] 其中，赐死侯莫陈利用可谓一波三折，在众证确凿的情况下，太宗仍极力袒护，经赵普力谏，方命赐死。"既而悔之，遽使驰传以免其死。使者至新安厩置，马踣，坠伤趾，追不能及，利用已磔于市，闻者快之。"[5] 侯莫陈利用、赵赞、郑昌嗣皆出身寒贱，恃宠而骄，尽丧人臣之礼，乃有腰领之诛。上述赐死案例发生于太宗端拱、至道之际，是时，《狱官令》"赐死"条款仍然具备法律效力。侯莫陈利用、赵赞与郑昌嗣三人皆先行流贬，后于贬所赐死，一定程度遵从了优崇衣冠的司法传统。与明正典刑、肆诸市朝的处决方式相比，彰显了君主对佞臣群体的临终庇佑。

二 靖康之狱

钦宗即位后，宋廷连续处置梁师成、王黼、李彦、朱勔、蔡攸、蔡絛等宰辅重臣，因六人皆于靖康年间赐死，故此处权以"靖康之狱"合称。[6] "靖康之

---

[1] 《宋会要辑稿》职官64之12，第8册，第4771页。
[2] 《续资治通鉴长编》卷37"太宗至道元年正月丁卯"，第808页。
[3] 《续资治通鉴长编》卷29"太宗端拱元年三月"，第652页。
[4] 《宋会要辑稿》职官64之12，第8册，第4771页。
[5] （宋）钱若水修，范学辉校注：《宋太宗皇帝实录校注》卷44"太宗端拱元年三月乙亥"，中华书局，2012，第579页。
[6] 按：据《宋史·刑法二》："靖康初元，既戮梁方平，太傅王黼责授崇信军节度副使，永州安置。言者论黼欺君罔上，专权怙宠，蠹财害民，坏法败国，朔方之衅，黼主其谋。遣吏追至雍丘杀之，取其首以献，仍籍其家。又诏赐拱卫大夫、安德军承宣使李彦死。彦根括民田，夺民常产，重敛租课，百姓失业，愁怨溢路，官吏稍忤意，捃摭送狱，多至惯死，故特诛之。暴少保梁师成朋比王黼之罪，责彰化军节度副使，行一日，追杀之。台谏极论朱勔肆行奸恶，起花石纲，竭百姓膏血，蟠州县帑藏，子侄承宣、观察者数人，厮役为横行，媵妾有封号，园器用悉拟宫禁。三月，窜勔广南，寻赐死……九月，言者论蔡攸兴燕山之役，祸及天下，骄奢淫佚，载籍所无。诏诛攸并弟絛。"《宋史》卷200《刑法二》，第5000—5001页。

狱"赐死大臣品秩之高、数量之夥,用刑之频,在两宋三百余年司法史上可谓绝无仅有。其中,拱卫大夫、安德军承宣使李彦是"靖康之狱"中最早赐死之人。据靖康元年(1126)正月三日圣旨:"李彦赐死。王黼、李彦并籍没家产。"[1]《宋史》亦有"彦削官赐死,籍其家"[2]的记载。梁师成、王黼、朱勔三人,皆在贬窜之后赐死于路。《宋史·钦宗纪》:靖康元年(1126)正月乙未,"贬少保、淮南节度使梁师成为彰化军节度副使,行及八角镇,赐死"[3]。关于梁师成具体死因,《建炎以来系年要录》云"行一日,追杀之"[4]。太傅王黼是在靖康年间赐死的第二位朝廷重臣。另据《瓮牖闲评》引《钦宗实录》:"王黼闻钦宗即位,震骇,亟入贺,钦宗先谕阁门,使勿纳,贬为崇信军节度副使,永州安置,既而籍其家,赐死于负国村。"[5] 王黼贬窜之后,朝廷阴令开封尹聂山"遣武士蹑及于雍丘南辅固村,戕之,民家取其首以献"[6]。《建炎以来系年要录》夹注引《靖康别录》:"'开封府奏,据捉事使臣韩膺状,王黼二十四日至雍邱县永丰乡,为盗所杀,取到首级申。'比它书最详,庚寅二十四日,今从之。"[7] 则盗杀王黼时间,应在靖康二年(即建炎元年1127)正月庚寅。与梁师成、王黼相比,宁远军节度使朱勔赐死颇费周折,《宋史·刑法志》言

---

1 (宋)汪藻原著,王智勇笺注:《靖康要录笺注》卷1"靖康元年正月三日",四川大学出版社,2008,第86页。

2 《宋史》卷468《宦者三·杨戬传》,第13665页。

3 《宋史》卷23《钦宗纪》,第424页。

4 (宋)李心传撰,辛更儒点校:《建炎以来系年要录》卷1"建炎元年正月甲午",上海古籍出版社,2018,第11页。

5 (宋)袁文撰,李伟国整理:《瓮牖闲评》卷8,上海师范大学古籍整理研究所编:《全宋笔记》(第4编,第7册),大象出版社,2008,第218页。按:王黼赐死地点,《宋史》、《东都事略》皆作"辅固村"[《宋史》卷470《佞幸·王黼传》,第13684页;(宋)王称撰,孙言诚、崔国光点校:《东都事略》卷106《王黼传》,齐鲁书社,2000(二十五别史),第907页]此村原名当为"辅固村"。因"辅"与"负"音同而字讹。《靖康遗录》曰:"黼出城数十里至负固村,追斩其首,百姓谓之负国村云。《靖康前录》又曰:"二十四日,府尹聂山进札子乞追王黼,行遣差人追及于应天府杞县之南十里负固村,遂戮之,函首京师。"[(宋)徐梦莘撰:《三朝北盟会编》卷31"靖康中帙六",上海古籍出版社,1987,第230页下] 或因王黼事,衍生出"负国村"之谓。

6 《宋史》卷470《佞幸·王黼传》,第13683—13684页。

7 《建炎以来系年要录》卷1"建炎元年正月庚寅",第11页。

"三月，窜勋广南，寻赐死。"《宋史》本传详细记录了朱勔放归田里、历徙诸州的经过："钦宗用御史言，放归田里……言者不已，羁之衡州，徙韶州、循州，遣使即所至斩之。"[1] 可见，朝廷对于梁师成、王黼、朱勔三人的处置，均采取先行窜逐边远，既而遣使中路诛杀的方式，名为赐死，实为诛杀。因贬谪、安置裁决直接将罪臣逐出"大臣"之列，赐死与祖训之间的矛盾，亦因身份变更得以部分消解；而以赐死名义中路秘密处决，则朝廷威信与臣僚颜面亦因此得以保全。[2] 与前述四人相比，赐死蔡京之子蔡攸、蔡翛，遵循了罪臣自裁的司法传统，分别采取服毒、自缢方式自杀。《三朝北盟会编》引《中兴姓氏奸邪录》："靖康初，臣僚言其罪，责授大中大夫、提举亳州明道宫，再责浔州、雷州。臣僚再言其罪，移窜海外，遂赐死，时年五十。"[3]《宋史·钦宗纪》：靖康元年（1126）九月辛未，"移蔡攸于万安军，寻与弟翛及朱勔皆赐死"[4]。《清波杂志》详细记录了蔡氏兄弟自裁情形："翛闻命曰：'误国如此，死有余辜，又何憾焉。'乃饮药。而攸犹与不能决，左右授以绳，攸乃自缢而死。"[5] "靖康之狱"是在北宋政权倾覆前夕的特殊政治举措，钦宗"能正王黼、朱勔等罪而窜殛之"[6] 的裁断，得到史官充分肯定。然而，采取赐死方式诛戮大臣的做法，不仅有违祖制，且存在"天讨不正为失刑"[7] 的缺陷。建炎元年（1127）七月，曹勋《进前十事札子》言及徽宗训示："艺祖有约，藏于太庙，誓不诛大臣、言官，违者不祥。故七祖相袭，未尝辄易。每念靖康年中诛罚为

1　《宋史》卷 470《佞幸·朱勔传》，第 13686 页。
2　按：唐宋之际，中路赐死渐成惯例，"官方诏敕公开宣称将人犯流贬荒远，降职安置，仍保留其士族身份。其后遣使奉诏，于驿路秘密处决。驿路赐死在保全罪臣体面和尊崇的同时，彰显出朝廷严惩左降官与流人的真实意图。"陈玺：《唐代赐死制度之演进与适用》，《华东政法大学学报》2015 年第 4 期，第 124 页。
3　《三朝北盟会编》卷 56 "靖康中帙三十一"，第 420 页下。
4　《宋史》卷 23《钦宗纪》，第 430 页。
5　（宋）周辉撰，刘永翔校注：《清波杂志校注》卷 2 "王黼身任伐燕"，中华书局，1994（唐宋史料笔记丛刊），第 42 页。
6　《宋史》卷 23《钦宗纪》，第 436 页。
7　《宋史》卷 470《佞幸·王黼传》，第 13684 页。

甚，今日之祸虽不止此，然要当知而戒焉。"[1] 在徽宗看来，"靖康之狱"显然违逆了"不杀大臣"祖训，故而特别提示高宗引以为戒。另一方面，由于仁宗《天圣令》已经删除"赐死"条款，"靖康之狱"所采取的审讯、贬降、行刑诸环节，显然缺乏现行法律依据。究其根本，法司应据旧时司法惯例行事。

三　炎兴之狱

遗憾的是，徽宗关于"不杀大臣"的宣谕并未对高宗产生直接约束作用。恰恰相反，以赐死方式诛杀臣僚的风气，在南渡之后的建炎年间迅速蔓延。围绕确立和维护高宗政权法统问题，建炎年间兴"伪楚之狱"，赐死张邦昌、宋齐愈。为节制地方武将拥兵跋扈，又先后赐死范琼、李允文。上述四案皆发生于建炎、绍兴年间，故权以"炎兴之狱"名之。从一定意义而言，绍兴十一年（1141）岳飞之狱，也是高宗以赐死军将方式削夺兵权、巩固权威举措之政策延续。

建炎元年（1127）三月丁酉，金人立张邦昌为伪楚皇帝，张邦昌被迫僭位。因非其本意，张邦昌遂迎元祐皇后孟氏垂帘听政在前，遣谢克家奉玉玺延请康王于后。高宗即位，徙邦昌为太保、奉国军节度使，封同安郡王。《中兴姓氏录·叛逆传》曰："李纲为相，建议宜诛邦昌，以戒臣下，臣僚亦言其僭，乃责授昭化军节度副使，潭州安置。赐死，时年四十七。"[2] 观张邦昌前后形迹，已尽人臣之礼。由于伪楚政权在宋金博弈之中扮演特殊角色，张邦昌由此成为当时政治、军事和外交斗争中的关键人物。从一定意义而言，具有"异姓建邦四十余日"特殊经历的张邦昌，成为新生南宋政权存续的严

---

[1] （宋）曹勋：《松隐文集》卷26《札子·进前十事札子》，四川大学古籍研究所编：《宋集珍本丛刊》影印傅增湘校嘉业堂丛书本，第41册，线装书局，2004，第593页下。

[2] 《三朝北盟会编》卷105"炎兴下帙五"，第773页下。

第十五章 赐死 479

重政治隐患。据《建炎以来系年要录》："及是，闻金以废邦昌为词，复侵界，上将南幸，而邦昌在长沙，乃共议赐邦昌死。"[1] 建炎元年（1127）九月壬子，朝廷遣殿中侍御史马伸问状，令张邦昌自裁。"读诏毕，张徘徊退避，不忍自尽。执事者趣迫登楼，张仰首，急觑三字，长叹就缢。"[2] 值得注意的是，高宗即位之初，朝廷即已开始清算靖康国变之际臣僚罪责。建炎元年（1127）五月壬寅，试开封尹徐秉哲、提举江州太平观。延康殿学士赵子崧言："臣闻京城士人籍籍，谓王时雍、徐秉哲、吴开、莫俦、范琼、胡思、王绍、王及之、颜博文、余大均皆左右卖国，伏望将此十人付狱鞠治，明正典刑，以为万世臣子之戒。"[3] 七月癸丑，通直郎宋齐愈"坐亲书逆臣姓名，谋立异姓，赐死"，[4] 实则"腰斩都市"。[5] 此后，赐死又在整肃割据、诛灭悍将斗争中得到应用。据《宋史·高宗纪》：建炎三年（1129）七月丁亥，"以范琼跋扈无状收下大理狱……壬辰，言者又论范琼逼迁徽宗及迎立张邦昌，琼辞伏，赐死，子弟皆流岭南。"[6] 范琼缚付大理后，以其所领"八字军还付洮州王彦，余兵分隶御营"[7]。其实，逼迁徽宗、迎立邦昌并非问题关键所在，范琼下狱的根本原因在于拥兵自重、要挟朝廷。《建炎以来朝野杂记》言范

1　《建炎以来系年要录》卷9"建炎元年九月壬子"，第230页。按："'伪楚'政权在历史上存在的时间虽短暂，但它对南宋初期的政局及宋金关系所产生的影响，却是不容忽视的……赵构内心十分清楚，处置一个张邦昌本身并非难事，然他的背后是金人，稍有不慎，则随时可能招致金人再度挥师南下。"张伟：《论张邦昌"伪楚"政权及其影响》，《宁波大学学报》（人文科学版）1999年第3期，第57—58页。
2　（宋）王明清：《挥麈录·挥麈余话》卷2，中华书局，1961（宋代史料笔记丛刊），第305页。
3　（宋）佚名撰，汪圣铎点校：《宋史全文》卷16上《宋高宗一》"建炎元年五月壬寅"，中华书局，2016（中国史学基本典籍丛刊），第1042页。
4　（宋）李埴撰，燕永成校正：《皇宋十朝纲要校正》卷21《高宗》"建炎元年七月癸丑"，中华书局，2013（中国史学基本典籍丛刊），第609页。
5　《宋史》卷200《刑法二》，第5001页。
6　《宋史》卷25《高宗纪二》，第467页。
7　《宋史全文》卷17上《宋高宗三》"建炎三年七月丙戌"，第1149页。按："八字军者，河北土人也。建炎初，王观察彦为河北制置使，聚兵太行山，皆涅其面曰：'誓杀金敌，不负赵王。'故号八字军。二年冬十月癸亥，上命御营统制范琼往山东击贼，琼请彦与俱。已而，彦以疾留真州，琼遂并将其兵而去。三年秋七月丁亥，琼诛，复以其兵还彦，时彦乃御营统制也。后十三日，张忠献以宣抚处置使发行在，上命彦将八字军随之。（宋）李心传撰，徐规点校：《建炎以来朝野杂记》甲集卷18《兵马》"八字军"，中华书局，2000（唐宋史料笔记丛刊），第402页。

琼"引兵趋行在，既至，未肯释兵，因奏乞贷管军左言等朋附苗、刘之罪，又言招盗贼十九万人，皆愿听臣节制。上骇而怒"[1]。而所谓赐死，实则"吏以刀自缺盆插入，叫呼移时死"[2]，范琼之患，至此根除。李允文是建炎年间挑战新朝权威的另一悍将，允文镇守鄂州之际，"邀留上供纲运，且遣其属孙济、耿械用军法胁取州县物以千万计"[3]。知岳州袁植欲以其奸状奏闻，为允文所得，送蒲圻狱，"沉于江而杀之，以舟覆告"[4]。绍兴元年（1131）十月丁卯，"以李允文恣睢专杀，赐死大理狱"[5]。新朝初创，战事频仍，果断处置范琼、李允文二将，是宋代贯彻偃武兴文国策的重要举措，对于各地武臣警诫震慑之意，可谓不言自明。此后，"国法以正，纪纲以张，强臣悍将始知有朝廷之尊。立国之基，实肇于此"[6]。孙觌所撰《韩世忠墓志》曾言："主上英武，所以驾驭诸将，虽隆名显号，极其尊荣，而干戈铁钺，亦未尝有所私贷，故岳飞、范琼辈皆以跋扈赐死。"[7] 将岳飞与范琼相提并论，其善恶混淆前贤宿儒早已抉示。[8] 然而，若从朝廷诛灭节镇之意论之，孙觌之归纳与表述亦可自圆其说。伴随"赐死岳飞，收回兵权，高宗成了南宋军事力量的唯一支配者……自建炎元年至绍兴十二年的政治过程，就是南宋政权确立的

1　《建炎以来朝野杂记》甲集卷7《时事》"张魏公诛范琼"，第153页。

2　《建炎以来系年要录》卷25"建炎三年七月壬辰"，第528页。

3　（宋）熊克著，顾吉辰、郭群一点校：《中兴小纪》卷9"建炎四年十月癸卯"，福建人民出版社，1984（八闽文献丛刊），第117页。

4　《建炎以来系年要录》卷39"建炎四年十一月丁未"，第756页。

5　《宋史》卷26《高宗纪三》，第491页。

6　（宋）杨万里撰，辛更儒笺校：《杨万里集笺校》卷62《书·驳配娘不当疏》，中华书局，2007（中国古典文学基本丛书），第2695页。

7　（宋）孙觌：《南兰陵孙尚书大全文集》卷62《墓铭·宋故扬武翊运功臣太师镇南武安宁国军节度使充醴泉观使咸安郡王致仕赠通义郡王韩公墓志铭》，四川大学古籍研究所编：《宋集珍本丛刊》影印明钞本，第35册，线装书局，2004，第735页上。

8　按：四库馆臣曰：孙觌"又摘其作《韩忠武墓志》，极诋岳飞。作《万俟卨墓志》极表其杀飞一事。为颠倒悖谬。则觌之怙恶不悛，当时已人人鄙之矣。"（清）永瑢等：《四库全书总目》卷157《集部一·别集类一　》，中华书局，1965，第1356页）。姜锡东等认为："将岳飞与跋扈将军范琼并列，是孙觌的严重错误。"姜锡东、岳东云、韩秀峰：《应尊重韩世忠对岳飞冤案的质问和抗议》，《中原文化研究》2020年第1期，第98页。

过程，而其间最重要的政治课题，即是全部军事力量之归于皇帝一人统辖"[1]。与"靖康之狱"相类，因无现行法令可供援引，建炎年间赐死张邦昌、宋齐愈、范琼、李允文均依累朝司法惯例行事。对于国变之际赐死罪人家属，朝廷采取严格管束措施，绍兴元年（1131）正月一日德音规定：王黼、朱勔、梁师成、范琼等子孙、家属，"皆系反逆之家，更不移放"[2]。

表 15-2　　　　　　　　　　宋代赐死案例简表

时间	事主	罪名	处置方式	资料来源
乾德元年（963）	殿前都虞候、嘉州防御使（从五品）张琼	史珪、石汉卿等诬谮	自杀	《宋史》卷1《太祖纪》、《宋史》卷259《张琼传》、《续资治通鉴长编》卷4
端拱元年（988）	郑州团练使（从五品）侯莫陈利用	杀人及诸不法事	配商州禁锢，使臣斋杀之	《宋史》卷5《太宗纪二》、《续资治通鉴长编》卷29、《宋会要辑稿》职官64
至道元年（995）	西京作坊副使、度支都监赵赞，西上阁门副使盐铁都监郑昌嗣	横恣不法，携妓乐登宫中三清阁饮宴	赵赞削夺在身官爵，配隶房州禁锢，所在驰驿发遣。郑昌嗣责唐州团练副使，不签书州事。既行，尽于所在缢杀	《宋史》卷470《赵赞传》、《宋会要辑稿》职官64、《续资治通鉴长编》卷37
乾兴元年（1022）	内侍省押班（正六品）雷允恭	擅移皇堂并坐盗金宝	杖死于巩县，籍其家	《宋史》卷468《雷允恭传》、《续资治通鉴长编》卷98、《宋会要辑稿》礼37
熙宁八年（1075）	右羽林卫大将军、秀州防御使（从五品）赵世居	与方士李士宁等谋不轨	差御史台推直官监世居，至普安院缢杀之，中使冯宗道视瘗埋	《宋史》卷15《神宗纪二》、《宋史》卷200《刑法志二》、《宋史》卷334《徐禧传》、《续资治通鉴长编》卷263

---

[1] 〔日〕寺地遵：《南宋初期政治史研究》，刘静贞、李今芸译，复旦大学出版社，2016，第29—30页。

[2] 《宋会要辑稿》刑法4之43，第14册，第8469页。

续表

时间	事主	罪名	处置方式	资料来源
大观元年（1107）	朝散郎、知和州（从五品）吴储，承议郎监润州酒务吴侔	与妖人张怀素谋反	凌迟	《王荆文公诗笺注》卷43《律诗》、《铁围山丛谈》卷2
宣和初	内侍冯浩	不明	以罪窜，适行至上蔡县，上命杀之	《三朝北盟会编》卷88、《铁围山丛谈》卷5
靖康元年（1126）	拱卫大夫（正六品）、安德军承宣使（正四品）李彦	根括民田，夺民常产，重敛租课等	赐死	《宋史》卷200《刑法志二》
靖康元年（1126）	少保（正一品）、淮南节度使（从二品）梁师成	朋比王黼等罪	黜为彰化军节度副使，行次八角镇，缢杀之	《宋史》卷200《刑法志二》、《宋史》卷468《梁师成传》、《建炎以来系年要录》卷1
靖康元年（1126）	太傅（正一品）致仕王黼	欺君罔上、专权怙宠、蠹财害民、坏法败国等	为崇信军节度副使安置永州，遣吏追至雍丘杀之	《宋史》卷23《钦宗纪》、《宋史》卷200《刑法志二》、《宋史》卷470《王黼传》
靖康元年（1126）	宁远军节度使（从二品）、醴泉观使朱勔	夺民常产，重敛租课等	削官放归田，羁之衡州，徙韶州、循州，遣使即所至，斩之	《宋史》卷200《刑法志二》、《宋史》卷470《朱勔传》
靖康元年（1126）	知枢密院事（正二品），加太保（正一品），燕国公蔡攸（弟翛）	蔽匿告急之奏，皆不以闻	责授大中大夫提举亳州明道宫，再责浔州、雷州，臣寮再言其罪，移窜海外，蔡攸饮药、弟翛自缢	《宋史》卷200《刑法志二》、《三朝北盟会编》卷56、《靖康要录》卷1、《清波杂志》卷2
建炎元年（1127）	银青光禄大夫（从三品）、尚书左仆射兼门下侍郎张邦昌	僭位	罢为太保奉国军节度使，又责授昭化军节度副使潭州安置，自缢	《宋史》卷475《张邦昌传》、《中兴小纪》卷2、《建炎以来系年要录》卷9、《宋会要辑稿》职官78
建炎元年（1127）	右谏议大夫（从四品）宋齐愈	金人谋立异姓，书张邦昌姓名	斩于都市	《宋史》卷24《高宗纪一》、《宋史》卷200《刑法志二》、《中兴小纪》卷2、《三朝北盟会编》卷110

续表

时间	事主	罪名	处置方式	资料来源
靖康末	太学博士（从八品）张子能	失节	窜湘中，已而赐死于家	《投辖录》
建炎三年（1129）	庆远军节度使（从二品）、湖北路制置使范琼	跋扈无状	吏以刀自缺盆插入，叫呼移时死，其弟及三子皆流岭南	《宋史》卷25《高宗纪二》、《宋史》卷200《刑法志二》、《宋史》卷377《王衣传》、《中兴两朝圣政》卷5
绍兴元年（1131）	直秘阁（正八品）、宣抚处置司参议官李允文	邀留上供纲运，胁取州县物，杀岳州守臣袁植	赐死	《宋史》卷26《高宗纪三》、《中兴小纪》卷10
绍兴十一年（1141）	少保（正一品）、醴泉观使岳飞	诬以指斥乘舆，受诏不救淮西罪	拉胁或中毒	《宋史》卷473《秦桧传》、《中兴两朝圣政》卷27、《三朝北盟会编》卷207
绍兴二十年（1150）	殿前司后军使臣施全	刺杀左仆射秦桧	磔于市	《宋史》卷30《高宗纪七》、《中兴小纪》卷34、《建炎以来系年要录》卷161
咸淳六年（1270）	宫嫔	言襄阳之围	赐死	《宋季三朝政要》卷4

第三节　赐死规则之基本构成

显然，源自唐《狱官令》之"赐死"条款是支配宋代死刑执行的重要依据之一。仁宗朝《天圣令》修订以后，作为相沿已久的司法规则，赐死在具体适用层面形成的诸多惯性规则，在宋代司法实践中得以长期沿袭。以天圣修令为界，宋代赐死裁决应当分别以令文规定和司法惯例为依据。司法实践中，宋代赐死程序包含鞫治、宣敕和行刑等基本环节。

一 鞫治

法司审判是赐死的前置程序。最终由君主敕断的赐死案件，事先须经开封府、大理寺或御史台推治。御史台是宋代鞫治赐死案件的重要机关，北宋时期曾负责审理多宗赐死案件。乾德元年（963），殿前都虞候、嘉州防御使张琼为史珪、石汉卿等诬谮，"下御史府按鞫"[1]。熙宁八年（1075），山东告李逢、刘育之变，"事连宗子世居，御史府、沂州各起狱推治之"[2]。《宋史·徐禧传》记监察御史里行徐禧与"中丞邓绾、知谏院范百禄杂治赵世居狱"[3]，则"赵世居狱"由御史台负责承办当属无疑。直至高宗践祚，仍可见御史台鞫治赐死要案，建炎元年（1127）七月八日，同奉圣旨："宋齐愈罢谏议大夫，令御史台王宾置司根勘，具案闻奏。"[4] 另一方面，大理寺在南宋建炎、绍兴年间受到格外重视，范琼、李允文、岳飞、施全等重大案件均由其承办。赐死案件鞫治机关的变化，当与元丰改制以后，大理寺审判权限变化直接关联。宋初大理寺"凡狱讼之事，随官司决劾，本寺不复听讯，但掌断天下奏狱，送审刑院详讫，同署以上于朝"[5]。元丰元年（1078）十二月十八日，中书奏请复置大理狱，专掌治狱，"应三司及寺监等公事，除本司公人杖笞非追究者随处裁决，余并送大理狱结断"[6]。建炎三年（1129）七月丙戌，知枢密院事张浚奏范琼大逆不道，"遂以张浚兵拥缚付大理"[7]。绍兴元年（1131）十月丁卯，"诏直秘阁李允文就大理寺赐死，坐拥兵跋扈，擅权

---

1 《续资治通鉴长编》卷 4 "太祖乾德元年八月壬午"，第 101 页。
2 （宋）魏泰撰，李裕民点校：《东轩笔录》卷 5，中华书局，1983（唐宋史料笔记丛刊），第 54 页。
3 《宋史》卷 334《徐禧传》，第 10721 页。
4 （宋）王明清撰，戴建国、赵龙整理：《玉照新志》卷 4，上海师范大学古籍整理研究所编：《全宋笔记》（第 6 编，第 2 册），大象出版社，2013，第 182 页。
5 《宋史》卷 165《职官五》，第 3899 页。
6 《宋会要辑稿》职官 24 之 6，第 6 册，第 3658 页。
7 《宋史全文》卷 17 上《宋高宗三》"建炎三年七月丙戌"，第 1149 页。

专杀也"¹。绍兴十一年（1141）十月戊寅，"下岳飞、张宪大理狱，命御史中丞何铸、大理卿周三畏鞫之"²。绍兴二十年（1150）春正月丁亥，殿前司后军使臣施全刺杀秦桧，"众夺其刃，遂擒送大理寺"³。此外，朝廷尚可差遣使臣鞫治赐死案件，乾兴元年（1022）三月丙申，"遣入内供奉官罗崇勋、右侍禁阁门祗候李惟新就巩县劾允恭罪状以闻"⁴。

《三朝北盟会编》《玉照新志》等文献的建炎元年（1127）宋齐愈案案卷完整保存了该案置狱、鞫治、裁断、奏闻等鞫治程序，为查明宋代赐死裁决的司法流程提供了重要参照。其一，宋齐愈案件事实认定材料。主要包括建炎元年（1127）七月二十八日尚书省乞罢免宋齐愈谏议大夫札子、七月八日令御史台置司根勘圣旨、御史王宾勘状、中书舍人李会供状等文件。宋齐愈核心罪状为"谋立异姓，以危宗社"，据王宾勘状：群臣于皇城司聚议时，宋齐愈"辄自用笔于纸上书张邦昌姓名三字。"而《三朝北盟会编》引《遗史》所记"其举状内别无齐愈姓名，所有齐愈写张邦昌纸片子，即时毁了，并无见在，只收得王时雍等元议定推举状草归家"⁵ 一节，不见于《玉照新志》。其二，御史台审理结论。御史台认为宋齐愈谋立异姓书张邦昌姓名属实，建议依法赦宥："检会建炎元年五月一日赦内一项，昨金人逼胁使张邦昌借号，实非本心，今已归复旧班，其应干供奉行事之人，亦不获已，尚虑畏避，各不自安。其已前罪犯并与放免一切不问。勘会上项赦文，系谓张邦昌借号之后，供奉行事之人，特从宽贷。"其三，法寺裁断意见。"宋齐愈系谋叛不道已上，皆斩，不分首从，敕：犯恶逆以上，罪至斩，依法用刑。宋齐愈合处斩，除名。犯在五月一日大赦，合从赦后虚妄，杖一百，罚铜十斤，

1　《建炎以来系年要录》卷48 "绍兴元年十月丁卯"，第881页。
2　《宋史》卷29《高宗纪六》，第550页。
3　《建炎以来系年要录》卷161 "绍兴二十年春正月丁亥"，第2759页。
4　《续资治通鉴长编》卷98 "真宗乾兴元年三月丙申"，第2284页。
5　《三朝北盟会编》卷111 "炎兴下帙十一"，第814页上。

情重奏裁。"其四，高宗最终裁决。高宗并未采纳断司意见，特令严惩："乃探金人之情，亲书僭逆之名姓，谋立异姓以危社稷，造端在前，非受伪命臣僚之可比，可特不原赦，依断。仍命尚书省出榜晓谕。"此外，《玉照新志》特别说明保留上述案卷资料的缘由，"是年大驾自维扬仓猝南狩，文书悉皆散失，未必存于有司。因录于左"[1]。

建炎三年（1129）七月大理寺鞫治范琼，由大理少卿王衣主理。綦崇礼撰《王衣墓志铭》记载了王衣承办此案的背景、盘诘及行刑等部分内容。虽不及宋齐愈案卷详尽，亦可窥知南宋大理寺鞫狱之梗概：

> 会诛范琼，朝廷患其握兵，难显戮于市，召问，公对曰："琼罪可正，琼兵可分，请付寺治，必使伏法。"琼既被收，盛气不屈，寺官多避去，或谓琼骁贼，宜厚为之备。公不顾，独鞫治之，琼称无罪，公徐以围城中鼓众不顺语折之，遽曰："范琼死罪。"公顾吏曰："囚辞伏矣。"遂毙于狱，论功迁中散大夫。[2]

《宋史·王衣传》与墓志关于王衣审理此案的盘诘重点有所不同："衣责以靖康围城中逼迁上皇，擅杀吴革，迎立张邦昌事，琼称死罪。"[3] 墓志所言"围城中鼓众不顺语"与"逼迁上皇"一节对应。可见，大理少卿王衣负责查明范琼罪状，至于范琼最终处置，当由议司裁定，奏报高宗决断。与侯莫陈利用、张邦昌等赐死案例类似，对范琼的最终处置亦经历由贬窜升格至赐死的过程。据《建炎以来系年要录》：范琼招供以后，王衣"遂上其狱，诏

---

[1] 《玉照新志》卷4，第182页。
[2] （宋）綦崇礼：《北海集》卷35《墓志铭·故右中大夫充集英殿修撰提举江州太平观历城县开国男食邑五百户赐紫金鱼袋王公墓志铭》，四川大学古籍研究所编：《宋集珍本丛刊》影印清乾隆翰林院钞本，第38册，线装书局，2004，第313页。
[3] 《宋史》卷377《王衣传》，第11659页。

用台谏三章，责琼为单州团练副使、衡州安置。章再上，乃赐琼死。其亲属将佐并释之"[1]。

二 宣敕

赐死是君主在刑罚执行领域彰显权威的重要路径，而诏敕则是著录、传达和实施君命王言之权威文本载体。既曰赐死，则诏敕的传达即成为赐死程序不可或缺的基本环节。《唐大诏令集》收录《刘洎赐自尽诏》《刘晏赐自尽敕》《柳璨赐自尽敕》等唐代赐死文告近30件，遗憾的是，赐死诏敕在《宋大诏令集》中竟皆不存。然而，在部分案例中，仍可寻得赐死诏敕踪迹。如《挥麈后录》保存的张邦昌赐自尽敕，直观反映了宋代赐死诏敕之梗概：

建炎元年诏云："九月二十五日，三省同奉圣旨：张邦昌初闻以权宜摄国事，嘉其用心，宠以高位。虽知建号肆赦，度越常格，支优赏赐钱数百万缗，犹以迫于金人之势，其示外者或不得已。比因鞠治他狱，始知在内中衣赭衣，履黄袍，宿福宁殿，使宫人侍寝。心迹如此，甚负国家，遂将盗有神器。虽欲容贷，惧祖宗在天之灵。尚加恻隐，不忍显肆市朝。今遣奉议郎试殿中侍御史马伸问状，止令自裁。全其家属，仍令潭州日给口券，常切拘管。"[2]

此敕又见于《建炎以来系年要录》，文字略同。[3] 诏敕在记述张邦昌罪状

---

1 《建炎以来系年要录》卷25 "建炎三年七月壬辰"，第528页。
2 （宋）王明清撰：《挥麈录·挥麈后录》卷4，中华书局，1961（宋代史料笔记丛刊），第131页。
3 《建炎以来系年要录》卷9 "建炎元年九月壬子"，第230页。

的同时，宣示朝廷恻隐之心，对张邦昌家属生计做出专门安排。由于宣达诏敕是体现君臣名分的重要仪节，宋代司法亦不乏犯官要求闻知、查验诏敕例证。如诏敕宣谕中存在瑕疵且引发罪臣质疑，赐死程序即可能遭遇强制阻断。乾兴元年（1022）二月戊辰，道州司马寇準贬雷州司户参军，中使按照宰臣丁谓指示，"以锦囊贮剑揭于马前，示将有所诛戮状"[1]。中使行至道州馆驿，寇準派遣郡官出迎，"中使避不见，入传舍中，久之不出。问其所以来之故，不答"。寇準神色自若，使人谓之曰："朝廷若赐準死，愿见敕书。"寇準作为朝廷重臣，对于赐死之仪当不陌生。因觉察中使形迹可疑，遂要求当众宣谕，以正视听。"中使不得已，乃以敕授之。莱公乃从录事参军借绿衫着之，短才至膝，拜受敕于庭，升阶复宴饮，至暮而罢。"[2]《寇準贬雷州司户敕》见于《宋大诏令集》，[3] 内容与赐死毫无关涉。因此，伴随敕令正式宣达，中使"锦囊贮剑，揭于马前"的胁迫、威吓意义随之消散。《宋史·高登传》又记绍兴年间，归善令高登因命题获罪，编管容州，由使臣谢大作传达省符。"比夜，巡检领百卒复至，登曰：'若朝廷赐我死，亦当拜敕而后就法。'大作感登忠义，为泣下，奋剑叱巡检曰：'省符在我手中，无它语也。汝欲何为，吾当以死捍之。'"[4] 谢大作所传省符中并无赐死旨意，且已送达高登本人。巡检领兵胁迫，显与省符内容相违。寇準、高登虽未赴死，却足以证明依法宣告和准确传达诏敕，对于维护程序正义、保障事主权利之重要意义。

---

1 《续资治通鉴长编》卷98 "真宗乾兴元年二月戊辰"，第2274—2275页。
2 （宋）司马光撰，邓广铭、张希清点校：《涑水记闻》卷6 "寇準贬雷州"，中华书局，1989（唐宋史料笔记丛刊），第117页。
3 按：据乾兴元年二月戊辰《寇準贬雷州司户敕》："敕：为臣之辟，莫大于不忠。治国之经，务从而去恶。矧获罪于先帝，尚屈法于公朝。世所靡容，朕安敢舍。银青光禄大夫道州司马寇準，荷二圣之顾，极三事之崇，每推诚而不疑，当捐躯而有报。而乃包藏凶德，背弃大恩，与逆寺以通谋，构厉阶而干纪。果上穹之降谴，俾渠魁之就擒。始其告变之辰，适当违豫之际，贴危将发，震骇斯多。虽驰驿以窜投，盖忌器而隐忍。静思及此，可为寒心。属予一人，肇缵丕构，欲邪正之洞别，在赏罚之惟明。特贬遐方，庶塞舆议。全其微命，足示于好生。正乃常刑，式申于禁暴。谅非获已，尔惟自贻。可贬授将仕郎守雷州司户参军、员外置同正员。"（宋）佚名编：《宋大诏令集》卷204《政事五十七·贬责二·寇準贬雷州司户敕》，中华书局，1962，第760页。
4 《宋史》卷399《高登传》，第12131页。

三　行刑

《狱官令》规定，赐死犯官有权自裁，蔡絛（饮药）、蔡攸（自缢）、张邦昌（自缢）皆属此类。又据《宋史·张琼传》：殿前都虞候、嘉州防御使张琼因陵侮军校、擅乘官马等事，为史珪、石汉卿等所诬谮，遂下御史案鞫之。"琼知不免，行至明德门，解所系带以遗母。狱具，赐死于城西井亭。"[1]《宋史·太祖纪》将张琼死亡时间系于乾德元年（963）八月壬午，"殿前都虞候张琼以陵侮军校史珪、石汉卿等，为所诬谮，下吏，琼自杀"[2]。《续资治通鉴长编》《皇朝编年纲目备要》《宋史全文》等所记与《太祖纪》同，且皆言张琼自杀。李焘《续资治通鉴长编》注曰："《新录》及《国史》并宋白所为琼《传》并云狱具乃赐死于城西井亭。今从《旧录》。疑《新录》与《国史》及宋白或加润饰也。"[3] 对于上述矛盾之处，若从赐死本意考察，则不能排除太祖赐死张琼且命其自裁的可能。

然而，宋代赐死行刑的实际情况，却与《狱官令》规定存在严重出入。就行刑方式而言，多数人犯并非自绝其命，而是由朝廷遣使以杖杀、凌迟、磔、斩、缢杀等方式处决。凌迟、杖杀、磔等不仅重于斩、绞二刑，且无所遮蔽，死无全尸，赐死本身所应具有的礼遇优崇意涵丧失殆尽。其中，杖杀是唐德宗建中三年（782）十一月十四日敕确定的死刑处决方式，《宋刑统》准用。仁宗乾兴元年（1022）六月庚申，内侍省押班雷允恭坐擅移皇堂、隐盗官物金玉等事，"赐死，籍其家"[4]。雷允恭贪没赃物明细及行刑方式等，则见于《续资治通鉴长编》："允恭坐擅移皇堂，并盗库金三千一百一十两、

1　《宋史》卷259《张琼传》，第9010页。
2　《宋史》卷1《太祖纪一》，第15页。
3　《续资治通鉴长编》卷4"太祖乾德元年八月壬午"，第101页。
4　《宋史》卷468《宦者三·雷允恭传》，第13655页。

银四千六百三十两、锦帛一千八百匹、珠四万三千六百颗、玉五十六两及当进皇堂犀带一、药金七十两,又坐尝令取玉带赐辅臣而窃取其三,于是杖死于巩县,籍其家。"[1] 大观元年(1107),丞相吴充二孙朝散郎知和州吴储、承议郎监润州酒务吴侔"同妖人张怀素有异谋,皆赐死"[2]。《王荆文公诗笺注》李壁注引《国史》则曰:"崇宁四年,事败,狱成,怀素、吴储、吴侔、邵禀并陵迟处斩。"[3]《宋史·刑法志》记载:"凌迟者,先断其支体,乃抉其吭,当时之极法也",[4] 是宋代最为严酷的死刑处决方式。磔杀之适用见于太宗朝"侯莫陈利用案"和高宗朝"施全案"。据《三朝北盟会编》引《岳侯传》:绍兴二十年(1150)三月,"殿前司神勇后军施全将一铡刀,伏于暗处,等桧回朝,向前刺之,为轿子所隔,不中,施全依法赐死"[5]。据大理寺验治,武将军士经费微薄不能自给,是激发此案的直接诱因:"自罢兵后,凡武臣陈乞差除恩赏,桧皆格之,积百千员无一得者,客行朝饿且死者,岁不下数十。至是,全以所给微而累众,每牧马及招军,劳而有费,以此怨忿。"[6] 绍兴二十年(1150)正月壬辰,"诏磔全于市"[7]。以斩杀作为赐死行刑方式者,如建炎元年(1127)三月,斩朱勔于循州。建炎元年(1127)七月甲辰,以右谏议大夫宋齐愈"当金人谋立异姓,书张邦昌姓名,斩于都市"[8]。《宋史·刑法志》则详记行刑方式为腰斩。[9] 绍兴十一年(1141),名

---

1 《续资治通鉴长编》卷98"真宗乾兴元年六月癸卯",第2284页。
2 (宋)蔡絛撰,冯惠民、沈锡麟点校:《铁围山丛谈》卷2,中华书局,1983(唐宋史料笔记丛刊),第36页。
3 (宋)王安石撰,(宋)李壁笺注,高克勤点校:《王荆文公诗笺注》卷43《律诗·赠外孙》,上海古籍出版社,2010,第1140页。
4 《宋史》卷200《刑法一》,第4973页。
5 《三朝北盟会编》卷207"炎兴下帙一百七",第1495页下。
6 《建炎以来系年要录》卷161"绍兴二十年春正月丁亥",第2759页。
7 《中兴小纪》卷34"绍兴二十年正月壬辰",第412页。
8 《宋史》卷24《高宗纪一》,第447页。
9 《宋史》卷200《刑法二》,第5001页。

将岳飞赐死大理寺狱。《朝野遗记》言"其毙于狱也,实请具浴拉胁而殂"[1]。而《岳侯传》则有"绍兴十年冬十一月二十七日,侯中毒而死,葬于临安菜园内"[2] 的记载,由此,赐死岳飞之行刑方式,至少存在拉胁与鸩杀两说。

缢杀是赐死行刑方式之一。与自缢不同,缢杀由监刑人员主持施行。在宋代以缢杀方式处死官僚贵族之中,宗室赵世居格外引人关注。熙宁八年(1075)闰四月壬子,"沂州民朱唐告前余姚县主簿李逢谋反,辞连右羽林大将军世居及河中府观察推官徐革,命御史中丞邓绾、知谏院范百禄、御史徐禧杂治之。狱具,世居赐死,逢、革等伏诛"[3]。此案后世称"李逢狱""李士宁狱"或"赵世居狱",案件起因则与永昌卜陵之际产生的一则谶语有关。据《挥麈余话》记载:"永昌陵卜吉,命司天监苗昌裔往相地西洛。既覆土,昌裔引董役内侍王继恩登山巅,周览形势,谓继恩云:'太祖之后,当再有天下。'继恩默识之。"[4] 此事又见于《建炎以来系年要录》《佩韦斋辑闻》等文献。太宗大渐之际,王继恩乃与参知政事李昌龄等谋立太祖之孙惟吉,后因泄密未果。昌龄之孙李逢素闻家语,遂与方士李士宁、医官刘育等荧惑宗室世居共谋不轨,旋皆败死。赵世居乃太祖后裔,南阳侯从贽之子,时任右羽林军大将军、秀州团练使。术士李士宁与世居过从甚密,士宁以仁宗御制诗赠世居母康氏,又许世居金银龙刀,诱惑世居图谋不轨。其后世居赐死,朝廷"差御史台推直官监世居至普安院,缢杀之,中使冯宗道视瘗埋世

---

[1] (宋)佚名撰,钟翀整理:《朝野遗记》,上海师范大学古籍整理研究所编:《全宋笔记》(第7编,第2册),大象出版社,2015,第282页。

[2] 《三朝北盟会编》卷207"炎兴下帙一百七",第1495页下。按:邓广铭先生《岳飞传》即据采此说,邓广铭:《邓广铭全集》(第二卷),河北教育出版社,2005,第374页。

[3] 《宋史》卷15《神宗纪二》,第288页。

[4] 《挥麈录·挥麈余话》卷1,第266页。按:《佩韦斋辑闻》误将李逢作苗昌裔孙:"然昌裔之孙逢闻其祖之语,犹与方伎李士宁、医官刘育蛊惑宗室世居,共谋不轨,以致败死。"[(宋)俞德邻撰,汤勤福整理:《佩韦斋辑闻》卷3,上海师范大学古籍整理研究所编:《全宋笔记》(第8编,第4册),大象出版社,2017,第219页]当据改。

居"[1]。绍兴三十二年（1162）六月高宗禅位，孝宗以太祖后裔身份入继大统。[2] 从某种意义而言，一百八十六年前苗昌裔谶语似乎至此应验。两宋皆于二世发生谱系更迭，诚可谓冥冥之中自有主宰。

总之，作为古代死刑处断方式之一，宋初赐死基本沿用唐《狱官令》相关规定，与"不杀大臣"祖训相契合，以官僚群体为处置对象的赐死规则，成为宋代法令厘革的重点领域。《天圣令》删削赐死条目，却并未对朝廷赐死罪臣产生任何实质影响。从法律属性而言，赐死均属于诏狱性质，多数须经过鞫治、宣敕、行刑等环节。特定历史条件下，赐死官僚、贵族品秩、罪名时有突破令文规定之情形，赐死行刑方式中官僚自尽者数量较少，多数采取杖杀、凌迟、磔、斩、缢杀等方式处决。宋代对于部分犯官往往先行贬窜，后于中途或贬所赐死。在刑法执行领域，以赐死为代表的惯例性规则呈现出高度韧性与强大张力，对于司法实践发挥着实质性支配作用。

本章小结

《宋刑统》全面承用唐、五代死刑规则，晚至北宋太宗至道二年（996），仍可见法司援引"赐死"条款之例证。然而，作为传承久远的司法规则，"赐死"条款却在北宋《天圣令》中神秘消失。宋代"赐死"条款的废除，乃是制度层面之专门安排，绝非法令文本传抄疏漏所致。由于宋代极少处死两府、宰辅或宰执等大臣，《狱官令》"赐死"条款似已经丧失存在意义。"不杀大臣"这一本朝家法逐渐嬗变为司法惯例，并成为促使《狱官令》"赐

1　《续资治通鉴长编》卷 263 "神宗熙宁八年闰四月壬子"，第 6446 页。
2　按：关于宋高宗选择太祖子孙为继承人的原因在于，"高宗在南方没有任何像侄子一类的近亲可以选择，太宗一系聚居在开封，大多数都做了女真人的俘虏，因此可供高宗选择的太祖子孙要大大超过太宗子孙。"〔美〕贾志扬：《天潢贵胄：宋代宗室史》，赵冬梅译，江苏人民出版社，2005（海外中国研究丛书），第 175 页。

死"条款删除的重要原因。但是，上述变化并非取消高级官僚之刑罚优待，而恰恰是宋代原则上取消对高级官员适用死刑的直接写照。因此，与前代相较，宋代官员赐死案例显著减少，其中赐死军将、重臣者，更是特定历史条件产生之特殊司法事例。另一方面，自太祖朝始，赐死事例仍不绝如缕，直至度宗咸淳六年（1270），仍可见赐死宫嫔事例。在二十余宗赐死案例中，太宗赐死赵赞等"佞幸之狱"、钦宗赐死王黼等"靖康之狱"以及高宗赐死张邦昌等"炎兴之狱"值得特别重视。源自唐《狱官令》之"赐死"条款是支配宋代死刑执行的重要依据之一，以天圣修令为界，宋代赐死裁决应当分别以令文规定和司法惯例为依据。司法实践中，宋代赐死程序包含鞫治、宣敕和行刑等基本环节。在刑法执行领域，以赐死为代表的惯例性规则呈现出高度韧性与强大张力，对司法实践发挥着实质性支配作用。

第十六章
骨 价

早期的国家民族法是以民族习惯法为基础，民族习惯法是由全民族成员共同确认和信守，并具有较强约束性的民族规范。[1] 两宋之际，中原王朝在与辽、西夏、金等少数民族政权交替对峙的同时，促进了不同地域风俗与法律的碰撞与交融。这一时期，我国西北、西南地区少数民族形成并长期适用符合当地生活习惯的死亡赔偿规则——骨价。宋末朱辅《溪蛮丛笑》曾对骨价（骨债）的形成原因和理赔方式有如下记载："或为佣而亡，或以债而死，约牛牲若干偿还，名骨债。"[2] 为确保朝廷在西北、西南民族地区的统治秩序，对于少数民族地区矛盾纠纷的解决，宋代基本遵循"因俗而治"原则，遵从民族地区的风俗习惯。由此，"骨价"在民族地方解决纠纷中得以大量适用，促使争端双方消弭仇怨，达成和解，经济赔偿成为西北、西南民族地区解决矛盾冲突的重要途径。宋代在处置蕃汉人命纠纷时，形成以"骨价"为中心的赔偿规则体系，并在司法实践中多有变通。直至雍正、乾隆之际，贵州、湖南等地苗民聚居地适用"骨价"的事例仍时见史籍。目前，学界已

---

[1] 吴宗金、陈曼蓉、廖明主编：《民族法学导论》，广西民族出版社，1990，第21页。
[2] （宋）朱辅撰，唐玲整理：《溪蛮丛笑》"骨债"，上海师范大学古籍整理研究所编：《全宋笔记》（第9编，第8册），大象出版社，2018，第91页。

对骨价问题进行了研究。[1] 然而，关于骨价在宋代民族法律体系中的地位，骨价在宋廷边疆治理中的作用，以及骨价之适用对象、赔付主体、赔付方式等方面，仍有进一步深入讨论之余地。基于上述原因，本书拟以骨价为中心，对宋代民族地区死亡赔偿规则之建构与适用进行系统讨论。

第一节　法例再造：蕃汉交涉之规则重塑

"骨价"原是"蕃法"的重要组成部分，主要适用于西北、西南地区蕃部的人命赔付案件。研究表明："蕃法"的法律原则是：蕃族内部矛盾，用"和断方式解决，即不以宋律为定罪量刑的法律依据，而是通过纳钱或纳物方式作为对蕃族或夷族违法者的处罚，故称"和断罚纳"或"本俗专法"。[2] 李石《答郑运使书论蜀中事体》记载：蜀中保赛、卬部世仇，保赛蛮都王曾言："卬部我雠也，向杀我人，欠我骨债。"[3] 后因蕃汉交涉，逐步适用于汉人与蕃部间人命案件。因此，关于"骨价"惯例的适用与变化，首先应讨论该规则在蕃部适用的具体情形。

在规则继受层面，宋代继承了《唐律》"化外人相犯"制度，"诸化外人，同类自相犯者，各依本俗法；异类相犯者，以法律论"[4]。"中国封建法律中出现'化外人'的规定正是反映了在中国统一的多民族国家的形成过程中，对不同民族间的利益、不同民族的法律文化的冲突而作出的必要的合理

---

[1] 代表性研究成果有：苏钦《"苗例"考析》，《民族研究》1993年第6期；苏钦《唐明律"化外人"条辨析——兼论中国古代各民族法律文化的冲突和融合》，《法学研究》1996年第5期；赵永忠《宋朝对西南民族冲突的和断——以成都府路和梓州路为例的考察》，《贵州民族研究》2010年第1期；谢波《宋朝在西南民族地区的司法》，《曲靖师范学院学报》2013年第2期；陈玺、江国珍《说"骨价"——宋代死亡赔偿规则臆测》，《人民法院报》2019年7月12日。

[2] 陈武强：《宋代民族法制相关问题研究》，中国社会科学出版社，2016，第66页。

[3] （宋）李石：《方舟集》卷10《书·答郑运使书论蜀中事体》，四川大学古籍研究所编：《宋集珍本丛刊》影印清钞本，第43册，线装书局，2004，第485页上。

[4] （唐）长孙无忌等撰，刘俊文点校：《唐律疏议》卷6《名例》"化外人相犯"，中华书局，1983，第133页。

的法律调整。它在各王朝法典中的发展变化反映了中国多民族国家日益巩固、各民族不断融合的过程。"[1] 与历代相承的"夷夏之辨"观念相适应，宋代"化外"与"化内"之判定，以文化作为基本准则，并非绝对以地域、部族、血统为据。宋代周边民族地区长期存在赔付命价的习惯，如西夏有"杀人者纳命价百二十千"[2] 惯例，西南诸夷长期行用"杀人者，出牛马三十头与其家以赎死"[3] 风俗。宋代对于尚未纳土输赋民族地区之蕃部纠纷，依照习惯适用蕃法。景德四年（1007）十二月癸丑，"唐龙镇来璘与其族人怀三〔正〕互相雠劫，侧近帐族不宁，麟府驻泊韩守英等以闻。诏遣使召而盟之，依蕃法和断"[4]。对此，《宋史》也有类似记载："其族人怀正又与璘互相雠劫，侧近帐族不宁，诏遣使召而盟之，依本俗法和断。"[5] 可见，此处"本俗法"抑或"蕃法"，即羌族诸部长期行用的民族法律。大中祥符二年（1009）十二月，礼宾院言："'西州进奉回纥李顺与西南蕃（人）〔人〕贡从人斗死，欲押赴开封府，依蕃部例和断，收偿命价。'从之。"[6] 此案由开封府受理，因涉及蕃人犯罪，依据"同类相犯"原则启动和断程序，适用蕃法赔付命价。"宋朝采取'和断'之策，使边民感服，使边境安宁，这无疑是有利于边疆少数民族的长久和平相处，也有利于边疆地区社会经济的发展。"[7]

在规则创制层面，宋廷依据《宋刑统》"化外人有犯"原则，多次厘定诸部蕃法，并在处置蕃汉纠纷之中得以施行。庆历元年（1041），范仲淹徙

---

[1] 苏钦：《唐明律"化外人"条辨析——兼论中国古代各民族法律文化的冲突和融合》，《法学研究》1996年第5期，第151页。
[2] （宋）曾巩撰，王瑞来校证：《隆平集校证》卷20《夷狄·夏国》，中华书局，2012（中国史学基本典籍丛刊），第604页。
[3] （元）脱脱等：《宋史》卷496《蛮夷四》，中华书局，1977，第14223页。
[4] （宋）李焘撰，上海师范大学古籍整理研究所、华东师范大学古籍研究所点校：《续资治通鉴长编》卷67"真宗景德四年十二月癸丑"，中华书局，1992，第1513—1514页。
[5] 《宋史》卷491《外国七》，第14147页。
[6] （清）徐松辑，刘琳、刁忠民、舒大刚、尹波等校点：《宋会要辑稿》职官25之7，第6册，上海古籍出版社，2014，第3684页。
[7] 赵永忠：《宋朝对西南民族冲突的和断——以成都府路和梓州路为例的考察》，《贵州民族研究》2010年第1期，第186页。

知庆州，兼管勾、环、庆路部署司事，曾结合当地司法惯例厘革诸羌命案赔付标准："'雠已和断，辄私报之及伤人者，罚羊百、马二，已杀者斩'……诸羌受命悦服，自是始为汉用。"[1] 对于归化蕃部的法律适用问题，宋廷亦有专门制度设计。熙宁八年（1075）闰四月乙巳，知黔州内殿崇班张克明以思、费、夷、播四州新籍蛮人部族不少，语言不通，习俗各异为由，"'请黔南獠与汉人相犯，论如常法；同类相犯，杀人者罚钱自五十千，伤人折二支已下罚自二十千至六十千；窃盗视所盗数罚两倍，强盗视所盗数罚两倍，其罚钱听以畜产器甲等物计价准当。'从之"[2]。如新籍蕃部与汉人纠纷，依照敕律治罪。可见，对于蕃部内部纠纷，宋廷结合当地社会生活与法律习惯，在"同类自相犯，各依本俗法"基础上规定货币或实物赔付方式，进而丰富了唐、宋律法中相关条款的内涵，也为司法实践中准确适用法律提供了便利。元丰五年（1082）十二月十一日，右骐骥副使、知泸州张克明言："'泸州地方千里，夷夏杂居。近者白崖囤、落婆远等生夷并为王民，既供租赋，或相侵犯，未有条约，一以敕律绳之，或以生事。欲乞应泸州生夷，如与华人相犯，并用敕律；同类相犯，即比附黔州蛮五等罚法。'从之。"[3] 元祐五年（1090）十二月乙卯，枢密院据张克明奏请，对于泸州比照适用的"黔州见行蛮人条制"内容有如下记载："'以五刑立定钱数，量减数目断罚入官。应笞罪三贯，杖罪五贯，徒罪十贯，流罪二十贯，死罪三十贯。如无见钱送纳，即乞以器甲或畜产，并土产物竹木之类估价折纳入官。'从之。"[4] 显然，此时蕃部争端适用的"本俗法"（蕃法），已经形成以《宋刑统》"五刑"为参照标准、以金钱赔偿为主要方式的规则体系，泸州蕃部以实物赔偿为核心的"骨价"惯例，逐步成为历史陈迹。可见，伴随边地部族内附朝廷，输纳贡

---

[1] 《续资治通鉴长编》卷132"仁宗庆历元年五月壬申"，第3129页。
[2] 《续资治通鉴长编》卷263"神宗熙宁八年闰四月乙巳"，第6437页。
[3] 《宋会要辑稿》蕃夷5之30-31，第16册，第9857页。
[4] 《续资治通鉴长编》卷453"哲宗元祐五年十二月乙卯"，第10872页。

赋，民族习惯与宋廷律法之间实现了沟通与融合，而保留实物折纳旧例的规则设计，则体现出宋廷审时度势、因地制宜的立法理念。

在规则适用层面，宋廷高度重视地域管辖。在宋廷所辖民族杂居区域，强调适用宋朝律法。大中祥符五年（1012）正月丙申，环庆路巡辖马递铺使臣言"蕃部酒醉，强夺马缨，寻送本界监押和断遣之。上曰：'熟户蕃人敢干使命，令本路部署究其状，重行鞭罚。'"[1] 宋代"接连汉界、入州城者谓之熟户，居深山僻远、横过寇略者谓之生户。"[2] 朝廷主张涉案熟户蕃人由环庆路官署管辖、审理并处罚。同时，宋代严格限制边地适用蕃法。对于边地归明蕃与生蕃争讼，可由边臣主持调解。据《故主簿魏迪功墓志》："延安边面蕃汉相杂而斗讼为甚，先有归明蕃与生蕃争木瓜山地界，上司累差官乏夺。而所差官惧入生界，投身不测，往往辞避，久而不能平。"后延长主簿魏椿年"诣生界，召两讼人问所争地，详究契券，委曲开谕，两平之，讼人竟以和解"[3]。嘉祐七年（1062）二月三日，因"擅用蕃法和断"，[4] 环州都巡检、内殿崇班柴元肃，平远寨监押、右侍禁安镇，并勒停；寨主陈玉淮南编管。边地官僚"和断"不当，于法有罚。淳熙二年（1175）七月七日诏："黎州系与蕃蛮接境，凡有边防事件，自合申帅、宪司。近有蕃蛮出参，其本州专擅接纳纵遣，一面和断。知州秦嵩放罢，（今）〔令〕制置、提刑司选差公廉有才力人。"[5] 可以认为，强调蕃汉交涉适用宋廷律法，以及限制边臣依据蕃法和断，深刻反映出朝廷在边地治理中构建法统、宣示道统的目的与决心。

---

1 《续资治通鉴长编》卷 77 "真宗大中祥符五年正月丙申"，第 1752 页。
2 《宋史》卷 264《宋琪传》，第 9129 页。
3 周峰编：《贞珉千秋——散佚辽宋金元墓志辑录》，甘肃教育出版社，2020，第 87 页。
4 《宋会要辑稿》职官 65 之 22，第 8 册，第 4810 页。
5 《宋会要辑稿》蕃夷 5 之 52，第 16 册，第 9869 页。

第二节　经略边陲：骨价适用之个案考察

据秦观《泸州使君任公墓表》记载："故事，汉人杀夷人，既论死，仍偿其资，谓之骨价。"[1] 长期以来，宋廷在处理与西南、西北地区蕃部关系时，形成了包括岁犒、互市、归口、收质、盟誓、和断在内的系统且有效的纠纷解决机制。其中，骨价赔偿是最终化解纠纷的重要内容之一。嘉定四年八月七日，直秘阁成都府路提刑李𡊮言：

> 照得两蜀边面旧来体例，凡遇蛮贼作过，必先止其岁犒，绝其互市，发兵增戍，或议战守，或议攻讨，或先令两处夷将分明开喻，俾归还所卤人口，及陪还已死人骨价，屈膝请命，乃赦其罪，与边吏歃血，申立信誓，自今以后，永不犯边，方与放行岁犒，及通互市，渐次撤警班师，各使夷、汉安于无事。[2]

实践中，宋廷时常将偿付"骨价"作为解决边地冲突纠纷的措施之一。如熙宁十年（1077）八月癸未，神宗诏新知庆州高遵裕："详宥州牒，密追捕作过首领禁劾。其随从蕃部并免罪存抚，勿致生事。根括所略西界孳畜，并命价归之。"[3] 淳熙十二年（1185），左须蕃人杨出耶复因沙平以叛，土丁杀其徒二人。"二月壬申，出耶遂犯木头寨，焚掠至始阳镇，郡以所杀骨价偿之，夷人乃去。"[4] 此为蕃人被杀后，地方官府向蕃部支付"骨价"之例。骨

---

[1]（宋）秦观撰，徐培均笺注：《淮海集笺注》卷33《志铭·泸州使君任公墓表》，上海古籍出版社，1994（中国古典文学丛书），第1103页。

[2]《宋会要辑稿》蕃夷5之69，第16册，第9902页。

[3]《续资治通鉴长编》卷284"神宗熙宁十年八月癸未"，第6949页。

[4]（宋）佚名编，汝企和点校：《续编两朝纲目备要》卷9《宁宗皇帝》"开禧二年"注，中华书局，1995（中国史学基本典籍丛刊），第158页。

价作为宋廷处置边境地区蕃汉纠纷的惯例性规则，在宋代已经成为累朝故事，得以长期行用。

蕃部之间理赔、汉人向蕃人理赔及蕃人向汉人理赔，是三类并行的骨价理赔方式，其中，以汉人向蕃人理赔事例最为常见。在汉人向蕃部赔偿事例中，尤以熙宁十年（1077）"目特意争鱼"案、元丰元年（1078）"一毛"案、绍熙五年（1194）"闷笆殴杀"案和嘉泰三年（1203）"袭杀北二"案最具代表性。据《宋史·蛮夷四》："（熙宁）十年，罗苟夷犯纳溪砦。初，砦民与罗苟夷竞鱼笱，误殴杀之，吏为按验。夷已忿，谓：'汉杀吾人，官不偿我骨价，反暴露之。'遂叛。"[1] 对于此案之本末，《续资治通鉴长编》有更为详细地记载：

> 先是，泸州江安县纳溪寨居民苏三十七与罗苟夷人目特意争鱼笱，误殴杀之，夷诉于寨，寨闻于县，县行检验之法。夷情忿怨，谓："汉杀我人，官中不肯偿我骨价，又暴露我夷人尸首。"咒诅累日，因聚众入寇。[2]

本案两造分别为泸州江安县纳溪寨居民苏三十七（苏三七）和罗苟夷人目特意，因双方争抢鱼笱导致目特意死亡，夷人先后向纳溪寨和江安县告诉，江安县验尸时暴露尸身，且未偿付夷人骨价，从而引发罗苟夷犯边。[3] 在处置本案时，梓州路转运判官程之才与知泸州任伋观点相左，互论讼事，任伋认为："罗胡苟里，本泸州熟户夷也。比因杀伤求索骨价，为侵境上，故是常

---

[1] 《宋史》卷496《蛮夷四》，第14246页。
[2] 《续资治通鉴长编》卷290"神宗元丰元年六月己酉"，第7087页。
[3] 按：谢波认为："江安县官司的行为之所以会使普通纠纷演变为激烈冲突，原因就在于对纠纷处理不当——未充分考虑少数民族习惯法。"谢波：《宋朝在西南民族地区的司法》，《曲靖师范学院学报》2013年第2期，第98页。

事，与异时生夷反叛不同"[1]，主张赔付骨价并予招纳。程之才并未采纳任伋建议，导致罗苟夷入寇。元丰元年（1078）七月一日，"以西上阁门使、忠州团练使、泾原路总管韩存宝都大经制泸州纳溪夷贼公事"[2]。后罗苟夷愿纳土输税，宋廷乃诏罢兵。

元丰元年（1078）"一毛"案亦因"骨价"赔付而起，据《泸州使君任公墓表》："初，乞弟自纳溪砦互市，还过江安县，县令犒之，既去数十里，遣亲信杨节、一毛以一马谢令，令辞不受，一毛去至夷牢口，为土夷所邀，一毛死焉。"元丰三年（1080），夷首乞弟以索一毛"骨价"为辞入寇。其实，征讨罗苟夷时，守将韩存宝贪功失信，是引发乞弟入寇的根本原因。据《宋会要辑稿·蕃夷五》：

> 初，转运司及韩存宝经画罗苟夷争不偿骨价事，乞弟遣其亲信至纳溪寨，欲率兵助王师。军前遣三班杨舜之报以不用重兵，约能抚遏诸夷，擒捕罗苟余党，当有厚赏。乞弟皆如约。存宝既平罗苟，遂不予赏，又不置江道保栅以制乌蛮。是岁，乞弟率晏州夷六千余攻戎、泸州界及江安县诸夷，焚聚落，作木契，劫以输税，拥兵江安城下，责存宝所许之赂。江安城守不可得，数日乃去。[3]

宋人普遍认为，此次军事征讨违背"骨价"惯例，是因小失大、轻开战端之反面例证。元丰五年（1082）六月壬申，神宗曾言："如泸州乞弟，其初但为索罗个牟囤骨价，复私怨尔，王宣过分往救之，为乞弟所杀，事遂张大。比及事平，公私萧然，劳费天下，大事盖尝起于至细。"[4] 元祐元年

---

[1] 《淮海集笺注》卷33《志铭·泸州使君任公墓表》，第1103页。
[2] 《宋会要辑稿》蕃夷5之24，第16册，第9853页。
[3] 《宋会要辑稿》蕃夷5之26，第16册，第9854页。
[4] 《续资治通鉴长编》卷327"神宗元丰五年六月壬申"，第7882页。

(1086)十二月殿中侍御史吕陶言："臣窃见昔年泸州乞弟入寇，始因求索一毛牛骨价，事至毫末。而边吏贪功觊赏，擅行杀戮，以至败军覆将，骚动一方。上烦朝廷，两次命师西讨，调发数万，公私之费，其数不赀。两蜀疮痍，今未完复。"[1]

绍熙五年（1194）十一月，弥羌"蓄卜之弟闷巴（又作"闷笆"）至三冲为人所杀，部将赵鼎、总辖官魏大受惧生事，胁害之土丁以骨价钱三千三百引偿之"[2]。此案本已依据"骨价"惯例了结，不料却引发新的争议。淳熙年间，"吐蕃芎齐青羌欲结连努儿结寇边，努儿结不从，遂从白水两村老穉渡河，意欲归汉。官司虑努儿结情伪未定，不听，于是招集努儿结族党犒赏，醉以毒酒，生缚努儿结、蒙丹、足都捏三人，槛送制司。努儿结至双流，绝食而死"。努儿结之子畜卜曳失索（闷笆之兄）"遂以努儿结等向来不得一钱为词，聚众入寇"[3]，破州之硐子寨，边事自是再起。可见，"骨价"往往是引发边地军事冲突的直接诱因，也时常成为蕃部掳掠骚扰的有力借口。因此，在岁犒、互市、骨价、和断、盟誓、人质、征伐等诸多举措之间权衡利弊、相时而动，是宋代经略边地必须时刻考量的重大现实命题。

嘉泰三年（1203）十月，虚恨蛮犯笼蓬堡，嘉定府峨眉县寨将马櫄借招安谈判之际，"俟其出寨，俾土丁邀之于道，杀蛮人北二等三十二人。（嘉泰四年正月丁亥。）櫄以功补进义校尉。（开禧二年。）蛮人怨怒，自是不出者十余年"[4]。马櫄家族在寨之南北岸广有田产，每岁收租四千余石。后朝廷以其田赡兵，世选马氏一人为寨将，"佃户为土丁，防守边面。所谓岁犒者，例

---

[1] （宋）吕陶：《净德集》卷4《奏状·奉使回奏十事状》，商务印书馆，1935（丛书集成初编），第41页。

[2] （宋）佚名撰，汪圣铎点校：《宋史全文》卷30《宋宁宗三》"嘉定元年十二月己卯"，中华书局，2016（中国史学基本典籍丛刊），第2542—2543页。

[3] 《续编两朝纲目备要》卷3《光宗皇帝》"绍熙五年"注，第44—45页。

[4] （宋）李心传撰，徐规点校：《建炎以来朝野杂记》乙集卷20《边防三》"癸酉虚恨之变"，中华书局，2000（唐宋史料笔记丛刊），第889页。

以边租七百石市之。自北二死，蛮人不出，租税悉为樆所私。"后虚恨蛮人有意归顺，嘉定七年（1214）四月，虚恨使者库崖"欲索十二年岁犒，凡为绢二千四百匹、盐茶四千七百斤、银百两、铁釜二百，牲酒之属不与焉。又欲得都王每三年转官告命、金带、紫袍、铜印之属，及北二等三十二人骨价"。马樆因度无法填还侵吞租税，"乃好词绐蛮人归谕都王，因其出塞，遣土丁二百袭之。至牛渡遇诸蛮，即纵兵掩杀，库崖与其徒三十六人皆死"[1]。可谓旧债未理，又添新怨。蛮人大怒，刳裂沈黎大度河监渡官刘如真子及亲属人质三名。五月丙子，"以樆属吏，樆令其家丁百数诣提刑司讼冤，僚吏多请释之。（提点刑狱公事杨）伯昌不从，卒正其罪"。狱成，樆坐私用边租及他罪，计赃当死。嘉定七年（1214）十月，经制置司酌情行遣，马樆夺官，羁管大宁监。"蛮人闻樆以罪去，怨怒稍解。既又知边头有备，惮之，自是不复轻钞掠矣。"[2]

纵观上述四案不难发现，在干戈与玉帛之间，宋代边臣往往做出错误抉择。"目特意争鱼"案因违背蕃部风俗、拒付骨价而起，"一毛"案因韩存宝违背约定而生，"闷笆殴杀"案的赔付则牵出孝宗朝努儿结骨价未偿旧事，而"袭杀北二"案则完全由于寨将马樆私用边租，激怒虚恨蛮人生变。在处置边地蕃汉关系时，朝廷虽确立了安抚为主的既定策略，地方官吏却可能因为偏见、轻慢、私利等原因，忽视"骨价"惯例在平息纠纷中的关键作用，从而引发边界地区军事冲突。朝廷因此折损兵将、虚耗财用，进而引发蕃汉长期对峙与仇恨，致使边地管辖风险与成本陡增，最终威胁宋廷边地安全与整体利益。

---

[1]《宋史全文》卷30《宋宁宗三》"嘉定七年十月"，第2568—2569页。
[2]《续编两朝纲目备要》卷14《宁宗皇帝》"嘉定七年"注，第258页。

第三节　通则渐行：骨价赔付规则之变化

晚至北宋中期，"骨价"早已不再局限于汉人因人命案件向蕃人支付财物，而是在蕃汉冲突中普遍使用的赔偿原则。如蕃部掳掠残杀县民，蕃部亦应据惯例赔付命价。如拒不执行，边地官府可采取断绝岁犒、关闭互市等措施施加制裁，直至实施军事征讨。据熙宁七年（1074）二月指挥："蕃部作过，不得放令出买入卖。如乞投降，即候送过房劫去人口，及倍还命价，方得和断。"由此，朝廷与蕃部"和断""打誓"等，当以蕃人照例赔付命价为前提。据《彰武军节度使侍中曹穆公行状》记载：北宋初年，"旧羌杀中国人，得以羊马赎死，如羌法"[1] 的记录。此处以羊马赎死，实质上即为蕃人向汉人赔付"骨价"之意。淳熙十四年（1187）五月四日，枢密院进呈四川安抚制置使赵汝愚言："叙州亦有蛮人犯罪许罚牛之法。检照前项指挥，皆合遵用。已行下叙州，受其骨价，许其打誓及抽回戍兵讫"，[2] 获得朝廷降诏奖谕。另据周必大《通判彭君（商老）墓志铭》记载：淳熙己亥（淳熙六年，1179），宣教郎彭商老知辰州沅陵县，"先是，城寨有名无兵，蛮獠数犯省地，人被杀伤，例偿骨价钱"[3]。可见，淳熙年间蕃部杀害州县汉人后照例赔偿骨价，已是日久承用之惯例。

与汉人向蕃人赔偿骨价不同，蕃人赔付命价案例相对稀见。其中，宋廷处置董蛮夷都马潮部族侵扰劫掠事，较为集中地反映了宋代蕃人赔付"骨价"之真实面貌。宁宗嘉定四年（1211）八月七日，直秘阁成都府路提刑李

1　（宋）王安石：《临川先生文集》卷90《行状·彰武军节度使侍中曹穆公行状》，四川大学古籍研究所编：《宋集珍本丛刊》影印宋刻、元明递修本，第13册，线装书局，2004，第730页上。

2　《宋会要辑稿》兵29之42-43，第15册，第9258页。

3　（宋）周必大撰，王瑞来校证：《周必大集校证》卷72《墓志铭二·通判彭君（商老）墓志铭》，上海古籍出版社，2020，第1051页。

垦奏：董蛮、夷都西部族前时杀掠官兵、丁民众多，罪不容赦。"契勘夷都、马湖部族上靠嘉定之犍为，下连叙州之宣化，在嘉定则有请税受犒之寨，在叙州则有中马互市之场。"参照淳熙十三年（1186）九月乌湖兴夷都合寇笼鸠先例，以及蕃部岁犒、互市利益，建议"速下叙州守臣，须得与嘉定府同照管边事，协力一心，不可各分彼此，阴拱坐视，致失事机。仍委自守臣督责夷将前去蛮部明行开喻，俾归所卤人口，并陪还骨价，及执首谋作过之人，以赎前来侵犯之罪。如不遵从，尚敢负固狼抗，则便须截日将公私互市悉严行禁绝，不得徒为文具"[1]。同时主张加强战备，伺机征伐，"训勒义兵，拣选犀锐，与嘉定之兵相为犄角。或当乘机进讨，亦须必取万全，庶几中国之威，一伸小夷。自然和畏边隅，可保百年安靖"。可见，宋代"骨价"广泛适用于蕃汉军事冲突或司法案件之中，因掳掠、屠杀、残害、斗殴、谋杀等原因引发之人命案件，均属"骨价"赔偿范围。

综上所述，从蕃部内部行用的人命赔偿规则，发展到蕃汉通用的"骨价"惯例，宋代夷汉之间交互适用"骨价"解决人命赔偿司法惯例的形成，"赔命价""骨债"等突破了适用地域与主体层面之藩篱，完成了从民族司法惯例到国家统一司法规则之嬗变。[2] 更为重要的是，"骨价"故事在继受中变化，在变化中发展，促使宋代边地治理体系的完善，对于化解蕃汉冲突，维护边地稳定发挥了重要作用。兄弟民族习惯法对于构建中华民族法治文明之特殊贡献，亦可凭藉骨价规则之适用与发展得以证成。

本章小结

宋代在处置蕃汉人命纠纷时，形成以"骨价"为中心的赔偿规则体系，

---

[1]《宋会要辑稿》蕃夷5之69，第16册，第9903页。
[2] 陈玺、江国珍：《说"骨价"——宋代死亡赔偿规则臆测》，《人民法院报》2019年7月12日。

并在司法实践中多有变通,"骨价"故事在适用对象、赔付主体、赔付方式等方面发生深刻变化。"骨价"原是"蕃法"的重要组成部分,主要适用于西北、西南地区蕃部的人命赔付案件。在规则继受层面,宋代对于尚未纳土输赋民族地区之蕃部纠纷,依照习惯适用蕃法。在规则创制层面,宋廷多次厘定诸部蕃法,并在处置蕃汉纠纷之中得以施行。在规则适用层面,宋廷高度重视地域管辖。在宋廷所辖民族杂居区域,强调适用宋朝律法。长期以来,宋廷在处理与西南、西北地区蕃部关系时,形成了包括岁犒、互市、归口、收质、盟誓、和断在内的系统且有效的纠纷解决机制。其中,骨价赔偿是最终化解纠纷的重要内容。蕃部之间理赔、汉人向蕃人理赔以及蕃人向汉人理赔,是三类并行的骨价理赔方式,其中以汉人向蕃人理赔事例最为常见。晚至北宋中期,"骨价"早已不再局限于汉人因人命案件向蕃人支付财物,而是在蕃汉冲突中普遍使用的赔偿原则。从蕃部内部行用的人命赔偿规则,发展到蕃汉通用的"骨价"惯例,宋代夷汉之间交互适用"骨价"解决人命赔偿司法惯例的形成,"赔命价""骨债"等突破了适用地域与主体层面之藩篱,完成了从民族司法惯例到国家统一司法规则之嬗变。

结　论

一　诉讼惯例之法理基础

其一，本课题讨论的核心命题——"诉讼惯例"是宋代"祖宗之法"在法律领域的集中反映。宋代自太祖、太宗始，历代君臣经过长期实践、归纳、凝练、提升，逐步实现了治国理政思想体系的规范化、制度化与理论化，并透过儒家"祖述尧舜、宪章文武"思维范式，传承与践行顺应天命、敬事祖先、怀保小民等治国理念。值得指出的是，有宋一代对于祖先的敬重超越了既往血缘宗族因素背景之下形成的家国情怀，而是更加强调对祖宗文治武功中蕴含之普遍规律与基本法则的长期恪守，并在处理政治、经济、军事、文化、民族、宗教等诸多社会事务中加以广泛适用。具体至诉讼规则层面，累朝形成、发展和完善的各类惯例性规则，凭借祖宗威灵盛名加持，自然成为不容质疑的圣训宝鉴，且具备普遍适用的法律效力。由此，"祖宗之法"理论的形成与适用，构成包括诉讼故事在内的宋代各类故事的直接法理基础。

其二，先朝故事对宋代司法实践发挥了诠释、证明和补强作用。宋代士大夫引用两汉、魏晋、隋唐、五代等先朝故事，绝非旨在进行知识谱系层面的概念考古，而是基于历史镜鉴角度的深入思考，意在观察、分析和解决宋代重大现实问题。姬周"甘棠""肺石""五听"故事、汉代"二千石不察黄绶""丞相府不满万钱，不为移书"二则受案故事、汉唐录囚故事、五代停决故事等，均成为宋代立法和司法的直接参照和有力论据。先朝同类或相近故事的遴选与援引的旨趣，显然定位于破解本朝法律难题。先朝故事或成为宋代司法运行与变革的历史依据，或成为本朝典制厘革的有力证明，或构成特定宋代故事的直接渊源。由此，故事成为与敕、律、令、格、式等并行不悖的重要法律渊源。

其三，宋代异常重视本朝"故事"的搜集、研讨和应用。在司法领域，宋代形成了特许越诉惯例、"不干己之诉"处置惯例、取会时限惯例、躬亲狱讼惯例、诏狱专司惯例、亲加引对惯例、大臣降责惯例、三问不承惯例、差官录问惯例、诸司杂治惯例、狱空奖酬惯例、雪活酬赏惯例、长流远恶惯例、节庆停刑惯例、大臣赐死惯例、蕃汉骨价惯例等诸多"本朝故事"。上述故事的形成与行用，立足于对司法传统与现实问题的深度思考，对于本朝不同时期形成的同类故事，也形成了较为规范的搜集、援引和解释机制，并在司法实践中不断加以损益，诉讼故事本身始终呈现复旧、立新、破例、折衷交替往复的动态演化格局。与其他朝代相比，以故事为代表的惯例性规则在宋代司法传统架构之内，占据极其重要的地位。与前朝故典相比，在长期法律实践中层累形成的本朝故事，是宋代治统、道统与法统的精神象征，是列祖列宗治国理政的智慧结晶，并对后世君主之思维、言行、决策等构成强力约束。因此，本朝故事具备与生俱来的合法性与正当性，引用、阐释和适用本朝故事，作为君臣共治天下的直接依据，显然无须进行过于烦琐的论证。

二 诉讼惯例之构造逻辑

诉讼惯例是宋代诉讼规则体系的重要构成部分，与诉讼制度、诉讼观念、诉讼学理等相辅相成，不可割裂。总体而言，宋代诉讼惯例遵循因革有序、因时制宜、权变汇通的演进逻辑，呈现出多元并进、交融互补、相互转化的构造样态，并在基本类型、表现形式和构造方式三个方面，展现出有宋一代之独特风貌。

首先，从惯例基本类型而言，宋代诉讼惯例不再拘泥于法无明文规定，而是多种法律形式之有机集合。诉讼惯例可以表现为故事、故实、旧典、典故、旧例、旧制等非制度性规则，其性质多为法司办事细则或操作规程。譬如"台臣季诣狱点检"故事、开封府司录受案"先白知府"故事、开封府"勿遣法曹参军入寺"故事、地方长吏定期疏决囚徒之"恤刑故事"、有疑或可悯死刑案件之"上请奏裁"故事、制狱上殿进奏听裁故事、大礼"看详编置罪人"故事等；同时，诉讼惯例也可以表现为前朝或本朝承用已久且有明确法律依据的制度性规则，例如汉代"季秋论囚"故事、后魏赦宥"金鸡"故事、元魏"恤狱"故事、贞观"死刑覆奏"故事、唐代"三司参按"故事等；诉讼惯例还可以表现为某一特定时期形成的典型事例、先例或判例。如西汉文帝时缇萦救父故事、贞观二年（628）胡演进囚帐故事、开宝五年（972）诛戮范义超故事等。

其次，从惯例表现形式而言，宋代诉讼惯例可散见于告诉、取证、裁判、执行等不同诉讼程式，即诉讼故事长期行用于具体诉讼环节之中。与此同时，诉讼惯例也可以集中展现于诸如恤刑、雪活、杂治、赐死、骨价等某一特定诉讼环节，且诉讼惯例构成该环节最为重要的法律依据。然而，诉讼惯例形成与运行，必须高度依附于诉讼制度。散见式惯例依附于制度性规范，主要发挥补充、说明、阐释作用；集中式惯例虽貌似自成体系，实质上仍是特定诉讼环节的具体操作规程。例如，杂治是处置诏狱案件的裁判方式，赐死是依循司法惯例处决人犯的执行方式，骨价则是解决民族地区人命案件的赔偿方式。因此，诉讼惯例与诉讼制度之间相互依存、不可割裂。

再次，从惯例的构造方式而言，宋代诉讼规则体系的形成、发展与运行，注重从不同历史时期的历史经验之中汲取养分，从不同类型的法律文本之中寻求论据，从生动鲜活的裁判事例中获得灵感，最终着眼于解决司法实践中出现的重大、现实问题，有效实现天理、国法、人情之高度统一。宋代诉讼制度形成、发展、变化的漫长过程，实质上是案例、事例、先例和惯例逐步累积并渐次渗透的历史缩影；而案例、事例、先例、惯例等通过"著为令""著为例"等方式篡入成文律法的发展脉络，则验证了惯例性规则递进为制度性规则的质变过程。司法实践中，诉讼制度、诉讼案例和诉讼惯例之间，可能出现多次角色转变：先朝或本朝制度经长期行用，可能演化为惯例；案例在法律创制环节，可能逐步演化为惯例甚至制度；由惯例发展而来的制度，在运行中还可能孕育新型案例。在诉讼观念层面，顺应天理、遵从祖训、恪守律法、通达情理，甚至张皇鬼神、称道灵异、彰明善恶、信奉果报，均成为宋人普遍接纳并践行的基本信条，并与诉讼制度、诉讼惯例、诉讼学理等，共同构筑宋代诉讼法律文明之基本架构。

三　诉讼惯例之功能定位

首先，诉讼惯例是构建宋代司法传统的基本依据。司法传统是在特定文化背景之下积累、沉淀、凝聚、整合而成，并在司法实践中一以贯之的司法理念、规则、机制之总和。[1] 宋代司法传统溯源于周、秦、汉、魏晋、唐、五代等朝典制，又以晚唐、五代法度为尤。因此，各类先朝故事成为宋代法律创制、法律适用、法律传播等领域异常活跃的文化元素。与此同时，宋代司法传统又根植于宋代政治、经济、军事、文化等社会物质生活条件，其中，

---

[1] 按：陈景良对于宋代司法传统的基本内涵与价值追求有深刻阐释：宋代司法传统是指两宋 320 年间（公元 960—1279）所具有的，世代相传的，体现审判理念的各项司法机制、制度与诉讼活动。作为宋代所独有的司法传统之个性，包括宋人司法理念（"庶政之中，狱讼为切"、"法官之任，人命所悬"、"鞫谳分司、各司其局"）、宋代司法运作机制（分权制衡）和宋代士大夫作为司法主体所具有的鲜活的时代风貌（关注生命、以人为本）。与此同时，"理性思维的求真"与"价值关怀的向善"是宋代司法传统两个最基本的面向。参阅陈景良《宋代司法传统的现代解读》，《中国法学》2006 年第 3 期，第 123—137 页；陈景良《浅谈宋代司法传统中的若干问题》，《师大法学》2012 年第 2 期，第 17、19 页。

宋代开国之初逐步确立的祖宗家法等惯例性规则，对宋代司法传统的形成与发展，产生决定性影响。与此同时，也形成了反映宋代司法理念特性的三项原则：其一，集权与分权相互统一。分权制衡是宋代政务运作的基本原则，作为日常政务之一的司法裁判亦莫能外。平行或隶属官署之间的职权分割、相互督查，以及诸司职官、幕职、属吏之间的分工协作与相互制约，均体现了宋廷收天下之权"悉归于朝廷"[1]的终极目标。其二，传承与权变相互统一。宋代司法传统传承了天人合一、德刑并用、贵重人命、民本恤刑、息讼无狱等司法理念，深刻反映了中华法律文明薪火相传、赓续不绝的固有传统。与此同时，宋代尤其注意依据情势厘定规则，其中既包括对先朝典制的遴选与适用，也包括对于本朝故事的承继与厘定。甚至可以认为，依托法治推行变革，通过变革厉行法治，是宋代社会治国理政的一条基本经验。其三，宏观与微观相互统一。宋代司法既尊崇德政、民本、慎刑、矜恤等宏观理念，也形成和适用诸多具体规则。既通过宏观理念催生、统摄、协调具体规则，又经由具体规则维护、支撑、实施宏观理念，从而构筑了经纬交错、繁简适当的诉讼原则和规则体系。

其次，诉讼惯例是完善宋代法律体系的力量源泉。宋代诉讼惯例的撷择、适用，充分展现出诏敕、律令、编敕、条法事类、故事等不同法律形式之间的衔接与转化。将行用已久的各类故事著为令、例，是宋代诉讼惯例向诉讼制度嬗变最为重要的方式。大量特例、先例、惯例通过编入成法方式升格为长行之法，在不断完善宋代法律体系的同时，也使裁判、录问、检法等环节更为顺畅。与此同时，司法实践中不断产生的问题和对策，不断催生新型事例，并可能逐步成为先例或惯例，进而促成律令典制适时修订。因此，新例与旧法之间，旧例与新法之间并无不可逾越之特定界限，法律实践之现实需

---

[1] （宋）范祖禹撰，贾二强等校点：《太史范公文集》卷22《奏议·转对条上四事状》，北京大学《儒藏》编纂与研究中心编：《儒藏》（精华编219），北京大学出版社，2014，第274页。

求,是促使新旧规则持续更迭的根本动因。与此同时,仍有大量诉讼惯例长期以"故事"形式游离于成文律法之外,并在司法实践中发挥实际支配作用。可以认为,源于司法实践的惯例性规则,是推动立法、司法、观念变革的力量源泉,惯例的生成、发展、嬗变乃至消亡,实质上反映了宋代诉讼规则体系与时俱进的历史进程。

再次,诉讼惯例是实施宋代司法裁判的重要依凭。宋代法司固然恪守"具引律、令、格、式正文"[1]裁判的司法原则,但在裁判实践中又异常重视援引典故和比照类案。由此,事例、判例、先例和惯例遂在司法实践中扮演重要角色。与日久年深的典章制度相比,惯例性规则往往更加契合实践要求。譬如,元祐四年(1089)宋廷处置罪臣蔡确,刘安世奉诏比附条例密奏之丁谓〔乾兴元年(1022)〕、孙沔〔嘉祐四年(1059)〕和吕惠卿〔元祐元年(1086)〕等三则"责降大臣故事",是与《名例律》《职制律》相关律条并列的直接裁判依据。乾道二年(1166)五月叶元璘请求周良臣赃贿案中,叶颙援引、比附"锦工之贱""狱吏之微""李氏造庭"等三则"引对故事",最终说服孝宗过问案件,裁判走向因此发生彻底逆转。与此同时,对于不同时期形成的同类故事,君臣或法司可以依据情势作出判断和抉择,如惩治赃官领域,先后形成重赃论死惯例(太祖)、减死黥配惯例(真宗)和止流岭外惯例(神宗),绍兴年间处分赃吏,即曾舍弃太祖故事,而选择神宗故事。

总之,诉讼惯例是在司法实践中生成、发展、适用、嬗变的特殊规则样态,是连接和贯通宋代法律创制、法律适用、法律实践诸领域之重要法律概念,在宋代立法、执法、司法等领域发挥重要历史作用。"鉴于往事,有资于治道。"宋代诉讼惯例规则体系的形成、发展与实施,深刻反映出中

---

[1] (宋)窦仪详定,岳纯之校证:《宋刑统校证》卷30《断狱律》"断罪引律令格式",北京大学出版社,2015,第404页。

国传统社会崇法、务实、权变的精神面相，新时代中华优秀传统法律文化资源的创造性转化和创新性发展，必将为依法治国的全面推进提供历史镜鉴和理论支持，为全面建设社会主义现代化国家、实现中华民族伟大复兴提供有力法治保障。

参考文献

一 历史文献

B

（宋）百岁老人袁褧撰，俞钢、王彩燕整理：《枫窗小牍》，上海师范大学古籍整理研究所编：《全宋笔记》（第4编，第5册），大象出版社，2008。

（汉）班固撰，（唐）颜师古注：《汉书》，中华书局，1962。

（宋）包拯撰，杨国宜校注：《包拯集校注》，黄山书社，1999（安徽古籍丛书）。

（宋）毕仲游撰，陈斌校点：《西台集》，中州古籍出版社，2005。

C

（宋）蔡戡：《定斋集》，上海书店，1994（丛书集成续编）。

（宋）蔡絛撰，冯惠民、沈锡麟点校：《铁围山丛谈》，中华书局，1983（唐宋史料笔记丛刊）。

（宋）蔡襄：《宋端明殿学士蔡忠惠公文集》，四川大学古籍整理研究所编：《宋集珍本丛刊》影印清雍正甲寅刻本，第8册，线装书局，2004。

（宋）曹勋：《松隐文集》，四川大学古籍研究所编：《宋集珍本丛刊》影印傅增湘校嘉业堂丛书本，第41册，线装书局，2004。

（宋）曹彦约：《昌谷集》，《景印文渊阁四库全书》（第1167册），台湾商务印书馆股份有限公司，1986。

（宋）晁公武撰，孙猛点校：《郡斋读书志校证》，上海古籍出版社，1990。

（宋）陈次升：《谠论集》，《景印文渊阁四库全书》（第427册），台湾商务印书馆股份有限公司，1986。

（宋）陈淳：《北溪先生大全文集》，四川大学古籍研究所编：《宋集珍本丛刊》影印明钞本，第70册，线装书局，2004。

（宋）陈傅良撰，周梦江点校：《陈傅良先生文集》，浙江大学出版社，1999。

（宋）陈均撰，许沛藻等点校：《皇朝编年纲目备要》，中华书局，2006（中国史学基本典籍丛刊）。

（宋）陈宓：《复斋先生龙图陈公文集》，四川大学古籍研究所编：《宋集珍本丛刊》影印清钞本，第73册，线装书局，2004。

（宋）陈耆卿著，曹莉亚校点：《陈耆卿集》，浙江大学出版社，2010。

（宋）陈师道撰，李伟国校点：《后山谈丛》，上海古籍出版社（宋元笔记丛书），1989。

（宋）陈师道：《后山先生集》，四川大学古籍研究所编：《宋集珍本丛刊》影印明弘治十二年刻本，第29册，线装书局，2004。

（晋）陈寿：《三国志》，中华书局，1959。

（宋）陈襄：《古灵先生文集》，四川大学古籍整理研究所编：《宋集珍本丛刊》影印南宋刻本，第8册，线装书局，2004。

（宋）陈元晋：《渔墅类稿》，四川大学古籍研究所编：《宋集珍本丛刊》影印清乾隆翰林院钞本，第78册，线装书局，2004。

（宋）陈元靓撰，许逸民点校：《岁时广记》，中华书局，2020。

（宋）陈藻：《乐轩集》，《景印文渊阁四库全书》（第1152册），台湾商务印书馆股份有限公司，1986。

（宋）陈振孙撰，徐小蛮、顾美华点校：《直斋书录解题》，中华书局，1987。

（宋）程珌：《程端明公洺水集》，四川大学古籍整理研究所编：《宋集珍本丛刊》影印明嘉靖刻本，第71册，线装书局，2004。

（宋）程大昌撰，徐沛藻、刘宇整理：《演繁露续集》，上海师范大学古籍整理研究所编：《全宋笔记》（第4编，第9册），大象出版社，2008。

（宋）程俱：《北山小集》，四川大学古籍研究所编：《宋集珍本丛刊》影印清钞本，第33册，线装书局，2004。

（明）程敏政辑撰，何庆善、于石点校：《新安文献志》，黄山书社，2004。

D

（清）董诰等编：《全唐文》，中华书局，1983。

（宋）窦仪详定，岳纯之校证：《宋刑统校证》，北京大学出版社，2015。

（宋）杜大珪编，顾宏毅、苏贤校证：《名臣碑传琬琰集校证》，上海古籍出版社，2021（历代碑志汇编）。

（唐）杜佑撰，王文锦等点校：《通典》，中华书局，1988。

F

（宋）范成大纂修，汪泰亨等增订：《吴郡志》，中华书局编辑部编：《宋元方志丛刊》，中华书局，1990。

（南朝宋）范晔撰，（唐）李贤等注：《后汉书》，中华书局，1965。

（宋）范仲淹撰，李勇先、王蓉贵校点：《范文正公文集》，四川大学出版社，2007。

（宋）范祖禹撰，贾二强等校点：《太史范公文集》，北京大学《儒藏》编纂与研究中心编：《儒藏》（精华编219），北京大学出版社，2014。

（宋）方逢辰撰，（明）方中续辑：《蛟峰外集》，四川大学古籍研究所编：《宋集珍本丛刊》影印明弘治重修本，第86册，线装书局，2004。

（唐）封演撰，赵贞信校注：《封氏闻见记校注》，中华书局，2005（唐宋史料笔记丛刊）。

（宋）傅察：《傅忠肃公文集》，四川大学古籍研究所编：《宋集珍本丛刊》影印清光绪刊本、傅增湘校，第33册，线装书局，2004。

（宋）傅霖撰，（元）郄□韵释，（元）王亮增注：《刑统赋解》，《续修四库全书》编委会：《续修四库全书》（第972册），上海古籍出版社，2002。

G

（宋）高承撰，（明）李果订，金圆、许沛藻点校：《事物纪原》，中华书局，1989。

（唐）高彦休撰，阳羡生校点：《唐阙史》，上海古籍出版社编：《唐五代笔记小说大观》，上海古籍出版社，2000。

（宋）葛胜仲：《丹阳集》，四川大学古籍整理研究所编：《宋集珍本丛刊》影印清钞本，第32册，线装书局，2004。

（宋）龚明之撰，张剑光整理：《中吴纪闻》，朱易安、傅璇琮等主编：《全宋笔记》（第3编，第7册），大象出版社，2008。

（清）顾祖禹撰，贺次君、施和金点校：《读史方舆纪要》，中华书局，2005（中国古代地理总志丛刊）。

H

（宋）韩维：《南阳集》，《景印文渊阁四库全书》（第1101册），台湾商务印书馆股份有限公司，1986。

（宋）韩元吉著，刘云军点校：《南涧甲乙稿》，中国社会科学出版社，2022（河北大学燕赵文化高等研究院成果文库）。

（宋）洪迈撰，孔凡礼点校：《容斋随笔》，中华书局，2005（唐宋史料笔记丛刊）。

（宋）洪迈撰，何卓点校：《夷坚志》，中华书局，1981。

（宋）洪适：《盘洲文集》，四川大学古籍研究所编：《宋集珍本丛刊》影印傅增湘校清光绪刻本，第 45 册，线装书局，2004。

（宋）胡宏：《五峰胡先生文集》，四川大学古籍研究所编：《宋集珍本丛刊》影印清钞本，第 43 册，线装书局，2004。

（宋）胡榘修，方万里、罗濬纂：《宝庆四明志》，中华书局编辑部编：《宋元方志丛刊》，中华书局，1990。

（宋）胡铨：《澹庵文集》，《景印文渊阁四库全书》（第 1137 册），台湾商务印书馆股份有限公司，1986。

（宋）胡宿：《文恭集》，新文丰出版公司，1985（丛书集成新编）。

（宋）胡太初撰，闫建飞点校：《昼帘绪论》，（宋）李元弼等撰，闫建飞等点校：《宋代官箴书五种》，中华书局，2019。

（宋）胡寅撰，容肇祖点校：《斐然集》，中华书局，1993。

（宋）胡寅撰，刘依平校点：《读史管见》，岳麓书社，2010（湖湘文库）。

（清）黄本骥：《古志石华》，新文丰出版公司编辑部：《石刻史料新编》（第 2 辑，第 2 册），新文丰出版公司，1979。

（宋）黄榦：《勉斋先生黄文肃公文集》，四川大学古籍整理研究所编：《宋集珍本丛刊》影印元刻本，第 68 册，线装书局，2004。

（明）黄淮、杨士奇编：《历代名臣奏议》，上海古籍出版社，1989。

（宋）黄裳：《演山先生文集》，四川大学古籍研究所编：《宋集珍本丛刊》影印清钞本，第 25 册，线装书局，2004。

（宋）黄昇辑，王雪玲、周晓薇校点：《花庵词选》，辽宁教育出版社，1997。

（宋）黄庭坚撰，刘琳、李勇先、王蓉贵校点：《黄庭坚全集》，四川大学出版社，2001。

（宋）黄震：《黄氏日抄》，张伟、何忠礼主编：《黄震全集》，浙江大学出版社，2013。

J

（汉）贾谊撰，阎振益、钟夏校注：《新书》，中华书局，2000（新编诸子集成）。

（宋）江少虞撰：《宋朝事实类苑》，上海古籍出版社，1981。

（宋）江休复撰，储玲玲整理：《江邻几杂志》，朱易安、傅璇琮等主编：《全宋笔记》（第1编，第6册），大象出版社，2003。

K

（汉）孔安国传，（唐）孔颖达疏，廖名春、陈明整理：《尚书正义》，《十三经注疏》整理委员会整理：《十三经注疏》，北京大学出版社，2000。

L

（明）雷梦麟撰，怀效锋、李俊点校：《读律琐言》，法律出版社，2000。

（宋）礼部太常寺纂修，（清）徐松辑：《中兴礼书》，续修四库全书编纂委员会：《续修四库全书》（第823册）影印国家图书馆藏清蒋氏宝彝堂抄本，上海古籍出版社，2002。

（宋）李昉等：《太平广记》，中华书局，1961。

（宋）李昉等：《文苑英华》，中华书局，1966。

（宋）李纲著，王瑞明点校：《李纲全集》，岳麓书社，2004。

（宋）李光：《庄简集》，四川大学古籍研究所编：《宋集珍本丛刊》影印清乾隆翰林院钞本，第34册，线装书局，2004。

（唐）李林甫等撰，陈仲夫点校：《唐六典》，中华书局，1992。

（宋）李上交撰，虞云国、吴爱芬整理：《近事会元》，朱易安、傅璇琮等主编：《全宋笔记》（第1编，第4册），大象出版社，2003。

（宋）李石：《方舟集》，四川大学古籍研究所编：《宋集珍本丛刊》影印清钞本，第43册，线装书局，2004。

（宋）李焘撰，上海师范大学古籍整理研究所、华东师范大学古籍研究所点校：《续资治通鉴长编》，中华书局，1992。

（宋）李心传撰，辛更儒点校：《建炎以来系年要录》，上海古籍出版社，2018。

（宋）李心传撰，徐规点校：《建炎以来朝野杂记》，中华书局，2000（唐宋史料笔记丛刊）。

（宋）李心传撰，崔文印点校：《旧闻证误》，中华书局，1981（唐宋史料笔记丛刊）。

（宋）李攸：《宋朝事实》，中华书局，1955。

（宋）李元弼撰，张亦冰点校：《作邑自箴》，（宋）李元弼等撰，闫建飞等点校：《宋代官箴书五种》，中华书局，2019。

（唐）李肇：《翰林志》，《景印文渊阁四库全书》（第595册），台湾商务印书馆股份有限公司，1986。

（宋）李埴撰，燕永成校正：《皇宋十朝纲要校正》，中华书局，2013（中国史学基本典籍丛刊）。

（宋）廖刚：《高峰文集》，《景印文渊阁四库全书》（第1142册），台湾商务印书馆股份有限公司，1986。

（宋）刘安世：《尽言集》，商务印书馆，1936（丛书集成初编）。

（宋）刘攽撰，逯铭昕点校：《彭城集》，齐鲁书社，2018。

（宋）刘才邵：《樵溪居士集》，《景印文渊阁四库全书》（第1130册），台湾商务印书馆股份有限公司，1986。

（宋）刘敞：《公是集》，四川大学古籍整理研究所编：《宋集珍本丛刊》影印清光绪覆刻聚珍本，第9册，线装书局，2004。

（后晋）刘昫：《旧唐书》，中华书局，1975。

（宋）刘克庄著，辛更儒校注：《刘克庄集笺校》，中华书局，2011（中国古典文学基本丛书）。

（宋）刘时举撰，王瑞来点校：《续宋中兴编年资治通鉴》，中华书局，2014（中国史学基本典籍丛刊）。

（宋）刘一止：《苕溪集》，四川大学古籍研究所编：《宋集珍本丛刊》影印清钞本，第34册，线装书局，2004。

（宋）刘宰：《漫塘文集》，四川大学古籍研究所编：《宋集珍本丛刊》影印明万历刻本，第72册，线装书局，2004。

（宋）刘挚撰，陈晓平、裴汝诚点校：《忠肃集》，中华书局，2002。

（宋）楼钥撰，顾大朋点校：《攻媿集》，浙江古籍出版社，2010。

（宋）陆佃：《陶山集》，新文丰出版公司，1985（丛书集成新编）。

（宋）陆九渊：《象山先生文集》，四川大学古籍研究所编：《宋集珍本丛刊》影印明正德刻本，第64册，线装书局，2004。

（宋）陆游撰，李昌宪整理：《家世旧闻》，上海师范大学古籍整理研究所编：《全宋笔记》（第5编，第8册），大象出版社，2012。

（宋）陆游撰，马亚中校注：《渭南文集校注》，钱仲联、马亚中主编：《陆游全集校注》，浙江教育出版社，2011。

（宋）罗大经撰，王瑞来点校：《鹤林玉露》，中华书局，1983（唐宋史料笔记丛刊）。

（宋）罗愿：《鄂州小集》，四川大学古籍研究所编：《宋集珍本丛刊》影印明万历刻本，第61册，线装书局，2004。

（宋）吕南公：《灌园集》，《景印文渊阁四库全书》（第1123册），台湾商务印书馆股份有限公司，1986。

（宋）吕陶：《净德集》，商务印书馆，1935（丛书集成初编）。

M

（宋）马端临著，上海师范大学古籍整理研究所、华东师范大学古籍研究所点校：《文献通考》，中华书局，2011。

（宋）马光祖修，（宋）周应合纂：《景定建康志》，中华书局编辑部编：

《宋元方志丛刊》，中华书局，1990。

（元）马泽修，袁桷纂：《延祐四明志》，中华书局编辑部编：《宋元方志丛刊》，中华书局，1990。

（汉）毛亨传，（汉）郑玄笺，（唐）孔颖达疏，龚抗云等整理：《毛诗正义》，《十三经注疏》整理委员会整理：《十三经注疏》，北京大学出版社，2000。

（明）茅元仪撰：《暇老斋杂记》，四库禁毁书丛刊编纂委员会：《四库禁毁书丛刊》（子部第29册，清光绪李文田家钞本），北京出版社，1997。

（宋）米芾：《宝晋英光集》，《宋集珍本丛刊》影印清初钞本，第27册，线装书局，2004。

（宋）慕容彦逢：《摛文堂集》，《景印文渊阁四库全书》（第1123册），台湾商务印书馆股份有限公司，1986。

O

（宋）欧阳修撰，李伟国点校：《归田录》，中华书局，1981（唐宋史料笔记丛刊）。

（宋）欧阳修撰，李逸安点校：《欧阳修全集》，中华书局，2001。

（宋）欧阳修著，洪本健校笺：《欧阳修诗文集校笺》，上海古籍出版社，2009（中国古典文学丛书）。

（宋）欧阳修、宋祁：《新唐书》，中华书局，1975。

（宋）欧阳修撰，（宋）徐无党注：《新五代史》，中华书局，2016（点校本二十四史修订本）。

P

（宋）朋九万：《东坡乌台诗案》，商务印书馆，1939（丛书集成初编）。

Q

（宋）綦崇礼：《北海集》，四川大学古籍研究所编：《宋集珍本丛刊》影印清乾隆翰林院钞本，第 38 册，线装书局，2004。

（宋）钱若水修，范学辉校注：《宋太宗皇帝实录校注》，中华书局，2012。

（宋）潜说友纂，王志邦、王福群、金利权标点：《咸淳临安志》，浙江古籍出版社，2017（杭州文献集成）。

（宋）钱惟演著，胡耀飞点校：《钱惟演集》，浙江古籍出版社，2014。

（宋）秦观撰，徐培均笺注：《淮海集笺注》，上海古籍出版社，1994（中国古典文学丛书）。

（明）邱濬著，林冠群、周济夫点校：《大学衍义补》，京华出版社，1999。

R

（宋）任广：《书叙指南》，商务印书馆，1937（丛书集成初编）。

S

（宋）邵伯温撰，李剑雄、刘德权点校：《邵氏闻见录》，中华书局，1983（唐宋史料笔记丛刊）。

（宋）沈遘：《西溪集》，《景印文渊阁四库全书》（第 1097 册），台湾商务印书馆股份有限公司，1986。

（清）沈家本撰，邓经元、骈语骞点校：《历代刑法考》，中华书局，1985。

（宋）沈括撰，金良年点校：《梦溪笔谈》，中华书局，2015（唐宋史料笔记丛刊）。

（梁）沈约：《宋书》，中华书局，2018（点校本二十四史修订本）。

（宋）史浩：《鄮峰真隐漫录》，四川大学古籍研究所编：《宋集珍本丛刊》影印清钞本，第 42 册，线装书局，2004。

（宋）释志磐：《佛祖统纪》，〔日〕高楠顺次郎：《大正新修大藏经》

(第49册），大正一切经刊行会，1970。

（宋）司马光撰：《司马文正公传家集》，商务印书馆，1937。

（宋）司马光撰，邓广铭、张希清点校：《涑水记闻》，中华书局，2017（唐宋史料笔记丛刊）。

（宋）司马光著，（元）胡三省音注：《资治通鉴》，中华书局，1956。

（汉）司马迁撰，（宋）裴骃集解，（唐）司马贞索隐，（唐）张守节正义：《史记》，中华书局，2013（点校本二十四史修订本）。

（宋）宋敏求：《唐大诏令集》，商务印书馆，1959。

（宋）宋祁：《景文集》，商务印书馆，1936（丛书集成初编）。

（宋）宋庠：《元宪集》，商务印书馆，1935（丛书集成初编）。

（宋）宋应时纂修，鲍廉增补，（元）卢镇续修：《琴川志》，中华书局编辑部编：《宋元方志丛刊》，中华书局，1990。

（宋）苏过：《斜川集》，四川大学古籍整理研究所编：《宋集珍本丛刊》影印南宋刻本，第32册，线装书局，2004。

（宋）苏轼撰，孔凡礼点校：《苏轼文集》，中华书局，1986（中国古典文学基本丛书）。

（宋）苏舜钦撰，沈文倬校点：《苏舜钦集》，上海古籍出版社，1981。

（宋）苏颂著，王同策、管成学、颜中其等点校：《苏魏公文集》，中华书局，1988。

（宋）孙觌撰：《南兰陵孙尚书大全文集》，四川大学古籍研究所编：《宋集珍本丛刊》影印明钞本，第35册，线装书局，2004。

（宋）孙逢吉：《职官分纪》，中华书局，1988。

（宋）孙升撰，赵维国整理：《孙公谈圃》，朱易安、傅璇琮等主编：《全宋笔记》（第2编，第1册），大象出版社，2006。

T

（宋）谭钥纂修：《嘉泰吴兴志》，中华书局编辑部编：《宋元方志丛刊》，中华书局，1990。

（宋）唐庚：《唐先生文集》，四川大学古籍整理研究所编：《宋集珍本丛刊》影印清钞宋绍兴己卯饶州刊本，第31册，线装书局，2004。

（宋）田锡：《咸平集》，四川大学古籍整理研究所编：《宋集珍本丛刊》影印明澹生堂钞本，第1册，线装书局，2004。

（元）脱脱等：《金史》，中华书局，2020（点校本二十四史修订本）。

（元）脱脱等：《宋史》，中华书局，1977。

W

（宋）王安礼：《王魏公集》，四川大学古籍整理研究所编：《宋集珍本丛刊》影印清翰林院钞本，第17册，线装书局，2004。

（宋）王安石：《临川先生文集》，四川大学古籍研究所编：《宋集珍本丛刊》影印宋刻、元明递修本，第13册，线装书局，2004。

（宋）王安石撰，（宋）李壁笺注，高克勤点校：《王荆文公诗笺注》，上海古籍出版社，2010。

（宋）王安中：《初寮集》，四川大学古籍研究所编：《宋集珍本丛刊》影印清乾隆翰林院钞本，第39册，线装书局，2004。

（魏）王弼注，（唐）孔颖达疏，卢光明、李申整理：《周易正义》，《十三经注疏》整理委员会整理：《十三经注疏》，北京大学出版社，1999。

（清）王昶：《金石萃编》，中国东方文化研究会历史文化分会编：《历代碑志丛书》（第7册），江苏古籍出版社，1998。

（宋）王称撰，孙言诚、崔国光点校：《东都事略》，齐鲁书社，2000（二十五别史）。

（宋）王存撰，魏嵩山、王文楚点校：《元丰九域志》，中华书局，1984（中国古代地理总志丛刊）。

（宋）王珪：《华阳集》，商务印书馆，1935（丛书集成初编）。

（宋）王楙撰，郑明、王义耀校点：《野客丛书》，上海古籍出版社，

1991（宋元笔记丛书）。

（清）王明德撰，何勤华等点校：《读律佩觿》，法律出版社，2001。

（宋）王明清：《挥麈录》，中华书局，1961（宋代史料笔记丛刊）。

（宋）王明清撰，戴建国、赵龙整理：《玉照新志》，上海师范大学古籍整理研究所编：《全宋笔记》（第6编，第2册），大象出版社，2013。

（宋）王溥：《唐会要》，上海古籍出版社，2006。

（宋）王溥：《五代会要》，上海古籍出版社，1978。

（宋）王钦若等编纂，周勋初等校订：《册府元龟》，凤凰出版社，2006。

（宋）王十朋撰：《宋王忠文公文集》，四川大学古籍研究所编：《宋集珍本丛刊》影印清雍正刻本，第43册，线装书局，2004。

（宋）王庭珪：《卢溪文集》，《景印文渊阁四库全书》（第1134册），台湾商务印书馆股份有限公司，1986。

（清）王文诰辑注，孔凡礼点校：《苏轼诗集》，中华书局，1982（中国古典文学基本丛书）。

（清）王先谦撰，沈啸寰、王星贤点校：《荀子集解》，中华书局，1988（新编诸子集成）。

（宋）王象之编著，赵一生点校：《舆地纪胜》，浙江古籍出版社，2012。

（宋）王洋：《东牟集》，《景印文渊阁四库全书》（第1132册），台湾商务印书馆股份有限公司，1986。

（宋）汪应辰：《汪文定公集》，《宋集珍本丛刊》影印清钞本，第46册，线装书局，2004。

（宋）王应麟撰：《玉海》，中文出版社株式会社，1987（合璧本）。

（宋）王栐撰，诚刚点校：《燕翼诒谋录》，中华书局，1981（唐宋史料笔记丛刊）。

（宋）王禹偁：《王黄州小畜集》，四川大学古籍研究所编：《宋集珍本丛刊》影印宋绍兴刻本，第1册，线装书局，2004。

（宋）汪藻撰，（清）孙星华辑：《浮溪集》，新文丰出版公司，1985（丛书集成新编）。

（宋）汪藻原著，王智勇笺注：《靖康要录笺注》，四川大学出版社，2008。

（宋）王铚撰，朱杰人点校：《默记》，中华书局，1981（唐宋史料笔记丛刊）。

（宋）王之道：《相山集》，四川大学古籍研究所编：《宋集珍本丛刊》影印清乾隆翰林院钞本，第40册，线装书局，2004。

（宋）卫泾：《后乐集》，《景印文渊阁四库全书》（第1169册），台湾商务印书馆股份有限公司，1986。

（宋）魏了翁：《重校鹤山先生大全文集》，四川大学古籍研究所编：《宋集珍本丛刊》影印明嘉靖铜活字印本，第77册，线装书局，2004。

（北齐）魏收：《魏书》，中华书局，2017（点校本二十四史修订本）。

（宋）魏泰撰，李裕民点校：《东轩笔录》，中华书局，1983（唐宋史料笔记丛刊）。

（宋）韦骧：《钱唐韦先生文集》，上海书店，1994（丛书集成续编）。

（宋）魏野：《钜鹿东观集》，《宋集珍本丛刊》影印清钞本，第2册，线装书局，2004。

（唐）魏徵等撰：《隋书》，中华书局，2019（点校本二十四史修订本）。

（宋）文天祥：《文山先生全集》，四川大学古籍研究所编：《宋集珍本丛刊》影印明嘉靖刻本，第88册，线装书局，2004。

（宋）文彦博：《文潞公文集》，四川大学古籍研究所编：《宋集珍本丛刊》影印明嘉靖五年刻本、傅增湘校本，第5册，线装书局，2004。

（宋）文莹撰，郑世刚、杨立扬点校：《续湘山野录》，中华书局，1984（唐宋史料笔记丛刊）。

（宋）文莹撰，郑世刚、杨立扬点校：《玉壶清话》，中华书局，1984

（唐宋史料笔记丛刊）。

（唐）吴兢：《贞观政要》，上海古籍出版社，1978。

（宋）吴潜撰：《履斋遗稿》，《景印文渊阁四库全书》（第1178册），台湾商务印书馆股份有限公司，1986。

（宋）吴泳：《鹤林集》，四川大学古籍研究所编：《宋集珍本丛刊》影印清乾隆翰林院钞本，第74册，线装书局，2004。

（宋）吴曾：《能改斋漫录》，上海古籍出版社，1979。

X

（宋）谢起岩：《忠文王纪事实录》，《续修四库全书》（第550册），上海古籍出版社，2002。

（宋）谢深甫等撰，戴建国点校：《庆元条法事类》，黑龙江人民出版社，2002（中国珍稀法律典籍续编）。

（宋）谢维新：《古今合璧事类备要外集》，《景印文渊阁四库全书》（第941册），台湾商务印书馆股份有限公司，1986。

（宋）熊克著，顾吉辰、郭群一点校：《中兴小纪》，福建人民出版社，1984（八闽文献丛刊）。

（宋）徐积：《节孝先生文集》，《宋集珍本丛刊》影印明嘉靖四十四年刘祐刻本，第15册，线装书局，2004。

（唐）许敬宗编，罗国威整理：《文馆词林校证》，中华书局，2001。

（宋）徐梦莘撰：《三朝北盟会编》，上海古籍出版社，1987。

（清）徐松辑，刘琳、刁忠民、舒大刚、尹波等校点：《宋会要辑稿》，上海古籍出版社，2014。

（元）徐元瑞：《吏学指南》，浙江古籍出版社，1988（元代史料丛刊）。

（宋）徐自明著，王瑞来校补：《宋宰辅编年录校补》，中华书局，1986。

（宋）薛居正等撰：《旧五代史》，中华书局，2015（点校本二十四史修订本）。

（清）薛允升著，怀效锋、李鸣点校：《唐明律合编》，法律出版社，1998。

Y

（宋）晏几道撰，张草纫笺注：《二晏词笺注》，上海古籍出版社，2008（中国古典文学丛书）。

（宋）杨杰：《无为集》，四川大学古籍研究所编：《宋集珍本丛刊》影印宋绍兴十三年刻本，第15册，线装书局，2004。

（宋）杨时：《龟山先生全集》，四川大学古籍研究所编：《宋集珍本丛刊》影印明万历十九年林熙春刻本、傅增湘校，第29册，线装书局，2004。

（宋）杨万里撰，辛更儒笺校：《杨万里集笺校》，中华书局，2007（中国古典文学基本丛书）。

（宋）杨亿：《武夷新集》，四川大学古籍研究所编：《宋集珍本丛刊》影印清嘉庆刻本，第2册，线装书局，2004。

（宋）杨仲良撰：《皇宋通鉴长编纪事本末》，江苏古籍出版社，1988（宛委别藏本）。

（清）叶昌炽撰，柯昌泗评，陈公柔、张明善点校：《语石异同评》，中华书局，1994。

（宋）叶梦得撰，宇文绍奕考异，侯忠义点校：《石林燕语》，中华书局，1984（唐宋史料笔记丛刊）。

（宋）叶适：《水心先生文集》，四川大学古籍研究所编：《宋集珍本丛刊》影印明正统刻本，第66册，线装书局，2004。

（宋）佚名撰，孔学辑校：《皇宋中兴两朝圣政辑校》，中华书局，2019（中国史学基本典籍丛刊）。

（宋）佚名：《宋大诏令集》，中华书局，1962。

（元）佚名撰，王瑞来笺证：《宋季三朝政要笺证》，中华书局，2010（中国史学基本典籍丛刊）。

（宋）佚名撰，汪圣铎点校：《宋史全文》，中华书局，2016（中国史学基本典籍丛刊）。

（宋）佚名：《新编翰苑新书》，书目文献出版社，1988（北京图书馆古籍珍本丛刊）。

（宋）佚名编，汝企和点校：《续编两朝纲目备要》，中华书局，1995（中国史学基本典籍丛刊）。

（宋）佚名撰，张亦冰点校：《州县提纲》，（宋）李元弼等撰，闫建飞等点校：《宋代官箴书五种》，中华书局，2019。

（宋）佚名撰，钟翀整理：《朝野遗记》，上海师范大学古籍整理研究所编：《全宋笔记》（第7编，第2册），大象出版社，2015。

（清）永瑢等撰：《四库全书总目》，中华书局，1965。

（宋）俞德邻撰，汤勤福整理：《佩韦斋辑闻》，上海师范大学古籍整理研究所编：《全宋笔记》（第8编，第4册），大象出版社，2017。

（宋）虞俦：《尊白堂集》，四川大学古籍研究所编：《宋集珍本丛刊》影印清乾隆翰林院钞本，第63册，线装书局，2004。

（宋）喻良能：《香山集》，四川大学古籍研究所编：《宋集珍本丛刊》影印清乾隆翰林院钞本，第56册，线装书局，2004。

（北周）宇文邕敕纂：《无上秘要》，《正统道藏》（第25册），上海书店，1988。

（金）元好问撰，（清）张穆校：《元遗山先生集》，新文丰出版公司，1997（丛书集成三编）。

（宋）袁文撰，李伟国整理：《瓮牖闲评》，上海师范大学古籍整理研究所编：《全宋笔记》（第4编，第7册），大象出版社，2008。

（宋）袁说友：《东塘集》，四川大学古籍研究所编：《宋集珍本丛刊》影印清翰林院钞本，第64册，线装书局，2004。

（宋）岳珂撰，王曾瑜校注：《鄂国金佗稡编续编校注》，中华书局，2018。

（宋）乐史撰，王文楚等点校：《太平寰宇记》，中华书局，2007（中国古代地理总志丛刊）。

（宋）员兴宗：《九华集》，四川大学古籍研究所编：《宋集珍本丛刊》影印清东武刘喜海嘉荫簃钞本，第56册，线装书局，2004。

Z

（宋）曾巩撰，王瑞来校证：《隆平集校证》，中华书局，2012（中国史学基本典籍丛刊）。

（宋）曾巩撰，陈杏珍、晁继周点校：《曾巩集》，中华书局，1984（中国古典文学基本丛书）。

（宋）曾敏行著，朱人杰标校：《独醒杂志》，上海古籍出版社，1986。

（宋）曾协：《云庄集》，《景印文渊阁四库全书》（第1140册），台湾商务印书馆股份有限公司，1986。

（宋）曾肇：《曲阜集》，《景印文渊阁四库全书》（第1101册），台湾商务印书馆股份有限公司，1986。

（宋）张方平：《乐全先生文集》，四川大学古籍整理研究所编：《宋集珍本丛刊》影印清钞本，第5册，线装书局，2004。

（宋）张君房：《云笈七签》，《正统道藏》（第22册），上海书店，1988。

（宋）章如愚：《群书考索》，广陵书社，2008。

（宋）张栻：《新刊南轩先生文集》，四川大学古籍研究所编：《宋集珍本丛刊》影印明嘉靖刻本，第60册，线装书局，2004。

（唐）长孙无忌等撰，刘俊文点校：《唐律疏议》，中华书局，1983。

（元）张养浩：《三事忠告》，商务印书馆，1936（丛书集成初编）。

（宋）张元幹：《芦川归来集》，上海古籍出版社，1978。

（宋）张镃：《皇朝仕学规范》，书目文献出版社，1988（北京图书馆古籍珍本丛刊)。

(唐)张鷟撰,赵守俨点校:《朝野佥载》,中华书局,1979(唐宋史料笔记丛刊)。

(宋)赵抃撰:《赵清献公文集》,《宋集珍本丛刊》影印明汪旦嘉靖四十一年刻本、傅增湘校,第6册,线装书局,2004。

(宋)赵不悔修,罗愿纂:《淳熙新安志》,中华书局编辑部编:《宋元方志丛刊》,中华书局,1990。

(宋)赵鼎臣:《竹隐畸士集》,《景印文渊阁四库全书》(第1124册),台湾商务印书馆股份有限公司,1986。

(宋)赵汝愚编,北京大学中国中古史研究中心校点整理:《宋朝诸臣奏议》,上海古籍出版社,1999。

(宋)赵善璙撰,程郁整理:《自警编》,上海师范大学古籍整理研究所编:《全宋笔记》(第7编,第6册),大象出版社,2015。

(宋)赵升编,王瑞来点校:《朝野类要》,中华书局,2007(唐宋史料笔记丛刊)。

(宋)赵彦卫撰,傅根清点校:《云麓漫钞》,中华书局,1996(唐宋史料笔记丛刊)。

(清)赵翼:《陔余丛考》,商务印书馆,1957。

(清)赵翼撰,王树民校证:《廿二史札记校证》,中华书局,1984。

(宋)赵与泌修,黄岩孙纂:《仙溪志》,中华书局编辑部编:《宋元方志丛刊》,中华书局,1990。

(宋)真德秀:《西山先生真文忠公文集》,四川大学古籍研究所编:《宋集珍本丛刊》影印明正德刻本,第75册,线装书局,2004。

(宋)真德秀撰:《政经》,《景印文渊阁四库全书》(第706册),台湾商务印书馆股份有限公司,1986。

(宋)郑克撰:《折狱龟鉴校释》,杨奉琨校译,复旦大学出版社,1988。

（宋）郑侠：《西塘集》，《景印文渊阁四库全书》（第1117册），台湾商务印书馆股份有限公司，1986。

（汉）郑玄注，（唐）孔颖达疏，龚抗云整理：《礼记正义》，《十三经注疏》整理委员会整理：《十三经注疏》，北京大学出版社，2000。

（汉）郑玄注，（唐）贾公彦疏，赵伯雄整理：《周礼注疏》，《十三经注疏》整理委员会整理：《十三经注疏》，北京大学出版社，2000。

（宋）周必大撰，王瑞来校证：《周必大集校证》，上海古籍出版社，2020。

（宋）周敦颐撰，（清）周沈珂编：《周元公集》，《景印文渊阁四库全书》（第1101册），台湾商务印书馆股份有限公司，1986。

（宋）周辉撰，刘永翔校注：《清波杂志校注》，中华书局，1994（唐宋史料笔记丛刊）。

（宋）周密撰，张茂鹏点校：《齐东野语》，中华书局，1983（唐宋史料笔记丛刊）。

（宋）周南：《山房集》，四川大学古籍研究所编：《宋集珍本丛刊》影印清钞本，第69册，线装书局，2004。

（宋）周淙纂修：《乾道临安志》，中华书局编辑部编：《宋元方志丛刊》，中华书局，1990。

（宋）朱辅撰，唐玲整理：《溪蛮丛笑》，上海师范大学古籍整理研究所编：《全宋笔记》（第9编，第8册），大象出版社，2018。

（宋）祝穆撰，（宋）祝洙增订，施和金点校：《方舆胜览》，中华书局，2003。

（宋）朱熹撰，朱杰人、严佐之、刘永翔主编：《朱子全书》，上海古籍出版社、安徽教育出版社，2002。

（宋）撰人不详：《京口耆旧传》，新文丰出版公司，1985（丛书集成新编）。

（宋）庄绰撰，萧鲁阳点校：《鸡肋编》，中华书局，1983（唐宋史料笔记丛刊）。

（宋）邹浩：《道乡先生邹忠公文集》，四川大学古籍整理研究所编：《宋集珍本丛刊》影印明成化六年刻本，第31册，线装书局，2004。

（宋）祖无择：《洛阳九老祖龙学文集》，《宋集珍本丛刊》影印清钞本，第7册，线装书局，2004。

二 今人论著

（一）中文部分

B

〔美〕柏文莉著：《权力关系：宋代中国的家族、地位与国家》，刘云军译，江苏人民出版社，2015。

C

陈柏泉编著：《江西出土墓志选编》，江西教育出版社，1991。

陈武强：《宋代民族法制相关问题研究》，中国社会科学出版社，2016。

陈寅恪：《金明馆丛稿二编·邓广铭宋史职官志考证序》，生活·读书·新知三联书店，2001。

陈玉忠：《宋代刑事审判权制约机制研究》，人民出版社，2013。

陈玺：《唐代诉讼制度研究》，商务印书馆，2012。

陈玺：《唐代刑事诉讼惯例研究》，科学出版社，2017。

程政举：《汉代诉讼制度研究》，法律出版社，2010。

D

戴建国：《宋代法制初探》，黑龙江人民出版社，2000。

戴建国:《宋代法制研究丛稿》,中西书局,2019。

戴建国:《宋代刑法史研究》,上海人民出版社,2008。

戴建国:《唐宋变革时期的法律与社会》,上海古籍出版社,2010。

戴建国、郭东旭:《南宋法制史》,人民出版社,2011。

戴炎辉:《唐律各论》,台北成文书局,1988。

邓广铭:《邓广铭全集》,河北教育出版社,2005。

邓小南:《祖宗之法:北宋前期政治述略》,生活·读书·新知三联书店,2014。

董春林:《政治文化重建视阈下的南宋初期诏狱研究》,社会科学文献出版社,2017。

F

范忠信:《中国法律传统的基本精神》,山东人民出版社,2001。

〔日〕夫马进编:《中国诉讼社会史研究》,范愉、赵晶等译,浙江大学出版社,2019（廿一世纪中国法律文化史论丛）。

G

高明士主编:《天圣令译注》,元照出版有限公司,2017。

高明士:《中国中古礼律综论——法文化的定型》,商务印书馆,2017。

〔日〕宫崎市定著:《中国史》,邱添生译,华世出版社,1980。

龚延明:《宋代官制辞典》,中华书局,2001（增补本）。

郭东旭:《宋代法制研究》,河南大学出版社,1997。

郭东旭、高楠、王晓薇、张利:《宋代民间法律生活研究》,人民出版社,2012。

国家图书馆善本金石组编:《宋代石刻文献全编》,北京图书馆出版社,2003。

郭茂育、刘继保编著:《宋代墓志辑释》,中州古籍出版社,2016。

H

何继英主编,上海博物馆编著:《上海唐宋元墓》,科学出版社,2014。

何新所编著:《新出宋代墓志碑刻辑录·北宋卷》,文物出版社,2019。

何新所编著:《新出宋代墓志碑刻辑录·南宋卷》,文物出版社,2019。

何兆泉:《两宋宗室研究——以制度考察为中心》,上海古籍出版社,2016。

J

〔日〕加藤繁:《中国经济史考证》(第二卷),吴杰译,商务印书馆,1963。

贾文龙:《卑职与高峰——宋朝州级属官司法职能研究》,人民出版社,2014。

贾玉英:《宋代监察制度》,河南大学出版社,1996。

〔美〕贾志扬:《天潢贵胄:宋代宗室史》,赵冬梅译,江苏人民出版社,2005(海外中国研究丛书)。

L

李华瑞主编:《"唐宋变革"论的由来与发展》,天津古籍出版社,2010。

李交发:《中国诉讼法史》,中国检察出版社,2002。

李如钧:《学校、法律、地方社会——宋元的学产纠纷与争讼》,台湾大学出版中心,2016。

李云龙:《宋例研究》,花木兰文化出版社,2016。

林瑞翰:《宋代政治史》,正中书局,1989。

刘俊文:《唐律疏议笺解》,中华书局,1996。

柳立言:《人鬼之间:宋代的巫术审判》,中西书局,2020。

柳立言:《宋代的家庭和法律》,上海古籍出版社,2008。

柳立言:《中国史新论》(法律史分册),联经出版有限公司,2008。

刘琳、曾枣庄主编:《全宋文》,上海辞书出版社,2006。

刘淑芬:《中古的佛教与社会》,上海古籍出版社,2008。

刘馨珺:《明镜高悬——南宋县衙的狱讼》,北京大学出版社,2007。

刘云:《宋代产权制度研究》,中国社会科学出版社,2019。

〔美〕刘子健:《中国转向内在——两宋之际的文化内向》,赵冬梅译,江苏人民出版社,2002(海外中国研究丛书)。

栾时春:《宋代证据制度研究》,法律出版社,2017。

罗振玉:《京畿冢墓遗文》,中国东方文化研究会历史文化分会编:《历代碑志丛书》(第14册),江苏古籍出版社,1998。

罗振玉:《吴中冢墓遗文》,新文丰出版社编辑部:《石刻史料新编》(第1辑,第13册),新文丰出版公司,1986。

吕思勉:《中国文化史》,北京大学出版社,2010。

吕志兴:《宋代法律体系与中华法系》,四川大学出版社,2009。

M

〔美〕马伯良:《宋代的法律与秩序》,杨昂、胡雯姬译,中国政法大学出版社,2010。

N

〔日〕内藤湖南:《中国史通论》,夏应元等译,社会科学文献出版社,2004。

Q

秦涛:《律令时代的"议事以制":汉代集议研究》,中国法制出版社,2018。

R

〔日〕仁井田陞原著:《唐令拾遗》,栗劲等编译,长春出版社,1989。

任爽主编:《五代典制考》,中华书局,2007。

S

绍兴市档案局(馆)、会稽金石博物馆编:《宋代墓志》,西泠印社出版社,2018。

〔日〕寺地遵:《南宋初期政治史研究》,刘静贞、李今芸译,复旦大学出版社,2016。

T

天一阁博物馆、中国社会科学院历史研究所天圣令整理课题组校证:《天一阁藏明钞本天圣令校证》,中华书局,2006。

W

王瑞来:《近世中国——从唐宋变革到宋元变革》,山西教育出版社,2015。

王晓龙、郭东旭:《宋代法律文明研究》,人民出版社,2016。

王云海:《宋代司法制度》,河南大学出版社,1992。

王智勇、王蓉贵主编:《宋代诏令全集》,四川大学出版社,2012。

吴铮强:《文本与书写:宋代的社会史——以温州、杭州等地方为例》,社会科学文献出版社,2019。

吴宗金、陈曼蓉、廖明主编:《民族法学导论》,广西民族出版社,1990。

X

〔日〕西田太一郎:《中国刑法史研究》,段秋关译,北京大学出版社,1985。

〔日〕小岛毅:《中国思想与宗教的奔流:宋朝》,何晓毅译,广西师范大学出版社,2014。

徐朝阳著,吴宏耀、童友美点校:《中国古代诉讼法》,中国政法大学出版社，2012。

徐朝阳著，吴宏耀、童友美点校：《中国诉讼法溯源》，中国政法大学出版社，2012。

徐道邻：《徐道邻法政文集》，清华大学出版社，2017。

徐道邻：《中国法制史论集》，志文出版社，1975（新潮丛书之22）。

〔美〕许曼：《跨越门闾：宋代福建女性的日常生活》，刘云军译，上海古籍出版社，2019。

Y

杨立民：《清代违制律研究》，法律出版社，2017。

杨一凡、刘笃才：《历代例考》，社会科学文献出版社，2012。

杨一凡、〔日〕寺田浩明主编：《日本学者中国法制史论著选》（宋辽金元卷），中华书局，2016。

〔美〕伊佩霞著：《宋徽宗》，韩华译，广西师范大学出版社，2018。

虞云国：《两宋历史文化丛稿》，上海人民出版社，2011。

虞云国：《南宋行暮：宋光宗宋宁宗时代》，上海人民出版社，2018。

Z

张邦炜：《宋代皇亲与政治》，四川人民出版社，1993。

张其凡：《宋太宗》，吉林文史出版社，1997。

张希清等：《宋朝典章制度》，吉林文史出版社，2001。

张正印：《宋代狱讼胥吏研究》，中国政法大学出版社，2012。

赵世瑜：《历史人类学的旨趣：一种实践的历史学》，北京师范大学出版社，2020。

赵晓耕、薛梅卿主编：《两宋法制通论》，法律出版社，2002。

赵旭：《唐宋法律制度研究》，辽宁大学出版社，2006。

郑寿彭：《宋代开封府研究》，"国立"编译馆中华丛书编审委员会，1980。

中国社会科学院历史研究所、宋辽金元史研究室点校：《名公书判清明集》，中华书局，1987。

中国文物研究所、河南省文物研究所编：《新中国出土墓志》（河南壹，下册），文物出版社，1994。

中国文物研究所、陕西省古籍整理办公室编：《新中国出土墓志》（陕西壹，下册），文物出版社，2000。

周峰编：《贞珉千秋——散佚辽宋金元墓志辑录》，甘肃教育出版社，2020。

朱方：《中国法制史》，上海法政学社，1931。

朱明歧、戴建国主编：《明止堂藏宋代碑刻辑释》，中西书局，2019。

朱瑞熙等撰：《辽宋西夏金社会生活史》，中国社会科学出版社，1998。

（二）外文部分

〔日〕高橋芳郎：《名公書判清明集》，滋賀秀三编《中國法制史：基本資料の研究》，東京大學出版會，1993。

〔日〕高橋芳郎：《宋代中國の法制と社會》，汲古书院，2002。

〔日〕高橋芳郎：《訳注〈名公書判清明集〉官吏門·賦役門·文事門》，北海道大學大學院、文學研究科，2008。

〔日〕梅原郁：《名公書判清明集訳注》，同朋舍，1986。

〔日〕梅原郁：《慶元條法事類語彙輯覽》，同朋舍，1990。

〔日〕梅原郁：《宋代司法制度研究》，創文社，2006。

〔日〕梅原郁：《訳注中国近世刑法志》，創文社，2002。

〔日〕青木敦：《宋代民事法の世界》，慶應義塾大學出版株式會社，2014。

〔日〕清明集研究會：《〈名公書判清明集〉懲悪門 訳注稿》，清明集研究會，1991。

〔日〕曾我部靜雄：《中國律令史の研究》，吉川弘文館，1971。

三 学术论文

（一）中文部分

〔美〕柏清韵：《法及其限度：宋代法律诉讼中的断案哲学与抵牾判决》，宋刚译，《兴大历史学报》第 18 期，2007 年 6 月。

陈佳佳：《宋代录问制度考论》，《政法论坛》2017 年第 2 期。

陈景良：《浅谈宋代司法传统中的若干问题》，《师大法学》2012 年第 2 期。

陈景良：《试论宋代士大夫的法律观念》，《法学研究》1998 年第 4 期。

陈景良：《宋代司法传统的现代解读》，《中国法学》2006 年第 3 期。

陈景良、吴欢：《宋代司法公正的制度性保障及其近世化趋向》，《河南大学学报》（社会科学版）2015 年第 1 期。

陈俊强：《从〈天圣·狱官令〉看唐宋的流刑》，收入荣新江主编《唐研究》（第 14 卷），北京大学出版社，2008。

陈俊强：《关于唐代法律中的时间问题》，台湾"中国法制史学会""中央"研究院历史语言研究所主编：《法制史研究》（第 32 期），元照出版有限公司，2017。

陈俊强：《唐代死刑发展的几个转折》，法律史研究室主编：《中华法理的产生、应用与转变——刑法志、婚外情、生命刑》（"中央"研究院历史语言研究所会议论文集之二十），"中央"研究院历史语言研究所，2019。

陈俊强：《唐前期的死刑覆奏》，《中国史学》第 23 卷，2013 年 10 月。

陈俊强：《无冤的追求——从〈天圣令·狱官令〉试论唐代死刑的执

行》，台师大历史系、中国法制史学会、唐律研读会主编：《新史料·新观点·新视角：〈天圣令论集〉》（上、下册），元照出版有限公司，2011。

陈玺：《唐代长流刑之演进与适用》，《华东政法大学学报》2013 年第 3 期。

陈玺：《唐代赐死制度之演进与适用》，《华东政法大学学报》2015 年第 4 期。

陈玺：《唐代杂治考论》，《法律科学》（西北政法大学学报）2017 年第 3 期。

陈玺、江国珍：《说"骨价"——宋代死亡赔偿规则臆测》，《人民法院报》2019 年 7 月 12 日。

陈志英：《论宋代对私权的法律调整》，《河北大学学报》（哲学社会科学版）2008 年第 4 期。

春杨：《宋代对司法的监督制度和惯例研究》，《中西法律传统》（第一卷），中国政法大学出版社，2001。

〔日〕大泽正昭：《胡石壁的"人情"——〈名公书判清明集〉定性分析的尝试》，收入戴建国主编：《唐宋法律史论集》，上海辞书出版社，2007。

〔日〕大泽正昭：《南宋判语所见的地方权势者、豪民》，吴承翰译，中国政法大学法律古籍整理研究所编：《中国古代法律文献研究》（第九辑），社会科学文献出版社，2015。

戴建国：《"东坡乌台诗案"诸问题再考析》，《福建师范大学学报》（哲学社会科学版）2019 年第 3 期。

戴建国：《南宋基层社会的法律人——以私名贴书、讼师为中心的考察》，《史学月刊》2014 年第 2 期。

戴建国：《宋代的狱政制度》，《上海师范大学学报》1987 年第 3 期。

戴建国：《宋代鞫、谳、议审判机制研究——以大理寺、审刑院职权为中心》,《江西社会科学》2018 年第 1 期。

戴建国:《宋代刑事审判制度研究》,《文史》第 31 辑,中华书局,1988。

戴建国:《宋代诏狱制度考述》,杨一凡、尤韶华主编:《中国法制史考证》甲编第五卷《历代法制考·宋辽金元法制考》,中国社会科学出版社,2003。

戴建国:《宋代诏狱制度述论》,《岳飞研究》(岳飞暨宋史国际学术研讨会论文集),中华书局,1996。

戴建国:《唐宋大赦功能的传承演变》,《云南社会科学》2009 年第 4 期。

戴建国:《熙丰诏狱与北宋政治》,《上海师范大学学报》(哲学社会科学版)2013 年第 1 期。

戴建国:《现存〈天圣令〉文本来源考》,包伟民、刘后滨主编:《唐宋历史评论》(第 6 辑),社会科学文献出版社,2019。

邓广铭:《谈谈有关宋史研究的几个问题》,《社会科学战线》1986 年第 2 期。

邓小南:《〈宝训〉〈圣政〉与宋人的本朝史观——以宋代士大夫的"祖宗"观为例》,北京大学北京论坛办公室:《北京论坛(2005)文明的和谐与共同繁荣——全球化视野中亚洲的机遇与发展:"历史变化:实际的、被表现的和想象的"历史分论坛论文集》。

邓小南:《宋代"祖宗之法"治国得失考》,《人民论坛》2013 年第 16 期。

范立舟、蒋启俊:《两宋赦免制度新探》,《暨南学报》(人文科学与社会科学版)2005 年第 1 期。

范忠信:《古代中国人民权益救济体制的廉政监督旨趣》,《中外法学》2010 年第 6 期。

范忠信：《古代中国人民权益损害的国家救济途径及其精神》，《现代法学》2010年第4期。

方诚峰：《御笔、御笔手诏与北宋徽宗朝的统治方式》，《汉学研究》第31卷第3期，2013年。

方燕：《试论宋代匿名书》，《四川师范大学学报》（社会科学版）2014年第3期。

冯卓慧：《中国古代关于慎刑的两篇稀有法律文献——〈劝慎刑文〉（并序）及〈慎刑箴〉碑铭注译》，《法律科学》（西北政法学院学报）2005年第3期。

傅乐成：《唐型文化与宋型文化》，原刊于《"国立"编译馆馆刊》1卷4期，1972年12月，收入康乐、彭明辉主编：《史学方法与历史解释》，中国大百科全书出版社，2005（台湾学者中国史研究论丛）。

郭东旭：《论宋代赦降制度》，《宋史研究论丛》（第3辑），河北大学出版社，1999。

郭东旭：《南宋的越诉之法》，《河北大学学报》（哲学社会科学版）1988年第3期。

郭东旭：《宋代编管法》，《河北大学学报》（哲学社会科学版）1992年第3期。

郭东旭、牛杰：《宋代民众鬼神赏罚观念透析》，《河北大学学报》（哲学社会科学版）2003年第3期。

郭东旭、魏磊：《宋代"干证人"法制境遇透视》，《河北大学学报》（哲学社会科学版）2008年第2期。

郭东旭、左霞：《宋代诉讼证据辨析》，《河北师范大学学报》（哲学社会科学版）2008年第6期。

何永军：《〈全宋词〉所见宋代诉讼及司法》，《宁夏社会科学》2006年第 2 期。

何玉红:《汉唐故事与五代十国政治》,《中国社会科学》2021 年第 4 期。

黄如渐:《宋人想象的冥界——以〈夷坚志〉为中心》,《中正历史学刊》2013 年第 14 期。

黄源盛:《法学与史学之间——法史学的存在价值与研究方法》,收入陈俊强主编《中国历史文化新论——高明士教授八秩嵩寿文集》,元华文创股份有限公司,2020。

霍存福:《宋代"鞫谳分司":"听""断"合一与分立的体制机制考察》,《社会科学辑刊》2016 年第 6 期。

霍存福:《宋明清"告不干己事法"及其对生员助讼的影响》,《华东政法大学学报》2008 年第 1 期。

霍存福:《唐故事惯例性论略》,《吉林大学社会科学学报》1993 年第 6 期。

季怀银:《宋代清理"留狱"活动述论》,《中州学刊》1990 年第 3 期。

姬亚平:《中国古代行政诉讼初探》,《陕西师范大学学报》(哲学社会科学版) 2013 年第 1 期。

姜登峰:《中国古代证据制度的思想基础及特点分析》,《证据科学》2013 年第 4 期。

蒋铁初:《中国古代证人制度研究》,《河南省政法管理干部学院学报》2001 年第 6 期。

姜锡东、岳东云、韩秀峰:《应尊重韩世忠对岳飞冤案的质问和抗议》,《中原文化研究》2020 年第 1 期。

孔学:《〈庆元条法事类〉研究》,《史学月刊》2000 年第 2 期。

李贵录:《"曲端冤狱"与南宋初年的陕西陷失》,《南开学报》(哲学社会科学版) 2002 年第 6 期。

李如钧：《简便之罚：宋代的违制罪与"以违制论"》，《史学汇刊》第36期，2017年12月。

李如钧：《予夺在上——宋徽宗朝的违御笔责罚》，《台大历史学报》第60期，2017年12月。

李裕民：《揭开"斧声烛影"之谜》，《山西大学学报》1988年第3期。

李裕民：《宋神宗制造的一桩大冤案——赵世居案剖析》，《宋史新探》，陕西师范大学出版社，1999。

李云龙：《〈天圣令〉与宋初流刑、配隶刑再探讨——以对〈天圣令·狱官令〉几条令文的解读为中心》，《华东政法大学学报》2018年第5期。

李雪梅：《公文中的动态司法：南宋〈给复学田公牒〉和〈给复学田省札〉碑文考释》，中国政法大学法律古籍整理研究所编：《中国古代法律文献研究》（第10辑），社会科学文献出版社，2016。

刘德重：《关于苏轼"乌台诗案"的几种刊本》，《上海大学学报》2002年第6期。

柳立言：《一条律文各自解读：宋代"争鹑案"的争议》，《"中央"研究院历史语言研究所集刊》第73本，第1分。

刘庆：《汉代赐死之法考论》，《江西社会科学》2015年第8期。

刘昕：《宋代政府对讼师教唆诬告行为的法律规制》，《湖南社会科学》2012年第3期。

刘馨珺：《"宋代官箴研读会"报导与展望》，台湾"中国法制史学会"、"中央"研究院历史语言研究所主编：《法制史研究》（创刊号），元照出版有限公司，2000。

刘子健：《史学的方法、技术和危机》，原刊于《新史学》（创刊号），台北，1990年3月，收入康乐、彭明辉主编《史学方法与历史解释》，中国大百科全书出版社，2005（台湾学者中国史研究论丛）。

卢国龙：《权力与信仰简单结合的悲剧——漫谈宋徽宗"崇道"》，《世界宗教文化》1995年第1期。

卢秀满：《洪迈〈夷坚志〉之入冥故事研究——以冥法判决之准则及其意义为探讨中心》，《台北大学中文学报》2008年第6期。

鲁照旺：《制度、惯例与社会变革》，《天津社会科学》2003年第1期。

洛原：《宋曾巩墓志》，《文物》1973年第3期。

吕志兴、陈兴林：《宋代司法审判制度的独特设计》，《人民法院报》，2012年11月23日。

苗书梅：《宋代州级公吏制度研究》，《河南大学学报》（社会科学版）2004年第6期。

莫家齐：《南宋民事诉讼证据制度管见——兼论中国古代不采法定证据制度》，《现代法学》1985年第2期。

仇加勉、王平原：《"复奏"、"覆奏"考辨》，《首都师范大学学报》（社会科学版）2007年第4期。

屈超立：《宋代民事案件的上诉程序考述》，《现代法学》2003年第2期。

施陈继：《中国传统证明力标准的现代价值——从"众证定罪"到"孤证不能定案"》，《黑龙江省政法管理干部学院学报》2017年第5期。

〔日〕石川重雄：《宋代的狱空政策》，田由甲译，收入戴建国主编：《唐宋法律史论集》，上海辞书出版社，2007。

〔日〕辻正博：《天圣〈狱官令〉与宋初司法制度》，收入荣新江主编：《唐研究》（第14卷），北京大学出版社，2008。

苏钦：《唐明律"化外人"条辨析——兼论中国古代各民族法律文化的冲突和融合》，《法学研究》1996年第5期。

王庆廷：《众证定罪》，《南京医科大学学报》（社会科学版）2008年第3期。

王晓龙、滕子赫：《论宋代法律文明的缺陷与不足》，姜锡东主编：《宋史研究论丛》（第 15 辑），河北大学出版社，2014。

王艳：《宋代的章服赏赐》，《史学月刊》2012 年第 5 期。

王英生：《法制史学的本质及其研究方法》，《安徽大学月刊》1934 年第 1 卷，第 7 期（法学院专号）。

王元军：《刘洎之死真相考索》，《人文杂志》1992 年第 5 期。

王云海：《宋代历史发展述略》，《开封大学学报》1995 年第 1 期。

王忠灿：《从制造"狱空"看宋代官僚司法的特征》，《许昌学院学报》2018 年第 11 期。

王曾瑜：《岳飞之死》，《历史研究》1979 年第 12 期。

魏殿金：《论宋代的"羁管"刑》，《漳州师范学院学报》（哲学社会科学版）2000 年第 3 期。

魏殿金：《折杖法与唐宋量刑制度的变化》，《齐鲁学刊》2012 年第 6 期。

魏华仙：《宋真宗与宋代节日》，《中华文史论丛》2007 年第 2 期。

翁建道：《北宋机宜文字官初探》，《史学汇刊》第 24 期，2009 年 12 月。

武清旸：《宋真宗的道教信仰与其崇道政策》，《老子学刊》2016 年第 2 期。

吴淑敏：《元符政争管窥——以蹇序辰出使案为中心》，《中华文史论丛》2019 年第 2 期。

习近平：《坚定不移走中国特色社会主义法治道路 为全面建设社会主义现代化国家提供有力法治保障》，《求是》2021 年第 5 期。

习近平：《在哲学社会科学工作座谈会上的讲话》，《人民日报》2016 年 5 月 19 日第 2 版。

〔日〕小林义广：《宋代地方官与民众——以真德秀为中心》，何志文译，《江海学刊》2014 年第 3 期。

谢波：《宋朝在西南民族地区的司法》，《曲靖师范学院学报》2013年第2期。

邢义田：《从"如故事"和"便宜从事"看汉代行政中的经常与权变》，收入邢义田《治国安邦：法制、行政与军事》，中华书局，2011。

许仲毅：《赐死制度考论》，《学术月刊》2003年第7期。

杨振红：《月令与秦汉政治再探讨——兼论月令源流》，《历史研究》2004年第3期。

杨宗科：《论"新法学"的建设理路》，《法学》2020年第7期。

尹富：《十斋日补说》，《世界宗教研究》2007年第1期。

尹敬坊：《关于宋代的形势户问题》，《北京师范大学学报》1980年第6期。

余敏芳：《渗透与融合：宋代节日的道教化》，《中国道教》2016年第6期。

喻平：《论宋代法律体系中的故事》，陈明、朱汉民编：《原道》（第37辑），湖南大学出版社，2019。

虞云国：《汉代杂治考》，《史学集刊》1987年第3期。

虞云国：《论宋代第二次削兵权》，《上海师范大学学报》1986年第3期。

蕴华：《论惯习与法律之关系》，《法政杂志》1911年第1卷第7期。

查庆、雷晓鹏：《宋代道教青词略论》，《四川大学学报》（哲学社会科学版）2009年第4期。

张本顺：《变革与转型：南宋民事审判"断由"制度生成的历史成因、价值功能及意义论析》，《首都师范大学学报》（社会科学版）2015年第3期。

张春海：《论隋唐时期的司法集议》，《南开学报》（哲学社会科学版）2011年第1期。

张春海：《论唐代的配隶刑》，《史学月刊》2010 年第 8 期。

张凤仙：《试析宋代的"狱空"》，《河北大学学报》（哲学社会科学版）1993 年第 3 期。

张鹏莉、李尧：《论"以审判为中心"对侦查取证的指引作用》，《证据科学》2018 年第 2 期。

张其凡：《"皇帝与士大夫共治天下"试析——北宋政治架构探微》，《暨南学报》（哲学社会科学版）2001 年第 6 期。

张守东：《人命与人权：宋代死刑控制的数据、程序及启示》，《政法论坛》2015 年第 2 期。

张伟：《论张邦昌"伪楚"政权及其影响》，《宁波大学学报》（人文科学版）1999 年第 3 期。

张希清：《宋太祖"不诛大臣、言官"誓约考论》，《文史哲》2012 年第 2 期。

张荫麟：《宋太祖誓碑及政事堂刻石考》，《文史杂志》第 1 卷第 7 期，1941 年 1 月。

张泽洪：《宋代道教斋醮》，《宗教学研究》1996 年第 1 期。

张忠炜：《"诏狱"辨名》，《史学月刊》2006 年第 5 期。

赵晶：《文书运作视角下的"东坡乌台诗案"再探》，《福建师范大学学报》（哲学社会科学版）2019 年第 3 期。

赵旭：《论宋代民间诉讼的保障与局限》，《史学月刊》2005 年第 5 期。

赵旭：《唐宋死刑制度流变考论》，《东北师大学报》（哲学社会科学版）2005 年第 4 期。

赵永忠：《宋朝对西南民族冲突的和断——以成都府路和梓州路为例的考察》，《贵州民族研究》2010 年第 1 期。

郑定、柴荣：《两宋土地交易中的若干法律问题》，《江海学刊》2002 年第 6 期。

朱刚：《"乌台诗案"的审与判——从审刑院本〈乌台诗案〉说起》，《北京大学学报》（哲学社会科学版）2018 年第 6 期。

朱燕青：《史浩〈昌国保瑠青词〉和〈昌国保瑠道场疏〉摭谈》，《浙江海洋学院学报》（人文科学版）2014 年第 2 期。

祖伟：《中国古代"据众证定罪"证据规则论》，《当代法学》2012 年第 1 期。

〔日〕佐竹靖彦：《〈宋元史学的基本问题〉总论》，韩玉萍译，〔日〕近藤一成主编：《宋元史学的基本问题》，中华书局。2010。

（二）外文部分

〔日〕宫崎市定：《宋元時期的法制與審判機構——〈元典章〉的時代背景及社會背景》，原載《東方學報》京都第 24 冊，1954 年 2 月，收入《宫崎市定全集》（11，宋元），岩波書店，1993。

〔日〕兼田信一郎：《關於戴建國發現的天一閣博物館所藏北宋天聖令田令——介紹與初步整理》，《上智史學》44，1999。

〔日〕瀧川政次郎：《有關宋代的慶元條法事類（1、2）》，《法學協會雜誌》58—10、11，1940。

〔日〕青木敦：《北宋末～南宋の法令に附された越訴規定について》，《東洋史研究》第五十八卷，第二號，平成十一年（1999）9 月。

四　学位论文

陈亚敏：《宋朝狱空现象研究》，郑州大学硕士学位论文，2012 年 5 月。

冯学伟：《中国古代契约中地方惯例的概念研究》，吉林大学硕士学位论文，2008 年 5 月。

韩树伟：《西北出土契约文书所见习惯法比较研究》，兰州大学博士学位论文，2020年5月。

吕复栋：《民俗习惯的司法适用》，南京师范大学博士学位论文，2014年6月。

王欣：《北宋纠察在京刑狱司研究》，西北大学硕士学位论文，2018年12月。

邬文玲：《汉代赦免制度研究》，中国社会科学院博士学位论文，2003年5月。

熊飞：《宋代配隶刑研究》，南京师范大学硕士学位论文，2013年5月。

朱延泉：《晚明商事纠纷处理惯例研究——以〈盟水斋存牍〉为例》，复旦大学硕士学位论文，2014年6月。

索 引

A

安置

65，167，249—252，344，345，348，355，424，430，431，437，439，440，442，445，446，475—478，482，487

案成

121，276，280，288，289，293—295，298，300，301，303，419

B

榜文

43，134，136—138，140，142，143，150，171，172，178，181，183

编敕

2，26，27，31，38—40，54，74，138，139，146，153，154，289，406，407，414，415，430，511

编管

16，65，119，153，178，197，201—203，269，272，291，295，319，320，322，329，332，338，344，347—350，352，355，424，431，436，441，444—447，488，498

表贺

73，356，364，365，381，384，385，387，402，408

不干己

14，44，104，156，157，159—184，508

C

长流

44，343，424—447，508

冲替

166，198，266，284，345，346，348，355

除名

65，198，266，269—271，322，335，344，345，348，349，355，392，429，430，435，436，438，439，441，444，445，447，485

刺配

5，16，17，153，197，201，202，298，348，349，355，399

赐死

44，269，344，345，468—493，508，509

大辟

67，68，70—75，90，177，198，207，211，220，228，237，259，279—281，283，289，290，292，293，297，299，301—303，305，386，402，405，418，419，422，448—451，454，455，458，459，464，466，468，469，471，472

D

大理寺

10，11，26，27，59，75，78—80，90，91，93，99，118，127，147，158，160，168，191，198，201，202，211，217—220，222，223，227，228，230，242，253，255，265，270，271，273，274，277，283，287，289，297，298，308—312，316，317，326，331，333—342，345，346，358，359，363—367，372，381—384，386，387，389—391，394，395，407，408，411，413—415，419，422，423，426，435，484—486，490，491

断绝

14，296，356，380—384，386—389，391—393，395，402，403，407，504

F

法律文化

4，6，8，11，17，19，21，22，46，97，103，147，422，495，496，513

翻异

4，9，10，90，211，217，228，233，236，255，274，276，277，282，284，288，291，293，294，296—300，303—306，326

蕃法

25，495—498，506

覆奏

4，56，66—75，87，95，96，161，346，449，469，509

G

骨价

44，494，495，497，499—506，508，509

故事

3，6，23，24，42—45，47—66，68—76，79，80，82，84—96，164，193，200，204，241—253，310，316，356，380，381，387，392，394，396—398，402，408，409，411，416，422，434，451—453，458，467，499，500，505—512

H

皇城司

160，243，282，291，311，312，318，327，339，485

J

羁管

16，91，167，270，346—349，355，424，436，443—447

集议

73，330，335，341—343，355，411，416，425—428，446

籍没

65，118，119，183，350，395，429，433，447，476

监司

10，51，55，78，80，103—105，108，110，111，114，116，117，120—137，139—142，147—150，152—154，162，166，169，181，183，194，203，208，209，214—218，221，222，231，234，241，242，262，270，279，295—301，303，305，372，407，431，432

检断

10，217，274，276，277，279，283—285，294，295，300，303，305，306

检法

15，22，208，274，276，277，279，283，296，334—336，358，388，389，413，511

健讼

19—21，147，150，151，162，172—174，179—182，195，202，225

近世

1，2，4，34，45，97，150，191，377

纠察司

285—292，303，383

纠弹

56—60，87，95，96，163，184，309，330

K

开封府

12，61，62，71，78，83，90，91，115，158，168，169，181，191，198，201，206，207，211，213，214，222，230，237，242，245，246，253，260，264，274，276，278—281，284，286—291，301，304，308—311，313，317—321，324—327，329，330，332，334，338—341，344—347，357—359，363，382—384，388—394，400，401，403—409，440，454，465，476，484，496，509

L

勒停

109，166，198，209，214，264，266，271，313，318，319，322，344—349，355，403，404，430，435，439，441，445，498

临安府

54，79，80，105，114，115，119，120，125，135，142，210，214，235，238，240，242，244，270，272，367—370，

383，384，387，391，408

凌迟

16，17，344，348，350，351，353，440，482，489，490，492

录问

12，15，44，77，211，217，235—237，255，267，274—285，287—306，330，340，508，511

M

磨勘

326，358，388—390，392，393，405，415

P

配隶

16，91，94，160，178，343，346—349，355，403，424，428—430，432，433，435，437—447，475，481

Q

庆元条法事类

25，30，31，42，43，71，105—107，139—142，154，203，206—210，230，258—260，273，277，279，280，283，284，294，396，437，438，444，448—450，455，458，460，462—466，471，472

取会

44，140，205—229，508

R

人命

66，70，71，76，96，147，177，184，197，199，200，202，225，288，293，302，411—417，419，420，422，423，434，448，463，494，495，504—506，509—511

S

三司推事

242，243，316

三问

44，236，254—258，260—266，269—273，508

沙门岛

16，63，91，201，202，332，348，349，431，438，439，443

赦前事

44，165，182，185—197，199，201，203，204

赦宥

10，56，58，70，84—87，93，95，96，167，185—191，193，194，196—200，202，203，435，442，448，485，509

审刑院

11，55，64，74，91，201，202，207，243，274，283，287，289，292，307，309，335，383，384，391，392，413—415，423，458，484

索 引

慎刑

11, 66, 67, 75, 80, 286, 301, 302, 304, 334, 342, 392, 417, 423, 441, 448, 451, 452, 467, 470, 511

士大夫

14, 17, 50, 52, 65, 88, 93, 96, 97, 107, 148—151, 154, 159, 170—173, 178, 179, 192, 233, 244, 246—248, 250, 253, 256, 353, 359, 360, 398, 400, 420, 507, 510

受案

56, 60—62, 87, 95—97, 101, 124, 129, 148, 152, 154, 179, 188, 195, 216—219, 242, 297, 348, 507, 509

宋刑统

14, 25—27, 38, 41, 43, 62, 68, 91, 100, 119, 143, 144, 154, 157, 158, 163, 168, 181, 182, 184, 186, 187, 189, 191, 192, 194, 199, 208, 230—232, 249, 250, 253, 255, 260, 263, 273, 276—278, 333, 335—338, 342, 343, 349, 428, 429, 432, 433, 435, 440, 441, 448—451, 461, 462, 464, 469, 489, 492, 496, 497, 512

诉讼惯例

2—4, 6, 8, 10, 12, 14, 16, 18, 20, 22—24, 26, 28, 30, 32, 34, 36, 38, 40, 42—48, 50, 52, 54—56, 58, 60, 62, 64, 66, 68, 70, 72, 74, 76, 78, 80, 82, 84, 86—88, 90, 92, 94—96, 98, 100, 102, 104, 106, 108, 110, 112, 114, 116, 118, 120, 122—124, 126, 128, 130, 132, 134, 136, 138, 140, 142, 144, 146, 148, 150, 152, 154—156, 158, 160, 162, 164, 166, 168, 170, 172, 174, 176, 178, 180, 182—184, 186, 188, 190, 192, 194, 196, 198, 200, 202, 204, 206, 208, 210, 212, 214, 216, 218, 220, 222, 224, 226, 228, 230, 232, 234, 236, 238, 240, 242, 244, 246, 248, 250, 252, 253, 256, 258, 260, 262, 264, 266, 268, 270, 272, 276, 278, 280, 282, 284, 286, 288, 290, 292, 294, 296, 298, 300, 302, 304, 306, 308, 310, 312, 314, 316, 318, 320, 322, 324, 326, 328, 330, 332, 334, 336, 338, 340, 342, 344, 346, 348, 350, 352, 354, 355, 358, 360, 362, 364, 366, 368, 370, 372, 374, 376, 378, 380, 382, 384, 386, 388, 390, 392, 394, 396, 398, 400, 402, 404, 406, 408—410, 412, 414, 416, 418, 420—426, 428, 430, 432, 434, 436, 438, 440, 442, 444—447, 450, 452, 454, 456, 458, 460, 462, 464, 466, 470, 472, 474, 476, 478, 480, 482, 484,

486，488，490，492，496，498，500，502，504，506—512

T

台谏

58，59，65，124，125，127，128，133—135，154，193，318，473，475，487

唐律疏议

69，91，98—100，154，187，231，232，254，256，349，432，448，449，451，452，461，468，495

唐宋变革论

1，2

提点刑狱司

11，13，71，82，125，129，208，301，302，370，371，415

天圣令

2，10，25，27—30，33，41—43，70，74，77，206，210，230—232，258，259，294，333，430—432，443，448—450，453，454，457，458，462—466，468，471，472，478，483，492

停刑

44，448—467，508

推鞫

10，217，230，232，241，252，255，262，263，273，274，276，282，283，288，293，295，299，301，312—315，326，327，334，348，355，377，412

W

无讼

19—21，150，168，173

X

息讼

19—23，173，174，511

习俗

4，21，24，497

刑部

10，26，64，71—75，77—79，85，99，109，118，119，121，132，139，146—148，181，189，192，193，197，198，201—203，207，208，211，212，217—220，222，223，225，233，242，264，271，273，277，281，283—285，290—292，294，296，298，299，303，309，311，312，316—319，326，335，338，339，342，344，347，349，371，382—384，386，402，406，407，411—415，420，423，428，431，439，449，469，471

刑讯

15，17，231，232，254—258，260—262，272—274，282

叙复

250，253，271，429，433，435，436，447

恤刑

56，67，72，73，75，76，80—84，87，

95，96，289，342，422，448，452，
463，468，509，511

雪活

44，409—417，419—423，508，509

Y

狱官令

10，28，29，61，70，74，77，209，
231，232，258，259，294，333，424，
430，431，435，449，450，458，463—
465，468—473，475，483，489，492，
493

狱空

14，15，44，356—408，508

御史台

10，56—59，79，89，90，99，114，
116，119，126—129，131—133，135，
148，150，153，195，197，207，211，
220，222，230，240—243，245，253，
255，256，264，275，277，279—281，
285—287，289—292，303，308—311，
316—323，325，326，331，333，338—
341，344—346，348，352，353，384，
407，410，425，426，431，446，481，
484，485，491

越诉

4，11，13—16，42，44，60，61，97—
155，157，162，169，170，180，214，
218，297，508

Z

杂治

4，44，243，307—318，322—325，
327—338，340—355，425—427，446，
484，491，508，509

赃吏

62—65，95，96，102，167，270，272，
512

章服

242，366，381，388，390，392—394，
404，412，413，420

诏狱

15，33，93，159，197，230，242—244，
246，253，287，290，307，308，310，
311，313—317，323，324，328，333—
335，338—341，347，350，351，353—
355，426，427，446，492，508，509

中古

1，2，45，73，164，289，293，447，
461

中华法系

4，38，264

众证定罪

254，257，258，262—264，267，269，
271—273

宗室

60，121，122，230，251，252，254—
258，260—263，273，344，350，352，

353，491，492

奏裁

4，9，67，71，73—75，85，96，105，199，228，257，259，267，294，343，

413，415，486，509

祖宗之法

24，42，50，52，54，55，75，88，96，244，323，473，507